★ 四川大学边疆问题研究丛书

对口援藏有效性研究

王 磊◎著

中国社会科学出版社

图书在版编目（CIP）数据

对口援藏有效性研究 / 王磊著 . —北京：中国社会科学出版社，2016.12
（四川大学边疆问题研究丛书）
ISBN 978-7-5161-8088-4

Ⅰ . ①对… Ⅱ . ①王… Ⅲ . ① 不发达地区—区域经济发展—经济援助—
研究—西藏 Ⅳ . ① F127.75

中国版本图书馆 CIP 数据核字（2016）第 084264 号

出 版 人	赵剑英
责任编辑	王 茵
特约编辑	王 称
责任校对	崔芝妹
责任印制	王 超

出 版	中国社会科学出版社
社 址	北京鼓楼西大街甲 158 号
邮 编	100720
网 址	http://www.csspw.cn
发 行 部	010-84083685
门 市 部	010-84029450
经 销	新华书店及其他书店

印刷装订	三河市君旺印务有限公司
版 次	2016 年 12 月第 1 版
印 次	2016 年 12 月第 1 次印刷

开 本	710×1000 1/16
印 张	15.5
插 页	2
字 数	254 千字
定 价	59.00 元

丛书编委会

主　编　罗中枢

副主编　晏世经

编　委
（以姓氏笔画为序）

王　虹　　王　卓　　左卫民　　石　硕　　卢光盛
朱晓明　　次旦扎西　孙　勇　　李志强　　李　涛
杨明洪　　杨　恕　　周　平　　周　伟　　姜晓萍
姚乐野　　徐玖平　　黄忠彩　　盖建民　　樊高月
霍　巍

丛 书 总 序

历史经验一再表明，边疆稳则国家安，边疆强则国力盛。边疆安全与发展问题，关乎中国改革开放发展梯次推进，关乎国家的地缘政治经济战略安全，关乎中国能否有效参与国际政治经济新秩序的建构，关乎全面建成小康社会和"中国梦"的实现。

边疆问题研究，在中国有悠久的历史。上溯明代张雨的《边政考》，下及近代仁人志士所列诸种学说，以及20世纪二三十年代活跃在成都华西坝的"华西边疆研究学会"及其主办的《华西边疆研究学会杂志》等，都有筚路蓝缕之功。近年来，"治国必治边"渐成共识，边疆研究方兴未艾，国内多家高校和研究机构先后建立边疆研究机构，一批中青年学者成长起来，相关成果在服务国家治理体系和治理能力现代化、推进"一带一路"建设、构建边疆学学科体系等方面发挥了积极的作用。

2012年，四川大学联合云南大学、西藏大学、新疆大学、国家民委民族理论政策研究室、国务院发展研究中心民族发展研究所等单位，在北京成立了中国西部边疆安全与发展协同创新中心。该中心以兴边富民、强国睦邻和国家长治久安为目标，致力于发挥理论创新、咨政建言、人才培养、舆论引导、社会服务、公共外交等重要功能，服务于边疆稳定与发展，服务于国家安全战略，服务于西部周边睦邻友好，服务于"一带一路"建设。

中国西部边疆地域辽阔，疆线绵长，民族多样，是大国利益交汇区域，也是中国应对各种涉及国家安全、稳定与发展挑战的前沿阵地和战略依托，安全屏障地位十分显要。从云南、西藏到新疆，从边界争议到"一带一路"建设，从民族团结到反分裂斗争，从资源开发到生态保护，从民生改善到周边关系处理,西部边疆的一系列问题都是涉及国家核心利益的重大问题,且生存安全问题和发展安全问题、传统安全威胁和非传统安全威胁相互交织,情况特殊而复杂。

近几年,中国西部边疆的安全与发展面临突出的问题。

(1)西部边疆地区从过去随机状态下的基本稳定,向专项控制下的基本稳定转变,由于外部势力的介入,其安全稳定的变数显著增加。国际上,西部边疆相关议题的国际话语权争夺日趋激烈,特别是在国际话语权仍旧由西方国家和媒体主导的大背景下,围绕西部边疆问题"讲好中国故事、传播好中国声音"已成为当务之急。在国内,西部边疆地区从各民族"命运一体,荣辱与共",开始出现局部否定国家和中华民族认同的暗流,特别是在境内外敌对势力的渗透下,极少数群体的民族分裂意识有抬头趋势。

(2)西部边疆地区社会经济发展面临越来越大的挑战。中国经济发展速度地区差异明显,西部边疆地区经济发展长期落后于全国经济发展平均水平。在全球化和市场化加速推进的背景下,西部边疆地区面临"强者愈强,弱者愈弱"的发展困境,到2020年要与全国同步实现全面建成小康社会的目标,时间短,要求高,发展压力巨大。

(3)西部边疆地区的人口、资源、环境关系从基本稳定向局部恶化转变。由于社会经济发展需要,一方面农村人口大量向城镇转移,造成农村空心化,不利于守边固边,也不利于自然资源的高效利用;另一方面,农村人口向城镇集中,在给当地经济发展带来动力的同时,也由于过度开发承载力有限的自然生态环境而造成当地生态环境破坏,致使局部自然生态环境恶化。近年来,我们社会经济发展转型强调生态文明建设,西部边疆地区则是中国生态文明建设的重要区域,如何协调生态文明建设与社会经济发展的关系,促进人口、资源与环境的协调,是西部边疆地区发展必须处理好的重要问题。

(4)西部边疆地区战略地位不断提升,迎来前所未有的发展机遇。随着"一带一路"建设的推进,随着中国从过去主要实行沿海开放转向扩大内陆沿边开放,特别是受到东海、南海问题的影响,西部地区向西向南开放的紧迫性显著增强。近年来，"一带两廊"通道问题正在由重大国家利益转化为国家核心利益，喜马拉雅区域生态安全问题日益成为涉及中国潜在核心利益的重大全球性问题；西部周边国际环境正从局部对抗向构建"睦邻、富邻、友邻"格局转变，在中亚、南亚、东南亚构建新型周边关系和新型大国关系的任务十分迫切；西部边疆及周边国家正面临打造"利益共同体、责任共同体、命运共同体"的契机和考验，中国需要更多从地缘政治角度转向地缘文化和地缘文明，树立以人为核心的治理理念和治理模式，把争取民心和民心相通作为边疆治理和"一带一路"建设的最重要抓手。

　　总之，中国西部边疆问题作为一个问题域，覆盖面广，错综复杂。围绕西部边疆安全与发展战略开展协同创新，必须运用辩证唯物主义和历史唯物主义的立场、观点和方法，整体布局，精心谋划，综合配套，持续推进，防止浅表化、片面性和短效性。中国西部边疆安全与发展协同创新中心肩负着时代的使命，希望经过一个时期的共同努力，加快推进中国西部边疆问题研究和边疆学学科建设。为此，我们与中国社会科学出版社共同策划了《西部边疆安全与发展研究丛书》《边疆学学科建设丛书》及《边疆研究资料丛书》，这些丛书不拘形式，重在创新，成熟一批，推出一批。由于时间仓促，水平有限，我们对很多问题的认识尚处于探索阶段，希望读者批评指正。

编　者

2015 年 9 月 8 日

摘　　要

　　西藏是中国重要的边疆民族地区，是中国唯一一个少数民族占绝大多数的民族自治地区，同时也是中国大陆解放最晚、实行社会主义制度最迟的一个省区。由于自然条件、历史和发展基础等多种原因，西藏成为中国区域经济发展格局中最为落后、最不发达的区域，同时也是中国区域性贫困问题最突出的地区，属于中国扶贫开发中确定的唯一省级特殊集中连片贫困地区，集传统农牧区、少数民族聚集区、生态脆弱区等多重特征于一体，成为典型的"问题区域"。西藏是新中国成立以来最先实施对口援助的地区，1994年中央第三次西藏工作座谈会正式将"对口援藏"作为一种制度性安排，到目前已有20多年的历史。相较于其他地区，对口援助在西藏实施的范围最广、程度最深，学术界和实践层的关注度也最高。尽管对口援助发挥了多种优势，促进了西藏经济社会发展，但对其的批评也并不鲜见，主要集中在质疑对口援藏的有效性上，人们通常会将大规模的人力、物力、财力等投入与产生的实际效果进行比较。事实上，这种批评也正是对口援藏不得不面临的现实与理论问题的反映：一是西藏农牧区经济发展水平依然严重滞后于城镇，城乡收入差距仍然较大，广大农牧民人均纯收入尚不能达到全国平均水平，社会矛盾还较为复杂；二是虽然经过强力的对口援助，但西藏的自我发展能力并没有得到明显增强，对口援藏从"输血"向"造血"的转型仍然没有完成；三是长期以来，已有研究对对口援藏相关问题研究还比较薄弱，只有少数学者关注到了对口援藏实施过程中存在的一些问题影响了援助的有效性，但也并没有进行深入系统的分析，忽略了一些重要问题，如为什么要对西藏实施对口援助；如何科学认识和评价对口援藏有效性；影响对口援藏有效性的主要因素有哪些，这些因素的影响程度和方向如何；如何提高对口援藏有效性；解答这些关键性问题无疑对深刻认识对口援藏有效性具有重要意义。基于此，在已有研究基础上，本书综合运用定性分析、定量分析、访谈调查和案例分析等研究方法，主要从经济学角度对对口援藏的有效性进行全面系统的研究，为优化现行对口援藏模式，提高对口援藏有效性，推动对口援助在其他地区的有效实施，促进中国区域经济协调发展、国家社会稳定以及民族关系和谐提供对策建议，同时以期促进区域发展援助理论体系的完善。

全书共由八章组成。导论为全书的研究计划设计部分，主要阐述本书的立题依据，明晰本书的研究背景，提出科学的研究问题，指出本研究的理论意义与现实意义，明确研究思路、研究目标、研究内容及研究方法，指出本书可能的创新之处，并对研究中所使用的资料来源进行说明。第一章和第二章是全书的理论基础和分析前提。第一章梳理与述评国内外发展援助尤其是援助有效性及对口援藏的相关研究文献，同时挖掘本研究中所需要借鉴使用的相关理论，包括发展援助理论、区域经济干预理论、横向财政均衡理论和制度变迁理论等，为本书奠定坚实的理论基础。第二章对本书中涉及的相关概念进行阐释与界定，厘清援助、区域发展援助、援藏、对口援藏有效性、农牧民需求等核心概念，并对对口援藏的运行特征、运行有效性评价的必要性进行一般性理论分析，同时对发展援助的国外实践经验进行总结，形成对对口援藏的基本认知，从而搭建起本书的理论分析框架，为核心部分的分析提供理论支撑。第三章到第七章具体考察对口援藏形成及演进过程、对口援藏有效性衡量方法、对口援藏有效性及其主要影响因素、提高对口援藏有效性的途径。第三章从历史演变的角度考察对口援藏形成及发展过程，运用制度经济学相关理论解释对口援藏的形成及演进过程，揭示对口援藏的制度变迁特征及内在规律，包括变迁的动力、主体、方式及路径依赖等。第四章对如何科学衡量对口援藏有效性进行分析讨论，并确立了满足农牧民需求程度、资源配置效率水平和增进社会福利水平三个衡量原则。第五章采用数据包络分析（DEA）方法和曼奎斯特（Malmquist）指数方法，构建对口援藏有效性评价的实证模型，选取合理的对口援助投入与产出指标，得出对口援藏有效性及其变动的客观评价。第六章根据理论分析并借鉴已有研究成果，确定影响对口援藏有效性的主要因素，构建 Tobit 面板数据计量模型，通过实证来检验各主要因素对对口援藏有效性的作用方向及影响程度，并进行分析与解释。第七章是全书的对策建议部分，提出了提高对口援藏有效性的主要途径。第八章归纳总结全书的主要研究结论，并指出本书的研究不足及以后需要进一步深化研究的方向。

通过上述研究，本书得出的主要结论如下。

第一，真正意义上的"援藏"应是内地省市、有关中央和国家机关部委、企业、社会组织等对西藏的无私支援或援助，不包括中央对西藏的财政转移支付和直接投资。其原因在于，从国家行使职能的角度来看，中央政府对于国内任何问题区域均会给予财政转移支付，这是中央政府职能或国家职能的正常发挥，中央对地方的财政转移支付和投资建设实际上是国家现实制度安排的体现。因此，中央对西藏实施的高强度财政转移支付等特殊支持也不应纳入"对口援藏"的范畴，对口援藏仅仅是指内地各省市、有关中央和国家机关部委以及中央企业等对西藏的无私支援或援助。这一活动的基本性质是，在一国内部体系中基于具有平等政治地位和法律地位的主体而进行的经济、文化、社会等方面的交流交往，这种交往与交流带来的是民族的交融，如果从财政学中资金来源与管理的角度来看，内地省市对西藏的对口支援还具有横向财政转移支付的性质。

第二，理解对口援藏有效性应从三个层面入手。一是对口援藏有效性具有援助有效性的一般意义。有效的对口援藏是指对西藏区域发展援助目标的最大程度实现，而对口援藏有效性正反映了对西藏的区域发展援助目标实现程度。二是对口援藏的最终和根本目标。对口援藏有效性应从作为受援方的西藏广大农牧民需求的视角来看，对口援藏的基本目标是经济发展，这也是历次西藏工作座谈会确立的重要目标；对口援藏的最终和根本目标是充分满足广大农牧民的需求，使其具备自我发展能力，具体包括提高广大农牧民的收入水平、改善农牧民生产生活条件、提高农牧区基本公共服务水平等，对口援藏满足农牧民的需求程度也正体现了对口援藏根本目标的实现程度。三是经济学意义上的资源配置效率水平。对口援藏投入了大规模的人力、物力、财力等资源，这些资源的配置效率水平反映了对口援藏的有效性，因而资源配置效率水平可以用于测度对口援藏有效性。基于此，本书进一步确立衡量对口援藏有效性指标的三个基本原则与依据：满足农牧民需求程度、资源配置效率水平、增进社会福利水平。

第三，西藏特殊的自然地理条件、政治地位、战略地位、民族宗教、历史进程、社会制度和发展基础，以及经济发展中要素相对价格变化导致的资本不足是中央政府对西藏实施发展援助的主要原因。对口援藏的形成及演进是一个制度变迁过程，获取外部收益和节省交易费用是对口援藏形成及演进的动力。尽管对口援藏的形成及演进会产生制度创新成本，但同时对口援藏不仅能够获得更多的制度变迁潜在收益，而且还可以节省交易成本，总体来讲，制度变迁的成本小于制度变迁的潜在收益。因此，作为一种相对效率更高的制度化安排，对口援藏得以形成并不断演进。对口援藏制度在不断向前发展创新的过程中也不同程度地受到了路径依赖的影响，尤其是当前对口援藏的制度深化会受到路径依赖的制约。对口援藏的制度变迁主要是在中央政府主导下进行的，但这种制度变迁又从一定程度上反映了西藏当地人民的利益诉求，因而兼具自上而下的强制性变迁和自下而上的诱致性变迁特征。对口援藏经历了制度初创和制度深化两次变迁过程。

第四，对口援藏有效性实证评价结果表明：①总体上看，1995—2013年的对口援藏资源配置效率整体上处于较高水平，并未出现资源的使用效率极低和过度浪费等极端情况，但对口援藏总体上的"粗放"性质较为明显，有效性仍需提高。从对口援藏资源配置效率的分解结果来看，规模效率和纯技术效率均未达到最优，其中规模效率低于纯技术效率，并且规模效率过低是导致综合效率在2001年达到最低点的主要原因，这说明导致对口援藏处于非效率主要是由于对口支援的组织管理水平较低、技术能力低下、规模效益不高等。②分地区看，对口援藏资源配置效率存在较为明显的区域差异，样本时期的对口援藏效率在空间分布上存在"极端化现象"，即在西藏经济最为发达地区和最为落后地区这"两级"的效率均较高，而在经济发展水平居中地区的效率较低。在不同时期，导致西藏各地市对口支援效率差异的原因存在差异，但技术进步对所有受援地区的对口支援效率增长的贡献均越来越重要，即各地区在对口支援效率增长的贡献因素上存在"趋同化现象"。对口援藏资源配置效率并不存在收敛现象，表明在对口援藏过程中，对口支援西藏各地市的效率差异有逐步扩大的趋势，这将对各地区的协调发展造成不利影响，也不利于统筹协调对口援藏。③从资源配置效率变动上看，样本区间内对口援藏全要素生产率在波动中略有上升，总体上呈"粗放型增长"，即农牧民收入提高和经济高速增长主要是以更高的对口支援资源的投入为代价。对口援藏全要素生产率增长主要依赖于技术进步的贡献，但技术进步的贡献提升空间还较大。技术效率处于下降趋势的恶化状况表明，如果长期只单纯地依靠技术进步而忽视技术效率提高，将可能导致对口援藏资源的浪费和扭曲配置。因此，在对口援藏过程中需要更加重视管理效率的提高和生产经验的积累以提高技术效率。④从效率变动的空间分布上看，样本时期内仅有拉萨、林芝、那曲三个地区对口支援的全要素生产率有不同程度增长，而且都主要来源于技术进步的贡献，而日喀则、山南、昌都、阿里等地对口支援的全要素生产率均有不同程度下降，其中，日喀则和昌都是由技术进步率下降和技术效率下降所致，山南是由技术效率降低引起，而阿里则是由技术进步率下降造成。

第五，对口援藏有效性的主要影响因素实证结果显示：①西藏经济发展水平与对口援藏综合效率之间存在双向格兰杰因果关系，中央财政补贴与对口援藏综合效率之间存在单向格兰杰因果关系，表明在中央对西藏的总体供给模式下，中央对西藏财政转移支付的不断增加对对口援藏综合效率变化能够产生影响；从西藏经济体制到对口援藏综合效率的单向格兰杰因果关系存在，表明西藏的国有企业改革、私有制经济发展等体制改革对对口援藏综合效率可以产生直接影响；西藏教育水平是对口援藏综合效率的格兰杰原因，但反之则不成立，可以预期西藏教育水平的提升对提高对口援藏综合效率具有重要作用；西藏农业发展水平与对口援藏综合效率之间存在单向因果关系，即西藏农业发展水平是对口援藏综合效率的格兰杰原因，而对口援藏综合效率并不是西藏农业发展水平的格兰杰原因；对口援藏综合效率是城乡消费差距的格兰杰原因，反之则格兰杰因果关系不显著，间接表明对口援藏资源配置的效率高低会导致西藏城乡收入分配的不均衡，进而引起城乡消费差距拉大。②经济体制、教育水平、农业发展水平、政策寻向四个影响因素对对口援藏有效性产生显著正向影响，其中，经济体制的影响程度最大，其余因素的影响程度相近；中央财政补贴和城乡消费差距对对口援藏有效性具有显著负向影响，但中央财政补贴对对口援藏有效性的影响程度较小；区域经济发展水平对对口援藏资源配置效率的影响存在积极与消极的"两面性",说明其可以通过两种不同作用机制共同影响对口援藏的综合效率,实际作用方向难以确定。此外,各主要影响因素对对口援藏综合效率分解的纯技术效率和规模效率的作用方向和影响程度各不相同,通过分别作用于纯技术效率和规模效率进而形成对对口援藏综合效率的影响效应。

本书的可能创新之处有以下几点。

第一,在研究视角上,本书摒弃主流的从政府和援助方的视角来看待对口援藏有效性的角度,选择从农牧民需求的视角来衡量和界定对口援藏有效性,为研究对口援助有效性问题提供了一个新的并更加切合实际的视角。

第二,在研究内容上,一是对对口援藏运行特征进行了分析,一定程度上弥补了现有研究对对口援藏体系本身研究薄弱的缺陷与不足;二是尝试将一般运用于微观分析的制度经济学相关理论应用到解释中观层面的对口援藏形成及演进过程中;三是通过构建数学模型对对口援藏的有效性及其主要影响因素进行了实证分析,深化了对对口援藏有效性的定量认识,弥补了现阶段对口援藏有效性实证研究的不足。

第三,在研究方法上,一是将评价相对有效性的 DEA 方法和测度全要素生产率变动的 Malmquist 指数方法等实证分析方法引入对口援藏有效性的评价中;二是通过深入西藏农牧区进行实地访谈调查,获得支援方和受援方对对口援藏项目建设成效的主观评价,将对口援藏有效性评价结论与访谈调查结论相结合,以提高研究结论的可信度;三是在对影响对口援藏有效性的主要因素进行实证分析时运用了受限因变量的 Tobit 面板数据计量模型,以确保各影响因素估计结果的准确性与可靠性。

目　录

导　　论

第一节　立题依据及研究意义

一　立题依据

无论是从地理学、经济学、政治学，还是社会学的角度来看，一国都可以抽象化为多个块状区域①组成，这些区域的空间范围大小可能各异，相互之间可能存在区域竞争，但它们均会通过一定的经济社会联系与内聚力，形成相互依存的关系，产生某些共同的国家利益。②从理论上说，世界上任何一个国家或地区，当经济发展到一定阶段之后，都会产生存在于特定空间范围的各种各样的问题，而这些问题的严重性在各地区之间往往存在差异性，从而造成地区间发展水平的明显差距。③世界各国的发展实践也已表明，几乎每个国家内部都存在区域发展差距的问题，即相对落后区域与相对发达区域并存。导致这一结果的原因十分复杂，其中区域之间的要素禀赋、经济基础及国家发展战略等方面的差异是最容易被考虑到的因素，但无论如何，既有的区域差异已成为经济发展的现实结果。

---

①　"区域"最早是地理学中使用的概念，后被应用到经济学、政治学、社会学等多个学科中，不同学科对其定义不同，一般意义上的区域是指地球表面具有一定的地域空间，具有同质性和内聚力。经济学中的区域既可以指抽象的、观念上的空间，无严格的范围与边界，也可以指有确切边界与明确方位的特定地区。

②　美国区域经济学家胡佛认为，区域形成的原因是基于对区域共同利益的一般认识，这种共同利益可以从许多方面得到反映，但最基本的是区域的各个分区及利益集团之间的相关程度。据此，如果将一国整体作为一个区域，一国区域内自然也就存在某些共同利益，本书称之为"国家利益"。参见〔美〕埃德加·M.胡佛、弗兰克·杰莱塔尼《区域经济学导论》，郭万清等译，上海远东出版社1992年版，第220页。

③　张可云：《区域经济政策》，商务印书馆2005年版，第1页。

事实上，当一般性的经济社会发展问题具体到特定的区域时，就形成了所谓的区域问题（region problems）。根据对区域经济实践的考察与归纳，区域问题大致可分为落后病、萧条病和膨胀病三种类型。[①] 也有学者将世界各国和地区所出现的区域问题主要归纳为五种类型：经济发展落后、经济衰退、经济过度膨胀、环境退化，以及民族冲突和政治不稳定等非经济问题。[②] 针对中国现阶段出现的区域问题，有学者将其划分为经济发展落后、产业结构单一、经济衰退、财政包袱沉重、民族冲突五种类型。[③] 囿于研究视角的差异，学者们对区域问题的分类不尽相同，但区域问题确已成为现实中一国经济社会发展不得不面临的难题。从横向上看，在某些区域，区域问题可能并不严重，而在另一些特定区域，区域问题可能十分严重，如果这些区域问题没有得到很好解决，将会产生两方面的不利影响：一是阻碍区域自身的发展，与一国内的其他区域形成发展差距；二是由于区域之间的相互依存性及共同利益关系进而影响到一国整体经济社会的持续稳定发展。过大的区域差距显然对国家的发展不利，甚至可能会对国家的统一造成威胁，需要政府的干预来确保社会公平，[④] 因此，政府不得不进行有导向性的干预，但干预的前提是准确识别干预的具体作用对象。事实上，当一种或多种区域问题出现在特定的空间范围时，这种空间范围所指向的区域就成了问题区域（problem regions）。

问题区域亦有各种类型划分，胡佛将其分为三类：落后区域、衰退中的发达区域、过度增长或过分集中的区域。[⑤] 张可云按照与区域问题相对应的原则，将其划分为落后区域、萧条区域和膨胀区域三种类型。[⑥] 为识别问题区域，西方政府曾进行了积极努力，从西方国家历史上对问题区域多种多样的称谓便可见一斑，例如不景气区域（depressed

---

① 张可云：《区域经济政策》，商务印书馆 2005 年版，第 12 页。
② 刘玉：《中国区域政策》，经济日报出版社 2007 年版，第 13 页。
③ 魏后凯：《"十一五"时期中国区域政策的调整方向》，《学习与实践》2006 年第 1 期，第 22 页。
④ 殷存毅：《区域发展与政策》，社会科学文献出版社 2011 年版，第 80 页。
⑤ ［美］埃德加·M. 胡佛，弗兰克·杰莱塔尼：《区域经济学导论》，郭万清等译，上海远东出版社 1992 年版，第 360 页。
⑥ 张可云：《区域经济政策》，商务印书馆 2005 年版，第 13 页。

regions）、特殊区域（special regions）、发展区域（development regions）、困难区域（distressed regions）、受援地区（assisted areas）等。尽管各问题区域的"病症"存在差异性，但都具有一个共同特征，那就是这些问题区域单纯依靠区域自我修复的力量是很难解决其发展问题的。[1] 因此，最终还是需要政府给予一定的干预，政府作用于特定的区域，需通过一定的方式。具体形式呈现多样化，但总体上看，可分为两大类型，即相反的两种行为方式：区域发展援助[2]与区域发展控制。区域发展援助主要是指针对存在经济发展落后、经济萧条、民族矛盾冲突和政治不稳定、生态环境脆弱等问题的区域实施支持或帮助以促进其加快发展；而区域发展控制则主要是针对经济发展水平较高的过度膨胀与集中的大城市或城市群等问题区域采取限制或控制以提高发展质量。这两种解决区域问题的行为必须通过一定的工具或手段才能实现，于是就产生了国家层面针对区域问题而在某些特定区域实施的政策，即区域政策（regional policy）。从本质上来说，区域政策是区域发展援助②与区域发展控制两种干预区域经济方式的具体政策化，或者说是政府干预区域经济行为的实施载体。

目前学术界对区域政策的概念认识尚不统一，不同的专家学者对其内涵理解亦存在一定差异，进而导致对区域政策的类别划分存在较大差异，加之区域政策本来就存在作用对象、作用层次、作用功能等多种不同的划分视角，因而造成了目前的多样化区域政策类型的划分。例如：①区域经济政策、区域社会政策、区域政治政策、区域民族政策、区域文化政策、区域环境政策；②区域补偿政策、区域发展政策；③宏观区域政策、微观区域政策；④落后区域政策、萧条区域政策、膨胀区域政策；⑤政府直接干预型区域政策、市场引导型区域政策；等等。总之，当前的区域政策类型划分显得较为凌乱，多有交叉重叠与矛盾之处，而且也有不少学者因对区域政策的含义理解有误，进而导致类型划分时甚至将

① 邬晓霞：《中国国家区域援助政策体系研究》，首都经济贸易大学出版社 2011 年版，第 1 页。
② 区域发展援助是一个国家的中央政府运用一定的国家区域经济政策对在经济发展方面存在严重障碍的"问题区域"进行具体的发展援助，使其尽快克服发展障碍，走出困境，缩小或消除与发达区域的发展差距。参见张丽君《区域经济政策》，中央民族大学出版社 2006 年版，第 58 页。

区域发展战略与区域规划也视作区域政策，这是需要及时纠正的错误之处。①对区域政策类型的科学划分除了需要对区域政策概念准确理解外，还需明确区域政策的制定与实施的行为主体，而关于区域政策的行为主体目前也存在一定的争论，但核心问题是，除中央政府作为主要的行为主体外，地方政府是否也应纳入其中？其隐含之意在于，地方政府制定与实施的地方政策是否应属于区域政策。王一鸣根据政策实施主体的不同，认为区域政策可分为超国家层次的区域政策（如欧共体区域政策）、国家层次的区域政策和亚国家层次的区域政策（主要是指地方政府的区域政策），通常所说的区域政策是指国家层次的区域政策，其行为主体是一个国家的中央政府。②而张可云认为将地方政府制定与实施的发展政策也称为区域政策是不正确的，原因在于区域政策始终是一个"来自上面"的政策，其行为主体是中央政府而不是地方政府，地方政府制定与实施的是地方政策，并不涉及区域经济格局③，意指亚国家区域政策从根本上并不能被视作区域政策。而对此观点，殷存毅从中国改革实践的现实出发又予以反驳，认为区域政策的行为主体应是多元的，在市场经济体制下，分权化改革使得地方政府在有关政策上具有相当大的自主权，地方政府应该成为区域政策的一个重要行为主体。④本书认为，如果地方政府具体执行与实施的是国家制定的区域政策，自然当属区域政策而不是地方政策，而对具有足够自主权益的地方政府而言，其针对本地区自主制定与实施的具有区域内特定空间指向（通过有目的的区域倾斜影响区域内部发展格局）的政策也应属于区域政策的范畴，而其他的一般性地方政策均不应属于区域政策。就中国现实来看，区域政策的行为主体主要是中央政府，而地方政府主要是执行中央政府制定的区域政策，但随着中国改革开放以来分权化改革的推进，较多的权限下放给地方，地方政府的自主权越来越大，因此，在满足某些条件的情况下，中国地方政府也理

<hr />

① 目前中国有不少学者将改革开放以来实施的东部率先发展战略、西部大开发战略、振兴东北老工业基地战略以及中部崛起战略等均视作区域政策。参见张可云《区域经济政策》，商务印书馆2005年版，第40—42页。
② 王一鸣：《中国区域经济政策研究》，中国计划出版社1998年版，第1页。
③ 张可云：《区域经济政策》，商务印书馆2005年版，第10页。
④ 殷存毅：《区域发展与政策》，社会科学文献出版社2011年版，第83页。

应属于区域政策的行为主体之一。

　　综合以上分析，本书认为无论从哪个角度对区域政策进行划分，要保证其科学性、准确性与实用性都必须把握住两个方面：一是区域政策作用于具体而明确的问题区域，具有特定而清晰的区域指向性，并对区域发展格局产生积极的影响；①二是区域政策的行为主体主要是中央政府以及满足某些条件的地方政府。从上文对区域政策产生的过程分析中可以看出，区域政策本质上是针对区域问题的区域性政策，属于国家公共政策体系的重要组成部分，是专门为解决区域问题而制定与实施的有目的性的干预区域发展的一种工具或手段，由一系列具体政策组成。严格来说，区域政策有广义与狭义之分。广义的区域政策也称为区域发展政策，包括区域经济政策、区域社会政策、区域文化政策、区域政治政策以及区域生态政策。而狭义的区域政策即一般经常讨论中的区域经济政策，所以区域经济政策（regional economic policy）一般简称为区域政策（regional policy）。②遵照一般约定，本书中所说的区域政策均是指国家层次的区域政策，即国家区域政策。③事实上，区域政策产生的效应是广泛而复杂的，区域经济政策对区域政治稳定、区域文化繁荣、区域社会发展和区域生态保护均可能产生积极的影响，反过来，区域政治政策、区域文化政策、区域社会政策以及区域生态政策均可能对区域积极政策产生不同程度的影响。简言之，区域经济政策与其他区域政策之间是互动而非静态的关系。此外，区域政策的目标也并不应是单一缩小区域经济发展差异的经济目标，还包括社会目标、政治目标以及环境目标等。因此，本书中的区域政策是个广义的概念，泛指针对区域问题的各种类型的区域政策，但主要是指区域经济政策。

　　从中国实际来看，随着经济社会的不断发展，新中国成立以来，中

---

　　①　意指区域政策不但要具有区域倾斜的特征，而且还要对缩小区域发展差距产生积极的效应。中国"沿海发展战略"下的经济特区政策、沿海开放城市政策等并不是真正意义上的区域政策。参见张可云《区域经济政策》，商务印书馆2005年版，第447页。

　　②　张丽君：《区域经济政策》，中央民族大学出版社2006年版，第1页。

　　③　事实上，国家区域政策与上升为国家战略的国家级区域规划是密切相连的，国家级区域规划的实施能够得到国家政策的支持，对特定区域支持性政策的力度、范围和工具等需符合国家区域政策的基本要求。

国区域政策伴随着区域问题的动态变化经历了一个演变过程，从零散的区域政策到带有区域政策性质的措施出台，再到目前仍不完善的区域政策体系，区域政策的重点在不断发生转变。改革开放以来，中国区域政策的重点主要在于解决贫穷落后的问题，进入 21 世纪以来，区域差距扩大与区际矛盾冲突、老工业基地老化衰退和城市膨胀等问题成为政策关注的焦点。[①] 从区域问题表征的角度，可以将中国的问题区域划分为经济发展落后的贫困地区、处于经济衰退中的老工业基地、结构单一的资源枯竭城市、过度膨胀的大都市区、财政负担沉重的粮食主产区、生态环境退化地区、自然灾害突发区、各种矛盾交融的边境地区七种类型，其中，经济发展落后的贫困地区是中国最常见的问题区域，并且在中国分布范围广泛，传统的农业区、少数民族聚集区、生态脆弱地区等都有一定数量的贫困地区存在。而过度膨胀的大都市区，因为人口和经济活动的密集，造成都市生产生活成本攀升，出现了一系列的负面效应。[②] 由于问题区域依靠自身的力量均不能解决本区域内所存在的各种问题，因而需要上一级政府，尤其是中央政府的政策支持与援助。对应中国当前主要的区域问题，根据现有研究，从区域政策的本质属性出发，同时按照政府干预区域经济的两种方式，即区域发展援助与区域发展控制，本书将目前中国的区域政策划分为区域发展援助政策[③]和区域发展控制政策两大类型。这一划分不但避免了政策内容的交叉重复，而且也更为符合中国当前实施的区域政策现实。区域发展控制政策主要是指针对中国城市发展规模过大的区域实施一定的限制以消除城市膨胀带来的一系列问题的政策措施。随着中国城市的发展，城市膨胀带来的问题已日渐凸显，交通拥堵、住房紧张、环境污染等城市病在东部大城市出现，城市流动人口问题、拆迁问题、老龄化问题等社会问题比较突出，[④] 引起了决策层对制定区域发展限制政策的考虑，但目前仍未有实质性突破，国家层面的区域政策

---

① 张可云：《区域经济政策》，商务印书馆 2005 年版，第 456 页。

② 邬晓霞：《中国国家区域援助政策体系研究》，首都经济贸易大学出版社 2011 年版，第 98—99 页。

③ 从现有的国内外研究文献来看，区域发展援助政策已经从区域政策中划分出来，并且对其有各种不同的理解，关于区域发展援助的概念阐释与界定请参见本书第三章中的阐述。

④ 张敦富：《城市经济学原理》，中国轻工业出版社 2010 年版，第 445 页。

框架和法律规范依然没有出台。而对于区域发展援助政策，目前学术界的概念界定尚有争议，对中国区域发展援助政策的体系构建还处于讨论阶段，对区域发展援助政策的实施效果评价还存在争议，[①] 但在实践中对贫困地区的发展政策已比较系统[②]，贫困地区作为中国长期性最受关注的问题区域，从改革开放以来一直是中央政府十分重视的区域，可以说其发展滞后直接导致了中国区域差异的拉大，因而是区域发展援助政策的长期作用对象。

　　西藏是中国区域经济发展格局中最为落后、最不发达的地区，同时也是中国区域性贫困问题最突出的地区，[③] 属于中国扶贫开发中确定的唯一的省级特殊集中连片贫困地区，[④] 集传统农牧区、少数民族聚集区、生态脆弱区等多重特征于一体。在中国市场经济体制和外向型发展战略不变的前提下，不同地区之间的经济发展不平衡格局还有可能进一步拉大，西藏面临着与其他省份发展差距拉大的危险，这将严重危害西藏地区的社会稳定。[⑤] 因此，西藏一直是中国区域问题最为密集、最为复杂的典型地区，也是国家给予政策扶持力度最大的地区。在国内发展援助中，对西藏的区域发展援助较早，始于20世纪50年代初的国内各省市区给予西藏的人、财、物的援助，但真正形成规模与系统是在1994年7月召开的中央第三次西藏工作座谈会之后，中央确定了由内地省市、中央企业和中央各部委对口支援西藏，从而有力地推动了对口援藏[⑥] 的规范化和制度化，形成了完善的发展援助政策体系。

---

　　① 　参见邬晓霞、魏后凯《国家区域援助政策的理论依据效果及体系构建》，《中国软科学》2009年第7期，第94—103页；邬晓霞：《国家区域援助政策的国际经验及对中国的启示》，《经济研究参考》2011年第33期，第22—29页。

　　② 　张可云：《区域经济政策》，商务印书馆2005年版，第456页。

　　③ 　白玛朗杰等：《中国西藏农村扶贫开发报告（2011）》，西藏藏文古籍出版社2012年版，第13页。

　　④ 　2001年中央第四次西藏工作座谈会指出，把西藏作为特殊集中连片贫困区域给予重点扶持。参见白玛朗杰等《中国西藏农村扶贫开发报告（2011）》，西藏藏文古籍出版社2012年版，第33页。《中国农村扶贫开发纲要（2011—2020）》将已明确实施特殊政策的西藏列为14个贫困连片地区之一。

　　⑤ 　王代远：《全国支援西藏工作的经济社会效益研究》，西藏藏文古籍出版社2012年版，第8页。

　　⑥ 　对口援藏已成为一种约定俗成的习惯性称谓，是对口援助或对口支援西藏的简称，常常直接使用以表示对口支援西藏的政策，因此，本书所使用的"对口援藏"一词即指对口援助西藏的发展援助政策，"援藏"则是指援助西藏或对西藏的发展援助的简称。当然，对口援藏也可以视为援助的一种方式，关于对口援藏的概念阐释请参见本书第二章中的详细阐述。

　　对口援助政策是中国区域发展政策的重要组成部分，对口援助在发展区域经济、缩减区域差距、协调区域关系和促进社会进步上起着重要推动作用。[①] 作为一种区域性援助方式，对口援助是区域发展援助的一种特殊形式，它既具有区域发展援助政策解决区域问题的一般性特征与功能，同时亦具有其特殊性，尤其是对于区域问题密集的西藏而言更是如此。西藏是新中国成立以来最先实施对口援助的区域，自 1994 年中央第三次西藏工作座谈会正式将"对口援藏"作为一种制度性安排，已有 20 多年的历史。相较于其他地区，对口援助在西藏实施的范围最广、程度最深，学术界和实践层的关注度也最高。尽管对口援助发挥了多种优势，促进了西藏经济社会发展，但对其的批评也并不鲜见，这种批评主要集中在质疑对口援藏的有效性上，人们通常会将大规模的人力、物力、财力等投入与产生的实际效果进行比较。事实上，这种批评也正是对口援藏不得不面临的现实与理论问题的反映：一是西藏农牧区经济发展水平依然严重滞后于城镇，城乡收入差距仍然较大，广大农牧民人均纯收入尚达不到全国平均水平，社会矛盾较为复杂；二是虽经过强力的对口援助，但西藏的自我发展能力并没有得到明显增强，对口援藏从"输血"向"造血"的转型仍然没有完成；三是长期以来，现有研究对于对口援藏问题研究还比较薄弱，只有少数学者关注到了对口援藏实施过程中存在的一些问题影响到了援助的有效性，但也并没有深入系统分析对口援藏有效性及其影响因素等问题，忽略了一些重要问题，如为什么要对西藏实施对口援助；如何科学认识和评价对口援藏有效性；影响对口援藏有效性的主要因素有哪些，这些因素的影响程度和大小如何；如何提高对口援藏有效性。解答这些关键性问题无疑对深刻认识对口援藏有效性具有重要意义。我们认为，正是对对口援藏的相关概念、有效性及其影响因素等问题的研究不足，才导致了对其实施效果存在质疑，而且"钳制"了对口援藏有效性的进一步提高。需要特别指出的是，由于西藏是政治、军事、生态敏感区域，具有其特殊性，因此对口援藏的实施实际所产生的有效性应包括经济、政治、社会、文化、生态等多个维度。除了产生经济效

[①]　陈静:《区域经济发展中的对口援助模式与运行研究》，博士学位论文，西南财经大学，2013 年，第 1 页。

应外，对口援藏还会对社会稳定、国家认同、民族团结、文化交流等多个领域产生效应。本书主要是从经济学意义上来研究对口援藏的有效性，对对口援藏产生的经济有效性进行深入系统的分析，至于其他维度的有效性，由于难以量化，不是本研究的重点，本书仅仅是在必要的时候作简要的定性分析。

根据以上从抽象理论背景到具体现实背景的分析，鉴于区域发展援助政策对中国发展滞后的贫困区域的重要性，在目前中国区域发展援助政策研究尚不成熟的背景下，本书以区域发展援助政策中已较为系统的发展援助政策的典型——对口援藏为例，通过一个区域对全面的区域问题进行展示与研究，以小见大，着重需要解决的关键科学问题有如下几个：①为什么要对西藏进行发展援助？[①] ②为什么对西藏的区域发展援助选择了对口援助的方式？③怎样科学认识对口援藏的有效性？④如何衡量和评价对口援藏有效性？④影响对口援藏有效性的主要因素有哪些？这些因素的影响状况如何？⑤如何提高对口援藏有效性？本书正是基于对这些问题的理性思考与科学分析而立题的，这些问题是本书在相关章节进行深入考察与研究的核心。

二 研究意义

（一）现实意义

新中国成立以来，中国的区域发展援助政策大致经历了三个阶段。第一阶段，时间跨度上为 1949—1978 年，为中央集权的计划经济体制下的零散性援助阶段。这一时期的国家发展援助主要是针对民族地区、边疆地区以及革命老区，尤其是在人力、物力、财力和技术等方面对西藏、新疆等少数民族地区给予支援与帮扶。第二阶段，是从改革开放后到 20

---

① 因西藏除具有一般性区域的共性之外，还具有其自身的个性，这些个性主要体现在其自然地理条件、经济制度、社会制度、政治地位、宗教文化、民族心理、人口特征等方面的特殊性上（某些学者称之为民族"个性"较强的区域）。参见《中国共产党西藏工作理论与实践若干重大问题研究》、课题组《中国共产党西藏政策的内涵及决策模式研究》，《中国藏学》2011 年第 2 期。对西藏的发展援助不能只从一般性的区域援助角度来认识，对西藏实施援助的目的不能简单地理解为只是对其发展的干预。但同时需要强调的是，对西藏的认识上亦不能存在强化其特殊性的倾向，从对事物认识的辩证角度来看，对西藏的认识既要看到矛盾的特殊性而又不能忽视其普遍性。

世纪末，为区域发展援助的初级阶段。这一时期，区域援助的对象主要是贫困地区①、民族地区、边疆地区和革命老区，突出的标志有两个：一是 20 世纪 80 年代初国家开始实行扶贫开发政策，扶贫进入大规模展开和攻坚时期，相继出台了一系列重要的扶贫政策文件，如 1984 年的《关于帮助贫困地区尽快改变面貌的通知》、1994 年公布实施的《国家八七扶贫攻坚计划（1994—2000）》，以及 1996 年的《关于尽快解决农村贫困人口温饱问题的决定》等；二是国家采取了一系列政策措施促进民族地区发展，对民族地区的援助更加集中、援助手段逐渐规范化，如 1994 年正式确立了对口援藏工作机制，1998 年发起了兴边富民行动。②其中最为典型的是中央于 1980 年、1984 年、1994 年分别召开了三次西藏工作座谈会，逐步确立了对口援藏工作机制，对西藏的发展援助政策从不规范、不固定到逐渐制度化、机制化和稳定化。第三阶段，是从 2000 年开始至今，是区域发展援助的拓展与强化阶段，该阶段内，国家区域发展援助对象进一步拓展延伸，陆续实施了西部大开发战略、振兴东北老工业基地战略、中部地区崛起战略等一系列重大区域发展战略，增加了对西部地区（其中含存在矛盾冲突的边疆民族地区）、发展滞后的中部地区、经济处于相对衰退的东北老工业基地、资源枯竭城市以及自然灾害突发区等区域的发展援助，与此同时，扶贫开发进入强化阶段，扶贫开发目标从解决贫困人口温饱转向脱贫致富，扶贫开发政策得到不断完善。2001 年、2011 年相继出台了《中国农村扶贫开发纲要（2001—2010）》《中国农村扶贫开发纲要（2011—2020）》。同时，民族地区发展援助政策逐渐完善，国家支持发展民族特色产业，对民族地区贸易给予照顾，优先解决特困少数民族贫困问题，扶持人口较少的民族的经济社会发展。2001 年、

---

①　中国贫困发生率高、贫困人口集中的地区主要分布在中西部，如青藏高原区、武陵山区、秦巴山区、燕山—太行山区等。

②　"兴边富民行动"于 1998 年由国家民委倡议发起，目的是帮助边境民族地区尽快摆脱贫困落后状况。"兴边""富民"是振兴边境、富裕边民的简称，"行动"表明是全社会广泛参与的开发建设实践活动，是有计划、有组织进行的系统工程。开展兴边富民行动，主要是要加大对边境地区的投入，加大帮扶力度，使之尽快地发展起来，逐步跟上全国发展的步伐，使之逐步缩小与发达地区之间的差距，促进边疆与内地的协调发展。该行动实施范围包括全国 135 个边境县（旗、市、市辖区）和新疆生产建设兵团的 56 个边境团场，有民族自治地方 107 个，国土面积 190 多万平方公里，在 2100 万的边境总人口中，少数民族人口占 48%。参见 http://baike.baidu.com/view/4774511.htm?fr=aladdin。

2010 年中央分别召开了第四次、第五次西藏工作座谈会，对西藏的对口支援力度明显加大，并提出了要将援助资金与项目重点向农牧区、向基层倾斜的要求。尽管发展援助政策确实在缓解贫困、解决落后地区经济社会发展方面取得了一定成效，但是由于中国区域问题的复杂性，区域发展援助政策体系十分不完善，仍是在大战略框架下进行的，没有科学明确的问题区域划分，发展援助政策呈分割化且交叉重复，多数政策尚未形成自身的体系化，就更难以形成国家层面发展援助政策之间的协同化。

西藏深居亚洲内部，地处中国西南边陲、青藏高原西南部，平均海拔在 4000 米以上，是藏族人口占比超过 90% 的高度聚居的少数民族地区，由于自然地理环境、发展基础和历史等原因，长期以来，西藏经济社会发展程度远远落后于内地，西藏农牧区经济社会发展尤其落后，农牧民生活水平十分低下。尽管西藏经济社会发展落后，但却是重要的国家安全屏障、重要的战略资源储备基地，同时也是生态脆弱地区。西藏作为发展援助的典型问题区域，其区域问题主要表现在如下几个方面。第一，经济十分落后，经济形态呈非典型二元经济结构，贫困问题集中，人民生活水平较低，自我发展能力较弱，主要依靠中央供给，形成了总体供给模式；社会发育程度低，社会运行机制呈非典型二元结构，社会机制中的非经济因素（如宗教）直接影响经济发展。[1]第二，生态环境极为脆弱，由于地处江河源头和高原地区，一旦遭受破坏，生态重建较为困难。中央第五次西藏工作座谈会对西藏发展的战略定位之一是"重要的生态安全屏障"。第三，政治较为敏感，这一区域是国内外分裂势力从事各种分裂国家、威胁国家利益的重点地区。因此，维护社会稳定与打击分裂祖国的活动是首要任务。第四，军事地位特殊，西藏属于边疆地区，地域辽阔，边境线长，紧邻他国，战略地位险要，且历史上与他国在边界上存在争议。保障国家安全、维护国家主权和领土完整是国家的核心利益，因而中央第五次西藏工作座谈会对西藏发展的战略定位之一就是"重要的国家安全屏障"。此外，这一区域还存在民族、宗教等非经济因素，使得区域问题更为复杂化。作为中国区域发展援助的典型地区，西藏的安全、稳定与发展事关国家的繁荣与稳定，西藏全面建成小康社会的进

---

① 参见孙勇《非典型二元结构下的发展改革》，中国藏学出版社 2000 年版，第 30—34 页。

程与 2020 年国家全面建成小康社会密切相关。2014 年 8 月 25 日，俞正声同志在对口支援西藏工作 20 周年电视电话会议上指出，"对口援藏工作的重大决策是完全正确的，符合我国国情、西藏区情和全国各族人民的根本利益"，"对口支援西藏工作的指导思想、基本要求、工作方法对四川、云南、甘肃、青海四省藏区也是适用的"①。目前对于对口援藏的有效性进行较全面而系统的分析与评估还非常欠缺，提高对口援藏有效性还缺乏相应的对策举措。因此，本书以伴随中国区域发展援助政策演变而形成的对口援藏为例，解析 20 多年的对口援藏历程，解释对口援藏的制度化形成、评估对口援藏有效性，探寻影响对口援藏有效性的主要影响因素，提出改进现有对口援藏模式的对策建议，这不仅对改进对口援藏工作机制、改善西藏民生、缩小城乡差距、增强自我发展能力等具有重要的现实意义，而且对推动对口支援这一发展援助方式在其他地区的有效实施，促进中国区域经济协调发展、国家社会稳定以及民族关系和谐具有重要的现实意义，同时对于完善中国区域发展援助政策体系、指导政策制定与实施等实践工作亦具有十分重要的意义。

（二）理论意义

区域发展援助是区域经济学研究内容的重要组成部分，属于区域政策的核心内容。囿于研究视角的差异，关于区域政策的理论研究，从发展援助的角度来进行研究的较少，客观上看，区域发展援助是当前区域政策理论研究中的薄弱环节。事实上，当区域政策理论形成时，区域发展援助对援助本身的研究就较为匮乏，而现实中针对具体区域援助的研究也较少。

作为中国国内最先开展对口援助的区域，西藏的对口援助规模大、程度深，对当地的经济社会发展产生的影响深，是发展援助中的典型。然而，对口援助是在几乎没有任何理论指导的背景下摸索着进行的，1994 年中央第三次西藏工作座谈会确定了全国 15 个经济相对发达的内地省市按照"分片负责、对口支援、定期轮换"的援藏政策对口支援西藏 7 个地市，各援藏单位只是将对口援藏作为一项需要承担完成的政治任务，并怀着支援祖国落后地区、边疆地区建设的良好愿望，投入规模庞大而复杂的援藏工作中去的，但事实上，无论中央还是援助单位，都没有对对口援助进行

———————————

① 俞正声：《对口援藏工作 20 周年电视电话会议召开》，《人民日报》2014 年 8 月 26 日。

充分、详细而深入的研究。长期以来，学术界对于对口援藏问题的理论研究较少，而且实证研究也不充分，这导致对口援藏的理论基础非常薄弱。少数学者关注到了对口援藏，并注意到援藏工作中存在的一些问题影响到了援藏的效果，而关于对口援藏有效性缺乏系统、全面的直接研究，尤其是从农牧民的视角来看待对口援藏的有效性，建立起适宜评价对口援藏有效性的模型，在目前的理论研究成果中尚未看到。因此，本书对存在质疑的对口援藏有效性问题进行量化评估，不但有助于拓展对口援藏分析的理论视角，弥补当前对对口援藏研究的不足，为对口援藏初步建立理论基础，而且还有利于促进中国区域发展援助理论体系的完善。

第二节　研究思路及研究目标

一　研究思路

本书遵循科学的研究程序，从现实问题，即中国在经济转轨过程中出现了多种多样的"问题区域"出发，为从根本上解决由此产生的一系列问题，促进区域协调发展和经济社会稳定健康发展，首先需要对"问题区域"进行识别，再对某些关键性问题区域进行重点援助。本书以"问题区域"为研究起点，以发展经济学、区域经济学、制度经济学等相关理论为研究基础，以对口援藏为研究对象，以有效性为研究内容，先是搭建对口援藏有效性的理论分析框架，对援助、区域发展援助、对口援藏、对口援藏有效性等核心概念进行辨析与界定，分析对口援藏的运行特征，阐明对口援藏有效性评价的必要性，并对对口援藏的国内外实践进行总体上的分析与认知，厘清对口援藏与区域发展援助的关系，为后文奠定分析基础；然后考察对口援藏的形成及演进过程，运用制度经济学的相关理论分析解释其形成原因、内在动力及变迁方式等，深化对对口援藏性质的理解，为衡量和评价对口援藏有效性奠定基础；紧接着对如何科学衡量和评价对口援藏有效性进行分析与讨论，确立对口援藏有效性的衡量原则与方法；随后对对口援藏运行的有效性进行实证评价，得到对口援藏的客观性评价结果，并对影响对口援藏有效性的主要因素进行实证，得出各影响因子的影响方向与程度，以揭示现行对口援藏政策所存在的主要问题，并给出分析与解释；最后，根据研究结论的政策含义，提出提高对口援藏有效性的对策建议，并指出需要进一步研究的方向。本书的研究思路遵循了应用经济学的一般思维轨迹，可简单地概括为：以分析对口援藏有效性为逻辑起点，沿着认识有效性、评估对口援藏有效性到如何提高对口援藏有效性这样一条线索，展开全书的逻辑架构。与此相一致，技术路线遵循了"现状梳理—理论分析—定量研究—对策建议"这一研究脉络。技术路线如图 0–1 所示。

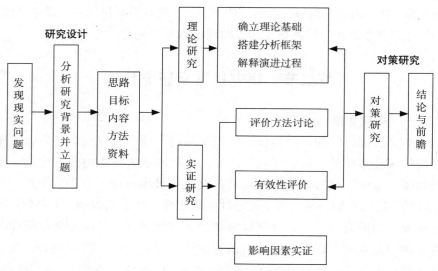

图 0–1　研究的技术路线

二　研究目标

本书的总体目标是运用经济学理论与方法，深入系统地探究对口援藏的形成原因、有效性及其影响因素等核心问题，为优化对口援藏模式和对口援藏良性运行的政策设计提供理论与实证支持，同时为建立健全中国区域发展援助政策提供理论参考与借鉴。为达到本书的研究目的，需要实现的具体目标有：①正本清源，厘清援助、发展援助、援藏、对口援藏等具有争议性的概念范畴；②明晰对口援藏的制度化形成与变迁过程，并运用制度经济学相关理论给予理论解释；③科学认识对口援助，寻找对口援助有效性的认识方法及其衡量方法；④实证分析评价对口援藏的有效性及其影响因素的作用，弄清影响对口援藏有效性提升的根本性障碍；⑤为对口援藏体系的良性运行及有效性提升提出切实可行的途径。

第三节　研究内容及研究方法

一　研究内容

本书以对口援藏为主要研究对象，研究的主要内容是，解析1994年以来对口援藏的形成原因、演进轨迹及主要特征，系统评价对口援藏实施20多年来所产生的有效性，揭示影响对口援藏有效性的各主要因素的影响程度与作用方向，并提出改进现行对口援藏模式和提高对口援藏有效性的对策措施。本书的研究内容从结构上可分为导论、理论研究、实证研究和对策研究四大部分共八章，各部分具体内容如下。

第一部分为导论。本部分主要阐述该书的立题依据，明晰的研究背景，提出主要的研究问题，指出本研究的理论意义与现实意义，明确研究思路、研究目标、研究内容及研究方法，指出研究可能的创新之处，并对研究中所使用的资料来源进行说明。

第二部分为理论研究，包括第一章"文献综述与理论基础"、第二章"对口援藏有效性的分析框架"、第三章"对口援藏的形成及演进过程分析"共三章。此部分首先对国内外发展援助尤其是援助有效性及对口援藏的相关研究文献进行梳理与述评，同时挖掘本研究中所需要借鉴使用的经济学理论，包括发展援助理论、区域经济干预理论、横向财政均衡理论和制度变迁理论等，为本书奠定坚实的研究理论基础。其次，对本书中所涉及的相关概念进行阐释与界定，厘清援助、区域发展援助、援藏、对口援藏有效性、农牧民需求等核心概念，对对口援藏的运行特征、运行有效性评价的必要性进行一般性理论分析，同时对对口援藏的国内外实践经验进行总结，形成对对口援藏的基本认知，从而搭建起本书的理论分析框架，为核心部分的分析提供理论支撑。最后，从制度变迁的角度全面考察对口援藏20多年历程，分析对口援藏形成及演进过程，揭示对口援藏的制度变迁特征及内在规律，包括变迁的动力、主体、方式及路径依赖等。

第三部分为实证研究部分，包括第四章"对口援藏有效性的衡量方法"、第五章"对口援藏有效性评价的实证分析"、第六章"对口援藏有效性主要影响因素的实证分析"共三章。该部分为本书的核心部分，先是对如何科学衡量对口援藏有效性进行分析讨论，确立衡量的标准和评价的方法。然后采用数据包络分析（DEA）方法和曼奎斯特（Malmquist）指数方法，构建对口援藏有效性评价的实证模型，选取合理的对口援助投入与产出指标数据，得出对口援藏有效性及其变动的客观评价。最后，根据理论分析和借鉴已有研究成果，确定影响对口援藏有效性的主要因素，构建 Tobit 面板数据计量模型，通过实证来检验各主要因素对对口援藏有效性的作用方向及影响程度，并进行分析与解释，探究提高对口援藏有效性的主要途径。

第四部分为对策研究部分，包括第七章"提高对口援藏有效性的对策建议"、第八章"研究结论与研究前瞻"共两章。本部分首先综合前文分析结果，提出提高对口援藏有效性的主要途径，改进现有对口援藏模式的政策操作思路及主要对策建议，然后归纳总结全书的研究结论，并指出本书的研究不足及以后需要进一步深化研究的方向。

本书章节内容的框架结构如图 0-2 所示。

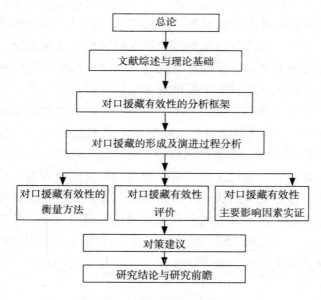

图 0-2　研究内容的框架结构

二　研究方法

社会科学与自然科学的不同之处在于，自然科学解释自然现象，自然现象中各个变量本身没有自发的意识，而社会科学解释社会现象，社会现象要解释的是人，是决策者，而人会受很多主观意志的影响，所以比自然科学的现象更复杂。[①] 因此，采用科学合理的方法研究社会科学问题是研究成功的关键所在。迄今为止的经济学分析方法主要有两种：一是哲学思维方法；另一种是数学分析方法。[②] 其中，哲学分析方法是马克思主义政治经济学的基本分析方法，科学的抽象法是马克思的唯物辩证法的具体运用。科学的抽象法包含相互联系的两个思维过程：一是从具体到抽象的研究过程，就是依据唯物辩证法，对普遍存在的具体经济现象进行分析，撇开次要的因素，从中找出最基本、最一般的东西，并综合它的各种发展形式及其内在的必然联系，阐明经济范畴，揭示经济规律；二是从抽象到具体的叙述过程，也就是依据前一过程的结果，从最一般、最基本的范畴开始，循着由简单上升到复杂的思维过程建立逻辑体系。[③] 而这两个逆向的思维过程分别对应着研究与叙述的两种方法，这两种方法相互联系，密不可分，共同构成一般性的抽象分析法。事实上，马克思的抽象分析法作为科学的经济学研究方法，它所包括的研究方法和叙述方法并不是马克思主义经济学理论体系的特有方法，而应成为经济学研究的一般方法。因此，从宏观上来讲，本书是按照科学的抽象分析法的要求，先通过对对口援藏这一特殊的发展援助形式不断抽象化掉其多种特殊性后，揭示其一般性特征，达到从认识现象到认识其本质的研究过程，然后再按照从抽象的理论分析到具体的对口援藏考察的叙述过程，从而建构起本书的逻辑。从微观上看，本研究将主要采用如下研究方法。

（一）文献研究方法

通过对国内外区域发展援助、援藏、对口援藏及其有效性的相关文

---

① 林毅夫：《关于经济学方法论的对话》，《东岳论丛》2004年第5期。

② 洪银兴：《〈资本论〉的现代解析》，经济科学出版社2005年版，第11页。

③ 同上书，第12—13页。

献进行梳理与述评，深入了解有关援助、对口援藏、援助有效性等核心范畴的争论，对口援藏的形成及演进、对口援藏有效性的评价等研究现状，为本书提供研究基础与理论支撑。

（二）规范分析与实证分析相结合的方法

规范分析主要是与理论研究和对策建议相关的分析，实证分析则是与数据和事实相关的分析。本书中理论研究和政策研究部分主要按照规范研究的基本要求，在一般分析框架的构建中将会运用到发展经济学、发展学、区域经济学、制度经济学等学科的多种具体分析工具与方法。实证研究部分，本书将采用统计分析、数据包络分析、曼奎斯特指数方法、Tobit 计量模型分析等多种实证方法对对口援藏的运行现状、对口援藏有效性、影响对口援藏有效性的主要因素等核心内容进行实证分析。

（三）定性分析与定量分析相结合的方法

本书对对口援藏一般分析框架构建、对口援藏的形成及演进过程、对口援藏有效性衡量方法等以定性分析为主，定性分析中使用比较分析、制度分析等方法，对对口援藏的有效性评价、影响对口援藏有效性的主要因素等则采用定量研究为主，同时兼有定性分析。

（四）实地调查研究方法

笔者深入西藏拉萨、日喀则地区、山南地区等地，对援藏干部、农牧民、城镇居民等进行参与式观察和深入访谈调查，获取藏民对对口援藏项目实施效果的主观评价等多方面的访谈资料，通过亲身感受与体验强化了对对口援藏成效的认知，为本书的研究提供了重要依据，可以作为验证本书实证部分所得结论的参考。

第四节　研究的资料来源

本研究所使用的研究资料既有国家法定或权威部门公开发布的资料，同时也有西藏自治区相关部门的调研资料，以及政府部门相关官方网站、报纸等资料。具体来说，主要包括《西藏统计年鉴》《中国统计年鉴》《中国民族统计年鉴》《新中国六十年统计资料汇编》《西藏自治区国民经济和社会发展统计公报》，以及国家统计局网站、西藏政府网、中国西藏新闻网援藏 20 年大型专题、山东援藏网、湖北援藏网等官方网站和《人民日报》《西藏日报》《中国民族报》等报纸资料。西藏自治区相关部门的调研资料主要来自王代远（2012）①等人的计算整理。此外，还有部分资料来源于中国经济与社会发展统计数据库。由于涉及的数据多、维度广，尤其是在实证分析中，单一软件无法全部完成，故此强调多种数据分析软件的集成应用是本研究的一大特色。在数据整理、汇总阶段运用的软件是 Microsoft Excel 2010，在对对口援藏有效性进行实证评价时运用的软件是 Deap2.1、Spss17.0，在对口援藏有效性的主要影响因素进行实证与分析时主要运用 Eviews7.2 软件。

第五节　研究的可能创新点

本书的可能创新点主要包括研究视角、研究内容和研究方法三个方面。

在研究视角上，本书摒弃主流的从政府和援助方的视角来看待对口援藏的有效性，选择从农牧民需求的视角来衡量和界定对口援藏有效性，为研究对口援助有效性问题提供了一个新的并更加切合实际的视角。

在研究内容上，一是对对口援藏运行特征进行了分析，一定程度上弥补了现有研究对对口援藏体系本身研究薄弱的缺陷与不足；二是尝试将一般运用于微观分析的制度经济学相关理论应用到解释中观的对口援藏形成及演进过程中；三是通过构建数学模型对对口援藏的有效性及其主要影响因素进行实证分析，深化了对对口援藏有效性的定量认识，弥补了现阶段对口援藏有效性实证研究的不足。

在研究方法上，一是将评价相对有效性的 DEA 方法和测度全要素生产率变动的 Malmquist 指数方法等实证分析方法引入对口援藏有效性的评价中；二是通过深入西藏农牧区进行实地访谈调查，获得支援方和受援方对对口援藏项目建设成效的主观评价，将对口援藏有效性评价结论与访谈调查结论相结合，以提高研究结论的可信度；三是在对影响对口援藏有效性的主要因素进行实证分析时，运用了受限因变量的 Tobit 面板数据计量模型，以确保各影响因素估计结果的准确性与可靠性。

---

① 王代远：《全国支援西藏工作的经济社会效益研究》，西藏藏文古籍出版社 2012 年版。

第一章

文献综述与理论基础

第一节　相关研究文献综述

　　无论是国家与国家之间的发展援助，还是一国内针对国家内部的问题区域所实施的国家区域援助，均会采取一定的作用方式或政策形式来予以实施，以期实现制定的援助目标，而对口援助作为国内区域发展援助的重要方式之一也并不例外。尽管多种多样的援助类型在本质上有相似之处，但在内容或形式上仍有诸多区别。国内外学者关于发展援助问题的研究由来已久，但由于研究背景、研究立场及资料来源等方面存在差异，国外学者与国内学者对于发展援助及援藏等问题在研究侧重点、研究观点、研究成果数量等方面均有较大差异性。因此，为尽可能体现各种有关研究文献的核心观点，本书分别对国外与国内的相关研究动态予以综述，以期从中挖掘进一步研究的空间。

一　国外研究动态及述评

（一）关于国际发展援助的理论依据研究

　　自 20 世纪 40 年代第二次世界大战结束后，现代国际发展援助的实践纷纷开始，而真正可以作为国际援助的理论来源并对其产生深远影响的当属发展经济学中的援助理论。事实上，从经济发展的角度来看，国家发展援助的基本理论与发展经济学的核心理论基本一致，都是为了研究如何实现发展中国家经济增长与全面发展，代表性理论有哈罗德－多马（Harrod-Domar）经济增长模型、"两缺口"模型（two-gap model）、大推进理论（the theory of the big-push）等。

20世纪40年代中后期，以凯恩斯的"收入决定理论"为基础的哈罗德－多马经济增长模型认为，本国之外的资本投入和援助的增加可以使发展中国家取得一定的增长率，衡量这种增长率准则足以减少或停止外来援助，在劳动力、资本、技术等增长要素中，经济增长的根本要素取决于以储蓄率为标志的资本积累量。[①]在资本产出比保持不变的前提下，社会储蓄全部转化为投资是实现经济稳定增长的必要条件。事实上，用于投资的资本主要来自两个方面，即储蓄和外汇收入，但大多数发展中国家并不能实现满足经济持续增长的储蓄和外汇收入，从而形成了"储蓄缺口"和"外汇缺口"。基于此，美国经济学家Chenery和Strout于1966年发表的论文《对外援助与经济发展》中提出了"两缺口"模型，该模型理论认为，外国援助对于缓解发展中国家储蓄和外汇收入这两个缺口具有非常重要的作用。[②]这一经济发展模型对早期的国际发展援助产生了深远的影响，从本质上看，该理论的主要观点与哈罗德－多马模型基本一致，都强调了从资本的角度解释发展援助的重要性，只是前者比后者更前进了一步。Rosenstein-Rodan[③]提出了著名的大推进理论，认为发展中国家要摆脱贫困、失业和收入不均等问题就必须增加资本投资，以实现工业化，而发展中国家存在经济基础比较薄弱、投资规模小等问题，要实现工业化必须全面地、大规模地在各个工业部门投入资本，通过投资的"大推动"，提高工业生产规模，产生规模效益，以迅速实现工业化。此外还有Lewis[④]、Kuznets[⑤]等人的储蓄理论以及Leeibenstein[⑥]提出的"临界最小努力理论"，均是强调促进资本形成进而对国际发展援助产生作用的理论，而Nurkse[⑦]的"贫困恶性循环论"和Nelson[⑧]的"低水平均衡

---

① Raymond F. Mikesell, *The Economics of Foreign Aid*, London:Weidenfeld and Nicolson,1968.

② Chenery Hollis B, Strout Alan M, "Foreign Assistance and Economics Development", *American Economics Review*,1966(56),pp.679—733.

③ Rosenstein-Rodan P.N, "Problems of Industrialization of Eastern and South-Eastern Europe", *The Economic Journal*,1943(53),pp.202—211.

④ Arthur Lewis, *The Theory of Economic Growth*,London:Allen and Owen Press,1955.

⑤ Simon Kuznets, *Modern Economic Growth: Rate, Structure and Spread*,New Haven: Yale University Press,1966.

⑥ Harvey Leeibenstein, *Economic Backwardness and Economic Growth*,New York: Wheeler Press,1957.

⑦ Nurkse,R, *The Problem of Capital Formation in Less-developed Countries*,Oxford:Oxford University Press,1953.

⑧ Nelson R, "A Theory of Low Level Equilibrium Trap in Underdeveloped Countries", *American Economics Review*,1956(46),pp.894—908.

陷阱论"则从反面强调了资本稀缺是发展中国家产生贫困的根源，对发展中国家的发展产生了阻碍作用。罗斯托[①]的经济起飞理论认为，应将有限的资本投资于产业联系效应最大的部门，从而带动不发达国家进入经济起飞阶段，并逐步使其摆脱外部援助。20 世纪 70 年代，在凯恩斯主义影响下产生了满足基本需求援助论，并且占据了主要地位。Chenery 等人在《增长的再分配》一书中指出，应该强调增长利益的再分配，将援助的最终目的与贫困问题联系起来。[②]进入 20 世纪 80 年代以后，新制度主义和新自由主义占据了经济发展思想的主流地位，国际发展援助中将注意力集中到发展中国家的制度建设上，受此影响，在进入 90 年代后，国家发展援助中对个体部门的支持更是成为新的援助方式。

此外，从国际政治学的角度为国际发展援助提供理论依据的主要是国际利益理论、超国家理论和从属理论。国际利益理论认为，无论什么样的援助，本质上都是政治性的，主要目标是促进和保护国家利益，没有更高的道德原则。超国家理论认为，援助国集团内部各成员国之间在援助方向和内容上需要整体协调和整合，超越国家界限，避免出现援助重叠、援助效率低下、相互竞争等现象，从而实现援助国集团内部的协调一致，提高国际发展援助的效率，实现集团整体利益的最大化。[③]从属理论（dependency theory），即依附论，它是带有明显政治意识形态的理论，最为著名的是 Prebisch 提出的"中心—外围"理论，该理论认为，"中心"是指决定经济体系发展路径的局部空间，因此这也决定了"外围"依附的局部空间的发展。[④]世界经济关系实际上由占支配地位的工业发达国家作为"中心"、处于被支配地位的生产初级产品的发展中国家作为"外围"而构成，中心国家控制和剥削外围国家，双方关系是不平等的。[⑤]

（二）关于国际发展援助有效性的研究

从国外研究文献来看，对外发展援助的有效性、援助依赖及援助对受援国政治、经济和社会的影响等是学术界关注的核心问题。20 世纪

① ［美］罗斯托：《经济成长的阶段——非共产党宣言》，商务印书馆 1962 年版。
② Chenery Hollis B.et al, *Redistribution with Growth*, London:Oxford University Press,1974.
③ 李小云、唐丽霞、武晋：《国际发展援助概论》，社会科学文献出版社 2009 年版，第 57—58 页。
④ 陈秀山、张可云：《区域经济理论》，商务印书馆 2003 年版，第 208 页。
⑤ 车维汉：《发展经济学》，清华大学出版社 2006 年版，第 89 页。

80 年代，援助的有效性、"援助疲劳"[①]、援助资金数额如何满足受援国发展的需要成为国际社会辩论的三大主题。其中，援助有效性问题是近年来国际发展援助研究中争论的焦点。促进受援国的经济增长是国际发展援助的主要目标之一，这使得国际发展援助从最初就具有浓厚的经济学色彩。[②] 关于援助有效性的最通常解释源于援助—增长的实证文献，学术界对"对外援助与经济增长的关系"这一问题进行了较长时间的研究，但目前仍未有一致性的结论。[③]Chenery 和 Strout[④] 提出了一个关于国外经济援助与受援国经济增长之间关系的理论模型，认为国外援助可以缓解受援国储蓄和收入等瓶颈因素并促进其经济增长。Papanek[⑤] 利用 20 世纪五六十年代的数据研究认为，国外经济援助对于受援国经济增长具有明显促进作用。Gomanee 等[⑥] 指出，援助可以通过为公共投资融资，对一些非洲国家的经济增长产生有益影响，但这些国家的生产率较为低下，使得这种影响的程度并不大。Doucouliagos 和 Paldam[⑦] 利用相关援助与增长的文献，采用后设研究（meta study）的结果表明，援助对增长有微弱的正向效应，但这种效应并不显著。而 Obstfeld[⑧] 采用 Ramsey-Cass–Koopmans 动态优化模型，Gong 和 Zou[⑨] 采用连续时间动态优化模

---

①　"援助疲劳"主要是指援助国国内对援助的支持力度下降。

②　汪淳玉、王伊欢：《国际发展援助效果研究综述》，《中国农业大学学报（社会科学版）》2010 年第 3 期。

③　席艳乐、曹亮、陈勇兵：《对外援助有效性问题研究综述》，《经济学动态》2010 年第 2 期。

④　Chenery Hollis B, Strout Alan M. "Foreign Assistance and Economics Development". *American Economics Review*,1966(56),pp.679—733.

⑤　Papanek, Gustav F, "Aid, Foreign Private Investment, Savings, and Growth in Less Developed Countries", *Journal of Political Economy*,1973,81,pp.120—130.

⑥　Gomanee, K. et al, "Aid, Government Expenditure and Aggregate Welfare", *World Development*, 2005,33(3),pp.355—370.

⑦　Doucouliagos, Paldam, "Aid Effectiveness on Growth: A Meta Study", *European Journal of Political Economy*,2008,24,pp.1—24.

⑧　Obstfeld,Maurice, "Foreign Resource Inflows, Saving, and Growth", in K Schmidt–Hebbel and L.Serven,Eds., *The Economics of Saving and Growth*.Cambridge,USA:Cambridge University Press.

⑨　Gong, Liu–tang and Zou Heng–fu, "Foreign Aid Reduces Labor Supply and Capital Accumulation", *Review of Development Economics*, 2001,5,pp.105—118.

型，以及 Rajan 等人[①]采用新的跨国面板数据和动态回归模型所做的计量研究结论均认为，国外经济援助是无效甚至是不利于受援国资本积累和经济增长的。Burnside 等人[②]利用跨国面板数据计量模型得到的结论是国外援助能够促进受援国的经济增长，但前提是受援国拥有良好的财政、货币和贸易等宏观经济政策，否则援助是无效的，甚至是不利于受援国私人投资的。纽约大学经济学教授 Easterly[③]通过增加面板数据，使用与Burnside 等（2000）相同的解释变量，所得到的研究结论是，外国援助即使在拥有较好宏观经济政策环境的国家中也并不能有效促进经济增长。除以上两种情况外，还有部分观点认为，援助在一些情况下对经济增长有正向促进作用，而在另一些情况下对经济增长有消极负向阻碍作用，因此援助是条件性有效的。这些研究认为，政策环境的好坏、援助量是否适度、某些制度环境等条件差异将会导致对受援国经济增长效应的不同。

在理论分析上，Friedman[④]认为，对外经济援助的目标是值得肯定的，然而由于所使用的方法与目标不相适应，对外经济援助不仅不能促进经济迅速发展，相反很可能会抑制广大民众生活水平的提高。20 世纪60 年代以后，由于国际发展援助在受援国产生的效果存在巨大差异，学术界和援助国都开始反思和分析发展援助的有效性问题。赞成援助有效的一部分学者认为，由于缺乏自我积累和存在路径依赖，发展援助是使欠发达地区摆脱贫困、走向富裕的必由之路，这一研究主要是基于历史演变的角度，以发展援助的成功案例作为佐证，而另一部分学者则认为援助是无效的。事实上，自国际发展援助产生以来，关于援助的有效性问题就一直存在争论。Easterly[⑤]对国际发展援助的效果产生质疑，并以赞

---

① Rajan, Raghuram G. and Subramanian, Arvind. "Aid and Growth:What Does the Cross Country Evidence Really Show?", *Working Paper*,2005.

② Burnside,Craig and Dollar.David, "Aid,Policies, and Growth", *American Economics Review*, 2000,90,pp.847—868.

③ Easterly W.,Levine R., Roodman D, "Aid,Policies and Growth:Comment", *American Economics Review*,2004, 94(3),pp.774—780.

④ ［美］米尔顿·弗里德曼：《弗里德曼文萃》，胡雪峰、武玉宁译，首都经济贸易大学出版社2001 年版。

⑤ Easterly W, "The Ghost of the Financing Gap Testing the Growth Model Used in the International Financial Institutions", *Journal of Development Economics*,1999,60(2),pp.423—438.

比亚为例加以说明，认为国别、文化和制度的差异必然引起受援国和援助国发展诉求的不一致，不可能不带任何目的进行援助。而克里斯托夫[①] 对Easterly 的论著《令人困惑的发展要求》（ *The Elusive Quest for Growth* ）中表达的国外援助不起作用这一观点持批判态度，并认为非洲的许多人仍能够生存，正是由于有了国外援助，单纯强调援助中存在的大量资金浪费了，本身就具有误导性。在得到良好治理的国家中，援助的确促进了发展，即使没有促进经济发展，援助也是有效果的，例如在对抗疾病方面，援助极其有效。但援助项目中存在的一个问题是，接受援助的人是最清楚援助是否奏效的人，但他们在项目评估中却没有发言权，应该找到更为有效的提供援助的方式。罗伯特·卡森[②] 从对外援助的优惠资金的角度，认为优惠资金有利于受援国经济增长、减轻贫困、私营部门发展、政策和机构的改善，但援助的有效性在某些情况下较强，而在另一些情况下又很弱，援助的有效性还有很大的提升空间，援助的成败取决于援助方如何提供援助和受援方怎么样利用援助两方面。Andrew Martin Fischer[③] 基于 Sachs、Easterly、Collier 等关于援助与发展的讨论，认为当前有关援助对发展有益还是无益的讨论被误读了，因为援助的作用只能根据援助战略和更努力地克服发展中国家所面临的结构上的分离状态和不对称状态相结合的途径来进行判断，援助可能有益也可能无益。赞比亚学者 Dambisa Moyo 在其论著《援助的死亡》中指出，西方长期以来的对非援助实际上只是助长了非洲政府的腐败和人民的贫困，阉割了非洲的企业家精神，并使非洲深陷依赖外援的陷阱而不能自拔。[④]

随着对发展援助研究的深入，越来越多的学者逐渐意识到如果仅仅从经济增长的角度来测度援助对发展和生活质量改善的作用是不恰当的。尽管对援助有效性问题的研究集中于探索援助与经济增长间的关系，但也有少数学者就社会福利和发展援助之间的关系进行了初步研究。

---

① ［美］N.D. 克里斯托夫：《援助：是否有效？》，护帆摘译，《国外社会科学》2007 年第 2 期。
② ［英］罗伯特·卡森：《援助的效果》，《金融与发展》（年刊）1986 年刊。
③ ［加拿大］安德鲁·马丁·菲舍尔：《国外西藏与其他藏区经济社会研究参考文选》（打印稿），中国藏学研究中心编译，2004 年版。
④ ［赞比亚］丹比萨·莫约：《援助的死亡》，王涛、杨惠等译，世界知识出版社 2010 年版，第 33 页。

Gomanee 等 [1] 基于 38 个国家 1980—1998 年的面板数据，对援助与福利指数的关系进行了研究，实证表明援助确实与福利水平改善相关联，并进一步指出，援助对福利指数的正向积极效应并不是源自公共支出的增加，而是同时来源于两个方面：一是通过改善穷人进入社会服务和创造收入的途径来直接改善福利水平；二是通过经济增长的途径。Mascarenhas 和 Sandler [2] 认为，因为各个受援国间以及每个受援国所获取的援助形式或类型等存在一定的差异，所以不可能期望援助结果对于每个接受国来说都是相同的。对不同类型的援助，如果受援国政府分别有不同的期望，那么采用单一的援助总量数据进行实证分析而忽视了援助的异质性特征，就必然会导致有偏的估计结果。[3] 因此，必须从不同的视角来审视援助有效性问题，通过检验援助模式、方式、类型等对受援国宏观经济变量的影响才能深刻理解其所起的作用。同时也需要注意，援助双方的偏好、获取的信息量等都对援助有效性有着至关重要的影响。

（三）关于西藏发展援助问题的研究

改革开放之前的早期藏学研究主要集中在西藏的政治、宗教、文化和历史等领域，并没有关注到西藏的经济发展，更没有专门针对西藏发展援助问题展开研究。关于西藏的外文研究文献，研究领域多为传统的藏学领域，并没有直接涉及西藏发展援助问题的研究。

改革开放以后，中国政府开始允许外国研究者到西藏从事田野调查，国外涉及西藏经济发展问题的研究文献也逐渐增多。其中，有少数研究涉及西藏发展援助问题。加拿大学者 Andrew Martin Fischer 对西藏经济社会发展问题的研究成果较多，具有代表性。他还关注到了西藏的发展援助问题，在 2009 年发表的《中国西藏回飞式援助的政治经济学》（"The Political Economy of Boomerang Aid in China's Tibet"）一文中，他将中央补贴和发达省市与企业的援藏总结为"回飞式援助"（boomerang aid），

---

① Gomanee, K. et al. Aid, "Government Expenditure and Aggregate Welfare", *World Development*,2006, 33(3),pp.355—370.

② Mascarenhas,Sandler, "Donor's Mechanism for Financing International and National Public Goods",*The World Economy*, 2006,28(8),pp.1095—1117.

③ Jain S, "Project Assistance Versus Budget Support", *Review of World Economics*, 2007,143(4), pp.694—719.

并通过对西藏的有关统计数据分析认为，中国政府对西藏的大量援助带来了西藏经济总量的增长，但援助不断加剧了西藏对内地的依赖性和经济结构的不合理发展，而援藏资金和产生的经济效益最终通过各种途径又返回到内地援助方。为了维持西藏经济的发展，中央补贴和各省份的对口援藏资金越来越多，但是却效率低下，当地藏民不但没有从援助中获得利益，相反还强化了西藏的贫困和民族歧视。[①]June Teufel[②]研究认为，在中国政府对西藏 20 年来的大规模财政补贴下，普通的藏民已经基本解决温饱，但西藏总体上仍然是中国最贫穷的地区之一。其原因在于，中央的补贴较为粗放，并不集约，回报与投入相比一直在下降，这就导致越来越多的人担心西藏对外部援助依赖的加深。

此外，《设计下的贫困：中国在西藏实行的经济歧视政策》是 Andrew Martin Fischer 的代表性论著，他主要利用中国政府公布的统计数据资料完成了这部论著，其主要结论是：西藏的贫困是国家蓄意制造的，通过政府主导的城乡、产业不均衡发展，来提高城镇经济社会条件，吸引大量的汉族和回族移民到来，从而改变西藏的民族人口结构，而在经济增长中对藏民的社会排斥不断加强，最终边缘化了藏民，迫使藏民为经济利益放弃自身传统生活方式和民族心理。[③]他在其另一部论著《国家主导的经济增长与社会排斥：西藏近期经济增长的挑战》中认为，西藏当前的发展方式注定了其将在最近的十年内依靠外来的财政资源，西藏的发展模式仍然与过去一样，即为了经济增长而依靠政府补贴水平的增长。政府根据西藏当地的需要和能力来缩减和调整工程项目建设以便于当地藏族企业能够参与到项目建设中来，这样会使得资金使用更有效率。[④]

客观地讲，尽管 Andrew Martin Fischer 的研究态度与研究方法有一定可取之处，但他无视西藏自和平解放以来尤其是改革开放以来经济社会

①　Fischer, Andrew Martin, "The Political Economy of Boomerang Aid in China's Tibet", *Chinese Perspective*, 2009(3), pp.38—53.

②　June Teufel, "Economic Development in Tibet under the People's Republic of China", *Journal of Contemporary China*, 2003, 12(3), pp.411—430.

③　Fischer, Andrew Martin, "Poverty by Design: The Economics of Discrimination in Tibet", *Montreal: Canada Tibet Committee*, 2002.

④　Fischer, Andrew Martin. *State Growth and Social Exclusion in Tibet: Challenges of Recent Growth*. Copenhagen: Nordic Institute of Asian Studies Press, 2005.

发生的巨大变化，更忽视了西藏广大农牧民自和平解放以来生活水平的显著变化，曲解中央的西藏政策，得出了中央政府通过各省市援藏蓄意造成了西藏的贫困的结论，显然这有悖于现实，其研究也难以得出公正客观的研究结论。

国外关于援藏问题还存在较多的外围研究成果。1985 年，美国凯斯西部保留地大学 Melvyn C.Goldstein 教授成为改革开放后第一位获准入藏进行考察研究的学者，他先后多次进入西藏从事调查研究，获取了大量的第一手资料，分析研究了中国改革开放对西藏传统农牧业产生的深远影响，进而对西藏经济社会发展带来的重要影响[1]，其所得到的结论相对客观。Goldstein[2] 对西藏 13 个村 780 户家庭做了大量的调查研究，并使用定性和定量的研究方法分析了中国改革开放对农牧业带来的深刻影响，其研究间接涉及西藏的发展援助问题。Goldstein 等[3] 根据实地考察所收集的西藏农村 1997—1998 年和 2006—2007 年纵向数据，得出西藏农村正处于从一个温饱型农业经济为主向新的非农收入起着主导作用的混合经济的重大转变的阵痛之中。美国加利福尼亚大学 Emily Ting Yeh[4] 对中国内地进入拉萨郊区从事经营的商贩、菜农进行了调查研究，认为内地汉族菜农承租拉萨市郊农民的土地耕种，获取了丰厚的收入，而当地藏民因被市场经济边缘化和自身的"懒惰"等原因，并没有进入利润丰厚的现代农业生产经营中来。虽然其研究视角独特，但由于其对西藏经济社会存在先入为主的理解，故其结论也有问题。哈佛大学社会学系博士 Hu Xiaojiang[5] 根据四次进藏的田野调查，分析了西藏拉萨形成的"移民主导型"市场，研究了西藏拉萨市场状况的变化对移民企业的市场进入、市场竞争和市场退出的影响，认为西藏拉萨的非生产性本质和城镇人口高

---

① Melvyn C. Goldstein, "The Impact of China's Reform Policy on the Nomads of Western Tibet", *Asian Survey*,1989,29.

② Melvyn C. "Goldstein. Development and Change in Rural Tibet", *Asian Survey*,2003,43(5),pp.758—779.

③ Melvyn C. Goldstein, Geoff Childs and Puchung Wangdui, "'Going for Income' in Village Tibet:A Longitudinal Analysis of Change and Adaptation,1997—2007", *Asian Survey*,2008,48(3),pp.514—534.

④ Emily Ting Yeh, "Tamping the Tibetan Landscape:Chinese Development and the Transformation of Agriculture", Berkeley, PH.DDissertation, University of California,2003.

⑤ Hu, Xiaojiang. "The Little Shops of Lhasa, Tibet: Migrant Businesses and the Formation of Markets in a Transitional Economy", PH.DDissertation,Harvard University,2004.

收入引起的高需求是吸引移民进入的动因，而国家在西藏的大型基础设施投资给潜在的经商移民进入西藏提供了最初的渠道，拉萨市场的变化影响了移民经商者与当地消费者及移民经商者彼此之间的关系；由于缺乏制度性支持和法律支持，拉萨的移民企业流动率很高。其研究相对客观公正，主要采用的是以故事例证为主的论证方法。此外，还有部分学者研究了西藏的教育问题，如 Gerard A.Postiglione[①] 认为政府的免费教育和西藏内地班等扶助政策并没有大幅降低农村辍学率，这是农村家庭劳动力不足、农村教育质量低、毕业竞争力差等因素造成的。

　　综上所述，我们可以得出如下结论：①国外对于发展援助的研究主要是国家之间的对外发展援助，而针对国内区域发展援助的较少，对西藏的发展援助研究更少。在对外发展援助研究中，大多数研究文献将有效性简单地理解为经济增长，而忽视了社会的实际需求和民生福利，并围绕着援助的有效还是无效进行了长期争论，所得的结论和政策建议相对比较宏观，很少能够关注到受援方的实际需求。②国外学者往往受到某些意识形态的影响，囿于某种政治立场或地域偏见，对西藏发展援助的研究多倾向于寻找其中的问题，并加以发挥，往往孤立地看待援藏问题，观点多隐含着偏见，一些研究观点出于诋毁中国政府的需要而信口雌黄，得到的结论也有失偏颇、不切实际。这些研究中也有少许值得借鉴的研究结论，从中也能够折射出西藏的发展援助确实存在一些问题。这些观点主要是：西藏的经济增长依赖于政府投入的增长，经济增长在很大程度上依靠市政建设等政府管理的膨胀和非生产性政府扶持的投资来进行，以此来维持就业和收入增长；资金投资于更加适合西藏当地规模和当地需要以及能力的当地工程项目，更加容易满足当地需要；目前援藏的经济效率较低，西藏的自身发展能力仍然低下，政府在援藏中的作用巨大；对西藏的发展援助应该更加重视让作为受援方的当地居民参与援助的项目评估。但无论如何，国外关于发展援助的研究仍存在诸多问题，这些研究都为本书提供了理论上的借鉴和进一步研究思考的空间和余地。

　　① Postiglione, Gerard A, "Making Tibetans in China: The Educational Challenges of Harmonious, Multiculturalism", *Educational Review*,2008,60(1).

二　国内研究动态及述评

（一）关于国际发展援助有效性及其评价的研究

20 世纪 80 年代初期，援助的政治倾向化较为严重和大批援助项目失败导致了援助有效性问题的产生，但因各种问题的掺杂，援助国与受援国对援助有效性的理解相差很大，一直未能形成一致的认识。[①] 按照国际上的双边及多边援助机构，尤其是经合组织（OECD）的定义，发展援助有效性是指发展援助目标的实现程度或预期实现程度。《关于援助有效性的巴黎宣言》也明确给出了援助有效性的五项指标：受援国的自主权；受援国与援助国的协调；援助国之间的合作；管理援助结果；对彼此负责。汪艳丽[②] 分解这一定义为两层含义：一是目标的重要性，二是目标的实现程度。有效援助表示援助目标有重要意义并且得到了或者可以得到很大程度实现，并认为目前对于援助有效性的批评来自不同的视角，既有微观层面的个案考察，也有宏观层面的总体得失分析，发展援助有效性的低下是由发展援助政策内容缺陷与援助本身的负面效应、国际援助体制中援助方多头管理导致的协调问题、援助方的政治利益目标、受援国政治经济条件不完善四个因素导致。这与李兴乾所认为的援助缺乏有效性是由于援助国自身的立场与价值观、受援国管理技术水平较低、援助中的执行管理和制度安排不合理、援助规划粗放四个因素有相似之处。周宝根[③] 研究得出，在很多情形下援助对经济增长并没有显著的贡献，为了提高援助的效果，援助国与受援国应共同努力，给援助项目设置特定的条件。以促进经济增长和发展为目标的发展援助可以"救急"但不能"救穷"，增长取决于地区资源、人力资本、技术水平、制度环境等诸多因素，绝对不是援助一项可以解决的。王淳玉和王伊欢[④] 综合各种观点认为，自国际发展援助形成便受到各方的质疑，质疑的焦点一直集中

[①] 李兴乾：《国际有效援助的管理困境》，《国家行政学院学报》2007 年第 6 期。

[②] 汪艳丽：《对外发展援助的有效性问题与德国的援助》，《德国研究》2011 年第 4 期。

[③] 周宝根：《援助促进受援国发展吗？——国外发展援助有效性的学理纷争》，《国际经济合作》2009 年第 5 期。

[④] 王淳玉、王伊欢：《国际发展援助效果综述》，《中国农业大学学报（社会科学版）》2010 年第 3 期，第 102—103 页。

在发展援助的效果上，从不同学科视角得出的研究结论往往相互矛盾，主要观点大致可分为援助的有效性、援助的无效性以及援助有条件的有效性三个方面；国际发展援助的目标体现在是否促进受援国经济增长、社会福利是否增进、政治与自然环境是否改善等，但从过程研究来看，其效果还体现在对国际发展援助过程的控制上，具体表现为一组涉及多方面的、庞大的目标和产出。保证援助效果的重要前提是援助的协调性，第二次世界大战之后，国际发展援助的效果并不理想，主要是发展援助在战略、政策以及措施等方面缺乏协调造成的。[①]杨东升[②]从经济援助的角度，对国外经济援助有效性进行了计量模型分析，认为国外经济援助对于受援国资本积累的影响在一定条件下是非线性的，只有当国外经济援助金额高于某一临界值时，才可能促进受援国经济增长。

此外，有部分学者对世界上的特定地区和国家的援助有效性进行了研究。吴燕妮[③]认为有效性是发展援助的重要问题，并对欧盟发展援助政策的有效性进行了研究，认为欧盟发展援助实施进程远远落后于欧盟的既定计划。汪艳丽[④]研究了肇始于20世纪50年代的德国发展援助政策，认为德国在《巴黎宣言》公布以来为提高援助有效性做出了积极的努力，但仍存在一些制约因素，德国应提高发展援助能力，使其资源得到最大程度的利用，以最终达到提高发展援助有效性的目的。唐丽霞和李小云[⑤]研究了作为新兴经济体国家代表之一的印度的对外援助，认为印度在援助方式上更多地采用技术援助和提供奖学金方式，同时还十分重视人道主义援助。从援助机制上来看，印度最为重视的是政府间的双边合作；从援助领域和内容上来看，印度的发展援助和自身经济发展目标是紧密结合的，并且也积极支持印度企业参与到印度对外援助中。一些学者对国外向中国的发展援助有效性及中国对非援助的效果进行了研究，如姜

---

① 武晋、张丽霞：《国际发展援助的协调：回顾与述评》，《中国农业大学学报（社会科学版）》2012年第4期。

② 杨东升：《国外经济援助的有效性》，《经济研究》2007年第10期。

③ 吴燕妮：《欧盟发展援助政策的有效性问题及解决》，《欧洲研究》2010年第3期。

④ 汪艳丽：《对外发展援助的有效性问题与德国的援助》，《德国研究》2011年第4期。

⑤ 唐丽霞、李小云：《印度的对外援助评述》，《南亚研究季刊》2013年第3期。

少敏[①]研究认为，官方发展援助有利于缓解资金短缺、吸收国外先进技术和增加管理经验，尽管中国希望得到发达国家的援助，但绝不依赖国外援助，减少或终止援助不会对中国经济产生大的影响；黄梅波和刘爱兰[②]认为，对外援助的终极目标应是单一的减贫。改革开放之后，中国对外援助越来越注重援助的经济效益，对外援助与经贸的互利合作相结合，中国对外援助的动机面临调整。

在国际发展援助有效性的评价上，汪艳丽[③]研究认为，对外援助有效性需要根据受援国家和地区的生活条件及社会经济与政治结构的改善程度来评估。对发展援助有效性并无统一的衡量标准，但联合国的千年发展计划、贝塔斯曼转型指标（Bertelsmann Transformation Index，BTI）常常是衡量援助有效性的重要标准。周洁[④]从援助方和受援方两个角度采用综合统计指标的分析方法对欧盟对外官方发展援助的有效性进行了评价。此外，孙同全[⑤]从援助效应的角度分析认为，国际发展援助产生了令人忧虑的"援助依赖症"，即受援国难以摆脱援助而自我发展，而"援助依赖"是由援助方与受援方共同导致的。

（二）关于国家区域发展援助政策理论依据及其效果的研究

目前，国内学术界对国家区域发展援助政策的理论研究十分不足，研究文献较少，对区域发展援助政策尚无明确的概念界定。邬晓霞和魏后凯[⑥]将国家区域援助政策定义为针对具有一种或多种区域问题，并且难以依靠自身力量解决这些问题的问题区域，一国中央政府采取的一系列政策手段的组合，其目的在于缓解或解决这些区域所面临的经济社会发展问题，提高其自我发展能力，促进区域协调发展。魏后凯[⑦]从中国区域政策实践角度研究认为，在政策操作上，中国中央政府的区域政策基本

①   姜少敏：《发展援助与中国经济发展》，《教学与研究》2009 年第 5 期。

②   黄梅波、刘爱兰：《中国对外援助中的经济动机和经济利益》，《国际经济合作》2013年第 4 期。

③   汪艳丽：《对外发展援助的有效性问题与德国的援助》，《德国研究》2011 年第 4 期。

④   周洁：《欧盟官方发展援助政策演变及有效性研究》，硕士学位论文，华东理工大学，2014 年，第 25—35 页。

⑤   孙同全：《国际发展援助中"援助依赖"的成因》，《国际经济合作》2008 年第 6 期。

⑥   邬晓霞、魏后凯：《国家区域援助政策的理论依据、效果及体系构建》，《中国软科学》2009 年第 7 期。

⑦   魏后凯：《"十一五"时期中国区域政策的调整方向》，《学习与探索》2006 年第 1 期。

上是以在东部、中部、西部三大地带发展战略实施中的援助政策为主线，同时对贫困地区、民族地区和边境地区等问题区域给予较强的援助。中央政府对问题区域信息掌握不充分导致的援助目标的偏差以及地方利益主体之争导致的援助的效率损失，都将影响国家区域援助政策的效果，此外，对援助政策实施主体缺乏监管、援助的机会成本、援助效应的时滞性、受援地区的政策依赖性、政治交易成本等因素也会对援助政策效果产生负面影响。国外针对衰退产业区的援助政策取得了一定成效，但一些区域组织和学者认为，衰退产业区的援助政策还存在政策制定和实施缺乏灵活性、政策没有很好地体现区别对待和分类指导的原则、政策实施机制较为单一，以及政策的有效性有待提高等问题。[1]针对中国的区域发展援助政策，邬晓霞[2]认为，自国家区域援助政策实施以来，对缓解东北地区老工业基地、贫困地区等问题区域的"病症"起到了重要作用，但目前中国的国家区域援助政策体系框架尚未构建，缺乏明确的援助对象识别标准，援助政策的制度保障较为滞后。管仕平[3]指出，区域援助政策是一系列具体的政策工具组合，具有显著的工具属性，由一系列具体的政策组成，决策主体是中央政府、国家立法机构等组织，作用对象是问题区域，目标是"公平"和"效率"。

（三）关于对口支援的性质、成效及问题研究

对口支援作为国内区域发展援助的实践，在20世纪70年代末正式提出，此后不断发展与深化，形成了对口援藏、对口援疆、对口支援三峡库区、对口支援汶川特大地震灾区等一系列具体形式。国内关于对口支援的相关研究成果较多。雷雨霆[4]指出，对口支援既有重要的经济作用，也有重要的政治意义。庞元第[5]认为，对口支援形成于改革开放后，是发达地区帮助落后的少数民族地区的一种好形式。陈志刚[6]认为对口支援本

---

① 邬晓霞、魏后凯：《国外援助衰退产业区政策措施评介》，《经济学动态》2009年第4期。

② 邬晓霞：《中国国家区域援助政策的沿革及调整方向》，《发展研究》2011年第8期。

③ 管仕平：《区域基础研究援助机制研究》，博士学位论文，合肥工业大学，2012年，第19页。

④ 雷雨霆：《抓住对口支援机遇加快地区经济发展》，《西藏研究》1996年第4期。

⑤ 庞元第：《市场经济与西藏对口支援》，《西藏大学学报》（汉文版）1997年第1期。

⑥ 陈志刚：《对口支援与散杂居民族地区小康建设——来自江西省少数民族地区对口支援的调研报告》，《中南民族大学学报（人文社会科学版）》2005年第3期。

质上是一种政府投资行为，具有政府投资效率低等问题，随着支援地区经济发展和实力增强，对口支援需要逐步退出。杨道波[①]认为对口支援实际上已经成为一项法律制度，在促进地区协调发展上发挥了重要作用，但在自身法律规范体系、实施机制和实施效果上仍有较多问题。俞晓晶[②]认为对口支援是实践中的一项制度创新，加强政府对对口支援的重视有助于提高效率，从对口支援走向长效合作的目的在于增强受援地区的自我发展能力。王玮[③]指出，对口支援体制促进了欠发达地区和民族地区的社会经济发展，增强了地区间的沟通与交流，具有显著的横向财政平衡特征，是一种非制度化的方法，未来不应常态化。赵明刚[④]认为对口支援是一项具有中国特色的政策模式。总体上看，对口支援产生了良好的政治效益、经济效益和社会效益，但存在没有充分发挥市场机制作用和缺乏科学有效的政策评估机制等问题。郭旭鹏[⑤]将中国对口支援的历史演进分为萌芽阶段（1949—1978）、实施阶段（1979—1984）、发展阶段（1985—1997）、检验阶段（1998—2008）和完善阶段（2009 年至今），对口支援存在体制机制不完善和援受双方协调与沟通不足等问题。王俊敏[⑥]建议对口支援应完善互动合作机制。于永利[⑦]比较了国际双边援助与省际对口支援，并指出省际对口支援效果评估机制尚不完善。钟开斌[⑧]认为，对口支援是一项具有鲜明中国特色的资源横向转移、互助合作和跨界治理机制；对口支援首次出现于 20 世纪 60 年代，20 世纪 70 年代末正式提出，此后不断完善；对口支援机制具有特定的制度、政治、经济和社会等前提，因此决定了其难以为其他国家有效复制。段铸和伍文中[⑨]认为对口支援具

---

① 杨道波：《地区间对口支援和协作的法律制度问题与完善》，《理论探索》2005 年第 6 期。
② 俞晓晶：《从对口支援到长效合作：基于两阶段博弈的分析》，《经济体制改革》2010 年第 5 期。
③ 王玮：《中国能引入横向财政平衡机制吗？——兼论对口支援的改革》，《财贸研究》2010 年第 2 期。
④ 赵明刚：《中国特色对口支援模式研究》，《社会主义研究》2011 年第 2 期。
⑤ 郭旭鹏：《我国对口支援的历史演进及发展趋势》，《管理观察》2013 年第 25 期。
⑥ 王俊敏：《完善对口支援互动机制刍议》，《理论研究》2013 年第 1 期。
⑦ 于永利：《省际对口支援的制度优化——基于国际双边援助的参照》，《今日中国论坛》2013 年第 15 期。
⑧ 钟开斌：《对口支援：起源、形成及其演化》，《甘肃行政学院学报》2013 年第 4 期。
⑨ 段铸、伍文中：《我国对口支援改革方向的思考》，《华中师范大学学报（人文社会科学版）》2014 年第 1 期。

有政府间财政转移支付的性质，对口支援尽管取得了一些成效，但仍然存在越支援越穷等现象。王永才[1]将对口支援界定为经济发达或实力较强一方对经济欠发达或实力较弱的一方实施援助的一种政策行为，并认为"对口支援"具有不对等的双方关系，这种关系的内容和载体应当是动态的、渐进的、变化的。

（四）关于对口援藏基本问题的研究

改革开放以后，早期的传统藏学研究领域也逐步拓宽，关于西藏经济社会发展问题的研究文献越来越多，学者们也逐渐开始注意到对西藏的发展援助尤其是对对口援助问题进行研究。从现有文献来看，国内学者的研究重心主要集中于援藏的产生原因、援藏的成效及存在的问题、改进对口援藏模式的对策措施以及对口援藏的发展趋势四个方面。

1. 援藏的产生原因

学者们在对西藏实施援助原因上的观点并不统一。靳薇[2]认为，中央对西藏的经济援助与中国历史上形成的民族观、民族政策有关，同时也是基于西藏自然地理环境、社会制度、民族结构、宗教的影响等方面的特殊性。"民族平等""团结互助"的观念体系正是援藏得以持续进行的重要因素，中央的经济帮扶和全国的对口支援是基于民族平等和民族团结。[3]李中锋和杨明洪[4]则认为西藏的经济发展是典型的共享型经济发展方式，政府通过多种方式、多种途径对不具有竞争优势的地区进行援助，以使落后地区及其居民能够参与市场活动，共同发展。孙勇[5]认为，西藏在50多年的时间里形成了全国独一无二的"总体供给模式"[6]，对口援藏是总体供给模式中的重要组成部分，中央的总体供给模式推进了对口援藏工作。他还指出，国家对西藏的制度供给是一种带有规定性的常例，在西藏形容为"特殊关怀"，制度供给中有许多政策性决策，"援藏"

---

① 王永才：《对口支援民族地区的问题与法治反思》，《黑龙江民族丛刊》2014年第2期。

② 靳薇：《西藏：援助与发展》，西藏人民出版社2010年版，第27、40—42页。

③ 谢伟民、贺东航、曹尤：《援藏制度：起源、演进和体系研究》，《民族研究》2014年第2期。

④ 李中锋、杨明洪：《共享型经济发展方式研究——以西藏为例》，《中国藏学》2009年第2期。

⑤ 孙勇：《维护西藏地区社会稳定对策研究》，西藏社会科学院研究报告，2012年，第434—436页。

⑥ 总体供给模式是指在西藏地方财政的所有缺口都由中央财政补贴，地方的建设投资需求绝大部分由中央投入来解决，体现在中央对西藏的基础设施建设和社会事业等方面实行了相当于大包干的做法，由此形成了一套模式。

就是中央对西藏制度供给中的一种具体政策。

2. 援藏的成效及存在的问题

李曦辉[1]总结了西藏和平解放到 2000 年近 50 年国家对西藏的援助及中央和内地省市在西藏实施的重大工程项目援助和人才智力援助，认为援助工作增强了西藏整体经济实力，培育了一批新的经济增长点，提升了西藏社会发育程度和西藏人民生活水平，但仍然存在"援藏缺乏有效的产业政策作指导"等问题。这些问题影响了援藏建设效益的进一步提高。罗莉和拉灿[2]回顾了全国援藏 50 多年来的发展历程及取得的成就。乔元忠[3]在《全国支援西藏》一书中将全国对西藏的援助分为三个阶段：改革开放前，中央对西藏经济社会发展的关心与支持；改革开放时期中央对西藏的关心与大规模的援助；"中央关心，全国支援"时期，支援对西藏经济社会产生了巨大的推动作用。书中还对和平解放以来尤其是1994 年第三次西藏工作座谈会后全国给予西藏的各方面援助进行了系统的总结，从经济建设、社会事业进步和西藏 7 个地市经济社会加快发展等方面，对全国支援产生的成效进行了详细的归纳。曾晋鲁[4]认为，要实现西藏经济社会跨越式发展只有依靠全国援藏。朱玲[5]认为，大规模的外来援助带来的公共资源和外在的监督促使政府愿意保持向低收入者提供基本公共服务，保证了西藏农牧区基本公共服务的有效供给，这些公共投资和社会援助减轻了西藏的贫困，全方位地改善了农牧民的家庭福利。王安民[6]分析了对口援藏的实施过程及对口援藏对西藏经济社会发展产生的积极效应。孙勇[7]指出，对口援藏是中国社会主义大家庭各民族共同团结奋斗、共同繁荣发展的生动实践和典型范例，并认为对口援助有力地辅佐了中央总体供给模式，使西藏经济快速发展，社会全面进步，人民

---

① 李曦辉：《援藏与西藏经济社会 50 年变迁》，《中央民族大学学报（哲学社会科学版）》2000 年第 5 期。

② 罗莉、拉灿：《西藏 50 年》（经济卷），民族出版社 2001 年版。

③ 乔元忠：《全国支援西藏》，西藏人民出版社 2002 年版。

④ 曾晋鲁：《加大援藏力度实现西藏经济社会的跨越式发展》，《西藏科技》2002 年第 7 期。

⑤ 朱玲：《西藏农牧区基本公共服务供给与减少贫困》，《管理世界》2004 年第 4 期。

⑥ 王安民：《援藏，我们共同的事业》，《中国西藏》2005 年第 4 期。

⑦ 孙勇：《维护西藏地区社会稳定对策研究》，西藏社会科学院研究报告，2012 年，第 440、464—465 页。

生活水平显著提高，促进了民族团结；援藏工作的宏观效果是促进二元经济结构的加速转化，有效解决区域非平衡发展之中的民族问题，长久地维护西藏社会稳定。王代远[①]从物资援藏、项目援藏、人才援藏和社会事业援藏等方面对全国支援西藏工作的经济社会效益进行了评价。

　　中共中央党校靳薇教授对西藏的援助与发展问题研究相当深入，相关研究成果颇多。靳薇[②]对 1985 年前后建成的 43 项工程和 1995 年前后建成的 62 项工程进行了系统调查，得出的结论是，西藏援建项目的社会效益总体上是好的，援藏项目的社会效益高于经济效益，但由于受诸多因素的影响和制约，一部分建成项目的经济效益并不理想。靳薇[③]还通过调查西藏群众对援藏项目的评价和期望，得出了以下结论：不同的民族、职业、年龄层、文化程度以及不同的地区，对援藏项目社会效益和经济效益评价及对将来的期望表现出多样化的态度倾向，并认为经济项目援藏应更多地遵循经济规律，以较小的成本获取最大的效益。靳薇[④]通过个案调查和问卷调查，分析了援建项目取得的成就与局限，认为援助西藏的经济建设项目取得了很大成就，但项目的社会和经济效益表现出多样性，政府主导下实施的项目援藏，强化了计划经济，导致资源配置效率低下，产生了西藏对中央财政、项目投资的援助依赖。靳薇[⑤]在多次调查研究成果基础上完成了其论著《西藏：援助与发展》，从财政援助、项目援助和人才援助三个方面分析了西藏发展援助效果，认为政府主导的发展援助造成了援助依赖，这种援助已经被制度化，形成制度性依赖并将持续，制度性依赖损害了西藏的自我发展能力，减弱了经济发展和创新变革的动力，不利于国家安全及和谐社会构建。此外，靳薇[⑥]认为干部援藏带动了思想观念的更新，在深度和广度上拓展了西藏与内地的联系和交流。但是干部援藏中的无偿援助方式助长了"等、靠、要"的依赖

　　① 王代远：《全国支援西藏工作的经济社会效益研究》，西藏藏文古籍出版社 2012 年版。

　　② 靳薇：《援藏项目效益调查报告》，《中国藏学》2000 年第 3 期。

　　③ 靳薇：《西藏援建项目的社会评价与期望》，《民族研究》2000 年第 1 期。

　　④ 靳薇：《和平解放后援藏项目社会经济效益研究（上）》，《西南民族大学学报（人文社会科学版）》2005 年第 2 期；靳薇：《和平解放后援藏项目社会经济效益研究（下）》，《西南民族大学学报（人文社科版）》2005 年第 3 期；靳薇：《项目援助与西藏经济发展》，《西北民族研究》2008 年第 4 期。

　　⑤ 靳薇：《西藏：援助与发展》，西藏人民出版社 2010 年版。

　　⑥ 靳薇：《干部援藏的成就与局限》，《科学社会主义》2010 年第 6 期。

思想，部分地方强化了计划经济倾向。孙勇[①]认为干部援藏存在短期化现象，目前 3 年的援藏期限，使得一些援藏干部只考虑 3 年工作时间如何体现自己的政绩，有时会忽视受援地方的长远发展和总体发展要求；由于气候原因，在藏的有效工作时间更短；长期在藏的干部、群众面对来往匆匆的援藏干部，也需要大量的时间和精力才能达成心理上的相互认可，并且还存在个别受援单位只重视援藏干部在项目、资金方面的优势，而忽视了加强援藏干部教育培训的问题。张涛[②]则认为随着时代变迁，由于体制滞后、观念保守等特殊原因和自然环境恶劣、生活条件艰苦、工作条件滞后等现实因素制约，干部援藏存在引进人才竞争力优势逐渐丧失的问题，而用人机制的相对滞后对人才积极性的发挥会产生负面影响。马戎[③]指出了全国援藏中存在的 6 大类问题，对援藏项目的资金拨付、援藏资金的审查和监督、项目资金追加程序、项目实施与验收、项目的经济社会效益评估、项目的管理和监督等问题表示质疑。潘久艳[④]从逻辑起点、演化轨迹与过程、发展格局及其演化等方面对全国援藏进行了较为全面的经济学分析，认为全国援藏的实施是强制性的，其经济绩效处于争议之中，总体上给西藏经济带去的是低效率、低福利的援助，无益于西藏经济竞争力的提高。杨明洪[⑤]从经济援藏的角度研究认为，有了经济资源源源不断从内地向西藏输送，西藏的基础设施、产业发展、民生改善、社会事业成长、生态保护与建设就有了经济基础。

此外，一些学者从西藏自我发展能力的角度对对口援藏相关问题进行了研究。王小强等[⑥]认为，阻碍西藏经济发展的根本原因在于庞大的"大锅饭"体制，中央"越输血"只会造成"越贫血"，要打破旧的体制，需要通过"输血"来培养起西藏经济本身具有商品生产能力的"造血机制"。

[①]　孙勇：《维护西藏地区社会稳定对策研究》，西藏社会科学院研究报告，2012 年，第465—467 页。

[②]　张涛：《国家干部援藏政策初探及实施若干问题研究》，《西藏发展论坛》2007 年第 3 期。

[③]　马戎：《重思援藏项目的经济和社会效益——为靳薇〈援助政策与西藏经济发展〉序》，《青海民族研究》2011 年第 4 期。

[④]　潘久艳：《全国援藏的经济学分析》，四川大学出版社 2009 年版。

[⑤]　杨明洪：《经济援藏：实现西藏与内地融合发展的桥梁》，《中国民族报》2014 年 8 月 29 日。

[⑥]　王小强等：《把西藏经济的"输血"机制转变为"造血"机制》，《经济研究》1985 年第 1 期。

潘久艳等^①研究认为，全国援藏长期的高投资仍然没有实现西藏经济社会的起飞，反而形成了"依赖型经济"模式；西藏要实现经济跨越式发展，援助重点要由城市转向农村，援助对象由以干部为主转向以农牧民为主，援助方式由"输血型"为主转向"造血型"为主，进一步规范"分片负责、对口支援、定期轮换"的对口支援西藏政策。靳薇^②认为承担对口援藏任务的各单位目前基本上是"各自为政"，很难形成有效整体，多方援藏，导致"钱出多门"并且"思路各异"，中央目前没有全面而具体的协调机构和机制，因而各对口援藏单位不可能形成合力，援助各自为政，造成工作的低效、无效甚至效益相互抵消也是在所难免的。王永莉^③以西藏扎囊县扎其乡为例，分析了其财政收支以及企业盈利和个人的收入来源等，发现西藏各地区财政自给率较低，企业发展缺乏竞争力、农牧业发展基础薄弱，并认为目前的中央帮扶和对口支援造成了西藏经济发展的依赖性，对西藏的自我发展能力的培育和提升是不利的，需要改变援助的方式。

总体来看，学者们普遍认为，对口援藏极大地改善了西藏的基础设施条件，促进了西藏的经济发展和社会进步，密切了西藏与内地的联系，增强了民族团结和社会稳定，但同时也伴随着产生了一系列的问题。

3. 改进对口援藏模式的对策措施

针对对口援藏实施过程中存在的问题，尤其是对口援藏有效性问题，学者们提出了各种对策建议。靳薇^④认为，西藏的第三产业已成为地区经济发展中最主要的贡献力量和最活跃的因素，大力发展旅游业有利于改善西藏地方财政，提升自我发展能力。同时，只有依靠创新援助制度、重视公众的参与、积极培育自我发展和自我积累的能力，才能走出援助依赖。王代远^⑤从做好对口援藏建设的总体规划、援藏工作应进一步向农

① 潘久艳、周红芳：《全国援藏：改革路径与政策回应》，《中共四川省委省级机关党校学报》2010年第2期。
② 靳薇：《西藏：援助与发展》，西藏人民出版社2010年版，第242—243页。
③ 王永莉：《西部民族地区自我发展能力的培育——基于对口援助西藏扎囊县为例》，《西南民族大学学报（人文社会科学版）》2013年第10期。
④ 靳薇：《西藏：援助与发展》，西藏人民出版社2010年版，第223—306页。
⑤ 王代远：《全国支援西藏工作的经济社会效益研究》，西藏藏文古籍出版社2012年版，第318—325页。

牧区倾斜和致力于产业建设与可持续发展、加强援藏资金的使用和建设项目管理、大力帮助西藏引进和培养人才、积极发挥国家发改委宏观协调作用以及完善援藏工作评价考核机制等六个方面提出了改进援藏工作的政策措施建设，并从区域援助政策的理论出发，指出需要通过对口援藏法制化以推动对口援藏机制的常态化。杨明洪[1]、王磊和黄云生[2]等建议应侧重从援藏资金与项目向民生倾斜和向农牧民倾斜的体制机制建设、广泛吸纳农牧民参与援藏项目建设的实施机制建设、对口援藏资金与资源的统筹机制建设以及对口援藏法制化与规范化建设等途径入手，不断满足西藏农牧民的需求，使农牧民充分享受到对口援藏产生的效益，从而提升对口援藏有效性。王永莉[3]指出，要真正提高对口援藏的效率，对口援建项目应该增强受援方的参与性管理，尤其是在基层乡镇村层次上的参与。

4. 关于对口援藏的发展趋势

自 1994 年中央第三次西藏工作座谈会正式确立对口援藏政策，到 2014 年对口援藏 20 周年电视电话会议上俞正声同志指出"依法治藏、长期建藏、争取人心、夯实基础"的重要原则，并要求认识到援藏的"长期性"，可以发现，中央援藏工作的开展是在不断探索中进行的。因此，学术界在对口援藏的发展趋势问题上也存在争论。

一部分学者认为对口援藏是短期性政策，如温军[4]认为，对口援藏只是一时性的短期政策措施，相对连贯一致性的保障不足。另外一部分学者认为对口援藏是一种发展中政策，应该长期化，如徐阳光[5]认为，对口支援体现了地区合作中强调的"造血"比"输血"更重要的理念，也突出了社会主义国家中的"兄弟互助模式"的优越性，应在制度上实现法

① 杨明洪：《对口援藏有效性的理论认识与实现路径研究》，《中国藏学》2014 年第 3 期。
② 王磊、黄云生：《提高对口援藏有效性的途径研究——基于农牧民需求的视角》，《贵州民族研究》2014 年第 8 期。
③ 王永莉：《西部民族地区自我发展能力的培育——基于对口援助西藏扎囊县为例》，《西南民族大学学报（人文社会科学版）》2013 年第 10 期。
④ 温军：《中国少数民族经济政策稳定性评估（1949—2002 年）》（下），《开发研究》2004 年第 4 期。
⑤ 徐阳光：《横向财政转移支付立法与政府间财政关系的构建》，《安徽大学学报（哲学社会科学版）》2011 年第 5 期。

制化；王代远[①]认为，在当前的有关政策决策中，对口援藏应成为长期稳定的制度性安排，对口援藏机制应该常态化，其可行的路径就是推动其走上法制化轨道；陈静[②]认为，对口援助西藏具有长期性的基本特征。还有一部分学者认为对口援藏是制度化安排，已经形成了一种制度，如李中锋、杨明洪[③]认为，1994 年对口援藏上升到国家政策层面，标志着对口援藏的制度化；谢伟民等[④]认为，2010 年第五次西藏工作座谈会要求继续坚持"分片负责、对口支援、定期轮换"的办法，并作出了一系列要求，援藏基本制度框架已经确立。

　　综上所述，从国内研究文献来看，我们可以得出如下结论。一是国内研究多是从政府单一视角来看待援藏项目、人才援藏的成效，而未能涉及从农牧民实际需求及受益的视角。二是主要使用社会学、人类学、发展学、民族学等学科理论与方法，而运用经济学理论与实证方法则明显不足，尽管也有些学者尝试了将一些实证方法引入西藏经济问题研究中，如杨峰[⑤]在实地问卷调查的基础上，采用模糊综合层次分析法分类评价了西藏农村公共产品的供给效率，但也并没有涉及对口援藏效率评价问题。三是学者们在对对口援藏的效益评估上更多地采用个案分析方式，缺乏系统的援藏项目调查和定量分析，难免出现不够科学与全面的问题。事实上，在对口援藏有效和无效的争论中蕴含着"宏观与微观矛盾"（macro-micro paradox），即大量微观层面的实地调查研究表明援助对西藏的经济社会发展确实发挥了较为积极的作用，尤其是在西藏的交通、教育、卫生、医疗、基础设施建设等领域，但从宏观层面考察，对援助的有效性评价则更为复杂，存在较大争议。四是从网络上的相关数据库检索结果来看，对口支援的效果评估方面的学术成果很少，同时这些评估往往只是针对某一具体案例进行评估，全面性与科学性值得商榷，而

①　王代远：《全国支援西藏工作的经济社会效益研究》，西藏藏文古籍出版社 2012 年版，第 263 页。

②　陈静：《区域经济发展中的对口援助模式与运行研究》，博士学位论文，西南财经大学，2013 年，第 61 页。

③　李中锋、杨明洪：《共享型经济发展方式研究——以西藏为例》，《中国藏学》2009 年第 2 期。

④　谢伟民、贺东航、曹尤：《援藏制度：起源、演进和体系研究》，《民族研究》2014 年第 2 期。

⑤　杨峰：《西藏农村公共产品供给效率研究——基于农牧民的视角》，博士学位论文，四川大学，2011 年。

就网络公开的资料来看，可以从官方机构开展的省际对口支援评估中获取的实际材料也不足，不论是中央、支援省市还是受援省市都缺乏对省际对口支援的系统评估，可以说中国对省际对口支援的效果评估还十分不成熟。[①] 五是国内文献中多为研究西藏和平解放以来的"全国援藏"，并将中央的财政转移也笼统地纳入了援助范围，并没有明晰对口援藏与中央针对西藏的特殊优惠政策之间的关系，对援藏、对口援藏、援助有效性等概念的界定不清，理解十分模糊。六是现有研究主要集中在援藏的必要性、援藏的效益评估等方面，较少涉及对对口援藏产生原因的解释、对口援藏体系运行特征、如何科学评价对口援藏有效性、影响对口援藏有效性的主要因素等重要问题的研究。总之，国内现有研究文献中关于对口援藏尤其是其有效性的研究仍存在许多问题，需要深入分析以解决上述问题。

综合以上国内外文献的评述结论，本书在前人研究基础上，从农牧民需求视角出发，构建对口援藏有效性的分析框架，综合运用多种定性、定量的经济学研究方法，解释对口援藏产生的原因，系统刻画对口援藏的演进过程，对对口援藏有效性进行评价，对影响对口援藏有效性的主要因素进行实证分析，并基于理论与实证的结论提出改进现有对口援藏模式和提高对口援藏有效性的对策建议。

第二节　相关理论借鉴

一　发展援助理论

一般意义上的发展援助理论主要是指发展经济学视角下的西方国际发展援助理论，但如果从不同的视角来看，发展援助理论内容就更为丰富。从区域经济学中的区域政策视角来看，可以将发展援助视为援助特定区域发展的区域政策的具体手段，或者说是区域政策发挥作用的基本工具，实际上也是区域政策实现机制的重要组成部分，从这个意义上讲，发展援助理论可以视为包含于区域政策的理论范畴之内。鉴于此，本书从国

---

① 于永利：《省际对口支援的制度优化——基于国际双边援助的参照》，《今日中国论坛》2013 年第 15 期。

际发展援助和区域政策两个角度来阐述发展援助理论。

（一）西方国际发展援助理论

国际发展援助（International Development Assistance，IDA）有广义和狭义之分。广义的 IDA 是指一国对另一国提供的无偿的或优惠的有偿物资或资金，用于解决受援国各种发展中的问题，包括发达国家向发展中国家和发展中国家向发达国家的转移支付两种类型，而狭义的 IDA 主要是指发达国家、有关国际组织、社会团体等向发展中国家的转移支付。① 国际发展援助是对外援助② 的一种形式，主要目的是促进受援国发展，不包括军事援助等政治性目的很强的援助形式。按照不同的标准，IDA 可以分为不同的类型。按照援助动机可以分为战略性援助、发展性援助和人道主义援助。按照援助形式可以分为项目援助、方案援助和预算援助。按照国际发展援助的提供主体，可以分为官方发展援助（Official Development Assistance，ODA）和非官方发展援助。按照经合组织（OECD）下设的发展援助委员会（the Development Assistance Committee，DAC）的定义，ODA 是指援助国官方机构向发展中国家及多边机构提供的赠与和至少包含 25% 赠款成分的贷款，以促进其经济发展和福利改善。③ODA 是国际发展援助的最主要组成部分，分为双边发展援助和多边发展援助。按照援助内容划分，国际发展援助可分为财政援助、技术援助、粮食援助和减免债务。④

第二次世界大战结束之后，国际发展援助逐渐成为重要的发展干预手段，其主要是从援助国引进资金、技术，并对受援国进行人力资本培训，以缩短受援国实现现代化的进程，⑤ 在此思想指导下的国际发展援助理论逐渐形成。20 世纪 40 年代末期，经济学家哈罗德和多马将凯恩斯的国民收入决定理论动态化和长期化，从而推导出人们所熟知的哈罗德—多

---

① 参见李小云、唐丽霞、武晋《国际发展援助概论》，社会科学文献出版社 2009 年版，第 1—2 页。

② 对外援助是指一国或国家集团对另外一国或国家集团提供的无偿或优惠的有偿货物或资金，以解决受援国所面临的政治经济问题，或达到援助国家特定目标的一种手段，主要包括经济援助和军事援助。参见王孔祥《西方国家的对外援助：理论与实践的分析》，《教学与研究》2004 年第 11 期。

③ 周强、鲁新：《发达国家官方发展援助新趋势》，《国际经济合作》201 年第 11 期。

④ 参见李小云、唐丽霞、武晋《国际发展援助概论》，社会科学文献出版社 2009 年版。

⑤ 李小云、唐丽霞、武晋：《国际发展援助概论》，社会科学文献出版社 2009 年版。

马模型，成为影响早期国际发展援助的重要理论模型，该模型认为资本积累是经济增长的最重要因素。此后，围绕着资本在经济发展中的作用，纳克斯的贫困恶性循环理论、纳尔逊的低水平均衡陷阱理论、缪尔达尔的循环积累因果理论等均认为资本匮乏是经济发展的主要障碍。就如何促进资本形成，罗森斯坦·罗丹提出大推进理论，认为发展中国家和地区必须全面地、大规模地在各个工业部门进行投资，尤其是基础设施建设投资。莱宾斯坦提出临界最小努力理论，认为必须使投资率达到足以使国民收入的增长超过人口的增长，从而使人均收入水平得到明显的提高，即以"临界最小努力"使国民经济摆脱极度贫穷的困境。[①]

20 世纪 60 年代的国际发展援助主要遵循钱纳里和斯特劳斯于 1966 年提出的"两缺口"模型，其基本框架为，在宏观经济分析中，可以得到一个国民收入恒等式，即总收入与总支出恒等的公式：

$$Y = C + I + (X - M)$$

其中，Y 代表总收入，C 代表总消费，I 代表总投资，X 和 M 分别代表出口总值和进口总值，$(X - M)$ 为净出口值。由上面的恒等式可得：

$$Y - C = I + X - M$$

因为储蓄 (S) 等于总收入减去总消费，即有：

$$Y - C = S$$
$$\Rightarrow S = I + X - M$$
$$\Rightarrow S - I = X - M \qquad\qquad (2\text{-}1)$$
$$\Rightarrow I - S = M - X$$

（2-1）的左边为投资与储蓄之差，称为"储蓄缺口"；右边是进口与出口之差，称为"外汇缺口"。由均衡的观点来看，左右两端必须相等，经济含义是，储蓄缺口需要依靠外汇缺口来平衡，如果储蓄缺口出现，表示投资大于储蓄，这个缺口需要依靠外汇缺口，即进口大于出口（如国际援助、外国投资）来进行平衡。该理论的主要含义在于界定了国际发展援助的重要功能是为受援国弥补外汇缺口，通过国际发展援助直接投资于受援国的生产领域，可以提高其国民收入水平，从而提高社会储

---

① 谭崇台：《发展经济学概论》，武汉大学出版社 2008 年版，第 38—45 页。

蓄能力。①

　　由于之前单纯追求经济增长的国际发展援助的失败以及产生的一系列问题，20世纪70年代的国际发展援助理论对此进行了反思和创新。弗兰克的依附理论可以视为发展援助理论的创新，该理论认为国际经济体系由处于"中心"的发达国家与处于"外围"的发展中国家组成，中心国家剥削和控制外围国家，使发展中国家处于受制约和从属地位，双方的关系是不平等的，发达国家凭借其军事优势，强迫发展中国家为其提供原料和劳动力。② 因此，中心城市的发达和边缘地区的不发达是自然而然的过程，这也是造成发展中国家贫困问题的根源。随着20世纪80年代发展中国家国际发展环境恶化和大多数受援国陷入发展困境，这一时期出现了强调受援国的稳定可持续发展必须首先依靠内部经济发展要素的整合而不能单纯依靠外部力量支持的内源发展理论，主张受援国要充分利用各自的比较优势并采取"外贸导向型"经济发展战略，以及强调有效的规章制度和高效率的制度结构是促进受援国摆脱发展困境的新制度主义理论等发展援助理论的创新。20世纪90年代，国际发展援助中最引人关注的就是援助国的"援助疲劳"和受援国的"援助疲软"现象。在此情况下，人们对援助的有效性进行了激烈的讨论，指出国际援助的政治化倾向日益明显，政治结构的制约被看成是经济结构调整收效甚微的主要原因。③20世纪90年代以来的国际援助同时强调民生和经济增长的两个方向，反映了发展援助理论的进步。④21世纪以来的国际发展援助重新赋予穷人本应拥有的权利，并关注人的生存和发展权利，以实现经济社会环境的可持续发展为目标，也更多地强调受援国在提高发展援助有效性中所起的决定性作用。⑤

　　总体上看，国际发展援助理论目前尚未形成完善的理论体系，而且

　　① 李小云、唐丽霞、武晋：《国际发展援助概论》，社会科学文献出版社2009年版，第63—64页。
　　② ［美］斯图亚特·R.林恩：《发展经济学》，王乃辉等译，格致出版社、上海三联书店、上海人民出版社2009年版，第49页。
　　③ 彭云：《战后国际援助潮流评析——发展轨迹及其特点》，《湖南师范大学社会科学学报》2008年第5期。
　　④ 张永蓬：《国际援助理论演变与国际援助非洲面临的挑战》，《亚非纵横》2012年第4期。
　　⑤ 李小云、唐丽霞、武晋：《国际发展援助概论》，社会科学文献出版社2009年版，第87页。

主要是针对一国对外援助的理论观点。当"坐标系"发生改变，由国与国之间的援助转变为一国内对问题区域的发展援助时，国际发展援助的形成及有效性等相关理论是否可以用于西藏的对口援助仍是个重大研究课题，但无论如何，国际发展援助中的一些理论观点对于分析对口援藏的形成及有效性等问题仍具有重要的借鉴意义。

（二）区域政策中的援助理论

从区域政策的角度来理解，区域政策的实质就是区域援助政策。[1] 在西方市场经济国家，区域政策最早是政府主要针对解决落后地区的发展问题而采取的以援助或扶助的政策措施形式出现的，后来一些国家为抑制大城市过度膨胀而采取了一些控制或限制政策，这些政策也纳入了区域政策的范围。[2] 在区域政策理论中，如果按照区域政策功能的性质分类，也就是根据在解决特定区域问题中的具体功能而对区域政策工具（regional policy tools）[3] 进行划分，可以将区域政策工具分为奖励工具和限制工具两种类型。前者是指奖励政府认同和支持的特定空间经济行为，而后者是限制或控制政府不欢迎或反对的特定空间经济行为（见图1-1）。

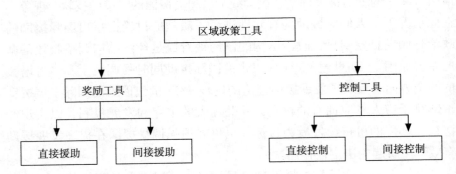

图1-1　区域政策工具分类

资料来源：张可云：《区域经济政策》，商务印书馆2005年版，第263页。

---

① 管仕平：《区域基础研究援助机制研究》，博士学位论文，合肥工业大学，2012年，第19页。

② 王雅梅：《欧盟区域政策研究》，博士学位论文，四川大学，2005年，第11页。

③ 区域政策工具也称之为区域政策措施（regional policy measures），是指为实现区域政策目标而运用的、针对问题区域的具体方法与措施。区域政策工具会根据区域问题的变化而作相应调整。参见张可云《区域经济政策》，商务印书馆2005年版，第257页。

　　区域政策奖励工具又称为援助政策，包括直接援助和间接援助两种。直接援助是世界上绝大多数国家最常用的区域政策工具，是直接面向具体区域内微观主体（企业、家庭）的奖励政策措施，其目的在于改善问题区域的经济社会发展基础。直接援助主要有拨款、优惠贷款和税收减免三种方式，通过政府的大量财政与其他支持来援助问题区域，促进其摆脱困境。直接援助均是针对微观主体，虽然形式上针对宏观的问题区域，但应该具体到问题区域的产业和企业，且当这些工具用于非问题区域或为地方政府发展经济所用时，就不能归为区域政策工具范畴。间接援助是将问题区域而非问题区域内的家庭和企业等微观主体作为作用的直接对象，它是通过改善问题区域的投资环境与经营环境、提供良好的发展条件而间接地援助问题区域内的各种微观主体。发展基础设施（development of infrastructure）、创建工业和科技园区（creation of Industrial and Science & Technology Parks）是常见的两种间接援助政策措施，前者是政府运用财政资源参与或通过制定优惠政策鼓励私人企业投资于问题区域内的基础设施建设，提高区域对企业的吸引力，包括改善区域内部与区域间基础设施、企业基础设施、社会基础设施等；而后者是政府为治理问题区域制定的政策措施，在问题区域内选择区位条件较好的地区建立工业园区或科技园区。①

　　区域政策中的发展援助理论为合理理解与界定援助、援藏、对口援藏等本书中的基本概念奠定了基础，同时也为从操作层面提出改进现行对口援藏模式的对策措施提供了理论依据。

二　区域经济干预理论

　　在一国区域经济系统中，政府一般会为实现一定的经济社会目标、促进区域经济协调发展，而对区域经济运行进行干预，政府干预区域经济发展的理论观点形成了区域经济干预理论。

　　区域经济学中的区域经济干预理论主要是以宏观经济学中的凯恩斯主义和新凯恩斯主义的干预思想为基础的，除具有一般意义上的政府干预思想外，区域经济干预理论更加强调政府在区域经济中的作用。自凯

---

① 参见张可云《区域经济政策》，商务印书馆2005年版，第264—281页。

恩斯主义出现后，政府干预区域经济发展才被理论界所承认。此后虽然
存在新古典学派与政府干预经济的观点对立，以及存在不同的学派对于
政府是否应当干预经济以及在多大程度上干预经济、通过何种方式干预
经济的争论，但是现实中，政府在经济发展中的实践和作用还是被公众
所认可的。政府干预区域经济的方式存在传统的自上而下发展理论和在
批评自上而下发展理论基础上提出的自下而上的方法两种基本范式。自
上而下区域发展理论认为，对特定部门和地区集中投资，利益会扩展到
其他地区，存在"渗透效应"，其决策是在未征求当地人民意见的情况
下由政府作出的。而自下而上的方法认为，决策应尽可能接近基层，需
要来自区域内部而非外部强加。在现实中，两种方法经常结合起来使用。
在区域经济发展过程中，中央政府与地方政府干预区域经济的目标是不
同的，前者主要是为了妥善协调好区域经济关系，而后者则是为了促进
本地区的经济发展。①

此外，许多区域经济理论中均包含了一定的政府干预思想，如增长
极理论、中心—边缘理论、新古典区域经济理论、中心地理理论等常见
的区域经济理论均含有政府干预区域经济发展的思想。这些区域经济理
论常常也会成为政府干预区域经济的理论依据。区域经济干预理论常被
应用于研究制定区域政策，促进国家内部区域经济的协调发展。对口援
藏作为中国对区域经济干预的一项区域政策工具或手段，其重要目标之
一就是协调各地区的经济发展。区域经济干预理论为理解对口援藏的形
成、搭建对口援藏有效性分析框架提供了重要的理论支撑。

三　横向财政均衡理论

横向财政均衡理论源于 1950 年美国经济学家布坎南从公平角度所研
究的联邦体制下的横向财政均衡制度。公平既可以表现为财力状况相同
的地区在相同的税负情况下，为当地居民提供同等的公共服务，也可以
表现为处于平等地位的人们可以得到同等的国民待遇。由于区域经济发
展不平衡是常态，在一个国家内部各地区的经济发展水平往往是差距较
大的（如中国东南沿海地区与内陆地区），这将会导致各地区的财政预

---

①　参见陈秀山、张可云《区域经济理论》，商务印书馆 2003 年版，第 385—391 页。

算规模差距悬殊，形成横向财政预算不平衡，进而致使经济发达的地区能为本区域内的居民提供更多的公共服务，而经济落后地区如果不增加税负将不能提供同等的公共服务，而且横向财政的不平衡还可能会促使落后贫困地区的人口流向发达地区，不利于整个国民经济的发展。因此，财力不同的地区无法实现真正意义上的公平与均衡，从而导致资源配置的扭曲，如此就需要从经济发达地区筹集资金来支援或帮助落后地区，由此形成了横向的财政转移支付。横向的财政转移支付一般是指，在地区间横向财政能力不平衡的情况下，通过财政资金在同级政府之间的转移来补齐贫困地区的财力缺口，从而达到地区间财政能力的基本均衡。转移支付的目标并不是要使不同地区的财力达到完全一致，而是要使不同地区的居民享有同等的公共服务和税负等财政对待。

德国是采取横向财政均衡制度的典型国家。德国的财政均衡制度以地区间的直接横向均衡为主体，同时以联邦政府的纵向转移支付为补充，从而使得国内各地区之间具有提供基本均等的公共服务的财力。[1] 尽管中国是单一制国家，但与很多联邦制国家相同，也在中央与地方之间划分了财权与事权，而且还慢慢建立起了目的在于平衡省际财政能力差距的转移支付，中国的各地区间基本公共服务均等化是公共财政建设的主要方向，因此，横向财政均衡理论适用于中国当前的财政体制。[2] 从这个角度来看，中国内地省市对西藏的对口支援具有支援方政府与受援方政府之间横向财政转移支付的性质，某种意义上就是为了达到一定的横向财政均衡的目标。

四 制度变迁理论

制度变迁理论（Institution Change Theory）经历了由制度经济学鼻祖凡勃伦于 19 世纪末的初创期；克拉克的继承与发展期；以及以加尔布雷斯为代表的新制度经济学和以诺思、科斯等为代表的新制度学派的蓬勃发展时期。本书从广义上将现有文献中关于制度变迁的理论概括如下。

---

① 祝小芳：《分权模式下的横向财政均衡——德国的经验与启示》，《财政研究》2005 年第 9 期。
② 参见蔡璟孜《横向财政均衡理论框架下我国省际对口支援研究》，硕士学位论文，复旦大学，2012 年，第 15—17 页。

第一，一般认为，制度（institution）是一系列被制定出来的规则，是影响经济活动效率及经济发展的重要因素之一。

诺思认为，制度是一个社会的博弈规则，是一些人为设计的、型塑人们互动关系的约束，制度对经济绩效的影响是无可非议的。[①] 林毅夫认为，制度是一系列人为设定的行为规则，这种规则能约束、规范人们的相互行为，帮助他们形成对别人行为的预期。[②] 制度通常可以划分为正式制度和非正式制度。正式制度是人们有意识制造的一系列政策法规、法律规范，包括政治规则、经济规则和契约以及由各类正式规则所形成的一种等级结构。而非正式制度是人们在长期中无意识形成，具有持久生命力，且通过文化结构代代相传的一系列规范，如宗教、传统、习俗、价值观念、认知模式等。正式制度只有在与非正式制度相容的情况下才能发挥作用；否则，由于意识观念等原因而导致的人们的抵触情绪会使正式制度丧失效能。

第二，为了不断增进自身利益，人们会不断地寻求能够带来更高利益的制度安排。

制度变迁就是指制度的替代、转换与交易的过程。制度变迁会受到制度变迁主体与客体的各种因素影响。从制度变迁的主体来看，参与制度变迁的行为主体包括追求自身效用最大化的个人、团体和政府等，他们参与制度变迁的目的在于获取外部的潜在利润，假如制度安排改变并不能产生更多的收益，或是制度变迁的收益低于制度变迁的成本，那么制度变迁便不会发生。只有当制度变迁的收益大于制度变迁的成本，即增加社会福利时，才会发生制度变迁。制度变迁成本包括设计新制度的成本、清除旧制度的成本、预期的制度实施成本、不可预料的随机成本等。制度变迁收益是制度变迁给制度内部成员所带来的预期收益总和。制度变迁的方式一般分为诱致性变迁和强制性变迁两种类型，前者是自下而上地由人们自发倡导、组织和实施的制度变更、替代或创新的一种行为，目的在于产生获利机会；后者是指自上而下地由政府以行政法令和法律

[①]　［美］诺思：《制度、制度变迁与经济绩效》，杭行译，格致出版社、上海三联书店、上海人民出版社 2014 年版，第 3 页。

[②]　林毅夫：《再论制度、技术与中国农业发展》，北京大学出版社 2000 年版，第 16 页。

等形式推行的制度变迁。

第三，假如一国经济在发展初始阶段选择了某一路径，那么它的既定方向会在以后的发展中不断得到自我强化，人们过去的选择往往成就了他们现在可能的选择。

如果一国在起始阶段时能够使用制度产生的规模效益，并在以后的发展中使这种规模效益普遍发生，则经济就有可能步入一条良性的发展轨迹；但如果这种收益递增不能普遍发生，则新制度变迁会朝着无效的方向发展，甚至可能被"锁定"在某种无效状态，这通常被称为"路径依赖"。制度变迁会受到路径依赖的制约，假如初始路径选择合理，那么制度变迁会沿着既定方向不断推进，极大地调动人们的能动性，合理配置资源以获取更多收益，促进经济发展，而这又会反向推动制度的进一步变迁，从而出现良性循环；假如初始路径选择不合理，那么制度变迁将不会带来普遍的收益增加，而可能会仅仅有利于少数特权阶层，从而导致不公平竞争、破坏市场秩序和经济衰退，并且这种状况一旦发生将会很难改变。

从制度的角度来看，对口援藏可以视为中央对西藏总体供给模式下制度供给中的一个重要组成部分，而从对口援藏本身来看，制度变迁理论可以用于解释这种中央行政命令下实施的区域政策的制度化、规范化、体系化过程。作为制度化的对口援藏会受到路径依赖的影响，进而对对口援藏有效性产生影响。

第三节　本章小结

本章首先对有关对外援助、援助有效性、援藏、对口爰藏有效性等内容的国内外研究文献进行了分类梳理与综述，并分别进行了有针对性的评析，以指出国内外学者的研究不足及可能的研究空间，再对国内外研究文献进行综合性的评论，进而提出本书的研究逻辑起点，以本章为本书奠定研究基础；然后再对涉及对口援藏及其有效性的发展援助理论、区域经济干预理论、横向财政均衡理论以及制度变迁理论等经济学理论进行了回顾与概括，将其作为本书的理论基础，是全书的重要理论借鉴内容。

第二章

对口援藏有效性的分析框架

要全面认知对口援藏有效性，首先需要搭建对口援藏有效性的分析框架，不仅要厘清和界定援助、对口援藏、有效性、对口援藏有效性等容易混淆或含糊不清的基本概念，而且还需对对口援藏的运行特征进行基本分析，阐明对口援藏有效性评价及影响因素实证的必要性，最后还要对对口援藏的实践主要类型和模式的经验进行提炼概括和分析总结，从而形成对对口援藏及其有效性的一般性认知。基于此，本章的主要内容包括对口援藏的相关概念界定、运行特征分析、有效性评价的必要性，以及国外发展援助实践经验四个部分。

第一节　相关概念界定

一　援助与区域发展援助

（一）"援助"内涵辨析

在词性上，"援助"可作名词或动词使用。从汉语词义上看，援助是指"支援与帮助，而支援是指用人力、物力、财力或其他实际行动去支持和帮助"[①]，或是指"以出资金、出力以及提供智力上的支持等方式帮助别人，援助与支援同义，两者可以通用"[②]。然而"援助"一词在英文翻译上却存在差异，在《新帕尔格雷夫经济学大辞典》中，"援助"

---

① 中国社会科学院语言研究所语言编辑室：《现代汉语词典》，商务印书馆 2006 年版，第1678、1744 页。

② 刘振铎：《现代汉语辞海》，黑龙江人民出版社 2002 年版，第 826 页。

被译为"aid""foreign aid"，通常是指"把援助国政府的资源转移给贫困国家，主要目的在于帮助其发展"①。事实上，在现有的研究援藏问题的书籍和论文中，绝大多数学者把援助或支援翻译为"aid"，如李曦辉（2000）、潘久艳（2009）、周猛（2012）等。英文"aid"侧重于强调受助方是弱者一方，而援助方是强者一方，意指强者对迫切需要帮助的弱者的支援。②有的学者认为，对口支援本身就具有不对等的双方关系。③就对口援藏而言，它是在中国国内的特定区域范围内实施的，尽管西藏自治区与中国内地各省份在经济发展上存在差距，但在法律地位上是平等的主体，具有平等的政治地位。正如马戎所指出，且不论一国内部兄弟省市之间的相互帮助，即便是一国对其他国家进行支援，也必须以一种平等和相互尊重的态度，一个国家内的兄弟姐妹地区之间，只有双向的互助，没有单向的"援助"。④因此，"对口援助西藏"中的"援助"不应视为强者对弱者的同情和扶助，而应是相互之间的支持与协作，简单地翻译成"aid"并不十分合适。"援助"还可以译为"assistance"或"help"，"assistance"侧重于强调援助者在提供帮助时只起到辅助性作用，所起的是协助、从属性或第二位作用，而受勤者在事务中起主导性作用；"help"是普通用语，指一般性的帮助，含义比较广泛，并未暗含援助双方在事务中作用大小的意思，而含有为他人提供帮助的积极态度。⑤

　　综合以上分析，本书认为，从大视野和长远来看，中国省际开展的对口援藏，应是基于平等主体之间的互助协作，而并非仅仅是经济上实力强的一方对实力弱的一方的单向支持，实际上是存在双向支持与互动的。⑥因此，为清晰地表明援助方与受援方的平等主体地位，使用词组"hand-in-hand aid"来表示"对口援助"或"对口支援"更加合适，强调了援助的平等性质。如果从国家的角度来看，有学者认为援助实质上

---

①　参见约翰·伊特韦尔《新帕尔格雷夫经济学大辞典（第 2 卷）》，经济科学出版社 1996 年版，第 428—432 页。

②　参见 Sally Wehmeier《牛津高阶英汉词典（第 6 版）》，商务印书馆 2004 年版，第 36 页。

③　参见王永才《对口支援民族地区的问题与法治反思》，《黑龙江民族丛刊》2014 年第 2 期。

④　马戎：《超越"援助"与"感恩"》，《南风窗》2010 年第 10 期。

⑤　参见 Sally Wehmeier《牛津高阶英汉词典（第 6 版）》，商务印书馆 2004 年版，第 86、823 页。

⑥　参见第二章中"对口援藏运行动力呈现多元化"小节中对"利益动力"的阐释。

也可以视为国家体系借助政治力量来促进资本转移，是为共同的安全、共同的繁荣和共同的未来作投资。[①] 援助有不同的划分类型，按照援助范围来划分，可分为国际援助和国内援助；按照援助提供主体划分，可分为政府援助、企业援助、非政府组织（NGO）援助等；按照援助内容划分，可分为物资援助、人力援助、资金援助、技术援助等；按照援助领域来划分，可分为就业援助、教育援助、产业援助、科技援助等。

（二）发展援助与区域发展援助

援助的预期目标实际上是促进受援地区的经济发展，因而一般可将援助理解为发展援助。按照对援助的一般划分，可分为国际援助和国内援助两大类。国际援助一般就是指国际发展援助，主要是指"发达国家向发展中国家流动的转移支付，帮助发展中国家发展经济和提高社会福利的活动，促进受援国的发展"[②]，是发达国家或地区对落后国家或地区的支援行为。国内援助是对一国范围内的问题区域实施的发展援助，给予支援或帮助，以促进该区域的经济社会得到较快发展。国内援助是一国之内发达地区对欠发达贫困地区的人、财、物的资助，实施有效的国内援助是实现国家的社会稳定、经济协调发展的有力措施。[③] 国内援助即指国内发展援助，国内发展援助形式多样，目前并没有明确的类型划分，从国内外实践情况来看，本书认为国内发展援助又可分为一般援助（一般支援）和对口援助（对口支援）两种类型。一般援助主要是指国家对贫困地区和边疆民族地区优先安排财政资金拨款、抽调干部支援、优先供应物资。对口援助一般是指在国家主导下一个国家内部不同地区之间的物资、资金、人才、技术等方面的援助，如中国已经开展的对口支援西藏、对口支援三峡库区、对口支援汶川地震灾区等。有学者认为，区域经济发展中的对口援助与一般的、普通的援助最大的区别是，对口援助中的援助方和受援方基本上是一一对应，只有少量存在"一对多"或"多对一"的情况；对口援助的双方是根据区域经济发展水平等因素确定的，

---

① 尕玛多吉、靳昊：《栉风沐雨二十载 同心共筑中国梦——对口援藏20年彰显我国制度优越性》，《光明日报》2014年8月28日。

② 李小云、唐丽霞、武晋：《国际发展援助概论》，社会科学文献出版社2009年版，第2页。

③ 靳薇：《西藏：援助与发展》，西藏人民出版社2010年版，第8页。

非任意搭配；对口援助的领域具有指向性而非全面援助。[①]

事实上，到目前为止国外并没有出现与"对口支援"及"对口援助"相同或相似的词汇。"对口支援"的概念出现于中国 20 世纪 60 年代初，正式提出于 1979 年 4 月中国召开的全国边防工作会议上，并以国家文件将其以国家政策的形式正式确定下来。对口支援是在中国特定政治生态中孕育、发展和不断完善的一项具有中国特色的政策模式。[②] 从本质上来讲，实施多年的对口支援是有中国特色的横向财政转移支付行为，对口支援具有横向财政转移支付的特性，实质上就是经济发达地区对上级指定的欠发达地区或民族地区给予人、财、物方面的帮助和支持，是一种基于财政平衡视角的政府行为，其功能主要体现在对困难地区的帮扶，是中国特色的对口支援。[③] 由于研究的出发点和角度等不同，目前学术界关于对口支援的理解也并不统一，如国务院三峡建设委员会移民开发局（2001）、刘建军、王永才等各有不同理解。为何理解不统一，本书认为，早期提出的对口支援只是在当时的历史背景下对发达地区支援落后地区经济社会发展的一种称谓，在词语使用上具有一定的随机性与随意性，并没有深层次地考虑"对口支援"这一词语背后隐藏的含义，因而也没有特别的内涵。直到 1994 年第三次中央西藏工作座谈会上，中央将分散的应用到援藏工作中的对口支援进行固定化与合理化，并确立了"分片负责、对口支援、定期轮换"的政策，对口支援才被赋予了特定的含义。通常意义上的对口支援应是指在中央主导下一个国家内部不同地区之间形成的固定性的结对支援，要求支援方与受援方结成的支援关系固定、细化，具有特定的工作机制，支援方通过物资、资金、人才、技术等方面的援助来促进受援方的经济社会发展。在对口支援的实践中，有不同层级行政区域间的援助，如省际对口支援和省内市县之间对口支援，但也存在特定行业领域内的援助，省际援助的方式是最常见的，通常由内地省市对口支援西部省区的地级市或县。

[①]　陈静：《区域经济发展中的对口援助模式与运行研究》，博士学位论文，西南财经大学，2013 年，第 54—55 页。

[②]　赵明刚：《中国特色对口支援模式研究》，《科学社会主义》2011 年第 2 期。

[③]　伍文中：《从对口支援到横向财政转移支付：文献综述及未来研究趋势》，《财经论丛》2012 年第 1 期。

区域发展援助可以从不同角度来理解，目前尚无明确的概念界定。就本书而言，主要是从区域政策的角度来理解，区域发展援助指的是国内区域发展援助。根据区域政策理论，从性质或属性上来看，区域发展援助主要是指针对一国内存在的经济发展落后、经济萧条、民族矛盾冲突和政治不稳定、生态环境脆弱等问题区域，一国中央政府所实施的发展援助或支援行为。区域发展援助必须通过一定的工具或手段才能实现，而这些从国家层面针对特定区域所采取的手段或措施，就是区域发展援助政策。从本质上讲，区域发展援助政策是区域发展援助这种政府干预区域经济方式的具体政策化，但在通常的使用中，区域发展援助既可以表示市场机制失灵情况下的政府干预区域经济发展的行为，也可以直接指代区域发展援助政策。① 因此，本书遵照此使用方法，区域发展援助既可以指政府干预经济的一种行为方式，也可以指区域政策视角下具体的区域发展援助政策。

二　援藏与对口援藏

在政府文件及学者的研究中，"援藏"是"支援西藏"或"援助西藏"的简称，"对口援藏"是"对口支援西藏"或"对口援助西藏"的简称。"西藏"是动词"支援"或"对口支援"的作用对象。1980 年中央第一次西藏工作座谈会上指出，"发展西藏建设，仍然应当主要依靠西藏党政军和各族人民，艰苦创业，共同努力。同时，中央各部门也要加强对西藏工作的正确指导，并且根据实际需要和可能条件，组织全国各地积极给他们以支援和帮助"，② 这是第一次将西藏作为整体支援对象的提法。而"援藏"的提法最早出现在 1980 年第一次中央西藏工作座谈会之后，主要是在一些文件和领导人讲话的简称中，如"援藏""全国援藏""援藏干部"等，此后得到广泛使用。③

目前对援藏内涵的界定主要有两种不同的观点，争论的焦点在于国

---

① 侯岩：《借鉴区域发展援助的国际经验实施西部大开发战略》，《内蒙古财经学院学报》2001 年第 1 期。

② 中共中央文献研究室：《西藏工作文献选编（1949—2005 年）》，中央文献出版社 2005 年版，第 392 页。

③ 靳薇：《西藏：援助与发展》，西藏人民出版社 2010 年版，第 50—51 页。

家对西藏的财政转移支付及直接投资是否能够纳入援藏的范畴之内。靳薇将援藏分为财政援藏、项目援藏、人才援藏三个方面，并指出西藏在经济发展过程中，得到中央和其他省市的大量人、财、物的支持，其受援的数额和力度在各省区中无出其右，把中央对西藏的财政补贴归入了援藏的范围之内。其他学者虽然没有明确界定援藏的内涵，然而在各自研究中，均明确地把国家的财政补贴和投资行为列入了援藏的范畴，如李曦辉[1]、贺新元[2]、谢伟民等。[3] 孙勇[4] 和王代远[5] 均认为，"国家投资建设西藏地方，不能说是援助，而是国家职能的体现"，并认为"真正意义上的援藏，是内地各省区和有关国有企业对西藏的支援，是国内其他地区各民族人民对西藏人民的无私帮助，这种活动的基本性质，是在国家内部体系中基于平等的政治地位而进行的经济文化交流"。潘久艳[6] 认为"全国援藏"有狭义和广义之分，"狭义的'全国援藏'仅指中央各部委、其他省市区及国有大型企业等对西藏的人财物的援助，1994 年之后即指'分片负责、对口支援、定期轮换'的对口支援西藏政策，中央政府的支持不列入狭义的全国援藏范围；广义的援藏是指西藏所有的受援，不仅包括狭义上的援藏，而且还包括中央财政支持"。杨明洪[7] 基于经济学研究背景和国家一体化视角，对国家财政转移支付的实际作用进行了深刻的理论分析与认识，认为在单一制国家内的纵向转移支付是不应划入一国之内的援助范畴的，中央对特定区域实施特殊优惠政策，通过加大转移支付的力度支持这些区域加快发展，是中央政府职能正常发挥作用的结果，本质上不能归入"援助"的范畴，因而也不应将中央对西藏实施的包括高强度财政转移支付在内的特殊支持都归为"援藏"范畴。

　　综合不同观点，本书认为，"援藏"的概念应有狭义和广义之分。

---

① 李曦辉：《援藏与西藏经济社会 50 年变迁》《中央民族大学学报》2000 年第 5 期。
② 贺新元：《中央"援藏机制"的形成、发展、完善与运用》《西藏研究》2012 年第 6 期。
③ 谢伟民、贺东航、曹尤：《援藏制度：起源、演进和体系研究》《民族研究》2014 年第 2 期。
④ 孙勇：《维护西藏地区社会稳定对等研究》，西藏社会科学院研究报告，2012 年，第 421 页。
⑤ 王代远：《全国支援西藏工作的经济社会效益研究》，西藏藏文古籍出版社 2012 年版，第 3 页。
⑥ 潘久艳：《全国援藏的经济学分析》，四川大学出版社 2009 年版，第 18—19 页。
⑦ 杨明洪：《对口援藏的理论认识与实现经济研究》《中国藏学》2014 年第 3 期。

狭义的援藏是指除中央财政对西藏的转移支付和投资之外的内地各省市区、有关国家机关、企业、社会组织等对西藏的无私支援或援助。其原因在于，尽管中央对西藏的大规模财力投入已经在西藏形成了"总体供给模式"，是西藏地区发展的主要动力，但从国家行使职能的角度来看，中央对于国内任何落后地区都有财政转移支付，中央对地方的财政转移支出实际上是现实的国家制度安排的体现，所以从这个意义上来讲，国家对西藏的财政转移支付和财力投资建设均不能归入"援藏"的范畴，真正意义上的"援藏"应是内地各省区市、有关国家机关、企业、社会组织等对西藏的无私支援或援助，而只要是中央财政对西藏的直接投入就不能归为援藏范畴。广义上的援藏是从区域经济政策的角度来看的，根据区域政策理论，中央对国内存在贫穷落后等问题的区域实施的财政拨款、财政补贴、优惠贷款、税收减免、基础设施建设投资等政策措施均属于区域发展援助的范畴，中央为扶持问题区域的发展而实施的差别化政策均应视为发展援助行为，如农村扶贫政策、扶持民族地区发展政策等。自和平解放以来，中央财政补贴是西藏财政收入的主要来源，西藏的财政支出又主要依靠中央财政转移支付，对中央转移支付的依赖程度极高，离开了中央的财政支持，西藏的经济社会发展将会受到巨大影响，因此从更广泛的意义上来讲，广义的援藏不仅包括了内地各省区市、有关国家机关、企业和社会组织对西藏的援助，而且还应包括中央财政对西藏的直接支出以及各种优惠政策。[①] 基于以上辨析，需要特别说明的是，本书中的援藏是指狭义的援藏。本研究正是在这一内涵的严格界定前提下进行的。

对口援藏作为国内发展援助的一种特殊形式，是在援藏过程中引入对口支援而形成的一种较为成熟的模式，主要是在中央政府主导下开展的"地方对地方"援助，通过发达地区支持落后地区，加快落后地区经济社会发展，促进区域经济协调发展。这一活动的基本性质是，在一国内部体系中基于具有平等政治地位和法律地位的主体而进行的经济、文

---

① 包括西藏自治区政府专门制定的对口援藏项目建设在税费减免、土地征用、施工电力和运输保障等方面享受的各种优惠政策。参见王建新《对口援藏项目享受优惠政策》，《人民日报》2001 年11 月5 日。

化、社会等方面的交流交往，这种交往与交流带来的是民族的交融，是夯实一国稳定基础中必不可少的因素。从区域政策的角度来看，对口援藏实际上是国家区域发展援助政策的一种具体形式。

根据本书中对对口支援和援藏的内涵阐释，对口援藏是内地各省市、国家机关以及有关中央企业对西藏的固定性的结对支援，对口援藏中的对口支援关系，即"结对关系"是相对稳定的，体现为各援藏单位与西藏各区县分别配对，并且固定下来保持不变，实际上这种结对关系也可以视为各援藏单位分别对西藏的各区县实施发展援助的"大包干"或"承包"，而且要求支援方形成稳定的工作机制。1994 年 7 月，中央第三次西藏工作座谈会召开并确定了"分片负责、对口支援、定期轮换"的援助西藏方式，按照要求，全国 15 个省市对口支援西藏 7 个地市，中央各部委对口支援西藏自治区各部门。[①] 由此，对口援藏稳定的支援关系形成，对口援藏工作机制也正式确立并逐步在西藏各地深入实施并在其他地区广泛应用。从援助内容上来看，全国对口援助西藏包括经济、干部、教育、科技、文化、医疗卫生等，其中经济援藏主要是物资支援、项目援建和资金援助等。[②] "对口援藏"成为一个正式术语并具有独特内涵和外延，由前文分析可知，中央给予西藏的特殊关怀[③] 连同历年高强度的财政转移支付并不属于对口援藏的范畴。本书的研究正是在对对口援藏的内涵作出这一界定下进行的。如果从财政学中的资金来源和管理的角度进一步来看，内地省市对西藏的对口支援还具有横向财政转移支付的性质。正如张筱风[④] 所认为，各省市对西藏地区的支援实质上是一种横向转移支付或称横向补助，这是基于同级地方政府间收入能力的不平衡、支出水平以及公共物品提供能力上存在差异而出现的横向不平衡，从而实行的一种横向转移支付。目前对对口援藏所属的范畴有多种理解，对口援藏

---

① 乔元忠：《全国支援西藏》，西藏人民出版社 2002 年版，第 49 页。

② 宋月红：《中央扶持和全国支援西藏》，《当代中国史研究》2008 年第 4 期。

③ 中央对对口支援给予一系列的特殊优惠政策，如国家增设对口支援专项基金；给对口支援双方在信贷指标中划出专项额度，专门用于对口支援项目并给予优惠；对到受援地区执行支援任务的人员给予工资和生活补贴方面的适当照顾，等等。参见温军《中国少数民族经济政策稳定性评估（1949—2002）》（下），《开发研究》2004 年第 4 期，第 21 页。

④ 张筱风：《西藏财经能力建设研究》，博士学位论文，西南财经大学，2009 年，第 114 页。

既可以看作一种政策，也可以视为一种制度化安排，还可以指一种工作机制。[1] 本书对此不作特指，根据所使用的不同环境场合，分别指代不同的含义。

三 有效性与对口援藏有效性

（一）"有效性"的内涵辨析

在《现代汉语常用词辞海》中，"'有效'（effective）是指有效果或有效用，表示能实现预期目标，'有效'与'无效'相对应，例如'管理有效''改革无效''药物有效'等"[2]。由此，"有效性"（effectiveness）应是指为达到或完成预期目标的程度。对有效性不能简单地进行肯定或否定的判断，事实上，有效性应包括完全有效、局部有效、完全无效三种情况，而完全有效与完全无效只是两种极端情况，一般出现的可能性均不大，而局部有效应是常态。在不同的学科或应用领域中，"有效性"又具有特定含义。在经济学中，资源配置有效通常是指经济资源实现了有效率的配置，达到了"帕累托最优状态"[3]，例如一般均衡状态符合"帕累托最优状态"，所以整个经济实现了有效率的资源配置。而帕累托最优也称为帕累托效率（Pareto efficiency）或配置效率（allocative efficiency），是指以投入要素的最佳组合实现最大的产出，即在投入不变的前提下，通过要素的最优组合实现产出最大，或在产出不变的前提下，通过要素的最优组合实现投入最小。[4] 事实上，资源配置效率是经济学中面临的选择问题，在一个有多种投入和一种产出的经济模型中，如果经济可以利用其资源获得最大产出，就可以说这种结果是有效率的。经济

---

① 从中央政府的角度来看，中央全面部署了对口支援西藏工作，对口援藏工作具有指导思想、基本原则、主要任务，对口援藏形成了相对稳定的工作机制。贺新元认为，中央在西藏的政策可狭义地概括为"援藏政策"，"援藏政策"的实施途径与工作方法可归纳为"援藏机制"。参见贺新元《中央"援藏机制"的形成、发展、完善与运用》，《西藏研究》2012 年第 6 期。

② 参见倪文杰《现代汉语常用词辞海（第三卷）》，中国建材工业出版社 2001 年版，第 1269 页。在《现代汉语词典》中，"有效"一词的词性是形容词，指有成效、有效果、有效力等。

③ 帕累托最优状态又称为经济效率，是最优的或最有效率的状态。满足帕累托最优状态就是具有经济效率的，反之，则是缺乏经济效率的。参见高鸿业《西方经济学（微观部分）》，中国人民大学出版社 2004 年版，第 330 页。

④ 参见梁小民《微观经济学》，中国社会科学出版社 1996 年版，第 303 页。

学家曼昆所定义的效率是指经济效率，所理解的效率是指资源的有效利用，即资源得到了优化配置，可以表示为在既定投入水平下使产出水平最大化，或在既定产出水平下使投入水平最小化。[①] 而资源配置效率是指在一定的技术水平下，各种资源在不同用途之间进行分配所产生的效益。资源配置效率包括宏观层次配置效率和微观层次配置效率两个层面。因此，资源配置效率的高低实际上反映了资源配置的有效性高低，或者说是对经济资源的配置所能够达到既定目标的程度，而投入与产出的对比关系可以用来衡量资源配置效率水平的高低。基于以上辨析，本书认为经济学中的有效性应是指经济资源配置的效率水平，表示既定经济目标的实现程度，效率水平的高低取决于成本与收益的对比关系，或是在一定经济成本投入条件下所能够实现预定目标的程度。当然，基于以上认知，我们也可以预期经济活动产生的有效性应是局部有效。

（二）对口援藏有效性的内涵界定

尽管学术界关注到了对口援藏有效性，追求有效的对口援藏，但到目前尚没有给出对口援藏有效性的确切定义。如何科学认识对口援藏有效性是一个关键性问题，是评价和优化对口援藏模式、提高对口援藏有效性的根本前提。在有效性界定的基础上，本书认为，对口援藏并不是独立存在的，从本质上讲它是服务于中央和各对口援藏单位的发展援助目标的，认知对口援藏有效性的概念需同时从三个层面考虑：一是一般意义上的援助有效性；二是对口援藏的最终和根本目标；三是经济学意义上的资源配置效率水平。

第一，对口支援或对口援助已在中国西藏、三峡库区、新疆、汶川地震灾区等多个区域开展，对口援藏是对口援助在西藏这一特定地区的具体实施。因此，对口援助作为国内区域发展援助的一种特殊形式，对包括西藏在内的各个实施地区而言必然具有援助的一般性，从这个角度来看，对口援藏有效性具有援助有效性的一般意义。目前国内外关于援助有效性的研究主要是针对对外援助有效性或国际发展援助有效性，从中可以借鉴的是，认为援助有效性是指发展援助目标的实现程度或预期

---

① 参见［美］曼昆《经济学原理》，梁小民译，生活·读书·新知三联书店、北京大学出版社1999年版，第152—157页。

实现程度，包括目标的重要性和目标的实现程度两个方面，有效援助是援助目标有重要意义并得到了很大程度的实现。我们认为，有效的对口援藏是指对西藏区域发展援助目标的最大程度实现，而对口援藏有效性正反映了对西藏的区域发展援助目标的实现程度。

第二，国与国之间的发展援助目标从一开始单一地强调受援方的经济增长拓展到包括广大民众生活水平的提高、社会福利的增进、经济社会环境可持续发展能力提升、人的生存和发展权利增多等，但经济增长始终是援助方所认为的发展援助的主要目标。就西藏而言，自 1994 年开始以经济建设为中心的经济发展和局势稳定一直是西藏经济社会发展的核心目标。中央第五次西藏工作座谈会将从第三次西藏工作座谈会开始作为工作抓手的"发展、稳定"这"两件大事"，发展为目前的"发展、民生、稳定""三件大事"，从而突出了解决民生问题的重要性。从发展、民生、稳定的内在关系来看，也必须把民生作为一件大事来抓：一方面，"民"是发展的主体，也是稳定的主体，发展和稳定都必须围绕"民生"来谋划、来部署、来举措；另一方面，民生是发展的目的，也是稳定的根本。西藏的农牧民人口占总人口比重的近 80%，农牧民的意愿与需求代表了西藏广大人民最广泛的利益诉求。长期以来，西藏农牧区发展极为落后，农牧区公共服务基础差、社会保障能力低、农牧民收入水平十分有限等问题较为突出，2020 年西藏能否与全国一道全面建成小康社会的关键是农牧区能否加快建成小康社会。从根本上说，实施对口援藏主要应使广大农牧民成为最终和根本受益者。然而，现有的对口援藏主要是一种"局外人"与"自上而下"的决策方式，导致从"局外人"和上级政府来看，对口援藏是"成功"的，但从西藏当地居民尤其是广大农牧民的角度来看，得出的结论可能就会出现偏差甚至相反。实际上，目前西藏广大农牧民的民生问题十分突出已是不争的事实。基于此，本书认为，对口援藏有效性应从作为受援方的西藏广大农牧民需求视角来看，对口援藏的基本目标是经济发展，这也是历次西藏工作座谈会确立的重要目标；对口援藏的最终和根本目标是充分满足广大农牧民的需求，使其具备自我发展能力，具体包括提高广大农牧民的收入水平、改善农牧民生产生活条件、提高农牧区基本公共服务水平等，对口援藏满足农牧民的需求程度也正体现了对口援藏根本目标的实现程度。有效性不同的对口援藏可以表示对口援藏目标的完成程度，其变动范围应该是从 0 到 100%（见图 2-1）。

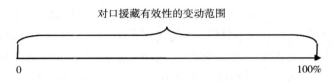

图 2-1　对口援藏有效性

第三，从经济学上资源配置效率的角度看，如果对口援藏实现了经济发展，并充分满足了广大农牧民的需求，但却造成了资源的浪费，那么这就不是有效的对口援藏。对口援藏投入了大规模的人力、物力、财力等资源，这些资源的配置效率水平反映了对口援藏的有效性，衡量资源配置效率水平的投入与产出的对比关系可以用于测度对口援藏有效性，因此，可从经济学上的效率水平来量化对口援藏的有效性。需要注意的是，对口援藏的具体实施主体众多，具体的决策单位与个人又极为分散，微观上看可能某些对口援藏资源（如某一笔资金、某一批人员）能够得到有效配置，但却难以自发地实现宏观上的有效配置。为便于定量分析对口援藏有效性，本书中的对口援藏有效性主要是指宏观上对口援藏资源的配置效率水平。

总之，对口援藏的有效性包含了以上三层含义，这三层含义是相互依存、相互影响、缺一不可的。本书对对口援藏有效性的定性与定量分析，正是在对口援藏有效性内涵的这一界定基础上进行的。

四　农牧民需求

西藏农牧民 [①] 是指在西藏的农区、牧区或半农半牧区从事农业、牧业或林业等生产活动并以其为主要经济生活来源的农民和牧民。经济学中的需求一般从总体上分为私人需求和公共需求两大类。私人需求是单个人独立产生并得到满足的个人需要，即以实现个体私人利益为目标的个

---

① 本书中的西藏农牧民人口数量是以西藏农村常住人口数量来衡量的，后文中不再作特别说明。

人需求。根据马斯洛的需要层次理论，个人的需要包括生理的需要、安全的需要、社交的需要、尊重的需要、成就的需要，而公共需求是社会公众在生产生活中所产生的客观的共同需要，即社会的共同需要，公共需求以满足社会公共利益为目标，一般是通过公共部门，主要是政府以提供公共产品的形式来满足社会共同需求。这里还必须厘清的是，公共需求并不是私人需求或个人需要的简单累加或混合，而是共同的"私人需要"的集合体，具有整体性和不可分割性。如果脱离了个人需求，抽象地讨论公共需求，是没有任何意义的，公共需求以个人需要作为考虑的基础，然后再来产生社会共同的需要。

对口援藏的最终目标是充分满足西藏农牧民需求，即主要是满足农牧民共同利益表达的社会公共需求，但同时也需要考虑到具有个体差异性的个人特殊需求。本书借鉴卫生经济学中反映卫生这种基本公共服务需求的卫生服务可得性（availability）[1]与卫生服务可及性（accessibility）[2]的概念，满足农牧民的公共需求，就是要求从农牧民的角度来说，对口援藏资源具有可得性与可及性。这里的可得性是指各对口援藏方能够为农牧民提供各种形式援助的能力，是农牧民可以得到的援助水平，而这里的可及性是指用于满足农牧民需求的援藏资源的实际利用程度，即实现的可及性（realized access），所以满足西藏农牧民的需求要同时满足农牧民对援藏资源的可得性与可及性两个方面。[3]

第二节　对口援藏的运行特征分析

从系统[4]的观点来看，对口援藏在实施过程中形成了复杂的援助体系，

---

① 参见龚幼龙、冯学山《卫生服务研究》，复旦大学出版社 2002 年版，第 197 页。
② 参见王伟、任荟《卫生服务可及性概念与研究进展》，《中国卫生经济》2011 年第 3 期，第 47—49 页。参见黄善联《卫生经济学》，复旦大学出版社 2003 年版。
③ 杨明洪：《对口援藏有效性的理论认识与实现途径研究》，《中国藏学》2014 年第 3 期。
④ 系统（systems）是系统工程中的核心概念，是指由两个或两个以上相互联系、相互依赖、相互制约、相互作用的组成部分以某种分布形式结合成的，具有特定功能、朝着特定目标运动发展的有机整体，系统的构成必须满足整体性、关联性、功能性、动态性和目标性五性要点，系统是运动和发展变化的，是动态的发展过程，在自然界和人类社会中，可以说任何事物都是以系统的形式存在的。参见唐幼纯等《系统工程——方法与应用》，清华大学出版社 2011 年版，第 13—14 页。

而对口援藏的运行正是在这一体系中进行的，因此有必要从对口援藏体系本身入手，解析对口援藏的运行特征并发掘运行中存在的问题，揭示提高对口援藏运行有效性的障碍性因素，以形成对对口援藏运行的本质性认识。如果将对口援藏作为一个系统来看，则其运行是其体系的外部因素与内部因素共同作用的结果，且外部因素和内部因素在对口援藏系统的运行中发挥的作用是各不相同的。有些因素促进对口援藏系统有效运转，从而表现为"动力"，而有的因素会制约对口援藏系统的运行，从而表现为"阻力"；在满足某些条件时，各因素之间又可以相互转化。此外，在对口援藏系统的运行中，援助的目标始终对对口援藏起导向作用，同时宏观层面的调控机构在复杂的对口援藏系统中起到了协调作用。因此，本书从运行目标、运行动力、运行约束和运行协调四个方面来分析对口援藏的运行特征。

一 对口援藏运行目标偏好于城镇

目标定位是导引对口援藏系统运行，决定对口援藏有效性的关键性因素。对口援藏涉及多方主体、多重利益，从援助方的角度来看，第一，承担对口支援任务的援藏干部从内地入藏后，最先容易考察到的是西藏城镇的道路、公共交通、能源等公共基础设施和市政工程建设的落后，而充分了解当地的需求需要一定的时间；第二，在每一批援藏干部有限的 3 年援藏时间内[①]，需要完成一定的援藏任务，而"政绩工程""面子工程""形象工程"等最容易凸显援藏的成效，往往更易受到部分援藏干部的青睐；第三，受援助方既有的知识储备、文化差异及个体偏好的影响，一些在内地工作积累的经验方法与模式有可能会被不加考虑地照搬到西藏。因此，以上多种因素共同作用下的结果是，作为实施对口援藏的援助方将更多的援藏项目、资金与人才投向城镇，而没有充分考虑到西藏的农牧区与农牧民。

尽管自 2001 年中央第四次西藏工作座谈会以来，中央先后多次要

---

① 在对口援藏工作机制的实际运行中，援藏干部分批次进藏工作，每一批次工作时间为 3 年，1995 年 7 月至 1998 年为第一批援藏干部进藏工作时期，至 2013 年 7 月，已有六个批次援藏干部进藏工作。

求今后援藏资金和项目应重点向西藏农牧区倾斜，突出改善农牧民生活这个重点，但真正能够到达农牧区、农牧民的依然相当有限。[①] 例如，西藏的医疗、卫生、教育、文化等资源的配置中 80% 以上集中在拉萨及各地市政府所在地的城镇。[②] 从理性经济人的角度来看，政府和支援方作为利益的一方，考量对口援助的有效性更多地倾向于从 GDP、财政收入、农牧业总产值等角度；而作为利益的另一方，从农牧民的视角来看，他们最关心的是对口援藏能否带来个人实际生活状况的改善，个人收入水平的提高，以及教育、医疗、卫生、就业等改善民生领域中基本公共服务水平的改善和提升。这种目标定位的不一致导致了对口援藏的目标存在偏差，削弱了对口援藏的有效性。在促进西藏经济较快发展的同时，从对口援藏的最终目标来说，有效的对口援藏应当是使得占西藏全区近 80% 人口的农牧民成为最大受益者，享受到最多的援藏收益。如果能够以合理的目标为导向，将会有利于将有限的援藏资源瞄准在西藏最迫切的需求上，有利于提高援助的有效性（见图 2-2）。

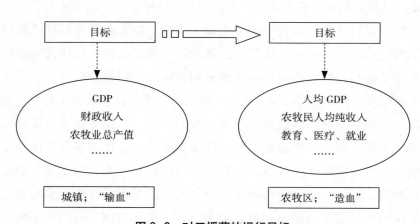

图 2-2   对口援藏的运行目标

---

① 杨明洪：《对口援藏有效性的理论认识与实现路径研究》，《中国藏学》2014 年第 3 期。
② 王代远：《全国支援西藏工作的经济社会效益研究》，西藏藏文古籍出版社 2012 年版，第 246 页。

案例：林芝地区阿沛村距工布江达县县城5公里，有村级公路直通318国道。平均海拔3100米，属于农业区。该村有91户、333人，耕地面积393.71亩，经济收入主要依靠林下资源和旅游业，2013年人均纯收入为11602元。目前有民俗演艺厅、旅游休闲农庄、果树共建林、民俗表演队、厨师队和家庭旅馆15家，全村旅游收入达到45万元，平均每户增收1.2万元。近年来，工布江达县县委、县政府，特别是第六批、第七批援藏工作队大力打造阿沛村，使其经济建设快速发展，典型带动和辐射功能日益增强。该村独特的区位、地理、资源和历史人文，吸引了不少区内外游客前来观光旅游，旅游收入已成为农牧民群众经济收入的新的增长点。随着阿沛村旅游的迅猛发展和旅游市场需求的变化，尤其是散客、自驾车旅游者等新兴旅游消费群体的急剧增长，该村旅游公共服务设施建设明显滞后，档次低，且供给严重不足，在很大程度上影响了该地旅游整体形象和产业转型升级。加快旅游公共服务设施建设是阿沛村旅游产业发展的客观需求。为旅游者提供农家乐宾馆、游客休息站、旅游厕所、旅游停车场等旅游公共服务设施势在必行。为此，村委会提出《工布江达镇阿沛村乡村旅游示范区公共服务设施项目》建设方案，并设定了预期目标：阿沛村乡村旅游示范区公共服务设施进一步完善后，在经济效益上，目前，阿沛村每天接待游客约1200人，随着基础设施建设的完工，每天可接待游客1500人，旅游旺季预计可接待游客总人数27万人次。消费按30%人数计算，每人次消费80元，半年可增收64.8万元，为36户群众每户增加现金收入至少1.8万元。社会效益上，一是增加就业机会，管理、导游、饮食服务等至少可为10名剩余劳动力提供就业机会；二是扩大阿沛村的影响，加速经济发展步伐，村民可以围绕经营当地土特产、旅游纪念品及餐饮服务等方式大做文章，增加收入。同时，将进一步提高阿沛村的知名度，有利于招商引资，使阿沛村经济走上良性发展轨道。[①]

[①]　根据《工布江达镇阿沛村乡村旅游示范区公共服务设施项目建议书》整理而得。

二　对口援藏运行动力呈现多元化

实施对口援藏 20 年来，承担对口支援任务的 18 个省市（含已不再承担对口援藏任务的四川省）、17 家中央企业、66 个中央国家机关，先后 7 批次、共选派 6000 多名援藏干部人才进藏工作，投入援藏资金 260 亿元，实施援藏项目 7000 多个，为西藏的经济社会建设做出了巨大贡献。[①]如此大规模的对口援藏投入背后的动力是什么呢？尽管中央政府在不同场合及文件上均强调了在促进西藏经济社会发展的同时，也要加强援助方与受援方的经济合作与互动，实现"互惠互利，共同发展"[②]，但对口援藏的无偿性质并没有发生实质性改变。事实上，这种"无私援助""无偿奉献"能够持续并保持稳定主要依赖于对口援藏的利益、激励、竞争三种运行动力（见图 2-3）。

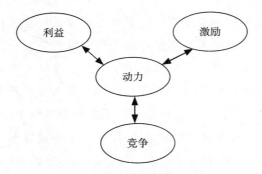

图 2-3　对口援藏的运行动力

（一）利益动力

尽管于支援方而言对口援助基本上是没有经济收益的，但如果从非

---

①　新华网：《对口援藏 20 年 累计投入资金 260 亿元》，http://news.xinhuanet.com/local/c_1112204692.htm。

②　中共中央文献研究室：《中共西藏自治区委员会西藏工作文献选编（1949—2005 年）》，中央文献出版社 2005 年版，第 556 页。

经济因素来考虑，对口援藏仍存在多重"收益"，对口支援运行的利益深嵌于西藏具有的政治、军事、生态等方面的重要地位中。

在政治与军事上，其一，历史上中央政府对西藏的治理是间接治理，1959 年西藏民主改革后，中央在对西藏废除"政教合一"的封建农奴制的基础上实施直接治理，由此西藏的社会改革、经济发展、社会进步等问题，也自然地与内地各地区紧密联系在一起。长期以来，达赖集团一直从事分裂祖国的政治活动，谋取"西藏独立"，而境外敌对势力也一直不同程度地渗透或介入中国西藏地区事务，企图分裂西藏，构成了西藏地区社会不稳定因素。其二，从地缘政治角度看，西藏在国家整体中具有重要的战略地位，在国家安全和国防战略上具有特殊地位。美国等西方国家借助达赖分裂主义势力，企图以西藏地缘优势来为其国际战略利益服务。同时，国内其他藏区与西藏社会具有较多相似性，在主、次边疆带上紧密相连，往往出现一处的问题引发多处连锁反应的现象。[①] 西藏的政治军事安全事关党和国家大局，西藏的稳定与国家稳定紧密相连，西藏的稳定对于国家的改革开放具有重大意义。[②] 因此，对口援藏的实施无疑对于西藏的政治、社会稳定起到了重要作用，而一国只有在共同稳定的环境下才能得到发展。从这个意义上说，作为支援方的内地省市通过对口援藏获得了发展的稳定环境这一"收益"，从而保证能够持续不断地推进其改革开放。

在地理上，西藏位于中国青藏高原西南部，青藏高原是中国生态系统中极为重要的组成部分，是长江、黄河的发源地，是南亚、东南亚地区的"生态源"和"江河源"，西藏的生态保护和水土涵养对中原和沿海地区的重要性不言而喻。由于特殊的自然地理环境，西藏的生态环境较为脆弱，中央第五次西藏工作座谈会对西藏的发展定位之一就是"重要的国家生态安全屏障"。对口援藏的实施，尤其是一些有利于保护生态环境的援藏项目建设，有力地改善了西藏的生态环境，内地各地区同样可以从中获得"收益"。

---

① 孙勇：《西藏与邻省藏区稳定研究视域与思路》，《四川大学学报（哲学社会科学版）》2015 年第 1 期。

② 孙勇：《西藏社会稳定研究中的几个问题》，《藏学学刊》2010 年第 6 辑。

因此，支援方正是在存在"利益"追求的前提下，才能推动对口援藏的运行。事实上，全国支援西藏推动了西藏现代化建设，同时西藏的繁荣发展也支援了全国，双方"谁也离不开谁"[①]。然而从实际来看，目前支援方并没有充分认知到对口援藏的"收益"，仍然主要将对口援藏作为一项政治任务来完成。

（二）激励动力

现行对口援藏运行系统中，激励主要来源于中央政府的政治动员、支援方顺利完成支援任务，以及受援方从对口援藏中获益进而对制度的支持和拥护三个方面。中央政府的行政指令是内地各省市、国家机关和中央企业对西藏无私援助的主导力量，在"讲政治、讲大局""支援祖国边疆地区建设""西藏特殊性""发展与稳定""民族团结""民族平等"等政治动员口号及其形成的价值观念认同下，接受对口援助任务的单位也是怀揣一种支援边疆建设、支援落后地区发展的良好愿望奔赴各受援助地区，投入规模宏大的对口支援中的。但在社会主义市场经济条件下，这种激励所产生的积极效应呈现边际递减趋势，即使在短期内有效，在长期内也会减弱；即使支援方仍然在实施援助，但援助的热情和实际动力也有可能会削减。

从受援方来看，目前对口援藏的有效性并不高。自 1994 年以来，尽管内地省市和中央企业等援助单位不断加大援藏力度，但"重城市，轻农村""重项目，轻民生"等问题仍十分突出。援藏项目建设和资金投入对于西藏自我发展能力的提升并不明显，藏区群众的积极性比较低，对项目的建设热情不高。从项目的实施到中间的管理、最后的完工，西藏农牧民的参与度都不高。[②]

（三）竞争动力

现行的对口援藏系统中，竞争主要体现在各对口援藏单位在支援的有效性上相互竞争，谁也不想落在对口援藏绩效考核的末位。由此导致的一种现象是，各支援单位在援藏投入上存在着趋同现象（见表 2-1）。

---

① 宋月红：《改革开放新时期全国支援西藏》，《百年潮》2009 年第 10 期。
② 杨明洪：《对口援藏有效性的理论认识与实现路径研究》，《中国藏学》2014 年第 3 期。

表 2-1   1995—2001 年各省市对口支援西藏投入

受援地区	支援省份（直辖市）	援助项目（个）	援助资金（亿元）	援藏干部（人）
拉萨	北京	56	1.21	66
	江苏	61	2.203	61
日喀则	上海	435	2.801	99
	山东	492	2.94	97
林芝	广东	129	4.975	47
	福建	229	3.86	45
山南	湖北	119	2.007	105
	湖南	127	1.714	100
那曲	浙江	148	0.9094	88
	辽宁	106	0.909	88
昌都	重庆	–	0.3958	17
	天津	–	1.16	68
阿里	河北	40	0.8775	42
	陕西	12	0.5911	39

资料来源：根据中国西藏网《各地区对口支援西藏情况一览表》整理而得，http://www.tibet.cn/newzt/yuanzang/zcbj/201005/t20100511_577942.htm。

根据表 2-1 可知，1995—2001 年，在日喀则、山南、那曲、阿里 4 个地区中，每个地区内各支援省市援藏资金投入和干部人数基本一致，甚至连援藏项目的个数也出现趋同现象。对于拉萨而言，各支援省市投入的援藏干部人数也是大致相同的；对于林芝地区而言，各支援单位投入的援藏干部人数是近乎一致的；对于昌都地区而言，从 1995 年开始，是由四川省、天津市共同承担对口支援任务，但由于重庆市当时并未成为直辖市，而是作为四川省的一个地级市来承担对口支援任务，所以承担的援藏工作任务要明显少于天津市，所以重庆市的援藏资金和援藏干部人数投入比天津市要少得多，但如果将 1995—2001 年四川省投入的援藏资金和援藏干部人数与天津市的相应投入相比较,也是大致相同的。总体来看,出现这一趋势并不是偶然现象,而是各援藏省市在对口支援中相互竞争所产生的结果,但由于各受援地区经济发展差距较大,资源禀赋和发展基础各异,因此这种竞争导致的投入大致相同可能会降低整体对口援藏的有效性。

三　对口援藏运行约束越来越明显

对口援藏系统的运行,必然会受到可预见或不可预见的内外部多重阻力因素的制约,这些阻力因素相互联系、相互牵制、相互作用,共同构成了对口援藏的运行约束。本书将这些约束因素分为一般性约束因素和特殊性约束因素(见图2-4)。

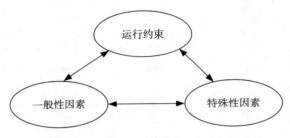

图 2-4　对口援藏的运行约束

影响对口援藏运行的一般性约束因素主要包括对口援藏系统内部阻碍运行的因素及外部阻碍运行的因素。内部阻碍对口援藏运行的因素包括对口援藏格局不够合理、对口援藏工作的组织机构不健全、对口援藏资金的使用和援藏项目的管理缺乏科学性、对口援藏中的短期化现象等;外部阻碍运行的因素包括对口援藏工作中的相关法律法规缺失和对口援藏工作外部评估监督机制不健全。影响对口援藏运行的特殊性约束因素主要包括支援方、受援方及中央政府决策者的偏好与选择的冲突与博弈,援助方受既有的文化、知识储备和决策惯性,以及西藏当地的宗教文化等的影响。事实上,对口援藏过程可以视为运行动力和运行约束相互作用的过程。实施对口援藏初期,对口援藏的运行动力发挥了主导作用,在力量上强于运行约束,但随着对口援藏工作的推进,对口援藏的运行约束的逆向作用逐渐增强，对对口援藏产生的制约越来越凸显。这主要体现在以下几个方面：①对口援藏单位的经济实力和受援地区发展基础的差异导致了受援区域发展的不平衡现象；②对口援藏项目资金主要来源于援藏省份的财政资金，但这些资金在各受援地的管理方式有较大区别，有些省份援藏资金是由省级部门统一管理，有些省份援藏资金则是由承担对口任务的地市政府管理，资金管理和使用的不统一影响了援助项目的实施效率，而且导致对援藏资金的统计和资金使用情况的监督较为困难；③中央政府决策的每批次干部 3 年的援藏工作时间是非常短暂的，而西藏各方面具有特殊性，援藏干部进藏后需要一个较长的时间来充分熟悉、认知西藏，3 年时间的限制导致了对口援藏的短期化现象；④对口援藏系统运行中，对受援方和支援方没有必要的法律规范；⑤在支援方、受援方及中央政府决策者的偏好与选择的博弈中，由于各自的收益存在差异，最终将可能导致对口援藏项目与农牧民的需求偏好之间存在不同程度的非一致性，从而降低对口援藏的有效性。

四　对口援藏运行协调仍然不完善

对口援藏的运行协调包括对支援方与受援方关系、支援方内部关系、受援方内部关系，以及对对口援藏系统运行中涉及的各种利益关系进行宏观管理和调控。目前，对口援藏运行协调主要依赖于不同层级形式的会议和相关组织机构：第一，在中央政府层面，包括中央西藏工作座谈会、国务院召开的专门性援藏会议、全国经济技术协作和对口支援会议；中央西藏工作协调小组；国家发展和改革委员会（负责组织协调经济对口支援西藏工作）。中央组织部、人事部及全国对口支援西藏干部工作座谈会主要负责援藏干部的组织协调。援藏干部在藏工作期间，由负责选派的各对口支援单位与西藏共同管理，以西藏各级党委（党组）管理为主，其中，西藏自治区党委组织部负责援藏干部协调与管理。[①] 第二，在省级政府层面，作为支援方的内地各省、直辖市和中央有关部委一般都会成

---

① 上海市第六批援藏干部江孜小组：《援藏工作资料汇编（2010 年 6 月—2013 年 5 月）》，2013 年，第 94 页。

立负责管理对口支援事务的单位^①，主要职能是负责领导和协调本单位的对口援藏工作。同时，各援藏单位一般会在支援地区成立"援藏指挥部"，并在每一批次援藏工作期间成立援藏干部小组和调研工作组。承担对口援藏任务的各省一般会在地市一级参照省级援藏工作领导小组建立相应机构。第三，在受援方层面，各职能部门、各地区及其所辖县市区一般都成立了"受援办"，并在更低层面设立专职或兼职的受援方负责人。^②

总体来看，对口援藏的运行协调体系还很不完善，对口援藏工作尚没有一个统一的国家机关来负责宏观管理与协调，各对口援藏省市、中央企业和有关国家部委均是各自组织开展对口援藏工作，并没有中央有关部门进行直接领导与安排，在对口援藏实施过程中，各支援方之间、各受援方之间、支援方和受援方之间也都缺乏相应的协调机构。

第三节   对口援藏有效性评价的必要性

对口援藏在运行过程中呈现出多样化特征并已经暴露出或隐藏着各种问题，这些问题制约了对口援藏的有效运行，不利于对口援藏工作的推进。一些学者从不同层面也已经关注到了这一点。马戎指出："中央和对口支援的省市政府在使用这些资金时，该用的钱一定要用，但这些钱用得是否得当，是否真正发挥出了效果，政府是应当给国民一个交代的。西藏各级政府在接受援助时，也需要改变不在乎项目效益和浪费的'无偿受援者'心态，要认识到任何浪费和损失都是犯罪。"^③靳薇根据2006年之前的4次入藏对20余个援助建成项目生存状况的个案调查研

---

① 有的省市成立了专门的对口合作机构，如上海市人民政府合作交流办公室；而有的省市则在本省的发展和改革部门内部设立机构专门负责，如山东省发展和改革委员会下设对口支援办公室；还有的设立了相关工作领导小组，如北京市对口支援和经济合作领导小组。参见于永利《省际对口支援的制度优化——基于国际双边援助的参照》，《今日中国论坛》2013年第15期。

② 谢伟民、贺东航、曹尤：《援藏制度：起源、演进和体系研究》，《民族研究》2014年第2期，第21页。

③ 马戎：《重思援藏项目的经济和社会效益——为靳薇〈援藏政策与西藏经济发展〉序》.《青海民族研究》2011年第4期。

究得出，援藏项目产生的社会效益和经济效益存在差异性。农林牧水项目取得了较好的经济效益，部分项目综合效益良好；消费品生产、商业服务等领域项目经济效益和社会效益均较好；市政建设、教育设施等社会公共服务领域项目的社会效益较好，但经济运行困难，生存率普遍偏低；工业产品生产领域项目经济效益极差，同时也造成社会效益欠佳。[①]尽管有少数学者关注到了对口援藏中的有效性问题，但要么是以定性分析为主，要么是以微观个案调查方法从局部来反映对口援藏的有效性问题，均没有进行宏观上系统性的评价，[②]尤其是没有从定量的角度进行合理评估并给出操作性较强的对策措施。实际上，在对口援藏运行过程中，各对口援藏单位有限的援藏资源投入与西藏巨大的需求尤其是农牧民需求之间的矛盾制约着西藏经济的良性发展已是现实，而提高对口援藏效率是解决这一问题的关键，对对口援藏有效性进行评估是提高其效率的途径。

援助的效率是区域发展援助研究的热点问题，而且也是困扰世界发展援助实践的普遍性问题。无论是国际发展援助还是国内发展援助，均将援助的经济效率作为衡量援助成效的重要依据。对口支援由于其政治任务属性，人们并没有赋予其更多的感情因素，其对支援地和其他地区经济社会的影响很少得到评估，有人甚或认为评估会"伤感情"。[③]在当前的政治体制下，政治任务评估往往缺乏可操作的标准和依据，也因为政

---

① 参见靳薇《西藏：援助与发展》，西藏人民出版社 2010 年版，第 127—139 页。

② 评价是指判定价值的高低，如评价效果、评价的标准、评价的目的、评价的方法等（刘振铎：《现代汉语辞海》，黑龙江人民出版社 2002 年版，第 505 页），是人们参照一定标准或原则对客体的价值或优劣进行评判比较的一种认知过程（钱尚瑞：《经济效益综合评价方法研究》，杭州大学出版社 1997 年版，第 8 页）。评估是指评议估计，如评估标准、评估经济效益、评估产量等（东方瀛：《现代汉语辞海》，中国书籍出版社 2005 年版，第 1033 页）。按照《现代汉语词典》的解释，评价是指评估价值，对或人或事物所评定的价值；评估是指评价估量，如对方案进行评估和论证等（参见现代汉语词典在线：http://cidian.911cha.com/）。事实上，评价和评估常常可以通用，都强调要运用科学的方法获取各种信息以对事物的价值或运动状态进行判断，但两者在具体的应用领域还是存在一定差异的。由于对口援藏的相关原始数据缺失或难以获取，一些数据是经估算而得，本书中有效性的评价和评估表示同一含义，可以通用，下文中对此不再作特别说明。

③ 伍文中：《从对口支援到横向财政转移支付：文献综述及未来研究趋势》，《财经论丛》2012 年第 1 期。

治任务的保密性而没有公开评估的要求。[①] 从对口援藏的实践层来看，无论是中央政府和各援藏单位，还是西藏自治区政府，到目前为止基本上都没有专门针对对口援藏工作设立相关的评价机构或组织，这不仅不利于加深对对口援藏的认识、廓清各界的质疑，而且还不利于发现对口援藏运行中存在的问题、不利于改进对口援藏模式和推进对口援藏工作。因此，对对口援藏有效性进行定量评价是十分必要的。通过合理评价对口援藏有效性，给出对口援藏整体有效性、各支援地区的有效性，寻找出影响对口援藏有效性的主要因素，从而提出合理的对策建议，这不仅可以为进一步提高对口援藏有效性提供决策参考，而且还有利于加深对对口援藏有效性的认识。

第四节　国外发展援助的实践经验

尽管对口援藏是中国国内发展援助在援藏实践中逐渐摸索出的合理方式，[②] 在世界上其他国家和地区并未曾出现过与此相同的实践，是具有中国特色的国内区域发展援助模式，但世界各国也已经进行了长期的区域发展援助的探索与实践，形成了一系列区域发展援助类型和模式，积累了大量的区域发展援助经验与教训。从区域发展援助政策的一般特征来看，无论是国内的对口支援还是国外的发展援助，都具有干预性、系统性、动态性等一些共同的基本特征，因此对国际上不同国家的区域发展援助类型进行分析与总结，不仅可以为优化对口援藏模式和提高对口援藏有效性提供经验借鉴，而且还可以为合理确立对口援藏的目标和对口援藏有效性标准提供重要启示。

一　西方发达国家的发展援助实践

欧美及日本等发达国家对欠发达国家实施发展援助的起步较早，[③] 形

---

① 伍文中、张杨、刘晓萍：《从对口支援到横向财政转移支付：基于国家财政均衡体系的思考》，《财经论丛》2014年第1期。

② 徐志民：《中共中央援藏工作述论》，《济南大学学报（社会科学版）》2012年第3期。

③ 陈耀：《对欠发达地区援助的国际经验》，《经济研究参考》2000年第28期。

成了一系列较为成熟的发展援助方式和类型，积累了很多实践经验。与此同时，西方发达国家也进行了一定范围的国内发展援助实践。尽管受援助方的基础条件、资源禀赋及制度环境差别较大，并无统一的模式和方法，但笔者通过总结和归纳经验与模式，从特殊性中寻求普遍性，并形成基本认知，从而奠定了本书的分析基础。

（一）西方发达国家的国际发展援助实践

1. 美国对非洲的援助

美国对非洲的援助历史较长，是给予非洲绝对援助额最多的国家，同时也是对非洲援助附加条件最多的国家。美国国内对非洲援助有效性的争论一直没有停止过。[1]

美国对非洲援助的主要依据是第二次世界大战后复兴欧洲的《马歇尔计划》和1949年杜鲁门政府提出的"第四点计划"。[2]20世纪50年代，美国主要通过经济援助提供非洲国家急需的资金和技术。伴随着20世纪60年代非洲大多数国家获得独立，美国加大了援助力度，提出"粮食用于和平"计划，以倾销其国内剩余农产品。20世纪70年代，由于越南战争和国内要求援助体系改革的呼声高涨，美国对非援助减少。20世纪80年代，美国制定了《援助非洲经济政策改革计划》并提出了"粮食用于发展"的援助计划，以促进非洲国家的变革。随着20世纪90年代"冷战"的结束，美国对非洲的政策由重政治转变为重经济，并大幅减少对非援助，加强对非经贸投资的联系。21世纪以来，美国大幅增加对有关"反恐"的非洲国家的援助，并突出援助的政治目标，提出人道主义需求、对外政策利益和非洲国家的承诺及非洲国家改革进程中的援助非洲三原则，强调非洲"民主"和"良政"的改革方向。总体来看，美国对非洲的援助具有较为明显的阶段性特征；援助规模大，领域广泛；援助管理程序规范严格；信息平台建设卓有成效；援助目标多，重点不突出；用于非洲发展的援助金额比重较小。[3]

---

① 张丽娟、朱培香：《美国对非洲援助的政策与效应评价》，《世界经济与政治》2008年第1期。

② "第四点计划"即《援助落后地区经济开发计划》。

③ 许亮：《美国援助非洲政策评析》，《西亚非洲》2010年第7期。

2. 欧盟对非洲的援助

欧盟对非洲的援助起源于欧共体成员国对非洲的援助。1957 年签订的《罗马条约》规定了主要向欧共体成员国的非洲前殖民地提供援助性贷款。1963 年，欧共体成员国共同与非洲 18 个国家签订《雅温得协定》，开展互惠贸易并提供经济援助，主要集中于粮食援助和人道主义援助。欧共体成立后，1975 年签订《洛美协定》，并四次续签该协定，其援助资金主要来源于欧洲发展基金、欧共体援助性预算和欧洲投资银行的自有财源三个渠道。①欧盟成立后的对非援助特点主要表现为：援助范围更广，由单一的贸易援助转向经济、社会、政治等综合性援助；对非项目援助更有针对性，主要集中于非洲的可持续发展上；援助的政治色彩更浓。在实行经济援助的同时，往往要求非洲国家政治上实行民主、经济上实行市场化，建立良好的社会制度和文化规范。同时，其对非援助的重心也由"贸易援助"转向"安全、人权与气候"。②为加强成员国对非援助的协调性，2011 年欧盟委员会制定《增强发展政策的作用：新的变革议程》，要求改变欧盟以往国际援助中过于分散的现状，而要集中援助撒哈拉非洲以南低收入国家，要求加强成员国对非援助协调性，提高援助效率。③

3. 日本对非洲的援助

1964 年，日本加入经合组织（OECD），成为官方发展援助（ODA）的重要成员国家。20 世纪 70 年代，出于扩大国际政治影响的目的，日本开始加强对非洲的经济援助。20 世纪 80 年代，日本对非援助从纯粹的经济型援助开始转向政治、战略型援助。20 世纪 90 年代，日本对非援助主要集中在以下领域：支援政治改革；支援经济改革；支援人才培养，教育援助的重心由传统的高等教育、职业教育转移到基础教育；支援环境保护；提高援助的效果和主要领域层次。④进入 21 世纪以来，日本也从国家发展战略目标出发，对非洲进行重新定位与评估，加强了对非援助，并以此增强对非洲各国的影响，为其"国家利益"服务，日本的对非援

---

① 蒋京峰、洪明：《欧盟对非洲的援助简述》，《华中科技大学学报（社会科学版）》2004 年第 4 期。

② 王学军：《欧盟对非洲政策新动向及其启示》，《现代国际关系》2010 年第 7 期。

③ 周玉渊、唐翀：《欧盟对非援助协调新变化及对中国的启示》，《教学与研究》2013 年第 7 期。

④ 吴波：《日本对非洲官方发展援助战略》，《西亚非洲》2004 年第 5 期。

助也逐步超越了传统的"贸易、投资、援助"三位一体官方发展援助模式，致力于构建从经济援助到国家安全援助和从官方发展援助到企业及私人投资等目标完善的体系。[①] 总体上看，日本对非援助是其对非洲经贸战略的重要形式，国家利益始终是重要目标之一，从最初的十分重视经济利益到目前的经济利益在日本对外政策中的重要性相对减弱，而战略和政治利益不断得到强化。[②]

（二）西方发达国家的国内发展援助实践

1. 美国的国内发展援助

区域发展极为不平衡在美国历史上也曾出现过，美国的西部、南部和中北部发展水平严重落后于大西洋沿岸的东北部地区，直至第二次世界大战结束后，国内的区域发展不平衡问题才逐步解决。到了 20 世纪 80 年代初期，美国国内的区域发展基本趋于平衡，但到了 20 世纪 80 年代中期之后，国内的区域差异再次出现扩大的趋势。

美国政府实行区域援助的最初尝试始于 20 世纪 30 年代大萧条时期。由于美国东南部田纳西河流域和密西西比河中下游一带是较为贫穷落后的农业区，经常发生水患水灾，为此，美国联邦政府于 1933 年成立了著名的田纳西河流域管理委员会（TVA），负责组织管理这一地区的水利综合开发。实践结果表明，这一区域援助手段取得了良好的经济社会效益，促进了东南部落后地区的发展。20 世纪 60 年代是美国实施区域政策最为活跃的时期。1961 年的《地区再开发法》通过项目建设的方式，目标主要是发展或扩大落后地区的生产能力以降低失业率。1965 年又颁布了《公共工程和经济开发法》及《阿巴拉契亚区域开发法》，重点援助美国的主要贫困区，并把资金投到公路等公共工程建设、教育与卫生等社会基础设施建设领域，而不是直接支持中小企业，这极大地改善了少数城市地区的经济发展状况。随着 20 世纪 80 年代后期美国区域发展不平衡趋势的扩大，贫困人口增长加快，农村就业率下降，美国政府组织制定和实施了对欠发达地区的援助计划。1993 年 8 月颁布的《联邦受援区和受援社区法》是第一次比较系统地提出解决欠发达地区发展问题的方

---

① 王金波：《日本对非援助战略研究》，《国际经济合作》2011 年第 2 期。

② 吴波：《日本对非洲官方发展援助战略》，《西亚非洲》2004 年第 5 期。

案，并重点关注贫困地区与发达地区基本服务均等化，而不是以经济总量为衡量区域差距的标准。[①]

2. 英国的国内发展援助

作为老牌发达国家，英国在经济发展早期也曾出现区域失衡问题，英格兰北部和西部、苏格兰、威尔士以及北爱尔兰的经济发展水平严重落后于英格兰东南部。为此，英国政府于 1928 年成立了"工业迁移委员会"，其目的在于通过劳工的流动，帮助失业者迁移到就业机会多的地区，消除当时传统工业集中的地区出现的失业问题，这项政策因遭遇 20 世纪 30 年代经济大危机而未获得显著成效，但却开创了西方国家实施区域援助政策的先河。[②] 1940 年，英国采取鼓励与控制的"胡萝卜加大棒"区域援助政策。1945 年颁布了《工业布局法》，一方面改善落后地区的基础设施，并以投资补贴的形式鼓励企业迁入该地区；另一方面新建企业必须取得工业开发许可证，把企业建到受援助地区。1960 年取消《工业布局法》，并颁布《地方就业法》，以失业率 4% 为标准来判断是否为援助区域，区域援助的目标是促进严重萧条地区的就业增长。之后到 20 世纪 80 年代，英国一直注重对受援地区企业的补贴。20 世纪 90 年代，英国政府认为区域差距的主要原因在于当地企业缺少活力以及缺少能干的企业家，因此强调落后地区的自我发展。[③] 英国区域援助政策的主要目标是，减少地区间就业机会的不平衡以促进严重萧条地区的就业增长，采取鼓励和限制相结合的方法缩小地区间经济发展差距。

3. 德国的国内发展援助

德国的转移支付体系已成为世界各国普遍认可的较为成功的区域经济政策之一。德国是历史上同时采用纵向财政转移支付与横向财政转移支付的代表性发达国家，尤其是德国的横向财政平衡制度属于德国联邦制的创举，在世界享有声誉。较为完善的财政平衡制度对缩小统一后德

---

① 刘贵彬、杜磊：《美国西部开发实践及其对我国对口支援西部地区工作启示研究》，《实事求是》2013 年第 2 期。

② 陈耀：《对欠发达地区援助的国际经验》，《经济研究参考》2000 年第 28 期。

③ 同上。

国的东西部地区经济发展的差距、促进地区协调发展发挥了重要作用。因此，有必要对德国通过转移支付制度援劲落后地区经济发展的模式进行经验总结。

德国《基本法》规定了"创造与保障联邦国土内生活水平的一致性及均衡不同地域经济实力"。为了维持"一致性"原则，《基本法》规定经济发展水平高的州必须对经济发展水平低的州提供财政补贴，以保持各州的适度财政平衡和国内各州居民生活的相对一致。① 此外，德国还颁布了《联邦财政均衡法》和《联邦与各州之间的财政转移支付法》等一系列专门的法律规范。② 这些法律构建起了德国的财政平衡机制，其中横向财政转移支付通过财力强的州转移部分财政收入到财力弱的州，使各州在收入与财政支出需求间达到一定程度的平衡，以保证各州财政收支的大致相当。③ 自 1990 年民主德国与联邦德国统一后，德国向东部地区提供了巨额财政转移支付，被认为是人类历史上以金钱来达到政治目的的范本。德国通过设立"统一基金"对东部地区专门补助，并于 1991 年开征了"附加团结税"，专门用于保证德国的统一和东部地区的社会稳定。④ 据统计，至 1995 年，财政转移支付已占到德国西部经济总量的 5%、东部经济总量的 41%；转移支付的 60% 左右用于社会消费和社会需求领域，而其余的 40% 左右用于公共和私人投资。⑤ 总体来看，德国的财政横向平衡是通过同级"富裕州"向"贫困州"进行财政让渡的方式来实现的，这种方式有效地缩小了德国区域发展差距。横向财政转移支付体系是一种水平型架构，作用于同级政府。此外，德意志联邦政府的纵向补充基金也对财政平衡起到了辅助性作用。

---

① 张淑霞、王立中：《德国、韩国财政转移支付制度的启示》，《金融时报》2014 年 9 月 1 日。
② 徐阳光：《横向财政转移支付立法与政府间财政关系的构建》，《安徽大学学报（哲学社会科学版）》2011 年第 1 期。
③ 梁文永、张富强：《德国财政转移支付制度的特色》，《中国财政》2008 年第 4 期。
④ 张启春、陈秀山：《缩小东西部差距：德国财政平衡制度及借鉴》，《国家行政学院学报》2004 年第 1 期。
⑤ 罗湘衡：《政府间财政平衡体系与府际关系的调整——以统一后的德国为例》，《上海行政学院学报》2012 年第 2 期。

二　对实践的基本认知

西方发达国家的国际与国内区域发展援助实践类型较多，具有较大的差异性，但在援助的目的、性质及特征等方面仍具有一些共同性，我们总结这些实践规律进而形成以下几点基本认知。

第一，在援助的目的性上，国际发展援助通常是发达国家对欠发达国家和发展中国家的援助，由于具有复杂的历史政治背景，发达国家向其他国家提供援助往往附加有许多限制性条件，具有多重目的性，尤其是多具有政治性目的，但也常常与经济目的紧密联系在一起，这种援助既是出于口头上的"道义"，更体现的是主权利益关系，即主要是从本国政治、经济、安全等利益的角度考虑，而并不是单纯地为受援国发展考虑，由此导致援助的效果往往较差，而且在不同国家和地区之间差异较大。少数国家和地区可能会通过国际援助以及本国自身的努力得以较快地发展起来，但大多数受援国，尤其是非洲的大部分国家在经历了长期的外国援助之后，往往与应有的发展水平之间差距甚远。而与之不同的是，国内的区域发展援助主要目的是缩小区域经济发展差距，促进各地区协调发展。中央政府的支持会使受援地区在经济上对其产生一种依赖关系，这种经济联系上的依赖性越高，从一定侧面反映出受援地区融入全国经济体系的程度越深，因而产生的效果一般越好。在援助理念上，长期以来，无论是受援国还是援助国，常常认为援助的投入规模是影响对外援助效果的主导因素，因此试图以提高援助资金规模来提高援助的成效。然而随着援助规模的扩大，援助效果却并不令人满意。因此2005年《巴黎宣言》第一次明确提出"援助有效性"的概念，意味着援助理念由"重数量"逐渐向"重质量"转变。[①] 质量主要体现在援助是否能从根本上对受援国的经济增长、就业、减贫等方面产生积极影响，带动受援国发展，提高其自我发展能力。

第二，无论是对外发展援助还是国内的区域发展援助，其支援体系均不断丰富，从"单一化"向"多元化"趋势转变。以对非援助为例，

---

① 朱丹丹：《国际援助体系与中国对外援助：影响、挑战及应对》，《国际经济合作》2013年第3期。

西方发达国家尤其是经合组织（OECD）的发展援助委员会（DAC）成员国一直是对非援助的主要提供者。DAC 成员国所提供的对外援助占全球对外援助总额的 90% 以上。近年来，随着新兴国家的崛起以及国际非官方组织对非援助的增加，对非援助的主体日益多元化。事实上，国内的区域发展援助与此相似，以对口支援汶川地震灾区为例，从一开始的要求江苏、浙江、山东、河南、湖北、广东 6 省民政厅分别对口支援四川的受灾州市，民政部门对口支援四川受灾的 21 个县和陕西、甘肃灾区，到后来的明确了东部和中部 19 个省市对口支援四川、甘肃、陕西省的 24 个县（市、区），政府组织的对口支援省市数量不断增加。同时，南都公益基金会、中国扶贫基金会、香港乐施会等众多民间公益性非政府组织（NGO）也自发参与到灾后重建的行动中。[①] 此外，一些大型企业捐款捐物、民间个人等也自发地参与到援助中。由此，从单一的政府对口支援逐步形成了政府、企业、社会、个人等多元化、立体化的援助体系。

第三，对外援助范围不断拓展，从主要是经济增长和基础设施建设逐渐向民生福利改善转变，从主要在城市逐渐向农村转变。基础设施条件对落后地区的经济社会发展和现代化建设至关重要，因此无论是对外区域发展援助还是国内的区域发展援助无不把基础设施建设放到重要位置。对非援助早期主要注重受援国的经济总量增长，希望在短期内做大非洲贫困国家的"经济盘子"，以为进一步发展提供足够的生产资料，同时重视对城市基础设施建设和公共服务的援助。到 20 世纪 70 年代，由于非洲人口增长速度很快，再加上经济增长并没有自动转化为减少贫困，于是援助方将注意力转向减少受援国的贫困人口，尤其是对最贫困人口的援助。在 20 世纪 80 年代和 90 年代，注意力转向通过援助来推动受援国的结构调整从而推动非洲国家的经济发展。21 世纪以来，对非援助的重心重新转向减少最贫困人口数量以及提高最贫困人口的生活水平。尽管经济增长仍是发展援助的重点之一，但民生改善逐渐得到了援助方的重视。

---

① 王健刚、王超、胡明：《责任·行动·合作：汶川地震中 NGO 参与个案研究》，北京大学出版社 2009 年版，第 18—59 页。

第五节　本章小结

　　本章搭建了对口援藏有效性的理论分析框架。首先通过辨析与比较的方法梳理和界定了援助与区域发展援助、援藏与对口援藏、有效性与对口援藏有效性以及农牧民需求等重要概念，纠正了一些不合理或含糊不清的概念认识，以此作为本研究的概念框架；然后，通过解析对口援藏的运行特征，发掘运行中存在的问题，揭示提高对口援藏运行有效性的障碍性因素，从而形成对对口援藏运行的基本理论认识；紧接着，基于对口援藏运行特征分析中揭示的问题，指出当前对对口援藏有效性评价尤其是定量评价的不足，进而表明对对口援藏有效性进行量化评估的必要性；最后，基于西方发达国家的国际发展援助实践和国内发展援助实践，分析和概括了西方国家发展援助实践的特征与经验教训，进而形成对区域发展援助的性质与特征的一般性认知，为确立衡量对口援藏有效性的标准和优化对口援藏模式提供了重要的经验借鉴与启示。本章中所搭建的理论分析框架为后文中对口援藏有效性的理论分析、实证研究以及提出的针对性对策建议提供了理论支撑。

第三章

对口援藏的形成及演进过程分析

在上一章理论分析框架的基础上，从本章开始将对本书的关键性研究问题依次进行深入系统的分析。首先，在本章中，将以对口援藏的历史发展脉络为主线，从制度经济学的视角，主要基于制度变迁理论，梳理和解析对口援藏的形成及演进过程，重点要回答的问题有：为什么要对西藏进行发展援助？对西藏的发展援助为什么选择了对口援助这一特殊方式？对口援藏是如何形成及演进的？对口援藏形成及演进背后的动力是什么？回答这些问题，从而得到对对口援藏深层次的理性认识与科学判断，将为理解、衡量和评价对口援藏有效性，以及合理确定影响对口援藏有效性的主导因素奠定研究基础。

第一节　对口援藏的形成及发展

对口支援作为一种区域发展援助方式或一种区域政策，自从被应用到援藏工作中之后，便发挥了十分重要的作用，并在援藏实践中逐渐体系化、规范化与制度化，形成了较为完善的对口援藏制度。总体来看，对口援藏的产生与演进经历了一个较长的历史时期。

一　和平解放时期：对口援藏的萌芽

对口援藏起源于 20 世纪 50—60 年代国家实施的沿海支援内地、城市支援农村，以及全国对西藏的支援等政策措施。1951—1978 年，对口援藏处于向规范化、制度化方向发展的萌芽阶段。

　　1951 年 5 月 23 日，中央人民政府与西藏地方政府签订了《关于和平解放西藏办法的协议》（简称《十七条协议》），西藏得到和平解放，标志着西藏进入一个崭新的历史时期。在《十七条协议》中的第四条写道："对于西藏的现行政治制度，中央不予变更。达赖喇嘛的固有地位及职权，中央亦不予变更，各级官员照常供职"；第十一条写道："有关西藏的各项改革事宜，中央不加强迫。西藏地方政府应自动进行改革，人民提出改革要求时，得采取与西藏领导人员协商的办法解决之。"[①] 实际上，在 1951—1959 年的 8 年时间里，西藏同时存在以封建农奴制为特点的政教合一的噶厦政府和中央人民政府在西藏设立的政权机构（包括中国共产党西藏工作委员会、军政委员会和军区司令部[②]），西藏封建剥削的生产关系并没有得到根本性改变，自然经济仍占据主导地位，由此导致西藏的经济社会仍然十分落后，粮食尚不能自给自足，人民生活水平极其低下，社会事业严重滞后。1959 年，西藏实行了民主改革，废除了封建农奴制和政教合一的政治制度，逐步实行了民族区域自治制度，百万农奴和奴隶第一次成为土地和其他生产资料的主人，焕发出极大的劳动积极性，促进了西藏的经济社会发展，但由于西藏的自然地理环境、发展基础、历史及非典型二元结构[③]的存在等对西藏经济社会的大发展形成制约，西藏整个经济社会发展仍然较慢，处于较低层次。鉴于当时特殊的现实背景，自 1951 年至 20 世纪 70 年代末，中央根据实际，制定了

---

　　① 中共中央文献研究室、中共西藏自治区委员会：《西藏工作文献选编（1949—2005 年）》，中央文献出版社 2005 年版，第 43—44 页。

　　② 1954 年，中国已经颁布宪法，全国的各大行政区军政委员会均已经撤销，考虑到西藏和平解放 3 年多以来各方面的工作都有显著成绩，情况已经有了变化，在此背景下，国务院决定在西藏地区不再成立军政委员会，而成立西藏自治区筹备委员会。

　　③ 西藏的非典型二元结构这一论断最早是由孙勇（1991）分析概括而得出，是指西藏非典型的二元社会运行机制和非典型的二元经济结构。非典型的二元社会运行机制是指在中国政治经济一体化过程中，西藏占据主导地位的是社会主义国家的社会、文化、经济、方针政策等，其中相当一部分又以立法形式确立和巩固下来，而原有的社会机制即不能忽视的封建农奴制残余的影响，以及区域社会中旧意识形态的特殊性，即藏传佛教的广泛性以及由此形成的文化特征和上层建筑残余在西藏社会以非成文的、习惯风俗形态运行，并带有很强的基础性和惯性；非典型的二元经济结构是指在西藏，长期以来的二元经济结构中的现代部门与传统部门相比，后者产值比重占主导，国民收入的一半以上来自农村，从投入产出率的角度看，西藏经济的实质性增长也在传统部门。参见马戎《西藏社会发展研究》，民族出版社 2011 年版，第 307—309 页。

一系列特殊政策和优惠措施，帮助西藏发展经济，并动员全国、组织内地发达地区支援西藏建设。[①]

（一）内地给予西藏大量的物资援助

20世纪50年代初，进藏部队、人民群众和社会经济建设对商品物资的需求日益增大，而西藏本地的生产只能满足需求的15%，其余85%需要依靠采购或调入。为保障西藏的市场稳定和经济发展，国家有关部委对供应西藏的商品物资在政策上给予优惠，在生产上安排内地的各省市区厂家进行生产，各省市区厂家将其作为一项政治任务来完成。供应西藏粮食和食用油的主要省市是四川、湖北、湖南、江西、北京、上海、江苏、山东、陕西和河南，供应日用工业品的省市主要是上海、天津和广州，供应副食品的省市主要是四川、广东、上海、广西、云南和贵州，供应生产物资的厂家主要是首钢、包钢、武钢、鞍钢等。即使是在1960—1962年国民经济出现困难的时期，各内地省市区在商品短缺等困难情况下，对西藏人民的生活必需品也仍给予了支援。[②]

（二）全国范围的人才援藏

为了加快西藏经济社会发展和稳定边疆，中央政府于1955—1957年连续派遣人民解放军和一批区外干部进藏工作。1959年3—9月，中央先后下发了《关于抽调干部赴西藏工作的通知》等9份文件，先后从北京、四川、河南、甘肃、青海等省市和国家有关部委抽调了3000多名干部进藏工作；1963年中央再次下发了《从内地抽调干部到西藏的通知》，决定从北京、上海、天津、山东、江苏、河北等24个省市抽调392名干部和财贸、邮电、交通、农牧、教师等专业技术干部进藏工作，进入西藏各对口单位。[③]与此同时，国家各有关部委和内地省市专门组织了专业技术人员进藏支援。1956年，教育部发出《关于内地支援边疆地区小学教师的通知》，要求四川、陕西等省选派小学教师支援西藏。1965年，教育部《关于抽调初中、师范教员和教育行政干部支援西藏的通知》要求

---

①　乔元忠：《全国支援西藏》，西藏人民出版社2002年版，第2页。

②　同上书，第70页。

③　贺新元：《以毛泽东为核心的第一代领导集体对中央"援藏机制"的理论贡献与积极探索》，《西藏研究》2012年第4期。

首批从北京、天津、河北、四川、贵州、云南、广西、甘肃、湖南、山西、陕西、辽宁等省市区抽调 27 名教师和辅导员进藏工作。1974 年，根据《关于内地支援西藏大、中专师资问题意见的报告》，由国家机关和上海、江苏、湖南、河南、辽宁等省市选派 461 名教师充实西藏师资队伍。1951—1965 年，全国电力系统选派了 508 人参与西藏的电厂筹建和水电工程勘测设计。1951—1956 年，全国邮电系统共选派 610 人到西藏的各个邮电所工作。20 世纪 70 年代初，卫生部决定由经济较发达的省市对口支援西藏的卫生事业发展，辽宁、山东、上海、河南、湖北、湖南、江苏、四川等 8 省市响应号召，挑选了 445 名医务人员组成赴藏医疗队进藏支援，对农牧民实行免费医疗，进行技术支援和协作。在全国人才援藏中，国家还选派进藏大中专学生支援西藏建设，自 20 世纪 60 年代以来，国家从各地分配给西藏的进藏大学生达数千人，其中仅 1976 年、1979 年国家计委就从内地各省市大专院校挑选了 1800 多名大中专毕业生到西藏的党政机关、企事业单位工作。①

（三）中央财政金融对西藏发展的支持

为更好地执行《十七条协议》，中央政府要求进藏部队和工作人员严格遵守纪律，"进军西藏，不吃地方"，不增加群众负担，财政开支全部由中央解决。在当时"保证军供，调剂民需"的财政政策下，依靠中央财政支持，确保了西藏发展的生产资料供给和社会稳定。据统计，在 1952—1958 年的 6 年里，中央支持西藏地方财政支出达 35717 万元，占西藏全部财政收入的 91%；1952—1979 年，中央给西藏的财政补贴、定额补助、专项补助、基本建设投资等，累计达 60.94 亿元。② 除给予大规模的资金支持外，中央还制定了一些有利于西藏地方财政收入的财税金融政策，将商贸、外贸划归地方管理，抽调财政人员进藏工作。从 1951 年开始，中央拨给西藏大批无息贷款，帮助农牧民发展生产，还通过西藏工委向贫苦农牧民和手工业者发放大量无息贷种、贷粮和无偿农

---

① 乔元忠：《全国支援西藏》，西藏人民出版社 2002 年版，第 93—94、100—103 页。
② 中国西藏网：《援藏 60 年峥嵘岁月》，http://www.tibet.cn/newzt/yuanzang/yzdt/201105/t20110524_1051503.htm。

具等，1959—1963 年，国家给西藏发放的贷款达 954 万元。[①]中央对西藏的财政金融支持，减轻了西藏农、牧、商等领域的负担，促进了西藏经济发展。

在全国支援西藏的同时，中国也开展了全国范围的对口支援性质的帮扶活动，主要是沿海支援内地、城市支援农村。20 世纪五六十年代，中央政府在"全国一盘棋"思想的指导下，依靠计划经济体制对全国资源配置进行调控，国家提出"城乡互助，内外交流"的政策，在国家机关的协调配合下采取了各种帮扶政策措施，主要目的在于解决区域资源分布和经济发展不平衡的问题。20 世纪 50 年代末，工农协作、厂社协作成为城市与农村之间广泛应用的支援模式，这也成为对口支援政策的萌芽。例如，哈尔滨太平城市人民公社采取"四级挂钩""八行对口"的办法，组织各工厂分别与县、社的相应部门挂钩，实行对口支援，大力支援农村人民公社农业技术改造。[②]1960 年 3 月 20 日，《山西日报》上一篇以"厂厂包社对口支援——论工业支援农业技术改造的新形势"为题的社论，最早提出了对口支援的概念。[③]从 20 世纪 50 年代中期开始，较大范围的省际支援工作也逐步开展，主要是上海、天津等东部沿海发达地区对陕西、新疆、内蒙古等西部落后地区的援助。1978 年 1 月 26 日，时任国务院副总理的余秋里在第三次全国农业机械化会议上的总结报告中指出，对农机工业进行改组和调整时要坚持对口支援政策，在改组过程中，一机部要组织基础好的省市对基础薄弱的省区，在设备、技术等方面进行对口支援。[④]

总体来看，对口支援的提法在 1960 年就已经出现，但当时全国并没有正式而明确地提出这一概念，更没有上升到国家政策或制度层面。对口支援西藏最早实行于 1973 年的 8 省市卫生援藏，1976—1979 年，先后又在教育、农机、干部援藏上实行。[⑤]从 1951 年西藏和平解放到 1978

---

① 乔元忠：《全国支援西藏》，西藏人民出版社 2002 年版，第 3—4 页。

② 钟开斌：《对口支援：起源、形成及其演化》，《甘肃行政学院学报》2013 年第 4 期。

③ 佚名：《厂厂包社 对口支援——论工业支援农业技术改造的新形势》，《山西日报》1960 年 3 月 20 日。

④ 钟开斌：《对口支援：起源、形成及其演化》，《甘肃行政学院学报》2013 年第 4 期。

⑤ 庞元第：《市场经济与西藏对口支援》，《西藏大学学报（汉文版）》1997 年第 1 期。

年改革开放这一时期，可以说中央刚刚开始将对口支援引入援藏体系中，是进行"对口援藏"的试验阶段，但这种"对口"较为简单，援助方式也比较粗放，主要是在中央的指令安排下，根据国家机关、中央企业以及各省市区工农业生产的相对优势，确立某一部门、某一个或几个省市区，负责无偿支援西藏工农业产品以及供应各类商品，与西藏的对口支援既没有形成固定性的结对关系，也没有形成较为细化、规范化的援藏干部选派等稳定的工作机制，具有较大的任意性与随机性，因此这一阶段对西藏的发展援助并不是真正意义上的对口支援，但全国范围开展的对口支援实践以及西藏地区内已经发生的各种支援方式为真正意义上的对口支援在西藏的实施并形成制度化提供了大量的实践基础、准备条件和模式借鉴，可以说这个时期对口援藏制度正处于萌芽阶段。

二 改革开放初期：对口援藏的初步形成

1979 年之后，援藏进入规范化、制度化阶段，不仅形成了完善的援助体系，而且有了法律依据。[①] 1979—1993 年为对口援藏制度的初步形成阶段。1979 年，中央召开了全国边防会议，会议上首次正式提出了"对口支援"，并将对口支援以国家政策形式正式确立下来。会议上提出：国家将加大对边境地区和少数民族地区的资金和物资投入，加强建设，并组织内地省、市对口支援边境地区和少数民族地区。[②] 针对中国边境地区多为经济欠发达的少数民族地区的现状，会议最终确定了东部发达省市与边境及少数民族地区对口支援关系的方案[③]（见表 3-1）。这一方案首次明确了内地省市与受援地区之间"面上对面上"的安排，确立了较为稳定的对口支援关系，将对口支援纳入国家政策。此次会议的一个重要成就是，在结合前期全国对口支援实践经验做法的基础上，首次正式将对口支援模式引入援藏工作中，创新性地提出了"全国支援西藏"的总体要求，但仍没有明确各省市与西藏的具体结对或支援关系，形成"点

---

① 谢伟民、贺东航、曹尤：《援藏制度：起源、演进和体系研究》，《民族研究》2014 年第 2 期。

② 国家民委政策研究室：《国家民委民族政策文件选编（1979—1984）》，中央民族出版社 1988 年版，第 242 页。

③ 李庆滑：《我国省际对口支援的实践、理论与制度完善》，《中共浙江省委党校学报》2010 年第 5 期。

对点"的配对，只是将全国与西藏均作为整体的支援对象，尚未形成真正意义上的对口援藏制度，但毕竟已将这一特殊的发展援助政策应用到援藏工作中去，并且正探索向规范化与制度化方向发展。

表 3-1　　　　　　　　1979 年东部省市与中西部省市区对口支援关系

支援方	受援方
北京	内蒙古
河北	贵州
江苏	广西、新疆
山东	青海
天津	甘肃
上海	云南、宁夏
全国	西藏

资料来源：根据《国家民委民族政策文件选编（1979—1984）》（国家民委政策研究室主编，中央民族出版社 1988 年版）相关资料整理。

1980 年 3 月，中央召开第一次西藏工作座谈会，主要内容是研究西藏的区情，决定从实际出发，实行特殊政策，让农牧民休养生息，发展生产，尽快富裕起来。《中共中央关于转发〈西藏工作座谈会纪要〉的通知》提出了"中央关心西藏，全国支援西藏"的方针，指出"发展西藏建设，仍然应当主要依靠西藏党政军和各族人民，艰苦创业，共同努力。同时，中央各部门也要加强对西藏工作的正确指导，并且根据实际需要和可能条件，组织全国各地积极给他们以支援和帮助"。"全国各有关地方和单位都要根据上级的指示，认真做好支援西藏的工作。要注意关心和照顾进藏干部和职工的家属子女，帮助他们解决某些实际困难。"[1]

----

① 中共中央文献研究室、中共西藏自治区委员会：《西藏工作文献选编（1949—2005 年）》，中央文献出版社 2005 年版，第 302—303 页。

这次座谈会所形成的方针政策，确立了要结合西藏实际，突出西藏特点，调动中央有关部门和全国其他省市区的力量支援西藏发展这一全国援藏的基调，[1]但并没有立即以对口支援的方式转变整个援藏工作思路。直到1983年8月，国务院决定由四川、浙江、上海、天津四省市重点对口支援西藏，同时连同北京、江苏、陕西与西藏建立项目上的对口支援与协作关系。[2]1984年2月，第二次中央西藏工作座谈会召开，指出要"坚持行之有效的对口支援办法，并且要越办越好"[3]，组织北京、天津、上海、广东、浙江、福建、山东、江苏和四川等9省市以及水电部、农牧渔业部、国家建材局等有关部门，为西藏建设"43项工程"。此次会议标志着全国性援藏工程的开始，中央明确提出"国家直接投资项目、中央政府财政补贴、全国人民对口支援西藏"的援助方针。[4]1985年，胡启立在庆祝西藏自治区成立20周年干部大会上提到"要加强同各兄弟自治区和各省市的联系，把行之有效的对口支援办得更好"，并指出了支援西藏的最终目的是"积极扶持西藏人民以自己的辛勤劳动治贫致富，逐步增强主要依靠自身力量发展经济文化的能力"。[5]1993年3月16日，江泽民在参加八届全国人大一次会议西藏代表团讨论时指出："凡是符合西藏具体实际、有利于发展西藏经济的办法，都要大胆去试，试了有效，就坚持实行。"

　　总体来看，这一时期尽管对口支援以明确的政策形式应用到援藏工作中，从而形成了"名义上的对口援藏"，但这种"对口援藏"下的各支援省市的任务、目标和责任并不是十分明确，也没有形成"包干责任制"，加之当时中国计划经济体制还较为明显，在"干多干少都一样"思想的影响下，实际上各支援省市的工作积极性并不高，也没有形成稳定的结对援助格局，同时也没有相关组织机构的保障，严重削弱了对口支援的

---

①　潘久艳：《全国援藏的经济学分析》，四川大学出版社2009年版，第87页。

②　谢伟民、贺东航、曹尤：《援藏制度：起源、演进和体系研究》，《民族研究》2014年第2期。

③　中共中央文献研究室、中共西藏自治区委员会：《西藏工作文献选编（1949—2005年）》，中央文献出版社2005年版，第364页。

④　谢伟民、贺东航、曹尤：《援藏制度：起源、演进和体系研究》，《民族研究》2014年第2期。

⑤　中共中央文献研究室、中共西藏自治区委员会：《西藏工作文献选编（1949—2005年）》，中央文献出版社2005年版，第391—392页。

有效性,这也并不是本书中所指的狭义上的对口援藏。从一般意义上来说,这一时期毕竟已经产生了形式上的"对口援藏",从而为对口援藏的正式形成及其制度化奠定了重要基础。

三 第三次西藏工作座谈会以来:对口援藏的确立与深化

改革开放之后,尽管西藏经济取得了较快的发展速度,但与内地经济发达地区的发展差距仍在不断扩大,甚至同其他一些民族地区的差异也在拉大。据统计,1993 年西藏经济总量在民族区域自治地区中是最低的,工农业总产值仅为 28.97 亿元,仅占少数民族地区的 0.697%,农牧民也处于从温饱到小康过渡的艰难阶段。[①] 总体上看,西藏发展起步晚、底子薄、积累少、实力弱的状况依然没有发生实质性改变,社会事业总体水平相对滞后,社会保障能力低等问题仍十分突出。在此宏观背景下,1994 年 7 月,中央第三次西藏工作座谈会召开,中央将援藏放在了重要位置,将对口援藏作为关系到党和国家全局的重要政治任务,以及作为在市场经济条件下帮助西藏实现快速发展的特殊政策措施,对对口援藏作出了制度性安排。中央第三次西藏工作座谈会将分散的对口支援进行固定化与合理化,确立了"分片负责,对口支援,定期轮换"[②] 的政策,要求全国 15 个省市 [③] 对口支援西藏 7 个地市,中央各部委对口支援西藏自治区各部门(见表 3-2)。[④] 根据西藏的需要,担任分片负责、对口支援的省市和中央国家机关为受援地区和单位派出定期轮换的干部[⑤],这些干部在藏工作 3 年,之后返回原单位。会议还决定由中央 22 个部委、29

---

① 黄玉生、车明怀:《西藏地方与中央政府关系史》,西藏人民出版社 1995 年版,第 589 页。

② 当时确定对口援藏的时间是 10 年,期满后是否继续根据情况再定,干部援藏原则上是 3—5 年,"分片负责"是每两个省市负责对口支援西藏的一个地区,在所包的每个地区里每个省市负责一片的几个县,要求这些受援助的重点县经济发展速度不低于 10%。参见庞元第《市场经济与西藏对口支援》,《西藏大学学报(汉文版)》1997 年第 1 期。

③ 实际上对口援藏工作开始时只有 14 个内地省市,1997 年重庆市成为中央直辖市后,继续对口支援昌都地区,对口支援省市增加为 15 个。对口援藏工作是从 1995 年才开始正式启动。

④ 乔元忠:《全国支援西藏》,西藏人民出版社 2002 年版,第 49 页。

⑤ 本书中的援藏干部,是对口支援西藏干部或对口援藏干部的简称,指 1994 年以来由中央组织部、人力资源和保障部下达计划,对口支援省市、中央直属机关和中央国家机关及中央企业选派到西藏执行对口援藏任务的党政干部、专业技术人员等。下文中不再作特别说明。

个省(自治区、直辖市)、6个计划单列市共同援助西藏建设"62项工程"。[①]
第三次西藏工作座谈会的文件(中发[1994]8号)中提出了对口支援西
藏的重点领域:经济开发、教育卫生、干部交流,要求建立相对稳定的、
各方面配套的对口支援关系,并提出"支援帮助与自身努力相结合,国
家的政策优惠、西藏的资源优势和内地的其他优势相结合"的原则,以
及通过支援密切西藏与内地的经济、社会、文化联系,巩固和维护祖国
统一、民族团结的经济社会基础,启动西藏自我发展的活力、动力的目的。[②]

　　第三次西藏工作座谈会是援藏工作重要的转折点,不仅表明全国援
藏方式的重大转变,而且奠定了对口援藏制度的基本框架,实际上标志
着对口援藏制度的正式确立。从此,对口援藏制度的性质和界限变得更
加清晰。通过确立对口援藏制度,变以往任务、目标和责任都不明确的
笼统的全国对口支援为具体明确的对口支援,同时也改变了以往由中央
统一选派干部进藏工作的做法,转而由承担对口支援任务的省市按照名
额选派,这就大大提高了这些省市的责任感和积极性,促使它们千方百
计加快受援地区经济社会发展,从而促进了对口援藏有效性的提高。由
此也可以看出,对口援藏的制度演进体现了通过制度变革来提升效率的
基本特点。

表3-2　　　　　　第三次西藏工作座谈会后的对口援藏单位与受援地区

对口援藏单位	受援地区
北京市、江苏省	拉萨市
上海市、山东省	日喀则地区
湖北省、湖南省	山南地区
广东省、福建省	林芝地区
四川省、天津市	昌都地区

---

① 靳薇:《西藏:援助与发展》,西藏人民出版社2010年版,第121页。
② 王小彬:《经略西藏——新中国西藏工作60年》,人民出版社2009年版,第277页。

续表

对口援藏单位	受援地区
浙江省、辽宁省	那曲地区
河北省、陕西省	阿里地区
中央国家机关	自治区直属机关

资源来源：根据《西藏：援助与发展》（靳薇著，西藏人民出版社 2010 年版）相关资料整理。

　　作为制度创新的成果，对口援藏制度的确立对西藏的经济社会发展产生了重要的推动作用，得到了西藏各族人民的支持和拥护。2001 年 6 月，中央第四次西藏工作座谈会召开，中央肯定了对口援藏工作所取得的积极成效，江泽民在会上指出："全国支援西藏力度加大，一大批骨干项目建成并发挥重要作用。国家投资建设了交通、能源、通信、农牧业、社会事业等一批基础型骨干项目，62 项重点援建工程全部建成，为西藏的长远发展奠定了良好基础。各省区市特别是承担对口支援任务的 15 个省市和中央有关部门，积极开展对口援藏，派出援藏干部，完成了一大批援建项目，有力地推动了西藏的发展。"[1] 2010 年 1 月，中央第五次西藏工作座谈会指出，自 2001 年召开中央第四次西藏工作座谈会以来，在中央的正确领导下，在全国各族人民特别是对口援藏省市、中央和国家机关以及有关单位大力支援下，西藏经济持续快速发展，综合交通和能源体系建设成效明显，文化建设富有成效，社会事业全面进步，各族群众生活显著改善。由此，对口援藏制度进行扩展与深化就有了合理性与合法性的根基。换言之，实践证明对口援藏是行之有效的发展援助方式，需要有相应的制度安排与制度保障。

　　在中央政府支持下，根据第四、第五次西藏工作座谈会要求，在对口援藏实践探索的基础上，1994 年以来，对口援藏的制度内涵在不断丰富，又有了多方面的创新与发展。

---

　　[1] 中共中央文献研究室、中共西藏自治区委员会：《西藏工作文献选编（1949—2005 年）》，中央文献出版社 2005 年版，第 548 页。

（一）对口援藏的范围、方式和领域不断拓展

1994 年，中央第三次西藏工作座谈会确立了对口援藏工作机制之后，首批确定了内地 14 个省市对口支援西藏 7 个地市的 44 个县。2001 年，中央第四次西藏工作座谈会召开，将尚未列入受援范围的西藏 29 个县和双湖特别区以不同方式全部纳入对口支援范围。至此，西藏自治区内的 73 个县和双湖特别区 ① 全部纳入对口支援的范围，实现了对口支援西藏的全覆盖。在中央的大力支持下，各援藏单位的援助方式和领域也在不断拓展。对口援藏工作开展之初，主要采取以援藏干部为纽带，以项目建设为载体，通过项目、资金、物资等形式支援西藏经济建设，将援藏资金和项目主要投向城镇基础设施建设和提高城市功能。随着对口援藏工作的开展，对口援藏的制度内涵不断丰富，对口援藏的内容、形式和领域不断拓展。一是从初期的主要依靠援藏项目和干部，逐渐到将干部援藏和经济援藏结合起来，再发展为经济援藏、干部援藏、人才援藏、科技援藏相结合，又逐步形成目前的经济援藏、教育援藏、就业援藏、科技援藏、干部人才援藏的全方位、宽领域、多层次援助体系。二是按照中央提出的援藏资金和项目向基层倾斜、向农牧区倾斜的“两个倾斜”要求，以及对口援藏资金的 80% 以上用于农牧区、农牧民的要求，越来越多的援藏资金和项目向基层和农牧区、向民生倾斜，主要用于改善农牧民生产生活条件、增加农牧民收入和提升农牧区基本公共服务水平。据统计，“十二五”援藏规划中，安排到县及县以下的资金已超过 70%。② 三是有些内地省市把受援地区纳入本地的发展规划和发展目标，有些内地省市将受援的县列为本省市特殊的县予以扶持。③

（二）对口援藏的主体逐渐增加

主要表现在以下几个方面：一是 2001 年中央第四次西藏工作座谈会召开，决定在原来的内地 15 个援藏省市基础上，新增黑龙江、吉林、安徽 3 个省和 17 家中央企业承担对口援藏工作（表 3-3），由此对口援藏单位增加为 18 个内地省市、17 家中央企业以及有关中央和国家机关部

---

① 双湖特别区隶属于那曲地区，于 2013 年 4 月正式改设为双湖县。
② 刘天亮：《援藏 20 年，翻过米拉山口更向前》，《人民日报》2014 年 8 月 26 月。
③ 宁世群：《中央第三次西藏工作座谈会以来西藏的发展与进步》，《中国藏学》1997 年第 3 期。

委。二是除已有的对口支援单位外，"国家引导和鼓励经济发达地区的企业按照互惠互利的原则，到民族自治地方投资，开展多种形式的经济合作"[①]，引导非公有制企业进入援助领域，如果发达地区的企业能够在对口援藏单位的协调下，与西藏各受援单位结成固定的协作关系，那么就有成为对口援藏新主体的趋势。

表 3-3　　　　　第四次西藏工作座谈会后的对口援藏单位与受援地区

对口援藏省市及单位	受援地区
北京市、江苏省	拉萨市
上海市、山东省、黑龙江省、吉林省；中国中化集团公司、上海宝钢集团有限公司	日喀则地区
湖北省、湖南省、安徽省；中国粮油食品集团有限公司	山南地区
广东省、福建省	林芝地区
四川省、天津市、重庆市；中国第一汽车集团公司、东风汽车公司、中国电信集团公司、中国铝业公司、中国远洋运输集团公司、武汉钢铁集团公司	昌都地区
浙江省、辽宁省；中国石油天然气集团公司、中国石油化工集团公司、中国海洋石油总公司、神华集团有限公司、中国中信集团有限公司	那曲地区
河北省、陕西省；国家电网公司、中国移动通信集团公司、中国联合网络通信集团有限公司	阿里地区
中央国家机关	自治区直属机关

注：四川省提出本省藏区也需要支援，经中央批准从 2004 年开始不再承担对口援藏工作。

资料来源：根据《全国支援西藏工作的经济社会效益研究》（王代远主编，西藏藏文古籍出版社 2012 年版）相关资料整理。

---

① 谢伟民、贺东航、曹尤：《援藏制度：起源、演进和体系研究》，《民族研究》2014 年第 2 期。

（三）对口援藏的时间多次延长

2001 年中央第四次西藏工作座谈会决定，将对口支援在原定 10 年的基础上再延长 10 年。2010 年中央第五次西藏工作座谈会决定，将对口援藏的年限再次延长 10 年，即延长至 2020 年。2014 年 8 月 25 日，中央召开的对口支援西藏工作 20 周年电视电话会议作出了"充分认识和把握对口支援西藏工作的长期性、群众性、科学性"[1] 的论断，这次会议强调，对口援藏是一项长期的政治任务，要牢固树立长期援藏、长期建藏的思想。[2] 这是在中国全面建成小康社会的背景下，中央对深化对口援藏制度、长期发挥其作用的科学认识，暗含着未来较长时期内对口援藏在推进西藏跨越式发展和长治久安中将会继续发挥重要作用。

（四）对口援藏的力度不断加大

自对口援藏正式确立以来，项目援藏、资金援藏和人才援藏是最主要的形式，各援助单位不断加大援藏力度，援藏资金和项目数量在稳定增长。据统计，1994—2010 年，对口支援西藏的 17 个省市和 17 家中央企业累计建设大型援助项目 4393 个，资金总规模达到 133 亿元。分阶段看，1994—2004 年，国家部委、各对口中央企业和省市等援藏主体共支援西藏基本建设项目 1698 个，总投资 54 亿元，其中第三次西藏工作座谈会确定的 62 项工程中由各省市援建 32 个项目，第四次西藏工作座谈会确定的 117 项工程中由各省市援建 70 个重点建设项目；2004—2007 年，第四批援建项目 1401 个，总投资 25.72 亿元；2007—2010 年第五批援建项目超过 1200 个，总投资 50 多亿元。从年均援藏项目的资金投入看，1995—2004 年为 6 亿元，2004—2007 年为 8 亿余元，2008—2010 年近 17 亿元，可见，援藏项目的资金投入增长十分显著。[3] 2010 年，第五次西藏工作座谈会又要求各援藏省市将上一年度地方财政一般预算收入的 1‰ 安排用于对口援藏工作，"十二五"期间，17 个援藏省市将累计投

---

① 人民日报 - 人民网：《对口援藏工作 20 周年电视电话会议召开》，http://paper.people.com.cn/rmrb/html/2014—08/26/nw.D110000renmrb_20140826_1—02.htm。

② 惠晶：《解读：对口援藏会传出九大信号》，http://www.tibet.cn/news/index/xzyw/201408/t20140829_2017145.htm。

③ 王代：《全国支援西藏工作的经济社会效益研究》，西藏藏文古籍出版社 2012 年版，第 200—201 页。

入援藏资金 141.6 亿元，援建 1610 个项目，涵盖农牧区基础设施、市政建设、社会事业和产业发展等领域。[①]

总体来看，对口援藏进入深化阶段，这一阶段对口援藏的制度内涵不断丰富，机制更加明确，格局逐渐稳定，体系不断完善，制度建设成效显著。

第二节　对口援藏形成及演进过程的理论解释

对西藏实施发展援助并不是偶然的，也并不仅仅是针对问题区域的一般性的政府干预，而是有其深刻的历史、政治、经济等多重背景和原因的。本小节将对为何要对西藏实施发展援助，以及对西藏的发展援助为什么采取对口援助的方式等问题进行理论上的解释分析，以揭示对口援藏形成及演进的规律。

一　对西藏实施区域发展援助的原因

从区域政策的普遍意义上来说，西藏作为中国最为落后的一个边疆民族地区，各种区域问题的存在严重制约了地区经济发展，不利于西藏的社会稳定和融入全国经济一体化发展进程。为缩小区域发展差距，促进区域经济协调发展，中央从战略全局考虑，对区域经济发展进行干预，在西藏实施了以对口援藏为主的区域发展援助政策，但如果我们从西藏的实际情况来看，对西藏实施发展援助又具有其内在的必然性。

（一）西藏的特殊地位、条件与作用

相较于中国的其他地区，西藏有着自身的特殊地位、条件与作用，这种特殊性首先表现在西藏的特殊地位上。西藏的特殊地位是指在中国的 34 个省级行政区中，其和平解放后的历史演进、得到的优惠资助，都是独一无二的。[②] 历史上，中央对于西藏特殊性的认识十分深刻。和平解放初期，中央高度重视西藏事务，毛泽东司志在 1955 年年底指出，西藏

---

① 王树云：《中央第五次西藏工作座谈会以来西藏经济社会发展综述》. http://www.xdrc.gov.cn/ReadNews.khtml?NewsID=3426，2012–06–15/2013–11–01。

② 靳薇：《西藏：援助与发展》，西藏人民出版社 2010 年版，第 37 页。

是一个很特殊的地方，要用特殊办法解决。[①] 对西藏特殊性的主要认识概括如下：①国际地位重要。"西藏虽然人口不多，但国际地位极重要。"[②] ②政治经济条件较差。"西藏情况和新疆不同，无论在政治上经济上西藏均比新疆差得多"，"西藏至少两三年内不能实行减租，不能实行土改。新疆有几十万汉人，西藏几乎全无汉人，我军是处在一个完全不同的民族区域"。[③] ③宗教影响较深。"在西藏人民中，佛教有很高的威信。人民对达赖喇嘛和班禅额尔德尼的信仰是很高的。"[④]

改革开放以来，西藏的特殊性又被中央领导多次提起，这一时期对西藏特殊性的认识更为深刻，归纳起来主要有如下几点：①自然地理条件上，西藏地处世界屋脊，高寒缺氧，自然环境恶劣，地广人稀，可耕地面积仅占总面积的 0.2%—0.3%，交通不便，基本上长期处于封闭状态。②经济社会发展上，西藏过去长期处于封建农奴制社会，在进入社会主义社会以后，同内地和西部其他民族地区相比，社会发育程度低，经济发展的历史基础和现实条件都很差。③民族构成上，西藏是藏族密集的聚居地区，藏族占总人口的 90% 以上。④历史文化上，藏民绝大多数信仰藏传佛教，宗教在群众中有长期的、深刻的影响。⑤战略地位上，西藏与印度、缅甸等国接壤，战略地位重要，是中国西南的重要屏障，是政治、军事敏感地区。⑥安全稳定上，十四世达赖集团等境外分裂势力不时制造"西藏独立"的非法活动，破坏民族团结和社会稳定。[⑤]

西藏的这种特殊地位、条件和作用是在其长期的历史发展中形成的，忽视或否认这种特殊性都是不正确的。正是基于以上对西藏特殊性的认识，为了加快西藏的经济社会发展和融入全国一体化进程，中央需要采取各种行之有效的方式来加快西藏地区发展并维护西藏地区社会稳定。

---

① 李全棉：《援藏工作要坚持长期性与创新性并举》，《西藏日报（汉）》2014 年 6 月 7 日。
② 中共中央文献研究室、中共西藏自治区委员会：《西藏工作文献选编（1949—2005 年）》，中央文献出版社 2005 年版，第 7 页。
③ 上中共中央文献研究室、中共西藏自治区委员会：《西藏工作文献选编（1949—2005 年）》，中央文献出版社 2005 年版，第 68 页。
④ 同上书，第 54 页。
⑤ 李全棉：《援藏工作要坚持长期性与创新性并举》，《西藏日报（汉）》2014 年 6 月 7 日。

（二）西藏经济发展中的要素相对价格变化

制度会影响经济发展的水平和进程，经济发展也可以而且确实常常导致制度变迁。[1] 制度决定经济绩效，而相对价格的变化则是制度变迁的源泉。[2] 根据新古典制度经济学的制度变迁理论，相对价格变化导致制度非均衡，进而使得制度需求发生变化，产生了制度变迁的可能。相对价格变化包括要素价格比率变化、信息成本的变化和技术的变化等，其中要素的价格变化又分为劳动—资本、资本—土地、土地—劳动等价格比率的变化。从微观上看，当一种相对价格发生变化时，就会使得从事交易活动的交易的一方或是双方（理性经济人）明显地感知到，通过改变现有的契约或协定（制度）将会使得一方或双方的境况都得到改善，增进一方或双方的福利，于是作为交易的双方就会产生对现行的制度进行调整或变革的动力，即表明相对价格变化是制度变迁的动力源泉之一，相对价格变化创造了建立更为有效制度的激励，[3] 或者说相对价格的变化可以产生潜在利润。这种潜在利润的获得要求采取一种新的制度安排。当然，需要注意的是，制度变迁是由许多因素决定的，相对价格变化只是制度变迁的外因，只有当相对价格变化程度足以改变现有的制度均衡时，制度变化才会产生。[4]

民主改革之后，西藏探索走工业化发展道路，然而在计划经济体制下，西藏基本上照搬了内地的工业化发展模式，工业化战略具有明显的"镶嵌"性质，但一方面由于自身缺乏资本积累，另一方面又由于在自然、地理、社会历史以及发展基础等方面与全国其他地区有很大的差异，内地的经验方法根本无法简单地照搬到西藏，由此导致了西藏工业化战略带来的是大多数工业企业亏损严重，工业化推进严重受阻，国民经济发展速度缓慢。据统计，和平解放至今，西藏工业产值每增加 1 万元，工业企业财政亏损 1051 元。[5] 在此背景下，一方面西藏工业企业存在大

---

[1] 林毅夫：《再论制度、技术与中国农业发展》，北京大学出版社 2000 年版，第 11 页。
[2] ［美］道格拉斯·C.诺思：《制度、制度变迁与经济绩效》，杭行译，格致出版社、上海三联书店、上海人民出版社 2014 年版，第 7 页。
[3] 黄少安：《制度经济学》，高等教育出版社 2008 年版，第 114 页。
[4] 卢现祥：《西方新制度经济学》，中国发展出版社 1996 年版，第 78 页。
[5] 温军：《西藏经济发展战略问题探讨》，《中国藏学》2003 年第 1 期。

量的资金需求缺口，而另一方面西藏工业依靠自身能力又难以获得利润用于资本积累，又因西藏的工业化并不是采取与当时内地相类似的农业贴补工业的"剪刀差"方式进行的，而基本上是在中央财力支持下推进的，尽管西藏的农牧业、旅游业等产业并未出现工业发展中的大幅度亏损现象，但这些产业发展基础薄弱的"瓶颈"仍然造成了用于社会再生产的资本严重不足，因此，西藏的资本这一生产要素相对于劳动、土地等生产要素就变得越来越稀缺，尤其是相对于劳动的价格[①]，致使资本的相对价格上升。这就激发人们去变革制度安排，使得稀缺的资源能够得到有效的利用，而依靠大量的外部资金输入以促进西藏的经济大发展是最为便捷有效的方式，如果能够产生一种满足西藏经济发展所需资金缺口的输入渠道，那么不但可以加快西藏国民经济的大发展，而且还可能获取由要素相对价格变化而产生的潜在利润。显然，这种资金收入渠道不可能自发产生，而只能是由具备这种制度创新能力的政府来完成。于是，作为一种外部资金来源渠道的发展援助便被引入西藏的现代化建设中。发展援助作为一种行之有效的外部资金来源渠道，通过财政的横向转移不仅可以缓解中央政府的财政压力，而且还有利于加强西藏与内地的经济、政治、社会、文化等方面的联系，加深西藏与内地的相互了解，促进各民族的交往交流交融，加快西藏经济融入全国经济体系。

正是基于对西藏的特殊地位、条件与作用的认知与考虑，同时最重要的是，在西藏经济发展过程中又产生了要依靠外部资金输入的制度创新来满足西藏经济发展的现实需求，于是在一定的条件下诱发了中央政府主导下对西藏实施的发展援助。

二　对口援藏形成及演进的动力

进一步地，中央对西藏的发展援助为什么选择了对口支援这种较为特殊的形式呢？或者说，对口援藏制度为什么会形成并能够不断演变与

[①]　1982 年的西藏自治区（包括昌都）总人口比 1964 年增长了 46%，平均每年增长 2.12%。参见马戎《西藏的人口与社会》，同心出版社 1996 年版，第 38 页。根据《西藏统计年鉴 2000》和《西藏统计年鉴 2014》中的相关数据整理计算可得，西藏年末总人口由 1959 年的 122.8 万人增至 2013 年的 312.04 万人，年均增长率达 1.74%。

扩散呢？本书认为，以政府政策形式确立并在中央行政命令下实施的对口援藏是一项正式化的制度安排，同时也是一项区域性的经济制度，它的形成是在特定环境中，中央决策者在借鉴对口支援实践经验的基础上，通过制度创新而形成的。

制度的存在是为了从交易专业化以及外部经济中获得收益。[①] 早在 20 世纪 50—60 年代，中国对口支援就已经在包括西藏在内的全国多地进行了实践，但这种对口支援并非真正意义上的对口支援，因为并未形成固定的结对关系、相对稳定的工作机制，以及规范化的组织机构等。尽管如此，这种早期的对口支援仍然产生了制度绩效，因此得以在西藏不断拓展，并不断获得创新，从而产生对口援藏制度。其根本动因有以下几点。

（一）采取对口支援的方式可以获取外部收益

这主要体现在以下几方面：①由于需求信息上的固有缺陷，中央政府要照顾到全国各地区经济社会发展的需求，为各个问题区域提供发展援助，很难充分考虑到某个特定地区的实际需求，而对每个对口支援省市而言，因为援助地区的数目相对较少，其完全有能力在提供援助之前，充分详细了解受援方的基本状况和实际需求，甚至可能与受援方协商确定支援的物资、项目、人力等事项，由此可以克服需求信息方面的制约，才可能向受援方提供真正需要的援助。②中央的财政收支需要经过繁琐的预算过程，申报审批流程较长，而对口援助省市的资金运转周期较短，并且不用经过受援方政府，可以保证资金的专项使用，从而可以大幅度提高资金的使用效率。此外，中央财力毕竟有限，并且所用领域广泛，也不可能完全用于满足西藏地方建设需要，对口援助资金投入对西藏地方建设无疑是一个重要补充，从平衡省际财政能力差距的角度看，西藏与中国内地省市在基本公共服务上确实还有较大的差距，因此，采取具有横向财政转移支付性质的对口援助将有利于平衡区域间财力差距。③支援省市的经济相对发达，在经济建设过程中一般都积累了大量的经验与教训，如果能够从中得到一定的借鉴与参考，可以降低受援地经济发展中的成本，而且支援省市进入较为落后的地区进行支援，就可以视为在一定程度上减少了受援地区招商引资的成本，有利于加强受援地区与

---

① 林毅夫：《再论制度、技术与中国农业发展》，北京大学出版社 2000 年版，第 26 页。

支援省市的经济合作与交流。

（二）采取对口支援的方式可以节省交易费用

1994 年形成的"分片负责，对口支援，定期轮换"的对口援藏制度，将分散的、不固定的对口援藏关系明确化、固定化，形成了稳定的结对关系，并将支援关系直接下沉到西藏县区等基层单位（见表 3-4），从而有效地降低了对口援藏过程中的交易费用。其原因有以下几点。

第一，固定化的制度安排，增强了援助双方支援关系的稳定性，明确了各援藏单位的具体支援对象，有利于明晰支援方与受援方在援助过程中的权责，便于支援方对"包干"或"承包"的受援地区实施专业化、有针对性的支援，减少盲目援助所产生的交易费用的风险。

第二，稳定的对口支援可以减少援助方花费在了解支援方实际需求情况上所耗费的交易性费用，以及某些援藏项目建设工程中的考察、论证、管理等交易性费用。

第三，稳定的对口支援有利于增加双方的信任度，增进相互交流与了解，从而能够激发双方相互合作，共同完成援助任务，减少援助过程中的信息成本，而信息成本是交易成本的关键。

第四，采取对口支援的方式有利于支援方对受援方进行技术援助，将先进的生产技术引入各受援地区，推动受援地的技术变迁。技术变迁对制度变迁有着普遍影响，可以使经济产出发生规模报酬递增，促进经济集聚并产生规模经济，不仅可以增加制度变迁的潜在利润，还可以降低某些制度变迁的操作成本，特别是信息成本。[1]

表 3-4　　　　　　**对口援藏单位与西藏各县市区对口支援关系**

对口支援单位	受援地所属地市	具体受援地
北京市	拉萨	城关区（3650）、堆龙德庆县（3640）、当雄县（4265）、尼木县（3800）
江苏省	拉萨	达孜县（3720）、林周县（3760）、曲水县（3610）、墨竹工卡县（3820）

---

[1]　卢现祥：《西方新制度经济学》，中国发展出版社 1996 年版，第 76 页。

续表

对口支援单位	受援地所属地市	具体受援地
湖南省	山南	贡嘎县（3560）、扎囊县（3550）、桑日县（3560）、隆子县（3980）
湖北省	山南	乃东县（3560）、曲松县（3900）、加查县（3280）、琼结县（3769）
安徽省	山南	错那县（4370）、浪卡子县（4454）、措美县（4200）
中粮	山南	洛扎县（3800）
上海市	日喀则	江孜县（4050）、拉孜县（4012）、亚东县（3002）、萨迦县（4316）、定日县（4320）
山东省	日喀则	日喀则市（3860）、昂仁县（4320）、白朗县（3920）、南木林县（4002）、聂拉木县（3757）
黑龙江省	日喀则	康马县（4300）、仁布县（3780）、谢通门县（4007）
吉林省	日喀则	定结县、吉隆县、萨嘎县（4513）
宝钢	日喀则	仲巴县（4574）
中化	日喀则	岗巴县（4750）
广东省	林芝	林芝县（2960）、波密县（2720）、察隅县（2300）、墨脱县（1130）
福建省	林芝	朗县（3100）、米林县（2940）、工布江达县（3450）
天津市	昌都	昌都县（3250）、江达县（3540）、丁青县（3873）
重庆市	昌都	芒康县（3905）、类乌齐县（3840）
东风	昌都	贡觉县（3640）
中远	昌都	洛隆县（3640）
中铝	昌都	察雅县（3260）
一汽	昌都	左贡县（3780）

续表

对口支援单位	受援地所属地市	具体受援地
电信	昌都	边坝县（3760）
武钢	昌都	八宿县（3260）
浙江省	那曲	那曲县（4507）、比如县（3960）、嘉黎县（4510）
辽宁省	那曲	安多县（4700）、索县（4040）、巴青县（4140）
神华	那曲	聂荣县（4700）
中石油	那曲	双湖县（4800）
中信	那曲	申扎县（4800）
中海油	那曲	尼玛县（4500）
中石化	那曲	班戈县（4700）
河北省	阿里	扎达县（3728）、日土县（4314）
陕西省	阿里	普兰县（3936）、噶尔县（4278）
移动	阿里	改则县（4500）
联通	阿里	革吉县（4445）
国电	阿里	措勤县（4680）

注：西藏自治区的直属机关由相应的中央国家机关对口支援。表中括号内数字为当地海拔高度，单位为米。中粮、宝钢、中化、东风、中远、中铝、一汽、电信、武钢、神华、中石油、中信、中海油、中石化、移动、联通、国电分别为中国粮油食品集团有限公司、上海宝钢集团有限公司、中国中化集团公司、东风汽车公司、中国远洋运输集团公司、中国铝业公司、中国第一汽车集团公司、中国电信集团公司、武汉钢铁集团公司、神华集团有限公司、中国石油天然气集团公司、中国中信集团有限公司、中国海洋石油总公司、中国石油化工集团公司、中国移动通信集团公司、中国联通集团有限公司、国家电网公司的简称。

资料来源：根据中国西藏新闻网援藏20年大型专题报道（http://yz.xzxw.com/）中相关资料整理而得。

　　综上分析，对口援藏这一制度安排可以获得更多的潜在收益，但制度确立和执行起来并提供有价值的服务需要成本，广义的成本就是交易费用，[①] 也就是说，对口援藏的制度形成也会产生制度变迁成本。例如，对援藏项目进行甄选、项目实施双方协议的签订、项目实施中的监督和管理等均要产生成本等，但从上述分析可知，对口援藏制度不仅可以获得更多的潜在收益，而且还可以节省交易费用，从而降低制度变迁的成本。总体来看，制度变迁的成本小于制度变迁的潜在收益，所以作为一种相对效率更高的制度化安排，对口援藏制度便在早期的对口支援基础上形成并在其内部不断创造出新制度且向其他区域扩散，这也正是作为理性经济人的中央决策层会将对口支援应用到援藏工作中的原因（如图 3-1）。

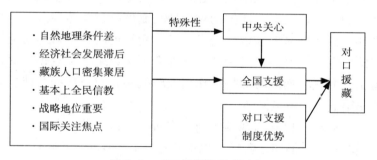

图 3-1　对口援藏的形成过程

　　进一步从对口援藏制度的演进阶段来看，1951—1978 年为对口援藏制度的萌芽时期，由于全国支援的配对关系不明确、组织化程度低等原因，这一时期对西藏的支援成本较高、潜在收益较低。但到了 1979 年对口支援政策被确立之后，尽管在 1979—1993 年期间西藏仍整体作为支援对象，受到全国的支援，但相比前一阶段，从政策角度已经确立了一种相对稳定的支援关系，有利于减少支援的交易费用，为新制度安排获利机会的出现创造了条件，于是到了 1994 年便产生了对口援藏制度。1994 年以来的对口援藏制度不断深化，尤其是近年来中央领导提出要推进对

[①]　林毅夫：《再论制度、技术与中国农业发展》，北京大学出版社 2000 年版，第 25 页。

口援藏工作的长期性、群众性、科学性，其题中之义是进一步创新对口援藏制度，提高对口援藏的科学性和有效性。同时，通过不断改进对口援藏模式，减少对口援藏中的交易费用，从而推进对口援藏制度的创新。

事实上，对口援藏的形成及演进是一个制度变迁的过程，而制度变迁会受到路径依赖的制约。制度变迁存在着报酬递增和自我强化的机制，这种机制使得制度变迁一旦走上某条路径便会沿着既定方向在之后的发展中自我强化，初始的制度选择会强化现存制度的刺激和惯性。对口援藏制度不断向前发展创新的过程中也不同程度地受到路径依赖的影响，这主要表现在两个方面。

第一，从总体变迁方向上看，由于对口支援这一初始路径选择合理，因而在路径依赖的影响下，对口援藏的制度变迁会沿着既定方向不断推进，极大地调动人们的能动性，合理配置资源以获取更多收益，促进西藏经济发展，而这又会反向推动对口援藏制度的进一步变迁，从而出现良性循环。但当西藏的经济社会发展到一定程度时，不再适应继续实施对口援藏制度时，对口援藏制度绩效便会下降，事实上这也是对口援藏需要退出的时候，而此时如果不作出及时调整，对口援藏可能会在路径依赖的作用下进入不良循环。

第二，从对口援藏内部具体制度来看，对口援藏的制度深化会受到路径依赖的制约。例如，现有的对口援藏总体上呈现"穷帮穷、富帮富"的格局，这一制度性安排在特定的历史时期确实发挥了有效的作用，促进了西藏的经济发展，但随着西藏经济的不断向前发展，这种格局越来越不能适应西藏发展的客观要求，这就要求进行一定程度的调整，而不能依然大体上维持现状。当然，调整援藏格局必然需要冲破现存体制中各种制约因素的阻碍。

三　对口援藏的制度变迁主体及方式

从对口援藏制度的形成及演进过程分析中可知，对口援藏的制度变迁主要是在中央政府而非微观主体的主导下推动的，但这种制度变迁又在一定程度上反映了西藏当地人民的利益诉求，因而兼具"自上而下"的强制性变迁和"自下而上"的诱致性变迁特征。事实上，严格来说，本书认为对口援藏经历了制度初创和制度深化两次变迁过程，表现出不同的阶段性特征。

第一次制度变迁是从 1951—1993 年对口援藏"试验"阶段到 1994 年对口援藏制度正式确立。在对口援藏制度的萌芽和初步形成阶段，一方面，和平解放以来的全国支援西藏产生了良好效果，不仅促进了西藏经济发展和社会基本稳定，而且还加强了西藏同内地的交往、交流、交融，同时对口支援在西藏之外其他地区的实践也较为成功；另一方面，和平解放之后，西藏贫穷落后的局面并没有立即得到根本性改变，从封建农奴制直接过渡到社会主义制度具有"镶嵌"的性质，导致自身积累严重不足，而西藏的"特殊性"使得其困难相较于其他地区更多。在此背景下，西藏各族人民尤其是广大获得土地而翻身的农牧民更是具有迫切的新制度需求，这种需求主要体现在对当时国家对西藏实施的一系列帮扶政策的支持上，但同时西藏当地人民又没有足够的能力（知识水平、创新能力、宽广视野等）仅依靠自身探索形成新制度。因此，在寻求制度潜在利益的动力下，中央政府理所应当地成为制度变迁的主体，通过行政指令主导了新制度的建立，具有一定的强制性和制度供给^① 的特征。对口援藏制度的确立，包括两个紧密联系的过程：一是正式制度框架的建立。包括确定固定的对口关系，确立援藏格局、实施途径和工作机制，成立组织结构，规范援藏项目审批，等等。二是非正式制度的建立。主要包括政治动员中的"讲政治、讲大局""支援祖国边疆地区建设""西藏特殊性""发展与稳定""民族团结""民族平等"等价值观念体系的积累与认同。

第二次制度变迁是从 1994 年至今的对口援藏制度内涵不断深化的过程。对口援藏制度的实施，会在实践过程中产生各种有利于提高制度绩效的办法，实际上就是对对口援藏制度进行的创新。这一变迁过程更具有自下而上的需求主导型特征，各对口援藏单位在长期的对口支援实践中，通过与西藏基层政府、城镇居民、农牧民的沟通与交流，吸纳西藏各界参与到对口援藏中，尤其是基层广大农牧民的参与，有利于他们表

①　制度供给（institutional supply）系制度经济学中的概念，指制度供给者在给定的主观偏好、利益结构、制度环境、技术条件等约束下，通过特定的程序和方式进行正式规则创新和设立的过程，如颁布法律、推出政策、公布条例等。参见孙勇《西藏与邻省藏区稳定研究视域与思路》，《四川大学学报（哲学社会科学版）》2015 年第 1 期。

达真实需求，因此这就更易于形成改进和创新对口援藏制度的各种新举措。例如，据笔者实地调查发现，湖南省对口援建山南地区，以前援助资金管理采取的办法是：各市按照固定的对口支援县，分别自主管理援助资金，与各支援单位协商项目与资金划拨使用。但从第六批援藏工作开始后，采取的办法是：承担对口援助任务的长沙、株洲、岳阳、常德四市先将援建资金集中到湖南省发改委援藏办里来统一管理，然后湖南省发改委援藏办再根据各市项目申报情况来统一安排下拨，并且援藏三年的资金都有明确的规划。因此，这一次对口援藏制度的变迁是在援助实践基础上的制度创新，主要是在基层援助方与受援方推动下进行的自下而上的渐进式变迁。

第三节　本章小结

本章首先从历史演变的角度对对口援藏的形成及演进过程进行了系统的梳理与透视，通过抽象归纳和历史比较分析揭示了对口援藏的制度形成及演进的特征；紧接着，从新制度经济学角度，根据制度变迁理论，从制度起源上对区域发展援助在西藏内化为特定的对口支援形式的原因给予了理论解释；然后，根据制度的外部收益、交易费用和路径依赖等理论解释了对口援藏制度形成及演进的原因和动力；最后，对对口援藏的制度变迁主体及方式作了进一步的分析，以全面揭示对口援藏制度形成及演进的内在必然性。通过本章分析得到对对口援藏深层次的理性认识与科学判断，为衡量和评价对口援藏有效性，以及合理确定影响对口援藏有效性的主要因素奠定了基础。

第四章

对口援藏有效性的衡量方法

自1994年对口援藏正式确立和实施以来，各援藏单位投入了大量的物资、人才、资金、技术等要素，那么如此强力的区域发展援助实际产生的有效性究竟如何呢？或者说，对口援藏实施后达到的预期目标的程度有多大，各种对口援藏资源的配置效率水平如何？换言之，需要进一步探究的是，怎样从定量的角度对对口援藏有效性进行评价以及评价结论如何。这一问题一直以来也是学术界和实践层关注、质疑和争论的焦点。要合理评价对口援藏有效性，首先需要解决的问题是怎样科学衡量对口援藏有效性。尽管对口援藏有效性内涵在前文已经有了深入分析和界定，但对于如何量化评估对口援藏有效性并没有具体的原则与标准，而对于如何选择合理的量化评估方法也并没有明确。基于此，本章以发展援助、援助有效性、区域政策评价等相关理论与方法为基础，在对口援助有效性内涵界定的前提下，从定量的角度提出衡量对口援助西藏有效性的基本依据和方法。

第一节　对口援藏有效性的衡量原则与依据

如何合理衡量和评估对口援藏有效性是理论与实践领域的一项重要课题，首先要求给出对口援藏有效性的衡量原则与标准。根据本书对对口援藏有效性内涵的界定，对口援藏有效性主要包括两个方面：一是实现西藏的发展援助目标程度，包括实现基本目标和根本目标的程度，基本目标主要是促进西藏经济发展，缩小区域发展差距，而根本目标和最终目标是充分满足西藏广大农牧民需求，使西藏具备自我发展能力；二是经济学中的资源配置效率水平。此外，如果从对口援藏对西藏各个领域产生的实际效应来看，对口援藏的目标还应包括政治、文化、生态等非经济领域的多重目标，这些目标在对口援藏实践中确实有一定程度的实现，反过来看，这在某种意义上也可能体现了中央确立并实施对口援藏的深层次用意。[①] 我们用广义上增进社会福利的水平来反映对口援藏在政治、文化、生态等维度的效应。由此，在借鉴国内外援助有效性评价的相关指标体系和研究成果的基础上，本书认为对口援藏有效性应同时以满足农牧民需求程度、资源配置效率水平和增进社会福利水平三个原则为依据来选择合理的评价方法。

一　满足农牧民需求程度

从不同角度来看，西藏农牧民需求具有多类型、多层次、多维度等特征。本书中的西藏农牧民需求主要是指西藏农牧民的社会公共需求，但同时也要充分考虑到具有个体差异性的个人特殊需求。当然，西藏农牧民需求是随着经济发展和人民生活的改善而不断变化的，从最低层次的衣、食、住、行等生理和生存的需要，逐渐转向追求收入增长、生活质量提高、公共服务水平提升和社会保障能力增强，乃至转向追求社会公平和社会自由。但无论如何，由于西藏的人口大部分在农牧区，西藏的贫困问题集中表现为农村贫困。[②] 如何充分满足占西藏人口近80%、收入水平处于低层次、生活质量不高的广大农牧民的公共需求应始终是西藏最大的民生问题。自西藏和平解放以来，在不同经济社会发展阶段，重视民生是西藏发展中的一个重要特征，无论是建立社会保障体系还是减免税收，无论是中央对西藏的大规模财政转移支付还是对口援藏工作向基层和农牧民倾斜，在西藏实施很多改善民生的措施都要早于其他地

---

① 对口援藏的一个重大战略意图是要使西藏与祖国各地加强经济文化交流，在双向多层次的交流活动中加深各民族的相互认同和理解，巩固民族团结协作、共同繁荣发展的纽带，维护中华民族多元一体的和谐发展大局。参见王代远《全国支援西藏工作的经济社会效益研究》，西藏藏文古籍出版社2012年版，第311页。

② 白玛朗杰等：《中国西藏农村扶贫开发报告（2011）》，西藏藏文古籍出版社2012年版，第24页。

区，这些都体现着中央的特殊关怀。[①] 对口援藏就是在中央政府的关心和支持下全国支援西藏经济社会发展的一个重要的政策举措。从对口援藏的工作实践来看，对口援藏的主要目的是为西藏农牧民供给高效、优质和公平的公共产品及服务，以满足广大农牧民的公共需求。因此，衡量对口援藏有效性需从农牧民的角度来考虑，对口援藏能够满足西藏广大农牧民需求的程度正是衡量对口援藏有效性的一个重要方面，这是因为满足广大农牧民需求的程度恰恰是对口援助西藏根本目标和最终目标实现程度的重要体现，或者说有效的对口援藏就包含着充分满足西藏广大农牧民需求、使西藏具备自我发展能力等方面。

　　从 1994 年以来的对口援藏历程来看，对口援藏供给的公共产品及服务等与农牧民的实际需求之间存在偏差或脱节，或者说与农牧民的真实需求之间存在差距，不能充分满足农牧民的需求。导致这一现象的可能原因主要有两个方面：一是中央第三次西藏工作座谈会以来，尽管对口援藏的资金、人才、技术等资源的投入不断增加，对口援藏单位可以为农牧民提供各种形式援助的能力不断增强，农牧民对对口援藏资源的可得性增强，但对口援藏资源的实际利用程度并不高，这其中既有对口援藏工作机制中给予农牧民参与机会不多的原因，也有因农牧民自身文化素质较低和职业技能差等因素导致的农牧民参与能力尚达不到要求的原因，由此导致农牧民从对口援藏中的直接受益、广泛受益和持续受益均有限，致使对口援藏资源的可及性较低；二是随着西藏经济社会的发展，农牧民对社会公共需求的总量在不断增长，需求结构也在不断变动，从对衣、食、住、行、基础设施建设的需求逐渐向教育、医疗、文化、卫生、社会保障、农业生产技术的需求等具体环节变化，而且在西藏各地区之间、各群体之间还存在个体需求的差异性。对口援藏的实施主要以援藏项目的方式进行。根据笔者入藏实地调查[②] 得知，在援藏资源有限的条件下，投向农牧区的援藏项目多为基础设施建设和教育领域，具有"造血"功能的援藏项目较少，医疗服务、与农牧业生产直接相关的粮食加工厂、

①　孙勇：《从制度理论角度解析中央西藏工作座谈会内涵》，《西藏研究》2010 年第 2 期。
②　2013 年 7 月 21 日—8 月 5 日，笔者随课题调研组深入西藏的拉萨市林周县、山南地区扎囊县和日喀则地区东嘎乡进行了实地调查并对部分援藏干部和当地农牧民进行了访谈调查。

牛羊毛加工厂等方面的项目与资金投入匮乏。援藏资金规模与广大农牧区各方面的需求总量相比仍然十分有限,只有集中于某一方面、某一领域,避免资金分散,才能提高援助项目的效益并使得效益尽快显现,两者之间存在一定的矛盾,各地区的经济发展水平和基础设施条件决定了援藏项目的选择方向,造成与农牧民实际需求的偏差。

总之,西藏农牧民需求的满足程度是反映对口援藏有效性的一个重要方面,我们认为可以从两个角度来予以衡量,从对口援藏方供给的角度来看,其可选择的测度指标有农牧民人均对口援藏资金投入金额、按农牧民人口平均的对口援藏干部的数量等;从西藏农牧民需求的角度来看,农牧民人均纯收入水平仍然是反映农牧民民生改善和社会公共需求满足程度的核心指标。

二　资源配置效率水平

市场和政府分别是资源配置的"看不见的手"和"看得见的手",在市场经济条件下,资源配置的决定性力量是市场机制,但市场机制本身有缺陷,存在市场失灵现象,这就需要依靠政府这只"看得见的手"的干预,只有"两只手"发挥协同作用才可能使资源配置达到或接近最优状态。在对口援藏中,有效的对口援藏就是在政府与市场的共同作用下,既要实现西藏经济发展的基本目标和充分满足农牧民需求的根本目标,又要实现人才、资金、物资、技术等对口援藏资源配置的有效性。如果实现了前者,但却造成了资源的浪费和扭曲配置,那么也没有达到对口援藏的有效,也就是说对口援藏资源配置并未达到最优化的对口援藏并不是有效的对口援藏。因此,对口援藏资源配置的效率水平是衡量对口援藏有效性的重要指标,也反映了完成对口援藏目标的程度。事实上,经济学中的一个目标与原则就是效率原则,即成本—收益原则,是指在成本一定的条件下实现收益最大化,或是指在收益一定的条件下实现成本最小化,追求的是以最小的成本实现最大的收益。因而,经济学中可以使用投入与产出之间的对比关系或成本与收益之间的对比关系来衡量资源配置的效率水平。此外,本书第三章中相关概念的界定中也已指出,在对口援藏过程中,对口援助的供给主体包括 18 个内地省市、17 家中央企业和几十个中央国家部委,以及相应的各具体单位和个人,援助方数量众多而分散。这就造成对口援藏资源配置的分散化，以对口援藏中实施的大量工程项目来看，不仅对口援藏的资源投入不集中，分散在每一个项目中，而且对对口援藏资源配置有决策权和执行权的主体也较为分散，这就造成了从微观上看某些援藏项目可能是资源配置效率水平较高或有效，但从宏观上看却并不能实现资源配置效率的高水平或最优化状态。因此，对口援藏资源需要宏观上的优化配置组合，才能够实现对口援藏的有效性。[①] 基于此，为从定量上对对口援藏的有效性进行评价，本书主要从宏观上测度对口援藏资源配置效率水平。

三　增进社会福利水平

福利的含义宽泛，是人的各种各样的欲望或需要获得的满足及由此感受到的生理或心理上的幸福或快乐。[②] 福利分为个人福利与社会福利，个人福利是指个人获得的满足，包括个人物质生活和精神生活需要的满足，而社会福利是一个社会全体成员的个人福利的总和，在社会福利中，能够直接或间接用货币来衡量的那部分福利称为经济福利。[③] 实际上，社会福利的含义宽泛而且比较含糊，一种简单的界定是，社会福利包括两个层次的含义：一是指社会福利状态，它涉及人类社会生活非常广泛的方面，包括社会问题的调控、社会需求的满足和实现人的发展潜能等；二是指社会福利制度，它是为达到社会福利状态而作出的集体努力。[④] 也有学者从不同角度来理解社会福利，人不仅是经济人而且也是社会人，所以人除了具有经济需求外，还具有社会需求。由经济因素来满足人的经济需要，其满足程度就是经济福利，即收入和财富带来的效用；而由各种非经济因素来满足人的非经济需要，其满足程度就是各种非经济福利，其满足程度越高，相应的福利就越大。[⑤] 当群体中一个或更多人的状

---

① 杨明洪：《对口援藏有效性的理论认识与实现路径研究》，《中国藏学》2014 年第 3 期。
② 孙月平、刘军、谭军：《应用福利经济学》，经济管理出版社 2004 年版。
③ 方福前：《福利经济学》，人民出版社 1994 年版，第 1 页。
④ 尚晓援：《"社会福利"与"社会保障"再认识》，《中国社会科学》2001 年第 3 期。
⑤ 胡象明：《广义的社会福利理论及其对公共政策的意义》，《武汉大学学报（社会科学版）》2002 年第 4 期。

况被改善而又不使得任何人的状况变坏时，社会福利就得到了增进。[①] 因此，根据相关研究成果，针对对口援藏的实施对西藏农牧民的政治、文化、生态等各个实际生活领域产生的效应，本书认为广泛意义上的社会福利不仅包括经济福利[②]，而且还应包括政治福利、文化福利、生态福利等非经济福利，并可以通过各种非经济福利水平（效用水平）的增进程度来反映对口援藏的非经济效应的大小。进而言之，社会福利水平的增进幅度也是衡量对口援藏有效性的一个方面，但由于福利是一种效用，有正负之分，具有主观的特征，很难有客观的标准加以量化分析，故而本书将其仅仅作为定性分析与判断对口援藏有效性评价的结论可靠性的参考。

　　事实上，通过一批批援藏干部进藏工作和一批批援藏项目建设，各种资源源源不断地进入西藏，20 多年的对口援藏已经产生了政治、文化和生态效益，增进了这些领域的社会福利[③]，而这些领域的变化与西藏人民的社会生活密切关联。政治效益上，在对口援藏资源投入的有力支持下，西藏各地区的基层政权建设、党组织建设、党员教育、选举制度改革等不断推进，提升了基层的政治民主进步程度，巩固了基层稳定；通过开展爱国主义教育和法制教育，提高了西藏各族人民尤其是广大农牧民群众团结稳定的思想政治意识；通过一批批援藏干部的维护稳定工作[④]，随时掌握社情民意和社会动态，有利地促进了西藏的社会稳定。文化效益上，以全国新闻出版系统对口援藏为例，自 1994 年中央第三次西藏工作会议以来，截至 2010 年年底，全国新闻出版系统已开展了 15 年的对口援藏工作，取得了显著的文化效益。新闻出版援藏总资金达到 1.63 亿元，其中在"九五"期间、"十五"期间和"十一五"期间的援藏资金投入分别为 1130 万元、3655 万元和 1.15 亿元，西藏新闻出版业在"十一五"期间连续 5 年保持 12% 以上的发展速度，全系统固定资产增长了 3 亿多元，

---

　　① 胡象明：《广义的社会福利理论及其对公共政策的意义》，《武汉大学学报（社会科学版）》2002 年第 4 期。

　　② 这里的经济福利包括社会发展领域，即教育、社会保障、医疗卫生等方面的民生改善，以及居民居住、公共交通、医疗卫生服务等方面的生活质量提升。

　　③ 这里的政治、文化、生态等领域的福利水平可以分别通过对口援藏产生的政治效益、文化效益、生态效益等来间接大致地反映。

　　④ 根据 2013 年 7 月 21 日—8 月 5 日笔者的入藏访谈调查得知，维护稳定工作是援藏干部进藏工作中的一项重要工作，在每年的某些时间段内为加强维稳力度，维稳工作任务往往较为繁重。

西藏自治区新闻出版业总产值占到全区 GDP 的 1.2%。[1] 此外，对口援藏促进了西藏与内地的文化交流，有利于当地人民健康文明生活方式的形成，增强了西藏人民的商品意识和市场经济意识。[2] 生态效益上，以山东省对口支援日喀则地区为例，由于西藏生态环境脆弱，山东省 20 年来的对口援藏以注重生态保护为基本出发点，援建了西藏树种苗木繁育基地的雅鲁藏布江北岸生态示范区，近年来正在援建世界海拔最高和施工最复杂的日喀则市年楚河生态橡胶坝工程，以及规划建设昂仁县高原滨湖生态小镇，产生了良好的生态效益。[3] 对口援藏 20 多年来，国家林业局及各对口支援省市林业部门为西藏先后安排各类林业生态保护与建设资金共计 120.75 亿元，还通过下达科技项目的方式成功引进了适合西藏生长的一批速生或抗旱治沙树种，目前实施和正在实施的包括珠峰、雅江中游、雅鲁藏布大峡谷、色林错 4 个国家级自然保护区二、三期工程建设，林业援藏有效地保护了西藏的生物多样性，林业生态取得明显成效。[4]

第二节 对口援藏有效性的评价方法选择

对口援藏有效性评价主要是针对对口援藏的目标实现程度和资源配置效率水平展开的，是从对口援藏实施结果层面进行的事后评价。[5] 在前文衡量原则及依据的基础上，选择合理的实证评价方法尤为重要，而评价方法的选择受到对口援藏有效性评价所面临的各种困难的约束。

一　有效性评价面临的约束条件分析

事实上，要客观、准确、系统地评价对口援藏有效性是一项十分复

---

① 吴娜：《17 个省市对西藏 7 个地市实行对口援助》，《光明日报》2011 年 5 月 13 日。

② 中共西藏自治区委员会宣传部：《中央第五次西藏工作座谈会精神宣讲提纲》，《西藏日报（汉）》2010 年 3 月 10 日。

③ 韦琨：《山东援藏 20 年：共谱鲁藏情，共筑中国梦》，http://pinglun.iqilu.com/yuanchuang/2014/0828/2120757.shtml；新华网：《以环保理念做生态文章——山东第七批援藏队打造援藏新亮点》，http://news.xinhuanet.com/politics/2014-08/30/c_1112292745.htm。

④ 晓勇：《林业援藏"提速"生态保护与建设》，《西藏日报（汉）》2014 年 8 月 31 日。

⑤ 事后评价是指在目标完成后，评价其是否达到预期目标。参见王硕、张礼兵、金菊良《系统预测与综合评价方法》，合肥工业大学出版社 2006 年版，第 7 页。

杂而困难的研究任务，面临着多方面的约束。①从多学科视角来看，对口援藏有效性评估内容涉及面很广，系统庞大，实际上包括了经济上的有效性、政治上的有效性、文化上的有效性、生态上的有效性等多层含义。而如果同时评估多个维度的有效性将面临着评估标准选择的不一致性，因为从不同的视角来分析有效性将会存在多重目标，不同目标下的评价结果很可能会出现矛盾与偏差。②评价对象难以进行量化。单就经济上的有效性评价而言就面临着指标选取的困难，而政治、文化、生态等其他维度的有效性评价就更加难以筛选合理的评价指标。③在西藏经济的实际运行中，中央对西藏的财政转移支付政策、农村扶贫政策、财税金融优惠政策等往往都是与对口援藏共同发挥作用的，这就造成从结果上看对口援藏产生的实际效应难以单独分离出来。④从对口援藏运行特征中可以看出，其运行体系的变动可能会影响评价的客观性与准确性。这是由于自1994年"分片负责，对口支援，定期轮换"的援藏方式确立以来，各对口援藏省市在西藏各地区的具体结对方式与援藏资金管理方法一直存在较大差异。例如，湖南对口援建山南地区，其结对方式是，自1994年以来湖南省内承担对口支援任务的城市与山南地区的受援县一直是固定的配对关系，援藏资金管理采取的办法是，各支援市与对口支援单位直接协商资金分配，但从2010年第六批援藏工作开始转变为统筹管理的办法，即承担对口支援任务的4个市①先将援藏资金统筹到湖南省发改委援藏办进行统一管理，然后再根据各地的援藏项目申报情况来安排下拨。又如，山东省承担对口支援任务的5个市②与其对口支援县是固定的"一对一"结对帮扶关系。而吉林省除了长春市固定对口支援日喀则地区的定结县外，其他各承担对口支援任务的城市则三个市轮流进行援助。黑龙江省则一直是本省内的每三个市轮流进行对口支援。山东、黑龙江和吉林对口支援日喀则地区的援藏资金也都不是统筹安排，而是各支援市自主安排资金对口支援结对的县。但对口支援日喀则地区的上海市采取的办法是，将上海市各支援地区的资金统筹到上海市合作交流

---

① 湖南省承担对口支援任务的4个市分别为长沙、株洲、常德、岳阳。
② 山东省承担对口支援的5个市分别为济南、青岛、淄博、烟台、潍坊。

办，统筹管理使用。[①] 各省市自主确定援助方式和资金管理办法，虽然具有灵活性，但各种援助方法毕竟存在资源效率水平上的差异，而目前亦无相关机构部门对此作出效率评价，哪种方式的效率更高并没有统一的结论。因此，西藏区域内部援助效率的差异一定程度上会影响宏观上评价结论的准确性。

二　有效性评价方法评析与选择

根据前文文献综述部分对现有研究成果的梳理可知，目前援助有效性尚没有明确的概念界定，国外学者对援助有效性的理解存在差异，而且关注与评估的主要是国与国之间援助的有效性，而国内学者对援助有效性的研究又十分罕见，并且也没有对援助有效性进行量化评估。依据本书对对口援藏有效性的概念界定，现阶段与对口援藏有效性评价相关的量化方法主要有以下几种。

（一）问卷调查和个案调查方法

问卷调查法的优点是便于将量化的数据统计处理与分析，易于进行定性和定量分析，可利用较少的信息推断得到整体的状况，较为简便，成本相对较低，但存在问卷设计困难、调查对象的代表性不强、回收率难以保证、调查结果广而不深、问卷回答结果具有片面性等弊端，尤其是开放式问卷结果往往主观性较强，研究结论的可靠性经常受到质疑。在已有研究中，例如中共中央党校靳薇[②]通过实地调查，应用个案调查分析方法对已建成的援藏项目经济和社会效益进行了评价，并应用问卷调查方法将西藏民众对援助项目的主观心理感受作为评价援藏项目经济和社会效益的主要依据。总体来看，关于对口援藏的现有研究成果大多是从社会学、人类学、历史学等视角，以问卷调查、个案调查、访谈调查、参与观察的田野调查等方法为主，偏向于从微观上的某一点切入，或是通过对农牧民生产生活方式变化的长期观察，试图从点透视面，间接得出全面性的结论。尽管这些研究较为客观地评价了对口援藏在某些微观项目上的效益或效率，但囿于宏观上对援藏资源配置效率的量化分析不

---

① 根据 2013 年 7 月 21 日—8 月 5 日笔者的入藏访谈调查资料整理而得。

② 靳薇：《西藏：援助与发展》，西藏人民出版社 2010 年版，第 127—147 页。

足，所得结论的全面性和可靠性仍显不足。

（二）综合评价方法

综合评价方法主要包括层次分析法（Analytic Hierarchy Process，AHP）、模糊综合评价法、模糊层次分析法（Fuzzy Analytic Hierarchy Process，FAHP）、人工神经网络（Artificial Neural Network，ANN）评价法、灰色综合评价法等，常常用于效率评价，基本思路是运用多个指标对多个备选决策方案进行绩效评价和最优决策选择，但该类方法的一个弊端是，确定的指标权重多存在较为明显的主观片面性，难以保证客观性与科学性。在已有研究中，例如杨峰[①]运用西藏民众对农村公共产品供给的满意度问卷调查，运用模糊综合评价方法对西藏农村公共产品供给效率进行了相关评价，其中通过咨询相关专家和层次分析法构建了西藏农村公共产品供给效率的评价指标体系和评价指标的权重。总体来看，这类方法定量数据相对较少，定性成分相对较多，而且当指标过多时，处理工作量很大，指标权重的确定往往较为困难。

（三）参数方法与非参数方法

实际上，专门测度效率的方法较多，主要可分为两大类：一类是参数方法，包括随机前沿方法（Stochastic Frontier Approach，SFA）、厚前沿方法（Thick Frontier Approach，TFA）和自由分布法（Distribution Free Approach，简称DFA）；另一类是非参数方法，包括数据包络分析法（Data Envelopment Analysis，DEA）和无成本处置壳法（Free Disposal Hull，FDH）。比较来看，这两类方法之间的区别主要在于是否需要设定函数形式，参数方法考虑到了生产前沿的随机性，能够表现出非随机性因素的影响，但其需要在一系列假设的基础上预先设定投入、产出和环境等因素之间的生产函数形式，因而结果会因为函数形式和误差项的假设不同而存在差异。而非参数方法并不受假设条件的约束，并且回避了确定函数形式的困难，从而可以避免因为函数设定的差异而导致的偏误，并且尤其适用于多投入、多产出的分析，只是存在未能考虑到随机扰动影响的缺点。

---

① 参见杨峰《西藏农村公共产品供给效率研究——基于农牧民的视角》，博士学位论文，四川大学，2011年。

综合以上分析可知，实际上各种方法均存在一定的缺点。由于不同评价方法的机理、方法层次属性等存在差异，并且是从不同的角度来描述评价对象的属性，得到的评价结果一般也会存在一定的差异，因而要根据实际的应用对象来选择。鉴于对口援藏有效性评价面临的现实约束，本书认为复杂性与精确性往往很难统一，尤其是在价值目标多元性的社会、文化、民族、宗教等领域，基于多种因素的综合考量，本书评价对口援藏的有效性主要是针对宏观层面上对口援藏实施后的实际效应和对口援藏的宏观效率，这也是为了更好地正面回应当前的诸多疑问：投入资源所产生的实际效应上，即大规模对口支援资源投入和产出之间的比例是怎样的？有多少投资客观上是无效的甚至是浪费的？当地广大民众和经济发展是否真的急需这一项目，是否需要设计成这样的规模和标准，投入的经费是否发挥出最大的效益？[1] 基于此，尽管对对口援藏效率进行评价涉及诸多难题，但对口援藏的效率评估是十分必要的，而评估方法的选择与使用非常重要，选用恰当的评估方法有助于提高评估的准确性和科学性。需要注意的是，本书中评价的对口援藏效率具有三个方面的内涵：第一，效率是从投入与产出角度衡量的一个综合效率概念；第二，效率不仅可以是从整体衡量的效率，也可以是从局部衡量或是某一生产单元的效率；第三，对口援藏的效率测度与比较的是一个相对值，是在所选取的决策单元内进行的，并无绝对的高效率与低效率之分。

DEA 方法作为一种相对有效性评价方法，是评价一个系统运行效率最常用的有效方法，是比较成熟的方法，多年来不仅理论上得到了充实和完善，而且已广泛应用于各个领域。基于以上分析，本书选择 DEA 方法作为测度对口援藏效率的基本方法，以对口援藏的目标为基准，运用实证模型方法对对口援藏的效率进行评价，从而获得对对口援藏有效性较为客观的评价结论。选用这一方法的优势有以下几点。

第一，DEA 方法无需设定对口援藏具体的生产函数形式，从而不需要对对口援藏的具体生产函数进行参数估计和检验，而且还可以有效规避设定和估计函数时主观性因素的影响。由于对口援藏投入涉及面甚广，

[1]　马戎：《重思援藏项目的经济和社会效益——为靳薇〈援助政策与西藏经济发展〉序》，《青海民族研究》2011 年第 10 期。

除了资金、项目、人才等方面的"有形援助"外，还包括智力、科技、管理方法与经验等方面的"无形援助"，很难用单一的函数形式来确定，而且在不同的政策制度环境下，其效应面临的随机性因素多而复杂，这些都可能会导致直接的参数估计产生较大的偏差。

第二，DEA 方法在简化运算、减少误差上具有其优势。例如，DEA方法能够把具有不同单位的多种投入指标和多种产出指标均转化为效率比率的结果，而并不需要转化指标单位相同，因而在多投入和多产出组合的效率评价中有显著优势。从效率评价的角度讲，对口援藏体系本质上可以视为一个生产系统，这一系统不断进行着将若干投入转化为若干产出的"生产过程"，投入与产出均涉及多个性质不同的领域，而其内部的"生产过程"也较为复杂，因此运用DEA方面可以简化对"生产过程"的追究。

第三，通过对投入与产出数据的综合分析，DEA 方法可以得到每个评价单元综合效率的量化指标，进而确定相对有效的评价单元，指出非有效单元的原因，还可以判断评价单元的投入规模是否合理，并指出进一步调整的正确方向和程度。对口援藏 20 多年来，各援藏单位的大规模投入是否带来了合理的规模效益？规模的扩大是否能够使得综合效率提高？这些问题正是对口援藏 20 多年来需要进行评价的重点，也是目前尚未有系统性研究的"盲点"。

第四，只有 DEA 方法可以最大限度地同时满足对口援藏有效性的衡量原则与依据的基本要求。农牧民需求的满足程度可以通过对口援藏产出角度的农牧民人均纯收入以及对口援藏投入角度的对口援藏资金投入和对口援藏干部数量等指标予以测度与反映，而资源配置效率水平正是DEA 方法测度的核心，不仅可以测度出综合效率，而且还能得到综合效率的分解效率，能够深入探究对口援藏有效性的成因。至于对口援藏产生的政治、文化、生态等非经济效益，可以从对有效性测度结果成因的综合分析间接反映出来。

第五，在 DEA 基本方法的基础上，不仅可以进一步建立 Malmquist指数模型，再从动态的视角考察对口援藏 20 多年来的效率变动及其分解情况，并与 DEA 静态分析的结论相结合，从而得出对对口援藏效率的全面认识，而且还可以构建 Tobit 模型，进一步对对口援藏效率主要影响因素的状况进行实证分析。

第三节　本章小结

本章首先在对口援藏有效性内涵界定的前提下，以发展援助、援助有效性、区域政策评价等相关理论与方法为基础，提出衡量对口援助西藏有效性的三个主要原则；然后分别对满足农牧民需求程度、资源配置效率水平和增进社会福利水平三个原则进行了阐释，并给出了具体的衡量依据与指标；紧接着分析了有效性评价面临的现实约束条件；最后在对对口援藏有效性评价相关量化方法进行评析的基础上，针对对口援藏有效性评价的特点，综合考量多种因素，选取了本书对对口援藏有效性评价的实证方法。

第五章

对口援藏有效性评价的实证分析

在上一章中，本书对对口援藏有效性的衡量标准和原则进行了深入探讨，确立了对口援藏有效性的评价方法。进一步地，对口援藏产生的有效性到底如何，各地区对口支援的有效性有何不同，事实上，对对口援藏有效性进行实证，不仅可以从量化的角度科学认识对口援藏的实际成效，廓清当前各界对对口援藏有效性的质疑与争议，而且还能为采取合理的对策措施以保障对口援藏有效运行提供依据。基于此，在上一章对口援藏有效性衡量方法的基础上，本章运用 DEA 方法和 Malmquist 指数模型方法对 1995—2013 年西藏及其各地区的对口援藏资源配置效率进行静态和动态分析。

第一节　对口援藏有效性的静态分析：DEA 模型

一　模型设定

数据包络分析（DEA）是由美国著名运筹学家 A.Charnes、W.W.Cooper 和 E.Rhodes 于 1978 年提出的一种非参数前沿效率评价方法，用于分析多投入多产出关系之间的相对有效性。DEA 方法是运筹学、数理经济学和管理科学等学科交叉的新研究领域，目前这一方法在社会经济科学中已得到了广泛应用，实际应用中常将其视为一种新的统计分析方法。DEA 用于测度投入、产出和性质都相同的决策单位（Decision Making Unit，DMU）的相对有效性，借助于数学的线性规划方法，通过测度 DMU 偏离前沿面的程度，从而评价决策单元的相对效率。其基本原理是，使用 DMU 的投入、产出数据，利用数学的线性规划方法，以各项投入、产出指标的权重系数为优化变量，找出可以包含所有 DMU 数据的效率前沿面，再将 DMU 投影到前沿面上，计算每个 DMU 观测值与效率前沿面的距离，从而分别求得各个 DMU 的效率水平，通过比较各个 DMU 偏离效率前沿面的程度来对 DMU 的相对有效性作出综合评价。DEA 方法在处理复杂系统的多投入多产出的有效性评价方面具有独特优势。

DEA 模型包含一系列不同的模型，其基本模型是 CCR 模型和 BCC 模型。A.Charnes 等人于 1978 年最先提出的是 CCR 模型，该模型以总体有效概念为基础，以规模报酬不变（Constant Returns to Scale，CRS）为前提，综合反映了评价对象的技术有效性和规模有效性。基于 DEA–CCR 模型的基本原理，假设对西藏 n 个地区的对口援藏进行效率评价，将同时期的每一个地区视为多投入、多产出的一个决策单元（DMU）。①

基于 DEA 的基本原理，可以建立起对口援藏资源配置效率的 DEA 模型。假设对 n 个地区进行对口援藏资源配置效率的评价，每个地区均有 m 种投入变量（对口援藏资源投入）和 s 种产出变量（对口援藏产出），x_{ij} 表示第 j 个地区的第 i 种投入指标的投入量，且 $x_{ij} > 0$，i=1,2,...,m；y_{rj} 表示第 j 个地区的第 r 种产出指标的产出量，且 $y_{rj} > 0$，r=1,2,...,s。用 X、Y 分别表示投入向量和产出向量，则 $X_j = (x_{1j}, x_{2j}, ..., x_{mj})^T$，$Y_j = (y_{1j}, y_{2j}, ..., y_{sj})^T$，j=1,2,...,n，则可用（$X_j$，$Y_j$）表示第 j 个 DMU_j（西藏第 j 个地区）。假设 V、U 分别为投入向量 X 和产出向量 Y 的权系数向量，$V = (v_1, v_2, ..., v_m)^T$，$U = (u_1, u_2, ..., u_s)^T$，因而对应于每个 DMU 都有相应的效率评价指数：

$$h_j = \frac{U^T Y_j}{V^T X_j}, \ j=1,2,...,n$$

效率评价指数 h_j 表示第 j 个 DMU 多指标投入与产出所取得的经济效

① DMU 是效率评价的对象，DEA 模型要求各 DMU 是同质性或同类型的个体，即要求具有相同的目标、相同的外部环境及相同的投入与产出指标等，同质性能够保证各决策单元之间的可比性。由于 20 多年对口援藏先后由 18 个内地省市、17 家中央企业和 66 个国家部委共同承担并分片负责，而各援藏单位在很长时期内投入一直并不统一，各单位自主确定投入，造成投入情况极为复杂，故而难以完全获取这 101 个援藏单位的投入信息。因最终的投入都要归口到西藏各受援地，以作为受援地区的西藏的 7 个地区为 DMU，同样也满足同质性要求，但可以较大程度地简化数据获取的难度，因此，本书以 7 个地市的一组决策单元作为测度对口援藏分区域效率的对象。同时，也可以把不同时期的同一个 DMU 视为同质，每一时期作为一个 DMU 处理，因此也能够通过对西藏整体受援的投入与产出效率来表示对口援藏的经济效率。对此，下文将不再赘述。

率。通过选择权系数 U 和 V，使得 $h_j \leq 1$，对于评价单元（DMU），h_j 越大，表明决策单元越能够用相对较少的投入获得相对较多的产出。如果以西藏第 j_0 个地区对口援藏的效率评价为目标函数，以每个决策单元的效率评价指数取值范围为约束，选择一组最优的权系数 U 和 V 使得 h_{j_0} 达到最大，其中，$1 \leq j_0 \leq n$，从而可构造出规模报酬不变（CRS）的 CCR 模型[①]为：

$$\begin{cases} \max h_{j_0} = \dfrac{U^T Y_0}{V^T X_0} \\ s.t.\ h_j = \dfrac{U^T Y_j}{V^T X_j} \leq 1, j = 1, 2, ..., n \\ V \geq 0, U \geq 0 \end{cases} \quad (5-1)$$

利用 Charnes-Cooper 变换，可将模型（5-1）化为一个等价的对偶线性规划模型：

$$\begin{cases} \min [\theta - \varepsilon\ (\hat{e}^T s^- + e^T s^+)] \\ s.t. \displaystyle\sum_{j=1}^{n} X_j \lambda_j + s^- = \theta X_0 \\ \displaystyle\sum_{j=1}^{n} Y_j \lambda_j - s^+ = Y_0 \\ \lambda_j \geq 0; \theta \geq 0; s^+ \geq 0; s^- \geq 0; j = 1, 2, ..., n \end{cases} \quad (5-2)$$

模型（5-2）中 s^-、s^+ 为松弛变量，$s^- = (s_1^-, s_2^-, ..., s_m^-)$，$s^+ = (s_1^+, s_2^+, ..., s_s^+)$，$\lambda_j$ 为相对于 DMU_0 重新构造一个有效 DMU 的组合比例，$\lambda_j = (\lambda_1, \lambda_2, ..., \lambda_n)$ T，$\hat{e} = (1,1,...,1)^T \in E^m, e = (1,1,...,1)^T \in E^s$，$\varepsilon$ 为非阿基米德无穷小量，表示比任意大于 0 的数都小的正数。假设模型的最优解为 s^{-0}、s^{+0}、λ_j^0、θ^0（DMU_h 的相对效率值，综合反映了技术有效性和规模有效性），则存在三种情况：①如果 $\theta^0 = 1$，且 $s^{-0} = 0$，$s^{+0} = 0$，则第 j_0 个区域为 DEA 有效，其经济含义是第 j_0 个区域的对口援藏既是技术有效也是规模有效，表示在当前的技术水平和资源能力下，该决策单元所得到的产出达到最优；②如果 $\theta^0 = 1$，且 $s^{-0} \neq 0$ 或 $s^{+0} \neq 0$，则第 j_0 个区域为弱 DEA 有效，表示第 j_0 个区域的对口援藏并不是同时为技术有效和规模有效；③如果

---

①　参见 Charnes A, Cooper W W, Rhodes E, "Measuring the Efficiency of Decision Making Units", *European Journal of Operational Research*, 1978(2), pp.429—444。

θ_0<1，则第 j_0 个区域为 DEA 无效，表示筹 j0 个区域的对口援藏既不是技术有效也不是规模有效，意指在保持现有产出水平不变的前提下，可以通过组合将投入降到原投入 X0 的 $\theta0$ 倍。同时，根据最优解还可判断生产活动的规模收益情况：①如果 $\frac{1}{\theta^0}\sum_{j=1}^{n}\lambda_j^0=1$，则决策单元第 j0 个区域的规模收益不变；②如果 $\frac{1}{\theta^0}\sum_{j=1}^{n}\lambda_j^0<1$，则决策单元第 j0 个区域的规模收益递增；③如果 $\frac{1}{\theta^0}\sum_{j=1}^{n}\lambda_j^0>1$，则决策单元第 j0 个区域的规模收益递减。当规模收益处于不变或递减时，决策单元第 j0 个区域均不能通过扩大规模来提高产出效率，当规模收益递增时，表示第 j0 个区域的投入不足，可以通过扩大规模以提高产出效率。

由于 CCR 模型只能处理规模报酬不变（CRS）条件下 DMU 的效率评价问题，Banker、Charnes 和 Cooper 于 1984 年通过向 CCR 模型中添加一个凸性约束条件：$\sum_{j=1}^{n}\lambda_j=1$，$\lambda_j\geq0$，变规模报酬不变（CRS）的假定为规模报酬可变（Variable Returns to Scale，VRS），通过改进 CCR 模型从而构建出 DEA 的一个扩展模型，即 BCC 模型[①]：

$$\begin{cases} \min[\theta-\varepsilon(\hat{e}^Ts^-+e^Ts^+)] \\ s.t.\sum_{j=1}^{n}X_j\lambda_j+s^-=\theta X_0 \\ \sum_{j=1}^{n}Y_j\lambda_j-s^+=Y_0 \\ \sum_{j=1}^{n}\lambda_j=1 \\ \lambda_j\geq0;\theta\geq0;s^+\geq0;s^-\geq0;j=1,2,...,n \end{cases} \qquad (5\text{-}3)$$

BCC 模型得出的效率为规模报酬可变（VRS）时的纯技术效率（Pure Technical Efficiency，PTE），纯技术效率是衡量现有生产技术和资源投入一定的前提下获得产出的能力，反映决策单元在规模一定的情况下由管理和技术运用等因素决定的生产效率。而 CRS 下的技术效率（Technical Efficiency，TE）又称为综合效率，技术效率是指在投入既定的条件下产出最大的能力或者产出既定的条件下投入最小的能力，是对决策单元的资源配置效率、资源利用效率等多方面能力的综合评价。技术效率（TE）

---

① 参见 Banker R D, Charnes A, Cooper W W, "Some Models for Estimating Technical and Scale Inefficiencies in Data Envelopment Analysis", *Management Science*,1984(9),pp.1078—1092。

可分解为纯技术效率（Pure Technical Efficiency，PTE）和规模效率（Scale Efficiency，SE），且有 TE=PTE×SE。规模效率反映的是实际规模与最优生产规模之间的差距，是由规模因素决定的生产效率，用于衡量决策单元规模报酬状况。以 CCR 模型得出 CRS 下的综合效率（TE），再除以 BCC 模型所得出的 VRS 下的纯技术效率（PE），即可得到西藏各受援地区的对口支援资源投入的规模效率（SE）。若纯技术效率（PTE）和规模效率（SC）两者均等于 1，则表示该决策单元 DEA 有效；若两者中只有一个等于 1，说明实现了弱 DEA 有效；若两者同时都不等于 1，则意味着 DEA 无效或非 DEA 有效。DEA 模型测度有效性可从投入和产出两个角度，分为投入导向型（Input-Oriented）和产出导向型（Output-Oriented）两种分析模型。投入导向是指为得到同样的产出应使用哪一种比例的投入组合才能使得投入达到最小化，而产出导向即指不改变投入要素的情况下，如何选择合理的投入组合比例以增加产出，使产出最大化。为更加符合现实情况，本书采用投入导向型 DEA-CCR 模型和 DEA-BCC 模型对对口援藏的效率进行综合分析。①

二　指标选取与数据说明

（一）指标体系构建

指标选择的差异是导致实证研究结果不同的重要原因之一。选择科学合理的投入产出指标是应用 DEA 模型得出准确与科学结论的关键环节。基于此，为使对口援藏效率的评价结果更为准确，需建立一套尽量能够全面考察对口援藏不断发展演进的指标体系，这套指标体系既要从数量上反映出对口援藏的规模水平，又要从质量上反映出对口援藏的实施给西藏居民尤其是广大农牧民带来的经济实效。因此，综合考虑各种因素，为构建合理的指标体系，我们给出所构建的指标体系需同时满足的原则。

---

① 需要说明的是，采用 DEA 模型测度对口援藏有效性也存在一定的局限性：一是效率评价容易受到极值的影响，二是当出现多个 DMU 同时有效时，无法对这些决策单元进行进一步的评价与比较。因此，本书在实证过程中通过选择尽量合理的指标及样本等处理方法，以尽可能克服以上两个方面的不足，以提高有效性测度的科学性与准确性。

1. DEA 模型所要求的指标选取原则

一是所有指标均具有明确的经济意义；二是投入与产出的指标数据均应为正数，投入与产出指标要满足同向性，即某项投入指标值的增加不能导致其他某项产出指标值的减少；三是投入产出指标数量要合适。当投入产出指标过多时，结果会造成各个决策单元的有效性基本上是接近的，从而导致不能获得较为理想的结果。当被比较的 DMU 数量远大于投入产出变量数之和时，DEA 模型计算出的相对效率更可信。[1] 根据经验法则，要求决策单元个数至少是投入产出指标之和数量的两倍。

2. 遵从本书对对口援藏有效性内涵的阐释与界定

一是中央财力对西藏的投资建设体现的是国家一般职能的发挥，是一国对其内部落后区域的应有治理，因而中央的转移支付制度是一种关于中央与地方正常的财政制度安排，不应将中央对西藏实施的高强度财政转移支付等特殊支持都归为“援藏”的范畴。国家财力的直接投入均不应归为“援藏”，真正意义上的“援藏”是内地省市和有关中央企业对西藏的无偿支援和帮助。据此，中央对西藏纵向的财力支持自然不应归为本书中对口援藏的范围。二是对口援藏的有效性应从占西藏人口绝大多数且生活水平较为落后的农牧民的视角来看，应以充分满足农牧民的需求为最基本的有效性，满足广大农牧民需求是衡量对口援藏有效性的一个重要方面，正如马戎所指出的，对援藏资金是否真正发挥效益的评价标准，并不在于政府盖了几座大楼、修了几条路或扶持了几个企业，而是看西藏广大城乡居民的就业、收入和消费是否得到了显著的增长。[2]因此，在指标选择上应符合这一思想。

3. 指标选取需考虑数据的可得性、完整性、可比性以及可靠性

（1）投入指标选取。根据理论模型，依据上述指标构建原则要求，基于对口援助西藏的实际特点，在充分考虑指标的代表性、全面性和科学性的基础上，针对 1980 年以来中央先后召开的五次西藏工作座谈会关

---

① Parkan C, "Measuring the Efficiency of Service Operations: An Application to Bank Branches", *Engineering Costs and Productivity Economics*, 1987(12),pp.237—242.

② 马戎：《重思援藏项目的经济和社会效益——为靳薇〈援助政策与西藏经济发展〉序》，《青海民族研究》2011 年第 10 期。

于对口援藏政策安排的实际执行特点，本书将对口援藏的投入划分为人力、物力、财力三大类。物资援藏是最为传统的一种援藏方式，但由于物资援藏单位各异，援助形式多样，资金零散不统一，而且自 1951 年西藏和平解放以来从未间断过，持续时间最长，早期也未有专门统计，实际上也难以计量。整体上看，自有统计数据以来，物力设备援助在整个援助规模中所占的比例呈下降趋势。[①] 此外，又因物资援藏的实现周期短，并以较短时间运送到西藏投入使用，可以很快发挥效益，缓解当地的物资短缺困难，[②] 而且主要集中于改善农牧民生产生活条件领域，主要分布在县及县以下，[③] 因此，从农牧民的角度来看，物资支援能够及时有效地满足农牧民的基本需求，避免了诸多的中间环节，减少了规划论证等程序，缩短了支援周期，产生了良好的援藏效果，从这个意义上来讲，可整体上认为其具有经济有效性。基于以上分析，本书的对口援藏投入中只考虑发挥主体作用的资金和人才。在投入指标的选取上，为保证西藏各地区所获得的援助资金都纳入考虑范围[④]，同时考虑到西藏人口规模的变化[⑤]，为提高测度对口援藏效率的准确性，选择人均援藏资金投入[⑥]（元/人）作为投入指标之一。援藏资金投入是指 1994 年以来承担对口援藏的内地省市、中央企业和有关国家部委所支出的资金，不包括中央财力投入。同时，为比较人才援藏效率的内部差异，将援藏人才分为援藏行政干部和援藏专业技术人员，并将援藏行政干部数（人）和援藏专业技术人员数（人）作为另外两个投入指标。援藏行政干部包括从内地省市和其他援藏单位派出到西藏地方建设的各级党政领导干部，专业技术人员包括各援藏单位选派

---

　　① 王代远：《全国支援西藏工作的经济社会效益研究》，西藏藏文古籍出版社 2012 年版，第 144 页。

　　② 同上书，第 135—136 页。

　　③ 同上书，第 144 页。

　　④ 1994 年，中央第三次西藏工作座谈会首批确定内地 14 个省市对口支援西藏 7 个地市的 44 个县，直至 2001 年，中央第四次西藏工作座谈会新增了 3 个省和 17 家中央企业承担对口支援工作，才将剩余的未纳入对口支援的 30 个县和双湖特别区全部纳入对口支援范围。

　　⑤ 根据《西藏统计年鉴》（历年）和《2013 年西藏自治区国民经济和社会发展统计公报》数据显示，改革开放以后，西藏人口规模增长较快，1978 年、1994 年、2013 年的年末总人口分别为 178.82 万人、236.14 万人、312.04 万人。其他变量选择人均指标均也有此考量。

　　⑥ 按照本书的援藏范畴界定，国家财力（中央财政）对西藏的投资建设投入均不纳入援藏资金，援藏资金只来源于内地省市、中央企业和有关部委对西藏的无私援助。

支援西藏的医疗、教育、文化、卫生、科技等领域的专业人才。

（2）产出指标选取。选取对口援藏产出指标较为困难。其原因在于：按照本书对援藏范畴的严格界定，将中央对西藏的财政支出排除在外，而国家的财政支出恰恰在西藏经济社会发展中发挥了主导性作用。1952—2010 年，中央对西藏财政补助高达 3000 亿元，年均增长 22.4%，1951—2011 年，中央对西藏的直接投资超过 1600 多亿元。[①] 尤其是自 1984 年中央第二次西藏工作座谈会以来，中央对西藏的经济支持力度逐渐加大，实施的建设项目数量和投入规模明显增加。1984 年至今，中央先后在西藏安排建设了一系列工程项目，包括 43 项工程、"一江两河"项目、62 项工程、117 项工程、188 项工程、226 项工程等，其资金主要来源于中央直接投资（见表 5-1）。而自 1994 年至今的 20 多年间，承担对口援藏的 18 个省市、17 家央企和 66 个中央国家机关，先后 7 批次、选派6000 多名干部人才进藏工作，对口援藏单位累计实施援藏项目 7615 个，先后投入援藏资金 260 亿元。[②] 由此，单从投入量上来看，与中央财力投资相比较，对口援藏投入只能视为中央投入的重要补充，无论是对口援藏投入还是中央投入，最终的产出均表现为西藏经济社会发展的整体成就，换言之，由于西藏的经济社会发展水平是由整个经济力量决定的，而对口援藏只是其中因素之一，因此难以撇开中央投资建设的成效而将对口援藏的效益单独抽离出来并加以衡量。

表 5-1　　　　　1984—2011 年中央投资建设西藏的主要工程项目

工程确立年度	工程名称	总投资（亿元）	中央投资所占比重（%）
1984	43 项工程	4.81	37.01
1991	"一江两河"开发工程	21.89	61.67

---

① 新华网：《西藏经济建设实现跨越式发展》，http://news.xinhuanet.com/politics/2011—07/11/c_121652601.htm。

② 参见刘天亮《援藏 20 年，翻过米拉山口更向前》，《人民日报》2014 年 3 月 26 日；张琪：《20年援藏为西藏发展稳定注入强大动力》，《西藏日报（汉）》2014 年 8 月 25 日。

续表

工程确立年度	工程名称	总投资（亿元）	中央投资所占比重（%）
1994	62 项工程	43.32	67.45
2001	117 项工程	320.90	72.60
2007	188 项工程	1378.00	59.58
2011	226 项工程	3305.00	71.67

　　资料来源：靳薇：《西藏：援助与发展》，西藏人民出版社 2010 年版，第 121—123 页；中国西藏网：《援藏 60 年峥嵘岁月》，http://www.tibet.cn/newzt/yuanzang/zt/xztfddl/；彭琦：《226 个重点项目》，《西藏日报》2012 年 1 月 12 日。表中 188 项工程、226 项工程的总投资分别为国家"十一五"规划、"十二五"规划投入资金，其他工程的总投资均为实际到位资金额；226 项工程的中央投资所占比重为估算数据，是依据该工程"十二五"期间计划完成投资中中央政府投资所占比重计算而得。

　　根据第一章的文献梳理可知，目前国内外学界专门针对对口援藏的研究成果较少，且多侧重于定性研究，尚未有对对口援藏经济绩效进行整体性定量测度的研究，并且已有研究绝大多数都将中央对西藏的财政投资建设归为援藏范畴，因而也无法借鉴已有研究来进行指标设置。鉴于此，遵循指标体系构建原则，考虑到产出指标应能够反映对口援藏的成效，本书选取两个最具代表性的产出指标。按照本书对对口援藏有效性的界定，为体现援藏的经济有效性，基于农牧民视角，以农牧民人均纯收入来反映对口支援满足西藏农牧民生存发展需求的程度，同时也可以充分体现中央第五次西藏工作座谈会对西藏跨越式发展的目标定位：到 2020 年农牧民人均纯收入接近全国平均水平。为反映西藏在对口支援推动下的实际发展状况，我们以人均地区生产总值来衡量对口援藏的整体产出效应，据此，选取农牧民人均纯收入（元/人）和人均地区生产总值（元/人）作为产出指标。

　　综合以上分析，本书作出以上指标选择，效率评价的投入产出指标体系构建见表 5-2。

表 5-2　　　　　　　　　　　　**对口援藏效率评价指标体系**

目标层	一级指标	二级指标	三级指标
对口援藏效率	投入指标	财力投入	人均援藏资金投入（元）
		人力投入	援藏行政干部人数（人）
			援藏专业技术人员数（人）
	产出指标	经济收益	农牧民人均纯收入（元）
			人均地区生产总值（元）

（二）数据来源说明与变量描述性统计

由于多种原因，在官方权威部门公布的各种资料中，目前并没有关于对口援藏资金和人员投入的统计数据[①]，仅在一些文献、政府公报、报纸及网站上有零散的总量性数据，而对口援藏投入分年度、分地区、分行业等方面较为系统详细的数据资料更是难以获取。鉴于此，本书中对口援藏资金及人员投入数据采用的是西藏自治区相关部门的调研资料，并结合已有文献数据、权威报纸公开数据，以及西藏政府网、中国西藏网援藏专题、中国西藏新闻网援藏 20 年大型专题、山东爱藏网、湖北援藏网等网站公布的数据，以保证数据的完整性与时效性。[②]需要说明的是，

---

① 历年的《西藏统计年鉴》上均没有对口援藏资金与人员的相关统计数据。对口援藏资金主要来源于承担支援任务的地方政府财政收入，但目前在《中国统计年鉴》、各地方统计年鉴、《中国民族统计年鉴》以及《新中国六十年统计资料汇编》等政府公布的所有统计资料中也均没有发现对口支援西藏的相关数据统计。仅在 2013 年以后的《中国统计年鉴》全国分地区公共财政支出中有"援助其他地区支出"这一项总额数据。

② 西藏自治区 7 个地市 1994—2009 年分年度受援资金数据来源于王代远（2012）等人整理的西藏自治区相关部门调研资料，对于资料中缺失的数据，笔者根据已公布的相关数据进行估算予以补齐，该资金数据只涉及直接的资金投入，不包括物资和设备折合等分年度资金数据，整个自治区分年度受援数据根据各地区累计而得。2010—2013 年 7 个地市分年度受援资金数据是根据西藏政府网、中国西藏网援藏专题、《人民日报》、《西藏日报（汉）》、《中国民族报》等整理计算而得。1995—2013年 7 个地市分年度的援藏行政干部人数和援藏专业技术人员数是根据乔元忠（20C2）《全国支援西藏》、靳薇（2010）《西藏：援助与发展》、《人民日报》、《光明日报》、西藏政府网、中国西藏新闻网援藏 20 年大型专题、山东援藏网、湖北援藏网等整理计算而得。如无特别说明，下文中所使用的对口援藏相关数据来源均相同，对此将不再作特别说明。

由于国家投资建设的大型工程中也有部分省市及中央有关部委的援建资金投入，并且还有部分援藏资金来源于援藏干部捐款、向社会募集的资金等，这些难以统计的资金均不纳入本研究的数据范围之内。

在运用 DEA 模型测度效率时，当样本量过小时，因无法有效处理技术效率和随机扰动之间的差异，将会降低 DEA-CCR、DEA-BCC 模型的评价准确度。基于此，本书扩大样本容量以提高评价的准确度，但同时考虑到 1995 年对口援藏工作才正式启动，各支援单位第一批援藏干部进藏工作，每 3 年轮换一次，因此选择时间跨度为 1995—2013 年，样本观测值为 19 个。投入指标的人均援藏资金投入（元）是根据 1995—2013 年各年年末常住总人口得到的对口援藏资金额人均值，各年年末常住总人口（万人）数据来源于《西藏统计年鉴》（1996—2014）；产出指标农牧民人均纯收入（元）和人均地区生产总值（元）的数据均来源于《西藏统计年鉴》（1996—2014）。各投入产出变量的描述性统计见表 5-3。

表 5-3   **对口援藏投入与产出变量描述性统计**

变量	观测值	平均值	中位数	最大值	最小值	标准差
农牧民人均纯收入	19	2553.2	1861.0	878.0	6578.0	1701.0
人均地区生产总值	19	10143.7	8034.0	26068.0	2358.0	7196.1
人均援藏资金投入	19	488.1	384.3	1493.6	86.4	387.4
援藏行政干部人数	19	683.8	708.0	896.0	585.0	97.3
援藏专业技术人员数	19	111.0	90.0	299.0	37.0	74.0

注：根据 SPSS17.0 软件计算整理而得。农牧民人均纯收入、人均地区生产总值及人均援藏资金投入的单位均为元。

资料来源：西藏自治区相关部门调研资料、援藏文献、报纸、西藏政府网、中国西藏网援藏专题、中国西藏新闻网援藏 20 年大型专题、山东援藏网、湖北援藏网等公布的数据。

（三）投入产出变量的变动过程

从图 5-1 可以看出，对口援藏正式实施 20 多年来，援藏资金与干部投入均呈上升的变动过程，而同时农牧民人均纯收入与人均地区生产总值均呈逐年增长的变动过程，但人均地区生产总值的增速要快于农牧民人均纯收入的增速，两者之间的差距总体上呈拉大趋势。由图5-2可见，从总体上看，各类援藏干部人数均呈"阶梯"形增加，这是对口援藏干部每3年定期轮换制度所造成的；从内部结构来看，由援藏干部曲线与援藏行政干部曲线变动趋势基本一致且距离较近可知，援藏干部中援藏行政干部占绝大多数，而专业技术人员数量明显偏少，并且随着时间变化援藏行政干部人数与援藏专业技术人员数之间的差距一直保持在小范围内波动，这说明对口援藏以来，援藏干部人员结构总体变动不大，行政干部人员一直是援藏干部中的"主力军"，而专业技术人员只是补充性力量。

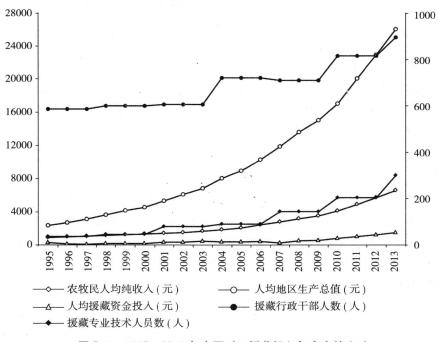

图5-1　1995—2013年中国对口援藏投入与产出的变动

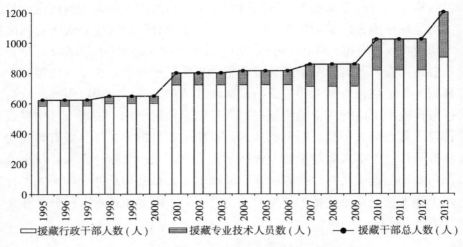

图 5-2   1995—2013 年中国对口援藏干部人数的变动

三   效率测度结果与分析

（一）指标的相关性检验

应用 DEA 模型进行效率测度时，要求投入指标与产出指标之间满足同向性要求，从而避免出现某个投入指标数量增加导致产出指标减少的数量变动情况，因此运用 SPSS17.0 软件进行投入产出指标的相关性检验，检验结果见表 5-4。结果发现，农牧民人均纯收入与人均援藏资金投入、援藏行政干部人数、援藏专业技术人员数的 Pearson 相关系数分别为 0.957、0.943、0.976，人均地区生产总值与人均援藏资金投入、援藏行政干部人数、援藏专业技术人员数的 Pearson 相关系数分别为 0.944、0.954、0.978，相关系数均为正数且分布于 0.8—1，表明上述相关系数均通过了在 1% 显著性水平下的检验，因此，认为投入变量与产出变量之间具有显著的正向相关关系，适合 DEA 效率分析。

表 5–4　　　　　对口援藏投入产出变量的 Pearson 相关系数检验

指标	人均援藏资金投入	援藏行政干部人数	援藏专业技术人员数
农牧民人均纯收入	0.957** （0.000）	0.943** （0.000）	0.976** （0.000）
人均地区生产总值	0.944** （0.000）	0.954** （0.000）	0.978** （0.000）

注：** 表示在 1% 水平上（双侧）显著性相关，括号内数值为检验的 P 值。

（二）对口援藏资源配置效率静态分析

1. 效率的时序特征

依据上述分析，在评价对口援藏效率时，我们首先取年份为决策单元，以更为切合实际的规模报酬可变为基本前提，对西藏各年份对口支援的相对有效性进行测度，此时分析的样本容量为 19，大于投入产出指标之和（5）的 2 倍，DEA 评价结果区分更合理。运用 DEAP2.1 软件可得出 1995—2013 年各年份的综合效率、纯技术效率和规模效率，结果见表 5–5 和图 5–3。

表 5–5　　　　　1995—2013 年中国对口援藏效率评价结果

年份	综合效率（TE）	纯技术效率（PTE）	规模效率（SE）	规模报酬
1995	0.809	1.000	0.809	递增
1996	0.899	1.000	0.899	递增
1997	1.000	1.000	1.000	不变
1998	0.868	0.980	0.886	递增
1999	0.944	0.990	0.954	递增
2000	1.000	1.000	1.000	不变
2001	0.653	0.986	0.662	递增

续表

年份	综合效率（TE）	纯技术效率（PTE）	规模效率（SE）	规模报酬
2002	0.719	1.000	0.719	递增
2003	0.762	1.000	0.762	递增
2004	0.822	0.882	0.932	递增
2005	0.901	0.926	0.973	递增
2006	1.000	1.000	1.000	不变
2007	1.000	1.000	1.000	不变
2008	0.914	0.976	0.936	递增
2009	1.000	1.000	1.000	不变
2010	0.913	0.913	0.999	递减
2011	0.957	0.960	0.997	递减
2012	1.000	1.000	1.000	不变
2013	1.000	1.000	1.000	不变
平均值	0.903	0.980	0.923	

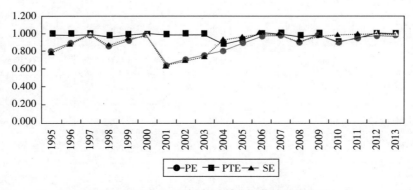

图 5-3　1995—2013 年中国对口援藏的效率变动

根据表 5-5 和图 5-3 可以得出以下结论。

总体上看，1995—2013 年的对口援藏综合效率均值为 0.903，对口援藏效率整体上处于较高水平，对口援藏总体上产生的效果比设想的情况要好，同时也表明在西藏实施的对口支援并未出现资源的使用效率极低和过度浪费等极端情况。1994—2014 年，各援藏单位实施了对口援藏项目 7615 个，累计投入资金达 260 亿元，平均每年实施对口援藏项目 381 个，平均每年投入 13 亿元，实践证明，对口援藏有力地促进了西藏经济持续快速发展。1994—2013 年，西藏人均地区生产总值年均增长 14.58%，高于同期全国平均水平，而西藏农牧业基础设施建设不断加强，农牧业综合能力提升，2003 年以来，农牧民人均纯收入持续保持两位数增长，2013 年达 6578 元，城镇居民人均可支配收入达 20023 元，援藏项目的实施使西藏的城乡面貌也焕然一新。[①] 我们注意到，自 2006 年开始，综合效率一直处于高水平，这与援藏项目积极配合支持 2006 年在西藏开始实施的农牧民安居工程建设有密切关联。随着内地向西藏"输血"的力度越来越大，尤其是自第五次中央西藏工作座谈会后的不到 5 年间，先后实施对口援藏项目 2198 个，投入援藏资金 109.32 亿元，接近 20 年间对口援藏的 1/3。援藏项目的强力带动拓宽了广大农牧民的增收渠道、改善了其居住条件、农村的水电路汽讯等配套基础设施建设加快，西藏的藏药、水泥、农场、旅游、民族手工业基地等特色优势产业发展步伐也在加快，产生的经济社会效益明显，而且 2006 年青藏铁路建成通车，有力地促进了西藏与内地的经济文化交流。但反过来看，对口援藏的财力、人力等资源投入的配置效率也并未能达到最优，投入产出比例仍不合理，资源使用仍存在浪费，处于非效率状态。结合综合效率的分解结果来看，对口援藏的纯技术效率和规模效率分别为 0.980 和 0.923，均未达到最优，从而共同导致对口援藏效率均值未达到最佳，其中规模效率明显低于纯技术效率，这说明对口援藏处于非效率是对口支援的组织管理水平较低、技术能力低下、规模效益不高等多重因素共同作用的结果。其中，规模效益较低是导致对口援藏效率低下的主要因素，这是由于对口援藏政策采取的是分散实施办法，缺乏统筹机制，对口援藏项目数量多，但规模

---

① 数据来源于相关年份的《西藏统计年鉴》，并经整理计算而得。

较小、投资分散化，使得对口援藏效率未能达到最佳规模状态。

　　分年度来看，综合效率值为1的年份只有1997年、2000年、2006年、2007年、2009年、2012年和2013年，这7年为DEA有效，并且技术效率和规模效率同时有效，说明对口援藏要素投入得到了较为合理的组合和配置，对口支援的效率处于较为先进的水平；而其他12个年份的综合效率均为非DEA有效。其中，综合效率值高于平均值的年份为1999年、2008年、2010年、2011年共4年，低于平均值的年份为无效年份中剩余的8年。从中可以得知，对口援藏在大多数年份存在较为严重的资源使用不合理状况，资源配置效率较低。结合效率变动曲线可以看出，1995—2003年，TE与SE的曲线基本上重合，说明这一时期规模效率较低是使对口援藏综合效率低下的主导原因；2004—2013年中除个别年份外，TE与PTE曲线变动趋势大体保持一致，说明纯技术效率较低是导致这一时期对口援藏技术效率低下的主导原因。处于DEA有效的年份均为援藏干部轮换周期3年的前一年或当年，其原因可能在于，援藏工作在实际运行中分批次进行，援藏干部采取每3年定期轮换制度，援藏干部与援藏项目密切相连，援藏资金投入又主要以援藏项目为载体，每一批援藏干部入藏后都需在一定时间内确定一大批援藏项目，并在3年内实施完成目标，造成对口援藏的效益往往在3年时间的后半部分才能发挥，从而使这些年份的PE、PTE、SE均达到最佳。

　　从各效率的变动特征来看，综合效率、纯技术效率和规模效率均呈现无规则波动性趋势，绝大多数年份综合效率和规模效率为0.8—1，而绝大多数年份纯技术效率为0.9—1。综合效率在2001年达到最低点0.653，此时规模效率也跌至最低点0.662，纯技术效率为0.986，由此可知，规模效率过低是导致综合效率达到最低点的主要原因。出现这一结果原因可能有以下两点：一是2001年中央第四次西藏工作座谈会召开，要求援藏资金和项目重点向农牧区倾斜、向农牧民倾斜，使援藏重心从城镇转向农牧区，以改善农牧区生产生活条件和农牧民生活，但西藏农牧区地域广阔，农牧民人口占西藏总人口比重达80%，有限的援藏资源主要投向人口众多的农牧区很难产生规模效益，而且主要投向改善农牧区基础设施建设、改善农牧民生产生活条件，以及教育、医疗、就业、社会保障等非生产性领域，在短期内也难以产生较为明显的经济效益；

二是西藏特殊的自然地理环境对很多援藏工程项目的建设提出了更高的要求，由于缺乏相关的技术和管理经验，使得纯技术效率也并未达到有效。[①]从规模报酬上看，1995—2008 年，除了 1997 年、2000 年、2006 年和 2007 年处于规模报酬不变外，其余年份均处于规模报酬递增，表明未达到最优规模，规模效率不高，同时也说明与国家大规模投资相比，这一时期的对口援藏规模依然偏小，如果按照同比例扩大援藏资金、人力、物资等资源投入，可以提高整体的收益水平，但到 2009—2013 年，规模报酬在 2010—2011 年连续两年出现了递减，且在 2012 年之后达到最优规模，这是因为自启动对口援藏以来，援藏规模呈不断扩大的态势。从项目援藏年均投入来看，1995—2004 年为 6 亿元，2005—2007 年为 8 亿多元，2008—2010 年为接近 17 亿元，项目援藏的投入规模增加十分明显。[②]尤其是 2010 年中央第五次西藏工作座谈会召开，明确对口支援西藏政策延长至 2020 年，决定进一步建立援藏资金稳定增长机制，要求援藏省市年度援藏投资实物工作量按照该省市上一年度地方财政一般预算收入的 1‰安排，对西藏支援力度进一步强化，而规模收益也开始出现降低。

2. 效率的区域差异

与对口支援单位经济实力上的差异相一致，西藏 7 个地市受援资金等援藏投入也呈现出较为明显的区域差距。由表 5-6 可知，1994—2009 年，从 7 地市 16 年受援资金总额来看，日喀则地区排名第一，达 29.71 亿元，林芝地区和拉萨市分列第二、三位，而排名最后一位的阿里地区仅为 5.84 亿元，还不及日喀则地区的 1/5，也仅为排名倒数第二的那曲地区的 1/3 多；位于藏中南的拉萨、日喀则和林芝三地区获得的援助总额占比超过 60%，而东部的昌都地区仅占 8%，只比不及其人口规模 1/7 的阿里地区多。因此，对口支援资金投入呈现出明显的区域不平衡。

对照西藏农牧民收入变化来进一步分析（见图 5-4）：第一，2002—2010 年，西藏各地市农牧民人均纯收入均经历了"先缓慢增长，后较

---

① 由于受自然地理条件和气候制约，西藏每年施工期只有 7—8 个月，导致对口援助项目在实施过程中一些项目的施工困难。

② 王代远：《全国支援西藏工作的经济社会效益研究》，西藏藏文古籍出版社 2012 年版，第 199—200 页。

快增长"的折线形增长,其中 2002—2005 年为缓慢增长期,2006—2010 年为较快爬升期;第二,各地市农牧民人均纯收入排位始终未发生改变,林芝地区、拉萨市位列前两位,而昌都地区和阿里地区仍排名最后两位,这与对口支援资金投入总额基本一致,但从图 5-4 中进一步来看,林芝地区和拉萨市农牧民人均纯收入与其余 5 个地区的差距在逐渐扩大,其中排名第一的林芝地区与排名最后一位的阿里地区农牧民人均纯收入之比从 2002 年的 1.4︰1 扩大到 2010 年的 1.6︰1。因而,由于对口援藏投入的不均衡,产生的区域效应也存在差异,导致农牧民收入的区域差距拉大。① 因此,需对对口援藏效率的区域差异进行深入分析。

表 5-6		西藏各地市部分年份对口受援额				单位:亿元	
年份	拉萨	昌都	日喀则	山南	那曲	阿里	林芝
1994	0.76	0.08	0.45	0.29	1.23	—	0.53
2001	2.37	0.69	1.39	1.32	0.60	0.25	2.09
2005	0.56	1.35	3.23	1.62	1.50	0.53	2.44
2009	2.10	1.76	4.21	2.97	1.85	0.90	2.14
1994–2009	17.41	9.92	29.71	16.98	16.19	5.84	26.84

资料来源:王代远:《全国支援西藏工作的经济社会效益研究》,西藏藏文古籍出版社 2012 年版,第 220 页,并经整理计算而得。

---

① 王磊、黄云生:《提高对口援藏有效性的途径研究——基于农牧民需求的视角》,《贵州民族研究》2014 年第 8 期。

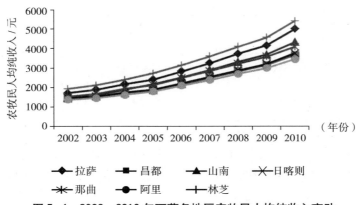

图 5-4 2002—2010 年西藏各地区农牧民人均纯收入变动

资料来源：根据《西藏统计年鉴 2011》相关数据绘制。

　　为比较对口援藏效率的区域差异性，本书利用 1998—2013 年西藏 7 个地市的相关截面数据，由于样本时期跨度较长，本书只对西藏 7 个地市具有代表性的 1998 年、2001 年、2005 年、2008 年、2011 年、2013 年 6 年的对口援藏效率值进行测度。限于数据可得性，本书共选取投入产出指标 4 个，而决策单元个数为 7 个，只能是大致满足 DEA 经验法则要求。作此设置的原因是，如果指标个数较少，则不利于发现其中的问题，尤其是当某一重要变量被舍弃时，可能会得不到准确的效率值，也就无法为决策判断提供更多信息。所以，综合权衡，投入的财力、人力分别以援藏资金投入（元）、援藏干部总人数（人）等指标来衡量，产出指标分别为农牧民人均纯收入（元）和地区生产总值（亿元），各投入产出变量的描述性统计见表 5-7。

表 5-7　　　　　　　**西藏各受援地区投入与产出变量的描述性统计**

指标类别	变量	观测值	匀值	标准差	最小值	最大值
投入指标	援藏资金投入（元）	42	2.24	1.96	0.11	8.16
	援藏干部总人数（人）	42	54.87	60.88	2.41	312.00

续表

指标类别	变量	观测值	均值	标准差	最小值	最大值
产出指标	农牧民人均纯收入（元）	42	3369.24	2169.20	966.00	8630.00
	地区生产总值（亿元）	42	102.57	37.93	41.00	237.00

　　根据式（5-1）、（5-2）和（5-3），应用 DEAP2.1 软件，经分析计算得到西藏各地区对口援藏的静态效率值及其分解效率值，其中 TE=PTE×SE，结果见表 5-8、表 5-9、表 5-10。

表 5-8　　　　　　　西藏各受援地区对口援藏的综合效率（TE）

年份\地区	1998	2001	2005	2008	2011	2013	平均值
拉萨	1.000	1.000	1.000	1.000	1.000	1.000	1.000
日喀则	0.631	0.713	0.418	0.463	0.491	0.438	0.505
山南	0.586	0.625	0.719	0.885	1.000	0.789	0.767
林芝	1.000	1.000	1.000	1.000	1.000	1.000	1.000
昌都	1.000	1.000	0.856	1.000	1.000	0.960	0.969
那曲	0.591	0.839	0.692	0.770	0.834	0.820	0.758
阿里	1.000	1.000	1.000	1.000	1.000	1.000	1.000

表 5-9　　　　　　西藏各受援地区对口援藏的纯技术效率（PTE）

年份 地区	1998	2001	2005	2008	2011	2013	平均值
拉萨	1.000	1.000	1.000	1.000	1.000	1.000	1.000
日喀则	0.660	0.794	0.476	0.505	0.525	0.466	0.571
山南	0.691	0.627	0.722	1.000	1.000	0.927	0.828
林芝	1.000	1.000	1.000	1.000	1.000	1.000	1.000
昌都	1.000	1.000	0.974	1.000	1.000	1.000	0.996
那曲	0.816	1.000	0.697	0.774	0.870	0.835	0.832
阿里	1.000	1.000	1.000	1.000	1.000	1.000	1.000

表 5-10　　　　　　西藏各受援地区对口援藏的规模效率（SE）

年份 地区	1998	2001	2005	2008	2011	2013	平均值
拉萨	1.000	1.000	1.000	1.000	1.000	1.000	1.000
日喀则	0.955	0.898	0.878	0.918	0.936	0.940	0.921
山南	0.848	0.998	0.995	0.885	1.000	0.852	0.930
林芝	1.000	1.000	1.000	1.000	1.000	1.000	1.000
昌都	1.000	1.000	0.878	1.000	1.000	0.960	0.973
那曲	0.724	0.839	0.992	0.996	0.958	0.982	0.915
阿里	1.000	1.000	1.000	1.000	1.000	1.000	1.000

　　根据测度结果，可以得出如下结论。

　　从综合效率来看，根据平均值可知，拉萨、林芝、阿里的综合效率得分最高，为 1，占 DMU 总体个数的 42.86%。再根据效率分解结果可知，这 3 个地区的纯技术效率和规模效率一直处于生产的有效前沿；昌都次之，综合效率得分为 0.969；山南、那曲的综合效率得分居中，分别为 0.767、0.758；日喀则最低，为 0.505。再根据各年度效率值可知，除拉萨、林芝、阿里的综合效率保持不变外，其他 4 个地区均呈波动状态，与 1998 年相比，2013 年日喀则、昌都的综合效率分别下降了 30.59%、4%，山南、那曲则均有不同程度的提升。7 个地市的经济发展水平与其对口援藏资源配置效率的高低并不完全一致。经济相对发达的藏中南、藏中地区的对口支援资源总体利用效率很高，但经济十分落后的阿里地区，其资源利用效率也很高。经济较发达的日喀则地区的综合效率得分最低，这也表明投入产出规模并非决定对口支援效率的决定性因素，投入、产出、效率之间并无相互间决定性的影响，高投入、高产出与低效率是存在的。从纯技术效率和规模效率的角度来进一步分析，日喀则地区综合效率较低主要是因为其纯技术效率较低，从考察的 6 年来看，PTE 的平均值为 0.571，位列全区倒数第一位，而其规模效率虽经历了先下降后上升的变动过程，但平均值为 0.921，处于较高水平。因此，虽然日喀则地区对口援藏的资金、人才等资源投入规模较大，但相应的技术和管理水平较低，这导致通过规模扩大而形成的粗放型增长模式并不能适应对口援藏的深入推进，因此，经济较发达的日喀则地区尽管经济总量位居全区第二位，但农牧民人均纯收入水平却一直处于下游（见图 5-4），农牧民的需求未能得到充分满足。

需要指出的是，对口援藏资金总规模与西藏广大农牧区多方面的需求量相比仍然十分有限。一方面，援助方期望通过拓宽援助项目的涉及面，让广大农牧民都能享受援助效益；但另一方面，只有将援藏资源集中于某一方面、某一领域，避免资金分散，才能提高援助项目的效益并使得效益尽快显现，两者之间存在一定的矛盾。因此，在对口支援的实际推进中，对于像拉萨、林芝等基础条件较好的农牧区，一部分援藏资金逐步从基础设施和公共服务领域转向能够产生经济效益、增加农牧民收入的特色农业、农产品加工业、旅游业等产业领域，而对于日喀则、山南等农牧区基础设施比较落后的区域，援藏项目主要是先投入农牧民迫切需求的改善农牧民生产生活条件和教育医疗卫生等公共服务领域，然后再逐步转向带动就业、增加收入的经营性领域。各区域经济发展水平和基础设施基础条件决定了援藏项目的选择方向，长期来看，立足增强自我发展能力的援藏资金投入将会逐步增加。根据上文分析，1994—2009年，阿里地区对口援藏资金总投入位于 7 个地市中的最后一位，2013 年阿里地区援藏资金投入仅为 2.03 亿元，援藏干部人数为 95 人，均位居全区最后一位，因援藏投入规模有限，而且该地区人口较少，自然环境恶劣，所以便于有针对性地集中安排援藏资金和人才，多年来的援藏项目也重点突出在牧区基础设施、文教卫生设施、农牧民脱贫致富等民生领域，主要用于满足农牧民某些最迫切的共同需求，产生的效果良好。多年来，阿里人均 GDP 一直位居自治区的前列，2013 年阿里人均 GDP 达 29319.37 元，仅次于拉萨和林芝，排名西藏自治区 7 个地市的第三位。

　　综上分析，对口援藏效率存在较为明显的区域差异，这不仅与西藏各地区间的对口支援力度差异有关，而且与各支援单位在西藏各受援地的支援政策和操作方法有密切关联，因此，对口支援的效率也具有较明显的差异性。为进一步预测这种差异的变动趋势，统筹规划对口援藏，协同推进区域间对口援藏，本书采用 Barro 和 Sala-i-Martin[1] 所提出的 δ 收敛来进行判断。δ 收敛性分析通过计算样本标准差来判断样本集的敛散性，但由于各年份的效率均值存在较大差异，故一般通过计算变异系数来进行 δ 收敛性分析。在某一时间段内，如果变异系数呈现出随着时间而逐渐缩小的趋势，则认为存在 δ 收敛，否则为 δ 发散。根据计算结果（见图 5-5）可以清晰地看到，样本期间内，以 2001 年、2005 年和 2011 年为转折点，对口援藏效率的 δ 值呈现出"先下降，后上升，再下降，再上升"的波浪形变动趋势。具体来说，1999—2001 年、2005—2011 年对口援藏的效率均呈现出收敛的趋势；而 2001—2005 年、2011—2013 年则总体上呈现出发散的态势，其中后一阶段的发散趋势相对于前一阶段发散趋势而言有所减弱。总体上看，对口援藏效率并不存在 δ 收敛现象，这表明西藏 7 个地市的对口支援效率差异有逐渐扩大的趋势，这将对各地区经济社会协调发展造成不利影响，不利于统筹协调对口援藏工作。

　　[1]　Barro R J, Sala-i-Martin X, "Convergence across States and Regions", *Brookings Papers on Economic Activity*, 1991, pp.107-182.

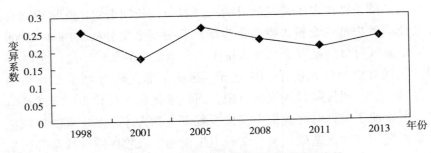

图5-5　中国对口援藏效率的变异系数走势

资料来源：根据表5-8中相关数据经计算并绘制而得。

（三）进一步的解释与说明

需要指出的是，上述对对口援藏效率的实证结果可能会受到以下不确定性因素的影响而出现一定的偏差，在此给予进一步的解释与说明。

第一，自1994年对口援藏机制确立以来，对口援藏的投入均是依批次进行的，由于固定的轮换周期为3年，从1995年正式启动对口援藏以来，各对口援藏单位最长已进行了7批次的援藏资金和干部投入。对口援藏在每批次中的人才投入是基本不变的，且每3年轮换一次，援藏投入主要以项目为载体，而项目的实施具有其周期规律，因此，各援藏单位的投入在同一批次3年之间的投入可能会存在较大差异，而不同受援地区在同一批次或不同批次各年份间就可能存在资金投入数额上的显著差异。例如，截至2013年6月，湖北省对口支援山南地区第六批援藏项目实际已实施34个，实际完成援藏资金投入2.34亿元。从年度投资情况看，2011年规划投资1.275亿元，实际完成投资1.28亿元；2012年规划投资0.929亿元，实际完成投资0.904亿元；2013年规划投资0.136亿元，实际完成投资0.156亿元。截至2013年6月，安徽省对口支援山南地区第四批援藏项目实际已实施52个，实际完成投资2.46亿元。从年度投资情况来看，2011年规划投资1.4944亿元，实际完成投资1.1644亿元；2012年规划投资0.8786亿元，实际完成投资1.686亿元，2013年规划投资0.087亿元，实际完成投资0.127亿元（见表5-11）。援藏项目建设周期和轮换周期等引起的年度资金投入的随机性会导致不同年份的效益差异，由此可能会导致总体及不同区域效率测度结果的准确性降低。

表 5-11　　　　对口支援山南地区第六批援藏项目资金投入　　　单位：亿元

地区	2011 年		2012 年		2013 年	
	规划投资	实际投资	规划投资	实际投资	规划投资	实际投资
湖北	1.275	1.280	0.929	0.904	0.136	0.156
安徽	1.494	1.164	0.879	1.686	0.087	0.127

　　资料来源：根据《〈湖北省对口支援西藏经济社会发展规划（2011—2015）〉中期评估报告》和《〈安徽省对口支援西藏经济社会发展规划（2011—2015）〉中期评估报告》整理而得。

　　第二，对口援藏有效性评价需要注意评估的时期分割，因为某些援助项目的效果在短期内十分显著，但随着时间推移，负面效应将会逐渐显现，也有可能出现完全相反的情况，一些投资于教育、基础设施等方面的援助效果可能需要较长时间才能显现。此外，援助的效果从微观与宏观上来看可能并不相同。从微观上看，可能某些项目确实产生了较为明显的效益，得到农牧民的广泛认同，但整体上大部分农牧民生活水平和生产条件并未有显著改善的状况又可能是与之并存的现实。因此，在评价对口援藏有效性时，对于这些援藏项目的投入与产出很难进行动态跟踪，只能以静态效率测度来代替。

　　第三，在对口援藏的实际人力投入中，存在短期援藏的专业技术人员，例如重庆、天津、湖北等省市每年选派 50 名教师、医疗人员进藏工作半年或一年，由于缺乏相关统计数据，上述评价并未将这些纳入评价范围之内。由此导致取得的经济产出的投入成本减少，最终可能表现为对口支援效率一定程度的"虚高化"。

第二节　对口援藏有效性的动态分析：
Malmquist 指数模型

DEA-BBC 模型主要从技术效率方面来测度和评价不变生产技术和制度环境条件下的西藏及其各地区的相对效率，仅是一种静态比较。自1994 年对口援藏正式确立至今，其时间跨度已超过 20 年，随着时间推移，对口援藏力度在加深，投入规模不断扩大，援助倾向的重点范围也在发生转变，所处的技术与政策环境也在不断发生变化，对口援藏的效率可能在某些时间区间内有较大波动。因此，应以动态发展的眼光看问题，为进一步考察对口援藏有效性的动态变化过程，揭示对口援藏有效性变动的特征及其原因，本书将采用曼奎斯特（Malmquist）指数模型方法对对口援藏的效率变动作进一步的分析，弄清对口援藏资源配置效率的动态变化情况。

一　模型设定

在 DEA 模型中，同一时期的各决策单元（DMU）处于同一技术环境和制度环境下，但随着时间推移，技术环境和制度环境有可能发生变化，导致生产前沿面发生移动。DEA 方法是一种静态方法，时间推移导致的生产前沿面移动使得 BCC 模型难以对时间序列进行处理，不能对DMU 不同时期生产效率的变动情况进行纵向对比，因而 BCC 模型无法就面板数据（Panel Data）进行资源配置效率分析，难以对对口援藏效率的变化规律进行全面分析。而 Malmquist 指数法的提出很好地解决了这一问题。Malmquist 指数由瑞典经济学家和统计学家 Sten Malmquist 于 1953 年作为分析不同时期消费变化的指数而首次提出，并使用于消费过程的分析。[1]1982 年，Caves、Christensen 和 Diewert 首次将 Malmquist 指数引入生产率分析过程中，并提出曼奎斯特生产率指数（Malmquist Productivity

---

① 参见 Malmquist S, "Index Numbers and Indifference Curves", *Trabajos de Estatistica*, 1953(4), pp.209—242。

Index）的概念。[①]1994 年，Fare 等人将该指数应用于全要素生产率（Total Factor Productivity，TFP）变动的测算，提出了以产出为指标的 Malmquist 生产率指数，采用 Shephard 所提出的距离函数（Distance Function）[②]将 TFP 的变动分解为技术进步和技术效率变动，并给出了这一理论模型的非参数线性规划算法，从而使得该方法得以广泛应用。借鉴 Fare 等定义的 Malmquist 生产率指数，为规避由于技术条件参照时期选择的随意性而给测度带来的冲击影响，将以产出为导向，从 t 时期到 t+1 时期的 Malmquist 生产率指数定义为两个 Malmquist 生产率指数的几何平均数，其数学表达式为：

$$M\left(y_{t+1}, x_{t+1}, y_t, x_t\right) = \left[\frac{d_0^t(x_{t+1}, y_{t+1})}{d_0^t(x_t, y_t)} \cdot \frac{d_0^{t+1}(x_{t+1}, y_{t+1})}{d_0^{t+1}(x_t, y_t)}\right]^{\frac{1}{2}} \qquad （5-4）$$

式（5-4）中，$M\left(y_{t+1}, x_{t+1}, y_t, x_t\right)$ 为 Malmquist 生产率指数，表示 t+1 时期相对于 t 时期的全要素生产率变动；(x_{t+1}, y_{t+1})、(x_t, y_t) 分别表示以 t 时期生产技术为参照的投入量和产出量，以及以 t+1 时期生产技术为参照的投入产出量；$d_0(x, y)$ 表示产出角度的距离函数，即观测到的产出与现有技术条件及投入向量下的最大可能产出的比例，$d_0^t(\cdot)$、$d_0^{t+1}(\cdot)$ 分别表示以 t 时期、t+1 时期的技术为参照的距离函数，具体经济含义为：$d_0^t(x_t, y_t)$、$d_0^{t+1}(x_{t+1}, y_{t+1})$ 分别表示 t 时期、t+1 时期技术下的当前效率水平；$d_0^{t+1}(x_t, y_t)$ 表示以 t+1 时期的生产技术为参照时，投入产出量 (x_t, y_t) 所能达到的效率水平；$d_0^t(x_{t+1}, y_{t+1})$ 表示以 t 时期生产技术为参照时，投入产出量 (x_{t+1}, y_{t+1}) 所能达到的效率水平。由此，$\frac{d_0^t(x_{t+1}, y_{t+1})}{d_0^t(x_t, y_t)}$ 表示以 t 时期技术为参照的 Malmquist 指数，$\frac{d_0^t(x_{t+1}, y_{t+1})}{d_0^t(x_t, y_t)}$ 表示以 t+1 时期技术为参照的 Malmquist 指数。若 Malmquist 指数值大于 1，则表明从 t 时期到 t+1 时期存在正的 TFP 增长；若等于 1，则表示效率水平没有变化；若小于 1，则

①　参见 Caves D W, Christensen L R, Diewert W E, "The Economic Theory of Index Numbers and the Measurement of Input, Output, and Productivity", *Econometrica*,1982(50),pp.1393—1414。

②　参见 Shephard R W,*Theory of Cost and Production Functions*, Princeton University Press,1970。

表示从 t 时期到 t+1 时期 TFP 下降，说明生产的有效性降低。在 CRS 条件下，（5-4）式可进行分解：

$$M\left(y_{t+1}, x_{t+1}, y_t, x_t\right) = \left[\frac{d_0^t(x_{t+1}, y_{t+1})}{d_0^t(x_t, y_t)} \cdot \frac{d_0^{t+1}(x_{t+1}, y_{t+1})}{d_0^{t+1}(x_t, y_t)}\right]^{\frac{1}{2}}$$

$$= \frac{d_0^{t+1}(x_{t+1}, y_{t+1})}{d_0^t(x_t, y_t)} \cdot \left[\frac{d_0^t(x_{t+1}, y_{t+1})}{d_0^{t+1}(x_{t+1}, y_{t+1})} \cdot \frac{d_0^t(x_t, y_t)}{d_0^{t+1}(x_t, y_t)}\right]^{\frac{1}{2}} \quad (5-5)$$

式（5-5）表示 Malmquist 指数可以分解为技术效率变动指数（EC，又称资源配置效率指数）和技术进步指数（TC）：

$$EC = \frac{d_0^{t+1}(x_{t+1}, y_{t+1})}{d_0^t(x_t, y_t)}, \quad TC = \left[\frac{d_0^t(x_{t+1}, y_{t+1})}{d_0^{t+1}(x_{t+1}, y_{t+1})} \times \frac{d_0^t(x_t, y_t)}{d_0^{t+1}(x_t, y_t)}\right]^{\frac{1}{2}}$$

进一步地，在 VRS 条件下，技术效率变动指数（EC）可再分解为纯技术效率变动指数（PE）和规模效率变动指数（SE）：

$$EC = \frac{d_0^{t+1}(x_{t+1}, y_{t+1} \mid V, S)}{d_0^t(x_t, y_t \mid V, S)} \times \frac{S(x_t, y_t)}{S(x_{t+1}, y_{t+1})} = PE \times SE \quad (5-6)$$

式（5-6）中（V，S）表示规模报酬可变。因此，Malmquist 指数最终分解形式为：

$$M\left(y_{t+1}, x_{t+1}, y_t, x_t\right) = TFPCH = EC \cdot TC = PE \cdot SE \cdot TC \quad (5-7)$$

式（5-7）中，TFPCH 表示全要素生产率的变动，在本书中是指对口援藏经济效率的变动指数，反映对口援藏的效率在相邻时期的变动情况。技术效率变动指数（EC）反映在生产前沿面不变的条件下，各决策单元因管理、技术运用以及规模等因素而导致的对口援藏效率变动。纯技术效率变动指数（PE）反映管理和技术运用因素对对口援藏效率变动的影响。规模效率变动指数（SE）反映规模因素对对口援藏效率变动的影响。技术进步指数（TC）反映相邻时期由制度和技术环境决定的生产前沿面变动情况。EC、PE、SE、TC 等均当其指数值大于 1 时表示效率相对于上一期提高，等于 1 时表示效率不变，小于 1 时表示效率降低，由此对综合生产效率产生影响。由此可见，Malmquist 指数法不仅能反映技术效率的变动情况，还能反映技术进步即生产前沿面的变动情况。基于此，本书运用 Malmquist 指数模型进一步考察对口援藏效率的动态变化过程。采用非参数的线性规划技术可以计算出 Malmquist 指数，进而得出各个效率变动指数，以分析造成对口援藏效率变动的原因。仍按照上文设定，本书将西藏对口援助的某一地区视为一个决策单元（DMU），对于地区 j 在每一个时期 t=1994，1995，…，2013，对口援藏投入要素 i=1,2,…,m，得到的产出为 yrj，共有 s 种产出 ysj，在规模报酬不变（CRS）的条件下，以产出为导向，基于以下 4 个线性规划模型以求得式（5-4）中的距离函数：

$$\begin{cases} \left[d_0^t(x_t, y_t)\right]^{-1} = \max_{\theta, \lambda} \theta \\ s.t. -\theta y_{j,t} + Y_t \lambda \geq 0 \\ \quad x_{j,t} - X_t \lambda \geq 0 \\ \quad \lambda \geq 0 \end{cases} \quad (5-8)$$

$$\begin{cases} \left[d_0^{t+1}(x_{t+1}, y_{t+1})\right]^{-1} = \max_{\theta, \lambda} \theta \\ s.t. -\theta y_{j,t+1} + Y_{t+1} \lambda \geq 0 \\ \quad x_{j,t+1} - X_{t+1} \lambda \geq 0 \\ \quad \lambda \geq 0 \end{cases} \quad (5-9)$$

$$\begin{cases} \left[d_0^t(x_{t+1}, y_{t+1})\right]^{-1} = \max_{\theta, \lambda} \theta \\ s.t. -\theta y_{j,t+1} + Y_t \lambda \geq 0 \\ \quad x_{j,t+1} - X_t \lambda \geq 0 \\ \quad \lambda \geq 0 \end{cases} \quad (5-10)$$

$$\begin{cases} \left[d_0^{t+1}(x_t, y_t)\right]^{-1} = \max_{\theta, \lambda} \theta \\ s.t. -\theta y_{j,t} + Y_{t+1} \lambda \geq 0 \\ \quad x_{j,t} - X_{t+1} \lambda \geq 0 \\ \quad \lambda \geq 0 \end{cases} \quad (5-11)$$

在式（5-8）、式（5-9）、式（5-10）、式（5-11）四个线性规划模型中，X、Y 分别表示对口援藏要素投入向量和产出向量。θ 为标量，表示西藏 j 地区的技术效率值，且 $0 \leq \theta \leq 1$，λ 表示常数向量。

二 效率变动的实证结果与分析

按照设定的模型，将西藏 7 个地市作为 7 个 DMU，依然遵照上文对口援藏效率区域差异分析中的投入产出指标设定和处理方法，同时考虑到数据的可得性。本书重点考察 1998—2013 年的对口援藏效率动态变化，由于对口援藏的干部、项目等投入是按批次进行的，故我们以定期轮换的 3 年为间隔期，分析 1998—2001 年、2001—2004 年、2004—2007 年、2007—2010 年、2010—2013 年等各批对口援藏工作之间的效率变动，以期获得较为准确而可靠的评价结果。数据来源与上文相同，其中 2004 年拉萨市、昌都地区、那曲地区和阿里地区的对口受援资金投入额缺失，本书是根据其前后批次的 2001 年和 2007 年相应数据经平均后而得。

（一）效率变动的总体分析

根据投入导向的 Malmquist 指数模型，运用 DEAP2.1 软件计算出 1998—2013 年西藏 7 个受援地区每 3 年为一阶段的对口援藏效率的动态特征值，即 Malmquist 生产率指数及其分解，然后将各地区的计算结果进行汇总几何平均后得到对口援藏效率的总体变动状况，结果见表 5-12。

表 5-12　　　　　　**中国对口援藏的 Malmquist 生产率指数及其分解**

时期	技术效率 变动指数	纯技术效率 变动指数	规模效率 变动指数	技术进步 指数	Malmquist 指数
1998–2001	1.080	1.042	1.036	0.796	0.860
2001–2004	0.881	0.896	0.983	1.246	1.098
2004–2007	1.016	0.986	1.030	1.136	1.154
2007–2010	0.980	1.008	0.972	0.779	0.763
2010–2013	0.995	0.978	1.017	1.234	1.228
平均值	0.988	0.981	1.007	1.016	1.004

表 5-12 显示，1998—2013 年，中国对口支援西藏的全要素生产率略有上升，增长率为 0.4%，而在样本期间内，西藏农牧民人均纯收入由 1998 年的 1158 元增加到 2013 年的 6578 元，增长了 4.68 倍，年均增长 12.3%，同时，西藏人均地区生产总值年均增长率达 14%。由此基本上可表明中国对口援藏实施 20 多年来尽管取得了较大成就，但总体上粗放式增长的性质仍十分明显，农牧民收入的提高和经济的高速增长主要是以更高的对口支援投入为代价的，对口援藏有效性仍需大幅提高。

根据 Malmquist 生产率指数及其分解情况，全要素生产率变动分解为技术效率变动和技术进步，由图 5-6 显示的技术效率变动和技术进步的趋势来看，技术进步在波动中增长，而技术效率变动在波动中下降，这表明对口援藏的全要素生产率增长主要依赖于技术进步的贡献，说明 15 年间西藏各受援地区的技术进步速度较快，但由各分解效率变动指数的几何平均值可知，技术进步的贡献还十分有限，并且技术进步指数在某些时期出现了下降。

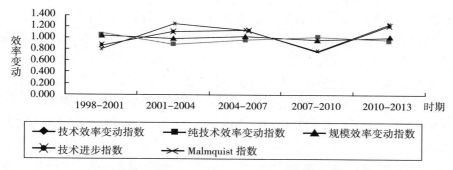

图 5-6　中国对口援藏的 Malmquist 生产率指数及其分解值的变动

　　这可能有三方面原因：一是受西藏特殊的自然地理环境影响，许多在内地可以采用的技术在西藏有可能受到一定程度的限制，先进的技术尚未能在对口援藏中得到充分合理的应用；二是西藏的科学技术水平总体上处于较低层次，技术人才十分匮乏，对口援藏所处的技术环境较差，考虑到成本因素及缺乏先进技术，一些援助项目实施的代价高昂；三是生产前沿面的下降意味着中国对口援藏所处的某些宏观制度环境尚不尽如人意。例如，1994 年中央第三次西藏工作座谈会确定的对口支援关系，明确了内地省市和西藏受援地区固定的结对安排具有明显的"富帮富、穷帮穷"的特征[①]，而且在 20 多年对口支援历程中基本上并未有过调整，这一制度性安排可能在对口支援早期发挥了作用，产生了较明显的效益，但随着西藏经济社会发展，其适应性逐渐下降，从而造成受援地区发展差距拉大等问题的出现。又如，中央决策的 3 年援藏工作时间十分短暂，而西藏自然环境条件、民族宗教文化，以及历史发展进程和现实发展基

----

①　这里的"富帮富"和"穷帮穷"分别是指内地经济相对发达的省市对口支援西藏相对发达的地区和内地经济相对落后的省市对口支援西藏相对落后的地区。

础都较为特殊，对口援藏干部入藏后认知西藏本身就需要一个较长的时间过程，致使短期化现象的出现，其表现在两个方面：第一，援藏干部在西藏各级地方和部门不能够充分发挥出其作用；第二，援藏干部只考虑 3 年的工作计划，并且主要关心如何在 3 年的工作中体现出自己的政绩来。[①] 此外，技术效率处于下降趋势的恶化状况可从技术效率变动的构成来分析，纯技术效率较低是造成技术效率下降的主要原因，由此，对口援藏的前沿技术进步和技术效率损失并存的情况表明，实施对口援藏以来，援受双方在援助项目实施的科研与技术创新上取得了一定的进步，但如果长期只单纯地依靠技术进步而忽视技术效率提高与资源的合理配置，将可能导致对口援藏资源的浪费和投入产出的低绩效，因此，对口援藏过程中需要更加重视管理效率的提高和生产经验的积累以提高技术效率。

分阶段看，全要素生产率增长具有十分明显的波动性特征。图 5-6 表明，1998—2013 年，对口援藏的全要素生产率经历了"先减后增，再减后增"的变化过程，总体上呈增长态势，由 1998—2001 年的 0.860 上升到 2010—2013 年的 1.228，其中 2010—2013 年的增长速度最快[②]，Malmquist 生产率指数为 1.228，2007—2010 年的减少速度最快，Malmquist 生产率指数为 0.763，表明对口援藏的全要素生产率的变动较为剧烈。但进入 21 世纪之后，随着 2001 年中央第四次西藏工作座谈会召开和西部大开发战略的逐步实施，对口援藏的政策激励效应进一步增强，对口援藏的效率不断提高，2001—2004 年、2004—2007 年、2010—2013 年 3 个时期的全要素生产率不断增长。值得注意的是，2007—2010

[①] 据笔者 2013 年 7—8 月在西藏的实地访谈调查得知，援藏干部工作绩效主要是根据三个方面来综合评估：一是纵向上根据 3 年援藏项目完成情况，二是横向上与同省份其他援藏干部工作成果比较，三是包括在岗率、请假等情况在内的其他方面。

[②] 据笔者 2013 年 7 月—8 月在西藏的实地访谈调查得知，在 2010 年之前，西藏的交通、能源、水利等重大基础设施都是由国家专项资金来投入的，而受资金规模限制，对口援藏投入仅仅针对当地的一些软实力方面（中小规模项目投入，一般在 300 万元以下），例如县以下基层迫切需要的一些 20 万—30 万元的小项目，主要是"拾遗补缺"，"见缝插针"，起到弥补漏洞的作用，而每年超过 3000 万元的大项目是很少的。从 2010 年开始，由于各对口援藏单位均涨了援藏的资金规模，各省市将 1‰ 财政收入用于对口援藏资金。以援助日喀则地区的四省市、两企业为例，2010—2013 年的总投入超过 19 亿元，而以前的 3 年总和也仅仅 10 亿元左右，涨了近一倍。

年的全要素生产率下降幅度明显，从分解结果来看，是技术进步指数和技术效率指数在这一时期下降所致，其中技术进步指数下降程度最大，表明对口援藏的生产前沿向产出增加方向上的移动放缓，而技术效率下降的主要原因是规模效率下降，说明要素投入量沿着生产前沿向最佳投入产出规模方向的移动也在放缓，由此导致这一时期效率较大幅度下降，其可能与发生在这一时期的 2008 年拉萨"3·14"事件有一定程度关联。这一时期维稳任务加重，援藏干部入藏后的任务不仅仅是需要做好经济支援，首先需要保证的是让所支援地方的社会秩序稳定，由此需要耗费较多投入，而且使得推进经济建设也变得较为谨慎。①

（二）效率变动的空间分布分析

应用 DEAP2.1 软件对西藏 1998—2013 年 7 个地市的面板数据进行处理，结果见表 5-13、表 5-14、表 5-15 和表 5-16。

表 5-13　　　　　西藏各地区对口支援的全要素生产率变动（TFPCH）

时期 地区	1998–2001	2001–2004	2004–2007	2007–2010	2010–2013	平均值
拉萨	0.983	1.578	1.124	0.655	1.252	1.074
日喀则	0.757	0.762	1.353	0.640	1.059	0.880
山南	0.990	1.311	0.659	0.912	1.233	0.992
林芝	0.978	1.093	0.991	0.717	1.379	1.009
昌都	0.439	0.965	1.456	0.907	1.039	0.897
那曲	1.192	1.098	1.514	1.084	1.388	1.244
阿里	0.923	1.056	1.247	0.560	1.297	0.975

① 据笔者 2013 年 7—8 月入藏访谈调查得知，在 2008 年拉萨"3·14"事件之后，西藏各乡镇每年的维稳任务和压力明显加大，尤其是寺庙较多的乡镇，在每年的某些时间段，乡镇的领导干部一般都需要轮流值班。

表 5-14   **西藏各地区对口支援的技术变动（TECH）**

时期 地区	1998–2001	2001–2004	2004–2007	2007–2010	2010–2013	平均值
拉萨	0.983	1.578	1.124	0.655	1.252	1.074
日喀则	0.669	1.259	1.210	0.810	1.185	0.996
山南	0.928	1.193	0.855	0.879	1.251	1.008
林芝	0.978	1.093	0.991	0.717	1.379	1.009
昌都	0.439	1.119	1.348	0.845	1.082	0.905
那曲	0.839	1.411	1.362	1.002	1.328	1.165
阿里	0.923	1.140	1.154	0.613	1.186	0.975

表 5-15   **西藏各地区对口支援的技术效率变动（EFFCH）**

时期 地区	1998–2001	2001–2004	2004–2007	2007–2010	2010–2013	平均值
拉萨	1.000	1.000	1.000	1.000	1.000	1.000
日喀则	1.131	0.605	1.118	0.790	0.894	0.884
山南	1.067	1.099	0.771	1.037	0.986	0.984
林芝	1.000	1.000	1.000	1.000	1.000	1.000
昌都	1.000	0.862	1.080	1.074	0.960	0.992
那曲	1.421	0.778	1.111	1.082	1.045	1.068
阿里	1.000	0.926	1.080	0.914	1.094	1.000

表 5-16　　　　　　西藏各地区对口支援的规模效率变动（SECH）

时期 地区	1998-2001	2001-2004	2004-2007	2007-2010	2010-2013	平均值
拉萨	1.000	1.000	1.000	1.000	1.000	1.000
日喀则	0.940	0.986	1.029	0.944	0.996	0.978
山南	1.177	1.002	0.935	0.856	1.064	1.001
林芝	1.000	1.000	1.000	1.000	1.000	1.000
昌都	1.000	0.862	1.080	1.074	0.960	0.992
那曲	1.159	1.124	1.001	1.030	1.011	1.063
阿里	1.000	0.926	1.080	0.914	1.094	1.000

　　总体上看，就平均值而言，1998—2013 年，仅有拉萨、林芝、那曲3 个地区对口支援的全要素生产率有不同程度增长，且都主要来源于技术进步的贡献，而日喀则、山南、昌都、阿里等地对口支援的全要素生产率均有不同程度下降，但原因并不相同，其中，日喀则和昌都是由技术进步率下降和技术效率下降所致，山南是由技术效率降低引起，而阿里则是由技术进步率下降造成（见表 5-17）。

表 5-17　　　　　1998—2013 年西藏各受援地区全要素生产率及其
分解效率值的平均值比较

项目 地区	TFPCH 平均值	TECH 平均值	EFFCH 平均值	SECH 平均值
拉萨	1.074	1.074	1.000	1.000
日喀则	0.880	0.996	0.884	0.978
山南	0.992	1.008	0.984	1.001

续表

项目 地区	TFPCH 平均值	TECH 平均值	EFFCH 平均值	SECH 平均值
林芝	1.009	1.009	1.000	1.000
昌都	0.897	0.905	0.992	0.992
那曲	1.244	1.165	1.068	1.063
阿里	0.975	0.975	1.000	1.000

　　分时段看，1998—2001 年，除那曲外，其他 6 个地市对口援藏的全要素生产率都出现了不同程度的下滑，其中昌都下降最为剧烈，全要素生产率仅为 0.439，根据分解结果来看，技术进步率下降是造成对口支援昌都的效率下降的主要原因；2001—2004 年除那曲有小幅下降外，其他受援地区均表现出了增长态势，这一时期 7 个地市的技术进步明显，表明前沿技术进步代表的生产前沿面向外扩张，而除山南地区的技术效率上升，以及拉萨和林芝的技术效率保持不变外，其他地区对口支援的技术效率均有下滑。由于多数地区规模效率在这一时期总体上呈下降趋势，所以可得出如下结论：技术效率上升是源于纯技术效率的增加；2004—2007 年，山南、林芝对口支援的效率下降，而其他 5 个地市的对口支援效率均有大幅提升；2007—2010 年，只有那曲的对口支援效率增加，其他 6 个地市的对口支援效率均下降；2010—2013 年，7 个地市对口支援的效率同时增加，其原因是技术水平在这一时期有了较大进步，而对口支援的技术效率在各个地市变动的差异较大，拉萨、林芝保持不变，日喀则、山南、昌都均下降，阿里、那曲则有所增加。

　　综合上述分析可得出以下结论：①对口支援效率在空间分布上存在"极端化现象"，即在西藏经济最为发达地区和经济最为落后地区的两极效率均较高，而在经济发展水平居中地区的效率反而较低，其原因可能在于，经济发达地区（拉萨、林芝）具有先进的经验、技术和管理等较为优越的发展条件，同时受到内地经济发达地区的对口支援，获得的援助力度大，由于投资效益较好，援助方加大投入的积极性较强，从而形成"援助—收益—援助"的良性循环，成效较为明显；而经济最为落后的地区(阿里)，多属于牧区，由于自然条件和社会经济发展基础均较差，基本上不具备生产生活的应有条件，经济发展不具备优势和潜力，更难以存在较为长远的投资预期，因此，援助方的投入积极性可能会受到较大的抑制，对口支援的力度和规模一般就会相对较小，并且投入的倾向性和目的性十分明确，主要投向于改善农牧民生活的民生项目和公益性项目，更加注重基础设施建设和公共服务，偏好于能够使广大农牧民长期受益的项目，因而产生的绩效也较为显著。②在不同时期，导致7个地市对口支援效率差异的原因不同，但可以发现，技术进步对所有地区在对口支援资源配置效率增长的贡献上越来越重要，使各地区在对口支援资源配置效率增长的主要贡献因素上存在"趋同化现象"。同时，这也表明各地区对口支援的技术效率均需要提高，尤其是对口支援中的管理水平较低，例如，当前对口援藏的项目实施存在机制和管理方面的问题，表现在对口援藏的项目管理部门不统一，缺乏规范的管理体制，出现多头管理、重复管理，援藏建设项目交接工作不顺畅，援藏项目监督机制不健全。此外，援藏项目资金管理分散、缺乏统筹规划、援藏项目库建设滞后、项目的后续使用管理不到位也是对口援藏存在的问题。①

第三节　本章小结

本章运用 DEA 模型方法先对 1995—2013 年对口援藏的整体有效性进行了静态分析，然后再从区域的角度对西藏 7 个地市的对口援助有效性分别进行了测度，以揭示对口援藏效率的时序特征及区域差异性特征；紧接着，运用 Malmquist 指数模型方法分析了 1995—2013 年对口援藏资源配置效率变动情况，揭示对口援藏资源配置效率的变动过程及其主要原因；最后再对效率变动的空间分布进行了实证分析，以进一步考察对口援藏效率变动的区域不平衡性及其主要原因。

---

①　参见王代远《全国支援西藏工作的经济社会效益研究》，西藏藏文古籍出版社 2012 年版，第 312—314 页。

第六章

对口援藏有效性主要影响因素的实证分析

由上一章实证分析得出，对口援藏资源配置效率总体上处于较高水平，但引致这一结果的各分解效率却存在差异，而且对口援藏效率呈现出较为明显的时空差异，即在不同时期存在较大的波动性，在不同区域又存在较大的空间差异。由此，对于上述现象，需要进一步探究的问题是，在对口援藏系统运行中，影响对口援藏有效性的主要因素究竟有哪些？这些因素究竟对对口援藏有效性产生了什么样的作用？对口援藏有效性与西藏各地区经济社会发展条件及制度环境有什么关系？在 DEA 分析基础上可衍生出一种两阶段分析框架（Two-stage Analysis Framework），该方法第一阶段得到 DEA 评价决策单位的效率值，第二阶段以上一阶段得出的效率值作为因变量，以影响因素等作为自变量建立 Tobit 回归模型。[①]基于此，本章将通过构建面板 Tobit 计量模型，通过实证分析进一步探究影响对口援藏有效性的主要因素。

第一节　对口援藏有效性主要影响因素实证: Tobit 模型

一　模型构建

CCR 模型和 BCC 模型侧重于对效率的研究，对于导致非有效单元效率低下的影响因素并没有进行分析。依据 DEA-Malmquist 指数方法可以

---

① Coelli T. A, "Multi-stage Methodology for the Solution of Orientated DEA Models", *European Journal of Operational Research*, 1999, 117(2), pp. 326—339.

评价得到各决策单元（DMU）的相对效率及其变动，就单个决策单元而言，还可以进一步依据松弛变量（s⁻、s⁺）提出提高援助效率的建议，但却无法从整体上探寻影响效率的因素。基于此，为进一步考察西藏 7 个地市对口支援效率的影响因素，本章以第五章中 DEA–BCC 模型测算出的对口援藏的效率（包括 TE、PTE、SE）作为因变量，以各主要影响因素作为自变量，构建计量模型予以实证，但由于测度的对口援藏综合技术效率及其分解的纯技术效率和规模效率均是介于 0 和 1 之间的有界连续变量，其效率值均属于截断数据，具有被切割或截断的特点，如果直接以效率值作为因变量，并运用普通最小二乘法（OLS）进行回归，将会造成估计结果的有偏和不一致，因而本书采用受限因变量模型（limited dependent variable models）中的 Tobit 模型来处理截断数据，进行对口援藏有效性影响因素的实证分析。

　　自经济学家、诺贝尔经济学奖获得者 James Tobin（1958）研究了被解释变量有上限、下限、存在极值等问题以来，相关方面的模型研究越来越受到关注，人们为纪念 Tobin 对这类模型的贡献，把被解释变量取值有限制、存在选择行为的这类模型称为 Tobit 模型。[①] Tobit 模型也被称为规范的审查（截取）回归模型，是因变量满足某种约束条件下取值的模型。Tobit 模型的基本形式可表示如下：

$$y_i^* = \beta^T x_i + \mu_i$$

$$y_i = \begin{cases} y_i^*, & y_i^* > 0 \\ 0, & y_i^* \leq 0 \end{cases}$$

　　模型中，y_i^* 为模型中的被解释变量，即为潜变量或隐性变量，即因变量向量；y_i 是观察到的因变量；x_i 为解释变量，即自变量向量；β^T 是未知的回归参数向量；μ 为随机误差项，并且 $\mu \sim N(0, \sigma^2)$，$i = 1,2,3...n$。Tobit 模型的特殊性在于，解释变量取实际观测到的值，只在限制条件下被解释变量才能被观测到。当被解释变量 $y_i^* > 0$ 时，$y_i = y_i^* > 0$，所观察到的值 y_i 称为"无限制"观测值，均取实际观测到的值；

---

　　① 周华林、李雪松：《Tobit 模型估计方法与应用》，《经济学动态》2012 年第 5 期。

当被解释变量 $y_i^* \leq 0$ 时，$y_i = 0$，所观察到的值 y_i 称为"受限制"观测值，均取值为 0。可以证明，采用极大似然估计法对 Tobit 模型进行估计，能够得到 β 和 σ 的一致估计量。

针对对口援藏效率影响因素实证分析而言，为扩大样本容量以尽量避免因样本较少可能导致的估计出现偏误，本书使用面板数据，采用面板 Tobit 模型进行参数估计。根据上述分析，构建如下面板 Tobit 回归模型：

$$Y_{k,it} = \beta_0 + \beta^T X_{it} + \varepsilon_{it} \qquad (6\text{-}1)$$

式（6-1）中，$Y_{k,it}$ 表示西藏 i 受援地区在时间 t 的对口支援效率，$k = 1$，2，3，当 k 取值不同时，表示对口支援效率的不同测度指标。$k = 1$ 时，表示模型（6-1）的因变量为对口支援综合效率（HATE）；$k = 2$ 时，表示模型（6-1）的因变量为对口支援纯技术效率（HAPTE）；$k = 3$ 时，表示模型（6-1）的因变量为对口支援规模效率（HASE）。X_{it} 表示影响对口支援效率的因素。β_0 是常数项，β^T 是自变量的待估参数向量，i 代表西藏各地区，$i = 1$，2，3，...，7，t 代表年份，ε_{it} 为随机误差项。在 Tobit 回归模型中，因变量是各项效率的得分，如果该效率值越大，则表示对口援藏的效率越高，所以，如果通过估计得到的回归系数为正，就表明该因素对效率有积极的影响；如果通过估计得到的回归系数为负，就表明该因素对效率有消极的影响。如果采用极大似然法估计 Tobit 模型的参数，对于 Tobit 模型，设 $\mu \sim N\,(0,1)$，则对数似然函数为：

$$\ln L = \sum_{y_i > 0} -\frac{1}{2}\left[\ln(2\pi) + \ln \sigma^2 + \frac{(y_i - \beta^T x_i)^2}{\sigma^2}\right] + \sum_{y_i > 0} \ln\left[1 - \Phi\left(\frac{\beta^T x_i}{\sigma}\right)\right] \qquad (6\text{-}2)$$

式（6-2）中的等式右边由两个部分之和组成。第一部分对应的是不受限制的观测值，与经典回归的表达式是相同的；第二部分对应的是受限制的观测值。所以，这一似然函数是离散分布与连续分布的混合。将此似然函数最大化即可得到参数的极大似然估计。[1]

① 高铁梅：《计量经济分析方法与建模：Eviews 应用及实例》，清华大学出版社 2009 年版，第 226 页。

二 主要影响因素确定及经验假设

为全面分析影响对口援藏资源配置效率主要因素的作用，首先需要确定主要的影响因素，但就目前已有研究文献来看，绝大多数研究成果中尚未有涉及对口支援资源配置效率影响因素的研究，更没有专门针对对口援藏资源配置效率影响因素的研究，仅有少数研究涉及对口援藏产生的经济社会效益及其影响因素的分析，注意到了对口援藏的局部无效性仅仅是关于对口援藏有效性的一些外围研究，并没有触及核心。因此，为更好地选取对口援藏资源配置效率的主要影响因素，我们遵循以下三个原则：①通过转换思路，根据本书第二章分析框架中对对口援藏性质的认知，从资金来源的角度，将对口支援视为地方政府之间或省际横向财政转移支付制度的特殊形式，具有无偿转移的性质，因此，选择现有文献中关于财政转移支付效率影响因素相关研究中普遍采用的变量。②根据本书关于对口援藏有效性的界定，考虑到农牧民需求的满足程度是衡量对口援藏效率的重要标尺这一研判，结合影响农牧民收入水平和农牧区基本公共服务水平的相关因素，综合考虑对对口援藏效率造成影响的经济、社会和政策等宏观环境因素。③所选择的因素对应的变量不包括已经纳入 DEA 模型的变量。据此，我们确定对口援藏效率的主要影响因素并作相应假设如下。

（一）区域经济发展水平（RD）

地区的经济发展水平是衡量对口支援产出水平的重要指标，同时也会对各地区对口支援效率产生影响。一是经济发展水平的高低与地区基础设施建设水平、科技水平、公共服务水平的高低密切相关，经济发展水平高的地区一般具有较高的市场化程度，而地区的市场化水平反映了该地区的资源配置自由程度，一个地区市场化水平越高，对口支援的投入产出环境条件越好，越有利于资源在各部门之间进行配置。此外，经济相对发达地区一般具有良好的投资环境和科技水平，对发展要素的利用水平高，对要素的集聚功能强，能够更加有效地使用对口支援资源，提高对口支援资源的配置效率。二是在以 GDP 为主要政绩考核指标和晋升激励的体制下，各地区的援藏干部可能会产生建设大规模"政绩工程""形象工程"的冲动，导致的结果是，表面上经济总量快速增长，但实际上广大居民尤其是农牧民并没有在收入水平、生活质量以及获得基本公共服务水平上有明显的提高，导致对口支援的低效甚至无效。事实上，实施对口援藏以来，援助方入藏后，在有限的援藏周期内，由于"政绩工程""面子工程"最容易凸显援藏的效果，往往可能容易受到他们的青睐，即使是民生项目，例如学校、医院等，在实际建设中往往也难以摆脱这一羁绊。由于以上两种影响的作用恰好相反，因而区域经济发展水平对对口援藏效率的影响无法确定，需作进一步检验。为此，本书选取区域经济发展水平作为考察对口援藏效率的变量之一，并用 RD 表示。

（二）中央财政补贴（FS）

无论是否把中央对西藏的财政转移支付列入援助范围，国家对西藏的大规模财政支出总是存在的，且对于西藏经济社会运行和发展起到了巨大的推动作用，而且如果从西藏自治区这一经济主体的视角来看，任何来自外部的人、财、物的无偿输入，都应作为支援的一部分。杨明洪、孙继琼以 1978—2007 年的数据为基础，对中央财政补贴与西藏经济发展和收入分配的关系进行了实证分析，认为中央财政补助冲击对西藏 GDP、人均 GDP 以及农牧民人均纯收入始终具有正向影响，中央财政补助对推动西藏经济发展和农牧民收入水平的提高具有重要意义。[①] 尽管中央财政承担了西藏大部分建设项目（尤其是大型基础设施建设项目）的支出，而对口援助投入只起到补充或"见缝插针"的作用，但对口援助与中央财力投入均是针对西藏各受援地区这一共同对象，中央对地方建设的投入力度与对口援助资源配置效率密切相关，其内在逻辑是，国家财政支出越多，地方的发展基础越好，对口援助越能发挥作用，进而提高配置效率。因此，从理论上讲，中央对受援地的财政支出越多，对口援助的效率越高。本书用 FS 表示中央财政补贴。

（三）经济体制（ES）

在对口援藏过程中，体制因素是影响援助效率的重要因素。对口援藏是在西藏经济社会体制转型和建立完善社会主义市场经济体制的过程中进行的，因此需要处理好政府与市场的关系。生产资料所有制形式对

---

① 杨明洪、孙继琼：《中央财政补助对西藏经济发展和收入分配的影响分析》，《西南民族大学学报（人文社会科学版）》2009 年第 7 期。

对口援藏资源使用效率的影响需要予以关注。按照市场经济发展规律，国有经济和集体经济比重越低，越有助于对口援藏效率的提高，其内在逻辑是，减少计划手段、行政手段对经济的干预，由政府直接干预转向间接干预，充分发挥市场在资源配置中的决定性作用，推动私有制等各种非公有制经济快速发展，提高资源的配置效率。改革开放之后，西藏的经济体制改革逐步推进，非公有制经济发展程度越高，表明西藏的经济制度环境越优越，市场化程度和对外开放程度越高，越有利于援藏资源的合理配置，对口援藏的效率越高。本书用 ES 表示经济体制。

（四）教育水平（EL）

一个地区的教育水平是反映该地区劳动者素质和人力资本状况的核心指标，是影响援助效率的重要因素之一。其影响主要表现在以下几个方面。

一是劳动者科学文化素质水平越高，对新的科学技术的接纳能力与应用能力就越强，越有利于改进各自领域的生产方式，提高生产效率，尤其对人力资本相对稀缺、以农牧业为基础产业的西藏而言，内地省市和中央企业通过加大对口支援的投入，不断改善广大农牧民的生产生活条件，引进内地先进的农牧业生产技术，期望提高农牧业生产效率，增加农牧民收入，但这一目标的实现，客观上受到广大农牧民文化素质水平较低的制约。一般来讲，受教育水平较高的农牧区，农牧民素质水平较高，能够较快学习、掌握和应用新的生产技能和转移就业技能，从而有利于利用援助资源，提高对口支援的效率。

二是西藏的宗教信仰人数众多，藏传佛教是西藏自治区内最有影响力的宗教，几乎所有的藏民都信奉藏传佛教，而且藏民的信奉虔诚度很高。宗教多传播给人们安于现状和寄希望于来世，以及用今生的苦难换取来生的幸福等思想，总体上多倡导保守精神，在此影响下会对先进的技术应用和创新精神培养产生一定程度上的负面效应。事实上，宗教信仰对西藏现代生产方式的负面影响一直存在，最直接的影响是占用了人们学习现代文化和技术的精力和时间。例如，由于宗教政策的开放，有不少学龄儿童未接受完义务教育即放弃入学机会，入寺念经。[①] 国家通过在西

---

① 北京大学社会学人类学研究所、中国藏学研究中心：《西藏社会发展研究》，中国藏学出版社 1997 年版，第 287—288 页。

藏推行现代化教育，普及高中教育，提高整体教育水平，目的在于使人们的思想从传统逐渐走向现代，改变传统观念，提高人口素质，这自然也有利于提高对口支援效率。笔者在西藏、四川藏区等地的调查中发现，近年来藏区农牧民在交通工具（摩托车、小汽车）、通信工具（手机）等的使用量上较过去已有明显增加，反映出农牧民开始接受现代生活方式，并且逐渐走向普遍化。

　　三是一个地区的民族教育发展水平越高，这个地区少数民族干部文化程度也就越高。西藏藏族各级干部的文化素质明显低于汉族干部的文化素质，这主要是民族教育发展水平较低造成的。[1] 援藏项目的建设需要大批熟悉当地环境、语言交流方便的高素质藏族干部的支持、帮助与配合。民族地区受教育水平越高，藏族干部文化素质水平提高越快，越有利于提高藏族干部的工作效率，从而提高对口支援效率。

　　综上分析可见，理论上讲，一个地区的教育水平越高，越有利于提高该地区的对口援助效率。本书用 EL 表示教育水平。

　　（五）农业发展水平（RE）

　　农牧业是西藏经济发展的基础产业，是占西藏总人口绝大多数的农牧民的生计依靠。农牧业既是西藏农业资源利用的最主要方式，又是其农业生产最为重要的产业部门，更是西藏各族人民重要的衣食之源，因此，从这个意义上讲，农牧业是西藏农业生产的主体，而典型的农牧结合特征始终是农业资源利用的主线。[2] 在西藏农地资源十分有限的条件下，农牧业产值增长越快，农牧业发展水平越高，这意味着，一是农牧业生产方式的改进，由传统农牧业向现代农牧业逐渐转型，注重对现代农业技术的引进、创新与推广应用；二是新的优良品种不断得以推广，种植品种结构改善，种养结构和种养方式更加合理，产业化发展规模越来越大，土地规模化和集约化程度不断提高。第四次西藏工作座谈会以来，对口援藏单位在安排援藏资金和项目时，更多地向农牧区和农牧业倾斜，援藏单位不断加大对农牧区生产生活条件、农牧业基础设施的建设力度，

---

　　① 北京大学社会学人类学研究所、中国藏学研究中心：《西藏社会发展研究》，中国藏学出版社 1997 年版，第 295 页。

　　② 温军：《西藏农业可持续发展战略研究》，博士学位论文，中国科学院，1999 年，第 1 页。

以提高农牧业效益。因此，从理论上来说，农牧业发展水平越高，农业发展基础条件和农牧区的投资建设环境越好，同样援藏资源投入所产生的经济效益越高，从而有利于提高对口支援的效率。本书用 RE 表示农牧业发展水平。

（六）城乡消费差距（CG）

城乡消费差距是城镇居民消费支出与农村居民消费支出的差距，它反映了西藏城镇居民和广大农牧民消费水平和消费能力的差距。根据凯恩斯的消费理论可知，城乡消费差距的大小可以间接地反映出城乡收入差距。城乡消费差距越大，表示相对于城镇居民而言，广大农牧民的消费能力越弱，或是城镇居民高出农牧民的消费支出越多，由此产生的影响是，越有利于创造出更多的城镇就业机会，营造良好的城镇消费环境，促进生产规模扩大和经济活动密集程度增加，拉动城镇经济增长，并不断提高城镇规模化、专业化程度，促进城镇生产效率的提高。因而，对口援藏的资金、项目和人才等资源流向城镇越多，导致农牧区援藏资源相对越少，这不利于农牧民生产生活条件的改善和收入增长，背离了对口支援使广大农牧民受益最大这一初衷，因此，对口支援的效率不高。此外，城乡消费差距越大，在一定程度上反映了相对于农牧民收入水平而言，城镇居民收入水平不断提高，相对差距不断扩大，农牧民"心理上的相对贫困"程度越高，因此，不利于缩小西藏城乡差距和破解所谓的"非典型二元结构"，从而导致对口支援的效率降低。本书用 CG 表示城乡消费差距。

（七）政策导向（PO）

实施对口援藏 20 多年来，在宏观政策框架不变的前提下，其具体的微观政策常常处于不同幅度的调整变化之中，以适应西藏经济社会发展的需要。其中，最值得关注的是，2001 年中央第四次西藏工作座谈会召开之前，对口援藏项目和资金的投入方向主要是向城镇基础设施领域，而涉及农牧民民生领域的资源投入较少。2001 年，中央第四次西藏工作座谈会召开，调整了对口援藏政策，要求将援藏资金和项目向西藏农牧区、农牧民倾斜，改善农牧区生产条件。因此，2001 年之后，遵照中央指示，各援藏单位的项目和资金投向逐渐发生了变化，将投入重点由城镇转向农牧区，此后，援藏资源向农牧区的倾斜力度进一步加大。从理论上讲，中央第四次西藏工作座谈会提出的"两个倾斜"（援藏工作向农牧区倾斜、向基层倾斜）政策导向在此后的对口援藏实施过程中会对对口援藏效率产生正向影响。本书引入政策导向（PO）虚拟变量来实证检验"两个倾斜"政策的落实对西藏各对口受援地区援助效率的影响，同时考虑到经济政策执行及其效应发挥的时滞性，结合西藏发展实际，即在西藏 2006 年实施安居工程后，承担对口支援任务的各省市、中央企业大力支持农牧区安居工程建设，投入大量资金进行配套设施建设，[①] 2006 年之前各地市取值均为 0，2007 年之后各地市取值均为 1，以此代表具有不可度量特征的政策变化解释变量。

　　在以上假设基础上，考虑到本书针对面板数据进行估计，固定效应 Tobit 模型通常不能得到一致的估计值，因此主要采用随机效应 Tobit 模型进行计量分析。[②] 结合上述关于模型和解释变量的分析，设定对口援藏效率主要影响因素的随机效应 Tobit 面板回归模型如下：

$$Y_{k,it} = \beta_0 + \beta_1 RD_{it} + \beta_2 FS_{it} + \beta_3 ES_{it} + \beta_4 EL_{it} + \beta_5 RE_{it} + \beta_6 CG_{it} + \beta_7 PO_{it} + u_i + \varepsilon_{it} \quad （6-3）$$

　　式（6-3）中，β_1—β_7 为待估计的参数，u_i 表示个体的随机效应，ε_{it} 服从均值为 0，方差为正态分布。

第二节　指标选取及数据说明

　　在确定对口援藏有效性的主要影响因素基础上，考虑到数据的可得性与可比性，考察时段选取为 2004—2012 年，各主要影响因素对应的衡量指标选取如下。

　　第一，区域经济发展水平（RD）。人均指标比单纯的地区生产总值更能反映一个地区的经济发展水平，因此本书选取人均 GDP 来衡量西藏各地区的经济发展水平。[③] 为消除价格因素影响，以 2004 年为基期，使用 GDP 平减指数进行折算。

---

　　① 王代远：《全国支援西藏工作的经济社会效益研究》，西藏藏文古籍出版社 2012 年版，第 208 页。

　　② 下文中还将进行 Hausman 检验以确定模型形式选择的合理性。

　　③ 由于 2004 年国家统计局提出实行按常住人口来核算人均 GDP，允许两年的过渡期，故本书有关西藏各地市人均 GDP 指标，均是指按常住人口计算而得的人均指标。

第二，中央财政补贴（FS）。西藏财政收入主要依靠中央财政补贴，实施对口援藏 20 多年来，每年国家对西藏的财政补助收入占西藏财政总收入的比重均高达 90% 左右（见图 6-1），这在中国其他任何一个省区内都是不曾出现的。因此，有学者进一步研究认为，西藏形成了持续的财政依赖，财政供给成了"惯例"，西藏对国家"财政援助"的严重依赖性随着中央财政补贴的增长而不断持续，从而陷入了"越援助越依赖"的不良循环，无法摆脱依赖。[①] 由于西藏各地市相关统计数据缺失或难以获取，按照以支定收的原则，本书以各地市每年财政支出的 90% 来作为衡量每年国家对西藏各地市财政补贴的指标。同时，为消除价格因素影响，按照 2004 年不变价格进行折算。

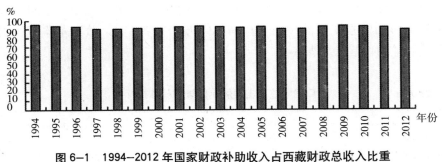

图 6-1　1994—2012 年国家财政补助收入占西藏财政总收入比重

第三，经济体制（ES）。限于数据可得性，为了反映所有制经济结构，本书用西藏国有经济和集体经济固定资产投资总额之和与西藏全社会固定资产总额之比值来代表西藏公有制经济成分比重，该比值越大表示非公有制经济成分越少，非公有制经济发展越缓慢。

第四，教育水平（EL）。由于西藏的平均受教育水平较低，大专及其以上学历人口总体较少，故本书不直接采用内地一般反映教育水平的指标，而是做出一定调整，选取平均每万人中中专以上受教育人口数作为衡量西藏各地区教育水平的指标。

---

① 靳薇：《西藏：援助与发展》，西藏人民出版社 2010 年版，第 108—118 页。

第五，农业发展水平（RE）。农业发展水平选取常用的总量指标来衡量，本书选取各地市农林牧副渔总产值作为衡量西藏各地市农业发展水平的指标，同样使用 GDP 平减指数进行折算以消除价格因素影响。

第六，城乡消费差距（CG）。为反映城镇居民消费水平与农村居民消费水平的相对差距，按照习惯性做法，用城镇居民人均生活消费支出与农村居民人均生活消费支出之比来进行衡量，这也自然消除了通货膨胀因素的影响。

本书选取的面板数据分析时段为 2004—2012 年，样本为包括西藏 7 个地市共 9 年的面板数据，以上所有变量的数据均来源于历年的《西藏统计年鉴》《中国统计年鉴》《中国民族统计年鉴》《中国农村统计年鉴》《西藏自治区国民经济和社会发展统计公报》，以及《新中国六十年统计资料汇编》和国家统计局网站公开发布的相关数据。关于上述对口援藏效率影响因素变量的说明和预期影响方向见表 6-1，数据基本特征的有关统计描述信息见表 6-2。

表 6-1　　　　　　　　对口援藏效率主要影响因素的具体指标

影响因素	衡量指标	单位	预期影响方向
区域经济发展水平（RD）	人均 GDP	元	不确定
中央财政补贴（FS）	地区财政支出 ×90%	亿元	+
经济体制（ES）	（国有经济＋集体经济）/ 全社会		－
教育水平（EL）	平均每万人中中专以上受教育人口	人	+
农业发展水平（RE）	地区农林牧渔业总产值	亿元	+
城乡消费差距（CG）	城乡居民人均生活消费支出之比		
政策导向（PO）	2004-2006 年，PO=0；2007-2012 年，PO=1		+

注："国有经济＋集体经济"/ 全社会表示国有经济和集体经济的固定资产投资额之和占全社会固定资产投资额的比重。

表6-2　　　　　　对口援藏效率主要影响因素变量的描述性统计

变量	标准差	最小值	最大值	观测值
人均 GDP	8941.93	4290.46	46941.37	63
地区财政支出 × 90%	18.60	3.23	96.21	63
（国有经济 + 集体经济）/ 全社会	0.16	0.52	1.00	63
平均每万人中中专以上受教育人口	12.71	1.84	44.71	63
地区农林牧渔业总产值	7.63	3.05	33.00	63
城乡居民人均生活消费支出之比	0.94	2.01	5.52	63

注：此表为 SPSS17.0 软件计算整理而得，表中为各变量整体描述统计，变量单位与表 6-1 相同，观测值包括西藏 7 个地市 2004—2012 年的数据。

第三节　实证结果与分析

一　面板数据平稳性检验

本书采用的是西藏 7 个地市 2004—2012 年共 9 年的对口援藏资源配置效率[①]与主要影响因素的数据作为分析样本，属于中等长度面板，即时间维度包含的信息与截面维度包含的信息相当。由于面板数据存在时间、截面两个维度，极易出现"伪回归"现象，因此，为避免此现象，需要对各变量进行平稳性检验。在进行 Tobit 模型实证分析前先检验面板数据是否存在单位根，以检验数据的平稳性，从而避免出现虚假回归或伪回归，确保估计的可靠性。运用 Eviews7.2 软件分变量进行单位根检验，基本步骤如下。

首先，对面板数据生成时序图，观察时序图的趋势，进而判断时序图中由各个观测值所描绘出的代表变量的折线是否含有趋势项和截距项，

----

① 2004—2012 年各年的对口援藏资源配置的综合效率、纯技术效率和规模效率已经测度得到。其中，2005 年、2008 年和 2011 年对口援藏的综合效率、纯技术效率和规模效率已经在第五章中测度得出，其余年份效率值是按照第五章同样方法计算而得。

确定单位根检验的检验模式。输出结果（图6-2至图6-10）给出了3个因变量和6个自变量的时序图。

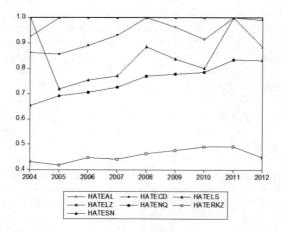

注：HATEAL、HATECD、HATELS、HATELZ、HATENQ、HATERKZ、HATESN依次表示阿里地区、昌都地区、拉萨市、林芝地区、那曲地区、日喀则地区、山南地区的对口支援综合效率。

图6-2　对口援藏综合技术效率（HATE）时序图

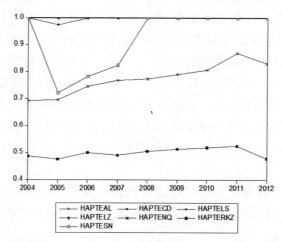

注：HAPTEAL、HAPTECD、HAPTELS、HAPTELZ、HAPTENQ、HAPTERKZ、HAPTESN依次表示阿里地区、昌都地区、拉萨市、林芝地区、那曲地区、日喀则地区、山南地区的对口支援技术效率。

图6-3　对口援藏纯技术效率（HAPTE）时序图

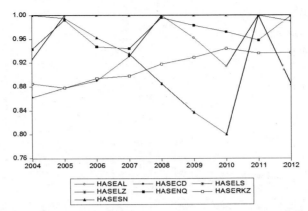

注：HASEAL、HASECD、HASELS、HASELZ、HASENQ、HASERKZ、HASESN, 依次表示阿里地区、昌都地区、拉萨市、林芝地区、那曲地区、日喀则地区、山南地区的对口支援规模效率。

图6-4　对口援藏规模效率（HASE）时序图

从图6-2至图6-4的时序图可以看出，HATE、HAPTE、HASE 原值的检验模式均应选择含有截距项而不含有趋势项的检验模式。

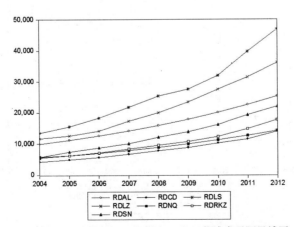

注：RDAL、RDCD、RDLS、RDLZ、RDNQ、RDRKZ、RDSN, 依次表示阿里地区、昌都地区、拉萨市、林芝地区、那曲地区、日喀则地区、山南地区的区域经济发展水平。

图6-5　区域经济发展水平（RD）时序图

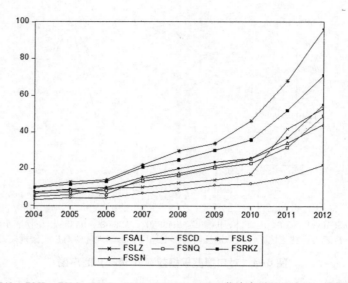

注：FSAL、FSCD、FSLS、FSLZ、FSNQ、FSRKZ、FSSN，依次表示阿里地区、昌都地区、拉萨市、林芝地区、那曲地区、日喀则地区、山南地区的中央财政补贴。

图6-6　中央财政补贴（FS）时序图

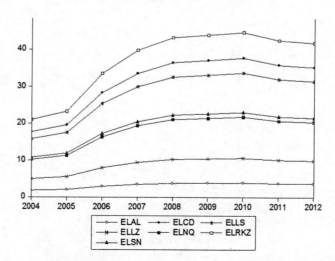

注：ELAL、ELCD、ELLS、ELLZ、ELNQ、ELRKZ、ELSN，依次表示阿里地区、昌都地区、拉萨市、林芝地区、那曲地区、日喀则地区、山南地区的教育水平。

图6-7　教育水平（EL）时序图

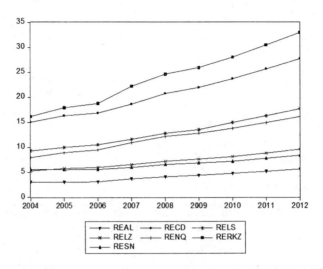

注：REAL、RECD、RELS、RELZ、RENQ、RERKZ、RESN，依次表示阿里地区、昌都地区、拉萨市、林芝地区、那曲地区、日喀则地区、山南地区的农业发展水平。

图6-8 农业发展水平（RE）时序图

从图6-5至图6-8的时序图可以看出，RD、FS、EL、RE原值的检验模式均应该选择既含有截距项又含有趋势项的检验模式。

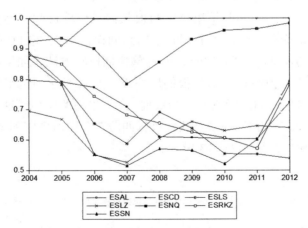

注：ESAL、ESCD、ESLS、ESLZ、ESNQ、ESRKZ、ESSN，依次表示阿里地区、昌都地区、拉萨市、林芝地区、那曲地区、日喀则地区、山南地区的经济体制。

图6-9 经济体制（ES）时序图

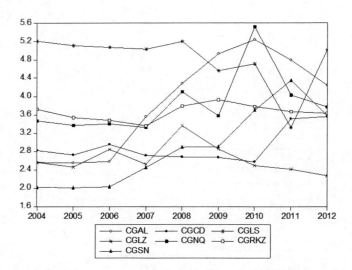

注：CGAL、CGCD、CGLS、CGLZ、CGNQ、CGRKZ、CGSN，依次表示阿里地区、昌都地区、拉萨市、林芝地区、那曲地区、日喀则地区、山南地区的城乡消费差距。

图 6-10 城乡消费差距（CG）时序图

从图 6-9 和图 6-10 的时序图可以看出，ES、CG 原值的检验模式均应选择含有截距项而不含有趋势项的检验模式。

根据以上时序图判断结果进行面板数据单位根检验，为保证数据稳定性检验结论的可靠性，本书同时采用相同根情况下的 LLC 检验[①] 和不同根情况下的 Fisher-ADF 检验[②] 两种单位根检验方法，如果两种检验方法所得结论均为拒绝存在单位根的原假设，则说明序列是平稳的。检验数据均为消除价格因素影响的原始数据[③]，不平稳的序列经过一阶差分后继续进行检验。应用 Eviews7.2 软件进行西藏 7 个地市多序列单位根检验，综合检验的输出结果如表 6-3 所示。

———————————

① 属于同质单位根（各个截面单元具有相同单位根过程）检验方法中的一种，还包括 Breitung 检验和 Hadri 检验。

② 属于异质单位根（各个截面单元具有不同单位根过程）检验方法中的一种，还包括 IPS（Im-Pesaran-Skin）检验和 Fisher-PP 检验。

③ 由于对口援藏的综合效率、纯技术效率、规模效率及多数自变量数值均较小，所以并未采用对数形式。

表6–3 面板数据的单位根（平稳性）检验

LLC 统计量	Fisher–ADF 统计量	检验形式	变量	是否平稳
−1.7812（0.0374）	12.6803（0.2421）	I	HATE	非平稳
−4.6676（0.0000）***	24.9946（0.0054）***	I	△ HATE	平稳
−0.7966（0.2128）	4.1049（0.6625）	I	HAPTE	非平稳
−9.0586（0.0000）***	35.9163（0.0000）***	I	△ HAPTE	平稳
−2.2962（0.0108）**	15.4055（0.0180）**	I	HASE	非平稳
−5.2851（0.0000）	23.7464（0.0083）	I	△ HASE	平稳
1.6490（0.9504）	1.4514（0.9991）	I,T	RD	非平稳
−7.0149（0.0000）***	21.0555（0.0992）*	I,T	△ RD	平稳
6.0955（1.0000）	0.3321（1.0000）	I,T	FS	非平稳
−2.1356（0.0164）**	24.9565（0.0865）*	I,T	△ FS	平稳
−4.0277（0.0000）	12.0169（1.0783）	I	ES	非平稳
−104.566（0.0000）***	38.7968（0.0004）***	I	△ ES	平稳
0.1939（0.5769）	0.5503（1.0000）	I,T	EL	非平稳
−15.7407（0.0000）***	62.5457（0.0000）***	I,T	△ EL	平稳
5.4489（1.0000）	0.1357（1.0000）	I,T	RE	非平稳
−19.7913（0.0000）***	48.3295（0.0000）***	I,T	△ RE	平稳
−1.0643（0.1436）	9.5191（0.7964）	I	CG	非平稳
−3.5822（0.0002）***	26.2745（0.0239）**	I	△ CG	平稳

注：*、**、***分别表示在10%、5%、1%的水平上显著，括号中数字为各统计量对应的P值，LLC检验和Fisher-ADF检验的原假设均为面板数据中各截面均存在单位根，所以P值越小表示存在单位根的概率越小；检验中的 I 代表序列含有截距项，T 代表序列含有趋势项，（I，T）代表序列同时含有截距项和趋势项，△表示一阶差分，滞后阶数主要是依据SC准则确定。

经单位根检验可知，各变量的原始序列均为非平稳序列，由一阶差分后各检验统计量所对应的 P 值几乎都为 0 可以得出，经过一阶差分处理后的序列在不同的显著性水平下均为平稳序列。因此，经过处理后的各变量均为一阶单整过程，即 I（1）过程，满足同阶单整条件，可能存在协整关系，即长期稳定的均衡关系，可以直接进行面板数据的协整检验。

二　面板数据协整检验

如果一组非平稳序列存在一个平稳的线性组合，即可以说明该组数据是协整的。只有当各数据间存在协整关系时，研究才具有推进的意义。面板数据间的协整关系表示向量分量存在着长期稳定的"均衡协调关系"，可能在短期内这些关系受某种因素的影响而并不显著，由不同的动态过程所支配，但从长期来看，"协整"将各个变量"捆绑"在一起。因此，需要对西藏各变量的协整关系作进一步检验。面板数据协整检验采用建立在 Engle and Granger 两步法检验基础上的 Kao 检验和 Pedroni 检验，这里仅以因变量 HATE 与自变量 RD、FS、ES、EL、RE、CG 等为例，其余变量的面板数据协整检验方法类似，检验均在 Eviews7.2 软件中完成。表 6-4 所示的面板数据协整检验结果表明，在 5% 的显著性水平下，在样本时间区间 2004—2012 年内，除 Panel rho-Statistic 和 Group rho-Statistic 统计量不显著外，其余 5 个统计量均显著，由此，综合各种检验结果可以得出，HATE 与 RD、FS、ES、EL、RE、CG 的面板数据之间存在协整关系，表明各变量之间存在长期稳定的均衡关系，可以直接对面板数据进行回归。同理，经检验可得，HAPTE 与 RD、FS、ES、EL、RE、CG 之间，以及 HASE 与 RD、FS、ES、EL、RE、CG 之间也均存在长期稳定的均衡关系。因此，均可以进行面板 Tobit 模型回归。

表 6-4　　　　　　面板数据 Kao 协整检验和 Pedroni 协整检验

检验方法	统计量名	统计量值	P 值
Kao 检验	ADF	−5.1021	0.0000

续表

检验方法	统计量名	统计量值	P 值
Pedroni 检验	Panel v–Statistic	−0.0226	0.0456
	Panel rho–Statistic	3.0411	0.9988
	Panel PP–Statistic	−10.7388	0.0000
	Panel ADF–Statistic	−2.1825	0.0145
	Group rho–Statistic	0.9981	0.8469
	Group PP–Statistic	−14.1846	0.0000
	Group ADF–Statistic	−4.5534	0.0000

注：Kao 检验和 Pedroni 检验的原假设均为变量直接不存在协整关系，P 值小于相应的显著性水平，表示拒绝原假设而接受备择假设，即存在协整关系。

三　面板数据格兰杰（Granger）因果关系检验

协整检验结果表明对口援藏资源使用的综合技术效率、纯技术效率及规模效率分别与各主要影响因素之间存在长期稳定的均衡关系，但它们之间是否存在因果关系，这种关系是单向的还是双向的，需要进一步检验。由于传统格兰杰（Granger）因果关系检验的对象主要是时间序列，而对于具有时间和个体双重维度的面板数据却没有太多办法，基于此，Hurlin 和 Venet（2001）在传统格兰杰因果检验的基础上，提出了面板数据格兰杰因果检验，是对传统格兰杰因果检验的扩展。[①] 此后，他们又进一步提出其他的面板数据格兰杰因果检验方法。本书应用 Hurlin 和 Venet（2001）提出的这一面板数据格兰杰因果检验方法来检验区域经济发展水平（RD）、中央财政补贴（FS）、经济体制（ES）、教育水平（EL）、农业发展水平（RE）、城乡消费差距（CG）与对口援藏资源配置的综合

① 马兹晖：《中国地方财政收入与支出——面板数据因果性与协整研究》，《管理世界》2008年第 3 期。

效率（HATE）之间的因果关系。[①] 由于各变量的原始序列均为非平稳序列，不能直接进行格兰杰因果检验，经一阶差分后的变量均为平稳序列，可以进行检验，由此，得到面板数据格兰杰因果关系检验模型：

$$\Delta HATE_{it} = \sum_{k=1}^{p} \alpha^{(k)} \Delta HATE_{i,t-k} + \sum_{k=1}^{p} \beta^{(k)} \Delta RD_{i,t-k} + V_{it}, \quad \Delta RD_{it} = \sum_{k=1}^{p} \alpha^{(k)} \Delta RD_{i,t-k} + \sum_{k=1}^{p} \beta^{(k)} \Delta HATE_{i,t-k} + V_{it}$$

$$\Delta HATE_{it} = \sum_{k=1}^{p} \alpha^{(k)} \Delta HATE_{i,t-k} + \sum_{k=1}^{p} \beta^{(k)} \Delta FS_{i,t-k} + V_{it}, \quad \Delta FS_{it} = \sum_{k=1}^{p} \alpha^{(k)} \Delta FS_{i,t-k} + \sum_{k=1}^{p} \beta^{(k)} \Delta HATE_{i,t-k} + V_{it}$$

$$\Delta HATE_{it} = \sum_{k=1}^{p} \alpha^{(k)} \Delta HATE_{i,t-k} + \sum_{k=1}^{p} \beta^{(k)} \Delta ES_{i,t-k} + V_{it}, \quad \Delta ES_{it} = \sum_{k=1}^{p} \alpha^{(k)} \Delta ES_{i,t-k} + \sum_{k=1}^{p} \beta^{(k)} \Delta HATE_{i,t-k} + V_{it}$$

$$\Delta HATE_{it} = \sum_{k=1}^{p} \alpha^{(k)} \Delta HATE_{i,t-k} + \sum_{k=1}^{p} \beta^{(k)} \Delta EL_{i,t-k} + V_{it}, \quad \Delta EL_{it} = \sum_{k=1}^{p} \alpha^{(k)} \Delta EL_{i,t-k} + \sum_{k=1}^{p} \beta^{(k)} \Delta HATE_{i,t-k} + V_{it}$$

$$\Delta HATE_{it} = \sum_{k=1}^{p} \alpha^{(k)} \Delta HATE_{i,t-k} + \sum_{k=1}^{p} \beta^{(k)} \Delta RE_{i,t-k} + V_{it}, \quad \Delta RE_{it} = \sum_{k=1}^{p} \alpha^{(k)} \Delta RE_{i,t-k} + \sum_{k=1}^{p} \beta^{(k)} \Delta HATE_{i,t-k} + V_{it}$$

$$\Delta HATE_{it} = \sum_{k=1}^{p} \alpha^{(k)} \Delta HATE_{i,t-k} + \sum_{k=1}^{p} \beta^{(k)} \Delta CG_{i,t-k} + V_{it}, \quad \Delta CG_{it} = \sum_{k=1}^{p} \alpha^{(k)} \Delta CG_{i,t-k} + \sum_{k=1}^{p} \beta^{(k)} \Delta HATE_{i,t-k} + V_{it}$$

上述各检验模型中，p 为正整数，$V_{it} = \gamma_i + \eta_t + \varepsilon_{it}$，$\gamma_i$ 表示个体效应误差，η_t 表示时间效应误差，并且 ε_{it} 为随机干扰项。原假设 H_0：对任意的 k，$\beta^{(k)} = 0$；备择假设 H_1：存在 k 使得 $\beta^{(k)} \neq 0$。如果拒绝 H_0，则各检验模型中的主要影响因素变量是对口援藏综合效率变量的格兰杰原因，反之对口援藏综合效率变量则不是主要影响因素变量的格兰杰原因。根据设定的 VAR 模型，再通过构造 Wald 检验的 F 统计量来检验零假设：

$$F_{hnc} = \frac{(RSS_2 - RSS_1)/p}{RSS_1/(T \cdot N - N - 2p - 1)}$$

其中，RSS_1 和 RSS_2 分别表示不带约束和带约束的 OLS 估计的残差平方和，N 代表面板数据的宽度，T 代表时间跨度，p 代表滞后项阶数，则 $F \sim F(P, T \cdot N - N - 2p - 1)$。在 Eviews7.2 软件选择面板结构工作文件，实现 balanced panel 项下的格兰杰因果检验，检验结果见表 6-5。

---

① 各变量与对口援藏的纯技术效率、规模效率之间的因果关系检验方法与此类似，这里不再一一进行检验。

表6-5   面板数据格兰杰因果关系检验结果

原假设（H_0）	滞后阶数	F 统计值	P 值	检验结论
ΔRD 不是 $\Delta HATE$ 的 Granger 原因	1	8.9425**	0.0304	拒绝
$\Delta HATE$ 不是 ΔRD 的 Granger 原因	1	5.2484*	0.0706	拒绝
ΔFS 不是 $\Delta HATE$ 的 Granger 原因	2	9.4178**	0.0238	拒绝
$\Delta HATE$ 不是 ΔFS 的 Granger 原因	2	0.2648	0.6288	接受
ΔES 不是 $\Delta HATE$ 的 Granger 原因	1	9.3210**	0.0283	拒绝
$\Delta HATE$ 不是 ΔES 的 Granger 原因	1	0.0797	0.7890	接受
ΔEL 不是 $\Delta HATE$ 的 Granger 原因	1	20.6329***	0.0040	拒绝
$\Delta HATE$ 不是 ΔEL 的 Granger 原因	1	3.7813	0.1094	接受
ΔRE 不是 $\Delta HATE$ 的 Granger 原因	2	8.5947**	0.0420	拒绝
$\Delta HATE$ 不是 ΔRE 的 Granger 原因	2	0.3018	0.7682	接受
ΔCG 不是 $\Delta HATE$ 的 Granger 原因	2	0.3639	0.7332	接受
$\Delta HATE$ 不是 ΔCG 的 Granger 原因	2	12.4486***	0.0098	拒绝

注：*、**、*** 分别表示在 10%、5%、1% 的水平上拒绝原假设。滞后阶数主要是依据 AIC 准则和 SC 准则确定。

从检验结果来看，西藏地区经济发展水平与对口援藏综合效率之间存在双向格兰杰因果关系，即西藏地区经济发展水平是对口援藏综合效率的格兰杰原因，同时对口援藏综合效率也是西藏地区经济发展水平的格兰杰原因。中央财政补贴与对口援藏综合效率之间存在单向格兰杰因果关系，表明在中央对西藏的总体供给模式下，中央对西藏财政转移支付的不断增加对对口援藏综合效率变化能够产生影响。从西藏经济体制到对口援藏综合效率的单向格兰杰因果关系存在，表明西藏的国有企业改革、私有制经济发展等体制改革对对口援藏综合效率可以产生直接影响。西藏教育水平是对口援藏综合效率的格兰杰原因，但反之则不成立，可以预期西藏教育水平的提升对提高对口援藏综合效率具有重要作用。西藏农业发展水平与对口援藏综合效率之间存在单向因果关系，即西藏农业发展水平是对口援藏综合效率的格兰杰原因，而对口援藏综合效率并不是西藏农业发展水平的格兰杰原因。对口援藏综合效率是城乡消费差距的格兰杰原因，反之则格兰杰因果关系不显著，这可能表明对口援藏资源配置的效率高低会导致西藏城乡收入分配的不均衡，进而引起城乡消费差距的拉大。总体来看，各影响因素与对口援藏综合效率之间均存在格兰杰因果关系，因此，可以运用以上因素进行面板数据回归分析。[①]

四   面板数据 Tobit 模型估计

（一）模型形式选择：Hausman 检验

为保证模型选取的合理性，避免模型设定误差，同时提高面板估计的准确性，对构建的面板数据模型进行 Hausman 检验，确定截面上各地市个体效应是固定效应还是随机效应，以便于选择合理模型。这里仅以 HATE 为因变量，FS、ES、EL、RE、CG 等 5 个变量为自变量的模型为例，其余模型检验方法类似。为实现 Hausman 检验，首先应用 Eviews7.2 软件估计出一个随机效应模型，然后在估计结果中进行检验，Hausman 检验结果显示检验的 H 统计量为 2.7798，P 值为 0.7339，在 5% 的显著性水平下小于临界值（x^2 值），表明模型存在个体随机效应，应该建立个体随机效应模型。进一步检验以确定时点效应是固定效应还是随机效应，仍然先估计一个时点随机效应模型，再根据 Hausman 检验结果可得，检验的 H 统计量为 1.7612，P 值为 0.8811，在 5% 的显著性水平下小于临界值（x^2 值），所以应将时点效应确定为随机效应，建立时点效应模型。因此，综合 Hausman 检验结果可知，应将面板数据 Tobit 模型确定为个体、时点随机效应回归模型，基于此，采用个体、时点随机效应回归模型进行参数估计。

---

①　各主要影响因素分别与对口援藏资源配置的纯技术效率和规模效率之间的格兰杰因果关系检验表明，各影响因素均与各效率之间存在格兰杰因果关系。

（二）面板数据回归结果

由于模型中某些变量因关联度过高而可能产生多重共线性问题，进而可能造成估计结果产生偏误，为避免这一问题，并为单独考察各影响因素对对口援藏效率的影响及其差异，在以上假设的基础上，根据式（6-3），本书设定对口援藏效率及其分解（HATE、HAPTE、HASE）的 Tobit 回归模型各 5 种形式，按照所选择的不同指标组合，依次构建 Ⅰ—Ⅴ共 5 个模型，分别对 5 个模型进行静态面板数据 Tobit 模型回归。应用 Eviews7.2 软件进行估计，模型的参数估计结果见表 6-6、表 6-7、表 6-8，比较各模型的回归系数显著性、F 值、R^2 值及调整后的 R^2 值可知，回归结果较稳健，各模型拟合优度总体上较好，仅有少数估计的参数没有通过显著性检验，这可能与效率值本身变动区间较小有关。

表 6-6　对口援藏综合技术效率（HATE）影响因素的面板 Tobit 模型回归结果

影响因素	模型 Ⅰ	模型 Ⅱ	模型 Ⅲ	模型 Ⅳ	模型 Ⅴ
常数项	0.5340*** (0.0011)	0.7275*** (0.0025)	0.5134*** (0.0000)	0.6798*** (0.0000)	0.7356*** (0.0000)
区域经济发展水平（RD）		−0.0172 (0.5395)		−0.0081 (0.8824)	−0.0137 (0.8500)
中央财政补贴（FS）	−0.0003** (0.0477)			−0.0010** (0.0374)	−0.0009** (0.0409)
经济体制（ES）	0.2042* (0.0541)	0.2089** (0.0430)	0.1942** (0.0487)	0.1939* (0.0703)	0.1908* (0.0825)
教育水平（EL）	0.0046*** (0.0073)			0.0062** (0.0339)	0.0067** (0.0493)
农业发展水平（RE）	0.0041** (0.0390)	0.0036** (0.0383)	0.0042** (0.0317)	0.0069** (0.0156)	0.0076** (0.0135)
城乡消费差距（CG）	−0.0079** (0.0432)	−0.0059** (0.0149)	−0.0061** (0.0418)	−0.0208* (0.0910)	−0.0202* (0.0610)
政策导向（PO）		0.0077*** (0.0034)	0.0064*** (0.0082)		0.0041*** (0.0092)

续表

影响因素	模型 I	模型 II	模型 III	模型 IV	模型 V
R^2	0.9530	0.9525	0.9486	0.9545	0.9558
$\overline{R^2}$	0.9429	0.9411	0.9387	0.9436	0.9441
F	94.0816	83.5206	95.9737	87.4932	81.6005
样本容量	63	63	63	63	63

注：*、**、*** 分别表示在10%、5%、1% 的水平上显著，括号中数字为 P 值。

表6-7　对口援藏纯技术效率（HAPTE）影响因素的面板 Tobit 模型回归结果

影响因素	模型 I	模型 II	模型 III	模型 IV	模型 V
常数项	0.6264*** (0.0001)	0.4454*** (0.0000)	0.7466*** (0.0000)	0.6091*** (0.0000)	0.6799*** (0.0000)
区域经济发展水平 （RD）		0.0367** (0.0313)		0.0121* (0.0837)	0.0198* (0.0613)
中央财政补贴（FS）	0.0009*** (0.0038)			0.0003* (0.0771)	0.0003* (0.0778)
经济体制（ES）	0.1830* (0.0605)	0.0745** (0.0354)	0.0782** (0.0329)	0.2212** (0.0370)	0.2207** (0.0456)
教育水平（EL）	0.0057** (0.0131)			0.0053** (0.0169)	0.0054** (0.0153)
农业发展水平（RE）	−0.0070** (0.0111)	−0.0020* (0.0541)	−0.0019* (0.0993)	−0.0047** (0.0360)	−0.0046** (0.0376)
城乡消费差距（CG）	−0.0204** (0.0288)	−0.0137** (0.0206)	−0.0162** (0.0130)	−0.0090** (0.0478)	−0.0087** (0.0497)
政策导向（PO）		0.0223*** (0.0035)	0.0355*** (0.0073)		0.0069*** (0.0087)
R^2	0.9536	0.9495	0.9486	0.9538	0.9543

续表

影响因素	模型 I	模型 II	模型 III	模型 IV	模型 V
$\overline{R^2}$	0.9435	0.9385	0.9387	0.9427	0.9422
F	95.1955	87.0856	95.9932	85.9260	78.6757
样本容量	63	63	63	63	63

注：*、**、*** 分别表示在 10%、5%、1% 的水平上显著，括号中数字为 P 值。

表 6-8　对口援藏规模效率（HASE）影响因素的面板 Tobit 模型回归结果

影响因素	模型 I	模型 II	模型 III	模型 IV	模型 V
常数项	0.8659*** (0.0000)	0.7205*** (0.0004)	0.9412*** (0.0000)	0.9627*** (0.0002)	0.9684*** (0.0000)
区域经济发展水平（RD）		−0.0251** (0.0355)		−0.0125* (0.0863)	−0.0124* (0.0790)
中央财政补贴（FS）	−0.0014** (0.0130)			−0.0012** (0.0160)	−0.0011** (0.0168)
经济体制（ES）	0.0336* (0.0691)	0.0262* (0.0674)	0.0213* (0.0733)	0.0383* (0.0652)	0.0345* (0.0684)
教育水平（EL）	0.0012* (0.0550)			0.0003* (0.0742)	0.0009* (0.0721)
农业发展水平（RE）	0.0014** (0.0282)	0.0020** (0.0223)	0.0025** (0.0135)	0.0136** (0.0109)	0.0135** (0.0106)
城乡消费差距（CG）	−0.0128** (0.0111)	−0.0105** (0.0234)	−0.0086** (0.0323)	−0.0103** (0.0273)	0.0087** (0.0497)
政策导向（PO）		0.0065*** (0.0073)	0.0060*** (0.0069)		0.0113*** (0.0026)
R^2	0.5908	0.5733	0.5387	0.5953	0.5903
$\overline{R^2}$	0.5026	0.4812	0.4500	0.4982	0.4817

影响因素	模型 I	模型 II	模型 III	模型 IV	模型 V
F	6.6951	6.2295	6.0727	6.1286	5.4325
样本容量	63	63	63	63	63

注：*、**、*** 分别表示在 10%、5%、1% 的水平上显著，括号中数字为 P 值。

五　估计结果分析

根据表 6-6、表 6-7 和表 6-8 中的模型 I —V 回归结果，我们可以得出以下结论。

（一）区域经济发展水平对对口援藏综合技术效率（HATE）具有负向影响，但在统计上不显著

这也表明其对 HATE 的影响目前尚难以确定，验证了相应的理论假设，说明区域经济发展水平对对口援藏效率的影响存在积极影响和消极影响的"两面性"，可以通过两种不同作用机制共同影响对口援藏的综合效率，并且实际作用方向并不唯一。

事实上，自对口援助在西藏实施以来，两种作用机制同时起到正负两方面的影响作用。一方面，自 1994 年开始，以经济建设为中心的经济发展和社会的局势稳定一直是西藏经济社会发展的核心目标，随着对口援助资源的不断输入，西藏经济社会发展进程明显加快，经济发展长期处于"快车道"，中央对西藏经济发展与政治局势的要求也从"加快发展、基本稳定"转变为"跨越式发展、长治久安"。在此背景下，西藏各地区宏观经济发展环境得到很大改善，区域经济发展水平纵向上比较均有明显提高，各地区的资源配置能力和使用效率也得到了提升，各地区自身经济发展水平与自身的对口援助综合效率具有正向关联性。另一方面，从微观上看，在具体的对口援助机制运行体系下，区域经济发展水平的高低始终成为考核对口援助绩效的最重要指标之一，因此，在援藏干部的需求偏好下，边际产出相对较高的城镇地区极易成为对口援助资金、项目和人才投入的重点，而长期以来，西藏农牧区发展落后、公共服务基础差、社会保障能力低、农牧民收入水平有限等比较突出的问题并未

得到明显改善，从理应成为对口援藏最终受益者的西藏基层农牧民的视角来看，对口援藏效率总体上的较高或者说对口援藏总体上的"成功"，实际上也暗含着局部地区、局部领域的无效，对西藏农牧民需求的满足程度较低正反映了对口援藏预期目标尚未能完全实现。所以，从这个意义上来说，随着某个地区经济发展水平提高，对该地区对口援藏效率的提升反而产生了负面影响。

进一步来看，区域经济发展水平对对口援藏纯技术效率（HAPTE）具有正向影响，对对口援藏规模效率（HASE）产生负向影响，并且均在相应的统计检验水平下显著。由此可知：①区域经济发展水平对对口援藏综合效率的正反两面性影响确实存在，并且可以从对口援藏综合效率的分解指数上来区分区域经济发展水平对对口援藏综合效率产生的正向影响与负向影响。②区域经济发展水平越高，越有利于提高该区域的对口援助纯技术效率，而对该区域对口援助规模效率却产生不利影响。其原因可能在于，区域经济发展水平较高的地区具有较高的管理水平和技术水平，以及良好的宏观制度环境，该区域对口支援的纯技术效率就越高。而按照对口支援关系来看，经济较发达的地区援藏资源投入最多，由于对口援助采取"地对地"的分散化支援办法，资金、项目、人才等资源均缺乏宏观层面上的统筹机制和区域协作机制，导致资金投入相对分散、规模小、规模收益较低，而且生产经营性援建项目较少，产生的经济效益也较差。但在经济较落后地区，由于援助资源投入本身较少，易于集中，项目选择较为灵活，"船小好调头"，更能将有限的援藏资源使用到广大农牧民最迫切需求的民生领域（如农林牧水、科教文卫），反而有利于规模效率的提高。事实上，西藏区域经济发展的不平衡性已使得位于藏中南地区的拉萨、林芝、山南等经济较发达地区在技术进步、管理水平和宏观政策等方面均优于其他地区，有利于提高这些区域对口援助的资源使用效率，但规模效率却难以得到较大提升。

（二）中央财政补贴对对口援藏综合技术效率的影响显著为负，但影响程度较小，即国家对西藏的财政补贴越多，越不利于对口援助效率的提升，这与理论假设所预期的方向相反

从综合技术效率分解指数的影响因素估计结果来看，中央财政补贴对对口援藏纯技术效率的影响显著为正，对对口援藏规模效率的影响显

著为负，这说明导致中央财政补贴对对口援藏综合技术效率整体影响效应为负，主要原因是其对对口援藏规模效率的负向影响效应高于其对对口援藏纯技术效率的正向影响效应。出现这种结果的可能解释有以下几种。

第一，中央第三次西藏工作座谈会以来，中央对西藏的财政补贴实行"核定基数、定额递增、专项扶持"的优惠政策，由于中央的优惠政策和不断递增的财政援助，进入 90 年代以后，西藏的经济发展出现了良好的态势，西藏社会经济的发展特别是城市经济的发展必须要有中央财政的支撑，否则就会导致社会经济的危机，西藏经济发展离不开中央长期稳定的财政补贴。[①] 因此，西藏的地方财政对中央财政形成了长期的高度依赖性，导致自身的财政自给率一直处于极低水平，自我发展的"造血"能力并没有与宏观经济发展的喜人态势同步提升，中央长期高强度的财政支持，在一定程度上使西藏当地产生一种"依赖思想"，从而减轻了西藏提升自我发展能力的动力。因而，在外来的资金、人才、物资、科技等对口援助资源进入西藏的不同区域、行业和部门后，短期内能够通过建成一批批工程项目使广大人民受益，但由于缺少发展基础（社会、经济社会基础设施和技术人才等）和自生能力较差，援助的收益逐渐减少，最终致使对口援助效率降低。援建项目生存和效益状况的调查表明，相当一部分建成的援助项目的维持和更新，仍需要中央或对口支援的内地政府持续不断的财政支出，中央在西藏投资建设的项目越多，维持这些项目生存和运转的资金需求就越大；按政府计划投资建设的项目在一定程度上造成了资源的闲置和浪费。[②]

第二，尽管自西藏和平解放以来，中央一直给予西藏高额财政补贴，但 20 世纪 80 年代以前的西藏财政支出结构基本上属于"政治性财政"，20 世纪 80 年代以后，随着国家工作重心的转移，推行了改革开放，西藏的财政才真正转移到"经济建设性财政"上。[③] 由于西藏地方长期存在对中央财政的高度依赖，察看其财政收支发现，1994—2000 年，西藏的

---

①　余振、郭正林：《中央财政补贴与西藏经济发展》，《中国藏学》1998 年第 1 期。
②　靳薇：《西藏：援助与发展》，西藏人民出版社 2010 年版，第 165—166 页。
③　余振、郭正林：《中央财政补贴与西藏经济发展》，《中国藏学》1998 年第 1 期。

财政支出主要体现在三个领域：行政管理、基础设施建设和文教卫生，这反映出西藏当时地方政权建设的严重滞后；进入 21 世纪后，公共服务费用所占比例有大幅提升，2010 年，文教、卫生、社区建设和环保支出占 30.4%，2011 年约为 29.7%。[①] 文化教育和卫生医疗费支出的比重有了大幅提高，其比重不仅高于行政管理费，也高于基本建设支出的，这一措施应该说有助于增强西藏社会发展的后劲，但西藏的行政管理费仍占西藏财政总支出的 16.85%，而且支农资金的支出比重不仅没有相应地提高，反而降低了 0.22 个百分点。[②] 这表明中央财政补贴在西藏经济建设中的作用仍然没有充分发挥，对口援助的运行并未能从中获得较大助力。

第三，国家对西藏特殊的财政补贴，不仅改善了西藏的宏观经济制度环境，而且还提升了西藏各地市的项目管理水平、工程技术水平及农牧民的文化素质水平，改善了实施对口援藏的"软环境"，有助于提高对口援助经济生产率的提升，从而提高援助的纯技术效率。但伴随着对口援助资金投入规模的不断扩大，在规模报酬递减规律的作用下，各地区援助的规模收益开始下降，导致对口援助的产出增长速度的减缓甚至下降，从而导致援助的规模效率下降。需要指出的是，这一现象随着西藏各地市财政能力及支出水平的不同而存在区域差异性。

（三）经济体制与对口援藏的综合技术效率、纯技术效率、规模效率均呈正向相关关系，影响程度较强，并且均通过了显著性检验，这与理论预期的方向并不一致

我们认为，出现这一现象可能是西藏经济发展的阶段性特征所造成的。民主改革之前，西藏长期处于政教合一的封建农奴制社会，生产力极其低下，是传统农牧业经济，基本上没有现代工业，商业和手工业也极不发达，这种经济形态是西藏经济发展的"先天性"的缺陷。[③] 和平解放直至改革开放以来，尽管西藏的发展进步巨大，但同内地省区甚至西部其他省区相比，仍存在较大差距，西藏经济底子薄、基础差、规模小及市场本身处于低层次等状况并没有得到实质性改变，虽然经济增长速

① 谢伟民、贺东航、曹尤：《援藏制度：起源、演进和体系研究》，《民族研究》2014 年第 2 期。
② 余振、郭正林：《中央财政补贴与西藏经济发展》，《中国藏学》1998 年第 1 期。
③ 王代远：《全国支援西藏工作的经济社会效益研究》，西藏藏文古籍出版社 2012 年版，第 55 页。

度较快，但增长的绝对额远远无法和内地发达省市相比，同时西藏还是中国整体集中连片的贫困地区。

在这样的经济社会基础条件下，西藏在实现现代化的进程中，需要发挥社会主义公有制经济的主体作用，依靠中央的"总体供给模式"，分阶段地实现发展目标。经济体制是以西藏公有制经济的固定资产投资总额之和与全社会固定资产总额之比来衡量的，该比值越大代表了公有制成分所占比重越大，在市场经济意识淡薄时期，依靠国有经济、集体经济主导西藏的经济社会发展，尤其是城镇经济，将会有利于集中、合理分配和使用资源，提高资源配置效率，表现在能够带动人口就业、提高收入水平、增进社会福利、在经济加快发展向跨越式发展过渡中，效率是西藏经济发展首先应该重视的。因此，在对口援助实施时期，也正是西藏经济形态实现从传统走向现代、从粗放走向集约的重要过渡阶段。

随着国家直接投资建设，以及作为对口援助方的国有企业间接投资的各种不同公有制经济形式在西藏规模不断扩大，当地的投资环境、技术环境和生产环境不断改善，这将有利于提高对口援助的纯技术效率和规模效率，从而对对口援助的经济效率产生正向促进作用。但需要指出的是，随着西藏实现现代化进程的速度加快、市场化经济体制改革的推进，以及市场经济意识在广大农牧民人群中逐渐增强，公有制经济的积极影响作用将会减弱，而个体经济、民营经济、外资经济等非公有制经济形式的发展将会产生更大的推动作用。

（四）教育水平对对口援藏的综合技术效率、纯技术效率、规模效率均有显著的正向影响，理论假设的论断成立

人的因素始终是决定对口援藏效率高低的关键性因素，对口援藏工作是在教育水平极为落后的西藏实施的，援藏工作的开展与西藏的教育"软实力"有密切关联。

尽管内地省市和中央企业精心挑选的援藏行政干部和专业技术人员是对口援藏工作的微观主体，但毕竟数量有限，而且援藏干部刚进藏后一般都不熟悉西藏当地的自然地理环境、人文环境和公序良俗，很多内地的行事方法也不能完全照搬到西藏，因此，援藏项目的实施过程始终不能离开当地广大藏民的参与，而且为了使得更多的藏民成为最终受益人也需要他们参与到对口援藏工作中，例如参与到援藏项目的立项、实施、

后续运行管理，以及资金的使用监督中等，因而，当地人民的素质和能力关系到对口援藏工作的效率高低。

地区受教育水平不断提高，实际上意味着人力资本在不断积累，尤其对于教育水平极其低下的西藏，单位教育成本投入的边际产出效应要高于其他教育水平较高的省区。所以，随着西藏教育水平的提高，人口文化程度水平不断提高，藏民接受新事物的意识和能力也不断增强，学习、掌握和应用先进技术的可能性不断提高，尤其是可以增强广大农牧民掌握现代农业知识与技能的能力，同时也会逐渐培养出一批知识与素质兼具的农村实用型人才，有利于整个地区科技人才的培育和增加，提高地区的科技进步和管理水平，从而对提高对口援藏的纯技术效率、规模效率和综合技术效率具有积极的促进作用。

事实上，和平解放以来，中央和西藏地方对教育的重视程度不断增强，在资金和政策上给予了更多支持。中央第三次西藏工作座谈会后，在地方年度财政预算支出总额中，教育事业经费与教育基建经费占17%，2000年，这一比重提高到20%，从2004年开始，西藏政府明确规定，各地市、县政府必须把地方财政收入的20%用于发展教育。[①] 西藏财政教育经费支出高速增长，1994—2006年，西藏财政支出中用于文教卫生事业的费用共计204.47亿元，年均增长率达15.24%（见图6-11）；2007—2013年，西藏财政教育经费支出投入从33.57亿元增长到107.18亿元，年均增长率高达21.35%，总计481.96亿元（见图6-12）。从1985年党中央部署教育援藏工作以来，全国教育援藏体系已基本形成。援藏主体将大量的援藏项目资金投向了教育、医疗卫生、科技等社会发展重点领域，据不完全统计，1994—2010年，各对口援藏单位共计投入援藏资金32亿多元，大力支持西藏的科教文卫事业。[②] 此外，从1985年开始，中央政府拨出专款在西藏农牧区实行了以寄宿制为主的中小学校办学模式，帮助农牧民子女接受义务教育，在中小学开始实施义务教育"三包"政策，即"包吃、包住、包学习费用"，1988年、1994年、2001年、2005年、

---

①　杨明洪等：《西藏农村公共产品供给及相关问题分析》，四川大学出版社2009年版。
②　王代远：《全国支援西藏工作的经济社会效益研究》，西藏藏文古籍出版社2012年版，第225页。

2006 年及 2007 年中央政府连续 6 次提高西藏农牧民子女教育"三包"经费标准，极大地推动了西藏教育发展，"十二五"期间西藏将基本普及高中阶段教育。在财力支持和各援助方的重视下，西藏的教育水平有了明显提升，西藏的教育事业取得了显著成绩。

目前西藏已实现基本普及九年义务教育、基本扫除青壮年文盲，"两基"人口覆盖率达到 100%，青壮年文盲率由 20 多年前的 70% 下降到 1.8%，全自治区 15 周岁以上人口人均受教育年限达到 6.8 年。[①] 西藏平均每万人中的小学及以上层次学生总人数从 1965 年的 514 人跃升至 1994 年的 1173 人，再至 2013 年的 1682 人；小学学龄儿童入学率、初中毕业生升学率分别从 1982 年的 38.1%、76% 增至 2013 年的 54.1%、99.6%；拥有的技术人员、科学研究人员、统计人员等专业技术人员从 1985 年的 23537 人增至 2013 年的 65798 人，平均每年增加 1457 人。[②] 同时，西藏农村居民劳动力整体文化素质水平有了明显提升，农村劳动力文化程度构成中的文盲或半文盲人数比例由 1998 年的 61.68% 下降为 2012 年的 36%。[③] 这些都极其有利于提高对口援藏的纯技术效率和规模效率。

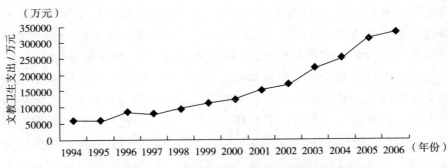

图 6-11   1994—2006 年西藏地方财政文教卫生事业费用支出

---

① 李菁莹、涂超华：《全国教育援藏体系基本形成》，《中国民族报》2009 年 12 月 22 日。
② 根据《西藏统计年鉴》（1995—2014）中相关数据整理计算而得。
③ 根据《中国农业年鉴》（1999、2013）中相关数据整理而得。

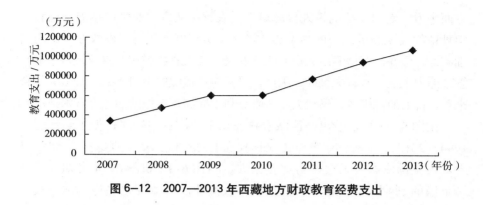

图 6-12　2007—2013 年西藏地方财政教育经费支出

（五）农业发展水平对对口援藏综合技术效率具有显著的正向影响，这与理论假设相一致

从对口援藏综合效率分解指数的影响因素估计结果来看，农业发展水平与对口援藏纯技术效率呈负向相关关系，与对口援藏规模效率呈正向相关关系，并且均通过了显著性检验。以上估计结果表明，样本区间内的农林牧渔业总产值越高，越有利于提高对口援藏综合效率，但这种积极作用主要是通过提高规模效率来实现的。其可能的解释是，农业收入是西藏广大农牧民经济收入的重要来源，也是对口援助的重心，由于农业本身的弱质性特点，再加之西藏传统农牧业为主的经济形态一直占据主导地位，导致边际生产率十分低下，仍处于粗放型生产阶段。在这样极为落后的农业生产条件下，当对口支援资金有倾斜地投向广大农牧区的农田水利基本建设、农业良种体系建设、农业机械化建设及青稞基地建设等农业基础设施领域时，短期内产生的正向效应将会十分显著，可以明显提高农业生产效率，增加农业产出水平。反过来看，对口援藏在西藏农业生产领域的投入处于规模收益递增阶段，投入的资金和人才等规模越大，其产生的收益递增，对口援藏的规模效率越高。但目前对口支援农牧业发展中也存在一些问题，例如，日喀则地区是西藏重要的农业地区，享有"西藏粮仓"之美誉，2012 年日喀则地区的农林牧渔业总产值居全区第一位，粮食产量为 36 万吨，占全区总产量的 37.9%，牧业产值居全区第二位，商品总量占全区总量的60%，但是当前农牧区迫切需求的粮食加工厂、梳绒机等配套的中小型设施的缺口还较大，这对农牧民的生产生活和增收造成了不利影响。从另一

方面来看，对口支援的投入目前对广大农牧民从事农业生产技能培训和科学种植的投入和组织力度尚不够，虽然一定程度上改善了农牧业生产的基础条件，但并没有培养出大批的职业农民，广大农牧民在对农业技术掌握和管理能力上还没有较大突破，因此，导致对口援藏的纯技术效率较低。综合来看，目前的规模效益仍较大，从而有利于提高对口援助的综合技术效率。

由图 6-13 可以看出，西藏农牧业在第一产业中始终占据主导地位，1994—2013 年，农牧业产值占农林牧渔业总产值比重一直保持在 88% 以上。与全国农牧业发展趋势比较来看，由图 6-13 和图 6-14 可知，西藏与全国的农业产值、牧业产值及农林牧渔业总产值变化趋势基本一致，均呈上升趋势；1994—2009 年，西藏农牧业产值占农林牧渔业总产值比重与全国的比重变化趋势保持一致，即总体上均呈下降趋势，但 2009 年之后，全国农牧业产值比重继续下降，而西藏农牧业产值比重开始反弹，呈快速上升趋势；1994—2008 年西藏农业产值始终高于牧业产值，从 2009 年开始，牧业产值首次高于农业产值，而全国农业产值始终高于牧业产值。事实上，西藏农业发展过程与 1994—2013 年的对口援助投入有着密切联系，尤其是 2010 年中央第五次西藏工作座谈会要求各对口支援单位要将投入进一步向西藏农牧区、农牧民倾斜，这对西藏农牧业产值反弹有重要影响，对于提高农业生产效率、增加农牧业产值和改善农业产业结构起到了关键性作用。

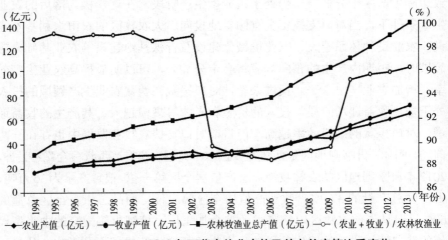

图 6-13   1994—2013 年西藏农牧业产值及其占总产值比重变化

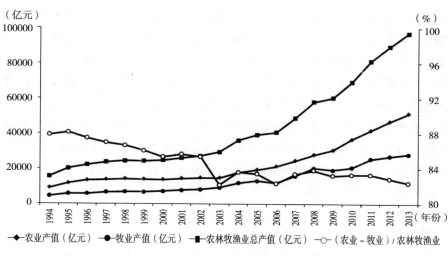

图 6-14 1994—2013 年中国农牧业产值及其占总产值比重变化

（六）城乡消费差距对对口援藏综合技术效率具有显著负向影响，这与理论预期方向一致

从对口援藏综合技术效率分解指数的影响因素估计结果来看，城乡消费差距对对口援藏的纯技术效率及规模效率均具有显著负向影响。这表明城乡消费差距越大，城乡居民生活水平差距越大。可能的原因是，与农牧民相比，城镇居民从对口援助中获得的实际收益更多，最直接的体现是，城镇居民人均可支配收入与农牧民人均纯收入的差距在不断扩大，城镇居民的各项需求均可以得到较充分的满足，而农牧民对教育、医疗、保险、养老、就业、职业技能培训等领域的基本需求还未能得到充分满足。城乡消费差距扩大，意味着城镇具有更强的消费能力和优越的投资消费环境，有利于外界和农牧区的资金、劳动力、人才等要素向城镇集聚，形成集聚经济效应，在极化效应的作用下，城镇不断形成经济增长极，从而可以提高投向城镇的对口援助资源的配置或使用效率，并抑制农牧区对口援助效率的提高。

由图 6-15 可以看出，西藏城乡居民消费差距一直较大，1994—2013年，城镇居民每年人均消费支出始终是农村居民每年人均消费支出的 3 倍以上，并且在 2003 年达到最高点的 7.16 倍，而与全区居民平均消费水平比较来看，在实施对口援助的 20 多年里，农村居民消费水平并未有明显提升，甚至一直低于西藏全区的平均消费水平。进一步来看，由图

6-16 可以得出，1995—2013 年，西藏城乡居民收入差距与城乡居民消费差距变化趋势基本一致，尽管自 2000 年以来，城乡居民收入差距有一定程度缩小，但城镇居民人均可支配收入仍是农牧民人均纯收入的 3 倍以上，这说明城乡收入水平的差距是其消费差距的主要诱因，而城乡消费能力及其导致的投资收益差距，进而会致使西藏全区对口援助纯技术效率及规模效率较低，故西藏城乡消费差距对对口援助的综合技术效率具有负向影响。此外，从图 6-16 中可以看出，城乡就业水平差距一直存在并且没有明显缩小，2010 年西藏每一城镇就业者负担人数是每一农村劳动力负担人数的 1.43 倍。

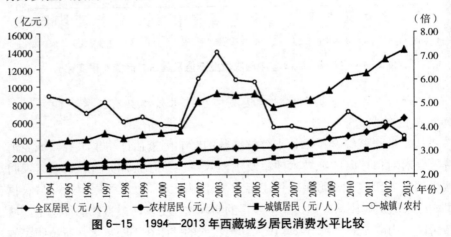

图 6-15　1994—2013 年西藏城乡居民消费水平比较

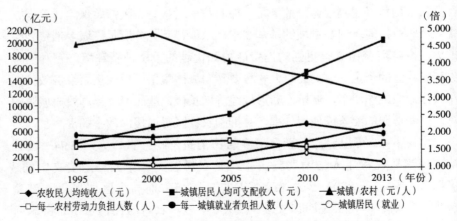

图 6-16　1995—2013 年西藏城乡居民收入与就业水平比较

（七）政策导向虚拟变量与对口援助效率呈显著正向相关关系，说明变量的理论假设成立

从对口援藏综合效率分解指数的影响因素估计结果进一步来看，"两个倾斜"政策导向虚拟变量与对口援藏的纯技术效率及规模效率均呈正向显著相关关系。对于这一现象的可能解释是，"两个倾斜"政策导向明确后，西藏农牧区投资的宏观制度环境有了明显改善，各援藏单元的资金、项目和人才等资源短期内向农牧区、向基层、向农牧民集中，并且主要用于改善农牧区基础设施建设，提高农牧业生产技术水平和农牧民生产技能水平，以及供给农牧民的住房、教育、医疗等，这对增加农牧民收入产生了较为显著的促进作用，提高了对口援助的纯技术效率。与城镇相比较，西藏农牧区的援藏资金投入一直较少，随着农牧区的援助资源不断积累，援助规模不断扩大，在短期内的资源不断集聚，其产生的规模收益递增，因此，对提高对口援助规模效率具有显著促进作用。

西藏是一个农牧民人口占绝大多数的省区，其人口数占全区总人口的比重近 80%，西藏农牧民的民生问题十分突出，民生与民心相连，将对口援藏资金、项目与资源更多地向民生倾斜、向农牧区倾斜、向基层倾斜，对于较快提高农牧民生产生活条件、满足农牧民需求、争取民心具有极其重要的积极作用。援藏项目启动初期，大部分援藏资金用于西藏城镇的基础设施建设和提高城市功能，在政府多次强调援藏资金和项目应突出改善农牧区生产生活条件以及改善民生的要求下，援藏资金从城镇逐渐向农牧区转移，西藏几乎所有的农牧民都从内地援藏项目和资金中受益。[①]2001 年中央援藏政策导向开始转变，提出"两个倾斜"的要求，这对提高对口援藏效率起到了一定的促进作用。2001 年的中央第四次西藏工作座谈会要求今后援藏资金和项目应重点向西藏农牧区倾斜，突出改善农牧民生活这个重点。针对对口援藏工作中项目和资金难以下基层和农牧区的现状，2003 年胡锦涛等中央领导又做出了"援藏项目应突出改善农牧区生产生活条件，改善农牧民生活"的指示和"今后援藏工作应注意把重心向基层倾斜，帮助农牧区群众发展生产，让他们得到更多实惠"的批示。此后，援藏项目、资金和人才的重心逐步发生了转移，

---

① 储叶来：《我国援藏资金投入重点从城镇转向农牧区》，《中国民族报》2007 年 10 月 2 日。

主要向农牧区倾斜，投向支撑农牧区经济发展、改善农牧区生产条件、帮助农牧民增收致富等领域。通过采取小额信贷投放，引进优良种畜，援建蔬菜大棚，实现通水、通电、通路、通广播等措施，实施了安居房、村委会办公场所、图书室、卫生所等一大批民生工程，使农牧民生产生活条件得到极大改善。[①] 在政策导向转变的条件下，短期内政策效应较为显著，对改善农牧区发展基础、改善农牧民生活水平具有较明显的促进作用，但不容忽视的是，农牧区基础条件较落后、农牧民受教育水平仍然较低、农牧业经济效益还不高、发展产业项目面临多种困难等，从长期来看，都可能降低援助资源的产出效益，成为政策效应发挥因素的"瓶颈"。

第四节　本章小结

以第五章对口援藏资源配置效率实证结果为分析基础，本章首先构建了影响对口援藏综合技术效率及其分解指数的面板数据 Tobit 计量模型；其次，从对口援藏所处的内外部宏观经济制度环境出发，梳理了影响对口援藏效率的主要因素，并对区域经济发展水平、中央财政补贴、经济体制、教育水平、农业发展水平、城乡消费差距、政策导向等主要因素的影响方向进行了理论分析及预先判断，然后选取了具有代表性的量化指标作为各影响因素的代理变量；再次，对构建的面板数据 Tobit 模型进行了计量分析，得到参数估计的实证结果；最后，与理论假设相对照，对实证结果进行了理论上的解释与分析，并揭示了各因素对对口援藏效率产生影响的可能原因及其实际效应，分析结论蕴含了提高对口援藏有效性的政策含义。

---

①　张晓明：《援藏资金要着力向民生倾斜》，《西藏日报》2013 年 3 月 21 日。

第七章

提高对口援藏有效性的对策建议 ①

现有对口援藏模式下，对口援藏的资金、项目、人才和技术等资源投入与农牧民需求之间存在不同程度的偏差，对口援藏的资金使用不够合理，项目管理不够规范，从而导致有限的对口援藏资源未能实现宏观配置的最优化，削弱了对口援藏有效性。为此，改进现有对口援藏模式，提高对口援藏有效性有如下途径：完善对口援藏资金与项目向基层倾斜、向农牧民倾斜的体制机制；广泛吸纳农牧民参与对口援藏项目建设；建立健全对口援藏资源统筹机制；使用法律手段规范对口援藏相关方行为；坚持对口援藏与对口合作并举。

第一节　完善对口援藏资金与项目向民生倾斜的体制机制

一　以保障和改善民生作为对口援藏重心向基层和农牧民倾斜的突破口

中央第五次西藏工作座谈会强调"发展、民生、稳定"这"三件大事"是西藏工作的基本方针，突出了解决民生问题的重要性。虽然西藏存在着主要矛盾和特殊矛盾这"两大矛盾"，但解决途径是要"抓住发展、民生、稳定三件大事"，"以改善民生为出发点和落脚点，更加注重改善农牧民生产生活条件，更加注重提高基本公共服务能力和均等化

---

① 本章中的部分内容已发表。参见王磊、黄云生《提高对口援藏有效性的途径研究——基于农牧民需求的视角》，《贵州民族研究》2014 年第 8 期。

水平"。①

对口援藏资金与项目向基层倾斜、向农牧民倾斜实际上就是要让更多的资金与项目惠及西藏民生，要优先将这些资源用于改善西藏农牧民实际生活的基本生存条件、生活质量和基本的发展机会与能力等实际生活方面，在资金投入和项目建设上重点保障民生。因此，应以改善民生为重点，积极引导对口援藏资金与项目向基层倾斜、向农牧区倾斜、向帮助群众增收等领域倾斜，大力实施教育、医疗卫生、就业、基础设施建设等具有社会效应的民生项目，引导援藏资金与项目集中投向改善农牧民生产生活条件、发展县域经济、提高公共服务能力、扶持落后地区发展等重点领域，重点提高农牧区公共服务水平和社会事业水平，确保经济效益和社会效益相统一，切实达到重点保障民生的目的。同时要加强对口援藏资金与项目的管理，确保项目建设质量，确保项目顺利实施并真正发挥效益，切实让群众得到实惠。要把援藏资金的投入同实现西藏自治区各族群众的根本利益结合起来，同改善农牧民生产生活条件结合起来，使对口援藏工作在农牧区发挥最实在、最大的效益。在项目投放方向上，主要应向基础设施建设倾斜，解决影响地区社会发展的"瓶颈"；向基层倾斜，加大对基层文化、教育、卫生等社会事业的投入；向新农村建设倾斜，积极支持农牧民安居工程与农牧业基础设施建设；向公益性事业倾斜，重点对国家投入不足或暂无投资来源的公益事业进行投入；向产业化发展倾斜，在产业规划上带动民生，不断增强自我"造血"功能，逐步带动群众增加收入。

二　完善对口援藏资金投入与项目选择的决策机制

在西藏对口援藏资金投入和项目选择的决策过程中，农牧民的参与程度并不高，农牧民的需求表达基本上处于"失语"状态，导致农牧区对口援藏供给总体上的结构性失衡。因此，广大农牧民对对口援藏资金与项目的需求表达机制建立就显得尤为重要。同时，由于西藏所面临的复杂外部政治环境和相对滞后的经济发展状况，长期以来，政府对广大

---

① 参见肖方仁《科学发展观视域下的西藏发展——基于对中央第五次西藏工作座谈会精神的理解》，《延安大学学报（社会科学版）》2011 年第 2 期。

城乡社区动态的关注远远高于内地,这导致社会管理体制机制存在"固化"的一面,难以适应市场经济的发展和社会转型期面临的复杂多变的环境。因此,需要减弱或消除对口援藏中"自上而下"决策机制的强制性供给所带来的弊端,实现"自上而下"与"自下而上"有机结合的对口援藏资金使用与项目选择的多中心决策机制。

第一,要以民生改善和福利增进代替现行的以经济增长为核心的政绩评价标准,转变各对口援藏单位单纯追求经济规模和"政绩工程"的工作取向,彻底扭转"重城市、轻农村"、"重投入、轻产出"的工作局面,给予西藏广大基层群众充分表达诉求的权利,避免由于信息不畅而导致的援藏资源使用上的不合理或浪费。

第二,要加强对对口援藏资金投放与项目确立决策权力的约束和监督,尽量避免少数决策者因既有的知识储备、个体偏好或文化价值观差异而导致的在对口援藏资源使用上的决策失误(例如将内地一些发展模式和经验不加论证地盲目照搬到西藏),从而将对口援藏资金与项目真正使用到民生、基层与农牧民群众中去。

第三,要建立健全援藏资金使用和项目选择的决策咨询机构,可以考虑在各援藏单位分片负责的对口支援县区内设立由支援方、受援方地方政府和当地农牧民代表组成的专门性的对口援藏决策咨询机构,主要负责调研论证,确立可行的对口援藏项目,推动对口援藏项目库建设,为对口援藏资金投放和项目选择决策者提供及时有效的决策信息。

三　提高对口援藏资金与项目的管理水平

首先,要充分认识到长期援藏、长期建藏的重要性,加强对口援藏干部队伍建设,建立援藏干部选派的长效机制,提高对口援藏管理机构的工作水平。援藏干部是对口援藏工作中的纽带和桥梁,是牵动对口援藏面向基层、面向民生、面向农牧民倾斜的关键,需要充分发挥他们的作用。各对口援藏单位应将西藏作为培养和锤炼优秀干部的重要阵地,增加援藏干部数量,选派高素质的年轻干部进藏工作,从组织安排上保障对口援藏工作管理水平的提升。

其次,要科学制定对口援藏项目规划,增强对口援藏项目的科学性和针对性。建立健全对口援藏资金与项目管理相关规章制度,明晰对口援藏各方在对口援藏项目选择、施工、竣工、后续管理中的权责，避免出现多头管理。规范对口援藏资金管理，改进现有对口援藏资金拨付方式，尽量减少中间环节，确保资金能够及时到位、对口援藏项目能够按时实施。

再次，要立足西藏经济发展的比较优势和各受援地区的特点，科学规划对口援藏资金使用，合理确定对口援藏项目，努力提高对对口援藏资金与项目的投资管理水平，确保对口援藏资金与项目能够真正用于改善民生，满足广大基层农牧民最迫切的需求，充分发挥对口援藏资金与项目的效益，提高对口援藏资源配置效率。

最后，要强化对对口援藏资金与项目的全程监督与效益评估。项目援藏是对口援藏中最重要的援助方式，无论是哪一种援助方式，最终绝大多数都是通过项目援藏的形式来实现，因而要加强对对口援藏项目的确立、实施、后续管理等一系列过程的监督和效益评估，建立和完善对口援藏项目管理的信息透明制度，加强社会舆论监督，确保对口援藏资金的使用透明和项目运作规范。可以考虑在各对口援藏单位的对口支援地区设立专门对口援藏项目监督与评估机构，对援藏干部代表、相关专业技术人员、当地农牧民群众代表进行监督培训，并组成专门的项目监督小组，负责项目施工、验收使用与后续管理的全程监督与评估。[1]

第二节　广泛吸纳农牧民参与对口援藏项目建设

一　将"参与式"发展理念融入对口援藏项目建设中

"参与式"发展是发展理论体系中的一个新理论视角，它起源于第二次世界大战后世界各国对国际发展援助无效性的反思，是由 20 世纪 60 年代的"社区参与"逐步发展而来的，并于 20 世纪 70 年代逐步形成。20 世纪 90 年代初期，一些主要的援助机构，如世界银行等开始将援助重心和发展重点向促进参与发展方面实行全面转移，于是"参与式"发展方式在发展援助实践中得到应用，并在全世界范围内蓬勃发展起来。经过几十年的发展，参与式发展已经形成一系列的研究与实践方法，并有一整套相关的评估工具。从 20 世纪 90 年代开始，参与式发展方式在

---

① 杨明洪：《对口援藏有效性的理论认识与实现路径研究》，《中国藏学》2014 年第 3 期。

中国兴起。世界银行、联合国开发计划署等组织在中国所资助的农业、林业、环保和社区发展项目取得了较好的成效，由此其涉及领域也逐步扩大到农村能源、卫生保健、妇女、供水、教育等众多领域。"参与式"发展强调要把发展机会赋权给发展的目标群体，最大限度地调动其积极性，激励其自主组织起来，分担不同责任，以实现发展目标，强调发展活动各主体之间的平等关系。

将"参与式"发展理念引入对口援藏项目建设中，就是要强调对口援藏项目建设中的"赋权"和"参与"，特别是农牧民的积极参与，逐步形成"参与式对口援藏模式"。通过参与式对口援藏，一是要让西藏广大农牧民有更多的机会全程参与到对口援藏项目的规划、设计、实施、后续管理等一系列过程中去。援藏干部要通过到基层和农牧区进行充分的调研与论证，与农牧民进行充分交流，建立健全双方的定期对话沟通机制，从农牧民的心理、能力、认知、信仰等方面充分了解其需求和偏好，重视与农牧民进行协商讨论，让农牧民充分参与到对口援藏项目的论证、立项、施工、监管、验收、使用、后续维护及资金管理的整个过程中，根据农牧民的实际需求确定对口援助项目内容及方式，这不但可以降低对口援藏项目建设中的交易成本，还可以形成正向激励，提高对口援藏项目的有效性。二是要优化对口援藏资金投入结构与项目分配结构，不断提高援助于人的发展的社会事业项目比例，逐步改善西藏受援地区农牧民生产生活条件，使对口援藏项目建设过程成为满足农牧民需求的过程。三是要增加发展的机会，促使对口援藏的项目资源从受援县一级逐步向村级转移，以便更好地选择那些经济、政治、文化、生态效益都较好的项目实施援助，使得当地农牧民获得最大的好处。[①]

二　加大农牧民人力资本投资，提高农牧民参与对口援藏项目建设能力

事实上，农牧民参与对口援藏项目建设的程度还取决于农牧民自身的科学文化素质水平、职业技能水平及相关经验。换言之，对于农牧民而言，因受教育程度较低、技能缺乏、不懂汉语和思想较为保守等因素

---

① 周猛：《经济发展理论演变及其对援藏工作的启示》，《西藏研究》2012 年第 2 期。

制约，即便农牧民拥有参与对口援藏项目建设的机会，也往往由于自身的相关能力不足而无法或不能更有效地参与到对口援藏中去，尤其是当与流入西藏的外地劳动力竞争时往往处于劣势。因此，劳动力素质的低下和职业技能的缺失，是制约西藏农牧区参与相关工程建设的决定性因素。要使农牧民更好地参与对口援藏工程项目建设，必须尽快提高西藏的人力资本水平，尤其要加大对农牧民的人力资本投入，提高农牧民的受教育水平和职业技能水平，让农牧民能够适应对口援藏的需要。因此，要大力推进科教兴藏战略，提高农牧民的人口素质。一是优化中央财政补贴对教育投资的结构，提高教育支出所占比重，在巩固和提高西藏农牧区义务教育成果的基础上，稳步增加基础教育投资，加大对高中阶段教育投入，继续实行高中阶段免费教育政策，加快普及高中阶段教育，从整体上提高西藏农牧区的人口素质；二是以西藏经济社会发展需求为导向，大力发展职业技术教育，加大对职业技术教育投入，扩大职业教育规模，尤其要加强农牧区职业教育工作，注重对农牧民进行职业技能培训，培养适应对口援藏项目建设的实用型人才；三是改革传统的教育模式，充分利用远程教育、多媒体教学等现代教育技术手段建立灵活多样的教学形式以适应西藏地广人稀、农牧民居住分散、交通不便的特点。

三　建立健全引导农牧民参与对口援藏项目建设机制

引导农牧民参与到对口援藏项目建设中是实现充分满足农牧民需求和提高对口援藏资源配置效率的关键环节。现行对口援藏模式下，对口援藏并没有很好地将对口援助项目与当地农牧民就业增收结合起来，存在藏区群众的参与度与积极性都比较低的问题。[①] 再加之目前尚没有合理的引导措施，势必会导致农牧民对对口援藏项目建设的关注程度、参与程度和支持力度均较低的问题。因此，要以带动西藏农牧民增收为突破口，建立健全引导农牧民参与对口援藏项目建设机制。

目前对口援藏项目建设在形式上主要有三种：一是"交钥匙工程"，即由对口援藏单位全额拨付项目建设资金并全权负责项目建设，项目建成后交予受援方使用和管理；二是"交支票工程"，即由对口援藏单位

[①]　杨明洪：《对口援藏有效性的理论认识与实现路径研究》，《中国藏学》2014 年第 1 期。

提供建设资金，主要由受援方负责项目建设全过程；三是对口援藏单位在解决项目建设资金的同时，还承担工程设计、监护，而项目建设由受援方承担。

要改进现有对口援藏项目实施机制，想法设法让农牧民参与到整个对口援藏项目实施过程中去，既要保障工程项目建设可以满足当地的需求，又要保证农牧民从工程项目建设中和建成后都受益，并能够直接增加农牧民收入。根据实际，对于采取"交钥匙"方式的援建项目，同等条件下要优先选择西藏本地的施工队伍，不仅可以保障工程质量，还能够增加农牧民收入。对于"交支票"方式和其他方式的援建项目，可以由受援方单独或援受双方共同援建，但同样要优先吸纳农牧民参与对口援藏项目建设。

第三节　建立健全对口援藏资源统筹机制

一　统筹协调对口援藏资金，平衡各区域对口援藏资金投入

现有对口援藏模式下，对口援藏工作存在较为显著的区域不平衡问题。自 1994 年中央第三次西藏工作座谈会决定实施对口援藏以来，各对口支援单位陆续加入援藏行列，经济实力较强的内地省市最先入藏支援，对口支援的基本上是西藏经济发展基础较好、资源禀赋较好的地县，而经济实力较弱的省市随后也加入援藏队伍，对口支援的大都是经济发展基础较差、地理位置偏远、交通不便的地县。[①] 即使是同一个援藏单位，其内部各具体对口支援单位之间也存在经济实力差距，例如湖北省对口支援山南地区，具体的结对关系是，武汉市对口支援乃东县、宜昌市对口支援加查县、襄阳市对口支援琼结县、黄石市对口支援曲松县。由此，形成了"穷帮穷、富帮富"的对口援藏工作局面，而且这一格局在 20 多年的对口援藏中基本保持不变。这就导致了作为受援地区的西藏 7 个地市实际感受到的援助力度呈现出较大的差异，有的地区在以 3 年为周期的对口支援中获得了数亿元的对口支援资金和项目，有利地推动了地区发展，而有的地区仅仅获得了数千万元的援助资金，对本地区发展的作

---

① 详见第三章中的表 3–2、表 3–3 和表 3–4。

用十分微弱。[①] 尤其是在 2010 年中央第五次西藏工作座谈会明确要求各对口援藏省市年度援藏投资实物工作量按照该省市上一年度地方财政一般预算收入的 1‰比例安排之后，由于各对口支援单位实力差异造成的受援地区实际获得的对口援藏资源的差距就更加明显。

为缩小西藏各地区之间较为明显的区域经济发展差距，促进各地县的相对均衡发展，应做到以下几点。一是统筹协调各对口援藏单位，优化现有的对口支援格局，平衡西藏各受援地的对口援藏的资金资源。应根据各对口援助单位的经济实力、受援地发展的实际需要及对口援藏的针对性，按照轻重缓急，分阶段、有步骤地调整现有的对口援藏格局，避免盲目结对。在中央提出的对口支援关系"大稳定、小调整"的原则下，对支持力度相对较弱、困难较多的地区，调整对口支援的匹配结对关系，逐步改变"穷帮穷、富帮富"的局面，目的是使西藏各地的受援力度大体平衡。[②] 二是统筹资金使用，依据各援藏单位实力差距及西藏各地区发展基础差异，明确对口援藏资金与项目向满足农牧民需求的民生领域倾斜的合理比例，避免随意性，造成不必要的资金浪费。三是尝试实行对口援藏资金的投融资方式，在不改变对口援藏资金无偿性质的前提下，设立单独的对口援藏金融机构，统筹管理中央财政拨付给西藏的资金、各对口援藏单位的援藏资金以及其余的社会资金，将所有援藏资金统筹到一个盘子里，按照市场化运作实现增值，定期将增值收益的部分用来平衡各受援地的对口援藏资金投入差距。

二　统筹协调对口援藏人才，充分发挥人才援藏的作用

第一，要结合对口支援地区经济社会发展的实际需要，调整现行对口援藏人才结构，统筹安排对口援藏的行政领导干部和专业技术人员。逐步减少以公务员为主体的各层级的行政领导干部人数，选派高素质、有责任感、工作经验丰富的优秀援藏干部进藏工作，提高援藏行政干部

---

①　王代远：《全国支援西藏工作的经济社会效益研究》，西藏藏文古籍出版社 2012 年版，第309 页。

②　惠晶：《解读：对口援藏会传出九大信号》，http://www.tibet.cn/news/index/xzyw/201408/t20140829_2017145.htm。

的工作效率，增加教师、医疗工作者、科技人员、工程技术人员等专业技术人才数量，消除人才援藏与各受援地区人力资源结构不匹配的问题。

第二，目前援藏干部面临的最大问题是工作行为的短期化现象。1994 年确立的"分片负责，对口支援，定期轮换"援藏方式规定援藏干部定期轮换，对口援藏单位一般把干部轮换期限定为 3 年，个别援藏单位定为一年半（例如中国移动公司）。由于援藏干部在藏工作时间非常短暂，限制了援藏干部应当可以发挥出的重大作用，也间接促使了援藏干部只注重对口援藏资金与项目的短期效益而忽视西藏的长远发展和总体发展。因此，中央政府可考虑将援藏干部工作期限定为 5 年一次轮换，并让援藏干部能够担任实职，赋予权力，并量化工作指标，定期进行绩效考核。[①] 同时，要进一步提高援藏干部待遇，解决援藏干部任职期限内的晋级、待遇等问题，消除其后顾之忧，以吸纳更多的高素质优秀人才进藏工作。

第三，中央有关部门要统筹安排与组织，加强各对口援藏单位人才之间的经验交流，相互借鉴经验，汲取教训，集思广益，共同推进对口援藏工作。

三　完善对口援藏统筹协调组织机构

现行对口援藏模式下，对口援藏的各省市、中央企业和有关国家部委均是独自安排本单位的对口援藏工作，在对口援藏资源管理与使用上并不统一，这就可能造成不同对口援藏单位之间资源配置效率的较大差异。而目前在中央政府层面尚没有设立专门的机构部门来统一管理各对口援藏单位，统筹协调各对口援藏单位的资源使用。为此，要进一步完善现有的对口援藏统筹协调机构，建议在中央政府层面设立宏观管理和协调对口援藏工作的国家机关，直接领导和统一管理各对口援藏省市、中央企业和有关国家部委，协调各对口援藏单位组织开展对口援藏工作，促进各对口援藏单位之间的相互合作。同时，可以考虑在西藏地方政府

[①]　实际上，援藏干部在藏工作 5 年时间已有先例，如 1988 年中央政府下发的《关于为西藏选派干部的通知》中规定，专业技术干部在藏工作的时间为 3 年，党政干部在藏工作的时间为 5 年；1995 年开始的对口援藏规定援藏干部是每 3 年轮换一次，但其中也有少部分援藏干部留在西藏 6 年甚至更长时间。参见张涛《国家干部援藏政策初探及实施若干问题研究》，《西藏发展论坛》2007 年第 3 期，第 42 页。

层面也设立与中央政府相对应的统筹协调组织机构，但这一地方机构主要负责支援方与受援方之间以及各受援方之间的协调工作。通过各统筹协调组织机构的分工合作，协同提高对口援藏工作效率。

第四节　使用法律手段规范对口援藏相关方行为

现行对口援藏主要是依靠中央政府的政治动员而启动，各对口援藏单位主要也是本着完成政治任务而开展对口援藏。因此，在缺乏足够动力与激励的条件下，就容易产生"政绩工程""形象工程""重建设，轻管理"等现象。因此，有必要使用法律手段规范对口援藏各方的行为。具体来说，一是规范中央政府与承担对口援藏任务的内地省市之间的关系。中央政府通过政治动员而启动对口援藏，是在特殊情况下中央政府对内地省市地方政府的授权，内地省市地方政府是中央政府和地方的委托人，中央政府在何种条件下可以调配地方政府资源、以何种方式调配资源、在调配过程中中央政府与地方政府的权利和义务的确定，是需要出台相应的法律来规范的。二是规范援助方政府与受援方政府的关系。虽然援助方地方政府没有明确的法定义务，也没有直接的行政关系来帮助受援方，但双方作为一个整体，都是国家的重要组成部分，密切关联，相互影响，利益相连，彼此"兄弟"般的相互支持理应是责任与义务，因此，通过立法建立地方政府之间由对口援藏而产生的法律关系是必要的。主要是明确援助双方在对口援助中各自分别承担的义务和应有的权利，促进双方的协商与合作，提高援助有效性。三是规范对口援藏项目立项、实施、后续管理等一系列程序。如前文所述，调查中发现，在一些对口援藏项目的立项、实施和后续管理上，尚缺乏广泛征求和充分吸纳各界意见和建议的规范流程。在对口援藏项目建设过程中，对口援藏资金的使用和管理还缺少向全社会公开并接受社会民众监督的规定。因此，需要规范对口援藏项目在立项、实施和后期管理上的程序，可以考虑出台相关的法律法规，让对口援藏项目建设的全过程公开化、规范化、标准化，接受社会各界尤其是西藏广大农牧民的监督与意见反馈，提高对口援藏项目的有效性。

第五节　坚持对口支援与对口合作并举

对口援藏的性质和西藏的发展现实决定了对口援藏初期难以实现真正意义上支援方与受援方经济上的互惠互利和共同发展。从已建成的对口援藏项目来看，主要是基础设施建设、公共服务、改善农牧区生产生活条件等类型，援助方从中难以获取经济利益。然而，第一，承担对口支援主要任务的内地省市并不仅仅是中央政府的代理人，同时也是地方公众的代理人，尤其是在分权化的财政体制下，地方政府是具有独立经济利益目标的公共事务管理主体，在完成对口支援任务的同时，也期望可以获得自身的利益。[①] 第二，目前对口援藏的运行动力主要还是来源于完成中央的政治任务，但在市场经济条件下，由于缺乏足够的动力与激励，主要依靠中央政府的政治动员和行政指令来推进对口援藏工作，从长远来看要实现中央提出的长期建藏目标极有可能会面临重重困境。第三，西藏的各受援地区本身具备发展的资源与条件，只是缺乏将资源和条件优势转化为经济发展的优势，需要外部的帮助。因此，在市场经济条件下，对口援藏要能长期进行下去，具有更强的生命力，就必须探索从无偿援助到互利互惠。从实践看，随着西藏经济社会迅速发展，在某些行业领域、某些地区已经进行了对口合作实践。例如，湖北省华新水泥公司对西藏的产业援藏形成的"华新模式"，就是变"对口援助"为"对口合作"，实现动力机制的变革，将对口援藏融入对口合作之中，实现了"要我援藏"到"我要援藏"的转变，从而获得了援藏的新动力。[②] 事实上，随着西藏经济社会快速发展，基础设施建设不断完善，建立健全互利合作机制的基本条件已经逐渐具备，需要在对口支援的基础上，遵循市场经济规律，大力推进支援方与受援方在不同层次的互利合作，形成对口合作机制。无偿援助与互利合作相结合，"在援助中合作、在合作中援助"，从"单向援助"走向"合作共赢"，共同促进对口援藏资源的优化配置，可以提高对口援藏的有效性。

[①]　参见刘铁《从对口支援到对口合作的演变论地方政府的行为逻辑——基于汶川地震灾后恢复重建对口支援的考察》，《农村经济》2010年第4期。

[②]　杨明洪、项晓峰：《对口援藏的"华新模式"调查与分析》，《民族学刊》2015年第1期。

第八章

研究结论与研究前瞻

　　本书是关于对口援藏有效性的理论与实证研究。首先，基于文献综述与理论基础，在对区域发展援助的理论与实践认知的基础上建立了对口援藏有效性的理论分析框架，对援助、区域发展援助、对口援藏、对口援藏有效性等核心概念进行了辨析与界定，分析了对口援藏运行过程中的主要特征，阐明了对口援藏有效性评价的必要性，并对对口援藏的实践进行了总体上的分析与认知，厘清了对口援藏与区域发展援助的关系。其次，具体考察了对口援藏的形成及演进过程，运用制度经济学的相关理论分析和解释了对口援藏的成因、内在动力及变迁方式等，深化了对对口援藏性质的认知。再次，在确立对口援藏有效性衡量和评价方法的基础上，运用实证方法对对口援藏有效性进行了客观评价，得到了对对口援藏的评价结论并分析了其中原因，并对影响对口援藏有效性的主要因素进行了实证，得出各因素的影响方向与程度，以揭示现行对口援藏政策所存在的主要问题，并给出分析与解释。最后，指出了提高对口援藏有效性的主要途径。

第一节　研究结论

　　第一，真正意义上的"援藏"应是内地省市、有关中央和国家机关部委、企业、社会组织等对西藏的无私支援或援助，不包括中央对西藏的财政转移支付和直接投资。其原因在于，从国家行使职能的角度来看，中央政府对于国内任何问题区域均会给予财政转移支付，这是中央政府职能或国家职能的正常发挥，中央对地方的财政转移支付和投资建设实际上是国家现实制度安排的体现。因此，中央对西藏实施的高强度财政转移支付等特殊支持也不应纳入"对口援藏"的范畴，对口援藏仅仅是指内地各省市、有关中央和国家机关部委以及中央企业等对西藏的无私支援或援助。这一活动的基本性质是，在一国内部体系中基于具有平等政治地位和法律地位的主体而进行的经济、文化、社会等方面的交流交往，这种交往与交流带来的是民族的交融，如果从财政学中资金来源与管理的角度来看，内地省市对西藏的对口支援还具有横向财政转移支付的性质。

第二，理解对口援藏有效性应同时从三个层面着眼。一是对口援藏有效性具有援助有效性的一般意义。有效的对口援藏是指对西藏区域发展援助目标的最大程度实现，而对口援藏有效性正反映了对西藏的区域发展援助目标实现程度。二是对口援藏的最终和根本目标。对口援藏有效性应从作为受援方的西藏广大农牧民需求的视角来看，对口援藏的基本目标是经济发展，这也是历次西藏工作座谈会确立的重要目标。对口援藏的最终和根本目标是充分满足广大农牧民的需求，使其具备自我发展能力，具体包括提高广大农牧民的收入水平，改善农牧民生产生活条件，提高农牧区基本公共服务水平等。对口援藏满足农牧民的需求程度也正体现了对口援藏根本目标的实现程度。三是经济学意义上的资源配置效率水平。对口援藏投入了大规模的人力、物力、财力等资源，这些资源的配置效率水平反映了对口援藏的有效性，因而资源配置效率水平可以用于测度对口援藏有效性。基于此，进一步确立衡量对口援藏有效性指标的三个基本原则与依据：满足农牧民需求程度、资源配置效率水平、增进社会福利水平。

第三，西藏特殊的自然地理条件、政治地位、战略地位、民族宗教、历史进程、社会制度和发展基础，以及经济发展中要素相对价格变化导致的资本不足是中央政府对西藏实施发展援助的主要原因。对口援藏的形成及演进是一个制度变迁过程，获取外部收益和节省交易费用是对口援藏形成及演进的动力。尽管对口援藏的形成及演进会产生制度创新成本，但同时对口援藏不仅能够获得更多的制度变迁潜在收益，而且还可以节省交易成本，总体来讲，制度变迁的成本小于制度变迁的潜在收益。

因此，作为一种相对效率更高的制度化安排，对口援藏得以形成并不断
演进。对口援藏制度不断向前发展创新的过程也不同程度地受到了路径
依赖的影响，尤其是当前对口援藏的制度深化会受到路径依赖的制约。
对口援藏的制度变迁主要是在中央政府主导下进行的，但这种制度变迁
又从一定程度上反映了西藏当地人民的利益诉求，因而兼具自上而下的
强制性变迁和自下而上的诱致性变迁特征。对口援藏经历了制度初创和
制度深化两次变迁过程。

第四，对口援藏有效性实证评价结果表明：①总体上看，1995—
2013 年的对口援藏资源配置效率整体上处于较高水平，并未出现资源的
使用效率极低和过度浪费等极端情况，但对口援藏总体上的"粗放"性
质较为明显，有效性仍需提高。从对口援藏资源配置效率的分解结果来看，
规模效率和纯技术效率均未达到最优，其中规模效率低于纯技术效率，
并且规模效率过低是导致综合效率在 2001 年达到最低点的主要原因，这
说明导致对口援藏处于非效率主要是由于对口支援的组织管理水平较低、
技术能力低下、规模效益不高等。②分地区看，对口援藏资源配置效率
存在较为明显的区域差异，样本时期的对口援藏效率在空间分布上存在
"极端化现象"，即在西藏经济最为发达地区和最为落后地区这"两极"
的效率均较高，而在经济发展水平居中地区的效率较低。在不同时期，
导致西藏各地市对口支援效率差异的原因存在差异，但技术进步对所有
受援地区的对口支援效率增长的贡献均越来越重要，即各地区在对口支
援效率增长的贡献因素上存在"趋同化现象"。对口援藏资源配置效率
并不存在收敛现象，表明在对口支援西藏各地市过程中，对口支援的效
率差异有逐步扩大的趋势，这将对各地区的协调发展造成不利影响，也
不利于统筹协调对口援藏。③从资源配置效率变动上看，样本区间内对
口援藏全要素生产率在波动中略有上升，总体上呈"粗放型增长"，即
农牧民收入提高和经济高速增长主要是以更高的对口支援资源的投入为
代价。对口援藏全要素生产率增长主要依赖于技术进步的贡献，但技术
进步的贡献提升空间还较大。技术效率处于下降趋势的恶化状况表明，
如果长期只单纯地依靠技术进步而忽视技术效率提高，将可能导致对口
援藏资源的浪费和扭曲配置。因此，在对口援藏过程中需要更加重视管
理效率的提高和生产经验的积累以提高技术效率。④从效率变动的空间

分布上看，样本时期内仅有拉萨、林芝、那曲三个地区对口支援的全要素生产率有不同程度增长，而且都主要来源于技术进步的贡献，而日喀则、山南、昌都、阿里等地对口支援的全要素生产率均有不同程度下降，其中，日喀则和昌都是由技术进步率下降和技术效率下降所引致，山南是由技术效率降低引起，而阿里则是由技术进步率下降造成。

第五，对口援藏有效性的主要影响因素实证结果显示：①西藏经济发展水平与对口援藏综合效率之间存在双向格兰杰因果关系；中央财政补贴与对口援藏综合效率之间存在单向格兰杰因果关系，表明在中央对西藏的总体供给模式下，中央对西藏财政转移支付的不断增加对对口援藏综合效率变化能够产生影响；从西藏经济体制到对口援藏综合效率的单向格兰杰因果关系存在，表明西藏的国有企业改革、私有制经济发展等体制改革对对口援藏综合效率能够产生直接影响；西藏教育水平是对口援藏综合效率的格兰杰原因，但反之则不成立，可以预期西藏教育水平的提升对提高对口援藏综合效率具有重要作用；西藏农业发展水平与对口援藏综合效率之间存在单向因果关系，即西藏农业发展水平是对口援藏综合效率的格兰杰原因，而对口援藏综合效率并不是西藏农业发展水平的格兰杰原因；对口援藏综合效率是城乡消费差距的格兰杰原因，反之则格兰杰因果关系不显著，间接表明对口援藏资源配置的效率高低会导致西藏城乡收入分配的不均衡，进而引起城乡消费差距拉大。②经济体制、教育水平、农业发展水平、政策导向四个影响因素对对口援藏有效性产生显著正向影响，其中，经济体制的影响程度最大，其余因素的影响程度相近；中央财政补贴和城乡消费差距对对口援藏有效性具有显著负向影响，但中央财政补贴对对口援藏有效性的影响程度较小；区域经济发展水平对对口援藏资源配置效率的影响存在积极消极的"两面性"，说明其可以通过两种不同作用机制共同影响对口援藏的综合效率，实际作用方向难以确定。此外，各主要影响因素对对口援藏综合效率分解的纯技术效率和规模效率的作用方向和影响程度各不相同，通过分别作用于纯技术效率和规模效率进而形成对对口援藏综合效率的影响效应。

第二节   研究前瞻

由于各种原因，西藏的相关数据缺失严重或难以获取，以至于学术界对西藏的定性分析和微观个案调查研究较多，而有针对性的宏观实证研究较少，针对对口援藏的相关数据就更是少之又少，因此导致现有研究中多采取实地调查以获取相关数据的方法。限于数据的可得性，本书在现有条件下利用可获取的资料，尝试对对口援藏有效性相关问题进行实证分析，难免会出现受数据的全面性和真实性等因素的制约而导致的某些偏差甚至谬误，但科学研究本来就是不断试错的过程，一步成功的结论难免不引起质疑，唯有敢于迈出探索的第一步，才有可能获得对未知事物新的发现。本书的不足之处主要有如下几点：一是受限于西藏相关数据的缺失或难以获取，对衡量对口援藏有效性的指标选取还不够全面，对对口援藏在经济维度之外的政治、文化、生态等维度产生的有效性分析较少。二是实证分析主要体现了对口援藏的资源配置效率水平和满足农牧民需求程度，而对增进社会福利水平的定量体现尚显不足。由于对口援藏体系十分复杂，本书只是宏观上的局部性问题研究，仍然留存有很多问题需要进一步研究，例如承担对口援藏任务的内地省市、中央企业及中央有关部委各自对口支援的运行体系、工作机制、项目与资金管理方式究竟怎样，有什么差异？对口支援有效性评价选择的相关指标是否具有科学性、典型性和代表性，是否有进一步优化的空间？西藏各受援地区县级层面上的对口支援有效性如何？影响对口援藏有效性各因素的作用机理是怎样的？如何具体设计农牧民参与对口援藏项目的激励制度？对口援藏的最终走向如何，是否会在某一时期终止？这些也正是以后需要深入研究的方向。

参考文献

1. ［美］埃德加·M.胡佛、弗兰克·杰莱塔尼：《区域经济学导论》，郭万清等译，上海远东出版社 1992 年版。

2. ［加拿大］安德鲁·马丁·菲舍尔：《国外西藏与其他藏区经济社会研究参考文选（打印稿）》，中国藏学研究中心编译，2002 年。

3. 白玛朗杰等：《中国西藏农村扶贫开发报告（2011）》，西藏藏文古籍出版社 2012 年版。

4. 北京大学社会学人类学研究所、中国藏学研究中心：《西藏社会发展研究》，中国藏学出版社 1997 年版。

5. 蔡璟孜：《横向财政均衡理论框架下我国省际对口支援研究》，硕士学位论文，复旦大学，2012 年。

6. 车维汉：《发展经济学》，清华大学出版社 2006 年版。

7. 陈静：《区域经济发展中的对口援助模式与运行研究》，博士学位论文，西南财经大学，2013 年。

8. 陈秀山、张可云：《区域经济理论》，商务印书馆 2003 年版。

9. 陈耀：《对欠发达地区援助的国际经验》，《经济研究参考》2000 年第 28 期。

10.陈志刚：《对口支援与散杂居民族地区小康建设——来自江西省少数民族地区对口支援的调研报告》，《中南民族大学学报（人文社会科学版）》2005 年第 3 期。

11.储叶来：《我国援藏资金投入重点从城镇转向农牧区》，《中国民族报》2007 年 10 月 2 日。

12.［赞比亚］丹比萨·莫约：《援助的死亡》，王涛、杨惠等译，世界知识出版社 2010 年版。

13. ［美］道格拉斯·诺思：《理解经济变迁过程》，钟正生、刑华中国人民大学出版社 2013 年版。

14. 东方瀛：《现代汉语辞海》，中国书籍出版社 2005 年版。

15. 杜栋、庞庆华、吴炎：《现代综合评价方法与案例精选》，清华大学出版社 2008 年版。

16. 段铸、伍文中：《我国对口支援改革方向的思考》，《华中师范大学学报（人文社会科学版）》2014 年第 1 期。

17. 方福前：《福利经济学》，人民出版社 1994 年版。

18. 范远江：《西藏草场制度变迁的实证分析》，《华东经济管理》2008 年第 7 期。

19. 高鸿业：《西方经济学（微观部分）》，中国人民大学出版社 2004 年版。

20. 高铁梅：《计量经济分析方法与建模：Eviews 应用及实例》，清华大学出版社 2009 年版。

21. 孕玛多吉、靳昊：《栉风沐雨二十载 同心共筑中国梦——对口援藏 20 年彰显我国制度优越性》，《光明日报》2014 年 8 月 28 日。

22. 龚幼龙、冯学山：《卫生服务研究》，复旦大学出版社 2002 年版。

23. 管仕平：《区域基础研究援助机制研究》，博士学位论文，合肥工业大学，2012 年。

24. 国家民委政策研究室：《国家民委民族政策文件选编（1979—1984）》，中央民族出版社 1988 年版。

25. 郭旭鹏：《我国对口支援的历史演进及发展趋势》，《管理观察》2013 年第 25 期。

26. 韩松、魏权龄：《资源配置的非参数 DEA 模型》，《系统工程理论与实践》2002 年第 7 期。

27. 贺文萍：《从"援助有效性"到"发展有效性"：援助理念的演变及中国经验的作用》，《西亚非洲》2011 年第 9 期。

28. 贺新元：《以毛泽东为核心的第一代领导集体对中央"援藏机制"的理论贡献与积极探索》，《西藏研究》2012 年第 4 期。

29. 贺新元：《中央"援藏机制"的形成、发展、完善与运用》，《西藏研究》2012 年第 6 期。

30.洪银兴：《〈资本论〉的现代解析》，经济科学出版社 2005 年版。

31.胡象明：《广义的社会福利理论及其对公共政策的意义》，《武汉大学学报（社会科学版）》2002 年第 4 期。

32.黄梅波、刘爱兰：《中国对外援助中的经济动机和经济利益》，《国际经济合作》2013 年第 4 期。

33.黄善联：《卫生经济学》，复旦大学出版社 2003 年版。

34.黄少安：《制度经济学》，高等教育出版社 2008 年版。

35.黄玉生等：《西藏地方与中央政府关系史》，西藏人民出版社 1995 年版。

36.蒋京峰、洪明：《欧盟对非洲的援助简述》，《华中科技大学学报（社会科学版）》2004 年第 4 期。

37.姜少敏：《发展援助与中国经济发展》，《教学与研究》2009 年第 5 期。

38.靳薇：《西藏：援助与发展》，西藏人民出版社 2010 年版。

39.靳薇：《西藏援建项目的社会评价与期望》，《民族研究》2000 年第 1 期。

40.靳薇：《援藏项目效益调查报告》，《中国藏学》2000 年第 3 期。

41.靳薇：《和平解放后援藏项目社会经济效益研究（上）》，《西南民族大学学报（人文社科版）》2005 年第 2 期。

42.靳薇：《和平解放后援藏项目社会经济效益研究（下）》，《西南民族大学学报（人文社科版）》2005 年第 3 期。

43.靳薇：《项目援助与西藏经济发展》，《西北民族研究》2008 年第 4 期。

44.靳薇：《干部援藏的成就与局限》，《科学社会主义》2010 年第 6 期。

45.［美］N.D.克里斯托夫：《援助：是否有效？》，护帆摘译，《国外社会科学》2007 年第 2 期。

46.雷雨霆：《抓住对口支援机遇加快地区经济发展》，《西藏研究》1996 年第 4 期。

47.李菁莹、涂超华：《全国教育援藏体系基本形成》，《中国民族报》2009 年 12 月 22 日。

48.李全棉：《援藏工作要坚持长期性与创新性并举》，《西藏日报（汉）》2014 年 6 月 7 日。

49.李曦辉：《援藏与西藏经济社会 50 年变迁》，《中央民族大学学报（哲学社会科学版）》2000 年第 5 期。

50.李小云、唐丽霞、武晋：《国际发展援助概论》，社会科学文献出版社 2009 年版。

51.李兴乾：《国际有效援助的管理困境》，《国家行政学院学报》2007 年第 6 期。

52.李燕凌：《基于 DEA-Tobit 模型的财政支农效率分析——以湖南省为例》，《中国农村经济》2008 年第 9 期。

53.李中锋、杨明洪：《共享型经济发展方式研究——以西藏为例》，《中国藏学》2009 年第 2 期。

54.梁文燕、杜育红：《基于 DEA-Tobit 模型的中国西部农村小学效率研究》，《北京大学教育评论》2009 年第 4 期。

55.梁文永、张富强：《德国财政转移支付制度的特色》，《中国财政》2008 年第 4 期。

56.梁小民：《微观经济学》，中国社会科学出版社 1996 年版。

57.林毅夫：《再论制度、技术与中国农业发展》，北京大学出版社 2000 年版。

58.林毅夫：《关于经济学方法论的对话》，《东岳论丛》2004 年第 5 期。

59.刘贵彬、杜磊：《美国西部开发实践及其对我国对口支援西部地区工作启示研究》，《实事求是》2013 年第 2 期。

60.刘国柱:《罗斯托的发展援助理论评析》,《河北师范大学学报（哲学社会科学版）》2006 年第 6 期。

61.刘天亮：《 援藏 20 年，翻过米拉山口更向前》，《人民日报》2014 年 8 月 26 日。

62.刘铁：《从对口支援到对口合作的演变论地方政府的行为逻辑——基于汶川地震灾后恢复重建对口支援的考察》，《农村经济》2010 年第 4 期。

63.刘玉：《中国区域政策》，经济日报出版社 2007 年版。

64. 刘振铎：《现代汉语辞海》，黑龙江人民出版社 2002 年版。

65. ［英］罗伯特·卡森：《援助的效果》，《金融与发展（年刊）》1986 年。

66. 卢现祥：《西方新制度经济学》，中国发展出版社 1996 年版。

67. 罗莉、拉灿：《西藏 50 年（经济卷）》，民族出版社 2001 年版。

68. 罗绒战堆：《小康战略目标下西藏农牧民收入问题研究》，《中国藏学》2014 年第 1 期。

69. ［美］罗斯托：《经济成长的阶段——非共产党宣言》，商务印书馆 1962 年版。

70. 罗湘衡：《政府间财政平衡体系与府际关系的调整——以统一后的德国为例》，《上海行政学院学报》2012 年第 2 期。

71. ［美］曼昆：《经济学原理》，梁小民译，生活·读书·新知三联书店、北京大学出版社 1999 年版。

72. 马戎：《西藏的人口与社会》，同心出版社 1996 年版。

73. 马戎：《超越"援助"与"感恩"》，《南风窗》2010 年第 10 期。

74. 马戎：《西藏社会发展研究》，民族出版社 2011 年版。

75. 马戎：《重思援藏项目的经济和社会效益——为斯薇〈援助政策与西藏经济发展〉序》，《青海民族研究》2011 年第 4 期。

76. 马兹晖：《中国地方财政收入与支出——面板数据因果性与协整研究》，《管理世界》2008 年第 3 期。

77. ［美］米尔顿·弗里德曼：《弗里德曼文萃》，胡雪峰、武玉宁译，首都经济贸易大学出版社 2001 年版。

78. 倪文杰：《现代汉语常用词辞海（第三卷）》，中国建材工业出版社 2001 年版。

79. 宁世群：《中央第三次西藏工作座谈会以来西藏的发展与进步》，《中国藏学》1997 年第 3 期。

80. ［美］诺思：《制度、制度变迁与经济绩效》，杭行译，格致出版社、上海三联书店、上海人民出版社 2014 年版。

81. 潘久艳：《全国援藏的经济学分析》，四川大学出版社 2009 年版。

82. 潘久艳、周红芳：《全国援藏：改革路径与政策回应》，《中共四川省委省级机关党校学报》2010 年第 2 期。

83. 庞元第:《市场经济与西藏对口支援》,《西藏大学学报(汉文版)》1997 年第 1 期。

84. 彭云:《战后国际援助潮流评析——发展轨迹及其特点》,《湖南师范大学社会科学学报》2008 年第 5 期。

85. 钱尚瑞:《经济效益综合评价方法研究》,杭州大学出版社 1997 年版。

86. 乔元忠:《全国支援西藏》,西藏人民出版社 2002 年版。

87. 上海市第六批援藏干部江孜小组:《援藏工作资料汇编(2010 年 6 月—2013 年 5 月)》,2013 年。

88. 尚晓援:《"社会福利"与"社会保障"再认识》,《中国社会科学》2001 年第 3 期。

89. [美]斯图亚特·R.林恩:《发展经济学》,王乃辉等译,格致出版社、上海三联书店、上海人民出版社 2009 年版。

90. 宋月红:《中央扶持和全国支援西藏》,《当代中国史研究》2008 年第 4 期。

91. 宋月红:《改革开放新时期全国支援西藏》,《百年潮》2009 年第 10 期。

92. 孙同全:《国际发展援助中"援助依赖"的成因》,《国际经济合作》2008 年第 6 期。

93. 孙勇:《西藏:非典型二元结构下的发展改革》,中国藏学出版社 2000 年版。

94. 孙勇:《西藏社会稳定研究中的几个问题》,《藏学学刊》2010 年第 6 辑。

95. 孙勇:《从制度理论角度解析中央西藏工作座谈会内涵》,《西藏研究》2010 年第 2 期。

96. 孙勇:《维护西藏地区社会稳定对策研究》,《西藏社会科学院》2012 年。

97. 孙勇:《西藏与邻省藏区稳定研究视域与思路》,《四川大学学报(哲学社会科学版)》,2015 年第 1 期。

98. 孙月平、刘军、谭军:《应用福利经济学》,经济管理出版社 2004 年版。

99.谭崇台：《发展经济学概论》，武汉大学出版社 2008 年版。

100.唐丽霞、李小云：《印度的对外援助评述》，《南亚研究季刊》2013 年第 3 期。

101.唐幼纯等：《系统工程——方法与应用》，清华大学出版社 2011 年版。

102.王安民：《援藏，我们共同的事业》，《中国西藏》2005 年第 4 期。

103.汪淳玉、王伊欢：《国际发展援助效果研究综述》，《中国农业大学学报（社会科学版）》2010 年第 3 期。

104.王代远：《全国支援西藏工作的经济社会效益研究》，西藏藏文古籍出版社 2012 年版。

105.王俊敏：《完善对口支援互动机制刍议》，《理论研究》2013 年第 1 期。

106.王建新：《对口援藏项目享受优惠政策》，《人民日报》2001 年 11 月 5 日。

107.王金波：《日本对非援助战略研究》，《国际经济合作》2011 年第 2 期。

108.王磊、黄云生：《提高对口援藏有效性的途径研究——基于农牧民需求的视角》，《贵州民族研究》2014 年第 8 期。

109.王良健等：《土地供应绩效评估及影响因素的实证研究》，《中国人口·资源与环境》2014 年第 10 期。

110.王硕、张礼兵、金菊良：《系统预测与综合评价方法》，合肥工业大学出版社 2006 年版。

111.王玮：《中国能引入横向财政平衡机制吗？——兼论对口支援的改革》，《财贸研究》2010 年第 2 期。

112.王伟、任苒：《卫生服务可及性概念与研究进展》，《中国卫生经济》2011 年第 3 期。

113.王小彬：《经略西藏——新中国西藏工作 60 年》，人民出版社 2009 年版。

114.王小强等：《把西藏经济的"输血机制"转变为"造血机制"》，《经济研究》1985 年第 1 期。

115.王学军：《欧盟对非洲政策新动向及其启示》，《现代国际关系》

2010 年第 7 期。

116. 王雅梅：《欧盟区域政策研究》，博士学位论文，四川大学，2005 年。

117. 汪艳丽：《对外发展援助的有效性问题与德国的援助》，《德国研究》2011 年第 4 期。

118. 王一鸣：《中国区域经济政策研究》，中国计划出版社 1998 年。

119. 王永才：《对口支援民族地区的问题与法治反思》，《黑龙江民族丛刊》2014 年第 2 期。

120. 王永莉：《西部民族地区自我发展能力的培育——基于对口援助西藏扎囊县为例》，《西南民族大学学报（人文社会科学版）》2013 年第 10 期。

121. 魏后凯：《"十一五"时期中国区域政策的调整方向》，《学习与探索》2006 年第 1 期。

122. 魏权龄：《评价相对有效性的 DEA 模型》，《发展战略与系统工程——第五届系统工程学会年会论文集》，1986 年。

123. 魏权龄：《数据包络分析》，《科学通报》2000 年第 17 期。

124. 温军：《西藏农业可持续发展战略研究》，博士学位论文，中国科学院，1999 年。

125. 温军：《西藏经济发展战略问题探讨》，《中国藏学》2003 年第 1 期。

126. 温军：《中国少数民族经济政策稳定性评估（1949—2002 年）（下）》，《开发研究》2004 年第 4 期。

127. 吴波：《日本对非洲官方发展援助战略》，《西亚非洲》2004 年第 5 期。

128. 武晋、张丽霞：《国际发展援助的协调：回顾与述评》，《中国农业大学学报（社会科学版）》2012 年第 4 期。

129. 吴娜：《17 个省市对西藏 7 个地市实行对口援助》，《光明日报》2011 年 6 月 13 日。

130. 邬晓霞、魏后凯：《国外援助衰退产业区政策措施评介》，《经济学动态》2009 年第 4 期。

131. 邬晓霞、魏后凯：《国家区域援助政策的理论依据、效果及体系构建》，《中国软科学》2009 年第 7 期。

132. 邬晓霞：《中国国家区域援助政策体系研究》，首都经济贸易大学出版社 2011 年版。

133. 邬晓霞：《中国国家区域援助政策的沿革及调整方向》，《发展研究》2011 年第 8 期。

134. 邬晓霞：《国家区域援助政策的国际经验及对中国的启示》，《经济研究参考》2011 年第 33 期。

135. 吴燕妮：《欧盟发展援助政策的有效性问题及解决》，《欧洲研究》2010 年第 3 期。

136. 席艳乐、曹亮、陈勇兵：《对外援助有效性问题研究综述》，《经济学动态》2010 年第 2 期。

137. 肖方仁：《科学发展观视域下的西藏发展——基于对中央第五次西藏工作座谈会精神的理解》，《延安大学学报（社会科学版）》2011 年第 2 期。

138. 晓勇：《林业援藏"提速"生态保护与建设》，《西藏日报（汉）》2014 年 8 月 31 日。

139. 谢伟民、贺东航、曹尤：《援藏制度：起源、演进和体系研究》，《民族研究》2014 年第 2 期。

140. 许亮：《美国援助非洲政策评析》，《西亚非洲》2010 年第 7 期。

141. 徐阳光：《横向财政转移支付立法与政府间财政关系的构建》，《安徽大学学报（哲学社会科学版）》2011 年第 5 期。

142. 徐志民：《中共中央援藏工作述论》，《济南大学学报（社会科学版）》2012 年第 3 期。

143. 薛剑符、李海红：《援藏进程中的西藏自我发展能力提升》，《西藏大学学报（社会科学版）》2014 年第 1 期。

144. 颜鹏飞、王兵：《技术效率、技术进步与生产率的增长：基于 DEA 的分析》，《经济研究》2004 年第 12 期。

145. 杨道波：《地区间对口支援和协作的法律制度问题与完善》，《理论探索》2005 年第 6 期。

146. 杨东升：《国外经济援助的有效性》，《经济研究》2007 年第 10 期。

147. 杨东升、刘岱：《国外经济援助的有效性：基于代际利他视角的研究》，《南方经济》2007 年第 12 期。

148. 杨峰：《西藏农村公共产品供给效率研究——基于农牧民的视角》，博士学位论文，四川大学，2011 年。

149. 杨明洪等：《西藏农村公共产品供给及相关问题分析》，四川大学出版社 2009 年版。

150. 杨明洪、孙继琼：《中央财政补助对西藏经济发展和收入分配的影响分析》，《西南民族大学学报（人文社会科学版）》2009 年第 7 期。

151. 杨明洪：《对口援藏有效性的理论认识与实现路径研究》，《中国藏学》2014 年第 3 期。

152. 杨明洪：《经济援藏：实现西藏与内地融合发展的桥梁》，《中国民族报》2014 年 8 月 29 日。

153. 杨明洪、项晓峰：《对口援藏的"华新模式"调查与分析》，《民族学刊》2015 年第 1 期。

154. 佚名：《厂厂包社 对口支援——论工业支援农业技术改造的新形势》，《山西日报》1960 年 3 月 20 日。

155. 殷存毅：《区域发展与政策》，社会科学文献出版社 2011 年版。

156. 余珊：《我国政府间财政转移支付制度的绩效研究》，硕士学位论文，西南大学，2006 年。

157. 俞晓晶：《从对口支援到长效合作：基于两阶段博弈的分析》，《经济体制改革》2010 年第 5 期。

158. 于永利：《省际对口支援的制度优化——基于国际双边援助的参照》，《今日中国论坛》2013 年第 15 期。

159. 余振、郭正林：《中央财政补贴与西藏发展》，《中国藏学》1998 年第 1 期。

160. ［英］约翰、伊特韦尔：《新帕尔格雷夫经济学大辞典》，经济科学出版社 1996 年版。

161. 曾晋鲁：《加大援藏力度实现西藏经济社会的跨越式发展》，《西藏科技》2002 年第 7 期。

162. 张敦富：《城市经济学原理》，中国轻工业出版社 2010 年版。

163. 张海冰：《发展引导型援助：中国对非洲援助模式探讨》，《世界经济研究》2012 年第 12 期。

164. 张可云：《区域经济政策》，商务印书馆 2005 年版。

165. 张丽娟、朱培香：《美国对非洲援助的政策与效应评价》，《世界经济与政治》2008 年第 1 期。

166. 张丽君：《区域经济政策》，中央民族大学出版社 2006 年版。

167. 张培刚、张建华：《发展经济学》，北京大学出版社 2009 年版。

168. 张琪：《20 年援藏为西藏发展稳定注入强大动力》，《西藏日报（汉）》2014 年 8 月 25 日。

169. 张启春、陈秀山：《缩小东西部差距：德国财政平衡制度及借鉴》，《国家行政学院学报》2004 年第 1 期。

170. 张淑霞、王立中：《德国、韩国财政转移支付制度的启示》，《金融时报》2014 年 9 月 1 日。

171. 张涛：《国家干部援藏政策初探及实施若干问题研究》，《西藏发展论坛》2007 年第 3 期。

172. 张文彤、邝春伟：《SPSS 统计分析基础教程》，高等教育出版社 2011 年版。

173. 张晓明：《援藏资金要着力向民生倾斜》，《西藏日报》2013 年 3 月 21 日。

174. 张晓峒：《Eviews 使用指南与案例》，机械工业出版社 2012 年版。

175. 张永蓬：《国际援助理论演变与国际援助非洲面临的挑战》，《亚非纵横》2012 年第 4 期。

176. 赵明刚：《中国特色对口支援模式研究》，《社会主义研究》2011 年第 2 期。

177. 中共西藏自治区委员会宣传部：《中央第五次西藏工作座谈会精神宣讲提纲》，《西藏日报（汉）》2010 年 3 月 10 日。

178. 中共中央文献研究室：《西藏工作文献选编（1949—2005 年）》，中央文献出版社 2005 年版。

179.《中国共产党西藏工作理论与实践若干重大问题研究》课题组：《中国共产党西藏政策的内涵及决策模式研究》，《中国藏学》2011 年第 2 期。

180. 中国社科院语言研究所语言编辑室：《现代汉语词典》，商务印书馆 2006 年版。

181.钟开斌:《对口支援:起源、形成及其演化》,《甘肃行政学院学报》2013 年第 4 期。

182.周宝根:《援助促进受援国发展吗?——国外发展援助有效性的学理纷争》,《国际经济合作》2009 年第 5 期。

183.周华林、李雪松:《Tobit 模型估计方法与应用》,《经济学动态》2012 年第 5 期。

184.周洁:《欧盟官方发展援助政策演变及有效性研究》,硕士学位论文,华东理工大学,2014 年。

185.周猛:《经济发展理论演变及其对援藏工作的启示》,《西藏研究》2012 年第 2 期。

186.周强、鲁新:《发达国家官方发展援助新趋势》,《国际经济合作》2011 年第 11 期。

187.周晓丽、马晓东:《协作治理模式: 从"对口支援"到"协作发展"》,《南京社会科学》2012 年第 9 期。

188.周玉渊、唐翀:《欧盟对非援助协调新变化及对中国的启示》,《教学与研究》2013 年第 7 期。

189.朱丹丹:《国际援助体系与中国对外援助:影响、挑战及应对》,《国际经济合作》2013 年第 3 期。

190.朱帆等:《基于数据包络分析(DEA)的西藏农业生产效率分析——以日喀则地区为例》,《农业系统科学与综合研究》2011 年第 2 期。

191.朱健刚、王超、胡明:《责任·行动·合作: 汶川地震中 NGO 参与个案研究》, 北京大学出版社 2009 年版。

192.朱玲:《西藏农牧区基本公共服务供给与减少贫困》,《管理世界》2004 年第 4 期。

193.祝小芳:《分权模式下的横向财政均衡——德国的经验与启示》,《财政研究》2005 年第 9 期。

194. Arthur Lewis, *The Theory of Economic Growth*, London:Allen and Owen Press, 1955.

195. Banker R. D., Charnes A., Cooper W. W., "Some Models for Estimating Technical and Scale Inefficiencies in Data Envelopment Analysis", *Management Science*, 1984(9).

196. Barro R, J, Sala-i-Martin X, "Convergence across States and Regions", *Brookings Papers on Economic Activity*, 1991.

197. Burnside,Craig and Dollar David, "Aid, Policies, and Growth", *American Economics Review*, 2000,90.

198. Caves D. W., Christensen L. R., Diewert W. E., "The Economic Theory of Index Numbers and the Measurement of Input,Output,and Productivity", *Econometrica*, 1982(50).

199. Charnes A., Cooper W. W., Rhodes E, "Measuring the Efficiency of Decision Making Units", *European Journal of Operational Research*, 1978(2).

200. Chenery Hollis B., Strout Alan M., "Foreign Assistance and Economics Development", *Economics Review*, 1966(56).

201. Chenery Hollis B. et al, *Redistribution with Growth*, London:Oxford University Press, 1974.

202. Coelli T. A., "Multi-stage Methodology for the Solution of Orientated DEA Models ", *European Journal of Operational Research*, 1999,117(2).

203. Doucouliagos, Paldam, "Aid Effectiveness on Growth: A Meta Study ", *European Journal of Political Economy*, 2008,24.

204. Easterly W., "The Ghost of the Financing Gap Testing the Growth Model Used in the International Financial Institutions ", *Journal of Development Economics*, 1999,60(2).

205. Easterly W., Levine R., Roodman D., "Aid, Policies and Growth:Comment ", *American Economics Review*, 2004, 94(3).

206. Emily Ting Yeh, Tamping the Tibetan Landscape:Chinese Development and the Transformation of Agriculture, Ph.D.Dissertation, University of California, Berkeley, 2003.

207. Fischer, Andrew Martin, Poverty by Design: The Economics of Discrimination in Tibet, Montreal:Canada Tibet Committee, 2002.

208. Fischer, Andrew Martin, *State Growth and Social Exclusion in Tibet:Challenges of Recent Growth*, Copenhagen:Nordic Institute of Asian Studies Press, 2005.

209. Fischer, Andrew Martin, "The Political Economy of Boomerang Aid

in China's Tibet", *Chinese Perspective*, 2009(3).

210. Gomanee, K. et al. Aid, "Government Expenditure and Aggregate Welfare", *World Development*, 2005,33(3).

211. Gong, Liu-tang and Zou Heng-fu, "Foreign Aid Reduces Labor Supply and Capital Accumulation", *Review of Development Economics*, 2001,5.

212. Harvey Leeibenstein, *Economic Backwardness and Economic Growth*, New York: Wheeler Press, 1957.

213. Hu Xiaojiang, The Little Shops of Lhasa, Tibet:Migrant Businesses and the Formation of Markets in a Transitional Economy, Ph.D.Dissertation, Harvard University, 2004.

214. Jain S., "Project Assistance Versus Budget Support", *Review of World Economics*, 2007, 143(4).

215. June Teufel, Economic Development in Tibet under the People's Republic of China, *Journal of Contemporary China*, 2003,12(36).

216. Malmquist S., "Index Numbers and Indifference Curves", *Trabajos de Estatistica*, 1953(4).

217. Mascarenhas,Sandler, "Donor's Mechanism for Financing International and National Public Goods", *The World Economy*, 2005,28(8).

218. Melvyn C. Goldstein, "The Impact of China's Reform Policy on the Nomads of Western Tibet", *Asian Survey*, 1989,29.

219. Melvyn C. Goldstein, "Development and Change in Rural Tibet", *Asian Survey*, 2003,43 (5).

220. Melvyn C. Goldstein, Geoff Childs and Puchung Wangdui, "'Going for Income' in Village Tibet:A Longitudinal Analysis of Change and Adaptation,1997—2007", *Asian Survey*, 2008,48(3).

221. Nelson R., "A Theory of Low Level Equilibrium Trap in Underdeveloped Countries", *American Economics Review*, 1956(46).

222. Nurkse R., *The Problem of Capital Formation in Less-developed Countries*, Oxford: Oxford University Press, 1953.

223. Obstfeld, Maurice, "Foreign Resource Inflows, Saving, and Growth",

in K.Schmidt–Hebbel, and L.Serven,Eds., the Economics of Saving and Growth .Cambridge: Cambridge University Press.

224. Papanek, Gustav F., "Aid, Foreign Private Investment, Savings, and Growth in Less Developed Countries ", *Journal of Political Economy*, 1973,81.

225. Parkan C., "Measuring the Efficiency of Service Operations: An Application to Bank Branches", *Engineering Costs and Productivity Economics*, 1987(12).

226. Postiglione, Gerard A., "Making Tibetans in China:The Educational Challenges of Harmonious, Multiculturalism ", *Educational Review*, 2008,60(1).

227. Rajan, Raghuram G. and Subramanian, Arvind, "Aid and Growth:What Does the Cross Count Country Evidence Really Show? ", *Working Paper*, 2005.

228. Raymond F. Mikesell, *The Economics of Foreign Aid*, London: Weidenfeld and Nicolson, 1968.

229. Rosenstein–Rodan P.N., "Problems of Industrialization of Eastern and South–Eastern Europe ", *The Economic Journal*, 1943(53).

230. Shephard R. W., *Theory of Cost and Production Functions*, Princeton: Princeton University Press, 1970.

231. Simon Kuznets, *Modern Economic Growth: Rate, Structure and Spread*, New Haven: Yale University Press, 1966.

后　记

　　西藏是中国重要的边疆民族地区。长期以来，西藏的经济社会发展水平较低，贫困问题较为严重，人民生活水平不高。对口援藏是中央政府对西藏实施的一项区域援助政策，虽然在实践领域对口援藏已经开展了20多年，但一直缺乏对其产生的有效性的系统性研究。2012—2015年在四川大学攻读博士学位期间，我有幸参与了我的导师杨明洪教授主持的国家自然科学基金项目"面向农牧民需求的对口援藏模式优化研究"和国家民委民族问题研究项目"提高对口援藏有效性的对策措施研究"两项国家级课题研究，在研究过程中，与导师和同门的多次讨论促使我产生了对对口援藏的政策效应进行深入研究的想法和兴趣。基于以上原因，我的博士论文将对口援藏有效性作为选题，重点探讨对口援藏有效性的衡量方法、评价及影响因素等重要问题。

　　本书是在我的博士学位论文的基础上修改而成的。论文的初稿最早完成于2015年3月上旬，之后经过了三次修改和完善。书稿付梓之际，回首20多年的求学生涯，思绪涌动，感慨万千。一路走来，殚精竭虑，酸甜苦辣，唯有自知。然而，能够把自己一生中最宝贵的青年时光留在校园，在高等学府中接受良好的教育，不断深造，已是万分幸运。从本科到硕士，再到博士，十年经济学求学之路虽历经坎坷，但从未言弃，坚持与毅力终让我跨越通往经济学殿堂的一道道门槛。本书的顺利完成离不开老师、同学、同事及家人的支持与帮助，在此我要向他们致以最诚挚的谢意！

　　首先，我要衷心感谢我的博士生导师杨明洪教授。杨老师学识渊博，治学态度严谨，学术见解独到，科研能力卓越，为人谦和，品格高尚，能够成为杨老师的学生，实是我一生之荣幸。攻读博士学位的三年，是我知识体系完善和科研能力提升最显著的三年，这离不开杨老师的耐心指导、谆谆教诲和从严要求。在攻读博士学位期间，杨老师经常与我们进行学术讨论，单是我的学位论文讨论次数就很难记清。与杨老师的每一次讨论，都给了我极大的启发，促使我不断取得进步。本书从选题、提纲拟定、撰写修改到最后的定稿都得到了杨老师的精心指导、严格把关。杨老师不仅在学业上对我悉心指导，还在为人处事、生活交往方面教给了我很多做人、做事的道理。在此，向恩师表示深深的谢意！

其次，我要衷心感谢四川大学经济学院的朱方明教授、张衔教授、杨继瑞教授、蒋永穆教授、邓玲教授、邓翔教授、杜江教授等各位老师，是他们拓宽了我的经济学研究思路和视角。深深感谢四川大学社会发展与西部开发研究院罗绒战堆教授、孙勇研究员和西藏社会科学院马克思主义理论研究所所长王春焕研究员，感谢他们在我入藏调查期间给予的亲切关怀和无私帮助。感谢师门各位兄弟姐妹，尤其要感谢和我同级的张营为博士，他不仅是我最要好的学术研究伙伴，更是我生活中的好朋友、好兄弟，在读博的三年时间里，我们相互鼓励，相互支持，相互鞭策，共同进步，和他在川大共同奋斗的日子将成为我求学生涯中最美好的回忆。此外，我还要特别感谢我的师兄朱金春博士后，求学期间与他的学术讨论使我获益匪浅。感谢本书所引文献的各位作者，是他们的思想和智慧给了我写作的启迪和源泉。

再次，要特别感谢山东师范大学经济学院张宗斌院长、张军书记、赛晓序教授、包玉香教授等领导和同事，他们的勤勉敬业、宽厚待人和大力帮助激励着我克服工作中的困难，继续在学术之路上奋勇前进！

最后，我要深切感谢我的家人。由衷地感谢我的妻子王珺鑫女士长期以来给予的理解和支持。深深感谢我的父母和岳父岳母在我人生成长过程中给予的关爱和鼓励。

2015 年 8 月，中央第六次西藏工作座谈会召开，对对口援藏工作提出了新的要求，为完善对口援藏工作机制、提高对口援藏有效性指明了方向。相信将来有关对口援藏问题的研究成果会越来越多！

王　磊

2016 年 4 月 6 日于济南

U0634187

权威·前沿·原创

皮书系列为
"十二五""十三五""十四五"时期国家重点出版物出版专项规划项目

BLUE BOOK

智 库 成 果 出 版 与 传 播 平 台

广州市新型智库广州大学广州发展研究院、广东省高校人文社科重点研究
基地、广东省国家文化安全研究中心研究成果

广州蓝皮书

BLUE BOOK OF GUANGZHOU

丛书主持　涂成林

2022 年中国广州经济形势分析与预测

ANALYSIS AND FORECAST ON ECONOMY OF GUANGZHOU IN CHINA (2022)

主　编　涂成林　陈小华　薛小龙
副主编　谭苑芳　李文新　彭诗升

社会科学文献出版社
SOCIAL SCIENCES ACADEMIC PRESS (CHINA)

图书在版编目（CIP）数据

　　2022 年中国广州经济形势分析与预测／涂成林，陈
小华，薛小龙主编；谭苑芳，李文新，彭诗升副主编
.一北京：社会科学文献出版社，2022.7
　　（广州蓝皮书）
　　ISBN 978-7-5228-0227-5

　　Ⅰ.①2…　Ⅱ.①涂…　②陈…　③薛…　④谭…　⑤李…
⑥彭…　Ⅲ.①区域经济-经济分析-广州-2021②区域
经济-经济预测-广州-2022　Ⅳ.①F127.651

　　中国版本图书馆 CIP 数据核字（2022）第 099420 号

广州蓝皮书
2022 年中国广州经济形势分析与预测

主　　编／涂成林　陈小华　薛小龙
副 主 编／谭苑芳　李文新　彭诗升

出 版 人／王利民
组稿编辑／任文武
责任编辑／郭　峰
责任印制／王京美

出　　版／社会科学文献出版社·城市和绿色发展分社（010）59367143
　　　　　　地址：北京市北三环中路甲 29 号院华龙大厦　邮编：100029
　　　　　　网址：www.ssap.com.cn
发　　行／社会科学文献出版社（010）59367028
印　　装／天津千鹤文化传播有限公司

规　　格／开本：787mm×1092mm　1/16
　　　　　　印张：22.75　字数：339 千字
版　　次／2022 年 7 月第 1 版　2022 年 7 月第 1 次印刷
书　　号／ISBN 978-7-5228-0227-5
定　　价／128.00 元

读者服务电话：4008918866

广州蓝皮书系列编辑委员会

主要编撰者简介

涂成林　现任广州大学二级研究员，博士生导师，广州市新型智库广州大学广州发展研究院首席专家，广州大学智库建设专家指导委员会常务副主任。获国务院政府特殊津贴专家、国家"特支计划"领军人才、中宣部"文化名家暨四个一批"领军人才、广东省"特支计划"哲学社会科学领军人才、广州市杰出专家等称号。先后在四川大学、中山大学、中国人民大学学习，获得学士、硕士、博士学位。1985年起，先后在湖南省委理论研究室、广州市社会科学院、广州大学工作。兼任广东省区域发展蓝皮书研究会会长、广东省体制改革研究会副会长等社会职务。主要研究方向为城市综合发展、文化科技、马克思主义哲学等。在《中国社会科学》《哲学研究》《教育研究》等刊物发表论文100余篇；专著有《现象学的使命》《国家软实力和文化安全研究》《自主创新的制度安排》等10余部；主持和承担国家社科基金重大项目、一般项目，省市社科规划项目，省市政府委托项目60余项。获得教育部及省、市哲学社会科学奖项和人才奖项20余项，2017年获评"皮书专业化20年致敬人物"，2019年获评"皮书年会20年致敬人物"。

陈小华　现任广州市市委委员，广东省第十三次党代会代表，广州市统计局党组书记、局长，管理学硕士学位。曾在广州市荔湾区、花都区、萝岗区、黄埔区、增城区5个行政区和广州经济技术开发区、增城经济技术开发区2个经济功能区工作。在黄埔区担任副区长和增城区担任区委常委、常务副区长。

薛小龙　现任广州大学管理学院院长、数字化管理创新研究院院长，教授，博士生导师，博士。教育部新世纪优秀人才，广州市杰出专家。2011~2017年，担任哈尔滨工业大学管理学院副院长。目前担任住房与城乡建设部高等教育工程管理专业评估委员会委员、中国发展战略学研究会社会战略专业委员会副主任委员、广东省本科高校管理科学与工程类专业教学指导委员会副主任委员，中国管理科学与工程学会工程管理委员会副主任委员，中国建筑业协会建筑管理现代化专业委员会副会长，广东省经济学家企业家联谊会常务副会长，《工程管理学报》副主编，主持国家社会科学基金重大项目、国家自然科学基金重大项目课题（合作负责）、国家重点研发计划等国家级课题8项，发表论文100余篇，获教育部科技进步一等奖等省部级奖项5项。"国家一流本科专业建设点"（工程管理）负责人。主要研究方向为重大工程建设与运营管理、技术创新管理、数字经济、数字化转型与创新。

谭苑芳　现任广州大学广州发展研究院副院长，教授，博士，研究生导师，兼任广东省区域发展蓝皮书研究会副会长、广州市粤港澳大湾区（南沙）改革创新研究院理事长、广州市政府重大行政决策论证专家等。主要研究方向为宗教学、社会学、经济学和城市学等的理论与应用，主持国家社科基金项目、教育部人文社科规划项目、其他省市重大和一般社科规划项目10余项，在《宗教学研究》《光明日报》等发表学术论文30多篇，获广东省哲学社会科学优秀成果奖二等奖及"全国优秀皮书报告成果奖"一等奖等多个奖项。

李文新　现任广州市政府研究室副主任。中山大学行政管理专业毕业，硕士学位，主要研究方向为城市发展规划、城市管理、社区治理等，参与政府工作报告、街道和社区建设意见、简政强区事权改革方案、投资管理实施细则等多个政府政策文件起草工作，参与广州新型城市化发展系列丛书的编写。

彭诗升　现任中共广州市委改革办专职副主任。2003 年毕业于中南大学，获法学硕士学位。先后公开发表学术论文 10 余篇。长期在广州市委机关从事政策研究工作，组织或参与经济发展、改革开放创新、城乡规划建设管理、党建等领域的专题调查研究。

摘　要

　　《2022 年中国广州经济形势分析与预测》由广州大学、广东省区域发展蓝皮书研究会与广州市统计局、中共广州市委政策研究室、广州市政府研究室等共同主持研创。在内容结构上分为总报告、行业发展篇、现代产业篇、消费市场篇、投资建设篇、财税金融篇、民营经济篇、专题研究篇和附录 9 个部分。汇集了广州市科研团体、高等院校、政府部门诸多经济问题研究专家、学者和实际部门工作者的最新研究成果，是关于广州经济运行情况和相关专题分析、预测的重要参考资料。

　　2021 年，广州市有力有效应对疫情波动、缺芯缺电缺柜、大宗商品价格上涨等影响经济运行的多重挑战，持续巩固新冠肺炎疫情防控和经济社会发展成果，全年经济运行平稳，在构建新发展格局、赋能高质量发展等方面取得新成效，发展韧性不断增强，实现"十四五"良好开局。

　　展望 2022 年，广州市经济稳增长和高质量发展仍然存在诸多挑战，需持之以恒纵深推进"双区"部署和"双城"联动，聚焦"老城市"焕发"新活力"，全面推进数字化、绿色化、国际化转型，持续优化产业布局和投资结构，增强工业发展后劲，着力提升产业链水平，夯实投资增长基础，全力促进消费回补，进一步推进经济发展稳步回升。

　　关键词： 稳增长　消费回补　广州

目 录 ⟋⟍

Ⅰ 总报告

Ⅱ 行业发展篇

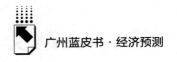

IX 附录

皮书数据库阅读**使用指南**

总 报 告

General Report

B.1
2021年广州经济形势分析
与2022年展望*

广州大学广州发展研究院、广州市统计局联合课题组**

摘　要： 2021年，广州市坚决贯彻落实习近平总书记、党中央决策部署和广东省委省政府工作要求，全市上下凝心聚力攻坚克难，科学统筹新冠肺炎疫情防控和经济社会发展，有力有效应对疫情波动、缺芯缺电缺柜、大宗商品价格高位运行等不利因素影响，不断巩固经济运行"稳"的势头，实现了"十四五"良好开局。但受疫情反复起落和不断变化的国内外经济形势影响，未来广州经济的稳增长和高质量发展仍然存在诸多挑战。2022年，广州将持续优化产业布局和投

---

* 本报告系广州大学广州发展研究院、广东省高校新型特色智库的研究成果。

** 课题组组长：涂成林，广州大学二级研究员，博士生导师，广东省区域发展蓝皮书研究会会长；冯俊，广州市统计局副局长。课题组成员：谭苑芳，广州大学广州发展研究院副院长，教授，博士；李俊，广州市统计局综合处副处长；周雨，广州大学广州发展研究院政府绩效评价中心主任，讲师，博士；曾恒皋，广州大学广州发展研究院软科学所所长；臧传香，广州大学管理学院博士生，广州市粤港澳大湾区（南沙）改革创新研究院科研助理。执笔人：涂成林、臧传香。

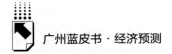
资结构，增强工业发展后劲，着力提升产业链水平，夯实投资增长基础，全力促进消费回补，进一步推进经济发展稳步回升。

关键词： 经济形势　新业态　供应链　广州

一　2021年广州经济运行基本情况分析

2021年，广州有力有效应对疫情波动、缺芯缺电缺柜、大宗商品价格上涨等影响经济运行的多重挑战，持续巩固疫情防控和经济社会发展成果，全年经济运行平稳，在构建新发展格局、赋能高质量发展等方面取得新成效，实现"十四五"良好开局。

（一）经济运行整体平稳，发展韧性不断增强

1. 经济总量稳中有升

广东省地区生产总值统一核算结果显示（见图1），2021年，广州市地区生产总值为28231.97亿元，同比增长超8%，两年平均增长5.4%。其中第二产业增速最快，同比增长8.5%，较第一、第三产业分别快3个和0.5个百分点。从分季度经济运行轨迹看，经济总量增长平稳，但经济增速有所放缓。原因有以下几点：一是受疫情影响，2021年疫情在全国"多点开花"，5~6月广州出现新冠肺炎本土病例，很大程度上导致了经济指数变化，直接表现为第二季度经济增速较第一季度明显放缓；二是受第三季度限电停电影响，第三季度的GDP同比增长率虽维持正向增加，但逊色于第一季度19.5%和第二季度13.7%的同比增长率；三是受2021年房地产业整体下滑影响，广州也出现了一些房地产"爆雷"事件，房地产业规模大、链条长，其上下游产业对国民经济影响重大，房地产投资滑坡是造成第三、第四季度经济增速放缓的重要原因之一；四是受多种政策叠加带来的收缩效应影响，例如反垄断、数据安全、新就业形态的社会保障、教育培训行业的规范、游戏行业的管理等。

这些政策长远来看利大于弊，但短时期内或多或少具有一定收缩效应，这也是不利于经济高速发展的因素。在多重挑战下，尽管广州部分经济指标增速有所放缓，但总体数据仍高于广东省及全国平均水平。广州展现了其经济韧性，农业生产保持稳定，工业和服务业经受住冲击，延续稳健恢复态势。

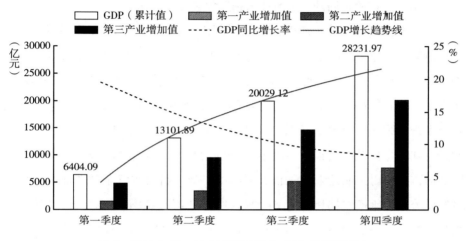

图1　2021年第一季度至第四季度GDP总量及增速

资料来源：广州市宏观经济数据库2021年进度报表。

2. 农业保持快速增长，重点农产品增势较好

2021年，广州市委、市政府在党中央、国务院"三农"工作总方针指导下，坚持农业、农村优先发展的思路，农业生产形势良好，重点农产品产量提升。上半年，广州市农林牧渔业总产值220.27亿元，同比增长8%。分行业看，种植业总产值达122.04亿元，同比增长6.9%；畜牧业同比增速由负转正，实现总产值18.62亿元，同比增长超12%；渔业产值接近50亿元，同比增长11.1%。重点农产品中，蔬菜产量174.09万吨；水果产量同比增长13.3%。综观全年，全市农林牧渔业总产值同比增长7.1%，保持较快增长势头。分行业看，种植业、林业产值增长较快，分别增长8.2%和10.6%，渔业产值增长4.4%。重要农产品产量增长势头较好，生猪产能持续扩大，全市生猪出栏61.56万头，增长45.8%。水产品产量51.51万吨，增

长 1.7%，其中海水产品产量 14.20 万吨，增长 14.4%。全市蔬菜及食用菌总产量达 403.84 万吨，单位产量 1835.92 公斤/亩，同比增长 3.0%。水果产量增势好，同比增长 3.4%。花卉种植亮点多，全市花卉实现产值 66.98 亿元，同比增长 27.0%。

3. 工业生产稳定回升，高新技术制造领域发展快速

2021 年广州市工业生产表现稳定，从图 2 看，尽管 2021 年规模以上工业增加值逐月增速呈下降趋势，但趋势线整体向好发展。广州市规模以上工业增加值同比增长近 8%，两年平均增长 5.1%。其中高技术制造业增速最快，实现增加值同比增长 25.7%，两年平均增长 15.6%。在高技术制造业中，增长速度排名第一的是电子及通信设备制造业，同比增长 34.7%，其次是医药制造业和计算机及办公设备制造业，分别增长 23.1% 和 14.5%。先进制造业增加值占规模以上制造业增加值比重为 65.7%。新能源汽车制造业继续保持良好增势，全年产量同比增长 87.9%，实现产值同比增长 63.4%。畅销车型增长较快，多功能乘用车（MPV）产量同比增长 44.7%。都市消费品需求强劲，家具、家用电热水器、果汁和蔬菜汁类饮料产量同比增长分别为 150%、42.6% 和 37.9%。新一代信息技术产品潜力释放，集成电路、显示器、光电子器件和移动通信基站设备产量同比分别增长 58.6%、45.5%、40.2% 和 24.4%。

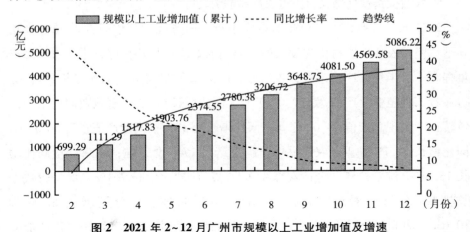

图 2　2021 年 2~12 月广州市规模以上工业增加值及增速

资料来源：广州市统计局、国家统计局广州调查队联合发布《2022 广州统计信息手册》。

4. 服务业稳步复苏，高技术服务业释放活力

继 2020 年 12 月广州市召开现代服务业发展推进会以来，2021 年广州市服务业行业恢复持续向好，企业经营逐步改善，新行业、新业态快速发展，高技术服务业、现代物流业持续壮大，引领服务业高质量发展。2021 年，全市规模以上服务业营业收入同比增长 18.2%，主要行业中，增长最多的是交通运输、仓储和邮政业，其次是租赁和商务服务业，科学研究和技术服务业，三者同比增长分别为 23.6%、21.6%、18.4%，增长势头较好。文化业、体育业和娱乐业同比恢复性增长 23.3%，两年平均增速虽有下降，但平均降幅呈收窄态势，恢复有所改善。信息传输和信息技术服务业发展加速，相关行业合计实现营业收入同比增长 12.4%。近几年广州市规模以上服务业营业收入始终呈现正向增长（见图 3），即使在 2020 年受到疫情巨大冲击的背景下仍维持了 1.3% 的上涨，并在 2021 年实现增速迅速回稳，整体发展趋势乐观。

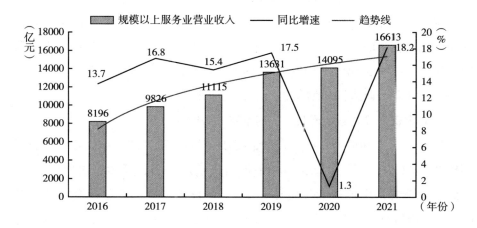

图 3　2016~2021 年广州市规模以上服务业营业收入及其增长速度

注：同比增速数据来源于广州市统计局，按可比口径计算。

资料来源：《广州统计信息手册》（2017~2022 年）。

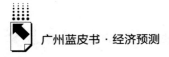
（二）"三驾马车"持续发力，经济复苏稳中向好

1. 消费品市场持续恢复，新型消费保持畅旺

2021年广州消费市场持续改善，消费能级稳步提升，社会消费品零售总额多年来首次突破万亿元大关，较2020年增长近10%（见图4）。数字赋能让传统商贸更具活力，让新型消费更有效率。广州先后举办2021年网上年货节广州专场、第二届直播电商节等系列网上促消费活动，并发动全市电商平台开展形式多样的线上促销活动，2021年，全市限额以上批发和零售业实物商品网上零售额较上年增长12.6%，占社会消费品零售总额的比重超过20%，其中，直播电商作为"助推器"助力商贸转型，入选广州全面深化改革八大经典案例，全国直播电商百强地区中广州占据9席。此外，2021年广州市批发和零售业、住宿和餐饮业零售额均实现了不同程度的正向增长，餐饮业零售额更是增长近20%。时尚快消品和品质消费势头旺盛，生活办公类消费增势好，其中，限额以上金银珠宝类（增长24.9%）、体育娱乐用品类（增长54.9%）等增长迅猛，饮料类、文化办公用品类零售额同比分别增长40.9%和27.8%。居民健康防护意识强，中西药品类零售额同比增长23.9%，两年平均增长31.8%。限额以上住宿餐饮企业通过公共网络实现的餐费收入同比增长32.8%，两年平均增长31.2%。

2. 固定资产投资较快增长，招商引资成效明显

2021年，广州固定资产投资增量提质（见图5）。广州市固定资产投资同比增长11.7%（见表1），两年平均增长超过10%，延续较快增长势头。从细分领域看，房地产业投资较2020年增长15.7%，工业投资同比增长6.9%，基础设施投资有所下降。从产业角度观察，制造业投资同2020年相比增长11.9%；高技术制造业投资占制造业投资的比重为41.5%，其中航空航天及设备制造业增长最快，同比增长43.2%；电子及通信设备制造业投资同比增长24.2%，展现了较强的发展后劲；计算机及办公设备制造业、医药制造业投资持续扩大，两年平均增长分别为120%和22.9%。高技术服务业投资同比增长15.3%，其中科技成果转化服务投资增长迅猛，同比增

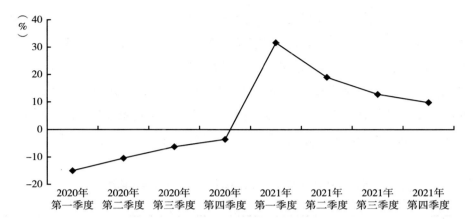

图4　2020~2021年社会消费品零售总额季度增速

资料来源：广州市统计局、国家统计局广州调查队联合发布《2022广州统计信息手册》。

长96.3%。民间投资信心有所提高，完成投资同比增长19.4%。此外，招商成效明显，在穗投资的世界500强企业累计达330家，投资项目累计1468个。实际外资1亿美元以上大项目占全市比重近七成，阿斯利康、现代汽车氢燃料、联合利华等一批龙头项目成功落

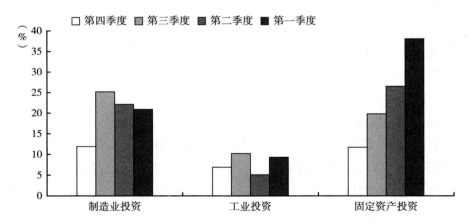

**图5　2021年各季度广州市固定资产投资、工业投资和
制造业投资累计增速**

资料来源：广州市统计局、国家统计局广州调查队联合发布《2022广州统计信息手册》。

户，全年投资总额超100亿元，签约项目46个，注册项目32个。紧扣产业第一、实业立市，引导外资向重点产业倾斜。生物制药外资增长4.1倍，新能源和智能汽车外资占比超18%，现代生产性服务、新型生活性服务、现代贸易物流服务分别增长12.7%、73.4%、53.5%。助力建设国际消费中心城市，零售业、现代商务服务、新型生活性服务、现代贸易物流服务实际引进外资分别增长59.6%、83.7%、61.8%和44.3%。

表1　2021年广州市分行业固定资产投资增长速度

单位：%

行　业	同比增速	行　业	同比增速
固定资产投资	11.7	金融业	116.0
第一产业	40.7	房地产业	15.7
第二产业	6.5	租赁和商务服务业	62.7
第三产业	12.5	科学研究和技术服务业	50.4
农、林、牧、渔业	50.1	水利、环境和公共设施管理业	−15.9
工业	6.9	居民服务、修理和其他服务业	−38.4
建筑业	−12.0	教育	46.8
批发和零售业	−9.0	卫生和社会工作	6.5
交通运输、仓储和邮政业	8.2	文化、体育和娱乐业	−16.9
住宿和餐饮业	−30.9	公共管理、社会保障和社会组织	22.4
信息传输、软件和信息技术服务业	11.3		

资料来源：广州市统计局、国家统计局广州调查队联合发布《2021年广州市国民经济和社会发展统计公报》。

3. 货物进出口保持增长，贸易结构持续优化

2021年，面对国际海运价格高企、大宗商品价格上涨、人民币汇率上升等外贸中存在的突出问题，广州以挖掘新动能强健外贸发展韧性，不断提高抵御外贸风险能力，促进外贸持续回稳向好。2021年广州市外贸进出口总值超万亿元，较上年增长13.5%，两年平均增长4%。其中，出口6312.17亿元，较2020年增长16.4%；进口4513.71亿元，较2020年增长9.6%（见表2）。2021年上半年商品进出口需求有明显提升，全市商品进出口总值5323.1亿元，全市实际使用外资超300亿元，实现同

比增长 31.2%。下半年，广州贸易结构持续优化，全年实现民营企业进出口增长 17.4%，占进出口总额的比重高达 52.8%，相比 2020 年提高 1.4 个百分点。一般贸易进出口同比增长 22.1%，占进出口总额比重达 55.1%，较 2020 年上升 3.7 个百分点。机电产品出口亦有明显上升，同比增长 16%，占出口总额的比重较大。全市实际使用外资 543.26 亿元，与 2020 年相比增长 10%。

表 2　2021 年广州市商品进出口总值及其增长速度

单位：亿元，%

指　　　标	绝对数	同比增速
商品进出口总值	10825.88	13.5
出口值	6312.17	16.4
其中：一般贸易	3159.70	34.4
加工贸易	1337.42	15.6
其中：机电产品	3143.27	16.0
高新技术产品	997.88	28.0
进口值	4513.71	9.6
其中：一般贸易	2809.99	10.7
加工贸易	942.95	20.6
其中：机电产品	1688.43	-3.5
高新技术产品	1031.48	-4.5
进出口差额（出口减进口）	1798.46	

资料来源：广州市统计局、国家统计局广州调查队联合发布《2021 年广州市国民经济和社会发展统计公报》。

（三）宏观调控成效显著，确保了资金链、供应链的稳定运转

1. 金融市场运行稳健，中长期贷款增长稳定

2021 年末广州市共有境内上市公司 131 家，比上年末增加 14 家，总市值 22445.86 亿元，比上年末增长 12.8%。各类企业通过证券市场筹集资金 3337.38 亿元，同比增长 68.9%，其中首次公开发行上市（IPO）的公司有 13 家，共计筹资人民币 103.21 亿元。从主体分布看，金融机构本外币贷款业务中，企、事业单位的信贷投放力度有所提高，2021 年上半年新增贷款

3050.13 亿元，占全市新增贷款额的比重超 70%；从行业分布看，交通运输、仓储和邮政业，租赁和商务服务业，制造业新增贷款较多，分别占新增贷款额的 16.6%、15.3% 和 7.7%；从企业类型分布看，对微型企业的信贷支持力度增强，微型企业贷款同比增长 29.8%。2021 年 12 月末，广州市金融机构本外币存贷款余额约 13.64 万亿元，较上年同期增长 11.6%。其中存款余额约 7.50 万亿元、贷款余额约 6.14 万亿元，同比分别增长 10.6% 和 12.9%（见表 3）。全年企事业单位信贷力度继续保持较快增长势头，租赁和商务服务业新增贷款亦有提高，同比增长 16.3%；交通运输、仓储和邮政业新增贷款较上年增长 11% 左右。

表 3　2021 年广州市金融机构本外币存贷款余额及其比年初增长情况

单位：亿元，%

指　　标	年末数	比年初增长
各项存款余额	74988.86	10.6
其中：非金融企业存款	24547.70	2.8
住户存款	23151.08	9.3
各项贷款余额	61399.61	12.9
其中：境内住户贷款	23193.92	12.3
境内企(事)业单位贷款	37163.82	13.2

资料来源：广州市统计局、国家统计局广州调查队联合发布《2021 年广州市国民经济和社会发展统计公报》。

2. 货运量持续恢复，快递业务量突破"百亿件"

2021 年，广州货运量持续恢复，完成货运量 98175.32 万吨，同比增长 6.0%。其中，铁路、公路货运增势良好，同比分别增长 27.8% 和 13.3%。港口业务稳中向好，广州港完成货物吞吐量、集装箱吞吐量同比增长分别为 2.3%、4.1%。全市完成客运量 2.2 亿人次，其中民航、铁路客运量同比增长分别为 4.4% 和 4.1%（见表 4、表 5）。白云机场完成旅客吞吐量 4025.70 万人次，连续两年位居国内前列。在"快递下乡、进厂、出海"政策的推动下，快递服务企业业务量显著恢复，全年快递业务量达到106.78亿件，同比增长40.2%，两年平均增长29.7%，广州邮政快递业正式迈入"百亿件"时代。

表4 2021年广州市各种运输方式完成货运量及其增长速度

指　标	单位	绝对数	同比增速（%）
货运总量	万吨	98175.32	6.0
铁路	万吨	2291.73	27.8
公路	万吨	53203.52	13.3
水运	万吨	40764.67	-3.5
民航	万吨	118.78	4.4
管道	万吨	1796.62	18.6
货运周转量	亿吨公里	21881.47	1.2
铁路	亿吨公里	32.62	42.6
公路	亿吨公里	729.18	10.8
水运	亿吨公里	21031.08	0.8
民航	亿吨公里	70.91	8.8
管道	亿吨公里	17.68	49.8

资料来源：广州市统计局、国家统计局广州调查队联合发布《2021年广州市国民经济和社会发展统计公报》。

表5 2021年广州市各种运输方式完成旅客运输量及其增长速度

指　标	单位	绝对数	同比增速（%）
客运总量	万人次	22004.16	—
铁路	万人次	9052.87	4.1
公路	万人次	6530.79	—
水运	万人次	199.98	2206.6
民航	万人次	6220.52	4.4
旅客运输周转量	亿人公里	1149.24	
铁路	亿人公里	82.78	5.8
公路	亿人公里	66.52	—
水运	亿人公里	0.34	353.2
民航	亿人公里	999.60	0.1

注：因公路客运量统计口径调整，导致公路客运量、客运总量、旅客运输周转量等数据与往年不可比。

资料来源：广州市统计局、国家统计局广州调查队联合发布《2021年广州市国民经济和社会发展统计公报》。

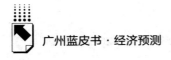

（四）新兴动能茁壮成长，创新后劲踔厉骏发

1. 新兴产业支撑增强

2021 年，广州市"3+5"战略性新兴产业实现增加值 8616.77 亿元，同比增长 7.8%，两年平均增长 6.1%；占全市地区生产总值比重超三成，为 30.5%，比上年同期提高 0.1 个百分点。三大新兴支柱产业增加值较上年增长超 8%，其中新一代信息技术产业增势乐观，增长 11.5%，两年平均增长 11.5%。五大新兴优势产业实现增加值增长 6.6%，其中数字创意产业增加值超 1500 亿元，同比增长 12.5%；轨道交通、新材料与精细化工增速高于五大新兴优势产业平均增速。

2. 新业态表现活跃

疫情期间逆势增长的网络消费持续保持热度。2021 年，广州市限额以上批发和零售业实物商品网上零售额同比增长 12.6%，两年平均增长超 20%，占全市社会消费品零售总额的比重超过 20%。网上点餐方式广受市民欢迎，限额以上住宿餐饮企业网上餐费收入较 2020 年增长 32.8%，两年平均增长超过 30%。外贸新业态发展更快，2021 年广州新认定 1 家（累计 5 家）拓区试点市场，超 700 家商户在采购平台上备案，市场采购出口 1403 亿元，规模居全国第 2 位；同时获国务院批准赋予国际航行船舶保税加油权，出台全国首个 RCEP（区域全面经济伙伴关系协定）跨境电商专项政策，保税物流进出口近千亿元，增长近 9%。跨境电商公共服务平台进出口增势迅猛，达 675 亿元，增长 87%。外贸新业态占比近 30%，高于全国及广东省平均水平。一般贸易进出口 5969.7 亿元，增长 22.1%，占全市比重达 55.1%，比 2020 年提高 3.7 个百分点。

3. 现代服务业出新出彩

2021 年，现代服务业增加值占第三产业的比重达到 67.5%，较上年提高 0.3 个百分点，对广州市经济增长的贡献率为 44.3%。高端专业服务业发展有韧劲，2021 年 1~11 月，全市规模以上高端专业服务业合计实现营业收入较 2020 年同期增长 23.4%，两年平均增长 13%。具体来看，人力资源服务、质检技术服务、专业设计服务同比分别增长 43.2%、26.3% 和 22.5%，两年平均增长均超过 20%，发展势头较好。

4. 现代物流持续向好

广州作为千年商都和国家首批试点国际消费中心城市，现代物流业①相关行业表现亮眼，各月累计营业收入增幅均保持在 25.0% 以上。2021 年 1~11 月实现营业收入 2737.43 亿元，同比增长 28.3%，两年平均增速逐步提高至 22.8%。其中，随着货运市场形势良好，货运代理、多式联运营业收入均保持较快增长，同比增长分别为 62.2% 和 30.4%，两年平均增长分别为 47.0% 和 33.3%。2021 年广州市快递业务量首破百亿件，实现快递业务收入 817.19 亿元，同比增长 17.7%。

（五）居民收入稳步提升，民生保障坚实有力

1. 居民收入继续提高

2021 年，广州市城镇居民人均可支配收入 74416 元，较上年增长近 9%，两年平均增长 6.9%。农村居民人均可支配收入 34533 元，同上年相比增长 10.4%，两年平均增长 9.3%，城乡居民收入差距进一步缩小。2021 年广州市城镇居民人均生活消费支出 47161 元，增长 6.5%，其中，食品烟酒消费支出 14974 元（见图6）。农村居民家庭人均消费支出有明显上升，相比上年增长 13.5%。城镇居民恩格尔系数为 31.8%，农村居民恩格尔系数为 38.0%。

2. 就业形势平稳向好

前三季度，广州市城镇新增就业人数 24.83 万人，同比增长 17.46%，完成年度任务的 112.86%。2021 年 9 月末，城镇登记失业率为 2.14%，控制在 3.5% 的目标以内，同比下降 0.39 个百分点，全市"四上"企业② 34891 家，数量创历年新高。全年全市城镇新增就业人数 33.55 万人，同比上升

---

① 按照广东省统计局现代服务业产业分类中的现代物流业 43 个行业小类进行统计，不含餐饮配送、外卖送餐服务。

② "四上"企业是现阶段我国统计工作实践中对达到一定规模、资质或限额的法人单位的一种习惯称谓。包括规模以上工业、有资质的建筑业、限额以上批发和零售业、限额以上住宿和餐饮业、有开发经营活动的全部房地产开发经营业、规模以上服务业法人单位。

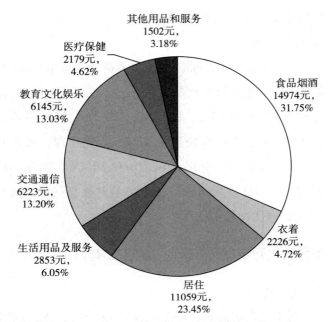

图 6 2021 年广州市城镇居民人均生活消费支出构成

资料来源：广州市统计局、国家统计局广州调查队联合发布《2022 广州统计信息手册》。

13.7%。城镇登记失业率为 2.22%，同比下降 0.31 个百分点。

3. 惠民生设施投资不断增加

一般公共财政预算支出中的民生支出增长突出，其中，卫生健康支出、教育支出、社会保障和就业支出、住房保障支出一季度同比增长分别为 44.1%、40.8%、25.6% 和 19.4%。2021 年社会领域投资增长 24.4%，两年平均增长 30.2%，其中教育行业投资额同比增长达 46.8%。前三季度，广州市社会事业固定资产投资同比增长 52.6%，两年平均增长 32.2%。其中教育业、文化体育娱乐业投资同比增长分别为 84.3% 和 102.5%。

（六）居民消费价格温和上涨，工业生产价格涨幅扩大

2021 年，广州市居民消费价格比上年上涨 1.1%，涨幅处于近六年最低（见图 7）。上半年，全市居民消费价格指数（CPI）与 2020 年相比上涨

0.5%，其中，食品烟酒类同比上涨 0.1%，猪肉价格持续下行，同比下降 17.8%，降幅比一季度扩大 4.0 个百分点；衣着类、交通和通信类同比分别上涨 1.3%和 2.0%。受钢材、铜等金属类和化工原料类等价格上涨影响，全市工业生产者出厂价格指数（PPI）和购进价格指数（IPI）持续上涨，同比分别上涨 3.1%和 5.6%，涨幅比一季度分别扩大 1.6 个和 5.3 个百分点。综观全年，消费品价格指数上升 1.0%，服务项目价格指数上升 1.3%（见表6）。工业生产者出厂价格上升 4.1%，其中，能源类上升 7.9%，高技术类上升 4.2%；轻工业上升 3.6%，重工业上升 4.3%；生产资料上涨 5.5%，生活资料上涨 2.1%。工业生产者购进价格上升 11.3%，其中，燃料、动力类上升 17.3%，黑色金属材料类上升 20.0%，有色金属材料及电线类上升 20.5%，化工原料类上升 10.0%。

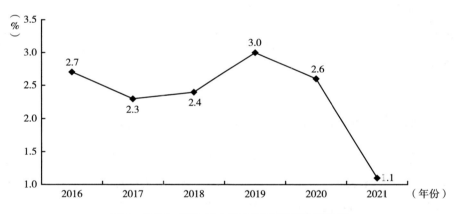

图7　2016~2021年广州市居民消费价格涨幅

资料来源：《广州统计信息手册》（2017~2022年）。

表6　2021年广州市居民消费价格指数

类别及名称	指数（上年=100）	比上年上涨幅度（%）
居民消费价格总指数	101.1	1.1
消费品价格指数	101.0	1.0
服务项目价格指数	101.3	1.3
按类别分		
1. 食品烟酒	99.9	−0.1

类别及名称	指数（上年＝100）	比上年上涨幅度（%）
其中：粮食	103.4	3.4
畜肉类	82.5	−17.5
禽肉类	99.0	−1.0
水产品	107.3	7.3
鲜菜	102.0	2.0
在外餐饮	102.2	2.2
2. 衣着	101.1	1.1
3. 居住	101.7	1.7
4. 生活用品及服务	100.1	0.1
其中：家用器具	99.8	−0.2
5. 交通和通信	104.0	4.0
6. 教育文化和娱乐	101.7	1.7
7. 医疗保健	100.4	0.4
8. 其他用品和服务	97.1	−2.9

资料来源：广州市统计局、国家统计局广州调查队联合发布《2021 年广州市国民经济和社会发展统计公报》。

（七）综合枢纽地位加强，对外开放水平提升

一方面，广州综合枢纽地位不断提升。近年来，广州全力打造世界级空港、海港、铁路枢纽，广州把建设成具有全球影响力的综合交通枢纽作为打造兼具经典魅力和时代活力国际大都市的一个支点。2021 年，中欧（含中亚）班列开行 193 列、增长 73.9%，货值 9 亿美元、增长 91.5%，广州国际综合交通枢纽地位持续提升，带动人流、物流、资金流、信息流的快速高质量内外流通，枢纽门户强支撑作用进一步显现。其一，广州国际航空枢纽能级不断增强，具体表现在白云国际机场三期扩建工程等方面。2021 年 9 月底，白云区顺利完成广州白云国际机场三期扩建工程五跑道涉及的 1267 亩用地移交，为工程建设按下"加速键"。白云机场三期扩建工程设计目标年为 2030 年，预测旅客吞吐量 1.2 亿人次、货邮吞吐量 380 万吨、飞机起降量 77.5 万架次。不仅增强白云机场国际竞争力、强化广州国际综合性交

通枢纽功能，还增强粤港澳大湾区对全球航空资源的配置能力，加快打造世界级机场群。其二，国际航运枢纽能级持续提升，通过南沙港区打通的新通道首次构建了从我国湖南及周边经济腹地到非洲大陆各国"端到端"的全程物流通道，提升物流时效的同时大大降低了运输成本。大湾区首个全自动化码头南沙港区四期完成联调联试，集装箱班轮航线新增67条，成为中国至非洲、地中海航线的枢纽港。根据广州综合交通枢纽总体规划，到2035年建成全球交通枢纽，实现12小时全球航空交通圈。交通发展的蓝图正在进一步展开，广州的"朋友圈"继续扩大，国际性综合交通枢纽地位得到全面巩固。

另一方面，开放平台作用凸显。2021年新签外商直接投资项目4048个，比上年增长50.2%。外商直接投资实际使用外资金额543.26亿元，增长10.0%。三大国家级经开区地区生产总值约占全市1/5、进出口总值和规模以上工业总产值占广州市的比重超过50%。花都、番禺两个经济开发区入选广东省省级经开区"高质量发展先进经开区"十大示范典型，南沙自由贸易片区累计形成700余项制度创新成果。2021年，广州新增1个国家级外贸转型升级基地——花都声频电子产业基地，截至目前，广州市共有8个国家级基地和1个省级基地。另外，第130届广交会线上线下融合举办成功，全年办展场次、办展面积居全国第2名，"溢出"效应持续显现。

二　经济运行中需关注的问题

2021年，广州经济在5月本土出现疫情、会展四次停展、"缺芯""限电"、国际海运价格高企、大宗商品价格上涨、人民币汇率上升等一系列"内外交困"难题下，最终实现了社会消费品零售总额、外贸进出口总额突破万亿元大关，继北京、上海之后，广州迈入双万亿城市之列。这份优异的成绩单，展现了广州立足新时代发展格局，扎实推动双循环相互促进、协同发展的实际行动，积极发挥广州内需空间大、经济韧性强、产业基础雄厚的优势，实现了千年商都"十四五"的良好开局。但未来广州经济稳定增长和高质量发展仍然存在诸多挑战。工业结构比重失衡，难以形成高质量发展的持续拉动力；投资结构亟须优化，要实现投资规模和增速稳定依然面临较大压力；生活性服务业尚处于"挣扎"境地，消费市场信心仍然偏弱；中小微企业利润空间不断受挤，从供给端抑制了广州经济的发展。

（一）工业结构有待进一步改善

广州自 21 世纪初形成汽车、电子、石化三大支柱产业后，工业长期依赖于这三大传统产业。2021 年，虽然工业新动能发展势头较好，但规模还不够大，对经济的支撑贡献还有待提升。"坚持产业第一、制造业立市"首次在广州市政府工作报告中出现；"构建现代产业体系""制造业立市"更是在报告中的今后五年的目标任务以及 2022 年工作安排中均占据"开篇 C 位"。而制造业发展不仅要依靠现有的产业，更要引入价值链中创新活跃、高利润、高附加值的先进制造业项目。目前广州高技术制造业虽然迅速发展，但实现增加值占规模以上工业的比重仅为 18.8%。先进制造业实现增加值占规模以上工业比重为 59.3%，占比低于深圳（70%以上）、惠州（65%左右），工业结构亟待优化，加快推动先进制造业发展步伐。

（二）投资结构亟须进一步优化

从投资领域看，2019 年以来，广州工业投资连续三年超千亿元（2019～2021 年工业投资额分别为 1037.95 亿元、1028.88 亿元和 1100.83 亿元），工业投资规模实现一定突破，但规模仍然偏小，占全市固定资产投资总额比重一直未能突破 15%。固定资产投资虽然继续保持总量增长，但投资规模与增速均不具优势，筹资难度加大，有效投资不足。房地产投资近五年占固定资产投资的比重在 43%～45%波动，比重一直偏高，而房地产投资规模和增速持续高于生产性投资，不利于投资的关键性作用的有效发挥。截至 2021 年末，广州市土地购置费投资减少明显。

必须加大工业、基础设施投资项目储备，优化投资结构，才能确保 2022 年投资规模和增速稳定。

（三）线下消费及部分服务业恢复受疫情扰动

广州作为南来北往的交通、物流枢纽和第三产业增加值占比超过 70% 的超大城市，商贸、文旅、商务会展、餐饮等接触性服务业以及交通运输业占经济活动的比重较大，凡是有疫情发生，无论是本土疫情还是国内其他地区疫情，都会对广州经济稳定产生较大影响。2021 年，广州社会消费品零售总额已突破万亿元，在主要城市中继续保持第 4 位，但同比增速仅为 9.8%，低于全国（12.5%）、广东省（9.9%），也低于其他社零总额排名全国前 10 名的城市增速；年末住户贷款中的短期消费贷款同比增长 4.5%，低于广东省（6.3%）、深圳（12.6%），显示广州消费市场信心仍然偏弱。其主要原因包括：一是当前经济疲软，对居民消费能力的传导效应有一定滞后性；二是海外疫情形势严峻，对进出口业务和相关产业链、供应链的影响正在消费市场逐步体现；三是国内疫情多点扩散，压制市场活力的同时也削弱了居民的购买欲望和消费意愿。因此，大力挖掘和释放内需潜力是广州接下来需重点关注的问题。在重点以高质量供给来适应、引领和创造新需求方面，广州仍需发力，势必要在促进消费新业态加快发展、完善提升等方面，充分发挥中央预算内投资、地方政府专项债券的撬动牵引作用，加快推进短板领域的建设。

（四）中小微企业利润空间不断受挤

进入 2021 年，各项抗疫惠企纾困的阶段性减税降费政策有序退出，但疫情并未结束，而是进入多点散发、反复扰动阶段，加上原材料价格高企、海运紧张、"缺芯"等问题纷至沓来，企业面对的困难不减反增，经营成本不断上涨。2021 年 1~11 月，广州市规模以上工业企业利润总额仅同比增长 0.6%，两年平均仅增长 3.5%，均明显低于全国、广东省水平。其中，中小微规上工业企业利润总额仅基本持平；小型企业营业收入利润

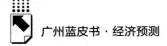

率为 4.3%，微型企业仅为 1.3%。规模以上服务业企业亏损面为 35.4%，中小微规上服务业企业营业收入利润率为 8.4%，明显低于大型企业的 13.4%。住宿业全年营业额两年平均下降 8% 左右，餐饮业营业额两年平均下降 0.9%。

（五）产业链、供应链急需补链强链

随着国内外疫情的叠加影响，广州市外贸企业面临的国际供应链堵点、痛点不断增多，外贸供应链畅通的瓶颈问题日益显现，成为当前和今后一个时期制约外贸发展的突出问题。其主要表现在三个方面：一是"缺"，疫情导致的缺柜、缺箱等问题持续困扰外贸企业；二是"堵"，受本轮疫情影响，港口码头、机场、跨境货物运输作业点防控措施升级，海运船期拉长，进出口货物积压；三是"涨"，全球"陆海空铁"运输费飙升，中小外贸企业与物流公司供需信息不对称，运价成本一直维持较高水平。广州作为粤港澳大湾区的核心引擎和华南地区综合性工业制造中心，大部分高新技术企业处于产业链的中间环节，自主创新实力整体不强，集成电路、高端芯片、精密仪器、高端工业机器人、超高精度机床等关键技术自给率偏低。从国际经验以及我国产业发展实践来看，产业链、供应链的稳定性和竞争力是互相依存、互为前提的。只有保证产业链、供应链的稳定和顺畅，才能带动各个环节的动态升级，进而实现竞争力的持续提升；而产业链、供应链竞争力的提升，不仅能够降低生产成本，还能够确保市场份额不断扩大，进而保障产业链、供应链的稳定。广州应进一步延伸产业链、提升价值链、融通供应链，切实增强产业链和供应链的稳定性和竞争力。

三　国内外经济发展环境分析

当今世界处于一个特殊历史时期，一方面，科技革命和产业变革正在重构世界版图，全球治理体系和治理结构深刻重塑，大国外交和文化交流比过

去任何时候都更深入、更广泛；另一方面，新冠肺炎疫情持续蔓延，百年未有之变局加速演进，国际环境严峻复杂，人类社会发展面临前所未有的变化和挑战。

从国际环境来看，2021年全球经济由于新冠肺炎疫情影响，加之通货膨胀、国际直接投资低迷、全球债务水平持续提高和发达国家无限量宽松货币政策外溢等因素可能危及新兴市场和发展中经济体复苏，全球经济增长正进入明显放缓期，各主要经济体都受到不同程度的影响。美国财政支持措施的实施面临不确定性，叠加疫情反复，经济复苏动能减弱；供应链瓶颈、能源成本上涨以及疫情持续蔓延，严重阻碍欧元区经济复苏；日本经济短暂复苏，但复苏势头并不稳固；俄罗斯受益于国家经济复苏计划以及能源价格上涨，暂时摆脱经济衰退期，但2022年经济发展仍面临诸多不确定因素；印度经济基本从疫情冲击中复苏，但仍需解决恢复不均衡等问题。新冠肺炎病毒在全球范围内快速传播，将很可能继续影响经济活动，挫伤全球经济增长预期。加之前一阶段被压抑的需求已完全释放以及各经济体退出财政和货币政策支持，预计全球经济增长放缓态势将延续至2023年。此外，全球通胀压力剧增、供应链危机、能源危机等问题掣肘世界经济复苏步伐，从中长期来看，全球经济仍在中低速增长轨道徘徊，预计未来3~5年世界经济增长率维持在3.0%~3.5%。根据世界银行的报告，预计2022年中国经济增长速度放缓至5.1%，与2021年增长8.1%相比将减少3个百分点，但仍显著高于发达经济体3.8%的预计增长率。考虑到中国的潜在经济增长动力、就业促进与保障以及防范化解风险、提振市场信心等因素，若采取更加积极的政策措施，填补必要的增长缺口，2022年经济增长预期或高于世界银行预测。

从国内环境来看，2021年我国实现国内生产总值114万亿元，与美国经济差距进一步缩小，外汇储备余额稳居世界第一。随着国内政策发力，宏观政策将适度宽松，但值得注意的是，2022年海外经济形势仍在从疫情走向局部复苏至全面复苏的阶段，全球经济开放的程度或进一步扩大，经济复苏和政策正常化的节奏很有可能进一步提速。这将促使海外政治、经济、环境、政策对中国的外溢效应产生一系列新变化。突出表现在三个方面：其一，新冠肺炎疫情的演化尚存在高度不确定性，需要更好地处理稳增长与控疫情之间的关系；其二，中美经济复苏周期出现错位；其三，虽然由于海外新冠肺炎疫情蔓延，中国出口保持高景气，但全年来看，仍需警惕新冠肺炎疫情下严重的供应链瓶颈问题。应对以上风险挑战，我国经济长期向好的基本面没有变，构建新发展格局的有利条件没有变，新的经济增长点将不断涌现。随着疫情逐渐得到控制，宏观政策更加灵活精准，2022 年中国经济将复苏，复苏动能也将逐步由外需拉动向内需驱动转换，疫情和防疫政策是决定经济复苏节奏的关键因素。

从广州发展情况来看，2021 年广州牢牢抓住了"双区"和前海、横琴两个合作区建设等重大机遇，统筹疫情常态化防控和经济社会发展，实现"十三五"胜利收官、"十四五"良好开局。同时我们也要清醒地认识到，当前我国正处于"两个大局"交织、"两个百年"交汇的重要时期，2022 年广州经济社会高质量发展还面临许多挑战。从外部环境看，一是全球疫情形势依然严峻，广州面临的国内外经济发展环境仍然较为复杂；二是世界政治局势紧张，金融风险、产业链风险和供应链风险上升。从内部环境看，一是支撑广州经济高质量发展的产业基础还不牢固，新业态领域缺乏领军人才和龙头企业，产业链、创新链和供应链（简称"三链"）风险暴露的问题仍然显著，"三链"强度与城市定位和城市能级不相匹配。二是开放层次和对外开放水平仍有较大提升空间，营商环境与国际大都市、国际一流标准还有差距，例如南沙自贸试验区对广州市深化改革开放的"托举"作用尚未有明显体现，其创新引领作用还没有得到充分发挥。三是在疫情形势下和经济复苏进程中城乡基础设施承压明显，医疗、教育、养老等优质公共服务资源分配不均，城市精细化、智能化、品质化管理水平有待提高。四是市场、民生等领域长期积累的风险隐患不容忽视，城市安全水平仍需进一步提升，统筹经济发展和城市安全任重而道远。

四　2022年广州经济发展展望与对策建议

习近平总书记对广州经济社会发展高度重视，寄予殷切期望，要求广州实现"老城市新活力"，在城市功能、城市文化综合实力、现代服务业、现代化国际化营商环境等方面出新出彩；《粤港澳大湾区发展规划纲要》要求广州充分发挥国家中心城市和综合性门户城市引领作用，全面增强国际商贸中心、综合交通枢纽功能，培育提升科技教育文化中心功能，着力建设国际大都市。未来5年，广州将继续深入贯彻落实习近平总书记对广东、广州系列重要讲话和重要指示批示精神，认真落实广东省委"1+1+9"工作部署，继续坚持稳字当头、稳中求进，统筹疫情防控和经济社会发展，把稳增长放在更加突出的位置，继续做好"六稳""六保"工作，稳扎稳打、循序渐进，让大湾区规划中为广州描绘的蓝图一步一步成为现实。

2022年是党的二十大召开之年，是实施"十四五"规划关键之年，广州将持之以恒纵深推进"双区"部署和"双城"联动，聚焦"老城市"焕发"新活力"，保持经济运行在合理区间，确保社会大局稳定，以"四个出新出彩"行动方案的重点突破带动经济社会高质量发展，全面推进数字化、绿色化、国际化转型，持续强化广州国际商贸中心、综合交通枢纽、科技教育文化中心功能，全面、深入建设国家中心城市和综合性门户城市。

（一）优化产业布局，增强工业发展后劲

工业是具有强大造血功能和就业岗位倍增系数的产业，对经济的持续发展和稳就业、稳税源等起着重要的作用。工业经济总量占地区生产总值的比重维持在一个合适的水平，对于经济增长的稳定性有重要作用。

一是破解工业大项目招商、落地瓶颈问题，梳理存在的难点、堵点和痛点，解决并落实项目审批提速、土地资源保障、落地过程统筹等企业最为迫切的需求，把企业重点、重大项目的活力最大限度释放出来，集中资源和精力攻坚克难。广州要更加重视实体经济，集中优势资源向优质工业项目倾

斜，把重点工业项目和工程建设投产作为广州市优化产业结构、增强发展后劲、培育税源、推动高质量发展的重要抓手，调动相关部门协同解决项目落地建设问题，全力破解项目落地瓶颈和产业发展之困。广州要抢抓"双区驱动"发展的窗口期、黄金期和机遇期，以优质的工业项目为突破口，从更高层次、更宽视野、更大格局方面谋划新一轮产业结构优化和调整，助推广州市构建现代化产业体系，提高各区、各行业参与"双区"建设分工的硬实力。

二是加大工业优质项目招商引资和传统行业技术改造力度，集中资源扶持本地专精特新企业做大做强。一方面，加快骨干企业增资扩产，加快推进工业项目建设、投产、达产，尽快形成实物工作量，确保项目早建成、早投产、早见效益，形成新的产业供给。另一方面，采取财政贴息、加速折旧等措施，对企业技术改造设备投资给予奖补，对重大技改项目给予贷款贴息支持，最大限度释放政策红利，调动企业技改投资的积极性，以推动传统产业技术改造，或可成立企业技术改造促进会，组织智能化、绿色化技改服务商入企进行"一对一"诊断，帮助企业策划实施技改项目，解决企业"不愿改、不能改、不会改"难题，同时加强生产配套、供需对接，稳定企业生产预期。

三是全链式布局新能源汽车产业发展。2021年是我国汽车产业由增量市场向存量市场转型的起步之年，是《新能源汽车产业发展规划（2021～2035）》引领新能源汽车产业向高质量发展的承上启下之年。抓住国家明确将"大力推广新能源汽车，逐步降低传统燃油汽车在新车产销和汽车保有量中的占比"作为加快形成绿色低碳运输方式重要举措的政策环境，力促广州新能源汽车产业提速发展。首先，以新能源汽车核心技术为导向，整合广州市汽车电子核心零部件产业资源，推动汽车电子零部件技术形成创新产业布局，形成具有特色的产业格局。其次，要鼓励多种研发模式并存，建立共性技术服务平台，支持新能源汽车电子产业发展，鼓励更多具有先进汽车电子产业技术的港澳和国外企业与广州本地企业通过科研投资模式，将研究成果落地于广州。最后，发挥汽车金融对汽车零部件企业的扶持作用，成立或者引入相关新能源汽车电子产业基金。

（二）优化投资结构，夯实稳投资、稳增长基础

一是梳理工业投资存在的问题，破解工业项目尤其是大工业项目招商、落地瓶颈，加紧研究并完善工业用地保护政策，稳定工业用地总规模，提升城市更新效能。要确保工业用地和新兴产业、先进制造业用地供应，降低企业用地成本，激发市场活力，为产业导入提供发展空间。一方面基于工业发展基础与企业实际生产需求，兼顾未来主导产业重点培育及园区项目储备情况，对产业、行业发展目标进行合理分析预测，综合统筹区域规划、政策指引、发展目标，确定产业用地适配需求，并据此确定用地供给规模。另一方面综合考虑不同类型的工业生产差异化特征，为不同产业园区的不同主导工业领域提供量身定制、更加符合工业发展特点的用地供给。

二是梳理2021~2022年需加快实施的基础设施、社会民生等领域重大项目，结合项目建设工作目标，科学确定2022年建设内容和年度投资计划。在民生保障工程方面，重点项目着力补齐公共服务领域短板，加快推进教育、医疗卫生、居民保障等社会事业载体的建设。

三是用好"适度超前开展基础设施投资"政策。2022年，广州市有2个汽车制造项目投产，广州广汽年产20万辆新能源汽车产能扩建，将完成总投资63亿元。广州需进一步聚焦重点领域，积极构建以新能源为主体的新型电力系统建设，加快推进与城市轨道交通、新能源汽车相关联的基础设施建设。着力开展以数字化为主的基础设施建设，在加快推动重大发展平台方面，推动广州南沙新区、广州国际金融城、广州科学城、广州人工智能与数字经济试验区、中新广州知识城等多个粤港澳大湾区重大发展平台持续发力，改善基础设施投资增长乏力的局面。在新型基础设施领域，继续高度重视续建的广州中科院明珠科学园一期、国际数据传输枢纽粤港澳大湾区广州南沙节点等项目。

（三）利用倡导"就地过年"政策，全力促进消费回补

一是利用倡导"就地过年"政策，组织好节庆消费，推动各大商超加

紧备货，营造"在穗过年、年货不愁"的消费氛围，组织重点企业、商圈、商业网点抓住春节消费旺季，推出各类线上线下结合的促销活动和消费季活动，鼓励线上线下企业加强数字化、信息化新技术应用推广，推出消费新业态、新模式、新场景、新体验，加速线上线下融合，促进新型消费发展。通过场景式、娱乐化、人文化等活动方式整合资源，打造商旅文、游购娱、吃住行深度融合的活动。同时，依托广州"老字号一条街""非遗街区"等项目和"羊城夜市"夜消费品牌等汇聚国潮、美食、旅游、文化、演艺等元素，支持企业开展户外促销活动，放宽限制条件，鼓励商贸企业利用广场等室外场地有规有序地进行户外促销活动，优化经营性临时占用城市道路许可和临时户外广告设置许可的审批手续及审批流程，因地制宜充分利用余量空间，营造消费氛围。

二是激活家装家电消费市场，研究二次装修、老房改造等家装补贴政策，落实家电以旧换新补贴，以拉动家装家电产业链发展。家电、汽车作为生活消费的主力军，前景空间巨大。2021年国家提出鼓励家电生产、销售企业及电商平台等，开展覆盖城乡的家电以旧换新等消费活动，国家发改委、商务部等7部门联合印发了《关于完善废旧家电回收处理体系推动家电更新消费的实施方案》（以下简称《方案》），并有中国家用电器协会、海尔集团、苏宁易购、爱回收等20余家单位积极响应该《方案》，联合发布《家电"以旧换新"倡议书》，"上有政策，下有回应"地引导广大消费者通过以旧换新等方式，主动淘汰超安全使用年限的家电并交给合规企业处置，代之以购买并使用新一代智能化、绿色化产品，推动家电消费更新。广州亦可借此机会盘活家装家电市场，鼓励各类促销、购物节活动，挖掘消费升级大背景下市民对家装家电的换新需求，撬动市场空间，激发市场活力。具体而言，一方面，商家和平台依托高效的网络运营和互联网管理，整合线上线下两条营销思路，提升回收、处理、销售一条龙体系的覆盖率。另一方面，政府主动配合，对商家和企业给予一定差额补贴以及运营、人工、宣传和环境成本补偿，采用税收优惠、绿色金融通道等激励政策鼓励企业适当让利、全面参与。

三是加快研究关于汽车预售、以旧换新政策，完善二手车流通机制，释放汽车消费需求。当前，传统汽车市场开始呈现"V字形"回升态势，技术竞争和市场竞争日益激烈。国家相关中长期发展规划已经将汽车智能化、信息化、低碳化发展明确列为发展方向，未来节能型、低排放、高性能的汽车将成为汽车消费市场的"新宠儿"。在统筹经济发展、环境保护和交通出行三大需求的前提下，综合考虑经济发展水平、公共基础设施建设和资源承载能力等因素，未来几年内我国汽车消费发展空间仍然十分巨大。广州应顺应这一发展趋势，一方面，抢占先机，迅速出台新能源汽车购置补贴和以旧换新相关政策的具体措施，鼓励扩大市场需求，为壮大新能源汽车消费创造良好条件。另一方面，推动落实取消二手车限迁政策和二手车经销增值税优惠政策，既要促进二手车市场自由流通，也要保障行业规范健康发展，同时扩大二手车跨市、跨省、出口业务，挖掘市场发展潜力，优化车辆异地交易登记流程，进一步繁荣二手车市场。

四是大力挖掘农村消费潜力，扶持、引进涉农产业好项目、大项目，搭建农业产供销充分对接的发展平台，加快发展农村物质、资本流通体系，扩大农村电子商务和电商平台覆盖面，优化农村快递服务，增加互联网接入网点，培养农村电商人才，拓宽广州特色农产品线上线下销售渠道，夯实农村居民消费基础。

（四）精准帮扶，帮助中小微企业渡过难关

中小微企业体量虽小，却力敌万钧；企业不大，却能办大事。广州的民营企业专业度高、实干精神强、韧性很好。在此基础上，广州一方面可以从市场调节的角度出发，扩大市场需求、降低经营成本。另一方面可以立足产业规划高度，在细分行业和领域培育出更多的"专精特新"小巨人和领军企业，带动广州的民营企业迈上新台阶。

一是帮助企业拓展市场，引导和帮助在穗企业做好供需对接，努力为本地生产和销售企业创造机会。从政府角度来说，政府应当及时制定扶持中小微企业发展的具体措施和办法，例如进一步提高政府招标采购的透明度，完

善相关部门的公共服务外包制度，给予中小微企业平等参与竞标的机会，提高在中小微企业采购货物和服务的比例，为中小微企业搭建更多的平台。从企业自身出发，中小微企业应积极开拓国内市场，例如积极参与家电、农机、汽车、摩托车下乡和家电、汽车以旧换新等业务。从第三方服务商角度来说，通过政府补助引导第三方服务商降低中小微企业展览、展销费用标准，用以支持中小微企业积极参加各类展览、展销活动，同时鼓励新闻媒体包括电信、网络运营企业积极发布细分领域的市场信息，帮助中小微企业扩大宣传、开拓市场。同时，广州可建立各类中小微企业产品技术展示中心，综合考虑疫情现实，有序举办中小微企业博览会等展览、展销活动。

二是用好中央经济工作会议提出的"实施新的减税降费政策，强化对中小微企业、个体工商户、制造业、风险化解等的支持力度"政策，研究推出更多的助企惠企政策，切实向企业让利、稳定扩大就业、保障企业经营收入，更大力度降低企业成本。一方面，政府出面切实压减行政事业性收费和自然垄断行业服务收费，规范行业、协会和商会收费。另一方面，通过宏观调控手段，引导贷款利率和债券利率下行，支持银行发放优惠利率贷款和小微企业无担保信用贷款，有效降低中小微企业的实际融资成本。

三是加大金融纾困力度，引导金融机构根据实际情况加大对个体工商户、中小微企业、民营企业等经营困难且融资难度较大的经营主体给予关注，加大商业银行普惠力度，降低中小微企业贷款门槛，鼓励并支持各类金融机构向中小微企业提供一对一扶持项目和专项扶持资金，强化金融行业帮扶中小微企业、服务中小微企业的能力，鼓励商业银行给产业链上的关键企业授信、贷款，确保资金传导链条畅通，打通金融联通中小微企业的"最后一公里"，切实解决中小微企业融资困境，落实融资难、融资贵问题。

四是制定更大力度的"专"项政策、面向不同行业不同阶段提供"精"准服务、引导中小微企业找准自己的"特"色定位、鼓励企业加大自主研发和技术创"新"，同时政府要创新工作思路和服务方式，为新产品、新技术、新方案提供试验性的业务场景和机会。广州可借鉴德国经验，通过成立专门的研究机构支持中小微企业研发创新，同时定位配套专家，发展出更多的隐形冠军。中小微企业虽然在资金、人才方面存在劣势，但由于竞争环境激烈、外部激励强，相对大企业来说更有动力和活力投入研发，在解决"卡脖子"问题时，可以成为关键领域研发创新的重要力量。

（五）强化产业链供应链要素保障，着力提升产业链水平

一要着力解决"卡脖子"问题，加快关键核心技术攻关。对此，一方面，要强化产业链上游基础研究，围绕产业链部署创新链，引导创新资源向汽车、智能装备、新型显示、生物医药、互联网等新兴产业和先进制造业产业链关键环节、关键技术聚集。另一方面，从创新链下游的应用研究出发，自下而上调动创新链上游的高等院校、科研院所等各类创新主体，撬动基础研究更好地对接应用研究，服务于产业创新体系中关键核心技术的突破。广州可依托南沙科学城和中国科学院广州明珠科学园，构建全链条式重大科技创新平台。

二要强化产业链和供应链要素保障。首先强化人才支撑，深入实施广聚英才计划，面向世界汇聚一流人才，建设广州人才大智库和国家级人力资源服务产业园，打造人才集聚高地。其次强化金融支持，用足用好用活财政资金，多渠道拓展资金来源，降低实体企业的融资成本，同时鼓励和引导金融机构强化对产业链、供应链上下游企业的支持。最后扩大土地供给，加大新型产业用地供应，大力推进先租后让、租让结合方式使用土地，实施弹性年期出让，强化土地供后监管评价，大力推广"工业上楼"，推进旧工业园区改造提升和工业用地二次开发，激活存量土地资源。

三要"建链""强链""补链"，着力提升产业链水平。首先着力"建链"，对于战略性新兴产业（新型显示、人工智能、生物医药等）和未来产业（氢能源、量子通信、干细胞与再生医学等），积极引进行业龙头企业和上下游配套企业，构建并完善产业链。其次积极"强链"，对于产业链条完整，但关键环节仍需提升的优势产业（汽车、轨道交通等），着力改善其薄弱环节，不断提升自主研发能力，依托广汽智联新能源汽车产业

园，完善研发设计、生产制造、汽车销售、汽车金融、汽车文化等功能，打造智能汽车和新能源汽车产业集群。最后积极"补链"，整合已有的高端消费品行业发展基础（珠宝、服装、箱包、化妆品等），鼓励企业通过自主创新、技术引进、开放合作等方式，注入品牌、数字经济等元素，补齐高端环节短板。

行业发展篇
Industry Development

B.2
2021年广州市规模以上服务业
运行分析报告

广州市统计局服务业处课题组*

摘　要： 2021年，广州规模以上服务业①（以下简称"规上服务业"）总体运行平稳，展现较强发展韧性。对比国内其他重点城市，广州规上服务业企业数量稳居全国第三，但在产业规模、企业培育方面仍存在短板，需针对性做好暖企、减负、赋能政策配套，引导传统行业转型升级，加速先进制造业与现代服务业深度融合，创造良好的创业创新环境，确保服务业稳健发展。

---

* 课题组成员：刘钰，广州市统计局服务业处处长；莫广礼，广州市统计局服务业处副处长；李嘉惠，广州市统计局服务业处四级主任科员。执笔人：李嘉惠。

① 规模以上服务业指辖区内年营业收入达到规模的服务业法人单位。包括：（1）年营业收入2000万元及以上的交通运输、仓储和邮政业，信息传输、软件和信息技术服务业，水利、环境和公共设施管理业三个门类以及卫生行业大类的法人单位；（2）年营业收入1000万元及以上的租赁和商务服务业、科学研究和技术服务业、教育三个门类，以及物业管理、房地产中介服务、房地产租赁经营和其他房地产业四个行业小类的法人单位；（3）年营业收入500万元及以上的居民服务、修理和其他服务业，文化、体育和娱乐业两个门类，以及社会工作行业大类的法人单位。

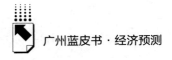
关键词: 现代服务业 创业创新环境 广州

一 广州市规上服务业总体运行情况

(一)营业收入稳步增长

2021 年①,广州市规上服务业企业共 11957 家,实现营业收入 16612.77 亿元,同比增长 18.2%,两年平均增长 7.9%,服务业总体呈稳步恢复态势。综观"十三五"以来,2016~2019 年全市规上服务业营业收入年均增长 16.6%,2020 年新冠肺炎疫情发生以来,增速有明显回落(见图 1),2021 年全市规上服务业营业收入比 2019 年增长 21.9%,与 2016~2019 年年均增速基本持平。

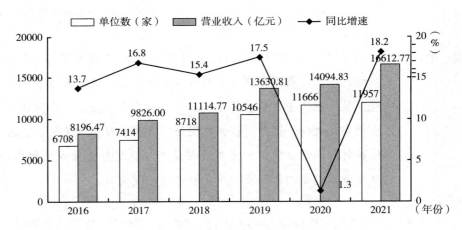

图 1 2016 年以来广州市规上服务业情况

注:同比增速数据来源于广州市统计局,按可比口径计算。
资料来源:广州市统计局。

---

① 本文数据均为 2021 年 1~12 月快报数据。

（二）盈利情况总体良好

2021年，广州市规上服务业实现利润总额1615.50亿元，同比增长24.1%。十大行业门类中，文化、体育和娱乐业亏损减少，其余九个行业门类均实现盈利；32个行业大类中，有23个行业大类实现盈利，行业盈利面超过七成，有16个行业大类利润总额实现增长，其中水上运输业、卫生行业利润总额翻两番增长，多式联运和运输代理业、装卸搬运和仓储业等七个行业大类同比增长50%以上。全市11957家规模以上服务业企业中，近七成企业实现盈利，显示2021年规上服务业企业经营状况良好。

（三）社会效益不断提升

1.人均薪酬保持良好增长

2021年，广州市规上服务业企业期末用工人数227.71万人，同比下降3.4%，主要由于头部企业全国性业务布局，部分企业业务迁至外市，导致用工人数减少，商务服务业期末用工人数同比下降11.4%；教育行业受"双减"政策影响，期末用工人数同比下降11.0%。全市规上服务业全年合计实现应付职工薪酬3348.68亿元，同比增长14.8%，年人均薪酬达14.71万元，同比增长18.9%，其中水上运输业、新闻和出版业效益较好，人均薪酬突破30万元，科技推广和应用服务业、软件和信息技术服务业、研究和试验发展等高技术服务相关行业年均薪酬突破20万元。

2.税收贡献继续提升

2021年随着疫情防控常态化，企业经营保持相对稳定。2020年广州市出台"48条"等减税降费政策，减轻企业税负。在上述因素影响下，2021年广州市规上服务业税收增长明显，两税合计①实现382.54亿元，同比增长16.8%。

（四）新业态新模式发展提速

2021年，广州市规上服务业得以持续复苏，新业态、新模式服务业行

---

① 两税合计指税金及附加、应交增值税两个统计指标合计数。

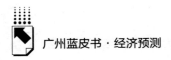

业支撑作用显著。

1. 高技术服务业①稳定拉动

2021年，相关行业合计实现营业收入6505.04亿元，同比增长13.8%，其中科技成果转化服务、研发与设计服务和检验检测服务分别增长51.6%、22.8%和22.6%。

2. 高端专业服务业快速增长

2021年，全市高端专业服务业保持较快增长，实现营业收入3094.53亿元，同比增长21.4%，疫情背景下人力资源服务、专业设计服务、质检技术服务对比2019年增长均超过50%，展现出较强的发展韧劲。

3. 现代物流业②稳中快进

广州紧抓现代供应链体系迎来加速发展机遇期，在提升城市枢纽门户功能的同时，疫情期间全力保供应保流通。2021年现代物流业实现营业收入3050.44亿元，同比增长28.5%，两年平均增长22.3%，高于交通运输、仓储和邮政业16.6个百分点。其中，随着货运市场形势良好，全市货运代理、多式联运营业收入均保持较快增长，同比增长分别为60.1%和26.9%，两年平均增长分别为47.7%和30.7%。

（五）企业发展势头向好

1. 百强企业增速高

2021年，广州市规上服务业营业收入前100强企业以占全市规上服务业8.4%的单位数量实现了41.2%的营业收入，合计实现营业收入6840.82亿元，同比增长26.7%，比规上服务业增速高8.5个百分点，是规上服务业平稳增长的主要支撑。

2. 小微企业活力强

2021年全市规上服务业中共有9115家小微企业，占比76.2%，合计实现

---

① 本报告中高技术服务业按2018年国家统计局划分标准，实现营业收入按该标准相关行业营业收入进行汇总。

② 本报告中现代物流业按照广东省统计局现代服务业产业分类中的现代物流业43个行业小类进行统计，不含餐饮配送、外卖送餐服务。

营业收入 4454.07 亿元，同比增长 19.8%，比规上服务业总体增速高 1.6 个百分点；利润总额同比增长 15.2%；期末用工人数 53.43 万人，同比增长 5.1%，比规上服务业增速整体高 8.5 个百分点，小微企业展现出较强的经营活力。

3. 新增企业拉动作用大

2021 年规上服务业共新增纳统企业 1952 家，累计实现营业收入 1074.09 亿元，同比增长 88.1%，拉动规上服务业增速提高 3.6 个百分点。

4. 重点企业预期保持乐观

企业预期方面，企业对未来自身及行业发展形势普遍持积极态度。根据 2021 年第四季度服务业生产经营状况调查，参与调查的 10985 家企业中对 2022 年企业自身经营状况预期乐观或一般的，以及本行业的运行状况预期乐观或一般的比例较高。

二 广州市规上服务业各行业发展情况

2021 年，广州市规上服务业行业运行走势不均，部分重点行业规模实现突破，但同时部分行业受新政出台、疫情防控常态化等因素影响，发展受限。10 个服务业行业门类中，交通运输、仓储和邮政业突破 5000 亿元，租赁和商务服务业接近 3000 亿元，行业规模迈上新台阶；水利、环境和公共设施管理业由于恒大园林集团单个企业影响继续处于负增长，教育行业受"双减"政策影响增速走低；其余 8 个行业门类均保持两位数以上增长。对比 2019 年同期，7 个行业门类实现增长，水利、环境和公共设施管理业，教育行业对比疫情前呈下降态势，文化、体育和娱乐业仍未恢复至疫情前水平（见表1）。

表 1 2021 年广州市规上服务业各行业增长情况

项　　目	单位数（个）	营业收入（亿元）	同比增速（%）	比 2019 年同期增速（%）	两年平均增速（%）	2016~2019 年年均增速（%）
规模以上服务业合计	11957	16612.77	18.2	16.5	7.9	16.6
1. 交通运输、仓储和邮政业	1520	5090.54	23.6	11.7	5.7	12.2

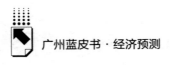

续表

项　　目	单位数（个）	营业收入（亿元）	同比增速（%）	比2019年同期增速（%）	两年平均增速（%）	2016~2019年年均增速（%）
2. 信息传输、软件和信息技术服务业	2179	4790.23	12.4	25.5	12.0	24.2
互联网、软件和信息技术服务业	2101	4222.53	13.0	27.4	12.9	30.7
3. 房地产业（不含房地产开发经营）	1810	1290.87	17.6	22.1	10.5	16.8
4. 租赁和商务服务业	3332	2985.63	21.6	10.3	5.0	16.8
5. 科学研究和技术服务业	1537	1603.02	18.4	29.5	13.8	15.4
6. 水利、环境和公共设施管理业	112	119.76	-19.3	-14.3	-7.4	18.4
7. 居民服务、修理和其他服务业	458	136.98	14.3	12.4	6.0	14.7
8. 教育行业	285	153.29	4.0	-1.6	-0.8	15.4
9. 卫生和社会工作	219	183.40	24.9	21.9	10.4	22.1
10. 文化、体育和娱乐业	505	259.07	23.3	-16.8	-8.8	11.3

资料来源：广州市统计局。

（一）交通运输呈"货热客冷"

2021年，广州市交通运输、仓储和邮政业实现营业收入5090.54亿元，同比增长23.6%，比2019年同期增长11.7%，仍低于2016~2019年年均增长水平（12.2%）。在疫情背景下，行业内部运行情况继续分化，作为规上服务业营业收入规模最大的行业门类，该行业对广州市规上服务业运行影响较大。一方面，客运情况恢复缓慢，2021年受疫情影响，铁路、航空运输业客运量比上年仅增长4%左右，比2019年同期分别下降37.4%和45.1%。另一方面，货运市场依然火热，受运价提升影响，多式联运、运输代理业和水上运输业营业收入增长明显，同比分别增长52.7%和38.8%，两年平均增长42.2%和15.8%；快递业保持稳定快速增长，全市完成邮政业务总量915.07亿元，同比增长33.8%，比2019年同期增长65.0%，快递业务量2021年首次突破百亿件，达106.78亿件，同比增长40.2%。

（二）互联网软件业稳中趋缓

广州市信息传输、软件和信息技术服务业 2021 年实现营业收入 4790.23 亿元，同比增长 12.4%，比 2019 年增长 25.5%，两年平均增长 12.0%。其中，互联网软件业合计实现营业收入 4222.53 亿元，同比增长 13.0%，拉动规上服务业增长 3.5 个百分点，两年平均增长 12.9%。

细分大类看，电信、广播电视和卫星传输服务同比增长 7.7%，电信业务总量同比增长 26.4%，比 2019 年同期增长 54.7%，增长情况良好；互联网及相关服务实现营业收入 1408.85 亿元，同比增长 9.6%，两年平均增长 12.5%；软件和信息技术服务业实现营业收入 2813.69 亿元，同比增长 14.8%，两年平均增长 13.0%。龙头企业中，网易、酷狗、阿里系、腾讯系企业总体运行平稳，对行业增长起支撑作用；部分企业因广告投放、游戏运营等业务受国家监管政策影响，同比下降明显。

（三）租赁和商务服务业稳定恢复

2021 年广州市租赁和商务服务业实现营业收入 2985.63 亿元，同比增长 21.6%，拉动规上服务业增长 3.8 个百分点，两年平均增长 5.0%，保持平稳发展。租赁业同比增长 22.0%，受 2020 年复工复产基数抬升影响，同比增速逐步回落，两年平均增长 14.7%，达到年内最高，增长趋势良好。商务服务业总体运行平稳，同比增长 21.6%，两年平均增长 4.7%，其中：人力资源服务、综合管理服务、法律服务和组织管理服务保持较好发展势头，两年平均增长分别为 26.8%、12.2%、11.2% 和 9.6%；广告业平稳恢复，两年平均增速自 2021 年 7 月转正后继续提升，增长 2.4%；会议、展览及相关服务同比增长 26.0%，在有效针对性政策引导下，虽未恢复至 2019 年同期水平，但累计降幅不断收窄；旅行社及相关服务行业受疫情影响明显，营业收入降幅自 2021 年 7 月以来持续扩大，同比下降 19.2%，两年平均下降 51.4%。

（四）科技服务业快速运行

科学研究和技术服务业全年实现营业收入 1603.02 亿元，同比增长

18.4%，两年平均增长 13.8%，居各行业门类最高水平，行业总体受疫情影响较小。分行业大类看，研究和试验同比增长 18.7%，两年平均增长 13.2%，由于医学检验业务拉动，广州艾迪康医学检验所、广州市锐博生物科技等企业保持较快增长。专业技术服务业受 2020 年复工基数抬升影响，工程相关企业同比增速略有回落，行业同比增长 14.3%，两年平均增长 12.3%，省电力设计研究院、地铁设计研究院等国有重点企业带领行业稳步发展；科技推广和应用服务业增速持续走高，同比增长 43.5%，两年平均增长 22.8%，小鹏汽车科技、阿斯利康医药等增势较好，带动行业快速增长。

（五）文体娱乐业受疫情影响依然显著

2021 年，文化、体育和娱乐业实现营业收入 259.07 亿元，同比增长 23.3%，两年平均下降 8.8%。分大类看，新闻和出版业、文化艺术业已恢复至 2019 年同期水平，两年平均增速保持低位增长；体育业，娱乐业，广播、电视、电影和录音制作业三个行业受疫情反复冲击，比 2019 年同期分别下降 22.2%、16.3% 和 12.5%。

（六）房地产相关服务平稳增长

房地产业（不含房地产开发经营）2021 年实现营业收入 1290.87 亿元，同比增长 17.6%，两年平均增长 10.5%。物业管理收入同比增长 20.4%，房地产租赁经营收入同比增长 18.5%，显示房产租赁、物管服务市场保持较好活力。

（七）卫生和社会工作稳健运行

卫生和社会工作 2021 年实现营业收入 183.40 亿元，同比增长 24.9%，两年平均增长 10.4%。其中社会工作规上企业数量由 2020 年的 40 家增加至 53 家，营业收入两年平均增速达 18.2%，显示广州市养老服务、普惠性支持等社会保障发展呈现积极态势。

（八）教育行业对比疫情前出现负增长

教育行业 2021 年实现营业收入 153.29 亿元，同比增长 4.0%；受"双减"政策影响，占规上教育行业比重较大的教辅机构营业收入增速有较大幅度回落，行业整体对比 2019 年同期下降 1.6%。

三 2021年广州市各区规上服务业运行情况

2021 年，广州市 11 个行政区域中，天河区、越秀区、黄埔区、白云区、海珠区、南沙区和番禺区等 7 个区实现营业收入超千亿元，其中天河区首次突破 5000 亿元，南沙区、番禺区突破 1000 亿元。增速方面，全市 11 个区同比均实现增长；除受航空运输业影响较大的白云区外，其他 10 个区比 2019 年同期有所增长，其中南沙区、黄埔区、海珠区增幅较明显，比 2019 年同期分别增长 54.7%、46.4% 和 31.0%（见表 2、图 2）。

表 2　2021 年广州市规上服务业营业收入分区增长情况

地区	单位数（个）	营业收入（亿元）	占全市比重（%）	同比增速（%）	比 2019 年同期增速（%）	两年平均增速（%）	2016~2019 年年均增速（%）
广州市	11957	16612.77	100.0	18.2	16.5	7.9	16.6
荔湾区	433	361.28	2.2	8.6	4.2	2.1	9.8
越秀区	1953	2904.20	17.5	20.5	8.9	4.4	10.8
海珠区	1823	1750.22	10.5	19.7	31.0	14.4	21.9
天河区	3101	5156.33	31.0	13.9	18.0	8.6	17.6
白云区	1216	1812.26	10.9	16.1	-18.3	-9.6	9.7
黄埔区	1328	1845.87	11.1	24.3	46.4	21.0	22.2
番禺区	904	1013.60	6.1	9.5	10.7	5.2	28.0
花都区	324	314.99	1.9	20.8	24.3	11.5	16.0
南沙区	504	1247.92	7.5	36.7	54.7	24.4	36.0
从化区	106	69.81	0.4	0.8	10.1	4.9	21.7
增城区	265	136.29	0.8	19.7	18.5	8.9	24.3

资料来源：广州市统计局。

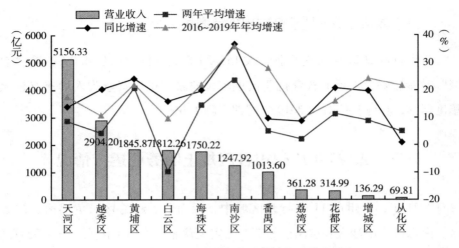

图2 广州市各区近两年发展情况与疫情前对比

资料来源：广州市统计局。

分区来看，天河区2021年规上服务业企业超3000家，营业收入规模突破5000亿元，占全市总量超过三成，两年平均增长8.6%，比全市高0.7个百分点。其中天河区高技术服务业发展尤为迅速，信息传输、软件和信息技术服务业全年实现营业收入2696.08亿元，占天河区规上服务业营业收入超过50%，同时占全市该行业营业收入的56.3%，是拉动全市规上服务业增长的重要动力。从该区规上服务业重点企业看，网易系、酷狗系、汇丰软件开发（广东）等企业2021年快速增长，另外小鹏汽车科技、欧华国际货运代理等企业分别为所在行业增长做出突出贡献。南沙区在现代物流业、商务服务业的快速增长带动下，近年规上服务业增速在全市处于领先地位，2016~2019年年均增长36.0%，近两年在疫情影响下两年平均增速也达到了24.4%，中远海运散货、华南中远海运集装箱运输等增长迅猛。黄埔区规上服务业近两年仍保持较好发展，两年平均增长21.0%，比2016~2019年年均增速低1.2个百分点，对比正常年份增速相差较小，显示出较强的发展韧劲。越秀区作为全市规上服务业总量第二大区，道路运输业、人力资源服务、广告业等商务服务业稳定恢复，为全市规上服务业增长提供助力。

四　广州市规上服务业与国内6个重点城市对比情况

2021年，广州市规上服务业总体运行平稳，各项指标表现较好，企业发展预期良好，但与全国及国内其他6个重点城市对比仍存在短板。与全国相比，广州市规上服务业总量占全国的5.6%，两年平均增速均低于全国平均；与北京、上海、深圳、杭州、成都、重庆6个重点城市相比，企业数量位列前3名，总量与深圳、杭州处于同一梯队，但两年平均增速较低，户均营业收入处于较低水平，产业结构与快速增长的城市相比差异较大（见表3）。

表3　2021年规上服务业重点城市对比

地　区	单位数（个）	营业收入（亿元）	同比增速（%）	两年平均增速（%）	户均营业收入（亿元）	营业收入利润率（%）
全　国	191029	297462.92	18.7	10.0	1.56	—
北　京	19182	52954.50	14.3	6.6	2.76	16.1
上　海	16386	45920.86	27.3	13.4	2.80	9.1
广　州	11957	16612.77	18.2	7.9	1.39	9.5
深　圳	9502	18763.56	19.9	12.7	1.97	15.1
杭　州	4420	17202.93	18.9	15.8	3.89	11.7
成　都	3175	6833.38	18.6	10.9	2.15	8.9
重　庆	3811	5246.66	15.4	10.3	1.38	8.7

资料来源：广州市统计局。

从企业数量看，广州市规上服务业企业数量（11957家）位列第3名，仅次于北京（19182家）、上海（16386家）。

从营业收入总量看，广州高于成都、重庆，次于北京、上海、深圳和杭州，租赁和商务服务业约为北京、上海的1/3；在互联网和相关服务、软件和信息技术服务业的规模上，广州与北京、上海、深圳、杭州均有明显差距，主要是缺少如"阿里系""腾讯系"等龙头企业，以及"字节跳动""百度中国"等大型总部企业。

从增长速度看，广州规上服务业同比增速高于北京、重庆，低于其他4

市，规上服务业整体恢复速度低于全国平均，两年平均增速仅高于北京，其他5市两年平均增速均高于10.0%。北京、上海、深圳、杭州、成都得益于多式联运和运输代理业、互联网和相关服务、软件和信息技术服务业等规模大、增速高的行业拉动，实现了较好的增长，其中上海的交通运输、仓储和邮政业合计拉动该市规上服务业增长16.0个百分点，广州仅拉动6.9个百分点；杭州、北京、深圳、成都的信息传输、软件和信息技术服务业分别拉动当地规上服务业增长11.3个、7.9个、7.8个和6.3个百分点，广州仅拉动3.7个百分点，显示广州服务业重点产业拉动力相对较弱。

从企业效益看，广州规上服务业企业营业收入利润率为9.5%，在7个城市中排名第4，次于北京、深圳、杭州。从户均营业收入看，广州企业户均实现1.39亿元，仅略高于重庆，为首位杭州（3.89亿元）的35.7%。

总体来说，广州企业数量稳居全国第3名，但由于交通运输、仓储和邮政业以及互联网软件业等行业龙头企业与其他重点城市相比仍偏少，产业规模与其他重点城市仍存在差距，规上服务业总量、增速均处于劣势。

五 广州市规上服务业发展需关注的问题

（一）政策导向影响部分行业增速

在经济增长回稳的大环境下，政策导向对市场的影响越来越大。如互联网软件业，近年来国家出台系列政策，逐步规范、引导互联网、互动娱乐产业的发展，一方面游戏版号发放收紧、网络游戏总量受调控，另一方面互联网广告投放端的审核要求不断提高。在规范发展的基调下，广州市互联网、互动娱乐产业发展已有所放缓，由于互联网、互动娱乐产业占全市互联网软件业比重较大，行业受影响程度也尤为明显。

（二）疫情背景下集聚性、接触性消费行业持续低迷

2021年，受疫情影响，防控政策相应收紧，集聚性、接触性消费行业

遭受打击，造成暑期、国庆等节假日消费不旺。广州作为千年商都，接触性消费行业规模所占比重大，受影响程度深，客运、文旅相关行业下半年以来持续低位运行，南湖国旅、熊猫国旅等旅行社不得不关停部分门店以降低运营成本。从第四季度相关行业的生产经营景气状况调查结果看，上述行业企业对自身下季度发展情况的预计持悲观态度的明显高于规上服务业总体。疫情防控常态化下，市民的出行、娱乐、消费习惯将发生改变，亟待出台针对性政策引导接触性服务行业寻找新的发展契机。

（三）企业培育力度仍需加大

从城市对比数据看，北上蓉杭户均营业收入明显高于广州，总部企业规模大、效益好，吸引并形成上下游产业链企业集聚，带动整个产业发展。相比之下广州对应产业由于户均小、龙头企业少，规模和增速都较难在短时间内得到提升。需要继续关注重点行业龙头企业的引入和创新性小微企业的培育扶持。

（四）产业生态圈构建相对不足

从城市对比数据看，广州规上服务业各行业发展较为均衡，但同时缺少能够强力带动服务业整体发展的优势产业。以互联网软件业为例，北京、深圳、杭州、成都4个城市行业占比大、增速快，且拥有较为完整的产业生态圈，为规上服务业稳定快速增长带来动力保障。相对来看，广州市行业整体、行业龙头企业的规模均相对较小，且主要在移动互联网、互动娱乐方面发展相对成熟，龙头企业对于开拓与传统产业融合板块的力度不大，难以带动形成完整的产业生态圈，不利于产业全链条发展。

（五）企业外迁压力大，产业政策对企业吸引力有待提高

市场监督管理局报告显示，2021年广州市迁出企业4718家，迁入企业3092家，显现流出状态。从规上服务业企业来看，部分企业受招商引资政策吸引来穗时，以导入经营数据为主，虽短期内对所属行业发展起到强心针

的作用，但重资产和核心部门并没有同步迁入广州，不利于企业落地生根和进一步在穗做大做强。另外，规上服务业企业中，很多中小企业是轻资产经营，迁移成本不高，很容易受到周边城市更优惠的政策吸引而外迁。在加大招商引资的同时，有必要提高政策和产业规划的吸引力，在产业发展规划上与重点企业长远发展战略相吻合，引导企业将主要资产、核心部门导入广州，促进行业长远、稳健发展。

六 推动广州市规上服务业发展的对策建议

（一）重点培育科技型企业，加速打造优势产业集群

把重点放在培育壮大上，推动更多规模以上企业升级成为高新技术企业，同时支持更多高新技术企业壮大成为规模以上企业和行业标杆企业。同时出台推动科技企业孵化器建设政策，完善孵化链条，培育大量创新型中小微企业。聚焦新一代信息技术、人工智能、生物医药（IAB）和新能源、新材料（NEM）等主导产业，继续重点打造集群，延伸产业链条，对产业链关键环节企业的培育和引入配以相关资金支持，形成发展快车道，跑出发展加速度。

（二）积极引导文旅产业转型升级，促进产业持续发展

疫情防控常态化下，对于文旅消费等易受疫情影响的行业，在出台纾困政策的同时，需继续积极引导行业转型升级，促进产业持续发展。一方面，发挥导向作用，参考北京市做法，划定、打造市内旅游休闲街区，规划多种形式的主题活动，引导短时间、近距离、高频次的"轻旅游""微度假"等消费模式，刺激市民出行、旅游、娱乐等需求。另一方面，发挥示范作用，打造一批可复制推广的应用场景，引导企业着力精细化运营，助力行业向内容专业化、消费场景化、需求个性化和用户社群化转型升级。

（三）促进先进制造业与现代服务业深度融合，推动全产业链健康发展

《2022年广州市政府工作报告》提出：坚持产业第一，制造业立市，推进数字产业化和产业数字化。广州一方面要加快推动服务业细分行业的要素优化配置，增加生产性服务业的有效供给，稳步提高生产性服务业在经济结构中的比重。另一方面要构建生产性服务业产业竞争优势，着力提高全市生产性服务业供给质量。在加快培育新行业、新业态的同时，加快谋划发展物联网、人工智能、精准医疗等未来产业，加快生产性服务业向高端化、品质化、集约化转型升级，进一步优化全市服务业结构。同时，要加强生产性服务业创新人才的培养和集聚，打造人才高地，吸引高技术人才来广州落户。

（四）优化创新创业生态环境，为创新发展激活"人财物"

推进科技服务体系建设试点，进一步开放创新要素市场，促进创新要素自由流动、优化组合。探索构建包容创新的审慎监管制度体系，进一步降低广州创新、创业、创造门槛。加强创新教育，进一步激活广州的全社会创新意识和能力。积极发挥创交会、青年创新创业大赛等重大活动平台的牵引作用，吸引更多国内外优秀人才来广州创新、创业、创造。

B.3
2021年广州火电行业发展调研报告

广州市统计局能源处课题组*

摘　要:　本报告重点分析了2021年广州电力供需形势和火电企业生产经营情况,指出了当前广州火电行业存在的电力对外依存度高、煤炭消费量控制与保电力供应矛盾突出、天然气发电受限多、电力市场化改革中企业经营困难等问题,提出了加强电源建设守安全用电底线、开拓两个市场构建安全高效能源体系、加强智能电网建设提高管理水平和深化改革增强企业抗风险能力等四点建议。

关键词:　能源价格　智能电网　保电稳电

2021年国际能源市场跌宕起伏,新冠肺炎疫情的反复使得产能缺口始终无法全面恢复,持续的供给侧冲击导致大宗商品产能短缺,欧洲国家"去煤""去核"能源转型导致能源危机愈演愈烈。在全球主要经济体进入经济恢复通道时,全球多地极寒、高温、干旱等异常天气带来能源需求增加,同时也造成水力发电量减少,进一步加剧了电力供需矛盾和火电替代需求激增。此外,全球货币超发引发高通胀,最终导致包括煤炭、天然气等传统能源在内的大宗商品价格大幅上涨。

全球能源市场价格大幅波动,国内能源市场也受到明显冲击,特别

---

* 课题组负责人:刘枫,广州市统计局市管一级调研员。课题组成员:莫德杰,广州市统计局能源处处长;吴燕,广州市统计局一级调研员;杨智勇,广州市统计局能源处副处长;林红,广州市统计局二级调研员;周清华,广州市统计局能源处一级主任科员;戴文静,广州市统计局能源处办事员。执笔人:杨智勇。

是对以火电为主的全国大多数地区电力生产和供应带来深刻影响。针对 2021 年反映比较突出的电力供需形势偏紧，火电行业煤炭、天然气供应紧张，成本倒挂和企业生产经营困难等问题，课题组选取了广州市 13 家受能源价格波动影响大、以上网销售电力为主的燃煤和燃气发电企业进行了专题调研。在对主要火电企业进行调研的基础上，重点分析了 2021 年广州电力供需形势和火电企业生产经营情况和存在问题，并提出了初步建议。

一 2021年广州电力供需和火电企业生产经营情况

广州作为年消费电力超千亿千瓦时，其中外部电力输入占比超六成的超大城市，2021 年在采取多种保电稳电举措下，受广东省电源性缺电影响，电力供需总体仍呈偏紧态势。广州 5 月开始实施有序用电，11 月退出。从消费端看，全社会用电量达 1119.73 亿千瓦时，快于同期地区生产总值增速 4.2 个百分点，继 2019 年后再次跃升至千亿规模，继续位居广东省首位。从生产端看，规上企业发电量大幅增加，2021 年底广州市共有规上发电企业 35 家，全年发电量合计 405.35 亿千瓦时，同比增长 13.5%（见表 1）。其中火力发电量 374.85 亿千瓦时，占全社会用电量的 33.5%。从电源结构看，本地电源以火力发电为主，占规上企业发电量的 92.5%。而火力发电企业中，煤电和气电合计占规上企业发电量的 85.7%。

表 1 2021 年广州市规模以上企业发电量情况

单位：亿千瓦时，%

项　　目	2021 年	2020 年	同比增长
全社会用电量	1119.73	996.72	12.3
规上企业发电量	405.35	356.99	13.5
火力发电量	374.85	326.99	14.6
燃煤发电量	220.75	203.75	8.3

项　　目	2021 年	2020 年	同比增长
燃气发电量	126.83	97.00	30.8
余热余压发电量	0.76	0.71	7.0
垃圾焚烧发电量	24.53	23.43	4.7
生物质发电量	1.98	2.10	−5.7
水力发电量	21.27	23.15	−8.1
抽水蓄能发电量	20.48	21.75	−5.8
太阳能发电量	9.23	6.85	34.7

资料来源：广州市统计局。

（一）电企集中分布在工业大区，燃煤机组平均服役时间较燃气机组长

2021 年，广州市 13 家火力发电企业合计装机容量 726 万千瓦，占全市总装机容量 890 万千瓦（不含抽水蓄能发电机组）的 81.6%。其中，燃煤发电企业 6 家，总装机容量 368 万千瓦，燃气发电企业 7 家，总装机容量 358 万千瓦。13 家企业主要分布在黄埔区（5 家）、南沙区（4 家）和增城区（2 家），番禺区和从化区各有 1 家。

从机组类型看，13 家企业合计共有 22 台大型发电机组、4 台小型天然气分布式机组，其中燃煤发电机组 12 台、燃气发电机组 14 台。从装机容量看，最大的燃煤机组装机容量 33 万千瓦，最小的燃煤机组装机容量 21 万千瓦。从服役时间看，燃煤机组平均服役时间较燃气机组长。其中，12 台燃煤机组平均服役时间约 18 年，最新的燃煤发电机组于 2012 年投产，最老的燃煤机组于 1993 年初投产，截至 2021 年已服役近 29 年；14 台燃气机组平均服役时间 7 年，最新的燃气机组于 2020 年投产，最老的燃气机组于 2006 年底投产。

（二）火力发电量占规上企业发电量超八成，燃气机组效率显著高于燃煤机组

从发电量看，由于 2021 年生产稳步恢复、气温偏高带动快速增长的电

力需求以及缓解西电东送带来的广东电力下降等情况，造成部分时段电源性缺电压力，广州火电企业积极响应国家保电稳电要求，克服重重困难，能发尽发、应发尽发，2021年发电量较2020年有大幅度上升。其中，13家火电企业全年发电量合计329.63亿千瓦时，同比增长17.3%，占全市规上企业发电量的81.3%，比2020年提高2.6个百分点；占全社会用电量的29.4%，比2020年提高1.2个百分点。

从发电效率看，2021年13家火力发电企业平均火力发电效率为45.4%，供热效率为86.9%（见表2）。其中燃气机组发电效率为56.2%，比燃煤机组高15.7个百分点。13家企业平均火力供电煤耗为284克标准煤/千瓦时，比2020年下降10克标准煤/千瓦时。其中，燃煤电厂平均火力供电煤耗为320克标准煤/千瓦时，最优为307克标准煤/千瓦时，最高为343克标准煤/千瓦时；燃气电厂平均火力供电煤耗为228克标准煤/千瓦时，最优为207克标准煤/千瓦时（不含小型分布式天然气机组），最高为278克标准煤/千瓦时。

表2　2021年火力发电企业主要能效指标情况

项　目	加工转换总效率(%)	火力发电、供热效率		火力供电煤耗（克标准煤/千瓦时）		
		火力发电效率(%)	供热效率(%)	平均值	最优值	最高值
燃煤机组	45.5	40.5	86.6	320	307	343
燃气机组	57.5	56.2	89.0	228	207	278
合　计	49.0	45.4	86.9	284	—	—

资料来源：广州市统计局。

从发电结构看，燃气发电量和燃煤发电量之比由2020年的34.5∶65.5提升至2021年的38.4∶62.6，燃气发电量占比提高3.9个百分点，电源结构进一步优化。

（三）煤炭和天然气多由集团公司统购，来源多元化

按照控股情况，目前13家火力发电企业中，有11家国有控股企业、1

家外商控股企业（广州华润热电有限公司）、1 家私人控股企业（广州协鑫蓝天燃气热电有限公司）。其中，11 家国有控股企业分别属于中国华电集团、广东能源集团、广州发展集团等央企、省企、市属国有企业和广州开发区属国有企业。

从煤炭来源看，广州火电企业用煤主要来自陕西、山西、内蒙古等国内煤炭主产区，同时综合考虑煤炭价格、运输距离等因素从印度尼西亚、俄罗斯等国进口煤炭，进口煤又以印度尼西亚煤为主。企业普遍采用高卡国内煤和低卡国外煤配合发电，以降低燃料成本。2021 年全市 6 家煤电企业煤炭消费量合计 1068 万吨，其中有 4 家企业合计消费来自印度尼西亚、俄罗斯等国进口煤炭约 330 万吨，占火电企业煤炭消费量约三成。

从天然气来源看，2021 年，广东省天然气消费量为 364 亿立方米，是全国天然气消费第一大省。其中，中海油供应量为 224.2 亿立方米，占全省市场的 61.6%。目前广州火力发电企业天然气主要来自中海油、中石油、中石化、广东能源集团天然气板块分公司、广州燃气集团、九丰能源（民企）等。天然气主要通过国家管网集团广东省管网有限公司主干管网和广州燃气管网输送到发电企业，部分企业购买的天然气使用槽罐车运输到企业。

（四）火电企业产值规模占比不高，但对工业生产影响大

2021 年，13 家火力发电企业合计实现工业总产值 154.14 亿元，占广州市规模以上工业总产值的 0.7%。火电企业除了为广州经济社会发展提供电力外，其中 10 家热电联产企业还为纺织、医药、化工、轻工、机械和电子等行业部分企业供应生产必需的热力（蒸汽），保证下游企业正常生产运营。全年 10 家热电联产企业共生产热力 2186.27 百万千焦，同比增长 17.1%。据统计，2021 年广州市规模以上工业热力消费企业 145 家，合计实现工业总产值 4091.17 亿元，占全市工业总产值的 18.1%，考虑到对整个产业链的影响，热力供应对广州工业的稳定生产有重大支撑保障作用。2021 年在煤炭、天然气价格高涨、供应短缺、成本倒挂十分严重的 5 月、9 月和

10月，企业在面临严重亏损的情况下，仍克服重重困难保产增产，确保下游企业热力需求，营造良好营商环境。

二 广州火电行业发展存在的主要问题

（一）燃煤机组普遍服役时间长，能效水平提升空间有限

广州燃煤机组普遍存在服役时间长、单机装机容量小、供电煤耗高的问题。2021年在燃气机组发电量占比提高带动下，广州市13家企业平均供电煤耗降至284克标准煤/千瓦时（比2020年下降10克标准煤/千瓦时），但6家煤电企业燃煤机组平均供电煤耗仍高达320克标准煤/千瓦时（最低为307克标准煤/千瓦时，最高为343克标准煤/千瓦时），与国家发展改革委、国家能源局2021年10月底印发的《全国煤电机组改造升级实施方案》提出到2025年全国火电平均供电煤耗降至300克标准煤/千瓦时以下，仍有较大差距。调查中部分企业反映，广州火电机组服役时间长，前期能够产生效益的节能技术改造已基本完成，企业进一步通过技术改造提高能效水平的边际成本不断增加，主动意愿不强，部分机组进一步实施节能改造也无法达到300克标准煤/千瓦时供电煤耗，企业能效水平提升空间有限。

（二）本地电力自给率不高，电力供应安全压力大

2021年，广州市规上企业发电量（不含抽水蓄能发电）占全社会用电量的34.4%，比2020年提高0.9个百分点，连续两年提高，但自2014年跌破40%后，多年来广州本地电力自给率不高的问题始终未得到明显改善。

2021年5月开始，受电源性缺电影响，广东省开始实施有序用电。据了解，在2021年5~10月电力需求紧张时期，广州实施了电源性错峰用电。其中，5月、8月和9月电源性错峰用电分别达到21天、10天和19天。从电力供应情况看，自5月份广州开始实施有序用电以后，13家火电企业各月发电量占全市用电量的比重始终在30%左右，其中9月份仅占24.6%

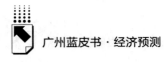

（见图1）。本地火电企业对全市电力需求支撑能力明显不足，给广州电力供应安全带来巨大压力。

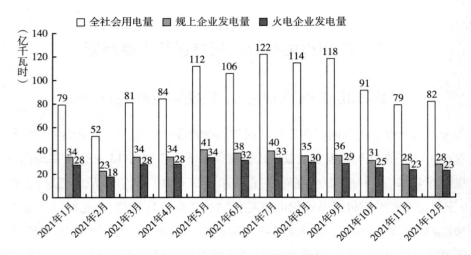

图1　2021年各月全社会用电量和火力发电量

资料来源：广州市统计局、广州市供电局。

（三）"双碳"战略下煤炭消费量控制与保电力供应矛盾突出

"十三五"时期，国家对珠三角地区实施煤炭消费减量替代政策。广州认真贯彻落实上级工作部署，先后关停了广州发电厂、广州旺隆热电有限公司和广东粤华发电有限公司等企业落后燃煤机组和部分企业燃煤小锅炉，大力推进"煤改气""煤改电"，2020年全市煤炭消费量1116万吨，较2015年下降446万吨，超额完成广东省下达的2020年煤炭消费量控制在1363万吨以内的目标任务。

2021年，广州市规上工业企业煤炭消费企业19家，合计煤炭消费量1241万吨，比2020年增加140万吨。其中，受保电稳电政策影响，6家燃煤发电企业2021年煤炭消费量合计1068万吨，比2020年增加206万吨。"双碳"战略下广州要实现2030年碳达峰必然要对煤炭消费总量实施有效控制，伴随着城市用电需求不断增加，煤炭消费总量控制将较大程度削弱了煤电兜底保障作用，给广州电力供应安全带来严重制约。一方面，目前本地水力发电、太阳能发电和垃圾焚烧发电产量有限，而外受电力又受西南地区水量及电网输送通道能力建设等不可控因素影响，用电高峰时期电力消费增量需要立足本地区火力发电企业多发电。另一方面，国内天然气严重依赖国际市场，天然气供应紧张，气电成本显著高于煤电，保电力供应安全更依赖于燃煤发电企业，造成目前推进"双碳"战略下，优化能源消费结构、促进能源消费低碳化中实施煤炭消费总量控制与保电力供应安全矛盾更加突出。

（四）天然气量缺价高，发电受限多

"十三五"时期，广州燃气发电取得长足发展，随着广州协鑫蓝天燃气热电有限公司和华电福新广州能源有限公司投产、广东粤华发旦有限责任公司煤气机组更换为天然气机组，全市燃气发电量大幅增加，燃气需求量与日俱增。2021年7家燃气发电企业天然气消费量23.14亿立方米，同比增长28.2%。但受2021年气价高企、气源紧张等因素影响，多数燃气发电企业燃气发电量均出现了下降。一方面，疫情防控下经济恢复对能源需求增加且"双碳"战略下能源结构调整对天然气需求持续扩大，导致天然气市场供应压力增大，部分企业长协用气需求无法满足。另一方面，广东地区的天然气消费来源以进口液化天然气（Liquefied Natural Gas，LNG）为主，天然气现货市场价格与东北亚LNG市场挂钩，2021年东北亚LNG现货价格的水涨船高导致企业现货采购的天然气价格大幅上涨，特别是高价机组补偿①无法反映真实的燃机、煤机成本差值，高价机组补偿不足，给燃气发电企业的生产经营带来严重影响，在一定程度上也制约了气电可持续发展。从长期看，"十四五"时期广州为提高本地电力自给率规划了粤电花都天然气热电联产、广州白云恒运燃气发电等多个天然气发电项目，以获得大量长期稳定气源，用于解决全市电力供给问题、改善能源消费结构。

---

① 目前广东燃气机组以现货电价加0.192元/千瓦时进行电费结算。

（五）火电企业成本倒挂严重，多数企业发电业务亏损

1. 燃料价格高企，火电企业成本倒挂

2021年，广州火力发电企业在保电稳电的同时，面临能源价格上涨的巨大压力。13家火力发电企业除珠江天然气发电有限公司通过2006年以25年长协锁定能源成本盈利外，其他企业同国内火电市公司一样在发电业务均出现不同程度亏损。特别是由于现货市场成本倒挂严重，出现越发越亏现象，导致部分企业在煤炭、天然气价格高点采取少发电甚至不发电措施被动应对。据了解，2021年高点时天然气现货价格超过6元/立方米，按照1立方米天然气发电5千瓦时计算，每千瓦时仅能源成本就超过1.2元；燃煤发电方面，按300克标准煤/千瓦时发电煤耗计算，当煤炭（5500大卡）价格上涨至1000元/吨时，一千瓦时仅燃煤成本就达到0.38元。企业在2020年底签订的2021年年度长协电在基准电价基础上普遍让利0.04元/千瓦时左右，导致燃煤和燃气发电成本倒挂现象十分严重。

2. 电价无法有效传导燃料成本，火电企业多数亏损

2020年11月，根据国家发改委、国家能源局《关于做好2021年电力中长期合同签订工作的通知》，各个市场主体以供需相对宽松的基本面签订了中长期合同，签约电价在基准电价基础上普遍下浮。但2021年上半年，电力供需趋紧形势逐渐显露，因煤价、气价累计上涨幅度巨大，中长期交易电价已低于单位电量燃料成本，火电企业正常经营受很大影响。

为有效应对2021年第三季度以来煤价、气价持续走高，发电企业成本倒挂严重问题，2021年10月，国家发改委发布《关于进一步深化燃煤发电上网电价市场化改革的通知》，通知要求加快电力市场化改革，有序放开全部燃煤发电电量上网电价，将燃煤发电市场交易价格浮动范围由现行的上浮不超过10%、下浮原则上不超过15%，扩大为上下浮动原则上均不超过20%，高耗能企业市场交易电价不受上浮20%限制，推动工商业用户进入市场。广东省根据文件精神，于2021年10月下旬下发《关于抓紧做好广东电力市场年度未执行合同换签等有关工作的通知》，积极疏导发电企业成

本。通知要求对售电公司与发电企业签订的 2021 年年度交易合同以及售电公司与电力用户签订的 2021 年固定价差模式零售合同,对本年度后续月份未执行的合同抓紧协商进行换签、改签或补签。但从实际情况看,2021 年,对于占广州市用电量约 1/4 的居民、农业、公益性事业用电,维持基准电价不变,而高耗能企业市场交易电价上浮均未超过 20%,多数未执行合同换签、改签而成效有限的情况下,现货市场非居民电价(居民、农业、公益性事业以外用电)20% 涨幅无法覆盖发电成本的上涨给企业带来的亏损。

从调研情况看,在燃料成本高企、电价无法有效传导成本的情况下,2021 年广州市多数发电企业的业务出现不同程度亏损,生产经营困难。13 家火电企业在工业总产值增长 25.8% 的情况下,营业成本增长 61.9%,平均资产负债率由 2020 年的 53.8% 上升至 2021 年的 58.8%。据了解,燃煤发电企业中广州中电荔新热电有限公司、广州珠江电力有限公司和广州东方电力有限公司亏损额均超 1 亿元;燃气发电企业中,广东粤华发电有限责任公司和华电福新广州能源有限公司发电业务亏损额也都超过 1 亿元。尽管政府的相关部门在保电稳电过程中,给予企业一定补贴,但企业仍不可避免地面对短期偿债能力下降、现金流紧张、市场融资难等问题。

三 广州火电行业发展建议

2022 年以来,在能源需求增加、地缘政治风险加剧和货币超发等多重因素作用下,国际油价持续走高,天然气价格飙升,欧洲能源危机有愈演愈烈之势。高盛、荷兰国际集团等机构也预测 2022 年原油、天然气价格仍将持续高位波动。随着国家推动煤炭增产增供一系列政策措施的落地见效,作为我国主要能源的煤炭,供需紧张态势已得到缓解,但价格较 2021 年初仍大幅上涨,特别是天然气价格受欧洲能源危机影响,预计未来一段时间煤炭价格仍然在高位运行。

面对 2022 年国际国内能源价格仍将在高位运行的预期,作为煤炭、天然气全部依赖外部输入的广州,要始终坚持以习近平新时代中国特色社会主义思想为指导，深入贯彻落实习近平生态文明思想，按照国家《2030 年前碳达峰行动方案》提出的"以保障国家能源安全和经济发展为底线，推动能源低碳转型平稳过渡，稳妥有序、循序渐进推进碳达峰行动，确保安全降碳"要求，牢牢守住能源安全发展底线，构建绿色低碳安全高效的电力供应体系，提高能源供给保障能力，为广州立足新发展阶段、贯彻新发展理念、构建新发展格局、实现经济社会高质量发展提供坚实的能源保障。

（一）加强电源建设，守住全市用电安全底线

电力保障不仅关系到我国的能源安全，更关系到国计民生。尽管近年来全国火电装机容量占比呈下降趋势，特别是 2021 年煤电装机容量占比首次跌至 50% 以下，但全年火力发电量仍占总发电量的 70% 左右，火电在我国电力供应中仍发挥着基础保障作用。碳达峰、碳中和"3060"目标愿景给可再生能源的发展按下快进键，但由于风电和太阳能发电等存在受气象条件影响输出不稳定、发电和用电存在时间错配等特性，在目前的电网规划方式和结构下，仍需要大量的常规机组进行电力电量平衡，煤电的调峰和兜底保供作用将长期存在，具有绿色环保特性的天然气发电也具有广阔的发展空间。对于资源禀赋受限的广州来说，更要立足于国情和电力自给率不高的市情，强化底线思维，坚持实事求是、先立后破原则，紧紧抓住火电这个"牛鼻子"，进一步加强电力基础设施建设。在加快天然气机组建设步伐，提高全市电力供应保障能力的同时，针对广州燃煤机组总体服役时间长、单机装机容量不大的问题，狠抓煤电机组节能改造，加快推进煤电机组"上大压小"，提高煤电机组能效水平。将关停的符合能效、环保等条件的"小"燃煤机组作为应急调峰储备电源，增强广州市电力系统应急调峰能力。同时基于广州外部输入电力占比超六成的现状，抓住当前广东大力提升"西电东送"供应能力，加速开发非化石能源、能源加速清洁化与低碳化的机遇，将外部清洁电力输入作为广州实现碳达峰、碳中和的关键支撑，继续加强外部输入电力通道能力建设，为广州未来获取更多外部输入清洁电力打下坚实基础。

（二）开拓国内国际两个市场，构建安全高效能源供应体系

相比"富煤缺油少气"的国情，广州资源匮乏特性更加明显，煤炭、原油和天然气全部依赖外部输入。为进一步提升燃料供给稳定性和安全性，缓解广州电力需求增长压力，广州在电力企业燃料供给上应着力构建以国内大循环为主体、国内国际双循环相互促进的电力发展新格局。一是要立足国内煤炭储量丰富的基本国情和广州港全国煤炭储运枢纽优势，发挥大湾区核心城市区位优势，充分利用国内国际两个市场，加强煤炭和天然气运输港口码头、燃气管网和应急储备能力建设，提升能源输送、储备和应急保障能力。二是要加强与中央和地方大型国有能源企业战略合作，压实相关能源企业主体责任，坚持国内、国际市场相结合，通过自主采购、联合采购等多种形式，开展煤炭和气源采购，签订中长期协议，为全市能源供应和消费企业寻找稳定的煤炭和天然气来源，逐步构建能源多元化供应格局。三是燃气机组的规划建设、投产要与天然气管网建设、气源供应同步考虑，确保新增燃气发电机组有稳定的气源保障。

（三）加快智能电网建设，提高电力精细化管理水平

近年来，随着社会电气化、自动化、智能化水平的不断提高和能源消费绿色低碳化转型，电力消费增速加快，电力占全社会能源消费比重不断提高。"十三五"时期，广州全社会用电量年均增长5.0%，显著高于同期能源消费年均增长1.7%的水平，电力消费占广州市终端能源消费比重在2020年达到53.1%。"十四五"时期，在国家碳达峰、碳中和战略部署下，非化石能源占比将逐步提高，叠加新能源汽车产业的快速发展和广州制造业立市战略的实施，电力在较长一段时间内仍将是主要能源消费品种中增长最快的。要在兼顾用电安全的同时确保如期实现碳达峰，加强电力消费管理势在必行。要加强"智能电网"建设，加大源网荷储[①]协同互动，充分利用用户

---

① 指电源、电网、负荷、储能。

侧资源，在化解短时电力供需矛盾的同时提高电力精细化管理水平，抑制经济社会发展中不合理电力需求。要充分利用能源革命和数字革命的深度融合，并利用"大云物移智"① 等现代信息通信技术在能源电力行业的广泛应用提供的重大机遇和强大助力，加快电网企业数字化转型，深入挖掘电网设备和各类资源潜力，不断提升电企运行效率和服务水平。要着力培育涵盖能源监测、管理、调度、节能等领域的新模式新业态，合理引导用电需求。行业主管部门和电力部门也要充分利用"智能电网"技术，采取有效措施提高全市用电精细化管理水平，科学编制实施有序用电计划，及早建立可中断用户清单，精准实施有序用电，杜绝"拉闸限电"影响企业安全生产及带来不可避免的经济损失。要加强对大型公共建筑节能管理，加大节能宣传深度和广度，不断增强全民节约用电意识，有效化解 2021 年以来第三产业用电量过快增长、电力利用效率下降对全市节能降耗工作带来的压力，为缓解用电高峰期全市电力供应紧张，确保如期实现碳达峰提供有效支撑。

（四）深化电力市场化改革，增强企业抗风险能力

电力供应安全事关能源安全和国计民生，火电企业作为电力供应的主力军和稳定器做出了重要贡献。但在目前上游煤炭、天然气受国内、国际能源市场影响，价格波动大，终端电价上涨无法覆盖燃料成本的情况下，企业生产经营面临严重困难。要解决这些困难，一是认真贯彻落实国家关于煤炭中长期合同签订履行的工作要求，积极组织协调发电供热企业煤炭中长期合同全覆盖工作，完善"基准价+浮动价"价格形成机制，加强对合同履约的常态化监管，对恶意违约、中长期合同履约率过低的责任方企业，实施失信联合惩戒，避免出现中长期合同履约率低以及煤炭"签高兑低"现象，保障火电企业煤炭供应稳定性和品质要求。二是各级政府要协调各方，切实解决燃气发电企业目前反映突出的西气东输输送距离远、管输费用高、外购天然气国家管网和广州管网双重收费造成企业燃气成本上升问题。要高度重视电

① 指大数据、云计算、物联网、移动互联网、人工智能。

价形成机制下燃料成本上涨无法有效传导至市场用户造成的火电企业财务状况恶化、现金流面临枯竭等问题，对符合支持条件的火电企业采取阶段性缓税、开辟绿色办贷通道、优先安排贷款审批投放、不违规抽贷断贷等金融支持，切实保障企业燃料采购资金到位，综合施策缓解发电供热企业阶段性困难。

B.4
2021年广州房地产市场
发展动向分析报告*

广州大学广州发展研究院课题组**

摘　要： 2021年，广州在房地产市场政策上因区施策，不同区域之间的政策执行有所差异，黄埔与南沙以外区域主要以价格管控手段为主。在房地产市场表现上，一、二、三级市场成交下滑趋势明显，虽然第四季度政策"见底信号"显现，但从整体去化率等指标看，市场信心并未明显改善。

关键词： 供需　价格管控　人才措施　广州

2021年由于欧美央行持续采取量化宽松政策，国内通货膨胀压力加大。全国房地产市场面临着全球通胀引发资金进一步缩紧、全球疫情带来经济波动、货币政策环境先紧后松等问题。反思广州市房地产行业，存在以下几方面的问题：供需矛盾依旧存在，学区房需求上升是房价上涨的主要推手，价格管控措施治标不治本，人才管控措施需要调整。

---

* 本研究报告是广州市新型智库广州大学广州发展研究院、国家自然科学基金项目"流空间视角下粤港澳大湾区的空间结构及其影响机制研究"（批准号：41801110）的研究成果。

** 课题组组长：谭苑芳，广州大学广州发展研究院副院长，教授，博士；课题组成员：戴荔珠，广州大学广州发展研究院助理研究员，博士；周雨，广州大学广州发展研究院政府绩效评价中心主任，讲师，博士；曾恒皋，广州大学广州发展研究院所长；汪文姣，广州大学广州发展研究院讲师，博士。执笔人：戴荔珠。

一　国际国内经济环境趋于缩紧

（一）全球通胀引发资金进一步缩紧

2021年以来，国家宏观调控首次强调抑制通货膨胀，因而对投资与生产的限制明显加强，这些政策在帮助消费端缓解通货膨胀影响的同时，也在很大程度上制约了经济增长速度。受国内多点散发疫情和国际大宗商品价格上涨等因素的影响，全国居民消费价格指数（CPI）、全国工业生产者出厂价格指数（PPI）持续上升（见图1），而且PPI、CPI剪刀差一直在上升，2021年10月达到顶峰，差额高达12%，后在2021年11月和12月稍微有所缩减。PPI与CPI，一个代表产业上游的生产者，另一个代表产业下游的消费者。2021年的"剪刀差"扩大，意味着上游的生产资料涨价很多，但下游的消费价格却比较低迷。由于产业上下游传导不通畅，上游价格不断走高对下游利润压制开始显现，下游企业的盈利能力下降，民营企业经营面临成本抬升的压力，小微企业生存环境恶化。

（二）全球疫情带来经济波动

2021年全球多地出现疫情，局部地区部分企业临时减产停产，叠加国际地缘政治不稳定因素，产需两端同步走低，宏观经济系统的稳定性受到更多挑战。从数据上看，上下半年间中国宏观经济的落差非常明显，最直观的表现为：GDP第三季度增速跌破5%，以及支撑经济增长的"三驾马车"（投资、消费、出口），增速全部下滑。虽然"十四五"规划强调扩大消费，然而受疫情影响，消费增长速度不快。而出口受到往年高基数的影响，对经济的边际贡献持续减弱。投资是历年来提振经济的最有效手段，而受房地产等关键行业影响，投资增速迅速下跌。PMI是采购经理指数，能够反映经济的变化趋势，是世界经济运行活动的重要评价指标和世界经济变化的晴雨表。从图2可以看出制造业PMI和非制造

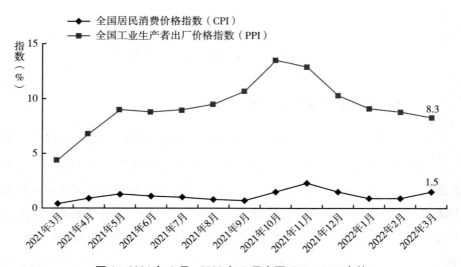

图1　2021年3月~2022年3月全国CPI、PPI走势

资料来源：国家统计局数据。

业PMI一路下跌，2022年3月制造业PMI为49.5%，非制造业PMI为48.4%。

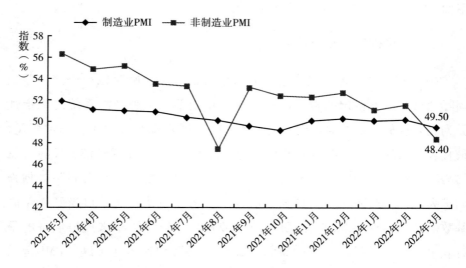

图2　2021年3月至2022年3月全国PMI（制造业、非制造业）走势

资料来源：国家统计局数据。

（三）货币政策环境先紧后松

在"资金总闸门"上，国内流动性管控措施重回适度宽松，2021年11月央行进一步明确"以我为主，稳字当头"的货币政策基调，这使得我国货币政策能够在全球流动性重回"紧缩"的国际环境中保持独立。在数据表现上，新增人民币贷款和社会融资规模增量都比2020年略微下降，M2增速也从2月份的10%下降到9月份的8.3%，随后又缓慢回升。2021年上半年的政策基调是管好货币总闸门，坚决不搞"大水漫灌"，灵活精准实施货币政策；下半年的政策基调是"灵活精准，合理适度，以我为主，稳字当头""增强信贷总量增长的稳定性"，并且首次提出发挥好货币政策工具的总量和结构双重功能，更加主动有为。

在房地产行业，自2020年下半年至2021年上半年，政策对房地产的资金管控要求大幅提高。2021年9月开始，"房地产的泡沫化金融化问题"在多个重要会议上不再提及，转而强调"维护市场健康发展"及"促进行业良性循环"。在分城施策上，各个地方政府的维稳措施释放力度加强。

二　广州市房地产市场的政策变化

2021年广州政策调控压力持续加强，直至第三季度，广州的政策力度达至最大。不断加码的政策压力使市场预期改变，由年初的亢奋转变为疲乏。包括一、二、三级市场，成交下滑趋势明显。虽然第四季度政策"见底信号"显现，但从整体去化率（尤其是远郊项目）等指标看，市场信心并未明显改善。广州市不同区域之间因地施策的执行有所差异，人才政策主要集中在两个承载广州产业发展的区域：黄埔（当前产业核心）与南沙（规划产业发展高地），其余区域主要以价格管控手段为主。调控措施着重在以下两个方面。

（一）房地产政策以价格管控为主

2021年广州市关于房地产市场的政策措施以价格管控为主，以限地价、限房价、二手房指导价为发力点，一、二、三级市场全面限价（见表1）。2021年1月，广州市住建局发布《广州市房屋交易监督管理办法》（修订征求意见稿），主要内容包括：未取得预售证，不得以认购、排号等方式收取定金；商品房按备案价销售，不得额外收取装修款等。2021年4月21日《广州市人民政府办公厅关于完善我市房地产市场平稳健康发展政策的通知》发布，调整增值税征免年限，将9个区个人销售住房增值税征免年限从2年提高至5年。2021年8月31日，广州住建部更是发布了二手房成交参考价。成交活跃的热点区域建立二手住房交易参考价发布机制；房地产经纪机构等不得发布价格虚高的二手住房房源；交易涉及的相关机构应将二手住房交易参考价格作为开展业务的参考依据之一；公布首批96个住宅小区二手房参考价格。

表1 2021年广州市关于房地产市场的政策措施

日期	具体举措
1月7日	广州市住建部门按照工作计划，深入开展房地产市场秩序专项整治行动，严厉打击哄抬房价和虚假房源、虚假广告、虚假销售等违法违规行为，进一步整顿和规范房地产市场秩序，切实维护购房群众合法权益
1月12日	广州市住建局发布《广州市房屋交易监督管理办法》（修订征求意见稿）。主要内容包括：①新房篇：未取得预售证，不得以认购、排号等方式收取定金；商品房按备案价销售，不得额外收取装修款；房地产开发企业拒绝或者限制住房公积金贷款支付购房款的，将受重罚，罚款由此前的1万元提升到5万元；开发商需在银行开设预售款专用账户，接受银行监督，若出现烂尾，未尽责银行或承担赔偿责任；新增公示配建保障房情况、周边污染情况需要公示；严防"货不对板"，改变已售房屋状况需通知预购人。②二手房篇：二手房交易，中介需要提供房屋状况说明书
4月2日	广州市发布《广州市人民政府办公厅关于进一步促进房地产市场平稳健康发展的意见》，规定：①进一步加强住宅用地供应和监管；②全面加强新建商品住房价格备案管理；③进一步做好分类指导和精准施策；④进一步加强房地产金融管理；⑤进一步强化房地产市场监管；⑥严格规范房地产市场信息发布
4月21日	《广州市人民政府办公厅关于完善我市房地产市场平稳健康发展政策的通知》，广州市调整增值税征免年限，将9个区个人销售住房增值税征免年限从2年提高至5年
6月21日	广州市天河区住房建设和园林局发布《关于进一步促进房地产市场平稳健康发展的通知》，要求：①网签备案价不接受政府指导意见的项目暂不发预售证；②严格执行"明码标价""一房一价"，不得以"捆绑销售"、"双合同"或者附加条件、抵扣房价等限定方式变相实行价外加价

日期	具体举措
8 月 31 日	广州住建部发布二手房成交参考价。成交活跃的热点区域建立二手住房交易参考价发布机制;房地产经纪机构等不得发布价格虚高的二手住房房源;交易涉及的相关机构应将二手住房交易参考价格作为开展业务的参考依据之一;公布首批 96 个住宅小区二手房参考价格

资料来源:《2022 年中国代表城市房地产市场预测》,合富研究院,2022。

(二)人才购房政策收紧

2021 年 4 月,广州发布限购新政,全面收紧人才购房政策,黄埔区的人才购房政策始于 2019 年 12 月广州市黄埔区官网发布的《关于完善人才住房政策的通知》,总的来说就是人才可购房、人才亲属可购房、港澳人士可购房。政策十分宽松,但仅实行了一年零七个月。此次广州黄埔区宣布取消人才购房政策,即外地人不能再以"本科学历加一年社保"获得购房资格。在继广州黄埔取消人才购房政策之后,南沙也宣布对人才购房政策进行调整。2020 年南沙区多次降低人才购房门槛。在南沙区,中级职称、本科以上学历即可购房,甚至是部分行业大专学历人才也可购房,比如符合 11 类申报单位类别,具备大专以上学历加 3 个月社保即可购房。2021 年 8 月 17日南沙发布《关于调整人才及港澳居民购买商品房政策的通知》,宣布收紧人才购房政策。该通知规定,在南沙购买住房,需符合广州市商品住房限购总套数规定:户籍家庭 2 套、单身 1 套;非户籍家庭和单身 1 套,且必须提供购房之日前 1 年在南沙区连续缴纳个人所得税的缴纳证明或社会保险缴纳证明,不得补缴。

三 广州市房地产市场的现状

(一)土地市场收缩

2021 年广州市全年涉宅用地成交总建筑面积 1251 万平方米,对比 2020

年下降 10%。在政策上，广州 2021 年开始实施"集中供地拍地"的新模式。全年共实施三轮集中土拍，第一轮土拍热度较高；第二、第三轮土拍受"二级市场信心受挫"影响，市场成交明显遇冷，流拍率大幅提高，尤其是第二轮集中土拍，流拍率甚至超 50%。第三轮土拍供应减少，门槛下调，流拍率仍超过 20%。全年看，土拍热度处于近年低位，全年商住用地成交率为 69%，低于 2018 年以来的成交率水平。从溢价率看，第二轮、第三轮集中土拍基本以"0 溢价"成交为主。相比 2020 年，中心四区土地市场较热，地块多以溢价 10% 以上成交；远郊四区之一的南沙区于 2020 年也是热度攀升，当年 8 月之后土地基本溢价成交，地价屡创新高，但是在 2021 年由于政策的缩紧，南沙的土拍也基本以"0 溢价"成交为主。为维稳市场和地方财政，政府推出更多城区及近郊土地，使得全年成交金额大致持平往年，中心及近郊成交建筑面积同比上升分别为 28% 和 48%；远郊成交下降，其中增城同比下降 24%，南沙下降 43%。2021 年一个特别的现象是国企支撑全年土地市场，在三轮土拍中，国企成交占比从上年的 40% 升至 90%。

（二）二级房地产市场前高后低收缩明显

2021 年广州市二级房地产市场成交较上年收平，前高后低收缩明显。下半年在市场环境转冷的情况下，中心近郊优质地段全新盘"高频"入市，成为全市供求得以收平上年的关键。2021 年全市新增预售 1285 万平方米，同比降低 3%；网签 1222 万平方米，同比上升 2%，成交规模仍处于近年的相对高位（见图 3）。

市场前高后低的特征十分明显。上半年"通胀预期"支撑市场热度保持高位，月均成交 108 万平方米；下半年"政策及信贷压力不断加大"使市场预期反转，市场成交下滑明显，月均成交 85 万平方米。严酷政策下，房企为确保销售回款，实施积极走货策略，显著加大供应量。例如 9 月份商品住宅供应量高达 229.9 万平方米（见图 3）。下半年新增预售 833 万平方米，环比上半年上升 84%，尤其是在中心和近郊地区推出更多优质全新项

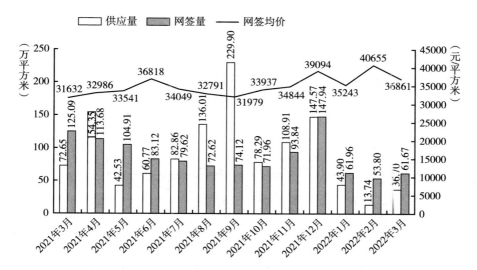

图3 2021年3月至2022年3月广州市商品住宅供求量价走势

资料来源：克而瑞。

目入市，促进购房需求持续释放，成为全市成交稳定的关键。房地产市场加速推货的同时，采用多手段结合加大营销力度，包括一口价特价单位、增加附送、灵活首付等。远郊区域更是加大让利幅度，采取以价取量的策略来增加销售量。一手住宅价格同比和环比涨幅都经历了先略微上升再下降的过程（见图4），环比涨幅甚至在2021年8月以后跌为负值。

（三）存量住宅均价降至冰点

2021年，广州信贷环境及政策端收紧使二手房成交量在下半年降至冰点，价格受到结构性影响趋势平稳。2021年4月增值税免征出新规由满2年变为满5年，2021年8月广州市对多个二手房提出指导价，加上信贷环境的收紧，二手房的成交套数由2021年1月的15724套，至2021年10月降至最低值5253套，仅为1月份的1/3（见图5）。其中前半年月平均成交套数为12535套，后半年月平均套数为6982套。在价格上，由于刚性需求，均价从2021年1月份的32166万元/m²，下降到9月份的冰点26620万元/m²，

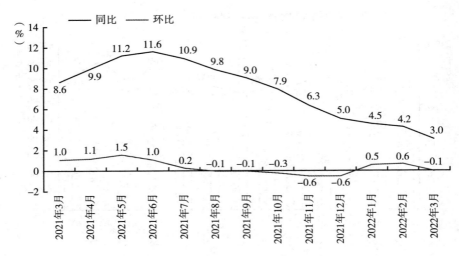

图4 2021年3月至2022年3月广州市一手住宅价格同比、环比涨幅

资料来源：克而瑞。

后由于信贷政策的宽松，价格略有回升。总体来说，二手房房价同比涨幅比一手房房价同比涨幅涨得更快，下降得更慢，在环比涨幅上，也是跌得更慢（见图6）。

图5 2021年广州市二手房成交量价

资料来源：克而瑞。

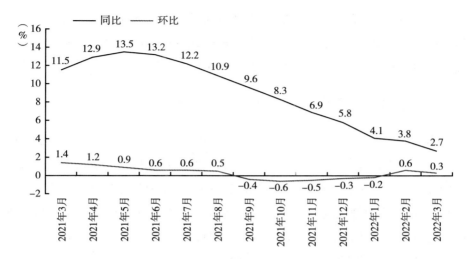

图6 2021年3月至2022年3月广州市二手住宅价格同比、环比涨幅

资料来源：克而瑞。

四　广州市房地产市场存在的问题

（一）供需矛盾依旧存在

广州市中心城区缺货，配套资源价值凸显，近郊熟盘走量突出性价优势。中心城区（包括天河、海珠、荔湾、越秀）供应日渐稀缺，新货买少见少，成交持续走好。2021年中心城区新增供应211万平方米，同比略增2%，成交229万平方米，同比上升36%，新货去化率普遍维持在40%～50%的良好水平。从各片区成交数据看，除天河、越秀因供应不足导致成交下跌外，其余区域成交同比均有不同幅度上升，海珠和白云受供货增多带动同比成交上升超70%，荔湾上升13%。而远郊区域（包括增城、南沙、花都、从化）市场基础薄弱，供应需求均显著收缩。远郊区域2021年新增供应690万平方米，同比下降7%；成交639万平方米，同比下降12%。其中南沙受人才政策收紧制约，成交下降最为明显，同比下降33%；增城和从化以价换量，成交与上年

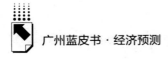

持平；花都成交下跌 5%。市场供求回调十分明显。增城超六成项目降价，同比降幅普遍超 10%，小部分 20% 以上。虽然在价格上深度调整，但受制于购买力瓶颈，力求以价保量，2021 年成交与 2020 年持平。

（二）学区房需求上升是房价上涨的主要推手

当前房价上涨的主要推手之一是学区房政策。2015 年放开"二胎"政策下，人口生育高峰带来入学高峰，2020~2021 年家长对于学区房的需求迅速增加，尤其是一线城市比如广州学区房涨价的压力更加凸显。对此，2021 年 4 月 30 日中央政治局会议提出防止以学区房等名义炒作房价。入学政策如何进行调整，才能加大对炒作学区房的打击力度，为学区房降温，是广州市相关部门还需要继续进行研究的课题。

（三）价格管控措施治标不治本

广州 2021 年采取了严格的价格管控措施，但没能很好地解决市场问题。对土地交易形成制约的措施如土地限价，对房企资金面形成较大制约的措施如限预售价、限网签价，与实际价格有较大差异的管制措施如二手房指导价等，这些限制措施很大程度上阻止了楼市价格的上扬，但是也很大程度上降低了供应面积。其中二手房指导价降低购房者可获得的房贷额度，变相上调了首付比率。实践中，由于无法对二手房个人业主成交价格直接进行调控，在购房者签署知情同意书的情况下，市场仍可以按照高于二手房指导价格进行交易。但即使按照高于指导价的价格成交，银行在贷款额度审核中仍然以指导价作为审核贷款的额度上限，这就意味着超过二手房指导价的部分将不能获得相应比例的房贷额度，变相上调了首付比例。

（四）人才管控措施需要调整

除价格管控措施外，人才措施也需要调整。2021 年广州实施人才政策的 5 个区域包括南沙、黄埔、白云北部、花都和番禺，除了白云北部和番禺外，其他 3 个区都取消了人才政策。根据表 2 广州曾实施人才政策的区域的情况来看，南沙商住用地成交量和商品住宅成交量都受到很大影响。而对于一个区域，产业规划发展高地与人口导入区均存在实施人才政策的合理性。根据不同区域的产业规划和人口密度而实施不同的人才政策才能更好地保障房地产市场的稳定性。

表2 广州曾实施人才政策的区域的情况

分项	南沙区	黄埔区	白云区北部	花都区	番禺区
是否产业发展高地	是（粤港澳大湾区门户，创新经济增长极）	是（创新经济增长极，数字经济核心区）	是（白云湖数字科技，广州设计之都）	否	否
是否人口引导区	是（人口密度0.45）	是（人口密度1.1）	是（人口密度低于1）	是（人口密度0.71）	否
2021年商品住宅成交同比	降33%	升9%	项目成交低迷	降15%	升26%
2021年商住用地成交同比	降43.3%	升36.6%	倍升	升25%	升56%
2021年人才政策是否取消	已取消	已取消	未取消	已取消	未取消

资料来源：《2022年中国代表城市房地产市场预测》，合富研究院，2022。

参考文献

巴曙松：《中国房地产市场正加速转型》，《支点》2020年第6期。

陈家文：《南沙未来15年最重要规划出炉！全力打造世界一流科学城》，《房地产导刊》2022年第1期。

易宪容、郑丽雅等：《"房住不炒"楼市定位的理论意义和政策选择》，《江西社会科学》2019年第5期。

盛松成、宋红卫、汪恒：《新冠肺炎疫情对房地产市场的冲击与对策建议》，《中国房地产》2020年第8期。

合富研究院：《4月广州商业地产市场：供应大幅增加，成交同比上涨》，《房地产导刊》2021年第6期。

B.5
广州跨境电商发展的困境与出路分析[*]

广州大学广州发展研究院课题组[**]

摘　要：　随着疫情防控的常态化，作为新型业态的跨境电商成为外贸发展的新亮点。广州跨境电商持续8年领跑全国，但面对国际疫情的反复，依然存在诸多问题。因此，广州应当进一步继续发展出口主导型模式、加大海外仓建设，并推行本土化战略，构建跨境电商的新发展格局。

关键词：　跨境电商　电商平台　广州

　　自新冠肺炎疫情暴发以来，各地经济发展被迫多次按下"暂停键"，足不出户、限制堂食等多项举措给以传统模式运营的经济带来了巨大冲击，而国际疫情形势的严峻更是直接关上了传统国际贸易的大门，外贸型企业在夹缝中勉强维持生存。在此背景下，作为新型业态代表的跨境电商顺势而为，成为重新连接国家之间贸易往来的"希望之窗"。在国家政策的推动下，跨境电商进出口规模持续高速增长，成为我国对外贸易的新亮点。在经历了多番抗疫后，常态化防控使得居民消费习惯得以重塑，"宅经济"的兴起带来了跨境电商发展的"二次风口"。在数字经济加持的光环下，跨境电商依托数字化的销售网络，为生产者和消费者提供了面对面

---

　*　本报告系广州市新型智库广州大学广州发展研究院的研究成果。
　**　课题组组长：谭苑芳，广州大学广州发展研究院副院长，教授，博士；课题组成员：汪文姣，广州大学广州发展研究院所长，讲师，博士；周雨，广州大学广州发展研究院政府绩效评价中心主任，讲师，博士；曾恒皋，广州大学广州发展研究院所长；戴荔珠，广州大学广州发展研究院助理研究员，博士。执笔人：汪文姣。

的展销渠道和购买渠道，一方面降低了中间环节的成本，另一方面也满足了宅家消费者的需求。

作为国内跨境电商领军者的广州，以强劲的发展势头和庞大的贸易规模持续领跑。但是，在发展过程中，广州的跨境电商也面临诸多困境。目前，广州跨境电商如何突破现有瓶颈、实现新的飞跃是应对常态化疫情防控要求所必须关注的重点问题。

一 广州跨境电商的发展现状

（一）广州跨境电商发展的总体概况

2014 年，广州首次开展跨境电商零售业务，随后凭借优良的地理位置、敏锐的市场嗅觉和坚实的政策支撑，实现了跨境电商零售进口总额的八连冠。2021 年，广州跨境电商发展继续保持了良好势头，新增 132 家跨境电商企业（累计 19.3 万家）。积极应对国际疫情形势，培育和发展对外贸易的新增长点，复制并推广综合试验区建设和海外仓的经验做法，构建起全国完善的跨境电商公共服务平台，广州进入商务部评选的"全国十家入选跨境电商综试区"，位列第一档。

从数据来看，广州跨境电商的交易规模实现了爆发式增长，从 2014 年的 13.1 亿元到 2021 年的 1000 亿元，在全国跨境电商的交易规模中占比 34.72%（2021 年全国跨境电商总规模约为 2880 亿元），占据绝对领先地位。其中，南沙跨境电商进出口值约为 360 亿元，同比增长 70%。但是，自 2015 年以来，跨境电商规模增速持续走低并逐步趋于平稳，在跨境电商初期，受政策利好和新兴业态的影响，广州跨境电商的交易规模增速超过了 400%，随后迅速回落。受国内外贸易形势的影响，2018 年广州跨境电商的增速有所下降，虽然在 2019 年初有了小幅回升，但是 2020 年初新冠肺炎疫情突然来袭，再次给跨境电商带来了巨大冲击，增速回落到 6% 左右（见图 1），这也表明跨境电商的发展仍然大有可为，

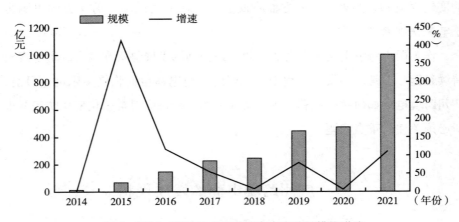

图1 2014~2021年广州跨境电商交易规模及增速

注：2021年数据为1~11月的统计数据。

资料来源：《广州市国民经济和社会发展统计公报》。

2021年，广州跨境电商逆风翻盘，重新实现了1倍的增长。因此在当前形势下，稳定增速成为广州跨境电商的发力点之一。

此外，跨境电商在拉动广州经济增长上功不可没，从其对广州GDP的贡献来看，也呈现逐年上升的趋势。此外，跨境电商在进出口总额中的比例始终保持良好的增长势头。2021年，受国际疫情的反复以及部分国家贸易政策调整的影响，广州跨境电商进出口规模占GDP的比重约为1.48%，但是其占对外贸易进出口总额的比重达到了9.23%（同比增长了4.28个百分点），反映了跨境电商作为外贸新兴业态和经济增长新动力的重要作用（见图2）。但是，与传统贸易进出口额占比相比，跨境电商目前在外贸市场的份额依然较小，体量尚未成为主导型的进出口贸易形态，也无法撼动传统贸易模式的市场地位，这也在一定程度上表明，跨境电商在拉动经济增长上的潜力巨大。

（二）广州跨境电商发展的新特点

近年来，随着磨合期的结束，跨境电商从"新生儿"逐步成长为"少年郎"，广州也不断探索跨境电商发展和完善的新政策、新模式和新服务。

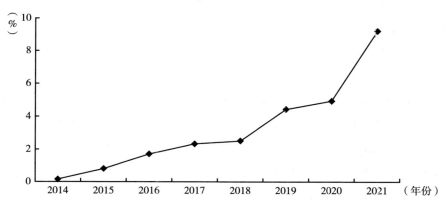

图 2　2014~2021 年广州跨境电商占进出口贸易比例

资料来源:《广州市国民经济和社会发展统计公报》。

从 2021 年整体发展态势来看,广州跨境电商发展呈现以下新的特点。

1. 政策创新提升跨境电商服务保障

一直以来,广州始终在制度创新领域发力,不断加强政策创新的力度,力保构建从上而下的跨境电商发展的政策体系。

在服务模式上,2020 年,南沙自贸试验区首创"跨境电商出口退货'一站式'监管服务模式",从根本上解决了跨境电商企业面临的"退货难"问题,将满足二次销售条件的退货包裹与正常出口包裹合单配送,极大节省了物流成本和仓储费用,提升了物流周转的效率,同时也缩短了顾客的收货时间,真正实现了跨境电商企业和国际消费者之间的互利双赢。此外,广州还率先打造全国首个跨境电商公共分拨中心,实行统一申报、统一分拨,不留过夜包裹,进一步提升了通关效率。

在系统创新上,广州率先探索推出跨境贸易电子商务零售进出口信息化系统、"微警认证"系统等创新举措,彰显"广州技术"的引领作用。而全国首个政务数据达"亿级"数量的"微警认证"市民身份认证系统平台融合,为早期解决个人年度限额认定问题提供"广州案例"。广州切实从企业和消费者的角度出发,不断开发和探索新的 App,为跨境电商发展提供便利

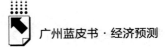

化服务，切实解决跨境电商数据应用对接难、消费者身份信息核验难、质量安全追溯难等问题。

在暖企政策上，2021年，广州率先出台全国首个跨境电商区域全面经济伙伴关系（Regional Comprehensive Economic Partnership，RCEP）专项政策《广州市把握RCEP机遇促进跨境电子商务创新发展的若干措施》，大力扶持广州市跨境电商企业的发展。同时，借RCEP的东风，广州持续出台119项跨境电商便利化政策、206项促进本地区跨境电商发展政策，惠及市场主体。2022年，广州发布跨境电商专项补贴政策，并给予单个项目最高300万元的支持，帮助跨境电商企业在面临国内外疫情带来的冲击下共克时艰。

2.三港联动畅通跨境电商发展渠道

物流运输一直以来是影响跨境电商发展的重要因素，交通运输网络的完善直接影响发货速度、配送速度，直接影响跨境电商的规模化发展。广州构建了跨境电商枢纽"海、陆、空"的三港联动体系，同时依托南沙、黄埔和白云三大综合保税区，形成了四通八达的跨境电商运输网。据统计，2021年，广州继续加大新外贸航线的引入，累计开通134条（新增20条），白云机场空中航线网络基本覆盖全国。依托海上丝绸之路，与世界上400多个港口（遍布100多个国家和地区）保持了长期的海上贸易。基本形成了与东南亚国家航空"4小时"交通圈，"12小时"全球主要城市交通圈，进一步畅通了跨境电商发展的物流渠道。据统计，2021年，白云机场口岸跨境电商进出口交易额突破1000亿元，成为全国首个跨境电商业务迈进千亿元大关的空港口岸。

除了向外拓展跨境电商的业务服务范围外，广州市内也进一步畅通货物运输渠道，在加大"外速度"的同时提升"内速度"。目前，广州的跨境电商货物基本存放在南沙综保区，但是其运输方式依然是以空运为主。因此，加大南沙综保区和白云综保区的联动是推动跨境电商发展进一步提速的关键措施之一。2021年，广州进一步推进南沙航运港和白云空港的"零距离"联动，并将它们融入粤港澳大湾区的建设，大力支持湾区机场共享国际货运中心的建设，实现跨境电商从南沙综保区到白云机场的直达，极大地节约了广州市内跨境电商货物的运输时间。在广东省内，加速形成综合交通运输的"广东速度"，为跨境电商发展畅通毛细血管。同时，继续发展 B2B、B2C 的模式，完善以平台服务为基础，"线上贸易+线下物流"的国际贸易模式。

3. 比例逆转倒逼跨境电商结构调整

广州市跨境电商发展迅猛，但是长期以来存在结构不合理的特征。表 1 描述了 2014～2021 年广州市跨境电商进口总额和出口总额变化情况。从数据可以看出，进口总额由 2015 年的 23.64 亿元增长到 2020 年的 295.33 亿元，出口总额也从 2015 年的 43.86 亿元增长到 2020 年的 176.67 亿元。从增长速度来看，2015～2018 年，广州跨境电商的进口总额持续攀升，而受到国际经济形势的影响，2017 年和 2018 年广州跨境电商出口额不增反降。截至 2020 年，广州市跨境电商依然以进口为主，但是其比重较 2018 年有了一定下降，出口额开始稳步上升，这也在一定程度上反映了广州跨境电商"走出去"的成效日益显现，进出口结构日益优化。

表 1　广州市跨境电商进口总额和出口总额变化情况（2014～2021 年）

单位：亿元，%

年份	进出口总额	进口总额	进口比重	出口总额	出口比重
2014	60.3	—	—	—	—
2015	67.5	23.64	35.02	43.86	64.98
2016	146.8	60.30	41.08	86.50	58.92
2017	227.7	151.90	66.71	75.80	33.29
2018	246.7	198.00	80.26	48.70	19.74
2019	444.4	291.57	65.61	152.83	34.39
2020	472.0	295.33	62.57	176.67	37.43
2021	1000.0	—	—	—	—

注：2014 年和 2021 年的部分数据缺失。

资料来源：根据广州市人民政府门户网站、中华人民共和国广州海关网站和广州市商务局网站数据整理。

但是从发展趋势来看，未来进口占比可能会继续上升，成为广州跨境电商进出口结构的新特征。进口比重反超的背后动力主要来源于以下两个因素。一方面，对于广州乃至全国而言，受疫情的影响，外贸企业所需的生产要素（原材料、劳动力等）的成本将持续上涨，进而导致企业成本上升，出口产品的价格优势受到影响，核心竞争力被削弱，而国际贸易保护的加强无疑对外贸企业是"雪上加霜"，出口市场的萎缩使得跨境电商的受众变窄，产品市场被压缩，进而降低了跨境电商的出口额占比。另一方面，"宅经济"下"海淘"等网购模式的不断成熟、消费者购买能力的增强以及消费的转移作用（例如，从旅游支出转移到日常消费、从国内消费转移到国际消费等），使得广州跨境电商的进口额不断攀升，进一步加剧了进口额占比的扩大。

二 广州跨境电商发展存在的问题

（一）国际规则缺位使得广州"孤掌难鸣"

广州电商发展在国内处于绝对领先的地位，且国内的其他综合保税区也在逐步借鉴广州经验，大力发展跨境电商，提供配套服务，实现贸易规则的有效对接，不断完善和发展国内电商市场。但从外部环境来看，广州的主要出口国家为东南亚和共建"一带一路"国家和地区，要继续扩大跨境电商的市场就要增强与欧美等发达国家的贸易往来。和东南亚国家不同，欧美发达国家数字经济发展较早，通信设备完善，互联网体系成熟，网购平台和系统构建较好，因此具有广泛的受众。早起步使得这些国家率先掌握了跨境电商发展中的话语权，在疫情的冲击下更是以自身利益为主，导致国际统一规则的缺位。贸易摩擦的增大使得广州跨境电商在"走出去"的过程中频频受阻，对跨境电商企业冲击很大。此外，部分国家重提贸易保护，自定终端费涨幅，使得广州跨境电商出口面临的成本不断上涨，对新兴的跨境电商中小微企业可能是"灭顶之灾"。

（二）海外开发受阻造成广州"扬帆难航"

海外仓建设是广州跨境电商"走出去"宏伟蓝图中的重要组成部分，海外仓能够帮助广州跨境电商企业在境外实现本土化运作和市场开拓等，是国际供应链的重要一环。目前，广州的大多数跨境电商企业都是租借海外仓，而国际形势的瞬息万变使得海外仓成为发达国家掣肘广州跨境电商发展的主要手段。但是，海外仓建设困难较大，管理成本过高，各国对中国企业在当地建设海外仓也可能会采取一定的限制措施，具有一定的风险性。且对于不同类型的企业而言，对海外仓的需求也不尽相同，盲目地建设海外仓将造成资源的浪费，也不利于高效管理。当前在广州跨境电商企业部分已建成的海外仓中，也面临规模偏小、资金投入较少、自动化大数据等先进技术应用率低、无法及时分析调整供需匹配度等问题。疫情影响下，海外仓的消毒等流程更是提高了管理成本。

（三）本土品牌弱化导致广州"为他人作嫁衣"

2021 年亚马逊"封杀中国卖家"一事深刻反映了缺少本土大规模电商平台的被动性，这也一直是广州跨境电商发展的痛点，自 2014 年广州成为跨境电商试点城市以来，天猫国际、苏宁全球购、京东全球购、亚马逊国际等跨境电商平台纷纷落户广州，成为广州跨境电商的龙头企业，国际影响力不容小觑。但从现有的跨境电商平台来看，仅有"Fordeal"、"棒谷Banggood"和"唯品国际"是真正意义上的广州本土企业，其他多为北京、上海和杭州的企业，本土化企业占据的市场份额较少。实际上，广州跨境电商平台种类多，但是体量小，且较为分散，以"单打独斗"为主，缺乏"抱团取暖"的意识，部分中小平台更是以追求短期利润为主，导致品牌无法做大做强。因此，广州在大力发展跨境电商的同时，存在本土品牌的缺失导致广州有"为他人作嫁衣"的遗憾。

三　广州跨境电商发展的对策建议

随着疫情防控常态化，传统贸易模式可能"随叫随停"，因此，跨境电商模式有效弥补了传统贸易方式的不足，减少了空间聚集和人员接触，利用数字经济技术、互联网技术和物联网技术等为经济发展提供了新的思路。但

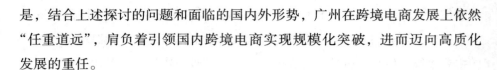

是，结合上述探讨的问题和面临的国内外形势，广州在跨境电商发展上依然"任重道远"，肩负着引领国内跨境电商实现规模化突破，进而迈向高质化发展的重任。

（一）开拓市场重塑"出口主导型"模式

考虑到未来一段时间新冠肺炎疫情防控常态化，广州要积极响应国家提出的新发展格局的号召，调整跨境电商的进出口结构，致力于扭转目前进口额占比持续走高的局面，加大跨境电商的出口额。一方面，继续扩大海外市场，在满足进口国相关认证标准的前提下，可以加大防疫物资（如配套的医疗产品和检测试剂等）以及生活必需用品的跨境电商出口，为稳定国际疫情形势贡献自己的力量。同时在疫情得到控制的国家和地区考虑增大出口的可能性，重点输出医疗卫生类产品，并推广新式产品，积极扩大海外市场。另一方面，适当缩小进口规模，将消费者的国际消费需求有效引导到国内需求上。除了疫情防控必需的药品和精密设备，对于基本生活必需品，加大国货销售力度，在保障国内疫情稳定的基础上减少海外电商平台购买，积极构建以国内大循环为主体、国内国际双循环相互促进的新发展格局。

（二）因企制宜助推"海外仓建设"布局

由于海外疫情可能导致国际运输能力和订单的锐减，因此广州要加快本土企业海外仓建设的速度，并不断完善海外仓的配套服务。虽然目前广州海外仓的建设速度不断加快，但是仍然需要保质保量，对于规模较大的跨境电商企业，其货物运输量大，可以鼓励其积极利用各综保区扶持海外仓建设的政策（每家企业每年扶持资金最高100万元），自建海外仓，实现"出海布仓"；对于规模较小的跨境电商企业，则应当根据实力选择适当的产品，同时鼓励其加强与海外粤商的合作，共同建设或以租赁的方式共享海外仓，在共建"一带一路"国家和地区打造"货物驿站"，实现"借仓出海"，多管齐下，畅通广州跨境电商的海外之旅。除数量上保障外，质量上也需加强，在响应海外仓所在国疫情防控要求的基础上，提升海外仓的综合实力，支持海外仓服务的专业化发展，构建数字化和智能化的海外物流仓储发展模式。

（三）多管齐下实施"本土化品牌"战略

广州要积极实施本土化战略，整合中小电商平台的力量，订造"网红"平台或其他知名品牌。一是继续降低跨境电商平台企业设立的准入门槛，依托南沙综保区的政策优势，简化企业设立流程，并给予适当的政策倾斜，鼓励跨境电商企业数量的井喷式增长。二是以唯品国际为典型，协助其做大做强，制定适合其自身发展的国际化发展战略，采取"直播赋能＋品牌加持"的方式，提高品牌知名度，在产品类别筛选、营销策略、企业管理和宣传推广等方面重点发力，助推其成为广州乃至整个华南地区跨境电商企业的龙头老大。三是鼓励中小微企业"抱团取暖"，实现统一市场化经营策略，由传统粗放模式向精耕细作模式转变，在一致对外的基础上细分内部发展战略，将内部差异性变成外部协调性，提升整体实力。四是发挥广州跨境电商行业协会的作用，积极参与规则的制订，提升广州跨境电商参与国际市场的话语权和竞争力，并形成可复制、可推广的经验，进而提升中国跨境电商发展的整体实力。

现代产业篇

Modern Industry

B.6
关于加快夯实广州
现代产业体系根基的研究报告

广州市社会科学院现代产业研究所、广州市委政策研究室综合研究处联合课题组 *

摘　要： 着眼广州未来高质量发展，沿江、东南部、西部三大产业带，是
广州经济建设的主战场、产业升级的主阵地、创新发展的主引
擎。广州加快构建现代产业体系建设，必须聚焦优化提升三大产
业带，全力擦亮广州制造、广州服务、广州标准、广州品牌
"四大名片"。建议坚持以现代服务业为主攻方向，做优做高沿
江产业带；坚持以先进制造业为战略重点，做大做强东南部产业
带；坚持以枢纽型经济为鲜明特色，做实做特西部产业带。同
时，要统筹推进三大产业带联动发展，促进广州构建现代产业体

---

* 课题组组长：彭诗升，广州市委改革办专职副主任。课题组成员：林欢，广州市委政策研究
室综合研究处处长；吴正，广州市委政策研究室综合研究处副处长；李志远，广州市委政策
研究室综合研究处三级主任科员；杨代友，广州市社会科学院现代产业研究所所长，研究
员，主要研究方向为产业经济、环境经济、文化产业；秦瑞英，广州市社会科学院现代产业
研究所研究员，博士，主要研究方向为区域经济、产业布局。执笔人：吴正。

系的整体协同。

关键词： 产业带　现代产业体系　广州

广州市"十四五"规划纲要做出了"巩固壮大实体经济根基，建设更具竞争力的现代产业体系"的战略部署，提出要优化产业空间版图，构建"一核引领、两极带动、三港辐射、多点支撑"的产业功能布局，谋划打造沿江、东南部、西部三大产业带。本报告认为，三大产业带资源禀赋和发展基础各异，必须立足现实、精准定位、分类施策，有针对性地推动数字型经济、创新型经济、枢纽型经济、特色型经济高质量发展。具体而言，沿江产业带要以发展数字经济、现代服务业、总部经济等优势产业为主导，增强总部经济集聚资源、服务产业发展的调控能力。东南部产业带要以新一代信息技术、智能制造、新型显示、生物医药等优势产业为重点，加大智能网联新能源汽车、新材料、卫星及应用等领域投资。西部产业带要立足空港、火车站、内河港口等交通枢纽，着力发展现代物流、商务会展、文化休闲、智能制造等特色枢纽经济。同时，要统筹推进三大产业带联动发展，促进广州构建现代产业体系的整体协同，整合科技、资金、重大项目、人才、土地等优势资源，加大支持力度，提高产业链集群化水平，推动产业创新和高质量发展。

一　坚持以现代服务业为主攻方向，
做优做高沿江产业带

按照广州"十四五"规划纲要指引，沿江产业带要以发展数字经济、现代服务业、总部经济为主导，围绕文化创意、现代金融、商务会展、医疗健康、批发零售和住宿餐饮等重点产业链，集聚高端要素，导入高端产业，推动串点成线、核心引领、联动发展、带动全局，将广州建设成为数字湾区核心区、国际一流中央商务区、国际科技创新核心区、华南地区总部中心和高端服务中心、粤港澳合作的标志性示范区。

(一)推动现代服务业高质量发展,提升总部经济能级

围绕广州建设现代服务业强市目标,加快建设国际商贸中心、金融中心、教育医疗中心,以现代金融、科技服务、供应链服务、数据服务、会展和商贸服务等为主攻方向,坚持生产性服务业向专业化和价值链高端发展、生活性服务业向高品质和多样化升级,着力提高沿江产业带现代服务业的发展水平。

1. 推动生产性服务业向专业化和价值链高端发展

发挥创新资源和人才资源优势,依托人工智能与数字经济试验区、天河高新区、中大国际创新谷等新一代信息技术产业集聚区,以及天河中央商务区、白鹅潭产业金融服务创新区、海珠广场文创金融产业创新区等专业服务集聚区,大力发展产业金融、供应链管理、研发设计、科技服务、会展和商务服务等高端专业服务,培育具有国际影响力的服务企业,建设服务国内大循环、面向全球的生产服务中心。

2. 推动生活型服务业向高品质和多样化升级

围绕广州国际消费中心城市建设目标,以提升便利度和改善服务体验为导向,加快开发提升珠江文化旅游带,建设世界级滨水区,发展夜间经济,推进文体旅深度融合发展,加大健康、养老、家政、文娱、育幼服务等公益性基础服务供给,不断提升全市居民服务便利化水平。

3. 着力增强集聚资源、服务产业发展的调控能力

优化提升天河中央商务区总部经济集聚区、琶洲会展总部和互联网创新集聚区、白鹅潭商务区等总部经济核心区,提升产业带总部经济发展能级;继续引进一批世界500强、大型跨国公司和行业领军企业项目,积极引进国际性、区域性经济组织与国际机构。支持本地总部企业拓展全球市场,提升总部管理职能。加大对总部企业的支持力度,把总部经济头部企业纳入"链长"制支持体系,鼓励头部企业发挥"链长"作用,打造以总部企业为核心的区域产业链和创新链网络,提高产业链供应链现代化水平。

（二）加快数字技术应用，促进数字经济高质量发展

围绕广州建设国际一流智慧城市的战略目标，沿江产业带应充分发挥人工智能和大数据的先发优势，着力打造全市数字化发展标杆区。

1. 不断夯实数字基础设施

落实数字新基建"40条"，加大5G基站、5G专网、智慧灯杆、智慧充电桩、人工智能、大数据中心等基础设施的建设，建设一批大数据中心，打造城市级数字新基建典范。加快传统基础设施的数字化、智能化升级，促进传统行业与新型基础设施融合发展。

2. 全力发展数字经济核心产业

依托广州人工智能与数字经济试验区等产业平台，利用新一代数字技术，全方位、全链条赋能新型电子信息制造、软件和信息服务、下一代通信、互联网等数字经济核心产业集群。支持传统龙头企业建设产业互联网平台，培育数字化转型标杆企业。

3. 加快推动数字产业化和产业数字化

促进数字技术与广州市主导产业的深度融合，大力推进产业数字化转型，积极发展数字金融、数字会展、数字文化、数字旅游等，提高经济效益和核心竞争力。依托人工智能与数字经济广东省实验室（广州）等重大创新研发平台以及广州丰富的高校科研和人才资源，形成一批人工智能与数字经济领域的原始应用创新示范。加快培育信息技术产业生态，打造具有国际竞争力的数字产业集群。

二　坚持以先进制造业为战略重点，做大做强东南部产业带

黄埔、南沙、增城、番禺、从化构成的东南部产业带，拥有众多国家级开发平台，是广州制造业和战略性新兴产业的重要承载区。要发挥区域产业基础优势，推动落实"链长制"工作部署，强化创新驱动，继续做大做强

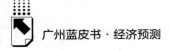

制造业，促进制造业智能化、绿色化发展，积极发展战略性新兴产业，建设世界级先进制造业和战略性新兴产业聚集带。

（一）壮大优势产业

1. 做大做强优势产业

发挥新一代信息技术、智能制造、新型显示、生物医药等产业的优势，依托广州经济技术开发区、南沙经济技术开发区、增城经济技术开发区等重大发展平台，深入实施广州制造"八大提质工程"，构筑东南部产业带的脊梁。加快推进广州战略性新兴产业、先进制造业集群发展工程，综合运用财政、土地、金融、科技、人才、知识产权等政策，协同支持产业集群建设、领军企业培育、关键技术研发和人才培养等，打造全市产业集聚发展新高地。

2. 培育壮大新增长点

聚焦重点方向、关键环节和未来趋势，加快适应新阶段、服务新格局，引领和创造新需求，拓展新的投资领域，推动智能网联新能源汽车、新材料、卫星及应用、产业数字化等重点产业领域形成规模效应，着力培育和壮大新增长点。加强政府资金引导，提升金融服务实体经济水平，推进市场主体投资，着力做好扩大产业投资的资金保障工作。

（二）完善产业生态

1. 构建优质高效产业生态体系

以创新为动力、以组建产业专班为抓手、以集群共建为模式、以工业互联网为平台、以优化布局为基础、以人才培养为支撑，促进产业扩规模、优结构、高质量发展，着力打造广州先进制造和战略性新兴产业品牌，构建现代产业生态体系。聚焦重点区域、重点项目开展产业链招商，发挥产业联盟、行业协会、招商平台、龙头企业的带动作用，加快推进广州产业生态体系的发展。

2. 打造"创新链、产业链、资本链、人才链"四链融合的产业生态

强化创新链，借助国际科技创新中心、珠三角国家自主创新示范区和广深港澳科技创新走廊等战略契机，加强基础研究，推动科技成果转化，以产业化推动创新链的加快形成。拓展产业链，针对"卡脖子"的薄弱环节，积极实施"延链、补链、强链"战略，不断拓展提升产业链供应链水平。部署资本链，发挥科技金融优势，建设多层次、多功能的普惠金融服务体系，整合全市内外资金资源，为产业创新提供强有力的金融支持。提升人才链，着力破解创新发展的人才瓶颈，以人才集聚引领高新技术集聚，为产业创新提供强有力的人才支撑。

（三）提升发展韧性

1. 不断完善产业链条

立足现有产业基础，瞄准世界最优标准，进一步延伸优势产业链供应链。系统解决核心基础零部件等"卡脖子"问题，引导研发、设计、检测、物流、金融等生产性服务机构和中介机构向产业带集聚发展，增强产业链应对外部冲击的韧性。

2. 加快关键核心技术的突破和积累

瞄准产业基础高级化、产业链现代化目标，加强基础性、前沿性技术研究，增加源头技术供给，推进关键领域核心技术研发，着力打造自主创新重要源头和原始创新主要策源地。

3. 不断提升企业发展韧性

聚焦龙头企业供应环节，提高供应链区域内配套能力和配套密度，支持和鼓励龙头企业建立更有弹性的供应链，提高龙头企业供应链对上下游环节的掌控能力和行业话语权。发挥金融科技作用，根据中小企业特征、行业属性、发展趋势和所处的不同阶段，引导中小企业加快数字化转型，鼓励其积极参与广州及国内外现代产业配套和供应链配套。

（四）厚植产业基础

1. 加快形成定位清晰、高效协同的产学研创新体系

培育和引进先进制造业、战略性新兴产业龙头企业，鼓励加大基础研究

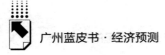

投入，培育铸造聚焦基础产品和技术研发生产的企业群体，形成大中小企业上下游协同创新的产业生态，构建政府引导、企业主导、高校院所协同的区域创新模式，推进产业基础高级化。

2. 做强高能级的实体平台支撑体系

聚焦东南部产业带的主导产业、优势产业以及区域特色重点产业，加快谋划、建设一批各具特色的高水平科技创新平台、关键性功能平台和公共服务平台，推动重大产业平台和项目集聚。加快建设以国家级平台为龙头，以省级经济开发区、区级产业平台、特色小镇、产业园区、小微企业园、孵化器等为梯队的高质量创新平台体系。

三 坚持以枢纽型经济为鲜明特色，
做实做特西部产业带

在花都区、白云区、荔湾区和番禺区部分区域的广州西翼，形成了以枢纽经济、先进制造、商务服务和文旅融合为主体的西部经济带产业体系。西部产业带的建设重点在于充分发挥国际性综合交通枢纽集聚辐射作用，突出产业特色和区域经济联系，促进产业协同互补，实现集聚集群集约发展，推动制造业与服务业深度融合，建设特色产业集群。

（一）加快发展更高水平的枢纽经济

以区域内空港、火车站、内河港口等重要枢纽及快速轨道交通网络为基础，培育发展现代物流、商务会展、文化休闲、智能制造等特色枢纽经济，推动站城融合，催生新产业、新业态、新模式，增强广州资源配置能力和辐射影响力。

1. 充分依托白云国际机场和广州空港经济区优势，打造临空经济产业集群

以机场建设及相关产业为重要载体，发展飞机维修、飞机租赁、航空物流、临空会展等高端临空服务业，培育新一代信息技术、人工智能与数字经济等临空新经济。

2. 充分依托广州南站的核心交通枢纽优势，打造枢纽型商圈

积极对接港澳高端产业资源，联动广佛周边地区产业要素，完善公共服务设施配套，推动多业态复合发展，以现代服务业为主导，以新一代信息技术、人工智能、生物医药产业为支撑，以文体旅游为特色，健全产业生态，促进"站产城"融合发展。

3. 充分依托白云空港、广州北站商务区，打造空铁融合示范区

推动形成"一城两翼三带"空间格局，重点发展航空制造维修、高端制造、商务会展、航空物流、航空金融，培育保税免税、跨境电商、数字经济等新业态新模式，建设临空高端产业集聚区。

4. 充分依托白云国际机场和临空经济示范区、大田集装箱中心站、大朗货运站，打造国际物流枢纽

加快打造航空、铁路、公路多式联运的综合型物流网络，建设集运输、仓储、加工、包装、城市配送等多业态为一体的物流产业综合体，构建形成国际国内双循环的重要战略链接。重点支持现代物流、供应链企业成链集群发展，推进交通枢纽、物流园区与先进制造业、商贸服务业融合创新发展。

（二）加快推动更高质量的产业协作

利用地缘优势，以推动广佛同城化深化发展为重点，不断加强广州都市圈城市间的经济联系，促进产业协同发展，扎实推进西部产业带建设。

1. 重点推进广佛同城化深化发展

发挥西部产业带毗邻佛山的区位优势，围绕广佛共建"1+4"高质量融合发展试验区总体布局，立足佛山和广州西部产业比较优势，强化产业分工协作和产业链共建，重点布局汽车、新一代信息技术、生物医药等行业，着力形成"分工明晰、布局合理、要素协同"的产业发展新格局。具体来说，要充分发挥花都汽车制造龙头企业引领作用，在整车及零部件产业链开展合作，重点推进花都汽车产业基地、顺德新能源汽车小镇、仙湖氢谷、中国汽车零部件（三水）产业基地的合作，打造广佛智能网联汽车产业生态圈。

要以白云湖数字科技城、花都省级高新技术产业开发区、海龙广佛高质量发展科创示范区、佛山南海电子信息产业园等重点平台为依托，重点加强软件和信息服务业、人工智能和数字经济、工业互联网等领域合作，共建集成电路设计应用总部基地，携手打造广佛同城数字经济创新示范区。要加快广州民营科技园美丽健康产业园、荔湾粤港澳大湾区医药健康综合实验区、广州医科大学科技园佛山安捷园区等基地建设，加速推进生物医药与健康产业链延伸与跨界深化合作。

2.发挥广州都市圈效应，形成产业协同发展新格局

主动对接佛山、肇庆、清远、云浮、韶关等广州都市圈城市，深入推进广清经济特别合作区建设，创新城市间的合作模式，加强城市间的产业协同发展，着力打造空间结构清晰、交通往来顺畅、产业分工协调、要素自由流动的现代化都市圈，加快形成区域协调发展的新格局。

（三）加快实现更具特色的优势产业

坚持专业性、特色化发展方向，依托重点产业园区，着力提升现代金融、电子商务、现代物流、研发设计等现代服务业服务实体经济的能力，促进现代服务业与制造业深度融合发展。

1.加快推进罗冲围数字经济极点和白云湖数字科技城建设

重点发展数字服务、数字制造和人工智能，加快推进数字技术在传统产业技术升级和产业新业态发展中的作用。加快推进广州民营科技园升级为国家民营经济改革创新实验区，打造未来产业创新核心区；加快推进智能家居产业园、广州轨道交通装备产业园和美丽健康产业园建设，形成"一核三园"空间发展格局。

2.加快推进白云新城总部集聚区建设

重点布局工业设计、时尚设计、建筑设计等，构建完善设计产业链，加快广州设计之都建设，形成具有广州特色的设计行业集聚区，充分发挥设计产业在经济转型升级、提升全市软实力等方面的重要作用。

四 以产业带协调联动为重要支撑，促进广州构建现代产业体系的整体协同

统筹做好三大产业带发展的协调工作，加强要素保障，推动平台合作，促进产业链循环，建立三大产业带协调联动发展的机制。

（一）加强生产要素有效配置，促进协调发展

按照广州市"十四五"规划关于构建实体经济、科技创新、现代金融、人力资源协同发展的现代产业体系的内在要求，做好三大产业带的研发和技术创新、产业工人队伍建设、产业资本等各种生产要素的统筹工作，推动生产要素以质的适应性、量的均衡性、时间的有序性、空间的聚合性和配合的协调性投入实体经济，提高各产业带的协同性，推动构建现代产业体系，实现经济创新和高质量发展。

（二）推动创新平台联动发展，形成创新合力

充分发挥三大产业带现有科技创新平台的资源优势，加强区域内平台统筹，推动平台服务共享。聚焦新基建、新技术、新材料、新装备、新产品、新业态等领域，以科技创新平台为统一归口，开展科技信息、人才、资金、项目的系统整合，避免平台、项目的重复设置以及仪器设备的分散和低效使用。促进多平台协同创新，在创新要素加速集聚、创新政策协同配合上求突破，实现平台深度合作，加快建设开放共建共享的产业互联网平台生态，促进科技成果以最快速度实现高质量的产业化应用和转化。

（三）提高产业链循环水平，增强发展韧性

按照广州市构建"链长制"推进产业高质量发展工作部署，根据三大产业带不同的产业发展特点、区域资源要素禀赋，调整完善各产业带的产业分工与联系，推动产业链协同创新发展，持续畅通产业循环、市场循环、经

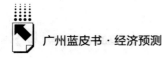

济社会循环、国内国际循环。推出产业链强链补链稳链系列举措,重点鼓励产业带内相关产业链供应链上下游企业围绕行业发展的关键技术开展联合攻关研究,推动广州沿江、东南部、西部三大产业带形成产业联动效应,打造垂直整合的产业链集群和上下游紧密协同、供应链集约高效的新产业生态。聚焦新一代信息技术、新能源汽车、新型显示、生物医药和健康等重点领域,着眼于三大产业带具有较好协作基础、区域发展优势和国际化发展前景的高新技术产业领域,集中资源打造 3~5 个重点高新技术全产业链,形成对广州现代产业体系发展的整体带动和产业转型升级的整体支撑,提高产业链抗风险能力。

B.7
关于促进广州智能网联
汽车产业加速发展的建议

民进广州市委员会课题组*

摘　要： 广州发展智能网联汽车基础条件优越，但存在产业供应链不稳、创新能力弱、车路协同基础设施投资主体不明、运营服务平台和测试标准不清、发展政策支持不足、政企之间工作机制不完善等问题。建议在产业补链强链、加快零部件国产化替代、加快新基础设施建设和商业化进程、制定完善法规和政策体系等方面下功夫，促进广州智能网联汽车产业加速发展。

关键词： 智能网联汽车　强链补链　车路协同　广州

智能联网汽车通常也称智能汽车、自动驾驶汽车，是当前技术革命浪潮中电动化、智能化、网联化、数字化技术和相关商业模式创新的最佳载体。目前汽车智能化技术处于高速发展期，应用场景从低到高分为辅助驾驶、高级智能驾驶以及无人驾驶。其中，辅助驾驶已逐渐成为汽车产品的标配，高级智能驾驶、无人驾驶需要整合人工智能（视觉、激光雷达）、大算力、控制器、高精度地图、云以及大数据等技术，正成为汽车生产厂商的新赛道。

---

* 课题组组长：邓玲，民进广州市委员会副主委，广州市海珠区政协副主席。课题组成员：陈永俊，民进广州市委员会常委，广州市白云区人民政府副区长；李健晖，民进广州市委员会委员，民进广州市委员会参政议政处处长；郑伯辉，民进广东省委员会委员，民进广州市委员会提案工作委员会副主任，广州市财政局原研究室二级调研员；杜东浩，广州民进会员，广州南洋理工职业学院机电与汽车工程学院副教授。执笔人：郑伯辉、杜东浩。

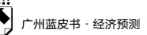

据前瞻产业研究院预计，中国智能网联汽车相关产品和服务在未来10年将达到万亿级市场规模，智能网联汽车市场规模到2025年将达到2162亿美元，占全球市场的1/4，车联网渗透率将提升至77%左右。因此，这个赛道的竞争是传统汽车厂商转型升级、赢得未来的关键。

随着汽车、电子、信息通信、道路交通运输等行业深度融合，促进传统汽车产业升级、推动汽车产业生态变革是实现中国制造高质量发展的重要抓手。因此，广州市将智能网联汽车产业作为八大战略性新兴产业之一，着力构建具有国际竞争力的智能网联汽车产业集群。

一　广州市智能网联汽车产业发展现状

2020年，在新冠肺炎疫情影响下，广州市仍实现汽车制造业总产值5860亿元，同比增长3.8%，占全市规模以上工业总产值近30%；汽车产量295万辆，同比增长1.4%，连续两年位列全国第一。其中，新能源汽车产量7.98万辆，同比增长17.3%，占全国新能源汽车产量的5.84%。

目前广州市拥有广汽集团、东风日产、北汽集团为代表的传统汽车领军企业，还有广汽埃安、小鹏汽车、宝能汽车、合创汽车等新能源汽车新势力，同时还聚集了小马智行、文远知行、广州阿波罗（百度）、广州沃芽（滴滴自动驾驶）、广汽安途（AUTOX）、高新兴科技集团等智能网联汽车相关领域高新技术企业近200家。目前量产的高级辅助驾驶车型有广汽埃安旗下的Aion S、Aion V、Aion LX和小鹏汽车旗下的G3、P7等主力车型，具有打造智能网联汽车产业集群的优势。

（一）有雄厚的产业基础

汽车制造产业规模大、国产化率高、产业链上下游体系已具规模，同时，在针对智能网联的整车制造、视频监控、信息通信、传感定位、感知雷达等产业上均有积累。广汽集团等一批先进汽车整车企业正在加速布局电动化、智能网联化、共享化和数字化转型。广州市可以充分利用汽车制造、集成和品牌优势，通过智能网联汽车产业引领，打造强大的产业链、价值链、创新链，形成辐射效应，带动粤东西北及周边省市传统汽车企业转型升级。

（二）有良好的政策基础

从国家层面看，"十三五"时期我国高度重视智能网联汽车相关技术和产业发展，把加快车联网构建纳入国家发展规划，国家发改委、科技部、工信部等部委联合出台一系列文件，从政策、法规、技术、标准、测试示范等方面支持智能网联汽车产业发展。2020年11月，国务院办公厅发布《新能源汽车产业发展规划（2021—2035）》，国家发改委、中央网信办、科技部、工信部等11个部门联合印发了《智能汽车创新发展战略》，部署构建协同开放的智能汽车技术创新体系、跨界融合的智能汽车产业生态体系、先进完备的智能汽车基础设施体系、系统完善的智能汽车法规标准体系、科学规范的智能汽车产品监管体系、全面高效的智能汽车网络安全体系等战略任务，大力促进智能网联汽车产业集群发展。

2018年，广州市印发了《广州市汽车产业2025战略规划》，提出争创国家级车联网先导区。计划到2022年，在6个行政区约300平方公里面积内完成车联网先导区的基础设施建设和改造，其中核心区面积达80平方公里；到2025年，实现智能网联汽车产业关键零部件的本地配套率达到20%。先后出台了《广州市汽车零部件产业基地"十三五"规划》《广州国际汽车零部件产业基地建设实施方案》《广州市基于宽带移动互联网智能网联汽车与智慧交通应用示范区建设方案》。2021年又印发了《关于逐步分区域先行先试不同混行环境下智能网联汽车（自动驾驶）应用示范运营政策的意见》和《不同混行环境下智能网联汽车（自动驾驶）应用示范运营的工作方案》，加大智能网联汽车产业发展的政策支持力度。

（三）有扎实的实践基础

2020年，黄埔区、南沙区获批广州城市级智能网联汽车道路测试规模化、综合性应用试点，开展出租车、小型公交车自动驾驶测试，面向公众提供预约试乘体验服务。南沙区试点建设智慧交通管控区、单车智能应用测试区、车路协同应用区，开展自动驾驶货运、港口自动驾驶等方面的测试及示范应用。2021年广州市已累计向10家测试主体的127辆智能网联测试车辆发放自动驾驶测试许可；已发布开放测试道路路段共135条，测试道路里程253公里。2021年2月，广州市交通局已向国内首家自动驾驶企业广州景骐科技有限公司颁发《网络预约出租汽车经营许可证》。以上规模化的实践，为广州市自动驾驶智能网联汽车技术的测试奠定了实践基础，提供了发展先例，体现出积极的产业发展态势。

（四）有深厚的经济基础

广州位于粤港澳大湾区核心，是我国经济最发达的地区之一。2021年广州市GDP已突破28000亿元，人均GDP突破2.3万美元，经济总量已达到中等发达国家水平。常住人口超过1867万人，居民对新事物的接受度高，智能网联汽车有着良好的市场前景。

（五）有可供借鉴的发展经验

北京、上海、苏州、合肥、长沙等城市智能网联汽车产业发展走在前列、各具特色，其经验值得借鉴。一是政策先行，适度放权。北京出台实施方案、上海出台发展计划。二是产业布局，补链强链。合肥围绕头部企业蔚来汽车布局智能网联汽车产业链；杭州以"建链"为核心精准招商，"强链""补链"。三是平台监管，标准先行。上海发布网联汽车测试管理办法和测试标准，建立平台，构建测试数据管理体系。四是场景示范，加速商用。北京、上海、苏州、长沙等城市加快示范场景建设，示范场地面积和道路里程处在全国前列，已向公众开放自动驾驶体验，在公交车、出租车、5G物流等领域加快商用。长沙仅在出租车行业开放自动驾驶达50万公里，上海已向滴滴快车开放了智能联网汽车规模化应用，用户可在滴滴出行App上预约体验自动驾驶。

二 广州市智能网联汽车产业发展亟待突破的问题

（一）产业链供应链不稳，对外依存度偏高

广州市汽车企业的上游供应商超过 3000 家，产品涵盖发动机动力系统、驱动及传动系统、悬挂及制动系统、车身系统、电气系统、新能源汽车和智能网联汽车等主流汽车零部件种类。广州本地整车制造企业一级供应商中，只有约 50% 来自广东，另外约 30% 来自浙江、湖北和江苏，约 20% 来自国内其他地区和海外。24 家主流供应商的总部或技术中心均在上海，广州市核心零部件研发能力不足，没有大型生产企业，已有的零部件产品技术门槛和附加值相对较低。高附加值的新能源三电（电池、电机、电控）、发动机和变速箱控制系统、智能网联等关键核心零部件，主要与日方合资生产，技术多掌控在外方手中。

（二）创新驱动能力弱，半导体核心技术受制于人

芯片模块是软肋，最薄弱的环节主要在智能网联领域的域控制器、门模块、汽车经销商管理系统（Dealer Management System，简称 DMS）等系统；三电领域的电池、充电机、电驱等系统；涉及国外进口的芯片、插接件、绝缘栅双极型晶体管（Insulated Gate Bipolar Transistor，简称 IGBT）等原部件，产地集中在日本、美国、欧洲、东南亚等地。受国外疫情等不可抗力影响，电驱系统、动力电池、车载芯片等关键零部件的国外供应垄断明显，特别是 50%~60% 的车载芯片由台积电代工生产，全行业芯片供应高度同源，存在核心技术被"卡脖子"风险。2021 年芯片短缺尤为严重，行业纷纷告急。

（三）车路协同基础设施投入大，投资主体缺失

有别于单车智能，智能网联汽车本质是车、网、路、云的全面协同进化。发展自动驾驶应优先加大车辆与道路设施通信建设，重点建设智能路

网,包括但不限于路端智能基站、智能路网传感器等,推进道路设施功能化、智能化、超级车道专用化和车路协同一体化的路径升级。但因基础设施改造升级投入较大,目前尚未找到明晰的具有长期回报的利润增长点,社会投资主体投资意愿不强,政府层面也尚未有明确清晰的推进计划,导致车路协同的基础设施投资主体缺失。

(四)运营服务平台水平不高,测试标准有待提升

运营服务平台建立时间短,服务能力、服务手段、服务水平需要进一步提升。广州市智能网联汽车的落地应用场景已从停车场、局部封闭场景测试向高速公路等结构化场景测试迈进,要实现市场化的商用,亟须进入城市道路等非结构性道路复杂场景进行测试。目前这些测试均由各个企业独立进行,大部分在指定区域完成,测试数据、测试规模不够,落地场景不充分。测试标准有待提升,基础通用类、技术类、测试评价类、运营管理类、服务规范类、安全认证类、测试场地建设类、数据采集类标准等均不够完善。

(五)原有法律法规滞后,立法进展相对缓慢

现行的《中华人民共和国公路法》《中华人民共和国道路交通安全法》《中华人民共和国道路交通安全法实施条例》,这些法律法规都是基于传统汽车的技术背景制定的,其中"机动车制造厂和其他单位不得将公路作为检验机动车制动性能的试车场地""任何单位或者个人不得拼装机动车或者擅自改变机动车已登记的结构、构造或者特征"等许多规定已无法适应自动驾驶汽车发展的需要,严重影响甚至阻碍了我国智能网联汽车的测试、销售和使用。

针对自动驾驶的现行规定法律位阶较低、立法进展相对较慢、不适应智能网联汽车发展需要的问题,工信部、国标委联合发布《国家车联网产业标准体系建设指南(智能网联汽车)》的技术标准,也是侧重于高级驾驶辅助系统(ADAS),并无自动驾驶领域的技术规范。如在非高速公路场景等复杂环境进行测试,如何兼顾公共安全、界定交通事故责任,已超出行政规章的权限,必须制定专门的法律法规加以规范。

（六）政企之间工作机制不畅，工作合力尚未形成

智能网联汽车发展牵涉多个政府职能部门，亟须多方协同形成工作合力，以适应市场主体需求。无人驾驶无论是在封闭测试区，还是在道路测试区，均涉及交通、公安、市政、城市管理等法律法规及相关政策，必须依靠属地政府统一部署，在法律法规及政策层面给予必要的支持。同时，目前分散的测试区域、道路、范围的划定，不易形成完整的测试生态，难以获取大量的自动驾驶数据，不利于企业进行算法优化。

三 促进广州市智能网联汽车产业加速发展的建议

为增强广州市智能网联汽车产业的核心竞争力，促进产业快速发展，建议借鉴国内其他省市的成功经验，打破行政区划限制，以"建设自动驾驶试验区，打造国际智驾生态高地"为目标，全面推进智能网联汽车产业集群化发展。

（一）促进产业补链强链

发挥广汽集团龙头企业和小鹏汽车等造车新势力在技术、市场、资本、人才、品牌等方面的领先优势和带动作用，紧抓汽车产业转型大趋势，联合粤港澳大湾区政产学研用等机构共同"建链""强链""补链"，吸引集聚一批高水平的具有较强创新能力的汽车零部件企业，构建以龙头企业为核心的上下游企业协同发展格局。一是以产业"链长制"为先导，围绕产业"建链"，鼓励企业并购重组，实现"控链""补链"。二是构建精专招商格局，引进自带生态圈的组织者，整体引进产业组织者的自身生态链，激发蝴蝶效应。三是实施以商招商的激励政策，坚持龙头企业招商和配套产业招商双轮驱动，发挥龙头企业的影响，深挖配套企业资源，达到"招商一个，引来一串"的效果。四是坚持招商引智双管齐下，在继续鼓励企业开展前沿研发的同时，进一步强化与高校、科研院所、产业集团、跨国公司的科技

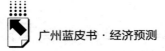

交流合作，打破合作停留在"报告里、协议中、纸面上"的现状，切实打造院地企合作创新共同体、利益共同体、发展共同体，提高技术研发和科技成果转化为现实生产力的能力。

（二）加快推进零部件国产化替代

针对芯片、连接器等核心零部件问题，分别提出不同的替代方案。可鼓励支持本土芯片企业（如粤芯）加入智能网联汽车产业链，从研发设计、替代制造、并购重组等方面，进行全方位推进。

优化整车生产企业采购政策。引导主机厂和一级供应商在新项目上对国内供应商予以倾斜，扶持国内供应商的技术升级和质量管控提升。

建立产业学院，提供创新人才支撑。鼓励高校建设以智能网联汽车产业为导向的特色产业学院，构建一批特色化专业，培育一批产业创新人才。汽车领域龙头企业联合职业学校、高校共同组建产教融合学科和技术中心，共建人才实训基地。

建立智能网联汽车研发机构。以广汽集团等龙头企业为核心，与清华大学、北京大学、中山大学、华南理工大学、香港科技大学等高校及境外顶尖研究机构合作，共建高水平研究院、重点实验室，形成市场化运行的新型研发机构，建设智能网联汽车产业发展战略智库，构建"政产学研金服用"协同创新模式，为培育产业集群提供前沿技术研发、创新服务、成果转化，构建产业链、供应链与创新链融合发展的新机制。

（三）建立智能网联汽车实验区

借鉴北京、上海、重庆、深圳、杭州等城市建设智能网联汽车试验示范基地的做法，将广州市现行分散在黄埔、南沙、海珠、番禺、白云等6区的测试区域及道路串联起来，"串珠成链"，设立"广州国际智能网联汽车（无人驾驶）实验区"。由广州市政府牵头，提供财政专项资金并吸收社会资本，组建以国有资本为主的投资机构，以建设路网基础设施为先导，发挥广州的区位优势、产业优势、技术优势、政策优势，以"立足广州、服务全国、放眼全球"的定位，面向智能网联汽车自动驾驶测试研发需要，吸引全国智能网联汽车企业来实验区进行前沿技术测试，打造世界一流的智能网联汽车自动驾驶技术测试全生态示范实验区。

设立实验区管委会，明确建设主体，负责实验区的管理、运营、服务，支持车路协同（尤其是车端）的落地和商业孵化。营造国际化、法治化的营商环境，构建行业头部企业的区域聚集效应；加强产业孵化，在产业生态上，从"以车为核心"转向"路、车、网、云"协同，夯实全链条生态基础，构筑行业可持续发展模式；在实验区内布局全车型、全出行链、全风险类别、全测试环节和融合新基建基础设施测试场景，建立道路测试数据管理平台，争取快出成效。

（四）加快新基础设施建设和商业化进程

加快以智能路网为核心的新型交通基础设施建设。根据城市长远发展及当前路网建设的经济技术条件，将智能道路、车用无线通信网络、智能汽车基础地图、Wi-Fi智能路灯、智能交通标志等纳入广州市新一代信息基础设施建设规划，加大资金保障力度，提升智能路网建设水平，解决车路协同问题。自动驾驶场景应优先加大车辆与道路设施通信（V2I）建设，5G+道路信息化基础设施先行，加快道路设施功能化、智能化、超级车道专用化和车路协同一体化的路径升级。从近期来看，在现有条件下可从"软件"着手，如在现有道路上设置专用道路或以公交专用道等增设"自动驾驶专用道"，提高路权，鼓励技术发展；从远期来看，在新城建设及旧城改造时，从规划入手布局自动驾驶车路协同，推动智慧城市建设。

政府搭台企业唱戏，加快商用步伐。加强政策引导，从低速封闭场景、高速公路等结构化场景到城市道路非结构化复杂场景逐步有序开放，推动商业化应用。借鉴上海、北京、长沙等地经验，短期率先在机场、园区等限定区域内开展无人接驳、无人配送、无人清扫等应用示范。随着技术持续升级与验证，逐步向高速公路、城市市郊道路等场景拓展。支持小马、文远、百度、滴滴等企业推动自动驾驶商业化运用的落地。

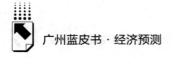

（五）加快法规和政策体系的制定

以智能网联汽车产业的发展特性与具体需求为导向，围绕网联汽车关键硬件、通信、安全、试验测试标准等重点领域优先进行法规的建设工作。在车、网、路、云、人、环境的新要求下，加快立法，界定各方面的权责，明确智能网联汽车运行中涉及人财物的数据安全和隐私保护问题，解决发展中的现实问题，提升行业先发优势。

（六）提升统筹协调能力

以加快推动智能网联汽车产业发展为核心，广州市主要领导挂帅，统筹市区两级政府部门、政企的协调及资源整合工作，督促推进产业政策的落地与实施；建立健全完善的考核机制，全面负责广州市自动驾驶智能网联汽车产业的布局和发展；整合现有测试区域和路段，加强智能网联汽车产业链企业的引进、孵化和研发机构的建设。

积极联络大湾区各市，成立智能网联汽车联合办公室，统筹推进大湾区智能网联汽车产业合作。发挥标准的基础性和引领性作用，联合大湾区相关高校、企事业单位，共同制订一体化智能网联汽车产业标准体系，包括基础通用类、技术类、测试评价类、运营管理类、服务规范类、安全认证类等标准，深化智能网联汽车在道路测试、基础设施建设和数据共享方面的合作，共同开展一体化智能网联汽车落地应用、综合试点运营等，以标准引领行业技术创新和质量提升，加快大湾区汽车产业的转型升级和高质量发展，构建开放融合、创新发展的产业生态，助力大湾区打造世界级的智能网联汽车产业集群。

B.8
广州汽车产业链发展分析报告

方越峦　王平浪*

摘　要： 汽车产业是广州工业的比较优势产业，20多年来的稳步发展，已经形成了比较完善的产业链。本报告介绍了广州汽车产业链的发展现状，采用 SWOT 分析法，详细剖析了广州汽车产业链的内部优势和内部劣势、外部机遇和外部威胁，结合对 25 家当地汽车制造企业的调查，提出广州汽车产业链高质量发展的建议。

关键词： 汽车产业链　SWOT 分析　高质量发展

自 1998 年引入第一家日系整车制造企业并投产至今，广州汽车产业得到长足发展，目前已形成合资品牌（东风日产、广汽丰田、广汽本田等）与自有品牌（广汽传祺）并存互促，汽柴油车与新能源车双轨发力的良好发展态势。与此同时，依靠整车生产优势，逐步扩展零配件生产、汽车专业销售等领域，形成较为完备的汽车产业链。2020 年，广州汽车年产量居国内城市第一，产值规模仅次于上海，位居第二。

一　汽车产业链介绍

（一）宏观角度的产业链

产业链是劳动分工细化的产物，它的本质是用来描述一个具有某种内在

---

* 方越峦，广州市统计局统计师，经济学博士，主要研究方向为工业统计、国民经济核算；王平浪，广州市统计局统计师，主要研究方向为工业统计、名录库统计。

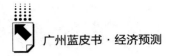

联系的企业群结构，是一个相对宏观的概念，存在结构属性和价值属性①。产业链将专业化分工和地域分工的相关市场主体紧密联系起来。

（二）微观角度的供应链

产业链是宏观的概念，对应于实体经济，则化为一条条具体的供应链。供应链是指围绕核心企业，将生产活动进行了前伸和后延。从配套零件开始，制造中间产品以及最终产品，最后由销售网络将产品送到消费者手中，将供应商、制造商、分销商直至最终用户连成一个整体网络体系。

（三）汽车产业链

与汽车相关联的行业繁多，如上游原材料供应就有铁的开采、钢的炼造、塑料和玻璃的生产等，对于这些涉及面广、非生产核心的部分我们暂不重点研究。根据重要程度和数据的可获得性，我们将汽车产业链分为以下几个主要链条。

1. 生产链条

汽车整车制造企业通过设计研发、原材料采购、生产制造等生产出汽车，该环节参与主体主要是企业设计研发单位、原材料供应商、零部件供应商、整车厂。生产链条是汽车产业链的核心环节，也是下面两个链条的基础。

2. 销售链条

汽车产品从生产者到消费者转移的过程，参与主体主要是负责批发零售的分销中心、区域代理、经销商。

3. 售后链条

汽车销售给消费者后的系列服务，包括售后服务、二手车买卖、汽车养护、汽车金融、汽车保险、汽车租赁等，参与主体主要是保险公司、商业银行、租赁公司、4S 店等。

由于本报告的目的是研究汽车产业的具体问题和提出相应对策，因此本

---

① 《广东产业链统计方法及产业链形成研究》，广东普查报告，第 46 期。

报告更多的是基于供应链、核心生产链条以及核心汽车制造企业来展开深入的分析研究。

二 广州汽车产业链发展现状

（一）汽车制造发展现状

1. 市场主体多且强

2020 年，广州规模以上汽车制造业法人企业 339 家。从经济类型上看，国有及国有控股 19 家，外商及港澳台商控股 148 家，其他经济类型 172 家。从行业上看，汽车整车制造 11 家，汽车用发动机制造 4 家，汽车零部件及配件制造 312 家（见表 1），其他汽车制造 12 家。在全市工业前 10 强中，汽车制造业占据 5 席，其中，东风汽车有限公司东风日产乘用车公司、广汽本田汽车有限公司、广汽丰田汽车有限公司年产值均超千亿元。在 2020 年《财富》中国 500 强企业中，广州本地车企广州汽车集团股份公司位列第 175 名，居 23 家入榜汽车集团的第 11 位。

表 1 广州规模以上汽车制造业市场主体情况

行　业	企业数	代表企业
汽车制造业	339	
汽车整车制造	11	东风汽车有限公司东风日产乘用车公司
		广汽本田汽车有限公司
		广汽丰田汽车有限公司
		广汽乘用车有限公司
		广州风神汽车有限公司
汽车用发动机制造	4	东风汽车有限公司东风日产发动机分公司
		广州祺盛动力总成有限公司
		广汽丰田发动机有限公司
		东风本田发动机有限公司

续表

行　业	企业数	代表企业
汽车零部件及配件制造	312	加特可(广州)自动变速箱有限公司 广州樱泰汽车饰件有限公司 广州电装有限公司 电装(广州南沙)有限公司 广州小糸车灯有限公司 广州艾帕克汽车配件有限公司
其他汽车制造	12	—

资料来源：广州市统计局。

2. 主导地位稳且固

自 2012 年将汽车制造业作为独立的行业大类进行统计以来，其工业总产值连续 8 年稳居广州工业大类行业首位。2020 年，广州规模以上汽车制造业实现工业总产值 5860.26 亿元，增加值 1235.41 亿元，占全市规模以上工业的比重分别为 29.3% 和 27.0%；增加值占比较第二大行业（计算机、通信和其他电子设备制造业）和第三大行业（化学原料及化学制品制造业）均高出 10 个百分点以上。从汽车制造业内部构成看，整车制造业工业总产值占比最大，为 66.6%，其次为零部件及配件制造业，占比为 24.3%，改装汽车、低速汽车、汽车车身挂车制造规模最小，合计占比仅为 0.4%（见表 2）。

表 2　2020 年广州市规模以上汽车制造业指标

单位：亿元，%

行　业	工业总产值		增加值	
	绝对数	占比	绝对数	占比
汽车制造业	5860.26	29.3	1235.41	27.0
汽车整车制造	3905.63	66.6	859.85	69.6
汽车用发动机制造	502.19	8.6	33.75	2.7
汽车零部件及配件制造	1426.68	24.3	331.41	26.8
改装汽车制造				
低速汽车制造	25.76	0.4	10.40	0.8
汽车车身、挂车制造				

资料来源：广州市统计局。

3. 企业效益好且优

2021 年 1~5 月，广州规模以上汽车制造业实现利润总额 179.49 亿元，同比增长 84.6%，考虑到 2020 年疫情的不可比因素，与 2019 年相比，两年平均增长 6.2%，广州汽车企业已基本摆脱疫情影响，恢复并超过疫前生产经营水平。广州汽车制造业平均营业收入利润率为 7.3%，比全市规模以上工业企业平均水平（6.7%）高出 0.6 个百分点。其中，汽车发动机行业营业收入利润率最高，为 9.4%，其次为汽车零部件及配件制造业（8.6%）和改装汽车制造业（8.1%）（见表 3）。

表 3　2021 年 1~5 月广州市规模以上汽车制造企业经营效益情况

单位：亿元，%

行　　业	营业收入	利润总额	营业收入利润率
规模以上工业	8826.73	593.58	6.7
#汽车制造业	2442.9	179.49	7.3
汽车整车制造	1594.79	105.50	6.6
汽车用发动机制造	200.56	18.93	9.4
改装汽车制造	7.12	0.58	8.1
低速汽车制造	4.64	-0.19	-4.1
汽车车身、挂车制造	1.16	-0.02	-1.7
汽车零部件及配件制造	634.64	54.69	8.6

资料来源：广州市统计局。

4. 产能利用率高且足

2020 年在疫情影响之下，广州汽车制造业仍保持较高产能利用率，达到 99.4%，企业设备生产能力的发挥得以充分体现，高于全国平均水平（73.5%[1]）和全球平均水平（59.7%[2]）。从 2020 年广州市主要工业产品产能利用率中可以看到，乘用车产能利用率为 99.9%，属于饱和生产状态（见表 4）。

---

[1]　国家统计局公布的汽车制造业产能利用率。
[2]　根据国际汽车制造商协会（OICA）统计的 2020 年全球汽车产能利用率数据。

表4　2020年广州市主要工业产品产能利用率

单位：%

产品名称	产能利用率	产品名称	产能利用率
彩色电视机	66.7	水泥	79.5
钢材	57.4	家用电冰箱	87.1
化学纤维	90.8	房间空气调节器	95.4
初级形态塑料	89.7	硅酸盐水泥熟料	89.1
发电设备容量总计/发电量	37.1	原油加工能力/原油加工量	95.1
微型计算机设备	69.4	平板玻璃	85.6
金属切削机床	64.8	移动通信手持机（手机）	99.2
水电设备容量/发电量	16.8	汽车	99.4
粗钢	98.2	其中:乘用车	99.9
民用钢质船舶	102.2		

资料来源：广州市统计局。

（二）汽车销售发展现状

1.汽车销售市场规模大

依托广州千年商贸之都的底蕴、社会商品销售总额全省第一的商业基础，以及汽车制造业支柱产业的地位，广州汽车销售稳居全国前列。2020年，广州市限额以上批发和零售业企业汽车类商品销售额为6405.44亿元，"十三五"期间年平均增速17.8%。其中，批发额5218.45亿元，占比81.5%，零售额1231.46亿元，占比18.5%。广州汽车销售超八成为批发，辐射珠三角乃至全国。广州繁荣的汽车销售带动汽车企业的高产销率，2020年广州汽车制造业企业产销率为101.5%，几乎处于零库存生产状态。

2.汽车销售集聚化发展

汽车在广州已形成专卖店模式、汽车商店模式、汽车大道模式和网络直销模式并存的较为完备的销售渠道。汽车销售呈现集聚化发展态势，目前的保税区南方进口汽车城、白云区广物汽贸汽车市场、永泰车城、汽车广场、天河区国际名车城、马会名车城、番禺区中贸汽车展示交易中心，以及各品牌4S店等，成为广州汽车销售集中地。近两年，广州汽车类亿元以上商品交易市场年交易额达200亿元左右，汽车的规模销售助力广州国际消费中心城市建设。

（三）汽车售后发展现状

1.汽车售后市场向纵向一体化发展

广州汽车制造业的壮大和不断升级，催生了汽车售后市场的质变式发展。早期的汽车售后市场以独立维修店为主，业务模式单一、规模小、分布散。之后，广州汽车产业纵向一体化模式推动部分独立维修店向4S店转型，形成以4S店为主、独立维修店为辅的发展格局。再之后，4S店业务又向二手车、汽车金融、汽车保险等方面扩展，真正实现业务纵向一体化。

2.汽车售后市场新业态迭出

随着数字经济的渗透和行业科技发展，养车电商、二手车交易电商等应运而生，形成新的汽车售后发展新格局。比如，广汽集团出资大圣科技股份有限公司，全力打造的"大圣车服"业务涵盖新车销售、金融保险、用品配件销售以及保养维修等领域。线上，用户可通过网站、微信、App等多种渠道购买大圣车服的产品和服务；线下，大圣车服在全国30个主要城市拥有超过1000家加盟4S店和社区店。东风日产打造的自营电商平台"车巴巴"，为消费者提供销售服务、售后服务、贷款服务等。售后市场新业态迭出，促进了广州汽车服务的升级改造和转型发展。

三　广州汽车产业链 SWOT 分析

为更好剖析广州汽车产业链发展现状，我们采用SWOT分析方法对广州汽车产业链内部优势（S—Strength）、内部劣势（W—Weakness）、外部机会（O—Opportunity）和外部威胁（T—Threats）进行研究。

（一）内部优势（S）分析

1.地缘优势

广州地处珠三角腹地，是拥有海陆空铁联运优势的特大型城市。物流成本相对较低，便捷度高。广州港是华南地区最大的综合性主枢纽港和集装箱

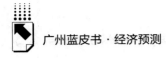

干线港口，货物吞吐量全国第4。白云机场2020年旅客吞吐量在全世界机场中排名第1。根据规划，到2035年，广州将全面建成具有全球影响力的重要综合交通枢纽。

2. 产业优势

广州是传统工业强市，工业门类较为齐全，技术含量高。制造业的31个行业大类，更是实现了生产活动的全覆盖。其中，规模以上汽车制造业工业总产值2020年为5860.26亿元，在国内主要城市排名第2位，仅次于上海的6735.07亿元。

3. 品牌优势

广州目前的合资品牌中，东风日产、广汽丰田、广汽本田均为国际知名品牌，口碑好、销量大、覆盖广。广州本地品牌——广汽传祺经过十几年的经营，也在国内品牌中居较高位次。根据英国品牌评估机构"品牌金融"发布的"2021年全球最具价值的100个汽车品牌"排行榜中，丰田位居首位，本田位居第7位，日产位居第11位，广汽位居第76位。

4. 产品优势

2020年，广州汽车年产量295.21万辆，占全国总产量2532.5万辆的11.7%，产量位于全国第1位，"十三五"期间年均增速为6.0%。平均车辆出厂价为13.23万元，比2015年（12.50万元）上涨7288元，上涨幅度5.8%。新能源车在"十三五"期间实现零的突破并达到较高产出水平，2020年年产量达7.98万辆，占全国总产量（136.7万辆）的5.8%。高端化、节能化的抢先发展为广州汽车产业的行稳致远提供有力保障。

（二）内部劣势（W）分析

1. 部分零部件需要依赖国外企业

欧美国家在发动机与控制系统、高端变速箱、电喷系统、芯片等领域，日本、韩国在高端变速箱、电子电控、动力电池、芯片等领域拥有核心技术，具有领先优势，广州技术甚至国内技术一时难以企及，相关零部件不得不高度依赖进口。根据广州海关统计，2020年，经由广州进口的集成电路有 74.10 亿件，汽车零配件有 1.39 亿件，折合人民币 197.68 亿元和 209.96 亿元。这些进口商品的分散地基本在珠三角，广州作为珠三角汽车制造业占比最大的城市，其企业消化了这些商品的绝大部分。

2. 企业与外脑联合研发不足

广州汽车制造业企业尚未充分利用广州高校、科研院所集聚的优势，政产学研用一体化互动不够充分。2020 年，汽车制造业企业委托高校及科研院所的研发投入为 7.4 亿元，占汽车制造研发投入的比例仅为 4.6%[①]。由于企业与高校、科研院所之间缺乏长期合作机制，沟通少，部分研究成果与市场需求有所脱节，企业由此不愿寻求外脑进行研究，导致行业技术创新基础不牢，产品供给的结构性矛盾突出。

3. 外资企业出口动力不足

目前，作为广州汽车制造业的重要组成部分——外商投资企业，其产品在满足国内市场需求的同时，已具备向欧美等发达国家和地区出口的能力，也已经利用广州工厂向全国市场批量销售、向全球市场有序出口，但由于跨国公司在中国的战略仍以本地化生产和销售为主，导致外资车企出口动力明显不足，出口规模较小或尚未出口。2020 年，广州市外资汽车制造企业出口交货值占总销售产值的比重不足 1%，比例偏低。

4. 小微企业普遍产品科技含量不高，进入门槛低，生存环境恶劣

部分汽车制造业小微企业缺少对产品技术性的研发投入，又因资金不足未能购买专业化服务，只能停留在对同类产品的简单模仿。2020 年，广州汽车制造业小微工业企业研发费用占收入的比重仅为 1.8%，研发投入少，产品技术含量低，致使企业缺乏产品的议价能力，一旦原材料价格上涨或者需求萎缩将对企业产生很大的打击。

（三）外部机会（O）分析

1. 外资对国内汽车市场的看好不变

国内经济在疫情重创后迅速恢复，让各国投资者看到中国经济的强大韧

---

① 该数据为企业上报数据，未经国家统计局最终核定。

性,增强了对中国经济稳定向好发展的信心。斯堪尼亚、奔驰、沃尔沃等整车制造商均加大对华投资,零配件的变速箱制造商采埃孚、缓速器制造商福伊特等均在华投产。广州具有较为成熟的汽车产业链,服务配套体系和配套能力在国内具有强劲竞争力。2020年,广州汽车制造业实际使用外资约15亿元人民币,跨国车企投资热情不减。

2. 部分国外市场对我国汽车进出口贸易壁垒逐步消除

我国与多国签署自由贸易协定,为广州汽车产品出口提供便利条件,涉及的国家或地区遍布欧洲、亚洲、大洋洲、南美洲和非洲。其中澳大利亚、新西兰、新加坡、文莱等多个国家已实现对我国汽车产品零关税,韩国、巴基斯坦、智利、秘鲁等国家,对我国出口的汽车及零配件实施关税减免。2020年广州出口乘用车1.85万辆,汽车零配件4.7亿件,车用发动机28.18万台,分别折合人民币18.66亿元、143.58亿元和4.76亿元。

3. 国家、省、市战略支持

为助力国内汽车产业发展,2020年以来,各级政府均加大产业规划力度,制定了系列政策扶持引导汽车产业健康发展。财政部、工信部、科技部、发改委联合发布了《关于完善新能源汽车推广应用财政补贴政策的通知》,广东省发布了《广东省发展汽车战略性支柱产业集群行动计划(2021~2025年)》,广州市发布了《广州市促进汽车生产消费若干措施》和《广州市促进汽车产业加快发展的意见》等,均为汽车产业发展提供了良好政策环境。

(四)外部威胁(T)分析

1. 国际经济环境复杂多变

近两年,美国单边保护主义加剧,特别是美国—墨西哥—加拿大协定提高三国汽车生产本地化率要求,极大影响了全球汽车产业链的布局。日欧经济伙伴关系协定(Japan-Eu Economic Partnership Agreement, EPA)谈判,欧盟取消日本进口汽车和零部件关税,中国汽车产品价格竞争优势相对弱化。加之一些不发达国家或者发展中国家,人力成本低、国家政策优惠力度大,致使汽车产业链的一些链条出现跨国转移。

2.国内汽车产业竞争激烈

由于汽车产业链条长，带动效应强，很多国内一、二、三线城市将其作为支柱产业重点扶持发展，相应政策层出不穷，城市间争相引入汽车生产线。目前，北京、上海、天津、江苏等地纷纷出台建设制造强省（市）的政策措施，包括财税、行政事业性收费、政府服务、人才引进等方面的优惠举措，容易造成广州大型汽车企业生产基地的外迁。

通过SWOT分析，可看到广州汽车产业链机遇与挑战并存，目标定位需与科技进步同步发展。目前，从静态市场上看，汽车的需求几近饱和；但从动态市场上看，汽车的推陈出新、高科技赋能的提升，将为汽车产业的长期稳定发展，甚至达到新的高点提供可能。广州需充分利用好现有的内外优势，在新能源、智能网联等方面投注更多的目光，利用广州在这些领域的先发优势，克服现有劣势，让高科技、自主创新、环保成为广州汽车产业链更好更强发展的重要依仗和手段。

四 汽车制造企业对外依赖性专项调查结果分析

顺应全球汽车产业转型升级趋势，广州汽车产业与全国同步，向"电动化、网联化、智能化、共享化"发展。在推进"四化"的过程中，国内零部件企业虽具备一定程度的先发优势，但在技术储备上仍与国际先进水平存在差距。核心零部件难以自供一直是广州汽车制造业乃至全国汽车制造业的硬伤，特别是2020年底延续至今的芯片短缺更是严重影响企业的正常生产。由此，我们对广州25家汽车制造企业的产业链供应链自主可控性进行了专项调查，以期了解企业生产对外依赖程度，探索构建安全可控的汽车产业链的发展路径。

（一）调查对象及内容

该次调查共25家汽车制造企业，包括5家汽车整车制造企业、2家发动机制造企业、18家零部件和配饰企业。调查分两部分进行：第一部分，开展问卷调查，问卷内容涉及原辅材料采购情况、生产经营情况（包括科技创新进口以及国产替代等情况）、企业销售情况三个方面，主要了解企业生产的对外依赖程度；第二部分，在25家企业中选取6家重点企业深入访谈，了解企业在汽车产业链中的地位，原料、零配件的采购渠道，渠道的垄断性和可替代性，企业的核心技术和创新情况，企业在供应链方面的痛点，以及企业对推进产业链、供应链自主可控的意见建议等。

（二）调查结果

第一，调查的全部整车制造企业和发动机制造企业原材料采购均有进口依赖。依赖性较高的原材料为技术含量高或技术工艺垄断的产品。调查的25家企业中，原材料采购对进口有依赖的比率为60%。5家整车制造企业和2家发动机制造企业原材料采购全部对进口有依赖，其中成都大运汽车集团有限公司广州分公司和广汽菲亚特克莱斯勒汽车有限公司广州分公司2家企业原材料采购完全依赖进口。18家零部件和配件制造企业中，8家原材料采购对进口有依赖，10家没有依赖。进口依赖的原材料类型主要为先进钢铁、有色金属等新型材料，占比为53.3%，其次为集成电路、芯片、晶片等电子元器件，占比为40%。据企业反映，由于特殊钢铁、部分有色金属如铂铑钯和高性能树脂材料等源头材料基本由少数供应商垄断，加之加工工艺有技术专利，企业几乎没有其他选择的空间。集成电路、芯片、晶片等电子元器件，特别是传感器、变速箱、发动机控制模块等，国内企业仍未达到相应的技术水平，难以实现国内替代。这些难以自给的原材料大部分来源于日本、美国和德国。

第二，企业关键设备国产替代率不高，国外供货渠道大多处于垄断状态。调查的25家企业，15家关键设备对进口有依赖，依赖面为60%。15家企业中只有3家表示进口的关键设备可由国产替代，占比仅为20%；其他12家企业表示由于技术不足、国内设备不满足实验标准、国内设备稳定性和精度无法达到要求等因素，进口的关键设备尚未能完全实现国产替代。这些未能实现国产替代的设备，66.7%属于寡头垄断，国内企业议价能力弱，设备的维护服务也不到位；33.3%具有竞争性供应市场，企业自主选择空间大，议价能力强。

第三，多数企业核心技术或知识产权由境外企业（机构）授权，国内企业研发人员以中籍人员为主。调查的5家整车制造企业，只有1家有核心技术，其他4家均由境外企业（机构）授权。广州市场日系车型占绝大比重，日系车企多在品牌母公司日本本土完成前期研发和实验，国内研发公司主要进行后期的应用研发和实验，虽然国内生产设备的智能化程度和生产工艺先进性程度和母公司处于同等水平，但核心技术和工艺大部分仍掌握在母公司手中。汽车制造企业研发人员多以中籍员工为主，25家企业中，18家企业研发人员全是中籍，除了东风本田发动机有限公司及日立安斯泰莫汽车系统（广州）有限公司外籍研发人员占比超过10%，其他5家公司外籍研发人员占比均在10%以内。

第四，企业产品外销比例小，长三角对汽车零配件企业内锗业务扩展有较高吸引力，东亚、东南亚和欧洲是企业外销拓展的首选地。25家调查企业，仅3家有境外销售，外销面为12%，出口产品主要是汽车零部件和配饰，出口地主要为北美、欧洲、东南亚和南非。企业表示，如果现有销售渠道受到影响，对内销市场，首选的拓展地是珠三角，其次为长三角，特别是汽车零配件企业对长三角寄予的期待最高，普遍认可长三角的市场潜力和容量。对外销市场，首选的拓展地是东亚，占比54.5%，其次是东南亚和欧洲，均为45.4%。

由此看出，广州汽车产业供应链较大程度上受制于人，而且这种受制局面短时间内难以根本转变，企业没有较强议价能力，国际市场的波动或主要国家的限供、断供将对企业生产带来较大影响。

（三）需要政府协助解决的事项

调查企业一致认为，"卡脖子"技术问题严重影响广州汽车产业健康发展。

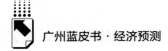

第一，希望政府部门加强行业引导，促进资源的有效配置。有企业强烈建议，希望政府部门加强行业规划，避免项目一哄而上，大量资源聚集在行业低端市场，造成行业内卷。该企业负责人以尼龙材料举例说明，大量生产企业生产普通尼龙材料，利润微薄，加之价格竞争使得整个市场混乱不已，但是高性能、高附加值的尼龙材料由于技术限制，一直受制于杜邦等跨国企业，价格居高不下。

第二，希望政府部门厘清国内汽车产业链的薄弱环节和技术难点，扶持企业创新研发。加大对汽车产业核心软硬件研发的资金扶持和服务支持，特别是扶持贵金属、芯片、高性能化工原料等国产未有替代品的原材料研究，培养一批具有高水平研发和制造的核心龙头企业及一批有创新活力的中小企业。

第三，希望政府部门进一步改善营商环境和科研环境，让企业留住人才，安心创新创业。

五 相关建议

推进广州汽车产业链高质量发展是构建广州现代化经济体系的现实需要，也是形成国内国际双循环发展格局、支持广州经济可持续高质量发展的必然选择。面对目前汽车产业链发展的新局势、新变化、新挑战，我们需采取一系列举措，特别是在保障产业链、供应链自主可控方面，要有体制机制上的创新突破，助力汽车产业可持续、高质量发展。

（一）牢记"高质量发展就是总要求"的初心

1. 用技术突破推动产业升级，做好"强链"工程

广州汽车制造业在国内处于领先地位，但从产品的市场占有率来看，广州新能源汽车的市场占有率远低于传统汽柴油车。在汽车产业"四化"发展的背景下，广州应在现有移动出行、无人驾驶、数字化、电动化等方面的技术基础上有新突破，从而推动广州汽车产业链整体升级，强化广州汽车产

业国内领先地位，提升广州汽车产品国际竞争力。

2. 以用户需求为导向升级汽车产业后市场服务，做好"延链"工程

汽车后市场的健康创新发展，可以反哺产业链前端及中端的发展，特别是二手车市场的潜力和撬动作用更是不容忽视。随着国内汽车质量的不断提升，二手车车况明显改善，对新兴市场出口潜力巨大。据发达国家数据，二手车交易量是新车销售量的两倍，广州二手车市场前景不可低估，二手车市场既可激发汽车消费市场活力，又可促进汽车产业更高水平的发展。

3. 打造共融发展的全球汽车产业链，做好"锻链"工程

供应链的自主可控，并不要求链中所有环节都在国内实现，而是各环节的关键技术、关键工艺要掌握在手。汽车产业全球化是不可逆的进程，也是产业进步的体现。在这期间，我们应加强与各国的高质量对接，通过更高水平的开放合作，巩固和吸引国外整车制造商、零部件供应商扎根广州，从而夯实广州技术基础，早日形成与外界共融、共赢、稳定的汽车产业链。

（二）坚定"创新就是生产力"的信念

1. 无创新难以前行

习近平总书记多次强调"创新是引领发展的第一动力"。创新已作为"五大发展理念"之首，居于我国现代化建设的核心位置。谋划汽车产业的未来，要着眼抢占未来产业发展先机，势必需要培育先导性和支柱性优势，这些都离不开创新引领。企业在其中要积极发挥创新主体作用，依靠科技创新打造新增长点。

2. 政产学研用相结合是重要手段

采取市场化运作机制模式，整合产业链上下游、高校、科研院所等资源，鼓励和引导龙头企业提档升级现有研发机构，组建一批以应用创新为主的研发载体，解决高端共性技术问题。政府也应发挥应有作用，结合广州汽车产业链需要，重视基础研究以及前瞻性技术和战略性技术的研究，在研发

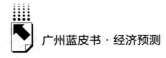

投入中给予一定比例经费支持。

3. 激励中小企业创新发展

鼓励或者创造条件让中小企业融入产业链发展规划，共享产业链发展政策红利。特别要加大对"专精特新"中小企业的支持，筛选一批具有高成长性的中小企业，围绕规模和质量双提升，从知识产权创造、用地需求、技术改造、投融资对接、人才服务、创业培训等方面提供精准扶持，支持建立特色平台，做精做专做优产业链关键环节零部件产品。

（三）谋划"核心技术就是生命力"的路径

1. 百计千谋做好紧缺原材料的研究开发生产

面对汽车企业对国外原材料的较高依赖度，特别是 2020 年底以来芯片的紧缺，国家及时制定了《汽车半导体供需对接手册》以期解决供需信息的不对称和减缓需求压力。但问题的根本性解决，还是需要有对应的国产替代品，这就需要本地企业练好内功，尽快解决"卡脖子"技术问题，提高原材料的自给率，确保汽车产业链、供应链的自主可控。

2. 挖掘数据资源价值，助力攻克核心技术难关

高科技赋能的汽车产业时代，数据是最重要的生产要素之一，汽车发动机的标定、智能驾驶的标定等，都需要足够的数据支撑。我们应进一步完善国内汽车驾驶数据库，为汽车产业的智能化发展积累数据动力。

（四）树立"人才就是千斤顶"的信仰

1. 重视汽车产业人才培养

人才是企业的第一资源，一是要完善汽车专业型人才培养机制，以行业发展需要为导向，以培养人才创新精神和创新能力为重点，形成校企协同的育人模式。二是创新汽车产业人才流动机制，打破户籍、身份、学历、人事关系等制约，促进人才的良性流动。三是健全汽车专业型人才激励机制，完善人才合理分享创新收益的激励办法，让企业、人才、市场、资金充分活跃起来。

2. 充分发挥企业家作用

把发展培育壮大创新型企业家人才放在更加突出的地位，大力弘扬企业家精神、工匠精神、创新精神，积极营造有利于企业家创新创业的良好成长环境，通过企业家这一桥梁，激发企业内部创新活动。进一步优化政府服务，提高公共服务能力和协调管理能力，深入推进简政放权，推动企业家最大限度地发挥作用。

B.9
数字经济背景下广州市
高新技术产业高质量发展研究[*]

陈秀英　沈庭邦[**]

摘　要： "互联网+"背景下，广州的高新技术产业呈现良好的发展态势，但基于复杂的国内外和自身因素，阻碍广州高新技术产业发展的因素仍然存在。通过对广州高新技术产业的相关指标进行时空分析，得出其具有技术创新能力相对较低、优势行业规模较小、高新技术产业链较低端等发展问题。在新的发展阶段下，广州市应进一步借助数字技术应用的契机，着力提升关键核心技术创新力，多措并举促进广州市高新技术产业高质量发展。

关键词： 数字经济　高新技术产业　高质量发展

一　广州市高新技术产业发展的背景和现状

高新技术的发展水平，决定了一个国家和地区综合竞争力的高低，也是衡量其未来发展潜力的重要指标。广州市作为省会城市、国家中心城市以及华南地区的科教中心，发展高新技术产业符合其产业发展的趋势，也是促进其产业转型升级和经济高质量发展的必然举措。广州每年为高新技术产业发

* 本报告是广东省自然科学基金项目（项目编号：2019A1515011581）、教育部产学合作协同育人项目（项目编号：202102197003）、2021年广东省科技创新战略专项资金资助项目（项目编号：pdjh2021b0179）的研究成果。
** 陈秀英，广东金融学院经济贸易学院副教授；沈庭邦，广东外语外贸大学经贸学院研究助理。

展投入大量的财政资金，科研投入经费逐年上升，为高新技术产业发展提供了坚实的经济基础。在此基础上，广州市为加速高新技术产业的发展，设立了广州科学城、天河科技园等围绕高新技术产业开发的区域，成为高新技术产业发展的重要基地，有利于促进广州产业结构升级和优化调整。

此外，广州为促进高新技术产业的发展出台了许多相应的政策，《广州市高新技术企业树标提质行动方案（2018~2020年）》明确提出对当年度通过高新技术企业认定的企业奖励30万元；对当年度通过高新技术企业认定的规模以上企业，给予额外奖励70万元，共奖励100万元等优惠政策；《广州市黄埔区 广州开发区 广州高新区进一步促进高新技术产业发展办法实施细则》设立科技创新创业资金支持高新技术产业发展，对不同级别的高新技术科技项目给予不同等级的资金配套等。另外还有《中共广州市委 广州市人民政府关于大力推进自主创新 加快高新技术企业发展的决定》《广州市地方税务局关于印发鼓励自主创新 发展高新技术产业地方税优惠政策指引的通知》等文件。广州市大量的关于高新技术产业的优惠政策，对当地高新技术产业的提质增效、补短板、强特色、做强优势行业具有极强的促进作用，有利于提高企业生产的积极性，提升高新技术产品产值。

表1显示，广州市高新技术产业总产值呈现上升的趋势，其占工业总产值的比重也在逐年上升，2020年广州高新技术产业总产值达到10289亿元，占全市工业总产值比例为46%，说明高新技术产业正逐渐成为广州工业体系内部的主导产业。

截至2020年，全市高新技术产业企业共有5176家。2019年，广州市年营业收入达100亿元以上的高新技术企业有17家，年营业收入达10亿元以上的高新技术企业有226家。

近年来，在广州市政府政策支持下，高新技术产业取得了良好效果，产业转型与升级速度不断加快。目前，广州已形成了以电子信息、机电一体化、生物工程技术、生物医药、新材料以及软件产业等为主的高新技术产业。广州正在以高新技术区为重点，发展具有当地优势与特色的高新技术产业。

表1 广州市高新技术产业部分指标情况

	2010年	2013年	2016年	2019年	2020年
广州高新技术产业总产值（亿元）	5474	7593	9109	9518	10289
广州高新技术产业企业数（个）	1411	1356	1559	5375	5176
广州高新技术产业产值占全市工业总产值比重(%)	38	42	43	45	46
广州高新技术产业总产值增速(%)	30	18	9	7	8

注：（1）本文的各项资料均来自各地历年的统计年鉴。（2）统计数据中的缺失值采取前后两年的平均值。若无前后两年的数据，则该年该数据暂时空缺。

二 广州高新技术产业发展存在的问题

（一）研发投入不足，技术创新能力相对较低

研发费用是衡量高新技术产业技术创新能力的一个重要指标。广州市历年的研发费用与其占GDP比例均低于其余三座城市（北京、上海、深圳）。深圳在粤港澳大湾区中的定位为科技创新中心，根据政策要求每年大部分的资金需要投入科研创新；北京有众多科研院校集聚，以及科技创新开发历史悠久，是我国的科技创新中心，因此高新产业资金投入多；上海GDP连续多年位居我国各市第1位，财政实力雄厚，具备支撑高研发投入的高新技术产业的经济基础。

专利申请量与专利授权量也是衡量一个地区高新技术产业发展情况的重要标准。表2显示，广州市每万人口专利申请量呈现递增的趋势，但申请量还是很少，如2019年申请量为188.39件；广州每万人口发明专利授权量数值小，峰值未超过20件，每万人口发明专利授权占每万人口专利授权比例小，且近年来比例有下降的趋势，说明广州专利中实用新型与外观设计占绝

对多数，即广州高新技术产业技术创新性和技术水平仍然较低，自主创新能力有很大的进步空间。

表2　广州市每万人口专利申请量、授权量和发明专利授权量

	2010 年	2013 年	2016 年	2019 年	2020 年
每万人口专利申请量(件)	25.99	48.05	114.88	188.39	—
每万人口专利授权量(件)	18.85	31.62	57.19	111.42	160.75
每万人口发明专利授权量(件)	2.49	4.9	8.89	12.99	15.55
每万人口发明专利授权占每万人口专利授权比例(%)	13.21	15.50	15.54	11.66	9.67

资料来源：各地统计年鉴。

（二）各区高新技术产业发展不均衡

表3显示，在几个指标中，黄埔区均位于第1，说明在广州10个区中，黄埔区高新技术产业规模大，发展领先于其他区，具备带动其他区产业发展的能力。海珠、越秀与荔湾三个区在所有指标中均位于最后3位，高新技术产业发展较为缓慢，与黄埔相比各项指标差距都十分明显，发展差距大。

广州其余区差距明显，企业数超过300家的只有天河、白云、黄埔与番禺，其余区的企业数多集中在200家左右。产品数超过1000个的只有天河、白云、番禺与黄埔，剩余的7个区产品数均在700个以下，400个以下的有4个区。产品销售收入1000亿元以下的有7个区，500亿元以下的有5个区，100亿元以下的有1个区，前4名的产品销售收入占广州市高新技术产业销售收入接近40%。

表3　2020 年广州市各区高新技术产业情况

	企业数(家)	产品数(个)	产品销售收入(万元)
荔湾区	50	168	1187333
越秀区	87	255	621391
海珠区	95	352	1051815

续表

	企业数（家）	产品数（个）	产品销售收入（万元）
天河区	405	1637	5358564
白云区	350	1045	4913178
黄埔区	695	2723	36249292
番禺区	518	1471	11738653
花都区	278	690	16120024
南沙区	220	563	16496239
从化区	140	361	2218024
增城区	196	428	6890376

资料来源：广州市历年统计年鉴。

表4显示，历年来黄埔区高新技术产业总产值均位于第1名，其次是南沙，番禺与花都紧随其后，但番禺增速总体高于花都。增城总产值逐年上升，天河、白云总产值相近，近年来白云高新技术产业发展略慢于天河。从化、荔湾、越秀与海珠总产值接近，从化为四者中发展最快的区域之一，总产值最高，且大部分年份增速超过了25%，而其他三区在部分年份均出现负增长现象。

表4　广州市各区高新技术产业总产值

单位：万元

	2010 年	2013 年	2016 年
荔湾区	917231	497249	1106982
越秀区	122712	455115	507114
海珠区	654348	1035756	931694
天河区	1490668	2261948	4068998
白云区	2146429	2829544	3537340
黄埔区	24885503	33486580	37875197
番禺区	5873930	7099095	9568444
花都区	6947285	8804754	9217309
南沙区	7155669	12213934	15630742
从化区	665671	1172758	1931108
增城区	3883231	6080631	6723545

资料来源：广州市历年统计年鉴。

根据对高新技术产业各指标的分析，黄埔区都遥遥领先，在广州定位为高技术与新经济第一区，高新技术产业发达；南沙的定位是广州科学发展的龙头示范区与粤港澳全面合作示范区，具备国家、广东省与广州市的政策支持，高新技术产业发展前景红利充足；番禺区分布着国内的知名院校，科研实力雄厚，人才众多，为番禺高新技术产业发展提供了坚实的人才资源与智库支持，但由于政策红利不及黄埔与南沙，因此高新技术产业发展略微逊色；花都、天河、白云高新技术产业发展处于中等水平；从化、增城仍然以轻工业为主，高新技术产业发展仍有较大的进步空间；荔湾、越秀和海珠与其他区对比劣势明显，主要以商贸服务业、特色经济为主，人才与技术相对于其他区更为欠缺，高新技术产业发展缓慢。

（三）人力资源相对欠缺

表5显示，广州研发人员历年来均低于北京、上海与深圳，同时，研发折合全时当量也低于其他三市。说明在高新技术产业人力资源供给方面，广州的情况不容乐观。对比广州，其他三座城市在高新技术产业吸引人才方面上更具竞争力，《中国新一线城市创新力报告（2020）》显示，中国城市创新力综合发展指数排名前4位的城市分别是北京、上海、深圳、广州。近年来，深圳的高校数量不断增加，新设多所国内外知名的大学及研究院，为高新技术产业的发展提供了人才来源。深圳不断放宽人才落户限制，为人才落户提供多项优惠政策。2016年深圳发布《关于促进人才优先发展的若干措施》，向符合条件的深圳新引进入户的人才，发放新引进人才租房和生活补贴，高新技术人员的薪资与福利水平都相对较高，一定程度上截流了广州的高新技术人才。

科技人力资源对高新技术产业发展至关重要，但不同层次的科技人力资源潜能发挥的滞后期不同，其中高端科技人力资源的滞后期大于一般科技人力资源。从每万人口专业技术人员的情况来看，广州专业技术人员数量较少，2020年只有不超过2%的人口从事专业技术的研究与开发。同时，高级职称占比稳定在10%左右，初、中级职称占比约90%，高新技术产业理论研究水平较高者与实践经验丰富者占比较小，而高新技术的研究与开发往往要具备较强的理论知识储备和较高的研究水平的人才，广州在这些方面的人才缺口仍然巨大。

表5 京沪深穗研发人员投入情况

	2010 年	2013 年	2016 年	2019 年	2020 年
深圳研发人员（万人）	17.7756	21.3641	23.3927	37.7937	42.8515
深圳研发人员折合全时当量（万人年）	15.7429	18.1321	17.604	30.6467	34.578
北京研发人员（万人）	26.9932	33.4194	37.3406	46.4178	47.3304
北京研发人员折合全时当量（万人年）	19.3718	24.2175	25.3337	31.3986	33.628
上海研发人员（万人）	17.75	22.68	25.48	29.33	—
上海研发人员折合全时当量（万人年）	13.5	16.58	18.39	19.86	—
广州研发人员（万人）	9.91	14.38	16.27	22.9	23.93
广州研发人员折合全时当量（万人年）	6.6	10.02	11.02	15.06	16.04

资料来源：各地历年统计年鉴。

（四）优势行业规模不高

机电一体化技术是广州市高新技术产业中产值最高的行业，多年产值排在第1位，因此可以认为其是优势行业。机电一体化技术行业产值呈现总体上升的趋势，但该行业占高新技术产业产值比例呈现下降的趋势，说明该行业发展仍然存在不足，在高新技术产业发展中的优势逐渐下降。

受制于广州近年来科技创新的瓶颈，机电一体化行业发展的活力仍然有待提高，其存在品种单一、结构不合理、资源利用效率不高、单位生产效率较低、综合利用能力不强等问题。行业发展的集中度过低，生产要素配置较为分散，难以形成规模经济的基础。中小企业发展问题较为突出，主要体现在公司经营与管理制度不完善、不健全，从而导致生产效率低下。

专业研发与研究人才缺口大，以传统产业中的机械技术、电工技术为主，产品的科技附加值较低，缺少先进领域的布局。并且，行业内各领域发展较为独立，缺少产业链上下游领域共同协作集聚式联动发展的局面，行业内的转型升级形势依然严峻。

同时，广州缺乏具有自主品牌与高知名度的机电一体化龙头企业，大型的机电一体化企业较少，企业对品牌建设重视程度不高。多数企业经营分散，各自为战，难以形成协同合力。整个行业对高新技术产业的促进作用仍然有十分大的进步空间。

（五）高新技术产业链分工地位不强

广州在关键技术、原材料以及关键零部件的制造和供给方面不足，高精尖的高技术人才缺乏，自主创新技术量少，引进技术数量多，且引进的多为对国民经济具有重要影响的技术，严重依赖进口，重引进轻学习，使得广州机电一体化行业形成路径依赖，不利于提升该行业在产业链中的位置。

机电一体化行业对外科技依赖度较高，广州进口的机械与电气设备以中间产品、原材料和关键零部件为主，商品进口金额较大的是液晶显示板、汽车零配件、集成电路和计量监测分析自控仪器及器具等。这些商品的进口金额均超过了 100 亿元，其他商品的进口金额也较大。

广州技术进口来源最多的国家为日本、美国与德国。与这些国家相比，广州在高新技术产业链的位置仍然较低，自主创新能力不高，软件制造、集成电路、芯片制造、精密仪器、半导体、超高精度机床等先进技术的技术自给率偏低。主要以代工、包装组装的方式生产高新技术产品，出口的则是经过组装后的整件成品或者简单加工的不完全产品，其中的附加值低，因此产业链整体仍处于中低端环节。现如今世界软件生产主要集中在发达国家，而广州仍然缺乏自主研发软件系统的能力；集成电路、电容器、印刷电路等主要从日本与韩国进口；二极管、汽车零配件等关键零部件主要从欧美发达国家与日本进口。近年来，美国提出制造业回流的目标，颁布多项优惠政策吸引企业回国，美国高新技术产业链正在不断恢复；日本高新技术产业链由于具有先发优势，产业链位置依然难以动摇。综上所述，加之受疫情的影响，广州对外贸易有所减少，对广州高新技术产业链有所冲击，高新技术产业链分工地位有待加强。

三 广州市高新技术产业发展的对策及建议

（一）提升关键核心技术创新力

提升高新技术产业关键核心领域的创新能力至关重要。广州市应结合自身经济状况，增加研究开发投入，减少高新技术产业资金流通的阻碍。加快建立以市政府投入为引导，鼓励社会资金投入为主体，高等院校、高科技企业及各级研究所等多个主体共同投入为辅助的体制。进一步加大高新技术企业研发费用加计扣除的政策优惠力度，使企业能够将更多的资金投入生产研发中，提高自主创新能力。

广州市政府可通过优化财政资金支出结构和效率，采取多种方式共同促进高新技术产业的发展。一方面，对不同规模与等级的企业、科研院所采取梯度有序的补贴，对规模更大、产出更丰富、创新能力更高者给予更高级别的补贴，激发企业与科研院所的研发积极性。另一方面，发展创新高新技术产业信贷投资，吸引更多的民间资本投入，扩大不同形式的资本来源，分散不同资金来源的风险。在支持高新技术产业的政策方面，既要沿用增加补贴、减少税收的传统政策，也要避免僵化不变，适度建立投融资的产业配套政策。为高新技术企业贷款融资提供低利息、低风险的业务，为高新技术企业和民营科技中小企业申请金融贷款提供担保与贴息等。

同时，广州应通过完善专利申请、专利授权、专利奖励和专利保护来激励企业与个人开展创新。第一，增加对专利开发的奖励。对第一次通过授权的专利采取一次性奖励，在专利转化成生产力投入使用后，再根据专利对企业与社会所产生的价值大小进行后续奖励。第二，加强专利开发制度的顶层设计。广州应该进一步完善该方面的组织机构，各区建立相应的专利工作领导小组，把好专利技术开发资金供给的每一道关。进一步推动专利认定、专利授权等环节的简政放权，减少专利认定的审批环节，减少多余的审批认证机构与职员，让专利申请者少跑腿，减少申请障碍，提高专利开发者的开发热情。第三，完善专利产业化的制度。加强政府与企业的专利项目合作，对于具有自主知识产权，创新度高与技术水平高的专利项目，加大落实实施各项措施的力度。充分发挥市场调配资源的决定性作用，利用各种宣传渠道，如展览会、交易会等方式宣传专利合作项目，让市场决定项目的流向。

（二）推动各区产业协调发展

高新技术产业发达的区继续做大做强优势行业，发展机电一体化技术、电子与信息技术和新材料技术等。黄埔区应发挥高新区的优势，以机电一体化产业带动产业转型与升级，发展智能机械技术、信息技术、高精度自动控制技术等核心技术，培育具有先进制造能力的高新技术企业。同时，大力支持电子信息产业的发展，发展包括 5G 技术、软件制造、通信网络等在内的核心技术，集中力量发展信息技术、网络安全、软件制造这三个发展较为薄弱的环节，力争发展成为广州乃至粤港澳大湾区的高新技术产业核心基地。南沙利用好政策红利，支持电子信息技术与机电一体化的发展，加快发展新材料技术与生物技术等朝阳产业。加强知识产权与专利的培育，提升科技成果转化成现实生产力的能力；优化高新技术产业发展扶持政策，持续扩大科技开发研究费用，完善南沙高新基础产业园区与高新技术产业的制度设计，培育能够进入世界前列的高新技术企业与服务体系。番禺区应加强高校智库建设，培养具备扎实的科学技术理论基础知识、能力结构和技术应用能力的人才。花都、天河、白云各区应该在自身的区位条件和发展特点上，发展适合当地的高新技术产业。从化、增城各区缺乏高素质的技术人员与劳动力，未来应大力引进国内外高新技术企业，同时加强产学研一体化，学习高新技术生产与制造的先进经验，加强人才与技术引进，从而推动自主创新。荔湾、越秀、海珠等老城区适合发展绿色科技产业，例如新能源高效节能、环保技术等。

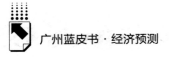

（三）推动引才育才相结合

人才是创新的根基，是创新的核心要素。高端科技人力资源对高科技产业的拉动作用更强，与科技人力资本的数量相比，科技人力资本的结构和类型对高新技术产业更为重要。科技人力资源，尤其是高端科技人力资源与高新技术产业的总产出增长之间存在稳定的均衡关系，能够持续拉动高新技术产业增长。广州政府应深化优惠政策，加大引进各类高技术人才和创新型人才。建设人才队伍应该注意引进与自主培养并重，培养适合高新技术产业发展的人才，要狠抓教育，现阶段继续加强基础学科的教育，探索多元化的教学模式，多举办中小学生创新型的活动，加强科技的社会实践教育，提高学生的动手能力，利用课外实践激发中小学生对基础学科的兴趣。高等教育阶段，加快培养原始创新人才和青年人才。建立健全科技项目研究的评价和激励机制，构建适应不同素质与水平人才的激励机制。高校与政府加大对科研项目的资金与政策支持力度，鼓励优秀的科技人员在重大科技项目中攻坚克难，把青年人才放在关键核心领域进行锻炼。高等院校应紧密结合高新技术企业发展的最新需求，从造就新一代高新技术企业人才群体的战略思维出发，实施高等教育发展战略。

在现阶段人才欠缺时，应注重大力引进先进人才，明确人才引进的方向。根据现阶段关键领域缺乏的人才状况确定引进对象，避免出现其他领域人才饱和与浪费，而关键领域人才紧缺问题得不到缓解的现象。注意科技人才的高中低层次相结合，在吸引和培养高层次科技人才的同时，也注重中低层次的技能型科技人才的培养与吸引。注意提升引进人才的住房、教育、医疗、社保等多方面的服务水平，提升科技人才留穗的意愿，让科技人才有归属感。打破行政区域、部门、行业等各方面的限制，通过技术入股、高薪引进、技术转让等方式，吸引需要的高新技术产业的人才。高新技术企业积极进行技术创新制度改革，如建立和完善技术入股制度、科技人员持股经营制度、技术开发奖励制度等有利于高新技术产业发展的分配形式。探索柔性引才引智的方式，坚持"不求所有、但求所用，不求所在、但求所为"的原则，放宽人才落户限制，创新人才户籍管理，让人才有更多的自主选择空间。对于重要岗位、重大科技攻坚中急需的人才，例如科技学术带头人、国内双一流院校毕业生以及海归科技人员，应当从简从速办理行政审批手续，优先办理人才落户手续，优化各项服务安排。注重利用市场化的手段引进人才，例如社会组织与猎头公司，以市场化的手段大力引进科技人才，培育扶持猎头公司的发展，建设人才引进科技园，对入驻的猎头公司与其他社会组织等主体，给予适当的资金支持，根据不同的主体对广州人才引进的贡献度，给予梯度的一次性奖励与补贴，也可根据主体对广州市高新技术产业发展的远期人才贡献给予后续的优惠政策支持。

（四）推动特色优势行业发展

广州市高新技术产业的优势行业为机电一体化行业，电子与信息技术次之。广州市应该强化机电一体化行业的主导地位，将机电一体化、电子与信息技术和新材料技术作为发展重点，分阶段推进生物技术、新能源高效节能和环保技术的建设。以市场为导向开发机电产品，提供满足顾客不同需求的定制化机电产品。集中资金与技术向行业的高端领域推进，加快从机械技术、电工技术等向微电子技术、信息技术与信号变化技术的转变。打破各个领域独立运作、互不联系的发展困境，鼓励上下游领域一体化生产，形成上下游联动、不同领域共同协作的良好发展局面。减少资源浪费，及时淘汰落后的工作设备与技术，利用先进环保的生产技术提高资源利用效率。建立健全完善的生产制度，完善员工激励与奖励制度，落实个人的收入同工作绩效相挂钩的绩效制度，鼓励员工自检与互检，实现生产全流程的责任制覆盖。广州市政府应做好对机电一体化行业的顶层制度设计，完善一系列的指标体系建设，利用多指标来对该行业进行考核与测评。完善财政支持政策，建立市资产所有的风险投资业等科技金融业，为企业提供贷款与贴息等融资手段的便利，落实优化促进行业的出口政策，将创新、协调、绿色、开放、共享的新发展理念贯穿行业建设的全过程。中小企业管理制度要职责明确，明确管理工作标准与行为规范，使管理者与被管理者有规可循。同时，管理制度的执行也要加强监管，完善约束与奖惩并重的监督体系。管理制度要与时俱进，既要有上层制度指导企业管理的执行与监督，也要有基层对制度优劣与实施情况的及时反馈。打造知名度高、具有自主品牌的核心机电一体化企业，利用先进技术提高机电产品的质量，完善企业的服务，适时改善企业的经营作风。做好运营团队的建设，加强对核心企业的宣传，通过委托宣传、合作宣传等方式，做好市场营销。学习先进企业优秀经验，充分研究有自主品牌与核心竞争力企业的产品技术与营销经验，并根据自身产业特色与企业特点培育适销对路的品牌。

（五）提升产业链国际分工地位

在高技术传统领域，广州的发展已经较为成熟，其生产能力依然位于全国前列，这种优势是保持高技术产业链完整的基础，可以通过提升传统领域的技术与工艺水平，提升产品质量以及生产效率，以加强其竞争力。在较为薄弱的方面，广州要加快基础技术与普适性技术的开发，突破较高领域技术发展的难点，逐步实现对引进技术的替代。着重培育关键原材料、关键零部件、中间品与核心设备的制造企业，特别是培育规模大、辐射带动能力强的核心骨干企业。鼓励这类企业联合创新，通过专注于"小、精、新"的技术创新来提高全产业链的供给稳定性与安全性。推动产业链数字化发展，支持高新技术企业设立数字生产车间、智能管理中心，数字生产流水线等。加快建立完善数字经济的基础设施，完善5G设备、物联网、人工智能、大数据中心的建设，利用5G建设减少现代物流运输的时间成本与管理成本。加快推动5G网络进入高新技术产业园区，做好对生产、设计、研发、运输、销售各个流程的覆盖。数字金融应在业务流程、业务开拓和企业服务等方面为高新技术企业提供便利的金融服务。各大银行和金融机构应利用大数据、云计算等金融科技手段，推动金融服务智能化、移动化、数据化，在运行机制和产品服务上不断创新，提高金融服务的效率，进而优化营商与创新环境，打造高新技术产业发展的优质服务空间。

参考文献

刘晓丽：《广州创新型产业发展现状及提升对策》，《科技创新发展战略研究》2019年第5期。

余璐：《广州市高端科技人力资源与高新技术产业关系的实证研究》，《科技管理研究》2016年第8期。

赵光辉：《创业的政策与服务创新——民营高新技术企业人才创业制度创新研究（下）》，《科技创业月刊》2005年第11期。

王学力：《作为区域科技中心的广州科技综合实力实证分析》，《中国软科学》2004年第6期。

李晓云：《我国发展高新技术产业存在的问题及对策》，《辽宁工学院学报》（社会科学版）2003年第6期。

消费市场篇
Consumer Market

B.10
2021年穗深渝三市消费品
市场比较分析

摘　要： 在构建"以国内大循环为主体、国内国际双循环相互促进的新发展格局"下，国家"十四五"规划把"培育国际消费中心城市"作为激活国内市场和构建新发展格局的重要一环。2021年7月，广州获批率先开展国际消费中心城市培育建设。其中，消费品市场是国际消费中心城市培育建设的主要抓手之一。本报告聚焦消费品市场，重点与区位禀赋相近的深圳以及近年消费品市场发展迅速的重庆进行比较，分析发现广州的优势主要集中在商贸底蕴深厚、交通便利、电商发达等方面。广州面临的挑战主要包括进一步提升国际化程度、扩大免税经济、提高商圈核心竞争力

---

* 课题组组长：区海鹏，广州市统计局副局长，统计师，主要研究方向为政府统计与公共管理。课题组成员：黄子晏，广州市统计局贸易外经处处长，统计师，主要研究方向为政府统计与公共管理；黄健芳，广州市统计局贸易外经处副处长，统计师，主要研究方向为政府统计与公共管理；周思民，广州市统计局贸易外经处科员，主要研究方向为政府统计与公共管理。执笔人：周思民。

等。下一步，广州应聚焦五个提升，不断激发千年商都新活力，奋力推动广州消费品市场持续高质量发展。

关键词： 国际消费中心城市　消费品市场　城市对比　高质量发展

一　穗深渝消费品市场发展情况对比分析

广州素有千年商都之称，商业文化底蕴深厚，商贸业长期繁荣，成功打造了"食在广州""电商之都"等金字招牌。同时，广州作为综合交通枢纽，在到达便利度上位居三个城市（广州、深圳、重庆）第1位。2021年，广州市消费品市场规模首次突破万亿元，实现社会消费品零售总额（以下简称社零总额）10122.56亿元，同比增长9.8%，两年平均增长2.9%。广州在社零总额规模和增速上均领先于深圳，但在规模和增速上均落后于重庆（见图1）。

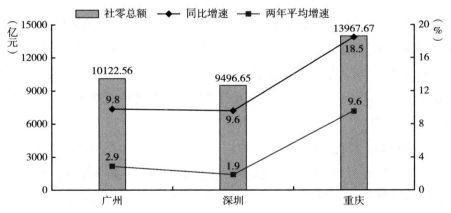

图1　2021年穗深渝社零总额规模及增速

资料来源：广州、深圳、重庆统计局网站。

（一）广州消费品市场发展优势

广州在消费持续繁荣、商业活跃度、到达便利度等方面处于领先地位，

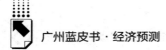

具备建设国际消费中心城市的消费基础和独有优势。同时，在新模式、新业态、会展经济等多个领域也走在全国前列。

1. 商贸底蕴深厚

作为千年商都，广州是中国唯一一座两千多年从未关闭通商口岸的城市，是历经千年不衰且永葆活力的商业城市。从社零总额规模来看，改革开放以来，广州常年稳居国内第 3 位，2018 年后，广州被重庆超越排在第4 位，消费总量仍居全国前列。从中华老字号数量来看，广州中华老字号有 35 户，多于深圳（0 户）、重庆（19 户）。广州在吃、穿、住、医等各消费领域均有一定数量的老字号品牌，其中医药老字号企业有 11 户，住餐老字号企业有 11 户，重庆则是集中在食品餐饮领域，有 16 户为食品或餐饮企业。

2. 居民消费水平较高

广州居民收入稳步提高，民生保障坚实有力，居民消费水平较高。由于深圳统计口径为全体城镇居民，因此分别从城镇居民和农村居民两个方面进行对比分析。从城镇居民消费水平来看，2021 年，广州城镇居民人均消费支出 47162 元，高于深圳（46286 元)①、重庆（29850 元）。从农村居民消费水平来看，2021 年，广州农村居民人均消费支出 26099 元，高于重庆（16096 元）。从消费支出的绝对量上可以反映广州居民消费水平整体较高，消费支出较多。

3. 交通枢纽地位持续巩固

广州枢纽建设稳步推进，疫情防控工作措施得力，继续在到达便利度方面保持领先地位。从机场旅客吞吐量来看，2021 年，广州白云国际机场完成旅客吞吐量 4025.7 万人次，连续两年位居国内前列。深圳宝安机场（3634.2 万人次）和重庆江北机场（3575.2 万人次）分别位居第 3 位、第 4位。根据交通运输部城市轨道交通运营数据，目前广州与深圳同处于第二梯

---

① 深圳居民人均消费支出统计口径为深圳市全体城镇居民人均消费支出，不包含深汕合作区的数据。

队，重庆则处于第三梯队，广州地铁客运量（285485 万人次）高于深圳（218589 万人次），与重庆（109709 万人次）相比优势较为明显。

4. 电商先发优势突出

广州新型消费蓬勃发展，网络零售整体规模领先于深圳、重庆。2021年，广州市限额以上批发和零售业实物商品网上零售额为 2209.07 亿元，是深圳（1066.84 亿元）的 2.1 倍，是重庆（505.55 亿元）的 4.4 倍；同比增长 12.6%。广州直播电商起步较早，发展较好。2020 年，广州率先在全国范围内出台《广州市直播电商发展行动方案（2020~2022 年）》，推出了一系列直播电商发展政策，让广州网络直播走在全国前列。中国市场学会、阿里研究院以及淘宝直播共同发布的《直播电商区域发展指数研究报告（2021）》显示，广州有 9 个区入选，且白云区位居第 2 名，天河区位居第 9 名，而深圳有 5 个区入选，排名最前的南山区位居第 27 名，重庆有 1 个区入选，位居第 94 名。

5. 会展之都继续领跑

2021 年，面对疫情带来的严峻考验，广州出台系列纾困政策，齐心迎接挑战，助力会展业恢复发展。中国贸促会研究院发布的《中国展览经济发展报告（2021）》显示，2021 年广州共举办 186 个展览，位居全国第 2，比深圳（128 个）多 58 个，比重庆（60 个）多 126 个；广州的展览面积为 930.3 万平方米，位居全国第 2，远超深圳（543.9 万平方米）、重庆（202.2 万平方米）（见表 1）。其中，被誉为"中国第一展"广交会首次通过线上线下融合举办，吸引线上约 2.6 万家中外企业参展，线下 7795 家企业参展，累计进馆 60 万人次，线上平台累计访问量达 3273 万人次，具有一定的国际影响力。与之相比，深圳的高交会共有 4164 家展商亮相线下展会和线上展会，线下线上共有 56 个团组参展本届高交会，近 15 万人次观众现场参观了大会。重庆的国际重大会展总量不多，目前有智博会、西洽会、中新金融峰会等为数不多的展会落户重庆。其中，智博会邀请 133 位重要嘉宾以线上或线下方式参会，共有 610 余家企业通过线上或线下方式参展。

表1　2021年穗深渝展览数量及面积

城市	2021年展览数量（个）	全国排名	2021年展览面积（万平方米）	全国排名
广州	186	2	930.3	2
深圳	128	6	543.9	4
重庆	60	13	202.2	13

注：中国贸促会研究院发布的《中国展览经济发展报告2021》显示，2021年上海举办展览341个，展览面积1705.5万平方米，展览数量和面积均列全国主要城市第1位。

资料来源：中国贸促会研究院发布的《中国展览经济发展报告2021》。

（二）深圳消费品市场发展优势

深圳在"粤港澳大湾区"和"中国特色社会主义先行示范区"的"双区驱动"下，2021年，深圳经济总量突破3万亿元，经济综合实力在3个城市中位列第1位。同时，深圳的创新与开放走在全国前列，国际知名度也在3个城市中位居第1位，具有良好的营商环境以及市场活力。

1.国际知名度较高

在国际消费中心城市评估指标体系中，国际知名度是重要的一个评价指标。从城市经济竞争力来看，联合国人居署与中国社会科学院财经战略研究院联合发布的《全球城市竞争力报告2020~2021：全球城市价值链——穿透人类文明的时空》显示，深圳位列第9名[①]，是国内排名最高的城市，广州位列第42名，重庆位列196名。国际友好城市之间的交往属于半官方交往，是国家官方交往的延展与补充。国际友好城市交往能有力促进双方城市间的经济合作，也有助于提高彼此的国际影响力。从国际友好城市数量来看，深圳已与56个国家或地区的88个省市地区缔结友好关系，略低于广州（91个），广州与重庆（52个）相比则有较大优势。

2.拥有良好的营商环境

中国社会科学院财经战略研究院发布的《中国城市竞争力第19次报

---

① 全球城市综合经济竞争力前8强的城市分别为纽约、新加坡、东京、伦敦、慕尼黑、旧金山、洛杉矶、巴黎；其中中国香港位列第11名，上海位列第12名，北京位列第21名。

告》显示，2021年深圳在营商软环境竞争力排名榜中位列第6名①，广州位列第7名，重庆位列第16名，在3个城市中位居第1。深圳良好的营商环境也为商事主体提供了肥沃的土壤。从市场主体总量来看，2021年末，深圳市场主体数量突破380万个，达380.4万个，位居全国第1，而广州和重庆的市场主体总量分别为334.0万个和320.4万个，均与深圳存在一定差距。民营企业是我国社会主义市场经济的重要组成部分，对营商环境的冷暖最为敏感，民营企业的活跃度一定程度上可以反映营商环境情况。全国工商联发布的2021全国民营企业500强名单显示，深圳共有29家企业上榜，且华为投资控股有限公司位居全国第1，广州共有19家企业上榜，重庆共有13家企业上榜，均与深圳存在一定差距。

3. 金融市场更为活跃

深圳作为中国重要金融中心城市，坐拥深交所，企业的融资能力、融资便捷度普遍优于广州、重庆。总体上看，深圳上市公司数量明显多于广州、重庆，资本市场融资能力更强。从上市公司数量来看，《深圳上市公司发展报告（2021）》显示，2020年深圳上市公司数量为468家，多于广州（127家）、重庆（80家），且拥有中国平安、腾讯控股、招商银行等知名企业。从知名上市企业来看，在深圳登记注册的知名商贸企业包括"人人乐""天虹股份""佳华百货""茂业国际"等，广州市登记注册的知名零售业上市企业主要有"广州友谊"和"广百股份"，在重庆登记注册的主要有"重庆百货"。

4. 城市人口吸引力较强

改革开放以来，深圳发展迅速，发展前景光明，就业机会众多，而重庆受限于农民工外出务工因素影响，整体人口流向趋势仍是继续往沿海发达城市落地安居。广州、深圳同属于超1000万人口的城市，具有较强的城市吸引力，特别是深圳人口增长速度明显领先于重庆。2020年第七次全国人口

---

① 2021年中国营商软环境竞争力排名前10位的城市依次为：北京、香港、上海、台北、杭州、深圳、广州、南京、武汉、天津。

普查数据显示，深圳常住人口 1756.01 万人，人口规模在三个城市中位居第 3，比广州（1867.66 万人）少 111.65 万人。与 2010 年第六次全国人口普查相比，10 年间增长 68.5%，年平均增长率为 5.4%，增速分别比广州（3.9%）、重庆（1.1%）高 1.5 个和 4.3 个百分点（见图 2）。

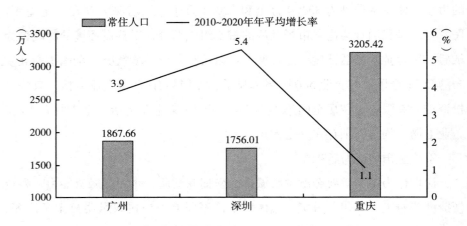

图 2 2020 年穗深渝常住人口及年均增长率

资料来源：广州、深圳、重庆统计局网站。

5. 市场商品结构更优

深圳在配置高端要素资源以及推进产业结构转型升级方面后来居上。从最主要五类商品零售额占社零总额比重来看，深圳所占比重最大的五类商品依次为：汽车、粮油食品、服装鞋帽针纺织品、通信器材、石油及制品类，合计占全市社零总额的 27.7%，主导商品合计占比低于广州（31.9%），高于重庆（21.2%），分布均衡性较高。其中，汽车和通信器材两类为高附加值产品，合计占深圳社零总额的 16.4%，比重与广州（16.4%）持平，高于重庆（10.7%）。从主要商品规模看，2021 年，深圳所占比重最大的汽车类商品实现零售额为 1267.33 亿元，分别比广州、重庆多 19.67 亿元和 78.46 亿元；在时尚商品方面，深圳市限额以上批发和零售业实现金银珠宝类商品零售额为 151.78 亿元，分别比广州、重庆多 20.90 亿元和 90.53 亿元，同比增长 55.2%，增速分别比广州、重庆高 30.3 个和 16.6 个百分点。

6. "四上"企业培育力度大

"四上"企业是经济发展主要力量载体，新增"四上"企业是拉动区域经济增长的重要力量，能够有效挖掘市场潜力。从 2021 年"四上"企业入库奖励来看，深圳对首次新增纳入统计（以下简称"纳统"）数据库的规模以上工业企业给予一次性奖励 10 万元，深圳各区也根据情况制定了相关奖励措施，如南山区对首次纳统的批零住餐企业奖励 10 万元，最高可以奖励 50 万元，政策支持力度明显大于广州和重庆。广州对于批零住餐企业首次纳统的，最高可以给予一次性奖励 10 万元。重庆各区对首次完成科技型企业审核入库的，最高可一次性给予 5 万元的奖励，对于其他企业根据相关情况也有万元不等的奖励。

（三）重庆消费品市场发展优势

重庆作为西部内陆的综合交通枢纽，拥有庞大的劳动力和消费者人群，近年来重庆在挖掘特色文化、特色美食和特色旅游资源以及推动消费产业联动融合上成效显著。

1. 消费整体规模居领先位置

重庆作为国内人口规模最大的城市，有着较大的消费潜力，也能够在一定程度上拉动消费水平。近年来，重庆消费品市场总体上比广州、深圳发展更好，在规模上领先于广州、深圳，且领先幅度较大。从消费品市场规模上看，2018 年重庆社零总额已经突破万亿元，比广州早 3 年；至 2021 年，重庆社零总额高达 13967.67 亿元，位居全国第 3 位，仅次于上海、北京，分别比广州、深圳高 3845.11 亿元和 4471.02 亿元。

2. 消费增长势头较快

广州、重庆在产业结构、人口规模以及消费水平等方面上的差异决定了两市消费品市场结构也存在较大差异。重庆主要商品零售额规模虽不如广州，但在增速方面要比广州高，发展势头较快。从总体增速看，2021 年重庆市社零总额年同比增速（18.5%）分别高于广州、深圳 8.7 个和 8.9 个百分点。从两年平均增速看，重庆市社零总额两年平均增速为 9.6%，增速分别比广州、深圳高 6.7 个和 7.7 个百分点。从主要商品增速方面看，根据限额以上批发和零售业数据，重庆汽车类商品零售额同比增长 13.0%，增速分别比广州、深圳高 1.2 个和 2.2 个百分点；化妆品类商品零售额同比增长 10.0%，增速比广州高 5.2 个百分点，比深圳低 3.7 个百分点；体育、娱乐用品类商品零售额大幅增长 1.5 倍，增速分别比广州、深圳高 99.2 个和 134.6 个百分点。

3. 文商旅融合成效显著

重庆旅游资源发达，同时结合旅游发展新趋势，通过智慧旅游、旅游商品等推进旅游资源开发工作，实现商旅高度融合。重庆有 120 多个 A 级旅游景区，广州有 80 余个 A 级旅游景区。从具体数据来看，2019 年重庆旅游业总收入①为 5739.10 亿元，高于广州（4454.58 亿元）、深圳（1715.17 亿元）。文化和旅游部数据显示，2021 年国庆假期，广州全市接待游客 1153.39 万人次，实现文化旅游业收入 88.33 亿元，而重庆市仅 A 级旅游景区就累计接待游客高达 1273.00 万人次。2021 年春节假期，广州市接待游客 1086.73 万人次，实现旅游业总收入 73.68 亿元；深圳共接待游客 496.88 万人次，实现旅游业收入 38.63 亿元。

4. 居民消费意愿更强烈

消费倾向②是指消费者对商品需求的趋向性，反映消费群体在不同时期消费意向的变动。从城镇居民消费倾向来看，重庆市城镇居民消费倾向为 0.69，高于深圳（0.65）、广州（0.63）。从农村居民消费倾向来看，重庆市农村居民消费倾向为 0.89，高于广州（0.76）。因此，这反映出重庆居民消费倾向整体高于广州、深圳，居民消费占收入的比重更高，消费意愿较为强烈。

---

① 由于旅游统计调查制度调整，各大城市尚未公布 2020 年和 2021 年旅游总收入数据，现按可获取最新数据进行对比。

② 本文用人均消费支出占人均可支配收入的比重表示居民消费倾向，即城镇居民消费倾向 = 城镇居民人均消费支出/城镇居民人均可支配收入；农村居民消费倾向 = 农村居民人均消费支出/农村居民人均可支配收入。

二 广州消费品市场发展存在的主要不足

总体上看，广州在商贸发展上具有良好的基础，在新业态以及会展等领域具有先发优势，但在推进国际消费中心城市建设上仍面临着多方面的挑战。

（一）国际知名度仍需提升，国际化程度不高

国际知名度和国际化程度高、国际交流频繁、城市知名度和影响力强等是作为国际消费中心城市需要具备的条件。目前，广州虽然在国际交流上成效显著，但在全球城市经济竞争力排名、500强企业培育等方面仍需继续提升。此外，对标著名国际消费中心城市，广州在国际品牌资源聚集程度、高端消费以及免税消费体系等方面还存在一定差距，缺乏具有国际影响力的标志性商标。同时，广州消费品本土品牌走向国际数量不多。35户中华老字号主要集中在食品餐饮和医药行业，虽多于深圳（0户）、重庆（19户），但经营规模均不大，没有成长为行业龙头企业，对整体经济的拉动作用不大，在国际消费市场上的影响力也较为有限。

（二）人口规模未饱和，人口吸引力可提升

常住人口规模是一个城市生产力和消费力的重要基础，常住人口规模合理扩大以及结构优化能够增加有效消费群体，不断释放消费潜力。对比重庆，广州常住人口规模相差较多，同时，按照《广州国土空间总体规划草案（2018~2035年）》，到2035年，广州将按照2500万人左右管理服务人口进行基础设施和公共服务设施配置，充分体现广州人口规模尚未饱和，对未来的人口增长保留了充分的弹性空间。对比同属大湾区的深圳，深圳伴随产业的持续升级，以及拥有华为、腾讯等知名企业作为揽才的重要载体，近10年增加了714万人。广州近10年增加了598万人，广州坐拥丰富的医疗教育资源，交通便利，加上落户政策不断优化，各类人才政策纷纷出台，城市吸引力有望进一步提升。

（三）首店竞争激烈，发展后劲不足

首店经济能够将区域资源和品牌优势相结合，拉动区域消费发展，激发城市商业活力，推动城市消费高端化、品质化。从首店数量来看，2021年上半年，广州新增首店138家，数量分别比深圳、重庆多30家和41家（见图3）。广州目前处于国内第二梯队，较上海（513家）、北京（434家）、成都（296家）仍有较大差距。从首店性质上看，广州在天河区核心商圈集聚了一批流量品牌的首家线下门店以及餐饮业首店。而上海、深圳、北京则是大力发展新消费和奢侈品首店，其中，上海天猫新品牌，深圳华润系项目，北京SKP、王府中环等表现突出。成都、重庆则是本地品牌不断创新，在服装、餐饮类等方面实现突破。广州由于缺乏拉动消费快速增长的主要动能因子，传统优势领域以及新型消费等方面发展后劲略显不足，如汽车类、时尚类消费商品零售额被深圳超越，汽车类商品增速则不如迎头赶上的重庆，汽车消费潜力有待进一步挖掘，商品结构仍需继续优化。免税经济能够吸引消费回流，提升消费层级，带动消费转型升级。目前，广州免税经济仍处于起步阶段，广州应争取更多免税政策的支持，推动龙头企业获批免税经营资质，提高城市商业活跃度。

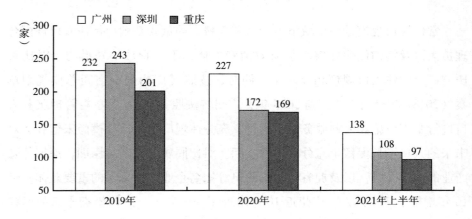

图3 2019~2021年上半年穗深渝新增首店数量

资料来源：《2021年中国首店经济发展报告》。

（四）文商旅仍需进一步融合，商圈实力有待加强

文商旅融合发展能够带动区域经济高质量发展，让老城市焕发新活力，也为拉动广州市消费提供了新的思路。作为传统商贸大市，广州在传统商贸领域具有领先地位，但在新型消费领域仍有较大提升空间，如广州商、旅、文、娱融合的新型消费产业仍处于追赶阶段，与重庆相比，广州结合区域优势挖掘旅游景点的能力仍有待提升，未能很好盘活历史文化资源，现有旅游景区观光吸引力不够强，接待旅客人数和旅游收入仍有提升空间。与疫情前相比，目前广州旅游业受疫情影响严重，收入下降严重，2021年旅游业总收入为2885.89亿元，相比2019年旅游业总收入减少了1568.69亿元；2020年旅游业总收入为2679.07亿元，相比2019年旅游业总收入减少了1775.51亿元。此外，除天河路外其他核心商圈的吸引力还不够强，商圈实力仍有较大提升空间，如北京路商圈可以在夜间经济或者红色资源等方面进一步加强自身优势，融合消费与文旅双功能，打造独具特色的消费地标，增强市场活力。

（五）融资能力不够，政策支持力度竞争力不强

目前，广州在商业底蕴以及发展规模上仍领先于深圳，但是由于城市历史、城市特点等原因，深圳作为金融中心城市，深圳企业更容易获得融资资金，为企业发展壮大提供了沃土。相比之下，广州不论是从上市公司数量还是从知名企业数量来看，均与深圳存在一定差距。深圳经济总量较大，财政收入更为雄厚，因此在"四上"企业培育力度上具有更大空间。

三 推动广州消费品市场高质量发展的对策建议

打造高品质消费品市场是积极融入"双循环"新发展格局和加快国际消费中心城市建设的重要一环。下一步，广州应聚焦"四个提升"，充分发挥优势，补齐短板，加速推动广州消费品市场高质量发展。

（一）擦亮城市名片，大力提升国际知名度

抓住建设国际消费中心城市的机遇，在充分发挥原有城市名片优势基础上，加大全球 500 强企业和著名商贸企业总部的引进力度，积极畅通国内国际经济循环体系，坚持打造更高水平的对外开放新平台、新高地，进一步提升城市的国际影响力。一是用好"会展之都"金名片。利用广交会等国际会展不断加强与国际城市的商贸合作，充分发挥会展国际交往能力的带动效应，持续提升国际影响力与辐射力。二是擦亮"食在广州"金名片。积极应对疫情带来的冲击和挑战，出台系列纾困政策和行业发展促进措施，助力广州餐饮行业加快发展，不断提升"食在广州"知名度和美誉度，建设世界美食之都。三是聚力打造"品牌首发地"金名片。加大全球著名商贸企业总部和首店的引进力度，特别是注重对新消费以及各类高端消费首店的政策力度，引进更多国际优势的高端品牌，打造全球品牌首发地，提高国际化消费号召力。

（二）立足现有优势，大力提升人口吸引力

一方面，雄厚的医疗教育资源，是广州作为国家中心城市和综合性门户城市的一大优势。广州要充分利用好这一资源优势，努力增强公共服务质效，妥善解决各类非广州户籍人才子女入学问题以及医疗保险等在穗发展的现实问题，解决人才后顾之忧，提高城市对人才的吸引力。另一方面，结合广州市产业结构的布局方向，广聚国内外英才，完善和落实对高端人才的各项支持政策。同时，充分发挥高校在高端人才引进和培育过程中的纽带作用，为广州产业结构调整和产业发展提供人才，支持广州产业升级，也为人才提供更好的就业岗位，实现人才与产业升级的良性互动，更好提升城市吸引力。

（三）优化消费结构，大力提升商业活跃度

广州要抢抓机遇，积极优化消费结构，支持产业转型升级。首先，要大力推进供给侧结构性改革，加快制造业向高品质、时尚化、定制化转型，提升供给体系对市场需求的适配性，推动高端化、品质化消费逐渐成为消费品

市场高质量发展的动力源和增长极。其次，要挖掘汽车消费潜力，适当放宽号牌申请条件，优化汽车限购政策，完善二手车流通机制，并大力培育埃安、传祺等本土品牌，推动传统汽车向新能源汽车转型升级。再次，对标国际标杆建立完善的免税零售发展体系，吸引中高端消费回流，提高城市服务消费多元性。最后，要对市内原有成熟的核心商圈进行升级优化，形成多个核心商圈有机联动的商业布局，培育打造具有全球影响力和美誉度的标志性商圈。

（四）推动商旅融合，大力提升商贸体系新活力

文商旅融合发展突破了以往的消费空间界限，能够满足现代多元化、体验化的文化消费需求，有助于提振消费、助力经济发展。广州拥有丰富的旅游资源，应整合红色资源、岭南文化、广式美食等元素，打造融合文商旅特色的城市旅游品牌，提升城市文化旅游娱乐消费吸引力，打造广州旅游品牌，全方位提升国际形象。区别于传统旅游观光模式，要在创新现代文化旅游业态和产品模式中，利用比较区位优势，融入地方特有的历史文化，盘活历史文化资源，积极打造高品质文旅产业和独具特色的消费场景，全力支持推动文商旅深度融合，为消费品市场发展注入新活力。

（五）促进业态创新，大力提升商业发展后劲

一是继续打响"直播电商之都"名号，把握因疫情催生的"宅经济""无接触消费"的机遇，利用好先发优势，加快推进数字化赋能新商业、新零售，促进线上线下融合发展。建议继续落实好相关直播电商产业政策，统筹利用土地、资金等资源，支持本土电商企业发展壮大，吸引电商头部企业落户广州，抢占商业模式的新风口。二是加大财税政策支持力度，鼓励金融机构创新融资方式，拓宽企业融资渠道，为创新性企业融资创造便利条件，加速业态创新进程。三是围绕顶端设计、定制产业，大力发展中高端消费、服务消费、定制消费等新型消费，打造以产品、服务、体验为核心的优势，推动消费品质提升，扩大消费规模，为广州加快国际消费中心建设提供全新动能。

B.11
广州市家具定制消费调研报告

广州市消费者委员会课题组*

摘　要:　定制家具满足了消费者的主动性选择、个性化设计需求。随着市场竞争愈发激烈,定制家具在消费市场存在的问题也逐渐显露,消费投诉逐渐增加。调研发现,家具定制行业缺乏规范标准;服务质量管理不到位;产品的特殊性、消费者缺乏定制家具知识等因素导致维权难。本报告建议尽快探讨并制定定制家具服务的国家标准,加强行业监管,同时消费者应理性选购定制家具,并合理维权。

关键词:　家具定制　消费维权　规范标准　广州

一　广州市家具定制消费调研概况

随着人民生活水平和消费升级能力的不断提升,消费者开始关注居家的整体个性化、功能化需求,传统的家具制式难以满足消费者对个性化生活的追求,人们更喜欢在居家生活中加入更多自主的创意及创新功能,对高效利用居家空间的需求不断增长,对家具的消费和使用由过去的被动式选择向更具主动性的自主式设计转型。定制家具的出现,满足了消费者的主动性选择、个性化设计需求,引领家具行业由传统生产性企业向现代化定制服务提

---

* 课题组组长:张开仕,广州市消费者委员会副主任。课题组成员:罗瑞云,广州市消费者委员会商品服务监督部部长;谭琛铧,广州市消费者委员会工作人员;李琼,广州市消费者委员会工作人员。

供商转变。

2020 年 1 月，广州市工业和信息化局、广州市商务局联合发布了《广州市推动规模化个性定制产业发展建设"定制之都"三年行动计划（2020~2022年）》，培育形成 5 个示范产业集群，把广州打造成具有核心竞争力的"定制之都"。定制家居是 5 个重点发展的定制产业之一，到 2022 年，定制家居行业目标产值为 1000 亿元，定制家具成为家具行业市场的蓝海。

随着越来越多家具企业纷纷加入定制家具市场，市场竞争愈发激烈，定制家具在消费市场存在的问题逐渐显露出来，消费投诉逐渐增加。广州市消委会公布的 2020 年受理投诉热点显示，有关家装类服务（含定制家具）的投诉成为广州市新的消费投诉增长点，投诉热点包括：装修材料猫腻多、装修合同套路多、隐蔽工程缺陷多和定制家具问题多。

为全面了解广州市定制家具消费市场的现状，提升定制家具行业的整体服务质量和水平，广州市消委会在 2021 年 8~11 月采用线上和线下两种调研方式，在全市范围内开展了"广州市家具定制消费调研"活动。其目的主要是通过此次家具定制消费调研，找出广州市定制家具的痛点、堵点，并为市政府及有关职能部门提供参考意见和建议，督促企业提高产品质量和服务水平，引导广大消费者合理、健康消费。在筑牢定制家具消费市场健康发展的基础上，逐步满足消费者对消费安全的需求，畅通和助力消费循环经济的发展。本次调研共回收有效网络问卷 2006 份，并招募了 12 名消费志愿者对广州市内 40 家品牌门店进行了体察。

二　广州市家具定制消费调研结果分析

（一）广州市定制家具的消费特点：广州消费者更关心产品质量和服务

调研结果显示，"80 后"和"90 后"是广州定制家具的主流消费群体，其中，30~39 岁占比 50%，20~29 岁及 40~49 岁各占 20% 左右，并且更倾向选择全屋定制，占比达到 72%。定制家具消费群体比较注重品牌消费，近 7

成选择在定制家具品牌专卖店中选购消费，其中，欧派、索菲亚、尚品宅配等广州知名定制家具品牌是他们较多选择的品牌。在家居设计中，强调整体风格搭配占比 56%、追求个性化设计占比 44%、满足不同功能的需要占比 58%、合理利用空间占比 57%（见图 1）。

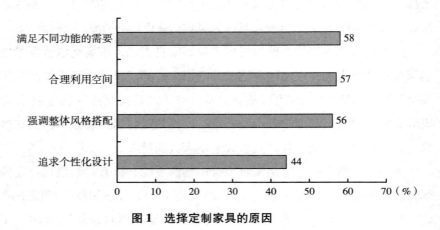

图 1　选择定制家具的原因

资料来源：调查数据。

除了注重品牌外，产品质量和服务也是广州消费者在选择定制家具时的主要关注因素。其中，关注材料环保性的占比为 46%、关注配件质量的占比为 42%、关注材料强度的占比为 37%。另外，售后服务（占比 40%）、安装技术（占比 34%）、测量设计（占比 30%）等服务也是广州消费者在选择定制家具中的关注重点（见图 2）。

（二）广州市定制家具消费市场现状：广州消费者对市内定制家具品牌整体表示满意，但在产品及服务细节方面仍需改善

调研发现，广州市内的定制家具的整体消费市场发展良好，商家的销售秩序相对较好，广州消费者对市内定制家具的产品质量、服务质量及整体满意度（包括非常满意、比较满意）均在 8 成左右（见图 3）。其中，表现较好的方面如下。

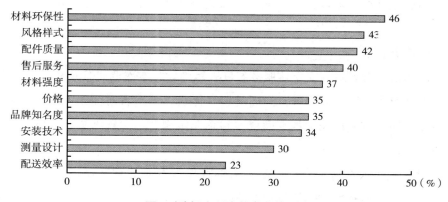

图2 选择定制家具关注的因素

资料来源：调查数据。

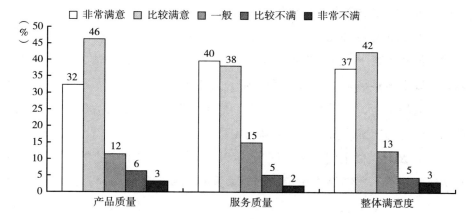

图3 消费者对定制家具各方面的满意度评价

资料来源：调查数据。

1. 产品质量

广州消费者对定制家具产品质量基本表示满意。一是家具材料符合环保标准资质。通过线下调研发现，基本上所有体察的店铺的家具材料都符合环保标准，并且能提供相关的资质证明材料。

二是家具类型多样化，能满足消费者的不同需求。在线下后铺体察发

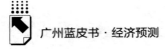
现，门店家具类型多样，近 8 成的体察志愿者对定制家具类型多样化表示满意。

2. 服务质量

广州市消费者对商家整体服务态度表示满意。本次调研分别从销售、物流、安装及售后四个方面进行全面的调研体察，消费者对商家的销售服务、安装专业性等方面都表示基本满意（包括非常满意、比较满意、一般）。主要体现在以下几个方面。

（1）销售人员清楚介绍产品，为顾客提供专业的意见及建议。问卷调研结果显示，消费者对销售过程中清晰介绍产品、正确引导消费者选择合适材料、为消费者提供专业意见等方面的满意度均超过 7 成。线下体察员也反馈，体察的 40 个品牌店铺中，近 9 成销售人员能清楚介绍家具，8 成以上的销售人员能根据消费者需求提出设计建议。

（2）销售过程并无发现虚假宣传情况，并能按要求与消费者签订合同。在线下消费体察中，并无发现定制家具品牌存在虚假宣传的情况，而且问卷调研及线下体察结果均显示，商家基本上都能按要求跟消费者签订销售合同，家具的类型、使用的材料、金额、配送及完工时间、售后服务、双方权利和责任等内容都能在合同中清晰约定。

（3）及时送货上门，并在配送过程中对家具采取了防撞保护措施。问卷调研及线下体察结果均显示，定制家具品牌基本都能按时配送家具（占比 81%），偶尔出现在接受范围内的延误（占比 19%），并无出现严重超时的情况。线下体察的志愿者反映，在配送前配送人员会以电话或短信等方式约定配送时间，而且都能在承诺时间送达。

（4）安装过程较专业，家具布局基本都能跟预期设计一致。问卷调研及线下体察中，消费者对定制家具安装的专业性都给予了肯定，问卷调研中有近 7 成的消费者表示安装过程专业，线下体察结果有 85% 的体察志愿者对安装专业性表示满意，家具的布局与设计方案能做到一致，符合消费者预期。

（5）商家售后服务态度良好，绝大部分定制家具的质保期达 5 年及以上。线下消费体察显示，体察的 40 家店铺中，75% 的商家表示定制家具有 5 年的质保期，有 20% 的商家甚至做出终身维修保养的承诺，所有体察定制家具品牌都表示在质保期内是免费维修的。同时，问卷调研结果显示，消费者对定制家具商家的售后态度的满意率超过 8 成。

3. 广州市定制家具行业存在的问题

虽然广州市消费者对定制家具品牌的产品和服务基本感到满意，但从问题导向出发，在本次专项调研中发现，定制家具行业仍存在以下问题。

（1）产品方面。一是对家具细节部分不够重视。问卷调研结果显示，分别有 3 成以上的消费者在收到家具后表示颜色和款式与预期存在差异，有 41% 的消费者表示家具质量不符合预期。二是家具整体耐用性有待提高。家具作为大件商品，消费者更换频率相对较低，家具的耐用性尤为重要。但是，问卷调研结果显示，定制家具在使用一段时间后，会出现各种问题，如漆面磨损（占 43%）、五金配件损坏（占 35%）及家具变形（占 33%），仅 36% 的消费者表示没有出现过问题。

（2）定制家具价格说明不清晰。根据《消费者权益保护法》，消费者对于接受的服务和购买的商品有知情权，经营者应如实告知其提供的服务、产品、方式和价格。虽然定制家具有别于成品家具，需要按照尺寸和材料计价，无法对展示的产品定价进行展示，但经营者应该明码标价，向消费者说明具体价格和计算方式，保障消费者知情权。但线下店铺体察发现，在体察的 40 家定制家具品牌店铺中，有 55% 的店铺未能做到明码标价，有 35% 的店铺没有公示产品的计费项目及标准。体察员亦反馈店内价格说明不清主要体现在三方面：一是店内没有在显眼位置展示计价方式及标准，部分店铺的电脑报价单也没有说明计价方式；二是只报总价，缺乏具体明细价格；三是店员对产品价格说明含糊不清，让消费者觉得店家刻意隐瞒价格。

（3）存在增项收费情况。问卷调研结果显示，在安装过程中有近 4 成的消费者遇到原有报价外的增项收费，其中，要求添加个性化配件的占比 55%、升级五金配件的占比 53%、添加层板及衣杆的占比 52%、收取安装费和搬运费的分别占比 44% 和 21%。调研发现，由于消费者缺乏家具知识，

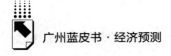

往往会听从安装人员以让柜子内部储存空间更实用或升级配件能提升家具质量为由而增加额外费用的劝说,容易造成没必要的多花钱。

在购买定制家具的付款方式方面,商家要求一次性付全款是否合理一直备受争议。近3成的消费者在网络问卷调查中表示购买时是一次性付全款的,而在线下体察也发现,有9成的体察店铺是要求一次性付款。

(4)安装质量有待提升。虽然消费者对定制家具的安装技术的专业性给予肯定,但是在安装的质量上仍存在各种问题,安装人员的技术仍有待进一步提高。如,安装后家具的尺寸存在细微缝隙(占29%)、家具表面被刮伤或磕伤(占比31%)、零配件损坏(占比28%)、安装过程对墙体或地面造成损坏(占比26%)等。

总体来说,消费者购买使用定制家具仍存在各种不同的问题。问卷调研显示,只有31%的消费者表示没有遇到任何问题。

(三)广州市定制家具消费维权现状:广州消费者定制家具消费维权难问题普遍存在

由于定制家具属于大件消费,消费者对于保留销售凭证意识较高,调研显示超过9成的消费者都会签署合同及保留消费凭证,但当遇到消费问题时,消费者表示在维权过程中遇到各种问题。一是缺乏行业标准厘定责任,导致消费者与商家难以进行有效沟通(占比26%)及义务不清晰、责任难界定(占比23%)的情况;二是维权成本高,包括维权程序繁杂(占比20%)及检测费用高且耽误时间(占比20%);三是合同不规范,不利于权益保护(占比20%);四是经营者不配合(占比15%)。

(四)消费者呼吁建立定制家具企业信用公示,加强行业自律

虽然调研结果显示消费者对广州市的定制家具消费市场评价较为正面,但是消费者仍希望能通过信用监管方法进一步净化定制家具消费环境,主要建议包括:一是建立定制家具企业信用公示平台,强化信用约束(占比62%);二是发挥行业组织作用,强化行业自我管理,加强行业自律(占比

60%）；三是企业提高法制意识，诚信经营，保护消费者权益（占比 59%）；四是建立定制家具行业标准，有法可依（占比 45%）。其他建议还包括政府加强行政监管及消费者提高自我保护意识，主动参与维权监督等。

三 广州市定制家具行业问题分析

随着定制家具越来越受消费者欢迎，定制家具已从橱柜、衣柜的定制演变为全屋定制，直逼成品家具的传统领地，受到消费者热捧。由于定制家具也是近几年才呈现在消费者眼前，还算是新事物，在消费者高呼"我的家具我做主"时，各种现实的问题还是摆在消费者面前，如家具质量问题、个性化设计到底有多少成分是个性化、售后服务谁负责等，让消费者容易陷入定制家具误区。通过分析，课题组认为出现问题的原因主要有以下几个方面。

（一）行业内缺乏规范标准，定制家具"消费陷阱"难以根治

1. 缺乏国家服务标准，以商家和消费者双方互相约定为主

国有国法，家有家规，没有规范标准的行业容易造成市场秩序的混乱。2015 年，全国工商联家具装饰业商会发布了规范定制家居产品的行业标准《（全屋）定制家居产品通用技术条件》，对家具、护墙板、门窗、吊顶、滑轨、卫浴等家居定制产品做出了相应规范要求。2021 年 2 月 1 日也正式实施了《定制家具通用设计规范》的国家标准，对定制家具确定了技术规范要求，对定制家具行业的健康发展提供力量支持，对整体消费环境起到一定净化作用。但这两个文件都偏向技术性标准，行业准入、质量及服务标准、诚信经营等方面并未列入其中，定制家具行业至今缺乏国家服务标准，各品牌在材料选择、质保年限、退换货规定、售后服务等方面的规定也都存在一定差异，消费者一旦不注意，就容易掉入厂商的消费陷阱。

2. 缺乏统一的计价及收费标准方式，让消费者摸不着头脑

在线下体察发现，不同品牌的计价方式及价格都不同。常见的计价方式

有按套餐、按投影面积、按不同尺寸的柜体计价等。按照投影面积计价算是较为清晰的计价方式，但是按照套餐计价的产品往往有着严格的尺寸或者面积要求，一旦稍有改变，商家会以改补花费为由加价。按不同尺寸的柜体计价的方式，虽然每种尺寸都有相应的报价，价目清晰，但是准确的报价是需要按实际投影面积计算，容易出现销售人员报价和实际价格出现差距的情形，从而产生价格的纠纷。

3. 缺乏销售合同示范文本

在线下体察发现，定制家具行业并未使用合同示范文本，各定制家具企业自行制作格式合同，此类合同容易出现内容不完整、重要事项约定不明等问题，甚至出现权利义务不对等的不合理条款，从而导致矛盾纠纷多发易发。

（二）服务质量管理不到位，难以提升定制家具的服务质量

大多数消费者对定制家具的设计流程并不十分了解，更多依靠销售人员及设计师的介绍。但是由于目前定制家具行业缺乏服务标准，部分定制家具企业服务质量管理不到位，缺乏专业知识和职业道德的培训、考核及认定，以致部分定制家具销售、设计、安装及售后人员业务水平低、服务能力不足，消费者与商家沟通不畅等问题时有发生。部分销售或设计师为了尽快成单也盲目迎合消费者，缺少合理的沟通和建议，导致使用后出现投诉，交易双方的消费体验较差。

（三）产品的特殊性、消费者缺乏定制家具知识等因素导致定制家具维权难

由于定制家具属于大宗消费，涉及的金额较高，绝大多数消费者的留证意识较高，主动保留销售合同及消费凭证。但相比其他消费，定制家具交易消费维权困难问题较突出。一是定制家具产品的特殊性。由于定制家具都是按照客户要求量身定做的产品，不享有"7天无理由退货"的权利，如果退货容易出现无法进行二次销售给其他人的问题，因此大部分定制家具商家都

不愿意接受退货，造成定制家具退货难的问题。二是消费者缺乏选购定制家具知识。由于定制家具行业缺乏国家标准，当消费者选购时，面对各种的材料让消费者无从下手，只能听从店内销售员或设计师的推荐及介绍，难以辨别材料的真实性。收货时发现家具使用的材料与承诺不符的问题时有发生。三是消费者过于追求个性化定制需求而忽视实际使用问题。部分消费者会因为喜爱追求个性化的造型，以为根据自己所想的定制家具就一定好，忽视居室空间的利用、家人的生活习惯及家具质量，安装后才发现问题，加大了维权的难度。

四　促进广州市定制家具行业健康发展的思考与建议

虽然广州市消费者对广州市定制家具消费市场现状表示满意，但从问题导向出发，定制家具行业仍存在各种问题，造成问题既有行业及企业自身的不足，也有消费者的原因。为推动共同解决定制家具行业存在的问题，促进广州市定制家具行业健康发展，课题组提出以下观点和建议。

（一）尽快探讨制定出定制家具服务的国家标准，加强对行业的监管

家具定制工作细节包括消费者下单、组织生产、配送、上门安装及售后服务等，各个环节必须环环相扣，且产品定制过程中涉及的板材及零部件、五金件较多，十分容易出错。因此，需要尽快探讨建立内容完整、操作性较强的统一行业规范标准，标准内容涵盖定制家具各个环节服务内容、程序、收费等方面，加强交易监督规范，制定符合定制家具市场需求的定制家具交易合同示范文本。

（二）企业充分履行应尽责任，切实保护消费者权益

1. 定制家具企业跳出"标准化"再进入"标准化"

定制家具能满足消费者各种个性化需求，看似是"量体裁衣"，但实际上，"定制"充满了不稳定。家具定制的关键在于尺寸，由于没有确定的标

准,"定制"的测量和生产过程中尺寸出错概率相对较高,而且定制家具"一单一生产"的生产周期长,容易影响交货进度。因此,定制家具企业应建立由设计到生产的前后端一体化数据库、系统库和平台库,形成标准化生产管理。设计与生产进行实时动态变化和跟进,降低生产信息对接失误,减少生产出错,提高生产效率,使产品质量得到保障,让消费者满意。

2. 整改违规违法行为,加强规范管理

首先,保障消费者的消费安全。定制家具店铺主要以品牌直营方式经营,定制家具企业应定期开展自查自检,要保证各店铺提供的服务符合保障消费者消费安全的要求,提供优质的定制家具服务,杜绝违法违规行为。其次,保障消费者知情权。通过有效方式,如在店铺显眼位置采用电子屏显示、扫二维码查询等灵活便捷方式向消费者说明家具使用的材料、价格等信息,为消费者提出专业的设计意见,尽到告知与提醒消费者的义务。

3. 优化管理模式,提升服务质量

一是树立正确的经营理念。定制家具的核心在于服务,一个成功的定制家具交付三分靠制造七分靠服务,经营者应将重心投入提升服务质量、提升人员素质等核心竞争力上,避免同质化恶性竞争,承担起维护定制家具市场有序发展的责任。二是提高专业素质。在家具设计人员专业化上多下功夫,定期组织开展企业内部从业人员专业培训,加强人员的设计及安装技术提升,优化从业队伍,提升服务质量。三是高标准制定内部管理流程规范,如家具信息公示公开、家具定制流程指引、收费标准、客户服务支持等,防止不诚信经营行为的发生。

4. 发挥协会作用,加强行业自律

一是引导行业协会构建自律体系,建立健全的自律性管理制度,制定统一合同示范文本,规范费用收取项目及标准,加强服务质量管理,强化诚信意识。二是通过协会大力开展定制家具行业诚信建设,建立定制家具企业诚信管理档案,定期发布违法违规定制家具企业黑名单,促进市场进一步淘汰信用缺失企业,整合行业资源,促进市场优化,健全信用信息披露制度,引导消费者选择信用信息良好的定制家具企业。三是建立定制家具消费预警机制。重视定制家具消费预警，提升消费者维权意识和能力，及时发布定制家具消费争议的典型案例，提醒消费者主动防范交易风险，将矛盾纠纷预防在事前。

（三）消费者理性选购定制家具，合理维权

消费者在选购定制家具前，要多听、多看、多了解、多对比，一要在定制前熟悉相关的质量标准要求；二要尽量选择信誉好的定制家具品牌商家；三要到主流的家居卖场或到品牌的官方网站去购买；四要充分了解自己的需求，听从专业人士意见，在追求个性的同时保证定制家具的品质及实用性；五要与商家订立详尽的合同，详细注明定制家具的类型、使用的材料、五金配件、颜色、尺寸、生产及安装流程等信息，并把设计图纸附在合同中；六要在定制家具安装前，亲自验货，确定材料使用无误后再签收，在购买时尽量保留一笔尾款，确认家具安装使用没问题后再付余款。在遇到消费问题后，要与商家进行协商，协商不成，要留存好相关证据，及时向有关部门或消费者协会投诉。

B.12
关于推动广州扩大内需、
提振消费的思考与建议

广州市税务学会课题组 *

摘　要： 本报告借助税收大数据和主要商贸指数为研究基础，梳理近三年来尤其是疫后广州市消费新特点，总结出影响广州消费提升的若干因素，最后从提高收入水平、优化公共服务供给、加大供给引导等方面提出了推动广州扩大内需、提振消费的政策建议。

关键词： 扩大内需　提振消费　新零售　广州

　　内需是拉动我国经济增长的第一动力。近年来，在国际环境复杂、外部需求波动、新冠肺炎疫情冲击的情况下，我国将扩大内需作为第一要务和最大稳增举措，内需特别是消费对稳定经济运行的作用凸显。当前，在国际环境不稳定日益增强及新冠肺炎疫情叠加影响下，建立"国内大循环为主体"的新发展格局，扩大消费更是成为支撑宏观经济稳定增长的重要抓手。广州作为千年商都、消费重镇，居民消费能力强、消费意愿高，社会消费品零售总额从 1988 年起连续位居全国主要城市第 3 位（2020 年被重庆反超位居第4），人均消费支出稳居全国主要城市前列。广州入选国际消费中心城市培育建设名单，正是进一步推动消费升级、促进消费繁荣的良好契机。本文基于税收大数据对广州消费市场结构、趋势、新特点进行分析研究，并提出政策建议。

---

　　* 执笔人：陈春利，广州市天河区发展和改革局，从事区域综合经济规划和分析工作。

一 广州市消费市场现状

从税收数据看，2021 年上半年，广州市消费行业实现营业收入 6315.6 亿元，同比增长 20.2%，较 2019 年同期增长 8.4%，两年平均增长 4.1%。其中，服务消费两年平均增长 1.9%，商品消费增长 7.5%。疫情未对广州市整体消费市场增长趋势造成明显冲击。

（一）服务消费亮点频出，线上文娱爆发式增长，民生保障类持续升温，医疗健康消费全线提升

1. 文体娱乐新业态持续高速增长

由于人们丰富精神生活需要和建党百年红色文化热潮推动，广州文化艺术业年均增长 24.5%，其中文艺创作与表演增长 13.1%，艺术表演场馆增长 9.7%。以视频直播为代表的群众文体活动新业态日益壮大，年均增长高达 5 倍，其中番禺区领涨，年均增长 14 倍，白云、南沙、增城、花都、越秀、天河分别年均增长 90.0%、72.8%、69.5%、57.8%、47.8%和 17.7%，与此同时，线上文娱支撑服务业移动电信服务年均增长 8.9%；文化产品加速向电子、听觉形式延伸，录音制作、广播、电子出版物分别年均增长 42.4%、35.7%、30%；酒水饮料市场趋于年轻化。年轻化消费带动酒水饮料服务市场快速崛起，水果茶饮新风尚广受年轻人喜爱，饮料及冷饮服务两年平均增长 4.2%，其中酒吧服务、饮料、咖啡馆分别增长 38.4%、4.4%、0.7%。年轻人普遍习惯外卖点餐，外卖送餐服务年均增长 32.0%。

2. 民生保障服务需求持续升温

疫情刺激精神康复服务加速提升，开票销售收入年均增长高达 135.6%，尤其是 2020 年一季度增速 388.1%；社会看护与帮助服务、护理机构服务、老年人残疾人养护等康复养老护理分别年均增长 42.6%、30.8%、25.3%；婚姻服务年均下降 31.8%，2021 年上半年不足 2019 年同期的一半，托儿所服务年均增长 13%，反映出晚婚不婚趋势逐年加剧，保

育需求增长较快；家庭生活品质不断提升，为获得更多闲暇时间更倾向购买家政服务，家庭服务年均增长15.9%，在住宿业受疫情影响整体下滑的背景下，讲究个性和品质的民宿服务异军突起，年均增长12.7%。

3. 医疗健康消费全线提升

医疗健康消费开票销售收入年均增长13.9%，其中，临床检验、健康体检、专业公共卫生服务分别年均增长40.6%、17.2%、20%，尤其是妇幼保健院增长33.6%；基层医疗卫生服务需求显著增加，虽占比仅为7.45%，但年均增速达18.7%，其中乡镇卫生院、社区卫生服务中心、门诊部分别年均增长224.7%、23.1%、20%，而综合医院占比84%，年均增速14.3%。

（二）商品消费稳步增长，生活刚性需求高涨，新消费趋势增势迅猛，新能源汽车成为发展新动能

1. 涉及住房、医疗、日常生活等生活刚性需求增长较快

房地产市场交易量增加，带动装修装饰材料销售较快增加。房产交易契税近两年平均增长23.5%，尤其是二手房年均增长达38.8%，近年楼市的火热推动家居建材高速增长，带动五金、家具及室内装饰材料专门零售增长近20%，其中，室内装饰材料零售年均增长105.6%。医药及医疗器材零售领涨，中药零售份额即将赶超西药。医药及医疗器材零售增长最快达34.8%，其中上半年中药零售开票销售收入64.58亿元，基本与西药零售66.85亿元持平，两年平均增长62%，高于西药零售增速37.4个百分点。日常消费总体平稳。食品、饮料及烟草制品零售年均增长8.3%，尤其是粮油零售增长高达55.1%。

2. 年轻消费、奢侈品消费、女性消费、国货消费增势迅猛

年轻升级类商品需求持续释放，计算机软件及辅助设备、通信设备、乐器零售分别年均增长7.5%、4%、27.9%；"她"经济持续繁荣，女性消费相关的百货零售、服装、化妆品零售分别年均增长18.3%、11.2%、7.3%；国货消费迅速崛起，多个本土品牌位居国货榜首。新疆棉事件发生后，广州市国产品牌销售增长进一步加快，以运动服饰品牌为例，安踏、李宁、特步

年平均增长分别为 30.8%、17%、14%，而国际品牌阿迪达斯、耐克等品牌年均下降 25.4%、18.9%。快时尚服装品牌中，国产品牌 UR 乇平均增长高达 40.2%，而国际品牌优衣库，年均下降 6.9%。在美妆护肤领域国货风潮同样高涨，广州本土美妆品牌完美日记、HFP 年均增长 15.7%、7.6%。

3. 新能源引领汽车消费潮流，市场占有率大幅提升

从车辆购置税数据看，2021 年上半年广州个人购买新能源车台数三年年均增长 43.7%，而传统燃油车下降 2.3%。个人超越网约车成为新能源车购买主力，在新增新能源车中个人购买台数占比从 2019 年上半年的 31.8% 提升至 2021 年上半年的 75.5%。个人车主在选购新车时更多考虑新能源车，在个人新增机动车中，新能源车台数占比从 2019 年上半年的 13.1% 提升至 2021 年上半年的 24.6%。同时，新能源车热潮催生配套设施快速发展，机动车充电桩零售销售额年均增长 19.6%。

（三）传统零售面临转型困境，新零售发展迅猛

传统零售商场受网络购物和疫情叠加冲击影响，客流量逐渐下滑，经营惨淡。2019～2021 年上半年广百百货销售收入年均下降 26.5%，广州友谊商店下降 4.8%，吉之岛下降 5.2%。主打年轻快消品的名创优品 2020 年上半年受疫情影响同比下降 31.5%，疫情好转后销售迅速回升，2021 年上半年基本恢复至疫情前水平。相比之下，近年涌现出的零售新业态发展势头良好。依托线上线下融合的盒马生鲜年均增长 87.0%，纯线上综合电商京东在 2020 年上半年疫情期间不降反增，同比增长 28.1%，三年平均增长 10.3%，保持良好增势。

（四）疫情反弹对广州休闲旅游、住宿餐饮市场影响较大

2021 年 6 月，广州通过精准防控有效控制了新冠肺炎疫情，短暂的疫情对广州市消费市场增长趋势未造成明显冲击，一季度、二季度消费行业开票销售收入分别年均增长 3.5%、4.7%，二季度环比增长 5.9%。其中，服务消费在线上文娱产业高速增长带动下，二季度年均增长 3.1%，高出一季

度2.4个百分点；商品消费较为稳定，一、二季度年均增速分别为7.9%、7.1%，环比增长6%。但休闲旅游、住宿餐饮市场受冲击较为严重。

1. 拖累一季度休闲旅游市场的向好态势

2021年二季度休闲观光、电影放映、游乐园、旅游饭店消费分别环比下降48.3%、48%、12.3%、11.6%，且一季度年均增速均由正转负，造成较大冲击。以广州长隆集团有限公司为例，自2020年受疫情影响遭受重创后，2021年以来营业额稳步回暖，2021年5月单月营业额达3.9亿元，创2020年以来新高，但6月广州疫情反弹长隆乐园再度封闭，6月营业额骤降至0.2亿元，即便7月长隆乐园重开但受全国各地疫情散发影响，也仅恢复至2亿元。

2. 尚未完全复苏的住宿餐饮业雪上加霜

餐饮业、住宿业在2021年一季度年均分别同比下降1.4%、6.6%的缓慢复苏情况下，二季度年均同比降幅进一步扩大至9.4%、14.5%。二季度餐饮业、住宿业分别环比一季度下降13.6%、3.0%。住宿业仅有经济型连锁酒店在疫情集中隔离政策下，二季度环比增长10.1%，年均增长9.1%。

3. 疫情冲击民众出行意愿

受疫情局部反弹影响，交通消费开票销售收入年均下降10.8%，其中，航空、铁路、公路、水路客运分别年均下降20%、2.4%、21%、27.5%。在疫情防控常态化环境下，民众出行方式趋向私密化、绿色化，出租车客运年均增长0.2%，而城市公共交通年均下降21.3%，其中轨道交通下降28.6%，公交客运下降5.1%，与之对应的是自行车等代步设备销售年均增长4.4%。

二 影响广州消费提升的若干因素

根据市统计局数据，2016~2020年广州城市常住居民人均可支配收入年均增长7.6%，而人均消费性支出年均仅增长3.6%。人均消费性支出占收入比重逐年下降，从2016年的75.4%降至2020年的64.8%。消费增长乏力、消费意愿不足的背后存在若干结构性矛盾和因素。

（一）住房教育医疗支出不断上升

1. 购房压力大幅增加

近年来广州房地产市场热度持续。2019~2021 年上半年房产交易契税年平均增长 23.5%，尤其是二手房年均增长达 38.8%，而城镇人均可支配收入增速仅为 12.7%，年平均增长仅为 7.6%。经测算，购房首付额占当年商品和服务消费额的比重从 2019 年的 22% 增长到 2020 年的 27.4%，2021 年上半年比重增至 30.9%，持续高增长的房价对消费有较强的挤出效应。来穗人员出租屋中心销售收入两年平均增速超过 15%，反映广州对外来人口吸引力增大，另外也反映出租屋价格有所上升，居住成本增加。

2. 课业辅导类培训支出增速较快

2021 年上半年，以课外辅导机构为主的其他未列明教育业开票销售收入 37.9 亿元，占教育行业比重 17.8%，两年平均增长 26.9%。以学而思培训中心为例，天河、越秀等三家学而思培训中心销售额自 2017 年的 9.5 亿元上涨到 2020 年的 17.38 亿元，年均增长 22.3%，2021 年上半年销售额为 15.7 亿元，同比增长 80.9%，其中线下辅导业务增长 38%，线上业务增长 2.2 倍，增速进一步加快。与之相比，文化艺术、体育培训占比仅分别为 2.38%、0.26%，学业辅导类教育需要降温，文化艺术、体育培训需要进一步提升。

3. 医疗养老服务需求持续升温

医疗健康消费全线提升。人们保健意识增强，寻求高质量健康管理服务，广州医疗健康消费销售收入年均增长 13.9%，其中临床检验、健康体检、专业公共卫生服务分别年均增长 40.6%、17.2%、20%，尤其是妇幼保健类增长 33.6%；基层医疗卫生服务需求显著增加，虽占比仅为 7.45%，但年均增速达 18.7%，其中乡镇卫生院、社区卫生服务中心、门诊部分别年均增长 224.7%、23.1%、20%，而综合医院占比 84%，年均增速 14.3%。社会压力加大导致精神焦虑增多，精神康复服务销售收入年均增长高达 135.6%；社会人口结构日趋老龄化，社会看护与帮助服务、护理机构服务、

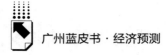

老年人残疾人养护等康复养老护理分别年均增长 42.6%、30.8%、25.3%；年轻人晚婚不婚趋势逐年加剧，婚姻服务年均下降 31.8%，2021 年上半年不足 2019 年同期的一半。

（二）社会贫富差距有所拉大

1. 对财产性所得收入征管仍有待加强

个税收入仍然主要来自工资薪金所得，2020 年达 75.7%，而高收入群体的薪酬外劳动所得占比要高于中低收入群体，特别是财产性所得收入占比远高于低收入群体，监管和征收有待进一步加强。

2. 不同行业间收入差距在扩大

高收入行业集中在房地产业、软件和信息技术服务业、金融业、商务服务业、科学研究和技术服务业等高科技、高知识附加值产业，上述行业个人所得税占全行业比重从 2018 年的 48.1% 提升至 2020 年的 52.8%，而且高收入行业保持较快增长，上述行业 2020 年个人所得税增速分别为 10.2%、16.3%、5.3%、15.2%、24.9%，而承载从业人员较多的批发零售业、住宿餐饮业、居民服务业等行业，个人所得税合计占比从 2018 年的 14.9% 降至 2020 年的 12.2%，且 2020 年个人所得税分别同比下降 6.1%、31.6%、16.3%。

3. 消费降级与奢侈品消费并存

一方面，大宗家用消费品增长乏力，普通乘用车新车零售三年年均下降 4.7%，不及旧车（13.2%）、自行车（4.4%），家用电器消费疲软叠加网购冲击，两年平均下降 31.2%。另一方面，奢侈品消费持续高位增长，超豪华小汽车消费税两年平均增长 16.1%，反映贫富差距不断拉大。

（三）部分市场布局和引导不足

1. 国产品牌市场份额不足

2020 年中国本土品牌线上市场占有率已达到 72%[①]，尤其是国产电子产

---

① 来自阿里研究院发布的《2020 中国消费品牌发展报告》。

品、化妆品、服饰位居前3。当前国产品牌更多依赖线上开展营销，线下店铺布局和宣传仍不足。

2. 民生康复养老护理要加大布局

面对市场上康复养老护理、社会看护与帮助服务、妇幼保健、托儿所服务等需求加快增长，同时伴随老龄化不断加剧、生育政策持续放开，后续相关民生服务需求将继续高速增长。

3. 新能源消费宣传配套不够

为确保2030年实现碳达峰、2060年实现碳中和等目标，预计2060年全国保有汽车将全部变更为新能源汽车，广州市对新能源汽车的宣传、补贴、配套仍有待提高。

4. 体育宣传引导仍需加强

全民体育氛围营造不够。近年来，广州市体育培训、体育器材、体育场馆等相关消费开票均有所下降，年均分别下降32.2%、28.6%、0.5%。而艺术纳入中考后，乐器零售、艺术培训均迅速上涨，体育氛围的营造仍需要进行引导和干预。

5. 市内旅游资源布局有限

受疫情反复影响，当前国内近郊户外旅行越来越受到大众欢迎，而广州市中心缺乏一定规模的功能完善的"城市型风景区"。当前，广州市在建及改造的自然资源中，白云山已基本更新改造完成，偏向于提供休闲游憩服务功能，但影响力仅限于市内居民，且在利用生态资源带动区域经济产出方面仍缺乏配套产业。

三　推动广州扩大内需、提振消费的对策建议

当前，国外疫情依然肆虐、国内疫情时而零星反弹，疫情成为抑制消费信心的最不确定因素，后疫情时代居民消费习惯也随之改变。在疫情防控常态化之下，如何在做好精准防控的同时保持消费大循环畅通、激发居民消费潜力、稳定消费对经济拉动力，将在未来很长一段时间内成为面临的巨大挑战。

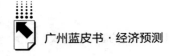

（一）提高普通民众收入水平，扎实推进共同富裕

永久性收入假说指出，消费行为主要取决于永久性收入，而不是偶然所得的"暂时性收入"，人们会根据收入预期来安排消费。因此，只有优化收入分配结构、扩大中等收入群体、扎实推进共同富裕才是扩大消费最根本的途径。

从短期考虑，结合惠民消费季补贴计划有针对性地发放消费补贴，尤其是刺激受疫情冲击较大的旅游、餐饮、住宿业，以及增长乏力的汽车和家电等大宗消费品，有助于民众消费信心较快恢复、市场恢复正常运转。从长期考虑，可通过以下措施提振消费：进一步促进就业，扩大社保覆盖，完善有利于提高居民消费能力的收入分配制度，增加低收入群体收入，扩大中等收入群体，完善企业工资分配的宏观指导；突出创新发展的城市品牌，创造宜居生活环境，打造高附加值的新兴产业集群，增强广州对高端人才和紧缺人才的吸引力，增添消费新鲜动能。

（二）优化公共服务供给，释放潜在消费力

1. 落实中央"双减"教育政策

整治广州校外培训机构，学校加大投入开设丰富多彩的课余活动，帮助家长大幅削减各类培训支出；推动公办学校教育资源均衡化，全面剥离房产的学区房属性；加大教育风气引导，防止唯分数论导向，注重对科技、文化、体育、艺术等氛围的营造和推广。

2. 努力降低住房成本

加快推进广州保障性租赁住房和共有产权住房供给，租购住房在享受教育等公共服务上具有同等权利；规范发展长租房市场，帮助新市民、青年人等缓解住房困难。

3. 提升养老育儿医疗服务供给品质

优化小区公共服务配套，街道社区和物业公司开展合作，广州发挥志愿者作用，提供儿童看护、幼儿教育、长者食堂、老年护理的配套服务，扩大

家庭医生覆盖面，为治未病提供科学指导。让年轻人放心生育，为老年人提升老年生活品质。

（三）顺应消费新特点，加大供给和引导

以培育建设国际消费中心城市为契机，全方位提升广州消费供给品质，以高质量供给引领和创造新需求。

1. 围绕"碳中和"目标加快调整产业结构和配套，引导新能源消费

加大新能源汽车的宣传和补贴力度，加快建设新能源充电网络；开拓绿色智能家电等新品消费市场；推动绿色出行热度，在广州市政建设中充分考虑绿色交通道路规划。

2. 增强"新广货"供给能力

利用国货消费热潮，打造一批体现科技创新前沿、引领时尚潮流的消费品牌，挖掘知名老字号文化内涵，普及直播带货、工厂电商、社区零售等新营销模式，不断提高本地品牌的市场竞争力。

3. 打造优质的城市中心休闲观光地

进一步挖掘广州市中心优质森林自然资源和教育文化资源，突出"森林康养、科普教育、旅游休闲"功能及服务，加快导入森林健康养生疗养、生态文化科普探索、休闲旅游娱乐、高端商务办公会展等新业态。大力发展生态经济、周末经济、中转经济、夜间经济和体验经济，打造城市内最好的周末及节假日向往之地。

（四）争取税收政策支持，促进跨境消费便利

以培育建设国际消费中心城市为契机，实施境外旅客购物离境退税商店倍增计划，落实退税商店补助政策，争取退税商店数量翻倍并实现退税商店在离境口岸、旅游景点、主要商圈的全覆盖。在天河路商圈试点开设市内免税店，引导消费回流，支持花都免税商业综合体与南沙邮轮母港免税商业综合体建设。推动更多中华老字号和本地品牌精品国货进驻离境退税商店，提高离境退税商店中国产优质产品经营比重。培育打造境外旅客购物离境退税

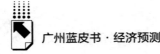

示范街区，推行离境退税"即买即退"，有序增加"第三方支付""集中退付"等便利化退税措施。争取国家支持在广州钻石交易中心办理钻石一般贸易通关和相应税收优惠政策，争取国家支持依托广东省珠宝玉石交易中心实现珠宝玉石一般贸易税收优惠和消费税后移政策。促进平行进口汽车可持续发展，推动在广东自贸试验区南沙新区片区设立平行进口汽车标准符合性整改场所。向国家争取在广交会进口展展期内销售的进口展品给予税收优惠政策。

投资建设篇

Investment and Construction

B.13

2021年广州市房地产开发投资与市场运行分析报告

广州市统计局投资处课题组*

摘　要： 2021年是广州市房地产发展历史上不平凡的一年。在这一年里，广州市克服新冠肺炎疫情及市场不确定因素影响，切实有效的保障了房地产市场健康平稳运行，房地产开发投资和商品房销售市场总体呈现先恢复性快速增长、随后高位回落、逐渐企稳的趋势。建议2022年在加快推进优质投资项目落地增效的同时，要进一步加强资金监管，推进资产整合，切实维护房地产金融市场平稳健康发展；合理引导市场预期，强化市场监管，防止市场"大起大落"。

关键词： 房地产市场　恢复性增长　平稳健康　广州

---

* 课题组成员：郑振威，广州市统计局投资处处长，一级调研员；叶峰，广州市统计局统计执法监督处副处长；王方东，广州市统计局投资处副处长。执笔人：王方东。

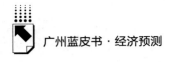

一　2021年广州市房地产开发市场运行情况

（一）房地产开发投资保持增长

2021年，广州市房地产开发投资保持增长态势，全年共完成房地产开发投资3626.44亿元，同比增长10.1%，增速高于全国（4.4%）和广东省（5.0%）5.7个和5.1个百分点；较2019年增长16.9%，两年平均增速8.1%。从开发投资月度变动情况看，年初受低基数因素影响，全市房地产开发投资增速保持高位，1~2月和一季度开发投资增速分别达到36.9%和43.2%；1~4月（37.9%）之后增速开始逐步回落至全年的10.1%（见图1）。

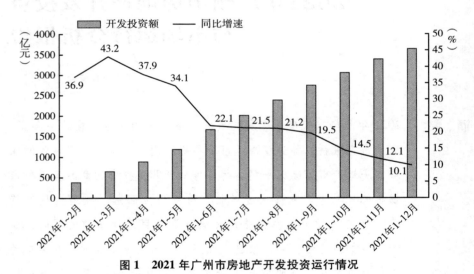

图1　2021年广州市房地产开发投资运行情况

资料来源：广州市统计局。

（二）续建项目拉动明显，新开工项目投资同比下降

2021年，受白云区白云湖车辆段地块项目、番禺越秀华颂公馆、御溪谷三期等计划总投资超百亿元的大型续建项目拉动影响，广州市开发投资

保持增长。2021年，广州市续建项目1250个，比上年增加54个，续建项目合计完成投资2299.24亿元，同比增长40.5%，拉动全市房地产开发投资增长8.7个百分点，是全市开发投资保持正增长的主要原因。同时，受商品房销售市场企稳及到位资金增速回落等因素影响，企业新开工步伐放缓，新开工项目投资同比下降。2021年，全市新开工项目合计136个，比上年同期减少13个，新开工项目合计完成投资1327.20亿元，同比下降19.9%。

（三）建安工程投资和土地购置费增速高位回落

受新开工项目个数及新开工面积双双回落因素影响，广州市建安投资增速呈逐步回落趋势。2021年，全市房地产开发投资中建安工程完成投资1250.83亿元，同比增长5.6%，增速较上半年和前三季度分别回落14.9个和7.0个百分点。从具体项目看，建安工程完成投资超10亿元的有天河保利天汇、火村三旧改造项目、敏捷绿湖国际城等8个项目，比上年同期减少3个项目。房地产开发投资中土地购置费为2018.67亿元，同比增长10.9%，增速较上半年和前三季度分别回落8.5个和10.3个百分点，较上年提高8.7个百分点。土地购置费拉动全市房地产开发投资增长6.0个百分点，是全市房地产开发投资保持增长的主要原因（见表1）。

表1　2021年广州市房地产开发投资构成情况

	完成投资（亿元）	同比增长（%）	较上年同期增速（百分点）
1. 建筑安装工程	1250.83	5.6	−3.5
2. 设备购置	8.38	−41.4	−49.7
3. 其他费用	2367.23	13.0	8.4
其中：土地购置费	2018.67	10.9	8.7
合　计	3626.44	10.1	3.9

资料来源：广州市统计局。

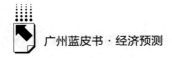

（四）住宅投资占开发投资比重达7成，商业地产类投资同比下降

从房地产开发投资用途看，2021 年，广州市住宅完成投资 2538.80 亿元，同比增长 17.8%，增速较上年同期提高 14.5 个百分点。住宅占房地产开发投资比重达 70.0%，占比较上年扩大 4.6 个百分点，住宅占开发投资主体地位进一步巩固。从拉动开发投资情况看，住宅投资拉动全市开发投资增长 11.6 个百分点，是全市开发投资保持增长的主要拉动力量。从住宅户型结构看，90 平方米以下户型逐步受到市场青睐，开发投资快速增长。2021 年，全市 90 平方米以下户型完成投资 782.80 亿元，同比增长 29.5%，增速较上年同期提高 26.1 个百分点。商业地产类项目投资同比下降，2021 年，全市商业地产类项目（包含办公楼和商业营业用房）完成投资 591.29 亿元，同比下降 7.8%，而上年为同比增长 2.6%。其他房屋完成投资 496.35 亿元，同比下降 0.2%，而上年为同比增长 27.6%（见表 2）。

表 2   2021 广州市房地产开发投资各用途情况

	完成投资 （亿元）	同比增长 （%）	较上年同期增速 （百分点）
1. 住宅	2538.80	17.8	14.5
（1）90 平方米及以下	782.80	29.5	26.1
（2）90~144 平方米	1480.89	13.7	15.2
（3）144 平方米以上	275.11	10.8	-26.9
2. 办公楼	342.80	-15.5	-39.3
3. 商业营业用房	248.49	5.6	26.5
4. 其他房屋	496.35	-0.2	-27.8
合 计	3626.44	10.1	3.9

资料来源：广州市统计局。

（五）商业地产类项目新开工面积大幅回落

2021 年，受新开工项目个数回落因素影响，广州市房屋新开工面积呈同比下降趋势。全年房屋新开工面积合计为2164.81万平方米,同比下降17.4%,增速较上年回落35.4个百分点。分类型看,占比65.5%的住宅新开工面积达1417.80万平方米,同比增长0.9%;占比8.6%的办公楼新开工面积为186.89万平方米,同比下降56.6%;占比5.1%的商业营业用房新开工面积为109.79万平方米,同比下降40.9%;占比20.8%的其他房屋新开工面积为450.33万平方米,同比下降24.8%。

(六)施工面积增速保持平稳

受续建项目施工拉动影响,广州市施工面积总体保持平稳。2021年全市房屋施工面积12750.78万平方米,同比增长7.3%,增速较上年提高8.2个百分点。分类型看,占比58.2%的住宅施工面积7416.82万平方米,同比增长7.1%;占比12.6%的办公楼施工面积1606.90万平方米,同比增长16.9%;占比9.0%的商业营业用房施工面积1143.80万平方米,同比下降0.3%;占比20.2%的其他房屋施工面积2583.26万平方米,同比增长6.2%。

二 2021年广州市房地产开发企业资金到位情况

2021年,广州市房地产开发企业本年实际到位资金6075.52亿元,同比增长13.8%,较2019年增长21.4%,两年平均增长10.2%。本年实际到位资金与房地产开发投资比由年初的2.40∶1降至年末的1.68∶1。从到位资金全年走势情况看,企业到位资金全年走势总体呈现高位回落态势,同比增速由年初的增长73.2%回落至全年的13.8%(见图2)。

从到位资金来源看,全市房地产开发企业到位资金增长主要依靠销售回笼资金。2021年,企业主要靠销售回笼的定金及预付款、个人按揭贷款合计到位资金2930.83亿元,同比增长27.3%,增速较上年提高17.7个百分点。从全年走势情况看,下半年受商品房销售市场遇冷因素影响,企业定金

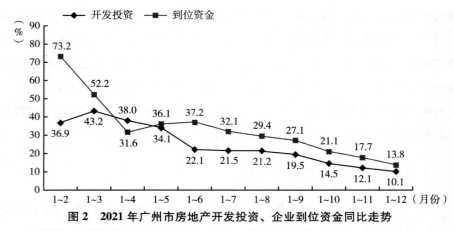

图2 2021年广州市房地产开发投资、企业到位资金同比走势

资料来源：广州市统计局。

及预付款、个人按揭贷款增速出现大幅回落，由年初的同比增长1.3倍逐步回落至全年的27.3%。同时，由于2021年以来广州市加强了房地产信贷市场监管，开发企业国内贷款到位资金814.33亿元，同比下降22.6%；企业自筹资金到位2285.18亿元，同比增长20.0%；其他到位资金45.20亿元，同比下降42.1%。

三 2021年广州市商品房销售市场情况

（一）商品房销售面积增速高位回落

受同期基数逐月增高、房地产调控政策等因素影响，2021年广州市商品房销售面积增速呈高位下滑态势，第一季度、上半年、前三季度分别同比增长1.2倍、65.4%和29.1%；进入第四季度，房地产市场金融政策有所调整，央行和银保监会提出"两个维护"，切实保障房地产金融市场平稳健康发展。加上"金九银十"传统销售旺季到来，全市商品房销售市场好于预期，全年商品房销售面积1736.31万平方米，同比增长12.8%，保持了两位数以上增长。从各个季度数据情况看，2021年，全市商品房销售面积同比增速在第一季度冲高之后开始逐步回落，第二季度增速逐步降至38.9%；第三季度同比增速下降至-14.1%；第四季度增速开始趋于平稳，同比下降至-12.9%，降幅较第三季度收窄1.2个百分点（见图3）。

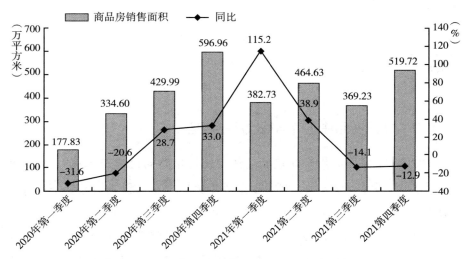

图3　2020年以来广州市各季度商品房销售面积情况

资料来源：广州市统计局。

（二）住宅销售占据主体，商业地产类项目由负转正

销售面积分类型看，2021年，广州市住宅销售面积1371.01万平方米，同比增长12.1%，较上年提高7个百分点。住宅占全市商品房销售面积比重达79.0%，占据市场主体地位。住宅拉动全市商品房销售增长9.6个百分点，是全市商品房销售面积保持增长的主要原因。商业地产类项目销售面积268.24万平方米，同比增长16.7%，而上年同期同比下降11.8%，同比增速实现由负转正。其中，办公楼销售面积为122.33万平方米，同比增长2.2%；商业营业用房销售面积145.91万平方米，同比增长32.6%。其他房屋销售面积97.06万平方米，同比增长12.3%（见表3）。

表3　2021年广州市各类型商品房销售情况

	销售面积 （万平方米）	同比增速 （%）	较上年同期增速 （±百分点）
1. 住宅	1371.01	12.1	1.6
2. 办公楼	122.33	2.2	24.4
3. 商业营业用房	145.91	32.6	29.4
4. 其他房屋	97.06	12.3	23.8
合　计	1736.31	12.8	7.7

资料来源：广州市统计局。

（三）新建商品住宅价格指数冲高回落

2021年12月，广州市新建商品住宅销售指数同比增长5.0%，增速较上年回落0.2个百分点。从2021年全年走势情况看，新建商品住宅同比价格指数1月（5.9%）延续了上年较好的增长势头，直至6月升至全年最高位（11.6%）。6月之后，随着全市各项房地产调整政策逐步深化，商品房销售市场观望情绪逐渐蔓延，新建商品住宅价格指数开始逐步回落，同比增速由6月的11.6%逐步回落至12月的5.0%。从新建商品住宅环比价格指数看，上半年新建住宅环比价格指数总体维持增长势头，5月环比价格指数创下新高（1.5%），之后开始逐步回落至12月的-0.6%（见图4）。

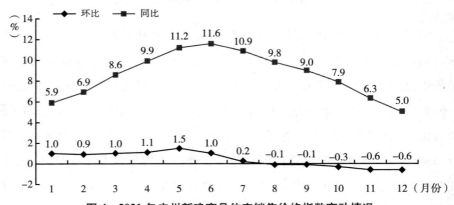

图4　2021年广州新建商品住宅销售价格指数变动情况

资料来源：国家统计局官方网站。

四 广州市房地产市场运行需要关注的问题

（一）企业销售回笼及银行贷款到位资金快速回落，警惕企业资金承压引起项目停工问题

2021 年，广州市继续落实"房住不炒"的定位，严格执行央行和银保监会房地产金融监管准则，防止资金违规流入房地产市场，并继续严格落实房地产企业"三道红线"政策，抑制企业杠杆率过快增长，促进房地产市场健康稳定发展。房地产开发企业全年国内贷款资金到位同比降幅超过 2 成。除此之外，受销售市场遇冷因素影响，主要依靠销售回笼回款的定金及预收款、个人按揭贷款同比增速由年初的 1.2 倍大幅回落至年末的 27.3%。企业开发资金过度依靠自筹资金，部分房地产企业因为盲目扩张经营导致资金承压，部分企业已经发生资金断裂风险，需特别警惕房地产企业资金问题导致的一系列项目停工问题。

（二）新开工项目个数和新开工面积双双回落，房地产开发投资后劲隐忧

2021 年，广州市房地产开发投资继续保持增长，但是增长动力主要依靠上年续建项目，新开工项目个数、新开工面积同比双双走低。其中，新开工项目个数同比减少 13 个，合计完成投资 1327.20 亿元，同比下降 19.9%。从房屋新开工面积情况看，受办公楼和商业营业用房新开工面积大幅下降因素影响，广州市房屋新开工面积降幅达 17.4%。新开工项目减少直接影响全市开发投资后续增量，项目新开工面积速度放缓，全市建安工程投资增速进一步放缓。

（三）各区商品房销售市场"冷热不均"，库存去化的区域性、结构性问题依然突出

2021 年下半年，在政策严控之下，广州市商品房销售市场降温明

显，外围区域楼盘库存去化周期进一步延长，但部分核心区域的热点楼盘仍然受到市场热捧。例如海珠保利东郡、天河保利天汇等项目开盘即热销；而外围区域如增城、南沙等商品房库存去化周期持续延长，部分房地产项目推出"分期首付"、"工抵房"、"一口价"和"送物业费"等各种推销口号，商品房销售市场呈现两极分化，库存去化区域性、结构性问题依然突出。广州市住房和城乡建设局数据显示：2021 年末，全市商品住宅可售面积 1107.93 万平方米，库存去化周期为 10.7 个月，处于合理区间；商业办公类房屋可售面积为 465.81 万平方米，比上年末增加 75.60 万平方米，商业办公类房屋库存去化周期为 20.6 个月，仍在高位运行；车位可售面积为 465.81 万平方米，较上年末增加 136.11 万平方米，库存去化周期达 73.9 个月，面临较大的库存去化压力。从各区住宅库存去化情况看，中心区域住宅库存去化周期进一步缩短。其中，黄埔区（5.9 个月）、天河区（6.4 个月）、越秀区（7.4 个月）、荔湾区（8.6 个月）和海珠区（8.7 个月）等中心区域库存去化周期均低于 10 个月。而外围区域库存去化周期均超过 10 个月，其中库存去化周期最长的为从化区（17.7 个月）（见图 5）。

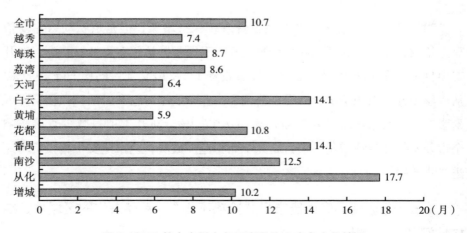

图 5　2021 年末广州市各区商品住宅库存去化情况

资料来源：广州市住房和城乡建设局。

五　对策建议

（一）加强资金监管，推进资产整合，切实维护房地产金融市场平稳健康发展

继续深入落实房地产长效机制，积极完善实施房地产金融审慎管理制度。一是在国家金融部门的监管准则下，维护房地产金融政策连续稳定，继续认真贯彻党中央、国务院决策部署，围绕"稳地价、稳房价、稳预期"目标，准确把握和执行好房地产金融审慎管理制度，加快完善住房租赁金融政策体系。二是加强企业的账户监管，引导房地产开发企业稳健经营，切实提高房地产企业自有资金的比重，落实"三条红线"监管政策，切实防范市场风险。三是强化房地产企业资产整合，加强房地产开发企业和项目重组，为风险企业的项目"牵线搭桥"，切实防范市场风险。

（二）合理引导市场预期，强化市场监管，防止市场"大起大落"

房地产市场健康平稳发展是落实"住有所居"改革任务的重要前提。广州市 2021 年房地产市场经历了一次恢复性快速增长，随后高位回落逐渐企稳的过程。应继续深入贯彻党中央、国务院决策部署，牢牢坚持房子是用来住的、不是用来炒的定位，加强对房地产市场监管。在土地市场上，继续落实集中出让用地政策，提高市场信息透明度，合理引导市场预期。在销售市场上，继续开展全市房地产市场检查，对于价外加价、捆绑销售、发布假房源、无证买卖、虚假宣传等扰乱市场平稳运行的行为进行严厉打击。进一步加强房地产中介机构行为监管，重点打击房地产中介机构哄抬房价、扰乱市场等违法违规行为。整顿市场、引导预期，预防市场大起大落。

（三）不断优化营商环境，优化审批流程，加快推进优质投资项目落地增效

营商环境是一个城市内生发展动力的重要衡量指标，近年来广州市以不

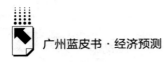

断优化营商环境为契机，大力推进优质投资项目发展步伐。例如，通过提前批复、模拟审批、简化流程等手段，有效提升了项目工程的审批效率和质量，加快了项目开工步伐，切实有效地防范了房地产市场风险。在此基础上，应继续以饱满的战略定力，持续不断优化营商环境。一方面，要继续深化"放管服"改革，进一步推动简政放权、放管结合、优化服务；另一方面，要不断完善法治保障体系，进一步优化法律制度体系内部之间的协调和衔接，将法律对营商环境优化的保障作用落到实处。稳定房地产市场预期、切实减轻企业负担、提振市场发展信心。

B.14
广州建设国际性综合交通枢纽问题研究[*]

康达华[**]

摘　要： 建设国际性综合交通枢纽，是广州构建新发展格局的内在要求，对城市经济发展、优化城市空间布局、促进区域经济协同发展、提升全球配置资源能力有着重要作用。本报告重点分析了广州在航空枢纽、航运枢纽、铁路枢纽、公路枢纽、城市交通等方面的建设现状与发展问题，并提出了具体建议。

关键词： 国际性综合交通枢纽　枢纽能级　广州

一　广州建设国际性综合交通枢纽的现状与评价

学术界关于国际性综合交通枢纽的建设尚未有统一的评价体系，通常以不同交通体系种类的运输载量、对经济社会发展的带动作用作为评价综合交通枢纽功能的切入口，系统反映综合交通枢纽能力。

（一）广州建设国际性综合交通枢纽的基本现状

1.国际航空枢纽建设的现状情况

广州白云国际机场是全国三大航空枢纽之一，是华南地区联系世界

---

* 本报告为国家社会科学基金重大项目"我国跨区域重大基础设施工程项目运维管理模式研究"（编号：18ZDA043）的阶段性研究成果。

** 康达华，博士，广州市委党校经济学教研部副主任，副教授，主要研究方向为公共经济学、政治经济学。

的重要窗口。作为千年商都的广州，航空枢纽的建立对提升广州在国际市场上的影响力、推动广州继续深化改革开放、建设全球城市有着重要意义。"十三五"期间，广州白云机场运输业务量持续快速增长。2016~2019年，旅客吞吐量年均增速为7.1%；国际旅客量年均增速为11.5%，从2016年的1352万人次增至2019年的1871万人次，占比超过25%；中转旅客量从2016年的691万人次增至2019年的913万人次，占比超过12%；国际通航点从85个增加至95个，连通"一带一路"沿线34个国家的61座城市。同期货邮吞吐量从2016年的165.2万吨增至2019年的192.0万吨，年均增速为4.1%，世界排名稳步提升（见图1、图2）。

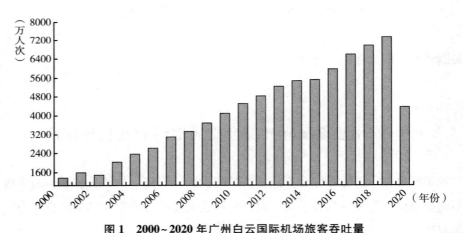

图1　2000~2020年广州白云国际机场旅客吞吐量

资料来源：Wind。

2020年，受新冠肺炎疫情的影响，广州白云国际机场旅客吞吐量和货邮吞吐量有所下滑，但跟国际及国内其他主要航运中心相比，表现依然突出（见表1）。2020年，广州白云国际机场旅客吞吐量全球第1，超过美国亚特兰大国际机场，首次成为全球最繁忙机场。得益于疫情防控的有力措施，广州白云国际机场率先恢复运营，2020年广州白云国际机场的货邮吞吐量恢复达到2019年的91.7%，复工复产走在世界前列。

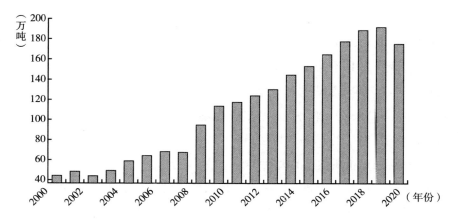

图2 2000~2020年广州白云国际机场货邮吞吐量

资料来源：Wind。

表1 2020年各大机场旅客、货邮吞吐量对比

2020年	广州白云机场	北京首都机场	上海浦东机场	成都双流机场	美国亚特兰大机场
旅客吞吐量(万人次)	4376	3451	3048	4074	4292
货邮吞吐量(万吨)	175.9	121.0	368.7	61.8	59.9

资料来源：Wind。

"十三五"期间，广州作为国际航空枢纽的地位不断被提出。广州与国内及东南亚主要城市建立起"4小时航空交通圈"，成功搭建起以广州为起点的"空中丝绸之路"。广州与全球主要城市均建立起"12小时航空交通圈"，空中距离不断缩短，主要航线遍布全球。在基础设施建设方面，"十三五"期间，白云国际机场已成为世界级领先水准的一流机场，白云国际机场已拥有了3条跑道、两座航站楼，二号航站楼、商务航空服务基地等项目陆续投入使用，已形成"1+4+N"的商务航空服务网络。"十四五"期间，广州还将推进白云国际机场三期扩建项目，谋划广州第二机场建设，联动珠三角整合打造粤港澳大湾区世界级机场群，高标准打造一体化综合交通枢纽。此外，广州白云国际机场在全球享有极高的美誉度，是广州国际航空枢纽建设重要成果体现。早在 2015 年，广州白云国际机场就获得国际航空运输协会（International Air Transport Association，IATA）颁发的"便捷旅客旅行"金奖，2016 年获得最高奖项白金标奖；2018～2019 年，广州白云国际机场连续两年被民航旅客服务测评（Civil Aviation Passenger Service Evaluation，CAPSE）评比获得"最佳机场"称号；2019 年获得"全球最杰出进步机场"和"中国最佳机场员工"两项年度大奖。

2. 国际航运枢纽建设的现状情况

近年来，广州高度重视国际航运枢纽的建设，新华·波罗的海国际航运中心发展指数排名由 2015 年的全球第 28 位跃升至 2020 年的第 13 位。2020 年，广州港货物吞吐量 6.1 亿吨，排全球第 4 位，其中内贸 4.9 亿吨，全国第 1 位；集装箱吞吐量 2350.5 万标箱，全球第 5 位，其中内贸 1445 万标箱，全国第 1 位（见表 2）。广州港已经成为世界一流的港口，是全国尤其是华南地区对外经贸的重要窗口。

表 2　2020 年全球前 10 港口主要指标排名

排名	集装箱吞吐量			港口货物吞吐量		
	港口	绝对值（万标箱）	同比增长（%）	港口	绝对值（亿吨）	同比增长（%）
1	上海	4350	0.5	宁波-舟山	11.7	4.7
2	新加坡	3687	-0.9	上海	7.1	-0.8
3	宁波-舟山	2873	4.4	唐山	7.0	7.0
4	深圳	2655	3.0	广州	6.1	1.0
5	广州	2350	-0.2	青岛	6.0	7.7
6	青岛	2200	4.7	新加坡	5.9	-5.7
7	釜山	2181	-0.8	苏州	5.5	6.0
8	天津	1836	6.1	黑德兰	5.4	4.8
9	香港	1796	-1.9	天津	5.0	2.2
10	鹿特丹	1435	-3.1	日照	4.9	7.0

注：集装箱吞吐量主要参考航运分析机构 Alphainer 发布的《2020 年全球前 25 强集装箱港口》数据整理，其中国内港口数据根据各地公布数据整理。

广州港历史悠久，是千年商都的重要支撑。如今，广州港已开通集装箱航线200多条，开通集装箱驳船航线近200条，是联通非洲、地中海和亚洲地区的重要枢纽港，是国内最大内贸集装箱港。随着粤港澳大湾区建设和广州全球城市建设的推进，广州港逐步开通中欧、中亚班列，在全球设立多处内陆港和办事处，航运枢纽能力进一步得到提升。2021年1月，广州港发展势头良好，其中港口货物吞吐量创单月历史新高，达到5672万吨，同比增长19.29%；进出船舶数量达到4832艘次，创近5年同期最多；集装箱吞吐量和外贸出口均保持快速增长。同时，广州港不断补齐自身短板，开辟"广州南沙—比利时泽布吕赫"专线等多条航线，不断拓展国际国内航线，增强航运枢纽功能。针对粮食专业码头运力不足的短板，广州港相继扩建两个10万吨级新沙专业粮食码头和41万吨级的南沙专业粮食码头，进一步保障区域粮食供给，优化广州港的运输结构。此外，广州港积极探索智能码头建设，成功打造了全球首个采用北斗导航的自动化码头，为全球智能码头建设提供了"广州方案"。

目前，粤港澳大湾区港口群形成了以香港港、广州港、深圳港为核心，以东莞港、佛山港、珠海港、中山港等周边港口为支撑的发展格局。大湾区港口年货物吞吐量超过15亿吨，广州港约占40%；集装箱吞吐量超过8000万标箱，广州港约占27%。大湾区三大核心港口中，香港港以国际集装箱运输为主，且均为外贸，主要服务于国际货物中转，经香港中转的集装箱占全港吞吐量超过70%；深圳港也以国际集装箱运输为主，主要服务外向型经济腹地，集装箱以远洋外贸航线为主，达2300多万标箱，占全港90%以上；广州港主要以服务国内南北航线为主，而外贸班轮航线主要以近洋航线和非洲航线为主。在科学谋划、资源整合、开拓创新等一系列政策持续发力下，广州国际航运枢纽建设不断提升新水平。作为上市公司的广州港集团，其营收、利润也取得明显提升，正迈向世界高质量港口序列。根据广州港发布的2020年年报显示，公司2020年实现营业总收入112.53亿元，同比增长7.5%；实现归母净利润8.73亿元，同比增长1.9%，保持平稳增长（见图3、图4）。相比之下，深圳盐田港2020年营业总收入为5.3亿元，同比下降10.5%；实现归母净利润3.9亿元，同比增长9%。

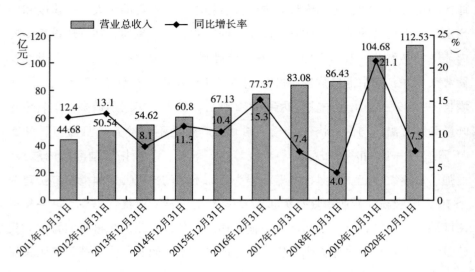

图3　广州港历年营业总收入及同比增长率

资料来源：广州港集团财务报告。

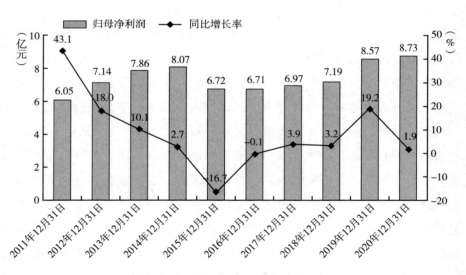

图4　广州港历年归母净利润及同比增长率

资料来源：广州港集团财务报告。

3.轨道交通枢纽建设的现状情况

广州地处珠三角地理位置中心，是华南地区重要的铁路交通枢纽。改革开放以来，广州铁路交通枢纽建设呈爆发性增长，客运货运体系已基本形成并发挥了枢纽性功能。2020年，广州轨道交通长度达531.6公里，轨道客运量累计约为24亿人，日均客流量为660万人（见图5、图6）。在新冠肺炎疫情影响下，广州轨道交通客运量和日均客流量均有所下滑，但广州作为中国的南大门，依然领先于全国。以广州南站为例，2020年广州南站客流量仍然超过1亿人次，为全国首位，彰显了广州的轨道交通运输能力和经济活力。

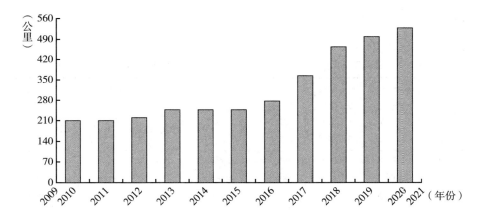

图5 广州轨道交通运营线长度历年变化

资料来源：Wind。

与国内重点城市对比来看，广州在轨道交通长度上离北京、上海等特大城市还有所差距，但与热点城市重庆相比优势明显。在客运量方面，广州与北京、上海旗鼓相当，领先于重庆（见表3）[①]。而从新增轨道交通运营线长度来看，"十三五"期间广州一直处于领先水平（见图7）。

---

① 此处选择北京、上海作为特大城市对比参照，重庆作为经济追赶广州的对比参照城市。

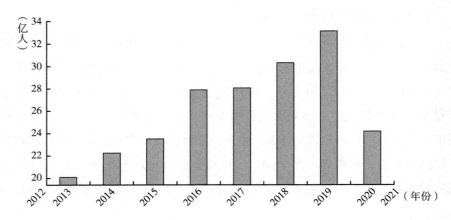

图 6　广州轨道交通客运量历年变化

资料来源：Wind。

表 3　北京、上海、广州、重庆轨道交通建设情况

城市	轨道交通运营线长度 2019 年（公里）	轨道交通运营线长度 2020 年（公里）	轨道交通客运量 2019 年（万人）	轨道交通客运量 2020 年（万人）	最小发车间隔 2020 年	日均开行总列次 2019 年（列/日）	日均开行总列次 2020 年（列/日）
北京	771.8	799.1	396235	229398	105	—	—
上海	809.9	834.2	388454	283649	110	8105	8337
广州	501.0	531.6	330995	241560	118	7281	7073
重庆	328.5	343.3	104187	83975	150	3319	3427

资料来源：Wind。

4. 公路交通枢纽建设的现状情况

广州是全国公路主枢纽城市之一，截至 2020 年，全市公路总里程 8984公里，其中高速公路 1030 公里，桥梁 3377 座。受新冠肺炎疫情影响，2020年货运量总计 92457.5 万吨，比上年同比下降 4.8%。其中公路货运量为46965.9 万吨，占比 50.8%；客运量总计 32712.2 万人次，其中公路客运量为 18054.0 万人次，占比 55.2%。

公路物流是仓库到港口"最后一公里"的最佳运输方式之一。2020 年，

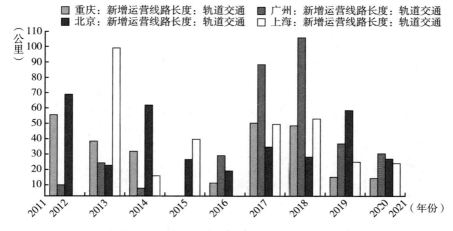

图7　北京、上海、广州、重庆轨道交通新增运线长度

资料来源：Wind。

广州公路货运量与客运量占比均超过50%，且相比水路、铁路、民航等运输方式，其受疫情影响最小，可见，公路作为最普遍低成本的物流运输手段应得到重视。

5. 城市公共交通网络建设的现状情况

城市公共交通是满足城市居民日常出行的硬件，直接影响城市居民的幸福生活。广州公共交通网络包括公交车、地铁、出租车、水上巴士等，具有比较完善的体系。根据广州市交通局发布的《广州交通运输月报》显示，2021年5月全市公共交通客运量为4.17亿人次（见图8），日均客运量为1346万人次。其中，轨道交通日均客运量为820万人次，占比60.90%；常规公交日均客运量为392万人次，占比29.16%；出租车日均客运量为130万人次，占比9.69%；水上巴士日均客运量为3万人次，占比0.25%（见图9）。从广州交通拥堵指数图可以看出，广州早通勤和晚通勤高峰，大多数出于中度拥堵状况（见图10）。

作为城市公共交通方式的重点之一的地铁，广州与其他城市相比独具特色，发展良好。广州地铁于1997年开始运营，截至2020年底已有运营里程553.2公里，位居中国内地城市第3位，排在上海、北京之后。广州地铁还

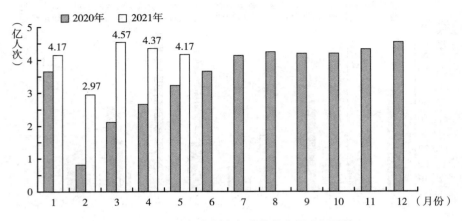

图8　2020～2021年广州市各月公共交通客运量情况

资料来源：《广州交通运输月报〔2021〕第5期》。

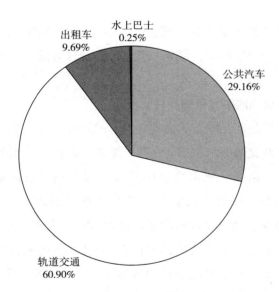

图9　2021年5月广州市各种公共交通方式日均客运量占比情况

资料来源：《广州市交通运输局交通月报》。

负责运营广清—广州东环城际铁路60.8公里、江西南昌地铁三号线28.5公里、海南三亚有轨电车8.4公里以及巴基斯坦拉合尔橙线25.6公里，逐步实

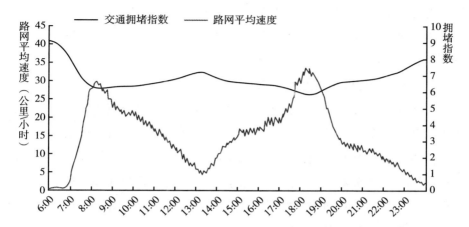

图 10　2021 年 5 月广州市城市道路工作日平均速度和拥堵指数变化时序图

资料来源：《广州市交通运输局交通月报》。

现由"建设"到"建设+运营管理"的商业模式。同时，地铁带来的物业开发，综合利用，多元化经营等问题，成为地铁经济面临的新挑战。

（二）广州建设国际性综合交通枢纽的总体评价

1. 多层次交通方式彰显优势

广州主要基础设施包括广州白云国际机场、广州港、铁路枢纽、轨道交通、公路站场及集疏运网络等，是名副其实的综合交通枢纽城市。作为华南地区区位中心，凭借广州的区位优势和政治、经济因素的叠加，广州形成了民航、海运、铁路、公路等多层次交通体系，交通枢纽功能相对完善。同时，城市地铁、公共交通、出租车、水上巴士等公共交通体系也是广州的优势和特色。

2. 国际枢纽格局基本形成

随着广州在建设国际综合交通枢纽上的持续发力，广州国际性综合交通枢纽格局基本形成，枢纽辐射能力较强，带动产业发展效果较好。从航空枢纽来看，作为我国三大航空枢纽之一，白云国际机场拥有航线超过 400 条，航班通达全球 48 个国家和地区、232 个通航城市，航运枢纽的能级不断提

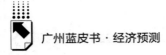

升、辐射不断增强。从航运枢纽来看，截至2020年，随着"一带一路"倡议的落实和港口间合作的加深，广州的国际友好港由20个升至53个，全球"朋友圈"不断扩大。

3. 交通衔接促进体系化建设水平提升

广州近年来通过补齐各交通枢纽之间的衔接基础设施建设，提升了体系化水平。如今，广州白云国际机场、广州火车站、广州高铁南站等主要客运枢纽均有城市地铁相衔接，实现各大交通枢纽之间的要素快速流通。广州整体公共交通体系的增强，打通了内部交通体系和外部交通体系，进一步完善了公共交通网络。在货运方面，白云机场-广州北站空铁联运大综合交通体系建设，南沙港铁路、南沙国际物流中心、粮通扩建工程等陆续建成，推动空海铁联运水平不断提升，增强了交通枢纽整体的服务能力和服务质量。

4. 合理的空间布局产业带动效应强

依托广州的地理位置和地形情况，广州形成了以白云国际机场为龙头的国际航空枢纽，以南沙港为龙头的航运枢纽，以广州南站、广州站、广州东站为编组的铁路枢纽，同时以公路枢纽和地铁枢纽为补充的空间格局。围绕不同交通方式，广州交通产业迎来蓬勃发展。临空经济区、临港经济区、地铁经济等成为广州近年经济增长的热点。广州国际航运仲裁院、广州海事法院广东自由贸易区巡回法庭、广州国际航运研究中心、广州安特卫普港口教育咨询有限公司等相继成立，现代航运服务展现"新亮点"。随着广深港高铁全线开通运营，广佛同城、粤港澳大湾区一小时生活圈、"轨道上的广州都市圈"等已正式形成。

二 广州建设国际性综合交通枢纽的挑战

虽然广州在建设国际性综合交通枢纽方面已取得一定成绩，但广州建设国际性综合交通枢纽也面临着国内城市竞争、国际形势变化等方面的挑战。

（一）航空枢纽方面

一是国际性枢纽能级还需提升。广州国际航空航线不够完善，国际航点数96个，占比41%，相比浦东机场的129个、占比53.1%，首都机场的131个、占比44.9%，无论是数量和占比都较低。而且，广州的国际航线以东南亚、非洲居多，相比欧、美、日的国际机场，国际功能有待拓展。相比伦敦、北京、上海等城市，广州目前只有一个机场，广州第二机场建设还未完成，而上述几个城市都有两个以上的国际机场。机场数量少、辐射范围窄、业务类型单一使得广州国际性航空枢纽能级还需提升。

二是便捷多样的集疏运体系尚未形成。目前白云机场缺乏便捷的空铁联运系统，与中心城区的联系主要依靠地铁3号线与机场高速。从中心城区搭乘地铁到白云机场要耗时50分钟，与伦敦希斯罗机场的25分钟、东京羽田机场的18分钟相比存在巨大差距。机场高速作为白云机场对外联系的主要通道，承担大量的南北向过境交通，节假日和高峰时点拥堵现象严重。

三是航空枢纽经济带动能力滞后。广州空港经济区已发展多年，但由于土地、通关、税收等因素的制约，航空产业发展仍不充分，"机场孤岛"现象明显。广州航空经济与第一产业的联系十分薄弱，未形成成熟的高端第一产业出口链，仍未有服务于第一产业的通航业务，如农林喷洒、航空播种等。广州航空经济中第二产业以飞机维修为主，仍未有飞机设计研发、零配件制造等公司进驻，缺少高新科技集群产业进驻，如电子信息产品、生物医药器械等。广州航空经济中第三产业推动作用不明显，航空培训、租赁、金融服务、商务休闲、旅游会展等未得到充分发展。

（二）航运枢纽方面

港口硬件建设有待加强。广州国际航运中心经过持续6年的建设，使广州港新增了82条外贸班轮航线（2014年底只有52条），已成为区域非洲枢纽港和东南亚干线港，但在外贸航线密度和覆盖面上与深圳港相比，差距明显，尤其是远洋欧美航线差距更大，还有较大提升空间（见表4）。同时高端航运服务发展滞后，营商环境亟待优化。

表4　2016~2020年集装箱吞吐量世界前10名港口排名情况

港　口	2016年	2017年	2018年	2019年	2020年	趋势
上　海	1	1	1	1	1	→
新加坡	2	2	2	2	2	→
宁波-舟山	4	4	3	3	3	↑
深　圳	3	3	4	4	4	↓
广　州	7	7	5	5	5	↑
青　岛	8	8	8	7	6	↑
釜　山	6	5	6	6	7	↓
天　津	10	10	10	9	8	↑
香　港	5	6	7	8	9	↓
鹿特丹	12	11	12	11	11	→

注：→表示保持不变，↑表示位次提升，↓表示位次下降。
资料来源：Wind。

（三）铁路枢纽方面

一是铁路硬件基础需完善。广州往粤西、海南岛、南昌、合肥方向尚无直达高铁通道；往福州、杭州、上海方向需通过广深港高铁、东南沿海铁路，绕行距离长；往珠海、澳门方向需通过广珠城际铁路，技术标准低、区间通过能力紧张；往南宁、昆明方向需通过南广铁路和云桂铁路，往重庆、西安方向通过贵广铁路转渝黔铁路，西部通道尚需优化加强。难以有效发挥华南综合交通枢纽的核心枢纽功能，铁路通达性需进一步加强。

二是一体化建设水平有待提高。目前广州主城区与白云国际机场、广州南站已有城市轨道通达，但客运枢纽之间互联互通有待加强；广州枢纽与珠江三角洲地区其他城市之间缺乏快速轨道交通联系，枢纽衔接疏散效率不高。广州港南沙港区尚未建成疏港铁路，集疏运网络有待完善。广州市对外客货运输方式以公路为主导，如广州港目前铁路、水路、公路集疏运比例分别为3%、40%、55%，大宗货物"公转铁"运输、"无轨铁路货场"、空铁联运、铁公水联运新模式、"高铁+共享汽车"尚未完全形成，铁路货运供给未能更好地满足社会物流发展需求，物流成本较高。

三是辐射带动能力不足。广州现有高铁站场距离市中心较远，不能适应旅客便捷出行的需求，往往从市区出发到达高铁站比城际间流动的耗时还多，从而降低了高铁服务效率和竞争力。既有的铁路枢纽布局与广州城市空间发展战略及国家铁路枢纽服务功能有相当差距，较为突出的是南沙和增城地区，目前没有客运站场，未能承担起交通枢纽的作用，当地居民出行不便。80%的铁路货运站场与城市先进制造业布局错位，一体化智能交通系统不够完善，物流成本居高不下。

（四）公路枢纽方面

一是公路物流网络不健全。一方面，过去很长一段时间内企业物流用地缺乏统筹布局，导致部分物流在广州市内呈现点状分散布局的形态，集中度较低，增加了中间成本，加剧了公路拥堵。另一方面，广州物流企业用地不稳定，整体水平较低。

二是公路交通智慧化程度不高。广州智能交通企业的专业化生产程度很低，仍然处于各自为政、孤军奋战的状态，尚未形成完整的产业链；智能交通产品和服务市场也只是部分形成，顾客对大多数智能交通产品和服务还认识不足。另外，广州公路物流很多中小企业已实现的信息系统管理功能基本只局限于仓储管理、电子下单等简单操作。

三是公路交通拥堵问题长期未解决。广州与湾区节点城市联系最为紧密的广佛、穗莞间连接通道负荷较高，道路拥堵现象常发，特别是春节、国庆等重要节庆日大规模客流时段，广州与邻穗城市的1小时道路联系难以保障。进出核心区局部路段出现常发性交通拥堵，且与对外枢纽联系不便，到达白云机场、广州南站时间接近1小时。

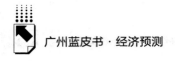

三 广州建设国际性综合交通枢纽的对策建议

（一）提升广州国际航空枢纽的能级

1. 扩展机场体系硬件建设

一是保障白云机场的持续发展，强力推进白云机场三期扩建项目，包括第三航站楼和四、五跑道的建设，全面提升白云机场的服务质量。二是协同珠三角枢纽（广州新）机场。广州新机场是西岸地区机场群的新支点，除承接白云机场旅客溢出量外，还能够向西辐射，带动佛山、肇庆以及粤西地区发展。三是加快通用机场的规划建设。将南沙通用机场打造为高端国际公务、商务航空基地，并兼顾货运功能，尝试发展小型货运飞机。此外，适时发展从化、番禺、增城、黄埔等其他通用机场，与南沙公务机机场共同形成广州市未来低空网络的有力支撑点。

2. 促进航空枢纽与其他交通枢纽的衔接

要加强空铁联运的建设，推进高铁引入白云机场第三航站楼，广州至珠海（澳门）高铁、广从城际、广湛高铁等直接引入白云机场打造"零换乘、一体化"的空铁联运交通枢纽。要加强白云机场与广州北站的快速联系，进一步巩固空铁联运体系。要在广州市重要地区和粤港澳大湾区各城市设立城市航站楼，实现异地值机、托运行李。要强化市域集疏运体系，实现白云机场与广州市中心30分钟的快速联系，建立大型综合的交通换乘枢纽。

3. 大力发展临空经济

重点推进空港经济区起步区和总部经济园区建设，空港经济区起步区主要发展航空物流产业、航空维修、跨境电商、融资租赁等产业，总部经济园区主要聚集航空租赁、航空培训等产业。加速高端产业导入，推动空港经济高质量发展。以航空产业为引领，加快打造新兴产业基地，提升发展空港产业链，延伸产业层次，提升产业水平。培育壮大一批产业聚集明显、具有较强影响力和示范带动作用的服务贸易和服务外包骨干企业。用机场综合保税区政策优势，大力发展跨境电商等新兴业态。改革空港经济投融资体制机制，以财政资金和政策为杠杆，创新投融资模式，构建多元化融资体系，引导各类资金投入空港经济区建设。积极引导空港经济主要功能片区和开发企业合理制订发展定位、招商战略、推广计划，形成整体推介、错位竞争、互利共赢的良好招商服务局面。

（二）提升广州国际航运枢纽的能级

1. 补齐港口建设短板

要加快补齐港口综合能力短板，尽快启动南沙五期、南沙铁海联运码头等项目建设，尽快实现广东省对南沙港提出的3000万标箱处理能力的要求。要补齐港口物流仓库缺乏的短板，解决广州港集装箱物流仓库供不应求的问题，加快整合提升全市物流仓库发展效能，并做好后续物流园仓库规划和建设。要加快协调解决港口用地、用海问题，向国家发展改革委、自然资源部等相关部委申请办理，加强与上级审批部门沟通，加快港口物流基础设施建设审批进度。要在湾区港口资源优化配置和港口一体化等方面有所作为，实现粤港澳大湾区的辐射带动效应，与湾区内的香港、深圳、佛山等港口形成错位发展、合作共赢的粤港澳大湾区世界级港口群。

2. 加快推进港口智能化建设

通过大数据系统建设，加快港口铁路基础设施建设，拓展内陆港功能，建设铁水联运枢纽，优化海空等多式联运网络。借助信息化和智能化联合发力，使港口的集疏运、生产作业、海关监管、仓储物流、港口服务转型升级。建设智慧港口，推进自动化、智慧化建设，加强推进广州港口自动化码头建设，提升珠江航运指数服务水平，提升航运研究能力，建设航运智库。广州充分利用智能化手段提高效率，在管理、服务水平上对标国际先进航运中心，构建门类齐全的港口综合服务体系。

3. 大力拓展航运产业多样化

构建国际一流的邮轮产业发展体系，建立邮轮旅游市场服务监督机制，

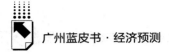

助推广州邮轮产业健康发展。大力吸引各类航运金融专业机构落户,加速航运要素集聚,加快发展航运金融中介服务机构。支持有条件的大学设立港口、航运金融、航运相关专业,建立完善的人才培养模式和体系。

(三)加快广州铁路枢纽建设

1. 提高铁路枢纽的通达水平

积极利用《国家综合立体交通网规划纲要》加快构建7条走廊的战略规划,推进"广昆走廊"(深圳经广州、梧州、南宁、兴义、昆明至瑞丽)的研究和建设,强化粤港澳大湾区的辐射作用。以"普速外迁、中心扩能、外围加强"为基本原则,构建对外四通八达、对内互联互通的铁路枢纽系统。

2. 加强铁路枢纽与其他交通枢纽的联通

推动干线铁路与城际铁路、城市间轨道交通的连接。加强铁路与公路客运、空港的有机整合,发展城市大交通枢纽交通连廊,以地铁直达专线连接海港、空港。同时,加强城际轨道交通的建设,使轨道交通与提升白云国际机场、南沙港的国际空港海港地位相结合,推动粤港澳大湾区互联互通的发展。推进建设广汕高铁新塘至广州东站五六线、京广高铁北站至广州站联络线、广州站至广州东站三四线、广州南站经南广高铁新建三眼桥联络线至广州站等多条段引入中心区铁路线,实现铁路枢纽"站站连通",提升列车直达性。

3. 突出绿色理念和人文关怀

通过轨道交通的技术提升,把身处市中心的货运专线改造升级,改造成为客运站点或旅游景观带,既降低了运营成本又实现了客货两运双循环利用的价值。利用黄埔和南沙地理优势着力发展与西南、华中地区铁路及国际运输线路的对接,发展"水路+轨道"物流产业,形成产业集聚,发展绿色物流产业。在管理上下功夫,构建运营互通机制,提升客运服务的体验感。参考广佛线的成功经验,设计数字化智慧车票,实现大湾区城市间票制互通、安检互认、信息共享和支付兼容。完善基础设施、无障碍设施等的服务标准规范体系建设，合理保障老年人出行安全。市内地铁要增强运力调配，推动人员流动更快，促进交通更有效率。

（四）提升广州城市交通整体水平

1. 以综合交通枢纽协同区域经济功能布局

广州要以国际性综合交通枢纽为抓手，促进区域内枢纽网络体系建设，协同粤港澳大湾区其他城市，共同构建世界级的全球城市搭建框架。要依托综合交通枢纽网络，打造枢纽沿线经济园区产业、功能、形态一体化规划，引领珠三角区域及高铁沿线城市协同发展。广州要积极主动对接全球，承接全球总部经济转移，发挥国际综合交通枢纽的辐射功能，增强全球资源配置能力。广州要围绕综合交通枢纽发展特色经济，大力发展航空经济示范区、高铁商务区，大力发展现代物流业、国际商贸业，培育壮大国际化航空和各类交通运输企业、金融业等。

2. 打造高效绿色美丽的城市通勤交通体系

坚持绿色发展理念，构建高效便捷的城市轨道交通线网，倡导绿色低碳出行。加快推进地铁网络建设，实现城市轨道交通网全覆盖。疏解中心城区人口集聚、交通拥堵的交通困境，与粤港澳大湾区其他城市的轨道交通形成衔接。在广州有空间基础的城区优化公共交通设施，改善自行车出行道路，积极宣传引导，形成绿色出行之风。提高市政道路的通达性，把优化道路结构和完善道路衔接作为主攻方向，加强区域内部道路与对外通道的衔接，支持重点地区加密支路网，加大对拥堵交通走廊和拥堵点的治理力度。

3. 注重交通服务的个性化、多元化、品质化

在交通基础设施持续增容的同时，国外发达城市特别关注交通服务的个性化、多元化、品质化，满足绝大多数居民旅客的交通服务需求，营造更加宜居、包容、安全和公平的城市。广州要保证交通基础设施的持续增容，提供多层次、多元化的公共交通服务，补齐短板满足特殊人群的公共交通需求。对不同运营主体掌控的不同交通方式，要加强互联互通，通过增加换乘站、

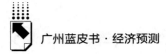

采用一票制、共线运营等手段，提高交通体系服务水平，促进交通区域一体化。

参考文献

褚伟、高永：《城市交通枢纽的规划要点》，《城市交通》2005 年第 1 期。

范璐：《城市交通枢纽换乘分析与评价》，《交通科技与经济》2009 年第 1 期。

周建高、蒋演：《解决城市交通拥堵必须改善土地利用结构——以中国和日本比较研究为视角》，《国家行政学院学报》2016 年第 3 期。

王斯颖：《基于空铁联动模式下高铁枢纽地区规划设计研究——以粤东地区为例》，《城市地理》2016 年第 12 期。

胡列格：《交通枢纽与港站》，人民交通出版社，2003。

郑祖武、李康等：《现代城市交通》，人民交通出版社，1996。

陆化普：《综合交通枢纽规划》，清华大学出版社，2001。

李鹏：《高铁对地方经济社会发展的影响研究》，湘潭大学，2015。

刘建军：《区域综合运输枢纽规划的重点》，《综合运输》2005 年第 9 期。

《习近平谈治国理政》，外文出版社，2014。

吴江洁、孙斌栋：《通勤时间的幸福绩效——基于中国家庭追踪调查的实证研究》，《人文地理》2016 年第 3 期。

《习近平总书记系列重要讲话读本》，学习出版社、人民出版社，2016。

杨群：《轨道交通接入机场的时间与方式研究》，硕士学位论文，西南交通大学，2009。

闫吴昊：《以聚集效应为导向的综合交通枢纽规划方法研究》，硕士学位论文，西南交通大学，2007。

B.15
广州引领共建粤港澳大湾区
世界级城市群的路径研究[*]

广州市委政研室课题组^{**}

摘　要： 本报告深入学习习近平总书记关于城市群发展的重要论述精神，探讨了在新时代发展壮大城市群的战略意义，分析了粤港澳大湾区世界级城市群一体化发展存在的难题，对广州抓住"双区"建设、"双城"联动重大机遇，引领建设大湾区世界级城市群提出对策建议。

关键词： 粤港澳大湾区　世界级城市群　区域一体化

一　发展壮大世界级城市群具有重大战略意义

城市群是新型城镇化主体形态。在 2015 年 12 月中央城市工作会议上，习近平总书记强调，要建立城市群发展协调机制，以城市群为平台，推动跨区域城市间产业分工、基础设施、生态保护、环境治理等协调联动，破除行政壁垒和市场分割，促进生产要素自由流动和优化配置。2017 年 10 月，习近平总书记在党的十九大报告中强调，实施区域协调发展战略，以城市群为

---

* 本报告为国家社会科学基金重大项目"我国跨区域重大基础设施工程项目运维管理模式研究"（项目编号：18ZDA043）的阶段性研究成果。

** 课题组成员：左向宇，广州市委政研室城乡研究处处长，主要研究方向为城乡发展与乡村振兴；王阳，广州市委政研室城乡研究处三级主任科员，主要研究方向为城乡发展与规划；彭振，广州市委政研室城乡研究处三级主任科员，主要研究方向为城市管理与乡村振兴。

主体构建大中小城市和小城镇协调发展的城镇格局；2018年9月，总书记在东北三省考察时强调，要培育发展现代化都市圈，加强重点区域和重点领域合作，构建协调发展新格局；2019年8月，中央财经委员会第五次会议做出中心城市和城市群正在成为承载发展要素的主要空间形式这一重大判断，提出新形势下促进区域协调发展的总体思路，强调要增强中心城市和城市群等经济发展优势区域的经济和人口承载能力，形成优势互补、高质量发展的区域经济布局，要求形成几个能够带动全国高质量发展的新动力源，特别是京津冀、长三角、珠三角三大地区，以及一些重要城市群；2020年4月，中央财经委员会第七次会议强调，要因地制宜推进城市空间形态多元化，优化城市群内部空间结构，推动城市组团式发展，形成多中心、多层级、多节点的网络型城市群结构。中央"十四五"规划建议明确提出，优化行政区划设置，发挥中心城市和城市群带动作用，建设现代化都市圈。国家"十四五"规划纲要提出，完善城镇化空间布局，发展壮大城市群和都市圈，特别提出优化提升京津冀、长三角、珠三角、成渝、长江中游等城市群。

学习贯彻习近平总书记关于城市群发展的重要论述和党中央关于发展壮大城市群的决策部署，必须深刻认识在新时代发展壮大城市群的重大战略意义。

一是从世界城市发展规律来看，城市群是城市发展到高级阶段的主要空间组织形式，纽约、旧金山、东京等世界级城市群树立了标杆。

二是从国家战略来看，城市群是各类优势资源的集聚区，是当之无愧的高质量发展的动力源，是代表国家参与国际竞争合作的主力军，承载着先行先试、率先推动高质量发展、率先建设社会主义现代化的历史重任。

三是从构建新发展格局的要求来看，新发展阶段加快构建以国内大循环为主体、国际国内双循环相互促进的新发展格局，持续推进以人为核心的新型城镇化就是为构建新发展格局积蓄动能，而发展壮大城市群和都市圈是新型城镇化的主要动力，完善城镇化空间布局，进一步增强中心城市和城市群的经济和人口承载能力是构建新发展格局的应有之义。

四是从粤港澳大湾区城市群自身来看，粤港澳大湾区建设的战略目的既是丰富"一国两制"实践内涵，进一步密切内地与港澳交流合作，支持香港、澳门融入国家发展大局，增进香港、澳门同胞福祉，保持香港、澳门长期繁荣稳定，也是进一步提升大湾区在国家经济发展和对外开放中的支撑引领作用，更好推动区域经济协同发展，建设富有活力和国际竞争力的一流湾区和世界级城市群，打造高质量发展的典范。《粤港澳大湾区发展规划纲要》明确提出以香港、澳门、广州、深圳四大中心城市作为区域发展的核心引擎，打造香港-深圳、广州-佛山、澳门-珠海"三大极点"，增强对周边区域发展的辐射带动作用，推动大中小城市合理分工、功能互补，构建极点带动、轴带支撑网络化空间格局，提高区域发展协调性，为建设大湾区世界级城市群明确了具体路径。

城市群在国家发展大局中的地位越来越重要，在贯彻落实新发展理念、构建新发展格局、推动高质量发展中的作用越来越突出。广州作为国家中心城市、珠三角城市群和粤港澳大湾区核心城市，必须完整准确全面贯彻新发展理念，充分发挥自身优势，坚定不移推动大湾区世界级城市群高质量发展，全面增强城市群的经济活力、创新活力、开放活力和产业集聚能力、创新策源能力、融合发展能力、人口服务能力、辐射带动能力，更好地引领和带动区域协调发展、高质量发展。

二 粤港澳大湾区世界级城市群一体化发展存在的难题

总体来看，粤港澳大湾区世界级城市群建设取得了明显成效，但对照习近平总书记和中央要求，对照人民群众新期待，对标纽约湾区、旧金山湾区、东京湾区等世界级湾区和城市群，仍有不小差距，在迈向国际一流湾区和世界级城市群的道路上仍面临不少困难和挑战。

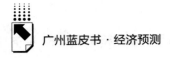

（一）行政区域隶属不同是城市群一体化和区域协调发展的首要难题

由于城市群建设超出了城市治理层面，进入区域治理的范畴，治理范围更加宽广，治理主体更加多元，治理对象更加庞大，涉及利益更加复杂，行政区划和行政事权不协调的问题更加突出。特别是粤港澳大湾区涉及两种制度、三个关税区、三种货币，城市间层级差距大，建设协调难度更大，很多问题不是单个城市或大湾区城市群自身能够解决的，必须从更高的层面如国家和省级层面来协调推动解决。

（二）城市群内部不同城市享受的政策差异客观上催生新的不平衡、不充分问题

中央赋予城市群头部城市的政策试点非常超前，试点任务非常具有带动性。从实践上来看，头部城市与城市群其他城市相比优势非常明显，政策差距非常大，而且头部城市改革试验成果从形成到复制推广需要一定时间，从某种意义上，政策的差异使得城市群内其他城市发展相对滞后，形成了新的不平衡、不充分问题。比如广东自贸区广州南沙新区虽地理位置、土地资源优势明显，却享受不到与深圳前海片区、珠海横琴片区一样的企业所得税15%的优惠政策，这使得对高端企业和高端人才的吸引作用受到较大影响。

（三）城市合作的利益藩篱需要国家从制度上综合运用多种手段统筹解决

由于历史上各城市各自为政、从自身角度考虑各自产业发展和基础设施布局问题，在区域整体上往往会出现产业同质化和基础设施重复建设、邻避效应和以邻为壑等问题，背后都是城市基于自身利益的考量。比如一个流域上游城市由于水源地保护丧失了发展机会，下游城市就应该为享受了优质的生态资源而给予补偿，这就涉及城市间利益的再分配。因此推动城市合作、实现区域协同，就要协调好城市之间的利益分配，打破城市合作的利益藩

篙，需从制度方面给予正向激励引导，需要综合运用法律、行政、经济等手段来统筹解决。

三　广州引领建设大湾区世界级城市群的对策建议

广州作为国家中心城市、粤港澳大湾区核心城市、省会城市，在推动建设大湾区世界级城市群中，必须抓住一个核心：始终坚持以高质量发展为导向发展壮大城市群；做到两个更好：全面提高城市群发展的平衡性、协调性和整体竞争力，更好代表国家参与国际竞争与合作，更好服务中华民族伟大复兴战略全局和应对世界百年未有之大变局；把握三个根本路径：以做强中心城市来增强城市群区域发展核心引擎功能，以培育都市圈来促进城市群内部空间优化布局，以推进一体化发展来提升城市群区域、城乡发展的平衡性和协调性。

（一）围绕强化世界级城市群"核"的引擎功能，加快实现老城市新活力、"四个出新出彩"

1. 推动综合城市功能出新出彩

推进高水平科技自立自强，高质量建设科技创新轴，推动广州由科研资源大市向科技创新强市迈进，坚持制造业是立市之本，建设先进制造业强市，提升国际综合交通枢纽能级，加快构建畅通全市、贯通全省、联通全国、融通全球的现代化综合立体交通网络，以乡村振兴推动城乡融合发展，提高保障和改善民生水平，深化全国市域社会治理现代化试点城市，营造共建共治共享社会治理格局。

2. 推动城市文化综合实力出新出彩

落实举旗帜、聚民心、育新人、兴文化、展形象的使命任务，坚定文化自信，实施习近平新时代中国特色社会主义思想凝心聚魂工程，焕发城市文化魅力，提升文化事业品质，激发文化产业活力，加快建设文化强市，建设社会主义文化强国的城市范例，打造世界文化名城。

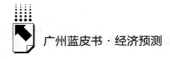

3. 推动现代服务业出新出彩

实施生产性服务业高端化提升行动，加快完善现代金融服务体系，高标准建设广州期货交易所，全面增强国际商贸中心功能，扩大广交会影响力辐射面，建设国际会展之都，实施总部经济能级提升行动，发展楼宇经济，集聚更多世界 500 强、中国 500 强和行业领军企业总部，建设现代服务业强市。

4. 推动现代化国际化营商环境出新出彩

高标准开展国家营商环境创新试点，启动营商环境 5.0 版本改革，大力推进南沙自贸片区建设，深入推进要素市场化配置改革，争创国家要素市场化配置改革试点。大力推进高水平制度型开放，实施"证照分离"清单管理制度，健全包容审慎监管环境，以高水平开放推动深层次改革，不断增强高质量发展的活力动力。

（二）围绕强化世界级城市群"联"的示范效应，以高水平"双城"联动推动"双区"高质量发展

深化粤港澳合作是大湾区建设的主题，推动香港、澳门、广州、深圳四大中心城市深度合作，既是大湾区建设的应有之义，也是提高大湾区城市群整体竞争力的重要支撑。中央赋予深圳实施综合改革试点、建设中国特色社会主义先行示范区的新时代使命，是深圳的重大机遇和政治责任，也是广东省和广州市的重大机遇和政治责任。广东省委、省政府明确要求广深"双城联动、比翼双飞"，为深化广深合作提出了新的更高要求。必须坚持以高水平"双城"联动推动"双区"高质量发展，促进大湾区中心城市深度合作、强强联合，不断提高区域发展核心引擎功能，携手共建大湾区世界级城市群。

1. 深化穗港澳全面合作

全方位推动与港澳规则衔接、设施互联互通、科技创新、产业发展、民生社会等重点领域工作取得突破。主要应在四个联通上下功夫。

一是制度机制"软联通"。深入实施"湾区通"工程，落实两批与港澳

规则衔接任务，支持南沙和中新广州知识城率先探索与中国香港、中国澳门、新加坡规则衔接，支持南沙打造内地与港澳规则相互衔接示范基地，加快建立与国际高标准投资贸易规则相适应的制度体系，共同推动更高水平对外开放，增强联通国内国际双循环的功能。

二是科技产业"智联通"。积极推动落实广深港、广珠澳科技创新走廊布局，争创粤港澳大湾区国际科技创新中心，促进创新要素跨境流动，共建共享重大科技基础设施，加强与港澳战略新兴产业和专业服务业合作，高水平打造粤港深度合作园、穗港智造合作区、穗澳合作示范园等重大合作平台。

三是基础设施"硬联通"。提升国际综合交通枢纽能级，推进广中珠澳高铁等一批交通设施建设，加快大湾区城际、轨道交通一体化运营，引领带动大湾区交通设施互联互通。

四是交往交融"心联通"。强化穗港澳疫情联防联控，完善便利港澳同胞来穗学习创业就业生活的政策体系，加快建设香港科技大学（广州）、港澳台青年创新创业基地，深入实施"五乐计划"（乐游、乐学、乐业、乐创、乐居），促进三地青年交往交流、交心交融。

2. 在更高水平上推动广深"双城"联动

必须以改革联动引领"双城"联动，全面深化广深合作，推动两市资源整合、改革协同、工作衔接，全力支持深圳建设中国特色社会主义先行示范区，在新征程新高度上"比翼双飞"。重点抓好以下五个方面的共建。

一是共建合作机制，深入落实广深深化战略合作框架协议及相关专项合作协议，研究储备、滚动推进一批重大合作项目，推动广深两市领导交流互访常态化，办好广深"双城联动"论坛，依托高水平专家团队成立"双城联动"研究院。

二是共建大湾区国际科技创新中心，推动南沙科学城加强与"光明科学城—松山湖科学城"联动，共建呼吸疾病领域国家实验室、鹏城国家实验室广州基地和若干省实验室，协同提升创新策源能力，共同突破关键核心技术，精准对接两地产业技术创新链条，共建全球科技成果转化中心。

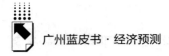

三是共建世界级产业集群，依托两市技术优势和产业基础，共同推进智能网联汽车和智能装备产业集群等建设，深化金融合作，共建粤港澳大湾区金融枢纽，联合打造世界级 5G 产业创新高地和融合发展示范区。

四是共建国际综合交通枢纽，促进广州、深圳机场协同发展，优化珠三角空域资源，共同提高国际航空枢纽竞争力，支持两地港航企业合作，共建具有国际竞争力的世界级枢纽港区，加快深茂铁路、广深第二高铁、深中通道等建设，促进两市高水平互联互通尤其是中心城区快速互达。

五是共建优质生活圈，在粤港澳高校联盟建设、大学科技园共建、大学生联合培养等方面深化合作，促进广深两市医疗资源优化布局、共建共享，扩大就医直接结算联网定点医疗机构数量，加强生态环境保护协同，强化城市治理交流互鉴，联手打造大湾区世界级旅游目的地。

（三）围绕强化世界级城市群"极"的辐射能力，全面推进广州都市圈建设

都市圈是城市群内部以超大特大城市或辐射带动功能强的大城市为中心，以一小时通勤圈为基本范围的城镇化空间形态。广州要发挥国家中心城市和综合性门户城市优势，推动构建广州都市圈，支撑带动大湾区世界级城市群建设和广东省"一核一带一区"区域协调发展。

1. 强化极点带动，推动广佛全域同城化

广佛都是珠三角重要城市，广佛同城化由来已久，成果丰硕，从 2008 年落实珠三角发展规划纲要开始，广佛同城化经历了 15 年发展，特别是《粤港澳大湾区发展规划纲要》提出打造广佛极点之后，同城化步伐明显加快，在产业发展、交通建设、环境保护、公共服务等方面的合作取得重大成效。广佛不仅是全国第一个提出同城化的区域，也是同城化程度最高的区域之一，成为全国首个"双万亿"同城化城市组合。下一步，要持续提高产业、交通、公共服务等领域协同发展水平，高规格推动广佛高质量发展融合试验区建设，深度共建四个万亿级产业集群，大力推进"广州服务+佛山制造"联动发展。建立健全联合招商、共同开发、利税共享的合作机制，推

动两市交通从"主动脉"到"毛细血管"的全面畅通和无缝对接，打通"断头路"，扩容"瓶颈路"，畅通"最后一公里"，激发大湾区广佛极点的强大动能，支撑广佛同城化在全国持续走在前列。

2. 强化引领驱动，推进广清深度一体化

清远是广州北部毗邻的兄弟城市，也是上一轮广州对口帮扶的地区之一。广州把对口帮扶清远作为重大政治任务，以广清一体化带动精准脱贫，持续加大精准帮扶力度，推动广清对口帮扶和一体化发展取得阶段性成效，广州帮扶清远的205个省定贫困村在2020年全部出列，广清两市已经基本实现枢纽共建、交通互通、产业协同、成果共享，广清一体化已成为广州与周边兄弟城市打造的又一城市合作典范。下一步，要以对口帮扶和产业共建为抓手，以基础设施互联互通为支撑，加快国家城乡融合发展试验区广清接合片区制度创新，高水平共建广清经济特别合作区，以广州融创文旅城、清远长隆梦想谷等项目为依托，在广清交界打造粤港澳大湾区北部生态文化旅游合作区，奋力推动广清一体化发展打造成为跨区域城乡融合发展典范。

3. 强化圈层联动，高水平打造广州都市圈

编制实施《广州都市圈发展规划》，立足广佛同城化、广清一体化和广佛肇清云韶经济圈建设基础，着力打造空间结构清晰、交通往来顺畅、产业分工协调、要素自由流动的广州都市圈。积极探索"研发+制造""总部+基地""前端+后台""总装+配套"等合作模式，支持佛肇清云韶在汽车、钢铁、能源等领域强化对广州的产业配套。加快贵广客专广宁联络线、佛清从高速等轨道交通和干线公路项目建设，完善广州都市圈综合交通网络。

广东省委、省政府围绕推进粤港澳大湾区和"一核一带一区"建设，在珠三角地区谋划建设三个都市圈——广州都市圈、深圳都市圈、珠中江都市圈，对于优化大湾区世界级城市群内部空间结构，促进优势互补、错位发展、有效融合具有重要作用。广州要依托横跨珠江两岸的独特区位和辐射全省的政治、经济、文化、交通中心作用，深化与珠海、惠州、东莞、中山、江门等城市合作，着力打造珠江东西两岸融合发展的先行区，当好珠江两岸

三大都市圈融合发展的"联系纽带"和"黏合剂",促进三大都市圈协同联动发展,共同提升大湾区世界级城市群的发展质量和发展能级。

(四)围绕强化世界级城市群"带"的责任担当,服务构建全省"一核一带一区"区域发展格局

广东省委、省政府部署构建"一核一带一区"区域发展格局,"一核"是指珠三角核心区,"一带"是指沿海经济带,"一区"是指北部生态发展区,在此基础上进一步提出"湾+带"联动机制和广州联动湛江、深圳联动汕头的"双核+双副中心"动力机制。广州要认真贯彻省委、省政府工作要求,着力推进落实"双核+双副中心"动力机制,强化"一核"主引擎作用,服务"一带"主战场建设,打造"一区"新标杆样板,全力服务好全省"一核一带一区"建设,为广东省打造新发展格局战略支点发挥重要支撑作用。

1.引领构建世界级沿海经济带

深化广州湛江深度协作,落实广州与湛江合作协议,重点推动石化、钢铁等优势产业协同发展。推动与汕头、茂名、潮州、揭阳对接合作,支持汕尾、阳江强化城市功能,打造珠三角产业转移承接地、产业链延伸区,助力构建世界级沿海经济带。

2.带动北部生态发展区"入珠融湾"

依托广州都市圈和对口帮扶等机制,深化与韶关、梅州、河源、云浮等城市合作,带动北部生态发展区城市积极对接,全面融入珠三角和粤港澳大湾区建设,推动高质量发展,助力打造"绿水青山就是金山银山"的广东样本。

(五)围绕强化世界级城市群"一体化"发展水平,聚焦五大领域率先探索推进

城市群建设的核心是促进生产要素自由流动和资源优化配置。广州要积极发挥中心城市辐射带动和都市圈联动作用,推动大湾区城市群各城市间产

业发展、基础设施、生态保护、环境治理等协调联动，破除行政壁垒和市场分割，打造城市群一体化发展的标杆和典范。

1. 以设施共建推动高水平互联互通

交通是城市群的血脉，交通一体化是城市群一体化的基础和前提。广州同时拥有世界级空港、世界级海港和四通八达的铁路、公路交通网系，是名副其实的国际综合交通枢纽。必须按照打造大湾区"一小时交通圈"的目标，加快完善大交通体系，大力推进机场、港口、轨道交通、高快速路等对接，借助广深港高铁、穗莞深城际、广汕客专、广河高铁等拓展东向通道，借助广湛高铁、广珠城际、广中珠澳城际、南中高速等拓展西向通道，借助赣深高铁、广永高铁等拓展北向通道，推动实现区域城市间高水平互联互通。

2. 以产业共兴推动构建具有国际竞争力的现代产业体系

城市群的发展，离不开产业群的支撑，珠三角城市之间产业合作由来已久。必须坚持深化供给侧结构性改革，出台协同构建粤港澳大湾区具有国际竞争力的现代产业体系行动计划，共同推进传统产业改造升级，加快发展先进制造业和现代服务业，着力培育发展新产业、新业态、新模式，促进产业优势互补、紧密协作、联动发展，共同培育世界级产业集群。

3. 以创新共促推动打造全球科技创新高地

科技创新是推动城市群发展的重要动力源。必须深入实施创新驱动发展战略，深化与周边城市创新合作，共建广深港、广珠澳科技创新走廊，加快建设粤港澳大湾区国际科技创新中心广州创新合作区，汇聚大湾区高端创新要素并在广州集成创新和成果转化，携手打造全球原始创新策源地。

4. 以环境共治推进建设美丽湾区

良好的生态环境对促进城市群可持续发展至关重要。必须深入践行"绿水青山就是金山银山"的理念，以建设美丽湾区为引领，实行最严格的生态环境保护制度，坚持节约优先、保护优先、自然恢复为主的方针，携手周边城市共同打好污染防治攻坚战，着力提升生态环境质量，实现绿色低碳循环发展，使大湾区天更蓝、山更绿、水更清、环境更优美。

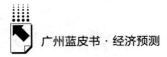

5. 以民生共享提升人民群众获得感幸福感安全感

满足人民群众对美好生活的向往，是推动城市群发展的出发点和落脚点。必须坚持以人民为中心的思想，发挥广州医疗、教育、文化等优质资源优势，加强对周边城市的辐射和服务，共同打造优质、宜居宜业宜游的优质生活圈。

参考文献

中共中央、国务院印发《粤港澳大湾区发展规划纲要》，《中华人民共和国国务院公报》2019 年第 7 期。

《中共中央关于制定国民经济和社会发展第十四个五年规划和二〇三五年远景目标的建议》，《人民日报》2020 年 11 月 4 日。

《中华人民共和国国民经济和社会发展第十四个五年规划和 2035 年远景目标纲要》，《人民日报》2021 年 3 月 13 日。

方创琳：《中国城市群研究取得的重要进展与未来发展方向》，《地理学报》2014 年第 8 期。

财税金融篇

Finance and Taxation

B.16
粤港澳大湾区视角下的
广州金融业发展分析

摘　要： 本报告通过整理2018~2021年粤港澳大湾区"9+2"城市金融业
相关数据，分析大湾区金融业发展现状，重点梳理广州、香港、
深圳和澳门的金融业发展特点，并整理了广州金融业发展需关注
的问题，有针对性地提出促进广州金融业发展的对策建议。

关键词： 粤港澳大湾区　金融业　广州

一　大湾区金融业发展概况

粤港澳大湾区要建成新的国际金融枢纽，其金融业从整体上看具有优势，

---

* 徐菲，广州市统计局综合处一级主任科员，统计师。

主要城市在金融发展上具有互补性。自《粤港澳大湾区发展规划纲要》实施以来，大湾区金融业发展取得一定成效。

（一）金融业集聚效应较强

2020 年，粤港澳大湾区"9+2"城市的金融业增加值合计约为 1.4 万亿元，占地区生产总值的比重为 12.42%，较 2018 年提高 1.58 个百分点，高于全国①（8.27%）水平。2020 年末，大湾区金融机构本外币存贷款余额合计超 70 万亿元，金融机构对社会的信贷投放规模较大。从 2019~2021 年多期的全球金融中心指数（GFCI）排名看，大湾区内有 3 个城市排名进入前 30 位，其中香港近三年排在全球第 3~5 位，深圳维持在第 8~16 位，广州波动相对较大，位次在第 19~32 位浮动。

（二）金融业发展梯队化特征显著

2021 年，香港②、深圳和广州的地区生产总值均超 2 万亿元人民币，且三地的金融业增加值均超 2000 亿元，合计占粤港澳大湾区金融业增加值比重的 80% 以上，为大湾区金融业第一梯队，其中香港为 5000 亿元级，深圳为 4000 亿元级，广州在 2000 亿元级，梯队内的梯队化也较为显著；东莞、佛山两地地区生产总值均超 1 万亿元人民币，金融业增加值在 600 亿元以上，为第二梯队；其余城市则在 500 亿元以下，为第三梯队（见图 1）。

（三）资金跨境特点明显

2021 年，粤港澳大湾区内跨境人民币结算规模达 3.8 万亿元。截至 2020 年末，大湾区累计办理跨境人民币结算业务达 25 万亿元，约占全国的 1/4；其中，经常项下累计结算金额约占全国的三成，若作为一个经济体，粤港澳大湾区的经常项下累计结算金额连续十年居国内各省市首位。截至

---

① 不含港澳台。
② 香港为本地生产总值，且无 2021 年数值。

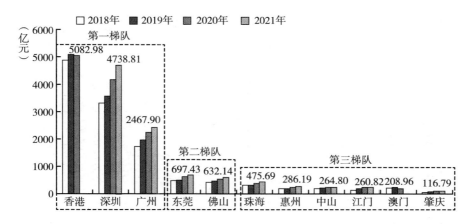

图 1　2018～2021 年大湾区 "9+2" 城市金融业增加值

注：各地显示数据为 2021 年快报数，因香港、澳门尚未公布 2021 年分行业增加值数据，故香港、澳门未显示 2021 年数据，而显示的是 2020 年数据。

2021 年末，港澳居民通过代理见证开立内地个人账户 18 万户，交易金额累计 60 亿元。

（四）上市企业实力较强

粤港澳大湾区成为 500 强企业的重要集聚地。全球范围看，根据世界 500 强企业榜单[①]，粤港澳大湾区入围企业数量（25 家）首次超越纽约湾区（24 家），且多数企业排名上升，明显多于旧金山湾区（10 家），少于东京湾区（40 家）。全国范围看，根据中国市值 500 强榜单[②]，2021 年来自粤港澳大湾区的上榜企业达 111 家（其中香港 42 家、深圳 39 家、广州 12 家），总市值合计 21.45 万亿元，数量、市值分别占全国 500 强的 22.2%、24.3%；近 10 年来自大湾区的上榜企业稳定在 120 家左右，约占全国的 1/4（见表 1）。

---

① 资料来源：2021 年《财富》世界 500 强排行榜于 2021 年 8 月 2 日发布，数据截至 2020 年底。
② 资料来源：21 世纪经济报道统计的 2021 年中国上市公司市值 500 强，数据截至 2021 年底。

表1 2018~2021年大湾区"9+2"城市金融相关指标情况

地区	金融业增加值（亿元）				金融业增加值占比（%）				原保险保费收入（亿元）				金融机构本外币存贷款（亿元）			500强企业（家）	
	2018年	2019年	2020年	2021年	2018年	2019年	2020年	2021年	2018年	2019年	2020年	2021年	2018年	2019年	2020年	世界榜	全国榜
广州	1758	1992	2273	2468	8.37	8.35	9.07	8.74	1163	1425	1496	1459	95537	106235	122186	5	12
深圳	3352	3610	4190	4739	13.27	13.37	15.14	15.45	1192	1384	1454	1427	125090	143404	169918	8	39
珠海	319	342	403	476	9.91	9.93	11.56	12.25	128	144	153	176	12781	15406	17231	1	3
佛山	439	499	556	632	4.40	4.65	5.14	5.20	458	607	558	562	25830	29123	33669	2	4
惠州	215	237	262	286	5.37	5.66	6.21	5.75	158	176	176	174	11058	12407	14420	0	3
东莞	511	552	646	697	5.80	5.82	6.69	6.42	490	561	560	525	22367	26559	31010	0	3
中山	210	241	256	265	6.87	7.72	8.13	7.43	190	216	218	215	9967	11258	12633	0	2
江门	147	214	244	261	5.05	6.80	7.61	7.24	151	168	170	167	7670	8615	9866	0	1
肇庆	84	101	110	117	4.01	4.47	4.76	4.41	68	73	77	77	4321	4799	5379	0	0
香港	4908	5119	5083	—	19.82	21.22	23.71	—	4344	4991	5170	5000	195109	212632	222437	9	42
澳门	239	261	209	—	6.55	6.85	12.46	—	173	244	251	263	17306	10890	21010	0	2

注：①香港、澳门暂未公布2021年本地生产总值分行业数据。②本表参照当年平均汇率换算，2020年：100港币=88.93人民币，100澳门元=88.05人民币，100澳门元=85.69人民币；2018年：100港币=84.43人民币，100澳门元=82.96人民币，100澳门元=79.83人民币；2021年：100港币=81.83人民币，2019年：100港币=86.34人民币。③香港的地区生产总值以当时市场价格计算；香港金融及保险业增加值占比（按当时价格计算）=行业增加值/地区生产总值（按当时价格计算）。④澳门金融业增加值为银行业、保险及退休金行业，保险业增加值/地区生产总值（以基本价格计算）。⑤佛山、东莞、江门2018年、2019年金融业增加值为当年快报数，未公布四普经普调整后分行业数。⑥金融机构本外币存贷款为年末数据。

（五）保险市场潜力大

2021 年末，粤港澳大湾区常住人口达 8668.39 万人，湾区内保险市场潜力大。2021 年，粤港澳大湾区保费收入合计超万亿元，约占全国（含港澳台）保费收入的 1/4；其中，香港、广州和深圳位列大湾区内前三，香港保险业的毛保费总额达 4000 亿元以上，广州和深圳原保险保费收入近 1500 亿元。

因而，本报告着重关注第一梯队的香港、深圳、广州和处于第三梯队的另一特别行政区澳门的金融业发展情况。

二　大湾区内主要城市金融发展情况

（一）广州

2021 年，广州实现金融业增加值 2467.90 亿元，占地区生产总值比重为 8.74%，比 2019 年（8.35%）高 0.39 个百分点。而 2020 年，多行业在疫情中受到不同冲击，金融业受影响相对较小，占地区生产总值比重提高到 9.07%。

1. 传统金融业稳步发展

截至 2021 年末，广州银行业机构总资产达 8.72 万亿元，同比增长 9.1%；银行业利润 606.89 亿元，同比微降 0.9%；不良贷款率 0.82%。2021 年，全市实现保费收入 1459 亿元，居国内城市第三位，仅次于北京、上海，稍高于深圳；境内外上市公司累计 224 家，市值约 3.5 万亿元。

2. 跨境贸易和投融资便利化水平提升

2021 年，广州办理跨境人民币结算业务 9853.48 亿元，同比增长 35.1%，结算量居广东省第二位；其中，与港澳之间跨境人民币结算金额 6664.4 亿元。截至 2021 年末，广州与港澳之间跨境人民币结算业务量达

3.65 万亿元，占全市全部结算量的 64%，与广州发生跨境人民币结算业务的国家和地区超过 200 个。

3. 绿色金融改革创新试验区建设走在全国前列

2021 年末，广州主要银行机构绿色贷款余额 5705.6 亿元，在全国六省（区）九地试验区中体量最大。绿色金融改革创新试验区建设在全国各试验区中连续三次排首位，获国际金融论坛（IFF）绿色金融特别贡献奖。累计发行各类绿色债券 960.9 亿元，总量和增速均居全国各试验区第一。广州碳交所的碳配额现货交易量累计成交 2 亿吨，居全国的碳排放试点首位。推动碳交易金融产品发展，落地国内首笔碳排放权抵押贷款业务，发行市场首单"三绿"资产支持票据项目、全国造纸行业首只绿色债券、全国水资源领域首只绿色政府专项债券等。

4. 积极推动金融服务平台建设

近年来，广州努力搭建全球化服务平台，实现跨境人民币结算、贷款、金融资产转让及双向人民币债券试点、资金池"五大跨境创新"。积极筹建设立广州期货交易所，取得历史性进展，2020 年 10 月获国务院批准成立广州期货交易所筹备组，并于 2021 年 4 月正式运营，有效补齐广州重大金融基础设施平台短板。

5. 私募基金市场发展向好

广州相继出台扶持政策，进一步引导私募基金集聚规范发展。2020 年末，广州地区登记备案的私募基金产品 3392 只，规模为 4276.69 亿元，同比增长分别为 23.3%、12.4%；其中创投基金 336 只，规模 335.46 亿元，同比增长分别为 27.3%、40.3%，一批在全国具有影响力的风投机构在穗集聚发展。随着合格境外有限合伙人试点范围扩大，截至 2020 年末，共有 10 家外资控股的私募基金管理人落户广州，管理资金规模近百亿元，吸引境外资本服务本地经济发展。

（二）深圳

2021 年，深圳实现金融业增加值 4738.81 亿元，占地区生产总值的比重达 15.45%，同比提高 0.41 个百分点，比 2019 年（13.37%）大幅提高 2.08 个百分点。

1. 金融成为经济增长的"压舱石"

2021 年，深圳金融业实现税收（不含海关代征和证券交易印花税）1662 亿元，占深圳市总税收的 24%，保持全市纳税第一名的地位；深圳境内外上市公司 495 家，其中境内上市公司 372 家，数量位居全国第三名，总市值居全国第二名。2021 年，"深港通"累计交易金额 41.9 万亿元，成立以来年均增长 94.5%；其中，"深股通"累计交易金额 33.7 万亿元，年均增长 104.1%，"港股通"累计交易金额 8.2 万亿元，年均增长 82.2%。截至 2021 年末，全市银行机构资产总额 11.27 万亿元，同比增长 7.8%，居国内城市第三名。

2. 跨境人民币业务领先全国

在新冠肺炎疫情等不利的国内外环境下，2020 年深圳跨境人民币业务实现逆势增长，全年收付规模首次突破 2 万亿元，达到 2.5 万亿元；2021 年再冲上 3 万亿元，达到 3.1 万亿元，位居全国第三名。在人民币国际化上先行先试，"深港通"、基金互认等顺利实施。截至 2021 年末，深圳试点银行累计开立"跨境理财通"业务相关账户 7453 个，跨境收付金额合计 1.9 亿元。

3. 科技和金融要素紧密结合

深圳在科技创新方面的良好表现，既是与粤港澳大湾区其他城市的结果，也是与大湾区内其他城市互补的结果。2021 年 9 月发布的金融科技发展指数①（FDI 2020），深圳与北京、旧金山、纽约、上海、伦敦、杭州、新加坡、芝加哥被评为九大全球金融科技中心城市，其中深圳与杭州并列第六。2020 年，深圳聚集 177 家上市信息科技公司，企业数量居首，占比由 2017 年底的 34.9% 增长到 2020 年的 37.7%；信息技术行业上市公司市值为

---

① 资料来源：浙江大学互联网金融研究院司南研究室、浙江互联网金融联合会 2021 年 9 月发布的《2020 全球金融科技中心城市报告》。

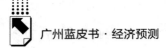

72911.2 亿元，占深圳市上市公司总市值的 44.7%，金融行业上市公司市值为 38151.2 亿元，占总市值的 23.4%，两者合计占深圳上市公司总市值比重达到 68.1%，"科技+金融"特征明显①。

4. 合格境内投资者境外投资（QDIE）试点额度翻倍

深圳自 2014 年启动合格境内投资者境外投资（QDIE）试点工作开展以来初见成效，2020 年底经国家外汇管理局批准，QDIE 额度由 50 亿美元增至 100 亿美元。截至 2021 年末，获得试点资格的 QDIE 持牌资管机构及私募基金管理人等类型企业共 69 家，获批投资总额度 19.9 亿美元。金融市场双向开放，深圳允许一主体同时兼备双 Q（QDLP/QDIE）试点资格，既能"引进来"外资，又便于内资"走出去"。

5. 颁布我国首部绿色金融法律法规

《深圳经济特区绿色金融条例》于 2021 年 3 月 1 日正式实施，这是我国首部绿色金融法律法规，也是全球首部规范绿色金融的综合性法案。截至 2021 年三季度末，深圳银行业金融机构绿色贷款余额 4192.68 亿元，同比增长 17.75%。

（三）香港

1. 保持国际金融中心地位

2021 年 9 月发布的第 30 期全球金融中心指数（GFCI 30）显示，香港重回全球金融中心第 3 名的位次。2021 年，在香港交易所新上市总集资额 3314 亿港元，其中新经济类公司 59 家，占年内首次公开招股集资额的 88%。香港交易所实现收入及其他收益 209.50 亿港元，同比增长 9.0%；实现净利润 125.35 亿港元，同比增长 9%。沪深港通收入及其他收益达到新高 27.24 亿港元，同比增长 41.0%。2021 年债券通北向通净流入达人民币 3190 亿元，平均每日成交金额同比增长 34%。

2. 资产管理中心功能凸显

在国家和全球经济的推动下，香港是世界第二大、亚洲最大的国际财富

---

① 资料来源：中国（深圳）综合开发研究院 2021 年 3 月发布的《深圳上市公司发展报告 2021》。

管理中心，仅次于瑞士。香港证监会数据显示，截至 2019 年底，香港资产及财富管理业务的资产总值达 28.80 万亿港元（折合 25.6 万亿元人民币），其中资产管理业务约 20.04 万亿港元，私人财富管理业务约 9.06 万亿港元。2020 年，香港私人财富管理业务延续实现两位数增长；2020 年末资产管理公司 1878 家，在疫情冲击下公司数量仍保持正增长（3.9%）。

3. 保持离岸人民币中心优势

香港是领先的离岸人民币业务枢纽，《关于金融支持粤港澳大湾区建设的意见》的出台进一步强化香港作为人民币离岸中心的优势。全球约 75% 的人民币交易通过香港进行。2022 年 1 月末香港人民币存款破万亿元（10959 亿元人民币），在全球各离岸市场中排名第一位，连续 5 年实现正增长；人民币贷款余额也位列第一。

4. 保险业运行平稳

2021 年，香港有效长期业务的保费收入总额为 5408 亿港元，同比下降 1.3%。个人寿险新单总保费总额为 1668 亿港元，同比增长 25%；其中由于新冠肺炎疫情限制跨境人流的措施，内地访客的新造保单保费从 2019 年的 434 亿港元降至 2021 年的 6.88 亿港元，但仅占个人业务总额的 0.4%。

（四）澳门

2017~2019 年，澳门实现金融业增加值在 310 亿~370 亿澳门元，占地区生产总值比重约在 6.5%~7%，其中银行业约占九成；受新冠肺炎疫情影响，2020 年地区生产总值同比大幅下降 56.3%，金融业发展相对较为稳定，实现增加值 247.28 亿澳门元（折合人民币 209 亿元），占 GDP 比重提升至 12.46%。

1. 打造中葡金融服务平台以及中葡人民币清算中心

为对接葡语系国家离岸人民币市场需求，澳门积极打造中葡金融服务平台以及中葡人民币清算中心。随着中葡贸易额持续增长，2019 年中国与葡语国家的贸易进出口总额达 1496.39 亿美元，同比增长 1.6%，其中进口约占 70%，出口约占 30%。作为唯一清算行，中国银行澳门分行已与 30 多个

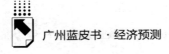

葡语国家银行建立了人民币清算代理关系,基本实现对葡语国家人民币清算的全覆盖。

2.人民币业务大幅提升

澳门的银行从2004年开始获批开展人民币业务,2020年澳门人民币存款总额662.7亿元,同比增长47.5%;跨境人民币结算总额387.9亿元,同比增长32.5%。

3.金融服务出口增长较快

澳门对国际基金进入持开放态度,无外汇管制,资金在符合反洗钱要求的前提下可自由进出,较为宽松的金融体系有利于金融服务出口,2002~2019年,金融服务出口年均增长17.5%,高于博彩服务出口(14.1%)3.4个百分点,2020年金融服务出口额为140.11亿澳门元。

4.债券业务逐渐成长

2018年中华(澳门)金融资产交易股份有限公司(MOX)成立,填补了金融交易所的空白,澳门债券业务逐渐成长,发债挂牌的金融机构不断增多,截至2020年末,在MOX上市的未到期债券共39只,金额达1157亿澳门元。

三 广州金融业发展需关注的问题

(一)金融规模相对偏小

从金融业增加值占比看,2018~2021年,广州金融业实现增加值在1700亿~2900亿元,占GDP比重为8.3%~9.1%,在大湾区中低于香港(规模为5000亿元左右,占GDP比重为19%~24%)和深圳(规模为3000亿~4800亿元,占GDP比重为13.2%~15.5%);也明显低于北京(规模为6000亿~7600亿元,占GDP比重为17.9%~18.9%)、上海(规模为5300亿~8000亿元,占GDP比重为16.2%~18.5%)。

从金融业对经济增长的贡献看,广州近年来呈下降趋势。其中,受新冠肺炎疫情影响，2020 年其他生产经营行业不同程度受损，全年处于恢复性增长区间，但金融业受疫情影响较小，是 2020 年广州经济增长的重要支撑；但随着其他行业的逐步复苏，金融业对经济增长的贡献率回归正常，呈下降态势。

从资本市场看，与北京、上海和深圳相比，广州上市企业数量较少，融资规模较小，2021 年，广州境内外上市的公司累计 224 家，少于北京（681家）、上海（618 家）和深圳（495 家），香港则高达 2170 家①。总市值方面，虽然 2020 年广州同比增加 1.02 万亿元，增量在一线城市中排第一名，总市值增至 3.8 万亿元，仍明显少于北京（27.18 万亿元）、深圳（16.33万亿元）和上海（12.42 万亿元）；其中，广州市值超千亿元的公司有 8 家，少于北京（49 家）、深圳（25 家）和上海（24 家）②。

（二）金融实力不显优势

从全球金融中心指数（GFCI）看，最近五期的排名（GFCI 26-30）显示广州总体呈波动下滑状态，从第 23 位提升至第 19 位后逐步下滑到第 32位；香港重回全球第 3 位；北京（从第 6 位下滑到第 8 位）、上海（从第 5位下滑到第 6 位）、深圳（从第 9 位下滑到第 16 位）也有所下降，但幅度相对较小（见表 2）。

从全球绿色金融指数看，2021 年 1 月发布的第八期（GGFI 8）显示，广州绿色金融指数总排名从第七期的第 22 位下调到第 30 位，高于香港（第41 位），低于北京（第 11 位）、上海（第 14 位）和深圳（第28 位）。

从市场交易平台看，与北京、上海、深圳和香港相比，广州仍以区域性市场交易平台为主，2021 年成立广州期货交易所，为全国性金融市场交易平台，但处于起步阶段，尚未形成大体量的全国性市场交易平台，功能效应、辐射带动能力较为有限。

---

① 北京、香港为 2020 年数。
② 资料来源：21 世纪经济报道发布最新的中国上市公司市值 500 强榜单。

表2 2019~2021年先进城市全球金融中心指数（GFCI）
和全球绿色金融指数比对（GGFI）

地 区	GFCI 30 2021年 9月	GFCI 29 2021年 3月	GFCI 28 2020年 9月	GFCI 27 2020年 3月	GFCI 26 2019年 9月	GGFI 8 2021年 1月	GGFI 7 2021年 4月	GGFI 6 2020年 1月	GGFI 5 2020年 3月	GGFI 4 2019年 1月
纽 约	1	1	1	1	1	13	31	34	—	37
伦 敦	2	2	2	2	2	1	3	3	3	2
香 港	3	4	5	5	3	41	40	41	—	41
新加坡	4	5	6	5	4	16	20	25	22	21
旧金山	5	12	8	8	6	3	5	10	14	12
上 海	6	3	3	4	5	14	17	17	26	20
洛杉矶	7	13	11	10	13	8	10	19	27	31
北 京	8	6	7	7	7	11	14	20	23	24
东 京	9	7	4	3	6	22	13	18	30	29
巴 黎	10	25	18	15	17	10	11	8	7	7
深 圳	16	8	9	11	9	28	28	28	—	26
广 州	32	22	21	19	23	30	22	24	24	30

注：①全球金融中心指数（GFCI）由英国智库Z/Yen集团和中国（深圳）综合开发研究院共同编制，2007年3月起每半年发布一次，基于分布在全球金融行业专业人士、非政府组织、监管机构和权力机构的问卷评估和因子分析，反映国际金融中心竞争力。②全球绿色金融指数（GGFI）由Z/Yen和非营利组织Finance Watch共同编制，2018年3月起每半年发布一次，基于分布在全球100余个金融中心金融专业人士的问卷调查和因子分析，反映绿色金融在全球金融中心的渗透深度以及绿色金融业发展质量。

（三）顶层政策支持不足

在现有的管理制度下，广州作为非直辖市，若政策支持不足，则难以在国家金融改革政策试点中获得先行先试的优势。从国家已经出台的各项金融改革政策中可以看出，广州优先享有的金融改革创新试点的机会仍偏少，顶层政策支持较为缺乏。同时，受金融税收体制约束，相较于北京、上海和深圳而言，广州财税支持能力相对有限，难以形成产业发展与地方财政相互促进的良性机制。

（四）与湾区其他城市存在金融同质化现象

从金融财税看，大湾区珠三角九市的相关政策存在同质化竞争的现象，尤其是广州和深圳，相关政策涉及广且涵盖领域大同小异，都通过落户奖励、补贴等抢夺大金融机构总部、上市公司、细分领域金融机构（如小额贷款、融资租赁等）、金融人才等，但是深圳相关政策布局更早且吸引力度大。而从特色金融来看，"特色金融"实质上是支撑型金融，关键在于为地区的支柱性产业提供金融支撑。香港、深圳和广州作为粤港澳大湾区内的经济三巨头，争相投入资源希望建成国际金融中心，容易造成资源错配。

四　促进广州金融业发展的建议

广州应以支持实体经济为根本，做大做强金融产业，择优发展广州特色金融，拓展穗港澳金融合作，深化广深"双城联动"，提升金融供给与实体经济发展需求的适配性，以具体的实践和精准的领域推动金融业高质量发展。

（一）大力培育新型金融业态，巩固提升区域性金融中心地位

金融的发展动力在于创新，为巩固提升区域性金融中心地位，广州须努力在金融创新和改革方面做华南地区的领头羊，尤其是新型金融业态作为金融创新最大的载体，在保障金融风险的前提下，要鼓励加大研发投入，提高金融创新水平。做好广州宣传，大力争取国家试点和政策支持。着力构建投融资服务中心、资产管理中心、金融要素区域交易中心等，加快建设成为具有较强聚合力、辐射力和综合服务能力的区域金融中心，进一步提升金融产业的国际地位。构建穗港常态化联络机制，推动南沙区成立粤港合作咨询委员会科技合作专项小组，与香港创新主体紧密联系。推进穗港科技金融创新合作平台及绿色金融创新合作平台建设，形成粤港澳大湾区科技金

融创新生态体系中的重要关联网络。向香港有序开放在穗的重大科研基础设施，助力创新要素自由流动。

（二）高标准打造广州期货交易所，金融支持实体经济更为直接

做好大宗商品定价，发展完整的期货产业链，加大大宗商品装运、仓储设施建设等的力度，促进专业市场、专业镇、专业园区的发展，形成对产业经济的有力支撑；打造中国版芝加哥商业交易所，支持南沙综合保税港区建设期货保税交割中心，打造以创新型品种为特色的、多层次的、具有竞争力的现代化期货交割库聚集区，加强定价权和话语权，使金融支持实体经济更为直接。广州期货交易所是中国首家混合所有制的交易所，还是境外机构首次获准入股的内地期货交易所，因而努力对期货市场的一些交易规则和惯例进行优化调整，提高共建"一带一路"国家和企业参与期货交易的便捷性和灵活性；强化广州期货交易所与香港联合交易所、深圳证券交易所的联动合作，吸引国际投资者参与，尝试对期货市场的交易规则和惯例进行优化调整，打造服务高质量发展、粤港澳大湾区的重要平台。

（三）积极吸引风投创投资本，加快建设风投创投之都

《粤港澳大湾区发展规划纲要》提出，吸引境内外知名创业投资机构在广东落户，打造国际风投创投中心。然而，与纽约湾区、旧金山湾区和东京湾区这三大湾区相比，粤港澳大湾区的资本生态多样性和创投能力都存在较大差距，目前广东地区的券商总部占全国比例不足 5%，私募股权投资（PE）/风险投资（VC）投资额仅约为旧金山湾区的 10%。新冠肺炎疫情一方面冲击着全球的经济生活方式，给全人类造成难以统计的生命财产损失。另一方面也迫使全球各国的产业链加速重构，"危"中隐藏着巨大的发展机遇，而对于向来最敏感的全球风投创投市场，我国抗击疫情率先取得阶段性胜利后成为全球投资"洼地"。广州应利用好自身开放型经济的优势，积极吸引世界各国投资者和各类企业来广州兴业，帮助辖区内企业开展投融资业务，引导创业投资更多投向处于种子期、初创期的科技型企业，打造"标

志性"风投创投集聚区、探索设立私募股权交易平台。积极探索整合市属国有风投创投资本,打造覆盖种子、天使、VC、PE等各阶段的全资本链条的国有"标杆"创投机构,设立更多市、区政府引导基金,助力经济、产业与金融的发展。

(四)善用自身优势,以绿色债券为抓手助推绿色金融发展

绿色金融有助于促进产业结构布局调整,提高大湾区内产业协同发展,避免由于同质竞争带来的产能过剩。就现状看,广州在绿色贷款领域、香港在绿色债券领域分别处于发展前列,深圳在绿色资本市场也获得一定的成效。从表2看出,虽然在全球金融中心指数排名靠前的城市未必在绿色金融方面发展靠前,如纽约在全球金融中心指数中排名第一位,但在最新的GGFI 8排名,纽约的绿色金融质量和绿色金融深度总分上升至第13位,之前徘徊在第30~40位,这表明由于本地交易所中有较多绿色科技公司上市,传统金融业竞争力较强的金融中心在绿色金融的发展上还处于上升期。因此,广州应加快绿色金融发展,推广花都试点经验,促进创新环保与金融融合的体制机制;努力实现绿色金融、普惠金融与农村金融的有机融合,发挥集聚优势,打造"金融+绿色"高地,促进经济和生态环境协调发展。

(五)纵深拓展穗港澳深合作,推进大湾区金融协同发展

广州应加强与香港、澳门、深圳的区域合作,避免简单的同质性竞争。借助香港国际金融中心的资源和平台优势、澳门中葡商贸合作服务平台的优势,更为紧密对接国际市场,获得更多更强的"人流""物流""资金流""信息流"。《广东省金融改革发展"十四五"规划》多次提及"双区"建设为金融高质量发展创造历史性机遇,并提出建设广深"双城联动"的金融市场体系,广州应抓住机遇争取中央的证券期货经营机构跨境业务试点支持,研究开展跨境人民币再保险业务,协调推动在南沙设立港澳保险服务中心,支持符合条件的港澳保险机构在广州设立经营机构。

B.17
广州期货交易创新发展的前瞻性研究

广州市工商联课题组 *

摘　要： 广州期货交易所在产品定位上可充分依托本地优势，重点发展与广州地方经济关联度较高的产品。在发展策略上应充分利用南沙的港口物流业优势，整合现有交易场所资源形成南沙大宗商品现货交易平台，并配套建立大湾区大宗商品信息数据中心，打造期货产业集聚区。大力推进广州期货市场的国际化，使其与港澳市场及共建"一带一路"国家和地区协同发展，助力广州建成具有重要国际影响的期货之都。

关键词： 期货交易　产品定位　大宗商品　广州

2021年4月广州期货交易所（以下简称"广期所"）正式挂牌，广东省乃至整个华南地区没有期货交易所的历史一去不复返，这将对粤港澳大湾区和广东省产生重要影响。对于广州来说，意义尤为重要。一是有利于推动市场要素在广州的集聚，夯实广州金融中心的功能和定位。二是有利于优化产业结构，增强广州的城市核心功能。三是有利于促进提高广州经济增量和税收。为此，本报告将结合广期所的混合所有制特色、广东区域特色及国家对广期所的定位，分析地方政府和企业如何充分利用好广期所这个平台，实现期货与具体产业相结合，助力广州建成

---

* 课题组成员：曾纯青，广州市工商联副主席；陈力，广州市工商联办公室主任；张鹏，上海曲陌科技有限公司；刘尚鑫，上海曲陌科技有限公司；杨超，广州市工商联办公室一级主任科员；任丰银，广州市工商联办公室二级主任科员。

具有重要国际影响力的期货之都，为粤港澳大湾区的金融市场和产业发展做出贡献。

一　产品定位

截至 2021 年 6 月，中国内地 4 家期货交易所已经上市共计 70 个期货品种和 20 个期权品种，留给广期所的空间并不大，但同时也带来了机遇。建议广期所上市品种要与粤港澳大湾区和广东（广州）地方经济高度关联，助力经济结构的升级换代和高质量发展。

关于具体品种，广期所已经有所储备。本报告重点推荐人民币兑港元、珠江内河航运、咖啡与再生金属（铜和铝）。这三个产品具有一定代表性，与广州地方经济结合也较为紧密。

（一）珠江内河航运期货

国务院印发的《关于推进自由贸易试验区贸易投资便利化改革创新若干措施的通知》提出，强化自贸试验区与期货交易所的合作，从国内市场需求强烈、对外依存度高、国际市场发展相对成熟的商品入手，上市航运期货等交易新品种。按照该文件精神，广州上市珠江内河航运期货迎来重要的契机。

广州的航运、港口、贸易对于广州和南沙区的经济具有举足轻重的作用，上市珠江内河航运期货可以有力支持上述产业的发展，也将是全球第一个内河航运期货产品。由于大多数经济体并不具备港口贸易和航运的产业基础，因此截至目前，尚未有一个国家尝试将内河航运做成期货产品。珠江是我国第三长河流，包括珠江三角洲、西江、东江和北江，形成以广州港、深圳港、梧州港、贵港港为国家主枢纽港的国家港口体系，完全可以支撑起一个内河航运运价期货市场。例如，2020 年广州港口货物吞吐量为 6.36 亿吨，同比增长 1.5%；集装箱吞吐量为 2350.5 万 TEU（20 英尺标准集装箱，Twenty-feet Equivalent Unit，TEU），同比增长 1.2%。广州市政府发布《建设广州国际航运中心三年行动计划（2018~2020年）》，行动计划明确提出依托粤港澳大湾区建设，打造粤港澳大湾区国际航运金融综合服务体系。上市珠江内河航运期货，对助力广州和南沙建设航运中心、建立现代航运金融服务体系、满足航运企业风险管理的现实需求、完善航运业价格体系具有现实作用。广州航运交易所已编制相关航运价格指数，可在此基础上完善、提升，作为上市期货品种的基础。

（二）咖啡期货

我国咖啡主要种植地在云南，产量不大，但增长速度较快。2001年仅为1.72万吨，2010年增长到4.96万吨，2018年全国咖啡豆总产量13.79万吨，居全球第13位，仅占世界产量的1.12%。2016年以来，我国咖啡进口量总体呈平稳趋势，2020/2021年度中国咖啡进口量为2850千包，每包为60千克，约为17.1万吨。中国咖啡消费量增长较快，2019/2020年度中国咖啡消费量为3350千包，约20.1万吨（人均15杯/年），同比增加4.8%。

广东地处热带区域，距离我国咖啡主产地云南较近，地缘优势明显，广期所上市咖啡期货具有得天独厚的有利条件，并对当地经济产生积极影响，特别是可助力广州成为咖啡贸易中心。围绕咖啡期货交易，会有大量的产业用户参与，除了套期保值，也需要在广州进行交割，这有利于充分发挥广州在物流、仓储、冷链等行业的优势，推动广州咖啡产业链的发展壮大。

（三）再生金属期货

再生金属行业属于资源再生行业和循环经济范畴，行业的健康发展对于我国建设生态文明、推动绿色发展有重大的战略意义，特别是在"碳达峰"和"碳中和"的背景下，节能减排将是再生金属行业发展的方向。上市再生铝和再生铜期货契合了这个目标，具有现实意义。

从市场规模看，我国再生铝产量和占比不断上升，产量从2006年的66.5万吨上升到2019年的690.36万吨，占铝产量比重约为20%左右。目前国内再生铝市场规模大约在 840 亿元,预计 2025～2035 年将达 1362 亿～2220 亿元。2019 年中国再生铜产量为 330 万吨,按照铜使用周期测算(20 年),目前我国铜资源的报废量和回收量已经进入快速上升期,预计 2025 年我国再生铜产量将达到 435 万吨,其中国内回收量达 300 万吨,进口量达 135 万吨。若以 45000 元/吨的价格测算,目前国内再生铜市场规模大约在 1485 亿元,预计在 2025 年将达 1957.5 亿元。这样的市场规模可以支持上市期货产品。同时,再生铝和再生铜价格波动较大,企业急需对应的风险管理工具,市场需求客观存在。

广东省在再生金属市场中拥有举足轻重的地位,是再生金属的主要生产基地和消费地,也是中国最大的再生金属出口市场。在广州期货交易所上市再生金属,既可提升定价效率,提供风险管理工具,同时也可在与东南亚再生金属产业的协同发展中发挥重要作用。

二 创新发展策略

(一)充分利用南沙的港口物流业优势,整合现有交易场所资源形成南沙大宗商品现货交易平台

广期所注册在广州南沙,而南沙在港口、物流、航运方面是有优势和特色的。例如,2015～2020 年,广州港累计完成货物吞吐量约 30.1 亿吨、集装箱吞吐量 1.08 亿 TEU,货物吞吐量先后超越天津港、新加坡港,集装箱吞吐量先后超越釜山港、香港港。2020 年,广州港货物吞吐量 6.36 亿吨,全球第四,其中内贸 4.9 亿吨,全国第一;集装箱吞吐量 2350.5 万 TEU,全球第五,其中内贸 1445 万 TEU,全国第一。广州与香港水上集装箱运输量超过 300 万 TEU。在这中间,南沙占据非常重要的地位,例如南沙邮轮码头、南沙三期、海嘉汽车码头等已经建成启用。全球首个采用北斗导航的自动化码头南沙港四期启动建设,为智能码头建设提供了"广州方案"。除此之外,广州航运交易所也注册在南沙。港口、物流、航运优势使建立"期现货中间市场"的大宗商品现货交易平台成为可能。

第一，以现有广州大宗商品交易市场为基础，邀请广州期货交易所和产业企业、贸易企业共同入股。目前国家对大宗商品现货交易平台的牌照发放非常谨慎，因此要申请新的牌照并不现实，也来不及，比较现实的方法是借用目前广州已有的大宗商品交易场所牌照。比如，将现有交易场所做一些股权变更。在股权设计时，比较重要的一条是要与广期所发生股权联系，即由广期所作为参股方之一。如果早期无法进行股权合作，也可以先成立某种联盟，将业务的合作关系确定下来。在这方面，上海期货交易所与浙江油气交易中心已有先例，可以借鉴。除了广期所，一些重要的、在某一产业内具有较大影响力的大型企业，也可作为股东，为日后的业务发展做好铺垫。

第二，南沙现货交易平台的业务以对接广期所为主，以其他商品期货交易所为辅。该交易平台的定位需要十分明确，即与广期所业务进行衔接。目前，我国各地都有大量现货交易市场，但经营得好的并不多。究其原因，主要由于各地方现货交易平台的业务各自为战，逐步向电商化的方向发展，并未与期货交易所业务紧密连接，导致没有形成强有力的市场影响力和公信力。因此，建议围绕广期所的上市产品开展业务，可以考虑与国内其他期货交易所形成业务联系，甚至可以考虑与境外期货交易所建立合作关系。

第三，围绕期货实物交割业务，集中打造南沙交割仓库群和物流园区，助力形成完整产业链条。广东省金融"十四五"规划中明确提出，支持南沙综合保税港区、虎门港综合保税区等建设期货保税交割中心，打造具有影响力的期货交割库聚集区，加大大宗商品装运、仓储设施建设力度，促进专业市场、专业镇、专业园区发展，形成对产业经济的有力支撑。鉴于此，广州市可以将南沙现货平台作为基础，大力发展与广期所品种交割环节关联的仓储物流产业，建设广东优势期货品种交割仓库，打造期货品种交割集散地，形成广期所配套服务设施。在这方面，浙江宁波一带具有较好的经验。浙江不产油，但是当地政府充分利用港口优势，通过不断规划和建设，现在不仅有油气交易中心，而且油库遍地，发展出一个重要而庞大的油气仓储产业。

上市的现货产品主要以广期所期货标的为目标，例如农产品、咖啡、稀土、再生金属等。通过现货交易、结算、交割、仓储等业务，承接广期所期货产品的现货端业务，实现期现货的紧密结合，从而围绕某个产品打造出完整的产业链条。以再生铜、铝为例，南沙现货平台上市再生铜和铝，可以吸引主要的再生金属外贸企业、消费再生金属的企业参与现货平台交易，并建设再生金属交割仓库。广东本地对再生金属的消费原本就巨大，进口主要通过广州港，建立再生金属交割仓库能很好地满足当地需求。另外，未来再生金属的部分拆解功能可以转移到东南亚，与东南亚的市场形成协同。从进口、生产、消费、再转移，再生金属的这个产业链条就在广州建立起来。再以咖啡为例，广东咖啡的消费量和进出口规模很大，一直处于全国第二或第三位，但从量级看，与云南的出口或江苏的进口差距很大。建议在南沙成立咖啡交割库，并发布优惠条件引进咖啡贸易商，进一步刺激广州的咖啡进出口业务。从全球看，巴西和越南既是主要的咖啡生产国家，也是主要的咖啡出口国家，巴西占全球咖啡出口总量的27%，越南占22%。广州可以利用咖啡期货的契机和毗邻越南、云南省的地理优势，将进口越南咖啡和云南咖啡打造成为主要的交割品种，广东省可借此成为中国第一大咖啡进出口地，围绕咖啡的产业也将会蓬勃发展。

交割仓库建设，既可以自建，也可以租赁，还可以与第三方仓储企业合作。这取决于现货平台的实力、资源可获得程度以及具体的产品特征。

第四，与广期所合作共建仓单及非标场外衍生品交易平台。近年来，期货交易所都提出了自己的场外市场规划。例如，大商所提出"一圈两中心"建设，其中，"一圈"指"大宗商品生态圈"，就是交易所搭平台，引入各方赋能，服务产业企业；"两中心"，即"交易中心"和"价格信息中心"。上期所提出"一主两翼"发展战略，"一主"指期货市场，"两翼"指仓单市场与衍生品市场。广期所推出商品期货产品后，也会逐步面临这个问题。要实现与广东实体经济的紧密结合，有必要考虑场外市场的建设。但是与其他交易所不同，广期所短期内关注自己的产品上市，没有精力发展场外市场，这恰恰是现货平台发挥功能的有利时机。

场外市场不是期货交易所的专利，南沙现货交易平台可以开展期权、指数点价交易、基差交易、仓单交易、仓单融资、供应链融资等多方面的业务。建议把与广期所的合作重点放在两个业务方向，一是仓单交易及其附属服务，二是场外期权。

南沙现货交易平台可与广期所共建仓单平台，而且作为广期所首个报价专区报价商，分两个阶段开展业务。第一阶段，南沙现货交易平台以非交易功能的专区报价商身份（二级报价商）代理南沙现货平台会员在平台报价专区开展委托报价业务，将其会员的非标产品报价信息在平台报价，交易、结算、交收在线下达成，平台不负责交易资金的结算、货权的划转及发票的开立。发布的品种除了广期所已经上市的品种，也可以是南沙现货交易平台自己交易量比较大的品种。第二阶段，业务可以进一步深入，南沙现货交易平台在仓单交易平台中开户成为核心交易商，参与标准仓单交易，同时将其非标货物采购及销售信息在报价专区向全市场发布，交易、交收、结算通过线下完成。

南沙现货交易平台也可为期货公司等各类金融机构开展场外衍生品创新提供良好的辅助平台。根据广东省"十四五"规划，广东粤财投资控股有限公司、广东电力发展股份有限公司、粤开证券、中山金融投资控股有限公司和广州南沙金融控股集团有限公司将共同出资发起设立广东粤财期货股份有限公司。这家新的省属期货公司的成立，必然与广期所业务息息相关。南沙现货交易平台可与广期所和粤财期货合作，提供量身定制的场外期权等个性化风险管理服务。同样，这些产品可以是广期所上市的品种，也可以是在南沙现货交易平台上市的品种。

（二）在南沙建立大湾区大宗商品信息数据中心

数据是交易场所的一座隐形金山。在广期所成立之前，广州在这方面并无明显优势。随着广期所产品逐步上市并形成流动性，必然会产生各类交易清算数据。这些数据一旦形成产品，将不仅为交易所带来直接收益，还将为行业及政府决策提供依据，降低市场参与者的信息成本，助力期货与产业端的结合。因此，可以由广期所、南沙现货交易平台、知名数据商、广州重点产业龙头企业、境外交易所支持成立大湾区大宗商品信息数据中心。该数据中心可以采取市场化的运营方式,在南沙打造大宗商品数字化高地,开辟广州的一个重要产业。

(三)制定相关政策,鼓励实体企业客户利用期货市场进行套期保值和风险管理

第一,结合企业发展需要,重点支持广州支柱产业的相关企业利用期货市场实际参与套期保值。由相关部门牵头,与广期所、期货公司一起指导和推动企业建立完善套期保值制度,鼓励产业链上下游实体企业合理运用期货和期权等工具,以更低成本进行套期保值,提升产业链应对价格波动的风险防范能力,稳定产销关系,锁定经营利润。必要时可以对类似投资者教育活动给予财政补贴支持。

第二,组织设计并投资与期货相关的资管产品。除了直接参与套期保值,企业也可与广州市的资管机构合作,发行相关的期货资管产品(类似CTA),方便更多企业间接参与。以外汇期货为例,一般来说,外贸企业可以通过外汇期货产品直接进行套期保值,但并非所有企业都有这个专业能力,大型企业也不太可能专门设置部门去参与。这时候,可与私募机构合作设计一个资管产品,该产品专门投资于外汇期货,企业则可以通过购买此产品的份额,达到类似保险或期权的目的。其最大损失即为投资本金,但可以起到间接规避汇率风险的功能。

(四)在南沙地区打造"广州期货生态园",积极引进专业机构入驻,形成集聚区

目前,中国尚无以"期货"命名的衍生品行业集聚区,可以在南沙专门划出一片区域或者一栋楼,建立"广州期货生态园",给予相应的优惠政策,吸引期货及衍生品行业的市场参与者和服务者入驻,形成衍生品行业的集聚区,打造期货服务高地。"广州期货生态园"主要发挥如下功能。

第一,建议建设的南沙大宗商品现货交易平台和大湾区大宗商品信息数据中心注册并入驻生态园。对于南沙现货交易平台给予开办费、税收减

免、人才补贴等优惠措施。平台和中心的企业会员也可以同步入驻并享受优惠。

第二，鼓励国内外金融机构在生态园内设立总部和分支机构。建议对新设和引进的法人期货公司给予一定奖励，比如注册资本5亿元以上（含5亿元）的，一次性奖励500万元；5亿元以下、2亿元以上的，一次性奖励200万元，前三年每年奖励其手续费收入的6‰，第四、五年每年奖励其手续费收入的4‰。对期货公司设立的资产管理、风险管理等专业子公司（除直投类机构），注册资本5000万元以上（含5000万元）的，一次性奖励200万元；5000万元以下、2000万元以上的，一次性奖励100万元（以上奖励数额仅做参考）。鼓励对冲基金入穗，欢迎境内外行业领军人士落户，对于具有一定规模的对冲基金落地生态园，提供相关奖励和补贴；对于新设对冲基金，参考前述标准给予财政补贴。积极引进会计、律师、资产评估、保险代理、信用评级、投资咨询服务机构等期货中介服务机构，引导规范中介服务标准，促进中介服务市场专业化、高端化发展，构建与国际接轨、适应金融改革发展需要的专业期货行业中介服务体系。

第三，成立广州期货投资者教育基地，打造集培训、研究智库、会议、媒体宣传的一体化平台。投资者教育是期货市场发展的重中之重。建议与广期所、期货公司以及中山大学、广州大学等当地高校科研机构共建投资者教育基地，举办各类培训活动，推广期货产品的运用。成立期货研究智库，深入研究企业参与期货市场中的重大课题。研究成果可以"一库一刊"的方式展现。"一库"指研究报告的数据库，"一刊"指打造一份旗舰刊物《期货研究》，努力使之成为重要的发声渠道。组织每年一度的广州期货年会/论坛，并将南沙作为永久会址，广交四海朋友，促进业务合作，扩大广州和南沙影响力，跻身全球著名期货会议行列，使之成为广州的新名片。依托投资者教育基地，与国内顶尖文创传媒集团合作，建设南沙期货全媒体演播制作中心，整合电视、报刊、网络等媒体资源，编辑制作、介绍宣传广州期货市场，以实现广州和南沙在期货领域内的知名度、美誉度。

（五）推进广州期货市场的国际化及其与港澳市场的协同发展

第一，大胆创新，在南沙开展专门交易广期所产品的合格境外有限合伙人（Qualified Foreign Limited Partner，QFLP）试点。基金管理企业可向广东省地方金融监督管理局申请 QFLP 试点资格以及投资规模备案，在境内开展对广期所上市产品的交易投资活动。探索允许 QFLP 按照余额管理模式自由汇出、汇入资金。在风险可控的前提下，取得 QFLP 试点资格的管理企业在境内发起设立基金后，境外投资者可在备案金额内自由汇出、汇入本金参与基金的申购与赎回。简化 QFLP 外汇登记手续，获得 QFLP 试点资格的管理企业，其发起设立的基金资本变动无须逐笔办理外汇登记变更等手续。

第二，鼓励金融机构与香港、澳门同业对接，探讨成立合资金融集团或期货公司并在南沙注册。在外汇管理部门与证券监督管理机构允许范围内，试点证券期货经营机构跨境业务，推动人民币跨境使用，实现粤港澳大湾区联动。对于成立的跨境合资公司，给予奖励。

第三，推动在港澳两地注册的中外资会员直接成为广期所会员的可行性。对于现有在香港和澳门两地的金融机构，特别是持有香港证监会颁发牌照的期货公司和证券公司，可以推动直接成为广期所的非结算会员，前提是在南沙设立分支机构。

第四，联合东南亚交易所和金融机构在南沙成立"一带一路"期货及衍生品合作中心。推动与共建"一带一路"国家和地区的交易所集团、金融市场基础设施和金融机构深化沟通交流，重点向东南亚市场提供技术服务或参股共建。

（六）建立工作机制，督促措施落实到位

第一，组建工作专班。建议由相关部门成立工作专班，按照广东"十四五"金融规划的要求，制定立足南沙发展全期货产业链的工作计划并负责推动落实。

第二，对重点项目给予财政和土地政策扶持。安排财政专款，支持南沙

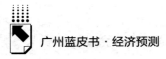

大宗商品现货交易平台和大湾区大宗商品信息数据中心的建设。专门划出土地和楼宇用于广州期货生态区的建设。

第三，做好人才保障。积极向南沙引进高层次金融和期货人才项目团队。对期货公司、交易场所引进的金融团队，在职称评审、子女入托入学、购房等方面给予南沙市高层次人才政策保障。

B.18
税收视角下的广州市
三大开发区发展对比分析

摘　要： 本报告从税收视角出发，对三大开发区所在区域的经济税收总量
情况、税收产业和行业结构情况、经济税收发展质量情况进行比
较分析，发现广州市三大开发区所在区域发展存在的问题，并从
产业发展定位、产业结构优化和差异化制定传统产业、朝阳产
业、未来潜力产业等产业布局规划等方面提出促进广州市三大开
发区经济税收持续健康发展的建议。

关键词： 开发区发展　税收情况　产业结构　广州

　　自 1984 年广州市作为全国首批 14 个国家级经济技术开发区试点城市之
一，广州市目前已拥有 3 个国家级经济技术开发区，分别是广州经济技术开
发区、南沙经济技术开发区和增城经济技术开发区，总面积为 241.77 平方
公里，占广州市总面积的 3.25%，但 2020 年带动实现地区生产总值和税收
收入均超过广州市总量的 20%，其经济引擎功能发挥作用巨大。本报告拟
从广州三大国家级开发区经济税收比较的角度出发，对进一步发挥国家级开
发区功能及区位优势，推动区域经济税收持续健康发展提出相关建议。

---

* 课题组组长：骆艺文，广州市增城区税务局党委副书记、副局长。课题组成员：徐航灏，广
州市增城区税务局收入核算科科长；姚嘉洪，广州市增城区税务局收入核算科副科长；张栩
源，广州市增城区税务局收入核算科一级行政执法员。执笔人：姚嘉洪。

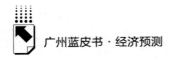
一 广州市三大国家级开发区概况

广州经济技术开发区（简称"广州开发区"）成立于 1984 年，位于广州市黄埔区，是国务院批准设立的首批 14 个国家级经济技术开发区之一，在国家级开发区综合发展水平评价体系中稳居第二位，2020 年，广州开发区在 218 家国家级经开区的综合实力榜单、吸收利用外资榜单和进出口总额榜单中分别排名第 2、2、3 位，地区生产总值、上市企业数量、省级及以上研发机构总数、高新技术企业数等 6 项指标居全国经开区榜首。目前，广州开发区拥有新一代信息技术、汽车制造、高端化工 3 个千亿级产业和生物医药、新能源、新材料、食品饮料 4 个 500 亿级产业，科技创新能力稳居全国经开区第一，2019 年和 2020 年均获评全国经开区营商环境指数第一，是广州首个国家级绿色产业示范基地。广州开发区将加快构建科技创新、数字经济带动的现代产业体系，打造粤港澳大湾区高质量发展重要引擎，为广东省打造新发展格局的战略支点发挥重要引领作用。

南沙经济技术开发区（简称"南沙开发区"）成立于 1993 年，位于广州市南沙区，南沙开发区以打造广州"三中心一体系"的核心功能为抓手，规划了"1+12"产业发展平台，着力发展航运物流、高端制造、金融商务、科技创新、旅游健康等五大主导产业，汽车产业集群产值突破千亿元。在"十三五"期间，南沙开发区在国家级经开区排名四年跃升 15 位，在 2020 年国家级经开区综合实力榜单排名第 12 位，在吸收利用外资榜单排名第 4 名，在进出口总额榜单排名第 5 位。南沙开发区将全力打造高水平对外开放门户枢纽，奋力开创"三区一中心"建设新局面。

增城经济技术开发区（简称"增城开发区"）位于广州市增城区，在2010 年升级为国家级经济技术开发区，是增城中南部新型工业区的核心区域。近年来，增城开发区充分发挥国家级经开区的制度优势，通过打造"一区多园"产业平台，不断推进开放创新、科技创新、制度创新，辐射带动各园区经济质量优化提升。2019 年，增城开发区在全国 219 家国家级经开区中综合排名第 96 位，三年大幅提升 93 位，成功跻身全国经开区百强。当前，增城开发区重点打造汽车及新能源汽车产业、新一代信息技术产业、金融科技产业三大千亿级产业集群，着力发展壮大 200 亿~300 亿级别的战略性新兴产业，努力推动开发区经济高质量发展。增城开发区将加快引入一批重大新兴产业和先进制造业项目，推进国家省市级重大研发平台、实验室和创新人才等创新要素集聚，成为政策高地、产业高地、创新高地、改革高地、开放高地。

二　三大开发区所在区域税收经济情况比较分析[①]

（一）经济与税收总量比较分析

从广州三大区域（黄埔区、南沙区、增城区）的 GDP 来看，三大区域 GDP 总量均突破千亿元，三大区域的 GDP 占全市的比重超过了 25%，其中黄埔区 GDP 总量最大，2020 年 GDP 总量是南沙区的 1.98 倍，是增城区的 3.45 倍。南沙区近三年 GDP 平均增速处于较高水平，特别是 2019 年和 2020 年 GDP 增速明显高于黄埔区和增城区。增城区 GDP 总量保持在千亿元以上，落后于黄埔区和南沙区，且 2018 年和 2019 年增速均落后于黄埔区和南沙区，但 2020 年在新冠肺炎疫情影响下，增速仍保持在 5% 以上，高于黄埔区（见图 1）。黄埔区和南沙区 2018~2020 年 GDP 增速均高于全市平均水平，增城区 2018 年和 2019 年 GDP 增速略低于广州市平均水平。[②]

从近三年三大区域的税收情况来看，2018~2020 年税收总量规模比例与 GDP 总量规模比例基本相似，税收增速走势也与 GDP 增速相似。其中南沙区近三年税收增速大幅高于黄埔区和增城区，特别是 2020 年在新冠肺炎疫

---

① 受限于三大开发区经济、税收数据获取不全面，部分数据统计口径无法直接对比，在三大开发区大部分经济、税收指标占所在行政区（黄埔区、南沙区、增城区）的比重较高的前提下，本报告对三大开发区的比较分析主要采用三大开发区所在行政区的数据进行比较分析。

② 广州市 2018~2020 年 GDP 增速分别为 6.0%、6.9% 和 2.7%。

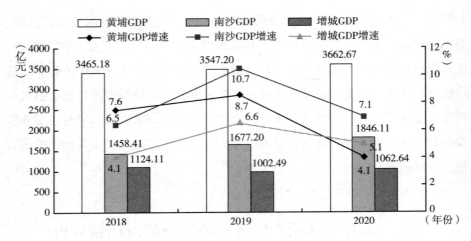

图1 近三年三大区域生产总值情况

资料来源：广州市统计局网站。

情影响下仍保持双位数增长。黄埔区和增城区虽然近三年税收增速不如南沙区的高速增长，但增速基本维持在全市平均水平以上（2018年增城区增速低于全市平均增速5.2%），在广州市2020年因新冠肺炎疫情影响税收负增长的情况下，黄埔区和增城区税收仍保持增长态势（见图2）。

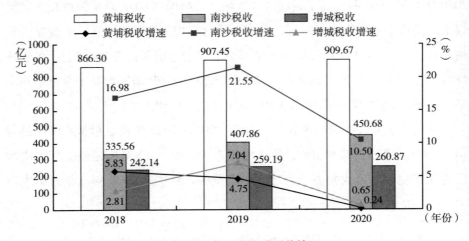

图2 近三年三大区域税收情况

资料来源：广州市税务局系统数据。

（二）税收行业结构比较分析

1. 三次产业税收占比逐渐优化，南沙区和增城区第三产业占比超过50%

三大区域的三次产业税收均呈现第三产业占比逐渐增大的趋势。黄埔区税收从依赖第二产业逐步发展为第二、三产业均衡发展，三次产业税收比例从 2018 年的 0.18∶64.39∶35.43 转变为 2020 年的 0.15∶55.22∶44.63。南沙区第三产业税收在 2019 年超过了第二产业税收，当年三次产业税收比例为 0.07∶46.93∶53。增城区第三产业税收在 2018 年超过了第二产业税收，三次产业税收比例在 2020 年达到了 0.24∶39.72∶60.04。

2. 三大区域税收占比前三的行业均为制造业、房地产业和批发零售业，但呈现不同的行业发展格局

从 2020 年三大区域的各行业税收情况来看，三大区域税收占比前三的行业均为制造业、房地产业和批发零售业。黄埔区行业税收呈现"一超多强"的格局，制造业税收占比超过 50%，其他行业税收占比均为个位数，税收占比排名第 2~5 名的行业分别是房地产、批发零售、金融和物流业，税收占比在 4%~10%。南沙区行业税收呈现"渐进阶梯式"分布，第一梯队为制造业，税收占比达到 42.91%；第二梯队为房地产业，税收占比 19.94%；第三梯队为批发零售、商务服务和金融业，税收占比在 6%~10%。增城区行业税收呈现"双轮驱动"的格局，制造业和房地产业税收占比均在 30% 以上，是增城区最主要的两大行业，税收占比排名第 3~5 名的行业分别是批发零售、公共管理和建筑业，税收占比在 5%~13%（见表 1）。

表 1 2020 年三大区域重点行业税收情况

单位：%

黄埔区			南沙区			增城区		
行业	增速	占比	行业	增速	占比	行业	增速	占比
制造业	1.20	52.12	制造业	11.83	42.91	制造业	-7.47	33.41
房地产业	2.81	9.38	房地产业	16.46	19.94	房地产业	7.90	31.30
批发零售业	20.93	9.05	批发零售业	-18.44	9.59	批发零售业	4.42	12.52

黄埔区			南沙区			增城区		
行业	增速	占比	行业	增速	占比	行业	增速	占比
金融业	12.76	7.68	商务服务业	22.57	7.63	公共管理业	11.88	6.09
物流业	-39.89	4.53	金融业	13.39	6.11	建筑业	-6.46	5.87

资料来源：广州市税务局系统数据。

3. 三大区域制造业税收发展各有特点，汽车制造业是共同的重点制造业

从 2020 年三大区域的制造业税收情况来看，三大区域制造业税收发展各有特点，前五大制造业子行业重合度不高，仅有汽车制造业是共同的重点制造业。作为制造业强区，黄埔区各类制造业分布比较平均，前五大子行业税收占制造业的比重均超过 10%，其中成品油制造业税收占制造业税收比重为 28.68%，是占比最高的子行业。南沙区和增城区制造业分布比较类似，两区的汽车制造业税收占制造业比重均超过 60%，其他类别的制造业税收占比不超过 10%。除了汽车制造业，南沙区既有电气机械和器材制造业、电子制造业等先进制造业，也有酒、饮料和精制茶以及化学原料和化学制品等传统制造业；增城区则主要以纺织服装、服饰，金属制品，橡胶和塑料制品，家具制造等传统制造业为主。值得注意的是，增城区 2019~2020 年电子制造业占制造业税收比重分别为-10.2%和-16.94%，导致增城区制造业税收负增长，主要原因是增城区电子制造业处于发展初期，主要电子制造业企业均在这两年享受增值税留抵退税政策，预期在摆脱大额期末留抵税额的"包袱"后，电子制造业有可能成为增城区制造业的重点行业（见表2）。

表2 2020 年三大区域重点制造业税收情况

单位：%

黄埔区			南沙区			增城区		
行业	增速	占比	行业	增速	占比	行业	增速	占比
成品油制造业	2.57	28.68	汽车制造业	10.55	61.98	汽车制造业	-7.79	77.89

黄埔区			南沙区			增城区		
行业	增速	占比	行业	增速	占比	行业	增速	占比
汽车制造业	13.62	16.68	电气机械和器材制造业	3.85	4.56	纺织服装、服饰业	6.67	6.03
化学原料和化学制品制造业	22.59	13.85	酒、饮料和精制茶制造业	-0.51	3.74	金属制品业	9.46	4.43
电子制造业	-26.34	10.15	化学原料和化学制品制造业	34.50	3.52	橡胶和塑料制品业	53.38	3.12
食品制造业	-19.80	10.12	电子制造业	30.79	3.15	家具制造业	-1.00	3.11

资料来源：广州市税务局系统数据。

（三）经济税收发展质量分析

从宏观税负来看，三大区域 2020 年宏观税负非常接近，均在 24%～25%，高于广州市平均水平 17.83%，在宏观环境和享受税收政策相同的情况下，这说明了三大区域的单位 GDP 产税能力较强，也侧面反映了三大区域企业的经营情况好于全市平均水平。从创新发展能力来看，黄埔区科技创新能力优势明显，2020 年高新技术企业超过 2100 家，全区研发投入占地区生产总值比重达 4.38%，是广州市首个研发经费投入强度超4% 的区域。南沙区高新技术企业数量从 2015 年的 76 家增加至 2020 年的682 家，2020 年全区 R&D 投入占比预计上升至 3.8%，创新发展势能良好。增城区高新技术企业从 2015 年的 60 家增加至 2020 年的 500 家，2020 年全区 R&D 投入占 GDP 比重预计为 2.5%，创新驱动力明显增强。从企业发展潜力来看，黄埔区、南沙区和增城区入选前三批国家级专精特新"小巨人"名单的企业数量分别为 31 户、3 户和 3 户，占广州市比重分别为 45.59%、4.41% 和 4.41%，黄埔区拥有较多发展潜力大的中型企业。

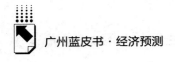

三　三大开发区所在区域发展存在的问题

（一）对比东部经开区，三大区域经济税收增长无明显优势

2018～2020 年，全国东部国家经济技术开发区的 GDP 增速分别为 14.6%、7.9%和 6.3%，增速与全国经开区 GDP 增速相当，2020 年在新冠肺炎疫情影响下仍保持 6%以上的较高增速。与东部经开区 GDP 增速比较，黄埔区、南沙区和增城区的 GDP 增速并无明显优势，三大区域 2018 年 GDP 增速明显落后于东部经开区，2019 年黄埔区和南沙区 GDP 增速略高于东部经开区，2020 年仅南沙区 GDP 增速略高于东部经开区。2018～2020 年，全国东部国家经济技术开发区的税收增速分别为 8.6%、3.4%和 1.4%，处于平稳放缓态势，而黄埔区和增城区的税收增速在与东部经开区的对比中并无优势，南沙区的税收增速相对优势较好。

（二）税收发展可持续性有待增强

传统制造业仍为制造业主力，转型升级压力可能会导致税收发展后劲不足。除汽车制造业外，目前广州三大区域的制造业税收仍以成品油制造业、化学原料和化学制品制造业、食品制造业和纺织服装、服饰等传统制造业为主，传统制造业一方面面临着同业竞争加剧、消费者对产品要求提升以及进口产品冲击等困难；另一方面面对能源、土地、水资源等主要资源消耗量大，废水、废气和固体废弃物排量大的生态环境问题，不利于区域经济税收持续健康发展。

近年广州三大区域的第三产业税收占比呈逐年上升态势，2018～2020 年的税收占比分别为 41.45%、48.68%和 49.4%，在一定程度上反映了三区经济转型升级的成果，但在第三产业税收中信息传输、软件和信息技术服务业、租赁和商务服务业以及科学研究和技术服务业等现代服务业占比不高，近三年税收占第三产业比重分别为 16.93%、17.71%和 18.86%，虽然占比逐年提高，但占比均不超过 20%。

（三）产业发展规划存在一定程度的重叠和竞争关系

从表3可知，在三大区域的"十四五"规划中，新一代信息技术均被列入首要地位产业中，其中黄埔区突出发展以新型显示及集成电路、传感器、第三代半导体等为主的电子核心产业；增城区加快发展以面板制造、模组组装为核心的超高清显示器制造产业，积极布局集成电路研发设计与封装测试环节，规划建设信创产业园。黄埔区和增城区在新型显示产业规划中存在一定程度重叠，需要在后续发展中避免产业过度重叠和竞争。南沙区着力推进5G、北斗等新一代信息基础设施建设、发展第三代半导体全产业链、建成以芯片制造为核心的集成电路产业集聚区，产业规划与黄埔区、增城区有一定的差异性。

汽车产业同样被三大区域列入支柱型重要产业地位，其中黄埔区协同发展燃料汽车和新能源智能汽车产业，大力推动本田汽车、小鹏汽车发展；增城区发挥广本、北汽"链主"企业作用，构建"整车—新能源汽车研发制造—汽车零部件基地—智能网联汽车"完整产业生态链；南沙区加快推动智能网联新能源汽车发展，着力实施电动化、智能化、网联化战略，打造千亿级智能网联新能源汽车产业集群。

在其他重点发展产业中，黄埔区和增城区同时提到发展新材料、食品制造，黄埔区和南沙区同时提到绿色能源/新能源和区块链、量子科技、纳米科技等未来产业，南沙区和增城区同时提到健康产业，这些行业规划都可能存在一定程度的重叠和竞争关系。

表3　三大区域"十四五"规划重点发展产业

黄埔区	南沙区	增城区
打造三千亿级产业：新一代信息技术	新兴支柱产业：智能网联新能源汽车、新一代信息技术与人工智能、生物医药与健康	打造三大千亿级产业：汽车及新能源汽车、新一代信息技术、大健康产业
打造两千亿级产业：汽车制造、新材料		
打造千亿级产业：绿色能源、生物技术、高端装备、健康食品	新兴优势产业：航空航天、新能源与节能环保	提升三大百亿级产业：智能家居、休闲服装、食品饮料

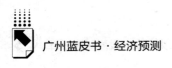

黄埔区	南沙区	增城区
未来产业：量子科技、类脑芯片、太赫兹、5G/6G 物联网、数字孪生、区块链、高端科学仪器、尖端生命科学、纳米科技、高端工业软件等	未来产业：区块链、量子科技、纳米科技	培育三大新兴产业：新材料、智能装备、金融科技

资料来源：三大区域"十四五"发展规划。

四　促进广州三大开发区持续健康发展的建议

（一）明确三大开发区产业发展定位，实现产业协同发展和错位发展

1. 创新区域产业合作机制

通过建立三大开发区的经常性对话协商机制，明确三大开发区产业发展的定位，要在功能定位、产业分工、物流交通上统筹布局、错位发展，特别是明确新一代信息技术和汽车产业发展的明细规划，避免新型显示产业、新能源汽车产业的同质化发展，注意避免广州开发区和增城开发区因所处地理位置相近、自然环境和自然资源相似，出现产业结构相近、发展路径趋同、主导产业优势不突出的问题。

2. 根据现有的产业基础，形成协同发展和错位发展的产业格局

根据三大开发区目前的产业基础，谋划确定各个开发区在同一类型产业中不同方向发力，形成产业错位发展、上下游协同发展的格局。例如在新型显示产业中，大尺寸面板制造和小尺寸屏幕制造的错位发展，芯片设计、制造、封测环节在不同区域的协同发展；在汽车产业中，燃油汽车和新能源汽车的错位发展，新能源汽车整车制造和电机、电池、电控等核心汽车零部件在不同区域的协同发展。

（二）持续发展高技术制造业和服务业，推动三大开发区产业结构优化升级

加快培育更多的专精特新"小巨人"和专精特新中小企业，加大对高技术制造业企业的扶持力度，着力将 2~3 个有企业基础和发展潜力的高技术制造业壮大为支柱制造业，如广州开发区的医药制造业、通用设备制造业，南沙开发区的专业设备制造业、航天航空运输设备制造业，增城开发区的电子制造业和电气机械制造业。服务业正日益成为推动高质量发展的重要力量，高技术服务业更是现代服务业的重要内容和高端环节。建议加大三大开发区的高技术服务业与第二、第三产业的融合发展，服务实体经济转型升级；多维度引入研发资源，打通高技术服务发展中技术、资金等"中梗阻"；加大技术交流促进平台建设力度，营造良好的科技研发氛围，充分发挥高技术服务业的辐射带动作用。

（三）差异化制定传统产业、朝阳产业、未来潜力产业的产业布局规划

根据三大开发区各自的地理位置、产业基础等的优劣势，对处于传统期、朝阳期和潜力期等不同时期的重点产业为对应的开发区进行产业布局规划，充分发挥不同时期产业的基础性、驱动性、引领性作用，使产业产出效应最大化。例如，在汽车产业中，增城开发区稳住传统期的燃油车制造基本盘，广州开发区发力朝阳期的电动车制造驱动广州汽车产业继续发展，南沙开发区联动番禺区研究自动驾驶等引领未来汽车发展的潜力产业。在新一代信息技术产业上，广州开发区继续发展传统显示面板，增城开发区着力发展超高清显示、柔性显示等朝阳期产业方向，南沙开发区探索第 N 代半导体和精尖芯片制造等未来潜力方向。有针对性地为三大开发区差异化制定传统产业、朝阳产业、未来潜力产业的产业布局规划，将发展重心分别放在传统产业、朝阳产业、未来潜力产业上，以及分别将发展重心放在同一产业的传统期、朝阳期和潜力期，使整个广州市的产业处于良性循环发展中。

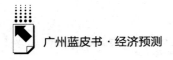
参考文献

舒先林、常城:《国家级开发区转型升级和可持续发展研究——以武汉经济技术开发区为例》,《长江大学学报》(社会科学版)2012年第4期。

赵晓冬、吕爱国、李兴国:《国家级经济开发区的三维关联性》,《开放导报》2016年第4期。

唐承丽、吴艳、周国华:《城市群、产业集群与开发区互动发展研究——以长株潭城市群为例》,《地理研究》2018年第2期。

《黄埔区、广州开发区国民经济和社会发展第十四个五年规划和2035年远景目标纲要》,http://www.hp.gov.cn/gkmlpt/content/7/7360/mpost_7360742.html#4156,2021年7月2日。

《广州市南沙区、广州市南沙开发区(自贸区南沙片区)国民经济和社会发展第十四个五年规划和2035年远景目标纲要》,http://www.gzns.gov.cn/zwgk/rdzt/jjnssswgh/ywjj/content/post_7362974.html,2021年6月5日。

《广州市增城区国民经济和社会发展第十四个五年规划和2035年远景目标纲要》,http://www.gz.gov.cn/zt/jjsswgh/qjgh/content/mpost_7364934.html,2021年7月7日。

民营经济篇
Private Economy

B.19

广州民营工业企业发展调研报告

广州统计局工业处课题组 *

摘　要： 本报告分析广州民营工业发展现状和特点，结合对687家当地民营工业企业的调查，宏观数据叠加微观企业的感受，多层面剖析了广州民营工业发展中存在的问题，并对广州民营工业高质量发展的路径选择进行了探索。

关键词： 民营工业企业　问卷调查　广州

一　广州民营工业企业发展现状及特点

2021年是"十四五"开局年，广州民营①工业企业努力克服二季度本

---

* 课题组组长：区海鹏，广州市统计局副局长。课题组成员：肖兴文，广州市统计局工业处一级调研员，处长；方越峦，广州市统计局工业处副处长；刘宇明，番禺区统计局办公室主任；王平浪，广州市统计局工业处三级主任科员；贺思丹，广州市统计局工业处科员。执笔人：方越峦。

① 按广东省统计口径，民营企业指除国有控股、港澳台商控股、外商控股外的所有经济类型企业具体包含集体控股、私人控股和其他控股的企业。

地疫情波动影响，在加大防控力度的同时，抓好生产，为经济的稳定发展提供有力支撑。2021年上半年，广州规模以上民营工业企业实现工业总产值2728.66亿元，同比增长21.4%，与2019年同期相比，增长18.9%，已回补2020年至今的疫情带来的影响，规模达到并超过疫情前发展水平。

（一）企业多，推动强

2021年上半年，广州共有规模以上民营工业企业4789家（见图1），占全市规模以上工业企业的76.3%，比国有控股和外资控股分别高出71.4个和57.5个百分点。全市162家大型①工业企业中，民营占31家，占比19.1%；中型企业598家，民营占267家，占比44.6%；小型企业4929家，民营占4001家，占比81.2%；微型企业587家，民营占490家，占比83.5%。作为广州工业中坚力量的民营企业，已成为全市工业做大做强的最坚强后备，支撑整个工业的稳步发展。

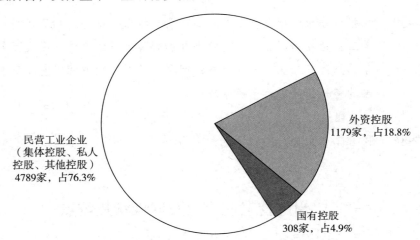

图1　广州市规模以上工业企业按控股情况分布

资料来源：广州市统计局。

---

① 大型企业指从业人员≥1000人，并且年营业收入≥4亿元的企业；中型企业指从业人员≥300人<1000人，并且年营业收入≥2000万元<4亿元的企业；小型企业指从业人员≥20人<300人，并且年营业收入≥300万元<2000万元的规模以上企业；微型企业指从业人员<20人，或者年营业收入<300万元的规模以上企业。

2021 年上半年，广州规模以上民营工业实现工业总产值和增加值分别为 2728.66 亿元和 611.81 亿元，占全市规模以上工业总产值和增加值的 26.0% 和 25.8%，对全市规模以上工业总产值和增加值增长的贡献率分别为 29.5% 和 27.5%，拉动全市规模以上工业总产值和增加值提高 5.4 个和 5.1 个百分点，民营经济对广州市工业的推动力较强。

（二）资产优，影响大

2021 年上半年，广州规模以上民营工业企业实现营业收入 2755.81 亿元，同比增长 30.8%，比全市规模以上工业平均增速高出 5.5 个百分点；总资金周转天数为 357.9 天，比全市规模以上工业企业平均水平少了 19.0 天；应收账款平均回收期为 71.7 天，比 2020 年同期减少 10.5 天。资金周转快，应收账款回流顺畅，体现了民营工业企业资产优质高效。

广州民营工业龙头企业发展良好，带动行业发展的同时，在国内也占据重要位置。2020 年，广东海大集团股份有限公司、广东圣丰集团有限公司、金发科技股份有限公司三家企业分别位列全国民营制造业企业 500 强榜单的第 94 位、第 119 位和第 178 位。

（三）分布广，优势显

广州有生产经营活动的 35 个工业行业大类，均有民营企业分布。从 2021 年上半年数据看，民营企业数量排在前面的行业为化学原料和化学制品制造业，计算机、通信和其他电子设备制造业，纺织服装、服饰业，橡胶和塑料制品业，企业数分别为 485 家、435 家、422 家和 346 家。营业收入规模排在前面的行业为计算机、通信和其他电子设备制造业，非金属矿物制品业，化学原料和化学制品制造业，橡胶和塑料制品业，营业收入分别为 369.25 亿元、243.13 亿元、219.29 亿元和 200.86 亿元。

从 2021 年上半年工业行业大类的营业收入上看，民营企业占比超过一半的行业有 7 个，其中其他制造业，纺织服装、服饰业，木材加工和木、竹、藤、棕、草制品业，非金属矿物制品业，皮革、毛皮、羽毛及其制品和制鞋业占比均超过 7 成，该 5 个行业民营企业营业收入占据绝对份额。从工业行业大类的利润总额上看，民营企业占比超过一半的行业有 3 个，分别为其他制造业，橡胶和塑料制品业，纺织服装、服饰业，该 3 个行业民营占据绝对优势（见表 1）。

表 1　2021 年上半年广州规模以上民营工业企业主要行业分布

行　业	民营企业家数(家)	营业收入		利润总额	
		民营企业(亿元)	占全市规模以上工业比例(%)	民营企业(亿元)	占全市规模以上工业比例(%)
化学原料和化学制品制造业	485	219.29	33.27	16.32	31.39
计算机、通信和其他电子设备制造业	435	369.25	31.20	15.98	19.40
纺织服装、服饰业	422	93.34	79.07	3.98	53.25
橡胶和塑料制品业	346	200.86	66.04	11.41	61.87
通用设备制造业	329	129.95	32.13	5.28	17.55
皮革、毛皮、羽毛及其制品和制鞋业	250	46.52	72.47	0.17	—
非金属矿物制品业	216	243.13	74.93	7.82	49.36
汽车制造业	169	124.82	4.26	5.76	2.92
纺织业	122	33.59	43.61	0.89	36.72
农副食品加工业	107	113.80	57.45	4.84	46.07
其他制造业	22	8.28	83.88	0.54	100.22

资料来源：中华全国工商业联合会。

（四）重研发，有成效

2021 年上半年，广州 4789 家规模以上民营工业企业中，有研发费用支出的企业有 1964 家，占比 41.0%，研发费用支出合计为 83.4 亿元，同比增长 31.9%，比全市规模以上工业平均增长水平（29.2%）多出 2.7 个百分点。企业研发意识增强，连续三年（2018~2020 年）有研发费用支出的企业有 780 家，占比 16.3%；连续三年研发费用支出均超亿元的企业有 4 家，分别为金发科技股份有限公司、欧派家居集团股份有限公司、广州数控设备有限公司和国光电器股份有限公司。广州视琨电子科技有限公司、广州视睿电子科技有限公司、广州万孚生物技术股份有限公司、高新兴科技集团股份有限公司近两年研发力度大，总量均超亿元。

创新驱动下，广州规模以上民营工业企业新产品迭出，移动通信手持机（手机）、服务器、工业仪表、电子计算机整机等均实现倍增，光电子器件、集成电路、显示器、医疗仪器设备及器械、工业机器人等高科-技产品也均超过50%的增速（见表2）。

表2　2021年上半年规模以上民营工业企业实现部分新产品产量情况

新产品名称	单位	产量	同比增长（%）
移动通信手持机（手机）	台	11590226	2127.9
服务器	台	64638	235.7
工业仪表	台（个）	435319	144.7
电子计算机整机	台	392998	124.4
果汁和蔬菜汁类饮料	吨	22483.35	115.2
电热水器	台	56912	110.7
光电子器件	万只	24715.46	73.7
集成电路	万块	29559.9	68.1
平板电脑	台	64356	64.1
显示器	台	1035304	64.0
医疗仪器设备及器械	台	116314	62.3
电热烘烤器具	个	293870	60.2
工业机器人	套	2098	59.3
锂离子电池	只	136906631	56.3
电子元件	万只	253682.63	38.9

资料来源：广州市统计局。

（五）生产灵活，贡献大

由经济类型性质所定，民营经济的生存压力较其他经济类型更为敏感，对生产规划、工艺调整、人员调配等更为主动积极，体现出来的生产方式灵活度更高。2020 年新冠肺炎疫情突袭而至，出于社会责任的考量、企业生存压力的需要，不少民营工业企业对生产进行调整，增加或者转型口罩、防护用品的生产，减轻企业经营负担的同时，缓解社会防疫用品需求压力。2020年，广州纳入工信部门重点监测的规模以上口罩生产厂家中，民营企业占 24家，占比高达 75%，出口交货值为 4.25 亿元。2021 年，疫情防控常态化，对防疫用品的需求也随之稳定，不少民营企业回归主业，减少或者停止防疫用品的生产。灵活高效的生产方式，使得民营企业成为地区应急物资供给保障的强大支撑。

经过多年稳定发展，民营企业已成为解决社会就业的主力军。2021 年上半年，广州规模以上民营工业企业从业人员为 53.81 万人，占全市规模以上工业企业从业人员的 45.2%。在全市规模以上工业企业用工减少的状况下，吸纳的从业人员不降反增，同比上涨 2.8%，比上年同期多出 1.49 万个就业岗位。一系列针对民营企业的降税减负举措，有效缓解了企业生产压力，在生产向好的推动下，民营工业企业实现税收也有所增加，2021 年上半年规模以上民营工业企业应交增加值、税金及附加合计 54.34 亿元，同比增长 13.1%。

二　民营工业企业发展状况调研结果

民营工业作为广州工业非常重要的一员，在稳工业占比、促工业转型等方面都发挥了很好的作用。2021 年以来，疫情进入常态化防控阶段，国际经济发展形势未完全明朗，为更好了解民营工业企业发展状况，课题组对广州 687 家规模以上民营工业企业进行调查，并选择民营经济发展比较有特色的番禺区，从中选择了 20 家不同工业行业、不同规模的民营企业进行深入访谈，厘清企业发展困境，探索企业发展新路径。

（一）调查对象及内容

该次调查采用层进式调查方式。首先，对 687 家企业开展问卷调查，该批单位涉及 31 个工业行业大类，涵盖不同生产规模层级，其中大型企业 31 家、中型企业 264 家、小型企业 383 家、微型企业 9 家。问卷内容涉及企业生产状况判断、生产能力利用情况、企业资金和成本情况、企业订单、用工及投资情况、中美经贸摩擦影响等。其次，在其中选择 20 家具有代表性的企业进行深入调查，在之前问卷调查的基础上，深入了解企业对广州营商环境的满意度、企业研发状况、生产中遇到的困难问题，对产业链供应链的认知等，通过"由全到精"层进式调查，全方位深入了解广州民营工业企业发展现状及生产经营中遇到的痛点、难点，寻求问题解决方案。

（二）调查结论

调查显示，2021 年以来，一系列促进民营工业经济发展政策措施的实施有效提振了民营企业经营预期，企业信心更足，投入力度更大；企业对政策认可度高，对企业地位提升的认同感较强，企业税费负担得到实质性下降。但企业仍存在受国际贸易摩擦影响订单减少、生产成本上涨较快、创新研发不够等问题，对部分政策存在提升获得感、具体措施进一步完善并落实落细的期待，对地区产业链的进一步完善也有所希冀。

1. 对现状满意对前景看好

50.5% 的受访企业表示，目前企业综合经营状况良好，仅有 5.7% 的受访企业表示企业运行不佳；79.1% 的受访企业表示目前订单多于或与正常水平持平；31.4% 的受访企业表示目前企业生产能力利用率高于正常水平，有 14.4% 的受访企业表示生产能力稍低于正常水平，生产能力低于正常水平的企业主要是因为国家对部分产品进行限产，如钢铁、有色金属等，造成人为的产能利用率下降。对下半年生产经营的展望，53.0% 的受访企业表示比较乐观，仅 6.5% 的受访企业表示不乐观；25.0% 的受访企业预期下半年企业用工将比目前有明显增加，高出预计用工稍减企业的占比（13.8%）11.2 个百分点；85.6% 的受访企业预计将扩大企业固定资产投资或者与正常水平持平，企业对未来生产经营充满信心。

2. 经营成本增加，人工成本和原材料成本上涨快成为首因

41.1%的受访企业表示"综合生产成本上升"，比例远高于"综合生产成本下降"的比例（6.1%），其中10%的受访企业表示综合生产成本提升的幅度在40%以上。从对20家重点企业的访谈来看，经营成本上升主要是人工成本和原材料成本上升较快所致，75%的企业受用工成本上涨快影响大，其中10%的企业预计全年用工成本上涨20%以上；70%的企业受原材料成本高、采购受阻影响大；55%的企业认为社保负担重增加企业经营成本；40%的企业认为租金、税费负担重影响企业发展（多因素影响企业成本增加，影响因素加总大于100%）。

3. 政策实施效果普遍反映良好，对减税降费相关政策知晓率最高

调查的政策中，"放管服"改革类、创新支持类、减税降费类、缓解融资困境类、清理拖欠账款类、稳外资稳外贸类等，知晓率最高的为减税降费类，为84.3%，其次为创新支持类，知晓率为73.5%，再次为缓解融资困境类，知晓率为61.4%。知晓政策的企业普遍认为政策实施效果较好，对政策的制定表示高度认同，其中，减税降费类政策的认可度（认为政策效果显著和有一定效果的比例）为96.2%；创新支持类政策的认可度为94.7%；"放管服"改革类政策的认可度为92.3%；缓解融资困境类政策的认可度为88.9%；稳外资稳外贸类政策的认可度为86.9%；清理拖欠账款类政策的认可度为82.8%。

4. 企业有扩大生产的需求，融资难融资贵问题虽有所缓解，但仍存在梗阻

一系列缓解融资难融资贵政策的落地生效，使得民营工业企业融资困境得到有效缓解，76.7%的企业认为融资难度"一般"或者"容易"，82.7%的受访企业认为融资成本持平甚至下降。出于对未来生产的乐观，70%的受访企业表示需要资金扩大生产，但仅有20%的受访企业表示融资需求100%得到满足，仍有40%的受访企业融资需求满足率不足50%；20%的企业认为企业融资成本过高。存在融资难的企业中，50%的受访企业认为融资难的主要原因是企业担保不足和金融行业监管较严，25%的受访企业认为企业规模小，难以达到金融机构放款的要求。

5. 创新研发架构多已搭建，但投入还需加大，创新人才缺口仍存

随着市场对产品质量要求提高，多数调查企业表示创新和拥有核心技术是改变目前企业困境的最有效手段，多数企业以多种方式拥有企业自身的核心技术，也相应建立研发部门或者引入研发创新人才。调查的企业中，90%拥有核心技术，其中，自主研发是主要获取手段，比例高达90%；部分企业也通过和有关院校、科研机构联合开发来获取自身部分的核心技术，比例为30%；还有部分企业通过引进和模仿获得核心技术，比例为5%。调查的企业中，85%已明确企业有专职的创新工作人员或者已建立研发部门和团队，但研发投入普遍偏低，研发投入占营业收入比重超过5%的企业数量仅占全部调查企业的30%，有少数企业已建立研发机构，但目前仍未产生研发支出。同时，人才也是制约民营企业创新的重要因素，85%的企业表示高级技术人才严重不足，其中大部分是用来充实企业研发部门和团队的，比表示普通工人不足的企业数占比高出15个百分点。

6. 中美贸易摩擦有影响，产业链是否完善对企业选址起较大决定作用

问卷调查的691家企业，43.1%的受访企业表示中美贸易摩擦对企业生产经营有影响，但更多的是间接影响，表示有直接影响的仅占5.2%，表示有间接影响的占37.9%。有影响的最直接表现是出口订单减少。调查的具有出口业务的企业表示2021年出口订单增多的不足一半，23.1%的企业表示出口订单有非常明显下降，其中，1/3的企业表示出口订单下降幅度超过20%。订单减少的具体原因是进口原材料价格上涨带动企业成本上升；出口限制增多、关税提升等。据调查，广州民营工业企业生产的产品多是终端产品，生产原材料、元器件的企业仅占20%，生产中间产品的企业仅占15%，少部分企业采取垂直生产方式，从原材料到中间产品再到终端产品均自主完成。企业对产业链的敏感度比较高，会选择产业链比较完善的地区落地生产，调查的企业中，60%的企业选择上游企业较为聚集的地区落地生产，以便企业就地取材，节省采购成本。85%的受访企业表示本地区引入关联公司对企业有影响，其中表示"非常重要"和"重要"的

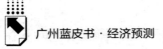

占比高达 64.7%，仅有 15% 的受访企业对关联公司的引入表示无所谓或者不重要。

三 民营工业企业高质量发展存在的问题

通过对 2021 年上半年广州民营工业企业的发展状况，以及专项调查结果的分析，我们对广州民营工业企业发展问题进行思考，以期更好提出其高质量发展的路径建议。

（一）企业规模普遍不大，缺乏带动力强的超龙头企业

2020 年，广州工业总产值前 10 强中，没有民营企业，前 20 强中，仅金发科技股份有限公司 1 家民营企业。2021 年上半年，广州规模以上民营工业企业户均资产为 1.19 亿元，低于全市规模以上工业户均资产（3.54 亿元）2.35 亿元，仅为全市平均水平的 33.6%。民营企业的规模普遍不大，企业主要集中在小型和微型层级，广州小型企业中民营占了 81.2%，微型企业占了 83.5%。调研中企业反映，龙头企业对行业的高速健康发展至关重要，企业的生产决策在一定程度上受制于国内行业龙头企业。广州缺乏民营超级龙头工业企业，使得行业的发展、地区的发展缺失了隐形助力。

（二）抗风险能力不够强大，快速恢复的能力落后于全市平均水平

新冠肺炎疫情对民营经济高度集中的传统产业影响较深，企业恢复慢，行业分化明显。2021 年上半年，广州规模以上民营工业营业收入同比增长 30.8%，比 2019 年增长 23.7%。从营业收入恢复情况看，纺织服装、服饰业，皮革、毛皮、羽毛及其制品和制鞋业，石油、煤炭及其他燃料加工业，仪器仪表制造业 4 个行业目前仍未恢复至 2019 年同期水平；农副食品加工业、印刷和记录媒介复制业、金属制品业等恢复情况不如全市平均水平，民营企业恢复缓慢，滞后于其他经济类型企业；从产能利用率看，纺织业产能利用率仅为 56.2%，纺织服装、服饰业，皮革、毛皮、羽毛及

其制品和制鞋业，木材加工和木、竹、藤、棕、草制品业，家具制造业等14个行业大类产能利用率不足80%，企业未能饱和生产，生产资源存在浪费。从企业应收账款看，6月末为1144.28亿元，同比增长20.4%，5月末同比增长21.1%、4月末同比增长21.4%，企业应收账款总量不断上升，增速持续高位，企业面临的现金流短缺情况更趋严重，企业的财务应急能力加速弱化。

（三）产业布局高端化不够，研发能力不高

此次疫情让政府、企业、个人进一步感受到高科技、数字化的巨大能量，业务信息化、数字化成为民营工业企业转型升级的主要方向。目前，广州规模以上民营工业仍有超过1/3的企业聚集在传统行业，如纺织服装类、制鞋类等行业，知识密集型、科技高赋能类企业数量不多，民营工业整体布局高端化不够。调查发现，企业均意识到信息化、数字化的重要性，并不遗余力地推动企业科技创新，但由于自身条件限制，创新能力未能因重视程度的提升而有较大的提升。很多企业有创新之心而无创新之力，不懂得借力用力，对广州丰富的高等院校、科研院所利用不足，仅30%的受访企业与有关院校和科研机构开展过研发合作。

（四）出口增速低，外销转内销难度大

2021年上半年，广州规模以上民营工业企业实现出口交货值99.87亿元，同比增长1.1%，增速比企业产值增速低了20.3个百分点。出口增长乏力，导致不少生产外贸商品的企业转向内销市场。调查中企业反映，商品在外销转内销过程中往往会面临市场规则不同、市场偏好差异、成本较高等困难，成功转型的难度高。一是内外贸市场规则存在差异，很多企业之前以代工为主，只需按照合同履约即可，转向国内市场却面临品牌知名度不高、销售渠道不畅、订单结算周期过长等问题。二是内外贸市场标准规格存在差异，国内外市场在审美、规格参数、产品制式等方面差异大，外销产品难以直接投放国内市场。三是内外贸市场生产方式存在差异，国内市场一般订单

数量少、款式多，交货时间短，外贸生产厂家一时难以适应，而且无法享受出口退税等优惠，对企业现金流考验较大。

四 民营工业企业高质量发展路径探索

2021 年以来，疫情防控常态化，随着"六稳"和"六保"各项政策效应的持续显现，中欧、RCEP 等自贸协定签署落地，"双循环"格局正加快构建，这种格局为广州民营工业企业提供良好发展环境，但国内疫情的零星散发、国外疫情形势依旧严峻、中美经贸关系未见基本缓和，均给民营工业企业的平稳高质量发展带来压力。

（一）进一步优化营商环境，培养企业广州情怀，用好政策、好环境、优服务，引进企业、留住企业，做全做优做强产业链

现阶段，外部经济环境未稳定，民营工业企业的生产经营仍存在一定风险和挑战。对于疫情期间出台的各类扶持政策，有关部门如果适当给予延长时限、营造的亲企环境和"放管服"进一步细化、提供的优质服务给予长久维持，将极大助力民营工业企业克服疫情冲击，稳定企业经营，增强企业信心，提升企业对广州的认同感和归属感。一是延长现有援企稳岗优惠政策，着重对民营企业，尤其是对民营工业企业的救助，帮助部分企业渡过生存难关。二是加大金融扶持政策，拓宽民营工业企业融资渠道，降低融资门槛，简化审核手续，构建多种形式的融资担保体系。三是着眼长效，打造企业融资困境的社会共享信息交流平台，发挥各方合力，保障企业融资之路顺畅无阻。

留住培育现有民营企业的同时，要利用产业链的强大黏性，引进和培养一批优质民营企业，弥补广州工业产业链条的空白和短板，特别是扶持各细分领域的重点民营企业，培育引领行业转型升级的骨干龙头企业，充实并做优做强产业链。

（二）创造一切可创造的机会，提供一切可提供的便利，推动企业开展各种类型的创新研究，强化产业链供应链韧性

在不断完善的科技政策环境激励下，广州民营工业企业创新投入力度不断增强，已成为全市工业自主创新的主力军，不少民营企业已经从早期的初加工、来料加工等领域，向新兴产业制造、高新技术制造等领域拓展。目前，广州民营工业企业在不少领域已形成产业集群，是产业链中重要的组成部分，成为专业化协作的基础，是创新不可忽视的力量。习近平总书记在民营企业座谈会上也提出，"让民营经济创新源泉充分涌流，让民营经济创造活力充分迸发"。我们应该创造一切机会，提供一切便利为民营工业企业创新研发撑起一片天。

疫情之后，民营工业企业对创新的热度有所降低，下一步，政府部门应推动有关政策适当向创新型企业倾斜，尤其是涉及产业链薄弱环节和关键核心技术项目，为民营企业创新能力建设、技术成果评定和转化、专利保护等提供更快捷、更方便、更全面的服务，强化民营工业科技创新和产业链供应链韧性。

（三）以工业互联网、大数据为抓手，促进企业转型升级、产业协同高端高质、人才全面优化升级

工业互联网、大数据是推动民营企业高质量发展的重要支撑，是实现广州制造强市的关键抓手。工业互联网作为新一代信息技术与工业化深度融合的产物，能够优化生产体系，整体提升企业数字化、软件化、网络化、智能化运行水平，增强企业柔性与应变力。广州的民营工业企业应充分利用国家即将出台的5G+工业互联网融合应用模式实施指南，作为工业互联网引领模范走在全国前列。从微观的企业层面，可以探索利用工业互联网平台和大数据，促进产业协同、开发新技术、提高工作效率、提升产品档次；从宏观产业和地区经济发展层面，推动节能减排，向绿色低碳高效经济升级改造。一切的创新突破，必须以人为倚仗，我们可以借鉴德国"工业4.0"战略，将工业升级与人才教育培养相互渗透，突出与高等教育和研究院所的衔接，提

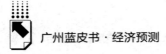

升培训与教育人员适应技术变化的能力和创新改造技术的能力。广州民营工业企业更多依赖的是广州当地的职业技术教育，这就要求职业技术教育实施双元轨道教育建设，除了常规教育，还要强化与企业、科研院所、科创平台的合作，真正培养出高素质、高技能的"双高"人才。

（四）紧跟广州工业发展定位，针对性引进和培养相关企业，推进各类专业园区建设，形成产业集群效应，探索产业链高质量发展新模式

专业园区是民营工业发展的重要载体和主战场，更是民营工业企业长大、长强的肥沃土壤，广州应借助园区的发展来规划全市工业发展方向。对园区的设计，应向"规划科学、特色突出、产业高端、行业集聚、用地集约、效益显著"的新型产业园区方向发展；坚持产城融合一体发展，重点规划提升基础设施配套和完善生活服务功能，营造园区宜业宜居的创业发展环境。对园区的招商，要基于园区定位，依托园区优势，围绕主要产业的上下游产业链条进行招商引资，吸引"资本雄厚、科技含量高、产业链长、带动作用强"的企业；同时注重新兴产业项目的引进，积极发展现有产业集群，培育新的产业集群，完善工业机构，促进广州民营工业经济的发展。对园区企业的创新学习，应发挥各类园区作用，基于这些园区产业集群，开展企业间更有效的合作，扩大学习效应，利用知识技术外溢和企业间的竞争诱导创新，探索产业链高质量发展新模式。

B.20
推动广州民营科技园高质量发展的路径探索

广州市工商联合会课题组 *

摘　要： 本报告结合广州民营科技园发展现状与问题，提出民营科技园在产业集群、空间优化、科技创新、产城融合、营商环境五大方面高质量发展路径。建议促进产业链、创新链、资金链、服务链配套布局贯穿企业发展全生命周期，优化土地供应与园区设施，为产业发展提供优质空间载体，形成破解民营经济发展难题的有效经验模式，打造全国民营经济改革创新示范基地。

关键词： 民营科技园　民营经济　高质量发展　广州

一　广州民营科技园发展现状分析

广州民营科技园（以下简称"民科园"）是全国首个国家级民营科技园，是广州市民营经济发展的主要集聚地。近5年民科园工业产值规模与企业数量保持快速增长，初步形成以智能家居、装备制造与化妆品为核心产业的先进制造业产业体系，科技创新与专利成果实现不断突破，园区设施建设与民科园管委会各项工作取得成果。

---

* 课题组组长：曾纯青，广州市工商业联合会副主席。课题组成员：唐燕萍，广州市工商业联合会经济服务部部长；刘林，广州市工商业联合会经济服务部副部长；严帅，广东粤孵产业大数据研究有限公司总经理，博士，硕士生导师；郭婷，广东粤孵产业大数据研究有限公司项目经理；刘熙，广东粤孵产业大数据研究有限公司咨询顾问。执笔人：刘林、严帅。

（一）产值规模保持快速增长

一是民科园产值规模呈现快速增长趋势。2016~2020年规模以上工业总产值年均复合增长率达25.2%，2020年，园区规模以上工业总产值485亿元（见图1），占白云区规上工业总产值的49%，是全区工业发展的主力军。二是园区企业成长迅速。截至2020年末，园区企业数量达到4082家，比2015年翻了两番，其中"四上企业"365家，是2015年的2.7倍，营业收入超亿元的大中型企业有130家，较2015年增长了242.1%；园区高新技术企业数量达232家，较2019年增加了101家，拥有白云电器、欧派股份、通达电气、久量股份、呈和科技等上市企业，其中呈和科技是园区内第一家企业科创板上市企业，也是白云区首家科创板上市企业。

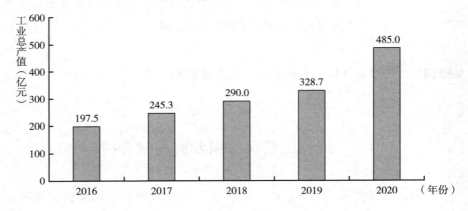

图1 2016~2020年民科园规模以上工业总产值情况

资料来源：课题组整理。

（二）支柱产业支撑作用明显

当前民科园基本形成了以智能家居、装备制造、化妆品三大核心产业为支柱的先进制造业产业体系，2020年三大产业累计实现工业总产值358.4亿元，占整个园区工业总产值的73.9%，核心产业支柱作用显著。其中，智能家居产业实现工业产值 177.5 亿元，占园区工业总产值的 36.6%，拥有欧派家居等重点企业；装备制造产业实现工业产值 126.1 亿元，占园区工业总产值的 26.0%，在轨道交通、电气设备等细分领域集聚了白云电器、通达电气等优质企业；化妆品产业实现工业产值 54.8 亿元，占园区工业总产值的 11.3%，集聚了一批化妆品原料、包装材料、研究开发、生产制造、品牌营销等环节的企业（见图2）。

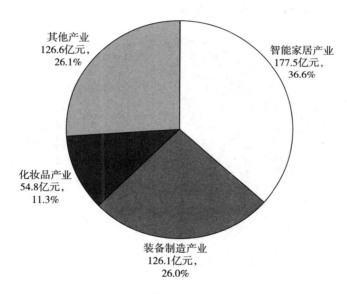

图 2 2020 年民科园三大支柱产业工业产值情况

资料来源：广州高新技术产业开发区民营科技园管理委员会提供，课题组整理。

（三）科技创新动能加速提升

一是创新资源加速积聚。"十三五"期间，广东省新兴激光等离子体技术研究院、广州中医药大学青蒿素重点研究室等一批重大创新平台加速落地民科园。二是研发投入持续加大。2020 年，园区企业纳统全社会研发费用 20.4 亿元，同比增长 26.4%，园区全部研究与试验发展经费内部支出占营业收入比例达到 3.31%；国家高新技术企业大幅度增加，截至 2020 年，园区内国家高新技术企业数量增加至 232 家，是"十二五"时期的 8.6 倍。三是高水平研发机构不断增多。"十三五"期间，园区累计建成省级以上企业研发机构 53 家，其中国家级研发机构 3 家。四是科技创新成果不断突破。截至 2020 年，园区企业累计获得专利 7125 项（其中发明专利 757 项，白云电器的 2 项发明专利获中国专利优秀奖）、软件著作权 1979 项，注册商标超过 6000 件（其中驰名商标 9 件），园区企业参与标准制定 219 项，含白云化工参与制定的国际标准 6 项（见图 3）。

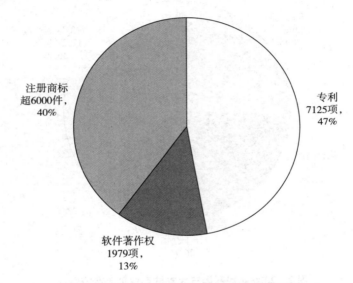

图 3　2020 年民科园知识产权累计获得情况

资料来源：广州高新技术产业开发区民营科技园管理委员会提供，课题组整理。

（四）招商引资工作成果显著

一是民科园招商引资工作取得新突破。"十三五"期间，中软国际、软通动力等全国软件百强企业和中交四航局、中铁三局、中铁十五局等大型央企先后落户园区，重点招商项目累计达 130 宗，总投资额超 400 亿元。累计引进总部楼宇企业超 2210 家，2020 年核心区总部楼宇新引入 707 家企业，其中潜在"四上"企业 55 家，实际已入库 9 家，年营业收入约 38 亿元，园区招商呈现加速发展态势。二是轨道交通产业精准招商成果显著。按照"总部+运营服务+装备制造"的全产业链发展布局思路,2020年园区与广州市发改委、广州地铁集团建立共同推进轨道交通产业集聚发展的工作机制,建设广州轨道交通装备创新园,以白云电气集团为城市轨道交通供电系统龙头,广州博得、广州朗进等30多家重点轨道交通企业落地园区,轨道交通产业制造基础坚实。

(五)企业服务逐步优化升级

一是园区服务水平显著提升。"十三五"期间,民科园企业服务模式不断优化提升,服务内容、服务形式逐渐丰富。广东省新时代民营经济统战工作示范基地、广州民营科技园商会、广州市政务服务中心民科园分中心、广州民营科技创展中心、广州民营科技园科技成果转化平台等服务平台为园区企业多元化服务提供支撑。粤港澳大湾区民营企业科技成果对接会(数字经济专场)、广州民营科技园改革创新座谈会等活动顺利举办,白云电气孵化器载体建设运营并被认定为广东省科技企业孵化器,推动园区科技创新服务形式及内容愈加丰富。二是园区政策保障体系日益完善。《广州民营科技园改革创新三年行动计划(2021~2023)》《关于促进广州民营科技园创新发展十条政策措施》等政策措施相继印发,为园区制度改革及优化企业服务明确思路。

(六)园区基础设施逐步完善

"十三五"期间,民科园通过土地增效、改善交通、建设智慧园区等方式不断完善、优化园区基础设施,促进产城融合,为园区企业发展壮大和招商引资提供优质平台载体。一是园区土地规划逐步完善。2021年6月,园区规划打造"一核三园"扩容至38平方公里,先后启动了低效用地的大规模收储、引导国有企业或社会资本参与土地收储、探索宗地分割使用等工作。二是逐步完善园区基础设施建设。园区通过实施道路拓宽、主入口建设、绿化景观提升、路面和管线修复等建设工程,加速推进各项基础设施建设。"十三五"期间,园区新增交通路网总长度21公里,核心区环境整治提升工程完成，园区产业集聚综合承载能力全面提升。三是智慧园区建设加速推进。"十三五"期间，民科园大力实施"平台建设+实体中心建设"整体智慧园区建设方案。智慧园区（一期）项目已搭建完成，建设园区大数据中心、IOC 运营中心与园区公共服务平台，实现对园区综合安防、资产设施、企业服务等进行全面智能化管理。二期项目正在规划建设中，将继续拓展建设全互联、全感知的智慧园区。

二　广州民营科技园存在的问题与不足

（一）产业整体竞争力不足

一是支柱产业大群短链，尚未形成具有竞争力的产业链和产业集群。当前民科园三大支柱产业在经济总量上与周边其他产业园区相比仍存在差距，重点产业龙头企业规模及核心竞争力与国内外行业龙头企业仍有一定距离，新产业、新业态培育尚在起步阶段；近些年引进的重大项目对比周边园区在投资效益方面仍有差距，缺乏十亿级重大龙头项目落地。二是部分企业弱群强链，整体科研创新能力还需提高。园区内部分企业生产经营业务处于产业链中附加值较低的制造组装环节，产业结构亟待转型升级。各产业龙头企业自主创新意识、研发投入水平有待提高，园区企业之间、企业与科研机构之间科研创新协同效益不足，重大科研创新平台、技术转移平台、人才交流平台与成果孵化平台仍需加快建设。

（二）土地资源日益紧张

在国家从严从紧的土地政策大背景下，民科园现有可开发用地指标趋紧，园区建设受土地、资金等要素的多重约束，部分优质项目面临缺少土地指标的窘境，无法顺利落地园区发展。同时，由于园区早期未严格执行项目准入标准，导致目前仍存在一批容积率、亩均产值、亩均税收等指标未达到约定条件的低效用地。当前，村级工业园改造和"工改工"土地收储成本较高、征地周期长、资金缺位加大了征拆的难度，限制了园区扩园发展，影响了园区配套设施建设进度，整体产业发展提升较慢。

（三）配套服务体系不完善

一是产业基础配套设施不够完善。当前园区基础设施与公共配套建设面临难以满足企业发展需求的情况，具体表现在对外联络的主干道路不完善，新项目建设用电不足，5G、数据中心等新型信息基础设施建设滞后，视频安防、智慧消防、智慧停车、智慧物业等应用场景建设尚未达到较大规模推广应用的水平。二是生活配套供给落后。园区公共服务配套设施供给滞后，大量项目仍处于施工建设阶段，教育方面仅有太和中学与数间村级小学，优质中小学幼儿园与产业相关职业学校欠缺；医疗方面仅有南方医院太和分院，医疗水平与服务质量尚未达到甲等水平。园区周边的商业娱乐配套设施不够健全，缺少大型综合商业体，品牌餐饮、零售商业与商务酒店等多个项目仍在对接签约阶段，休闲娱乐设施尚未纳入建设议程。不完善、不充足的生活配套造成园区整体对人才的吸引力较弱，导致企业普遍存在用工难、用工贵的难题。三是生产性服务配套较弱。园区的生产性服务业发展起步慢、供应水平低，物流供应链配套设施、金融服务、检验检测、工业设计、公共服务平台等产业服务配套尚未与制造业深度融合形成创新产业链群生态，导致企业的研发成本、生产成本、融资成本、物流成本较高。

（四）机构体制改革不到位

当前，民科园管理体制改革尚不到位，园区管委会经济管理权限不足，没有一级财政，经济功能区管理优越性尚未凸显。园区管委会架构下辖规划建设部、企业服务部与招商引资部，按照职能分割管理，易使企业引进与跟踪服务相割裂、产业发展与问题痛点难掌握、落户服务与部门协调困难多。园区政务服务水平还需提高，线上服务平台尚未全方位推广，多项政务审批与服务事项仍需出园办理、多趟办理，"多审合一、多证合一"审批服务改革有所滞后，企业服务一窗化、政策兑现标准化、重点项

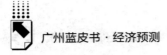

目订制化等精准服务模式有待进一步提升，园区管理服务水平与企业发展需求不相匹配。

（五）现状与规划定位不匹配

民科园的发展定位为"全国民营经济改革创新示范基地"，总体目标要求为"系统整体协同推进产业创新、科技创新和体制机制创新"。但当前园区发展模式及发展现状与其发展定位的匹配度不高，存量企业高质量可持续发展后劲不足。当前民科园发展仍以经济效益为项目准入门槛的主要衡量指标，缺乏明确的研发创新相关门槛要求，对项目方核心技术实力与应用发展前景的高标准研判亟待加强，未来规划建设和发展的科技中介服务、技术交流与转移平台、知识产权保护与运用平台、孵化器与众创空间配套较少，园区整体科技创新活力仍有较大提升空间。

三　推动广州民营科技园高质量发展的路径建议

民科园作为首个以民营经济为特色的国家级高新区产业园，要立足新发展阶段，贯彻新发展理念，围绕打造新发展格局战略支点，以加快推动全国民营经济改革创新示范基地建设为目标，注重"补短板、锻长板、筑底板"，在产业集群、空间优化、科技创新、产城融合、营商环境五大方面做文章，形成破解民营经济发展难题的有效模式，打造广州实现老城市新活力和"四个出新出彩"改革品牌。对此，课题组提出如下建议。

（一）以推动"链长制"工作为抓手，全面推动产业集群高质量发展

顺应广东省"双十"产业集群培育以及广州市推动"链长制"工作部署，组建"链长制"工作专班，主动谋划，打造成为广州市时尚产业链（美妆日化、智能家居）、轨道交通产业链高发展的"主战场"，同时做优未来产业，强化现代服务业支撑能力，夯实"4+1"产业体系。编制民科园"4+1"产业链高质量发展三年行动计划，建立完善包括产业链全景图谱、

重点企业（链主企业及重大建设项目所涉及企业）和上下游配套企业名录、重点项目清单、创新和服务体系清单、园区载体清单及招商清单等方面的产业链动态数据库，广州市争取在民科园开展美妆日化、智能家居、轨道交通产业链服务团试点工作，聚焦产业链发展突出短板与问题，精准服务产业链提升发展。具体产业发展路径如下。

1.进军美丽健康产业细分高新领域，开拓医疗美容新板块

一是通过"数字化"手段推动化妆品企业提质增效。推动化妆品行业特色工业互联网平台及其生态建设，打造化妆品行业数字化转型整体解决方案，赋能化妆品中小企业转型升级，形成一批数字化转型方案应用企业标杆，带动化妆品企业"上云上平台"。完善研发、设计、检测等公共服务平台，引领化妆品行业由 OEM、ODM 向 OBM 转型。依托白云电商渠道优势，支持化妆品企业借力直播电商、头部电商企业开展化妆品自营业务，培育"网红"品牌、"爆款"产品，实现产业整体向价值链高端跃升，打造世界知名"白云美湾"美妆产业集聚区。二是引进更多有科研实力的高端化妆品企业。建设海洋生物化妆品实验室与中医药妆化妆品实验室，聚焦主打护肤精华、护发精华、眼霜等应用现代生物萃取与纳米分子技术的高新科技企业。依靠上游精细化工产业优势，在中游与生物医药、医疗美容仪器、化妆品检测等领域结合形成产业集群。三是探索发展"颜值经济"。在化妆品、医疗器械、中药生物萃取与药妆品的产业基础上发展医疗美容第四板块，把握"轻医美"市场潮流，擦亮民科园美丽健康品牌。

2.梳理补全轨道交通产业链，做好项目跟踪服务工作

一是切实推进轨道交通产业"建链、强链、补链"工作。积极联合广州市轨道交通产业投资集团、白云电气等龙头企业，按照价值创新园区标准共同加快推进广州轨道交通装备产业园区建设，加大土地供应力度，提升周边路网和交通设施配套，完善人才公寓、商业、教育和医疗等生活配套设施，制定具有竞争力的税收、人才、土地政策，重点吸引长客庞巴迪等轨道交通整车生产企业及其配套企业落户园区，成为广州市轨道交通未来产业"增长核"。二是提升科研创新能力与产品附加值。引进上下游生产性服务

业企业，聚焦前期咨询设计与后期运维服务，提高产业集群在"微笑曲线"两端的附加值。推动新材料科研应用，布局科研院所与技术交流平台，做大做强一批有核心科技与市场竞争力的企业。鼓励企业对接广州地铁与广州市铁路综合交通客运枢纽建设运营管理中心，结合实际需求研发新型轨道交通系统，提升产业集群软实力。

3. 强化智能家居产业链条，带动产业集聚与科技创新

一是推动广州"定制之都"产业园建设。依托"定制之都"建设，推动家具企业往定制家居领域拓展，加快引进一批定制家居龙头企业，制定本土家具制造企业转型升级清单，推动本土企业往定制家居等高附加值领域发展，推动工艺技术、生产设备更新改造，引导家居行业个性化、定制化、柔性化、模块化发展，深化工业互联网、大数据、人工智能等新技术应用，推动园区内定制家居企业产业往生态环保、特色新颖、高端高档方向发展。二是延伸智能家居产业链条。重点发展智能传感、物联网和机器学习技术，攻关智能控制技术。支持一批中小企业专门发展智能安防、智能照明、智能水电气仪表等家居配套设备，为消费者提供一站式全套智能家居服务。

4. 引进未来产业独角兽企业与重点科研机构

一是开展靶向招商工作。围绕第三代半导体、下一代通信技术、智能汽车自动驾驶、激光等离子体、类脑智能的独角兽企业和重点科研机构进行靶向招商，建设粤港澳大湾区（广州）未来产业研究院，设立未来产业发展基金，培育一批引领未来的新兴增长点，打造大湾区未来产业培育重要基地。二是关注引进各类国家级科研竞赛获奖团队。在人才引进服务上把竞赛奖项作为奖励指标，如大学生科技创新大赛、全国电子科技大赛、全国颠覆性技术创新大赛，以及相关领域学科竞赛等。积极引进获奖团队"带项目"落地，建设孵化平台与众创空间为新晋团队创业提供支持，进一步提高优秀科研团队资金补贴水平。

5. 集聚优质创新服务资源，提升现代服务业支撑能力

以服务实体经济为导向，把握"两业融合"发展趋势，加快提升生产性服务业发展质量，重点发展科技服务、工业设计、科技金融、智能物流等

细分领域，加速相关资源在核心区集聚，推动生产性服务业多元化、高端化发展。集聚一批新型研发、检验检测认证、技术转移服务、知识产权服务、科技咨询等专业服务机构，为企业提供一体化、专业化服务。发挥园区周边物流资源优势，搭建大数据物流平台以及智慧物流综合管理和服务平台，支持第三方物流机构开发物流整体应用解决方案，为制造业企业提供采购分销、库存管理、物料计划、流通加工等"供应链+物流"服务。

（二）优化园区产业空间，提升空间载体利用效率，盘活园区低效土地

1. 加快形成"一核三园"新格局

依托民科园现有基础，将规划的38平方公里园区空间统筹纳入广州高新区发展规划布局中。全力建设"一核"，在核心区提升一批、集聚一批先进制造业研发总部，引进一批、建设一批高端创新创业服务资源和平台，加快新型基础设施建设，完善高端城市配套，打造体现世界产业和科技前沿趋势的9.6平方公里未来产业创新核心区，强化辐射带动作用；加快推进"三园"建设，在核心区北部两翼和西南面，分别打造美丽健康产业园、广州轨道交通装备产业园、智能家居产业园三个制造业基地，统一品牌、统一形象、统一规划，连片开发建设"三园"，形成"总部+基地""专业生产+综合服务"的发展模式，拓展粤港澳大湾区先进制造业发展新空间。

2. 推动土地连片布局和有效供应

一是产业园区连片布局统一供给。优先为重大项目定制用地方案，建议参考佛山高新区先进经验，对新增重大项目用地采取定制方案，跨性质、跨用途、跨空间混合出让，保证项目用地面积充足、用地类型符合生产、研发、测试、办公、孵化等多样化用途需求。新增项目用地原则上应位于同一产业区块内，通过空间集聚联通产业集群与技术合作。二是产业用地有效供应。建议参考松山湖高新区的先进经验，设定产业发展导向、产业项目类型等指标，对符合指标的企业采用"先租后让"政策，实现精准供地与限价供地双赢策略。部分用地从供地向供房转变，建设容积率3.0～4.0的各类

孵化器、中小企业总部和生产性服务业企业用房分区，直接供房满足企业需求，降低企业用地成本。三是鼓励工业用地提高容积率。支持有条件的企业用地换房、用房换房，腾挪周边零散企业地块向产业集聚区域整合。建议参考深圳先进经验，探索"联合竞买"、产权分割和出租运营等新模式引进上下游企业和生产性服务业，鼓励产业链集聚融合。既要扶持低效工业用地转型升级，也要严格落实监管制度，完善退出机制，淘汰落后产业。

3. 加快推进"三旧"改造，盘活潜在空间

一是充分发挥市场主导地位。采用政府主导、集体参与、市场运作的模式，兼顾各方面的利益。结合房地产企业对"三旧"改造项目业已成熟的拓展形式和开发模式，实现商业化与功能化改造。二是分阶段规划释放"三旧"项目土地，保证土地持续供应。重点抓旧工业地改造，预计改造周期在1~2年，难度较小，且能迅速满足用地需求；逐步推进整村改造等长期项目，预计改造周期3~5年，难度较大、收益较高。建议以长远眼光规划土地利用，做到长短搭配、分批落实。三是拆除重建与微改造双管齐下。建议参考广州城市更新先进经验，通过微改造方式把旧厂房旧物业打造成新型众创空间与孵化空间，为产业发展提供又快又新的空间载体，降低改造成本与企业用地成本，实现用低成本办大事情。

（三）加快创新科技成果转化，优化人才引育、技术交流与企业孵化机制

1. 建立全生命周期孵化育成体系

一是打造专业化孵化器。探索"管委会+1家行业龙头企业+1所高级科研机构"或"管委会+N家行业细分市场领头羊"共建专业孵化器的模式。在孵化创业服务上成立民科园创业引导基金，引入生产性服务业企业，提供企业咨询、产品检测等服务，建立数字化孵化网络平台，促进跨地域跨行业知识共享。二是引进战略级科研平台。借助广州市工商联的力量，广泛联合广州市科学技术协会、广东省科学技术协会、广州欧美同学会等社会团体，将国内高水平科研院所对口资源引入民科园。建议为企业聘用外部科研顾问

提供补贴，为企业转化科研院所技术成果提供奖励。推动"企业-科研-政府"联合，共建重大科学研究设施、产业技术创新平台、科技公共服务平台、创新投资基金平台4类平台。三是强化高新技术企业后续监督护航机制。对已通过认定的国家高新技术企业进行跟踪，持续监测其创新能力建设及创新活动开展情况。鼓励企业持续完善和创新成熟工艺技术产品，对新成果、新技术、新项目提供资金支持。引入灯塔型企业，为企业市场研究、产品设计、工业设计、检验反哺、外部技术合作等提供支撑。

2. 完善人才引育机制与服务，拓展外部引进渠道

一是加强人才服务保障。完善人才政策体系，推动各项人才政策有效落实。在人才认定、落户、居住、医疗、子女教育等方面参照周边园区先进经验；对外籍人才、高层次人才引入"一人一议"，切实做好服务。二是完善人才团队引进机制。建议参考东莞松山湖园区先进经验，把人才引进和服务工作从个人扩大到团队，健全优秀人才团队与创业团队的认定、补贴与服务制度。支持优秀团队带项目落地，提供低成本众创空间与创业服务。三是积极与外部机构合作搭建人才引育平台。加强与先进地区的大型人才市场和人才服务机构、高校就业创业中心、职业技校实习实训培养项目的合作。建立民科园人才引进与信息发布云平台，定期组织召开专场招聘会。继续支持人才驿站、院士工作站、博士工作站等高层次人才储备平台建设。

（四）加快产城融合一体化发展，反哺园区企业引育留驻与产业数字化发展

1. 完善人文生活配套设施，打造宜居宜业产业园区

一是实施园区公共配套提升工程。完善各园区交通、教育、医疗、餐饮、文体、商务、金融、安居等公共配套设施。联合房地产商打造人才公寓居住区，落实市场运作、只租不售与财政补贴原则，促进园区职住平衡。二是推进城市综合体开发。导入区域级商业商务中心、文化艺术中心或休闲娱乐中心，为产业经济发展提供协同动力，打造民科园地区品牌与吸引力。建议参考东莞松山湖园区先进经验，围绕地铁站点进行以公共交通为导向的开

发，利用城市综合体据点促进人流集聚与商业网点兴起，满足人才多样化生活需求。三是创建绿色循环生态园区。严格按照园区产业导向，建立健全以资源能源消耗、特征污染物排放、环境绩效为控制指标的环境准入评估制度和管理体系，强化跟踪评估。高标准规划和建设园区集中污水处理厂及其配套管网、固体废物收集转运中心、在线监控设备等环保基础设施。

2. 加速构建新型智慧园区，实现跨部门、跨行业、跨领域平台互联互通

一是完善信息通信基础设施。建设 5G 与工业物联网，融合 AI、区块链、智能事务处理等新一代信息技术，满足园区企业对网络信息服务质量和容量的要求，增强信息网络综合承载能力和信息通信集聚辐射能力。二是强化企业业务服务支撑体系。聚焦工业互联网，对新兴产业领域整合产品设计、生产工艺、设备运行、运营管理、知识资源等数据，建设一批跨行业、跨领域共享交流平台。三是优化园区公共管理平台。建立民科园系统内的跨部门、跨领域协同发展的信息化管理系统，有效推进园区内部信息资源的融合共享，实现硬件智能化、服务平台化、运营数字化、产业生态化的智慧型园区管理模式。

（五）产业链、资金链、服务链配套布局，全面改善企业营商环境

1. 以提供精准服务为目标建设线上线下一体化服务体系

一是坚持四个"更加注重"提升政务水平。注重一次性事项（企业准入、施工许可、水电气接入等）一次性办理，提升办理实效；注重经常性事项（纳税、融资、用工、供地等）无感办理，提升服务质效；注重运用现代信息技术提升政务服务效率；注重建设公共服务平台（知识产权、检验认证、会务会展、会计审计等）降低营商成本。二是完善线上线下一体化服务体系。结合事项库建设推进服务机制改革，上线综合服务平台，从指导申请人"会办"到实现跨部门"能办"。推进监管知识库、信用信息库、风险预警信息库等主题库建设。推动信用信息辅助审批、监管、执法。探索实施重点企业服务专员制，"专项专人专办"，形成快速反应机制。三是加强硬件设施建设来辅助人工。探索在园区各办公楼宇设置"服务驿站"，配

置自助设备一体机，实现办事预约、水电事项、人才申报、服务投诉等功能一网通办。四是建立专门科技服务与企业服务平台。面向全社会公开招募平台运营商，投资建设园区各类服务平台，解决科技密集型中小企业以技术型人才为主、缺乏复合型人才的发展痛点。

2. 构建完善的融资服务体系

一是积极搭建融资服务平台促进中小企业贷款倍增。围绕白云金控打造"政府+银行+保险"三方共担企业信贷风险的融资平台。引入创新型金融机构和科技中介机构强化风险评估、大数据信息收集、技术场景示范应用等个性化服务。引入产业金融专门服务于汽车金融、物流金融等领域。二是完善金融风险补偿政策。支持金融机构转变投资观念，提高对知识产权抵押的接受程度和评估能力，通过股债结合、投贷联动等综合金融手段支持新创企业进入资本市场，以投资收益抵补信贷风险。建议参考广州科学城先进经验，建立千万级风险补偿池，对不良贷款按比例给予风险补偿。或参考东莞松山湖先进经验，根据信用体系建立中小微企业白名单，对试点银行针对白名单内企业投放的信贷业务产生的风险损失给予补偿。

专题研究篇

Special Research

B.21
"数字赋能"推进广州营商环境4.0
创新改革研究

民建广州市委员会课题组[*]

摘　要： 广州市营商环境改革不断持续深化，步入4.0改革阶段，数字化
转型将是改革关键。本报告在梳理历次营商环境改革成效以及分
析存在挑战的基础上，借鉴国内外数字化营商环境改革经验，提
出广州"数字赋能"营商环境4.0的优化对策。对策包括：以
人为本，统筹规划，促进资源集成化和业务协同化；双轮驱动，
精准施策，提高社会服务水平；数据赋能，创新监管，保障公平
激发活力；聚焦问题，补足弱项，切实保障市场主体权益。在政
府数字化转型驱动下优化营商环境，推进广州现代化国际化营商
环境出新出彩。

---

[*] 课题组成员：李晓峰，广东外语外贸大学经济贸易学院教授，博导，广东省人民政府参事，
民建广州市天河区基层委员会和经济建设委员会成员；其他成员谢冬纯、罗冬特、林颖佳均
系广东外语外贸大学研究生。

关键词： 数字化　营商环境　数据赋能　广州

一　数字经济时代推进广州营商环境4.0创新改革的意义

优化营商环境有助于建设现代化经济体系，推动经济高质量发展。2020年7月，《国务院办公厅关于进一步优化营商环境更好服务市场主体的实施意见》提出"强化为市场主体服务，加快打造市场化法治化国际化营商环境"。广东省政府认真贯彻落实相关部署，重视营商环境改革。广东省委办公厅、省政府办公厅于2020年印发《广东省深化营商环境综合改革行动方案》，强调"进一步激发市场主体活力，持续改善投资和市场环境"。广州自2018年启动营商环境1.0改革，聚焦三项国家级改革试点、三个重点区域改革突破和六项"走在全国前列"改革举措。如今进入营商环境4.0改革阶段，营商环境改革持续深化细化。数字经济时代推进广州营商环境4.0创新改革具有以下重要意义。

（一）优化营商环境4.0是建立更加完善的社会主义市场经济体制、处理好政府与市场关系的重要举措

在数字经济背景下，需进一步处理好政府与市场关系，实现政府职能转变，实现"产权有效管理激励、要素可自由流动、价格反应灵活、市场竞争公平有序、企业优胜劣汰"，特别是以"制度创新+技术创新"推动改革，确保关键核心数字技术自主可控，鼓励市场主体自主创新，有利于把握创新制高点，在发展中占据主动。

（二）优化营商环境4.0是时代发展的选择，完善数字化政府治理体系的直接体现

随着数字技术的快速发展，治理研究对象、治理场域和治理技术手段逐渐趋于智能化。营商环境4.0改革对政府服务水平和数字化灵活监管均提出

更高要求，倒逼政府进行数字化转型，提升监管服务能力。优化营商环境4.0，全面加强政府内部数据共享和流程再造，运用数字技术提升对监管模式的支撑和服务能力，是完善数字政府治理体系的直接体现。

（三）优化营商环境4.0是后疫情时代促进产业链融合的重要途径，是提升现代化城市综合竞争力的关键之举

营商环境是一个地区综合竞争力的重要体现，数字经济时代对中国营商环境的现代化、国际化发展水平提出更高要求。持续优化营商环境4.0，通过拓宽优化涉企服务渠道，为技术创新营造良好的市场环境和制度环境，降低交易成本，促进区域产业链深度融合，是城市综合竞争力进一步提升的关键举措。

二 广州营商环境改革历程与营商环境改革的挑战

（一）广州营商环境改革进程

1. 广州营商环境历次改革梳理

从1.0改革到4.0改革，广州营商环境改革持续细化（见表1），政务服务水平不断提高。在1.0~3.0改革的基础上，营商环境4.0改革进一步围绕指标提升、政务环境、市场环境、法治环境、国际环境和实施保障等6大方面总体布局，提出35项改革措施和260项年度任务，强调营商环境改革的全面数字化。

表1 广州四轮营商环境改革重点以及政务数字化进程

名称	时间	改革重点	政务数字化进程
1.0改革	2018年10月	减少企业办理开办时间、优化税收营商环境、工程建设项目审批、投资便利化、贸易便利化、市场监管、产权保护、科技创新、人才发展	"人工智能+机器人"商事登记一体化网上政务服务平台

名称	时间	改革重点	政务数字化进程
2.0改革	2019年3月	"智慧政务"平台、开办企业、办理建筑许可、不动产登记、缴纳税费、跨境贸易、获得电力、获得用水、获得用气、获得信贷、知识产权保护	"智慧政务"平台框架
3.0改革	2020年1月	市场主体的满意度为导向、"四减一优"、创新创业创造、法治化营商环境、国际营商规则衔接	跨部门信息共享"互联网+政务服务"网办率、可预约率100%
4.0改革	2021年5月	指标提升、政务环境、市场环境、法治环境、国际环境和实施保障	加强政全数据共享从"可网办"到"全网办"

2.广州营商环境改革具体领域成效

经过前三轮营商环境深化改革，广州市一体化线上政府服务建设初显成效。根据《省级政府和重点城市网上政务服务能力调查评估报告（2021）》显示，在32个重点城市中，广州市一体化政务服务能力位居第二。其中，服务事项覆盖度指数排名第一。广州市持续在政务服务、信息基础设施、营商环境法治化等方面发力，全面优化营商环境，具体成效可以概括为以下五个方面：一是政务服务在办事指南准确度、服务方式完备度、在线办理成熟度、在线服务成效度等方面逐步提升。二是通过提供更多新技术应用场景，推动创新创业发展。三是逐步加强广州营商环境法治化保障，强化涉企执法的规范性和市场主体的合法权益保护。四是广州各项涉企服务时间都在不断压缩。以开办企业、不动产登记和办理建筑许可为例，如表2所示，各项业务办理时间逐渐缩短，极大便利新企业的落地。五是打造内地与粤港澳大湾区规则衔接示范基地，在推动区域投资贸易规则与国际规则高标准对接方面有一定成效。

表2　广州营商环境1.0~3.0改革聚焦企业服务水平成效示例

名称	开办企业	不动产登记	办理建筑许可
1.0改革	压缩至4日之内	一般登记业务≤5个工作日	政府投资工程≤90个工作日社会投资项目≤50个工作日

名称	开办企业	不动产登记	办理建筑许可
2.0 改革	压缩至 2 日之内	一般登记业务当日办结	政府投资项目≤90 个工作日 社会投资项目≤22~50 个工作日
3.0 改革	压缩至 0.5 日之内	不动产转移登记 1 小时办结	政府投资项目≤85 个工作日 社会投资低风险工程项目≤29 个工作日

（二）广州营商环境改革存在的挑战

1. 政策环境方面

一是部门间信息共享不足，未能通过统筹规划，利用智能数据平台对各个部门信息进行整合。存在部门间、部门与企业间的信息壁垒，信息透明度不高，信息不对称。二是部门业务协同联动不足。部门间业务标准不统一，业务不能协同联动，政务服务效率低。

2. 市场监管方面

随着市场主体的激增，全社会信息量迅猛增长，海量的大数据正在改变人们的市场主体行为和思维方式，对工商和市场监管部门的监管能力提出了新的挑战。一是未能有效利用大数据智能手段进行市场监管。二是风险预警智能化水平较低。不能充分利用大数据、人工智能等现代技术手段深入分析市场动态，未能通过对企业信用风险等级进行定期分类筛查，缺乏智能安全监管和风险预警。

3. 社会服务方面

一是社会服务自动化程度较低，部分基层社区基础设施不够完善，社会服务智能设备普及度不高，民众无法享受智能设备的数字化便利，基层政务服务改革受阻。二是对智慧电子政务系统的宣传引导力度不足。不能充分利用"数字赋能"，帮助弱势群体跨越"数据鸿沟"，提高社会服务智能设备普及度，缓解政务服务区域性发展不平衡问题。

4. 市场主体方面

一是市场主体权益保护意识不足，以用户需求为导向的服务场景设置不够，企业可获取服务全流程覆盖不完善。二是企业融资困难，特别是小微企业抵御风险能力弱。受全球性新冠肺炎疫情的影响，大量小微企业融资困境更加彰显。三是智能企业诚信体系建设不完善，未能通过数字化手段构建企业诚信体系为用户提供精准化服务、缓解信息不对称风险、降低企业融资成本。

三　国内外数字化营商环境改革的典型经验

（一）国外数字化营商环境改革的典型经验

新加坡、丹麦、日本营商环境全球排名靠前，在运用数字技术优化营商环境方面有较好的借鉴意义。表3汇总了这三个国家营商环境数字化改革典型经验，主要包含以下几个方面：一是以市场主体需求为导向，重视市场主体的感受和反馈；二是打造企业、公民和政府的互动型电子政务服务平台，减少市场主体、部门间、地区间的信息障碍，实现数据跨部门、跨区域共享；三是通过"数字赋能"，重视"智慧政务"、单一窗口受理和一站式服务平台的搭建，减少市场主体的"跑路成本"。

表3　新加坡、丹麦、日本营商环境数字化改革典型经验

国　家	营商环境数字化进程
新加坡	在线服务：世界领先水平的电子政务系统，通达上千个在线服务功能 信息跨部门共享：TradeNet系统连接相关政府部门实现信息跨部门共享 单一窗口：港口网、海事网、空运社群网等单一窗口平台，实现一站式服务
丹麦	公民需求：以公民需求为中心，实践"公民无国界"的理念 公共服务：公共服务"无处不在"、重视儿童和老年人的数字化技能 互动型电子政务：中央政府和地方政府协力打造无缝隙互动型电子政务
日本	一窗受理：实现各类行政审批事项和公共服务"一窗受理、一网通办" 信息资源共享：政务信息资源共享，打通部门间、地区间信息孤岛 智能化办税："以纳税人为本"的理念，以"互联网+"的智能化办税服务手段，全面推行电子发票、网上纳税申报预申报制度等，减少企业纳税的"跑路成本"

（二）国内数字化营商环境改革的典型经验

在国内重点城市一体化政务服务能力总体指数排名中，广州排在第 2 位，营商环境数字化处于较高水平（见表 4）。与深圳相比，广州在服务方式完备度和服务事项覆盖率方面表现较好，但在办理指南准确度、在线服务成熟度和在线办理成熟度方面评估分数略低。

表 4 一体化政务服务能力总体指数排名前 10 位的城市及各项指数

总体排名	城市	总体指数	在线服务成熟度指数	在线办理成熟度指数	服务方式完备度指数	服务事项覆盖度指数	办理指南准确度指数
1	深圳	96.81	96.17	96.99	96.69	97.10	97.43
2	广州	95.92	95.47	94.79	98.97	98.97	96.78
2	杭州	95.92	95.64	95.12	98.06	94.88	95.94
4	宁波	94.49	92.26	95.05	95.94	94.27	95.56
5	合肥	91.08	87.23	94.50	85.65	94.34	95.78
6	青岛	90.80	97.37	89.23	95.16	88.90	95.25
7	武汉	89.39	83.77	90.55	90.29	90.78	94.24
8	哈尔滨	89.39	84.06	92.20	87.91	89.68	95.31
9	南昌	88.08	80.25	91.45	91.14	85.72	93.81
10	福州	87.74	81.33	92.06	84.03	90.05	93.87

资料来源：中央党校电子政务研究中心编制《省级政府和重点城市网上政务服务能力调查评估报告（2021）》。

北京、上海和深圳作为国内营商环境改革先行示范点，在数字化推进营商环境创新改革方面取得一定成效，做法值得借鉴。第一，北京搭建"一站式"服务平台。"e 窗通"实现开办企业 1 次申报、1 天办结以及"零成本"。此外，在推行电子证照方面成效显著。北京实现全部市场主体生成电子营业执照，其电子营业执照下载用户比例和申请量均居全国首位。第二，上海依托大数据进行创新改革。依托大数据建立"跨境贸易大数据监管"、"通关+物流"跟踪查询应用、"数字法庭"、"12368 诉讼服务"等系统平台，逐步实现业务线上办理。此外，上海同样重视一体化平台建设、部门数据共享，推出纳税人线上一表申请报税，实现纳税"最多跑一次"，减少企业"开办企业、获得电力、不动产登记等"服务时间。第三，深圳重视信息技术开发应用于智慧政务。一方面，推动政务服务高频事项"一网通办"，打造智慧政务服务大厅，推动各类政务信息联通共用，并推出 20 项"秒批""秒办"高频事项。另一方面，全面拓展智慧金融综合服务平台功能，完善市场化融资机制，解决企业融资困难的问题。

四 数字化推进广州营商环境4.0改革对策建议

（一）以人为本，统筹规划，促进资源集成化和业务协同化

1. 优化数字化基础设施，数字赋能智慧政务服务

一是加快数字化基础设施建设进程。提升物联网信息的传输速率和传输质量，优化信息网络系统。二是科技助力，打造智慧政务。利用大数据、云计算、人工智能、区块链等数字技术，提高办公、监管、服务的智能化水平，打造全方位互动型、便捷型和智慧型政府。三是基础建设市场化，加速数字应用场景落地。加快建设健全大数据中心、协同办公平台、统一的征信平台等基础平台及系统，拓宽平台及业务办理系统的功能，加速数字应用场景落地。

2. 强化公众需求，完善数字化政务服务流程

一是以人为本，强化公众需求。顶层设计强化公众需求，通过体系化的战略规划，完善数字化政务服务流程，整体提升数字化政务水平。二是加大对智慧电子政务系统的宣传引导力度，提升公众参与度。三是注重数字化人才引进和培养，合理利用高校、高科技企业和科研机构的人才优势，促进政府与高校、高科技企业和科研机构合作。

3. 完善跨部门数据共享，促进资源集成化和业务协同化

一是跨部门数据共享。促进部门数据向业务大数据转换，加快信息传递速度，促进资源集成化，降低行政管理成本，提高行政工作效率。二是简化业务流程。针对审批事项涉及职能部门多、环节多、材料重叠的问题，通过

跨区域、跨层级、跨部门的协作，对政务服务环节进行重新梳理，整合形成政务服务流程闭环，实现各项公众服务事项网上办理，精简政务流程，促进业务协同化。

（二）双轮驱动，精准施策，提高社会服务水平

1. 优化基层营商环境，提供规范高效的公共服务

一是推进数字政务服务向基层延伸，推动区、镇、街道办三级政务服务一体化运作，打通政务服务最后一公里；完善基层公共服务中心的服务功能，为基层数字化政务服务平台提供技术支撑，提升基层政务服务效能和政府服务能力。二是提升公众办事体验，提供规范高效的公共服务。坚持以市场主体的满意度为导向，开通社保、婚育等"省内通办"事项，提升群众在医疗、教育、养老等方面"一件事"的办事体验，拓宽便捷的办事渠道，不断优化服务流程，提供规范高效的公共服务，进一步满足社会大众对提高政务服务水平的期待。

2. 借力智能技术手段，推进社会服务自动化

一是升级线下服务窗口，推进社会服务自动化。引入 5G 和 AR+AI 等数字技术，升级线下服务窗口，优化智能导办，注重平台开发应用，打造智能社会服务平台。为公众、企业提供全天候智能咨询服务，解决政府部门非工作时间无人解答的问题，甚至通过数据共享一体化平台和机器人+AI 自动化审核部分社会服务事项。二是实现精准推送，倾听公众诉求反馈。通过小程序消息推送功能、微信企业号等方式实现精准推送，汇集优化营商环境政策，展示营商环境成果，推送税收优惠、退税情况、发票使用等信息；建立企业建议、咨询、投诉平台，完善线上线下政务服务评价体系，倾听公众意见诉求，减少沟通成本。三是实现远程办事，提高在线服务成熟度。重视提高在线办理、在线服务的成熟度，进一步提升政务服务"一网通办"的能力，优化营商环境。比如通过智能 App 或者小程序，推动政务服务事项"全网可办"；电子专票网格化服务等业务非接触式远程核验，提高企业办事便利度。总之，借力智能技术手段，双轮驱动，精准施策，推进社会服务自动化，提高公众办事效率。

（三）数据赋能，创新监管，保障公平激发活力

1. 数字创新监管体系，保障公平激发活力

4.0改革突出创新监管，保障公平、激发活力。一是加强组织监管，健全社会监管大数据统筹机制，形成权责明确、协调配合和共同推进的政企局面。二是数字创新监管，管出公平、管出活力。通过构建信用全周期闭环监管、行业综合监管、包容审慎监管、社会自治监管"四位一体"的新型数字监管体系，推进监管"无事不扰""无处不在"。

2. 监管结果互联互通，构建健全安全防护体系

一是拓宽数据采集范围，提升数据治理能力。夯实数据采集基础，实现市场监管数据采集全覆盖。提升数据治理能力，全方位深度挖掘数据，建立统一规范的"数据引导，数据决策，数据监控"的数据管理制度。二是推动数据要素流动，实现监管结果互联互通。打破企业与部门、部门与部门间"数据信息孤岛"，实现不同监管部门监管结果的互联互通，推动数据要素流动与创新运用。三是应用数字技术加强隐私保护，构建健全的市场监管安全防护体系，保护政务、企业和公民的数据隐私。

3. 风险预警智能化，实现全流程市场监管

一是实现数字化全流程市场监管。借助大数据、人工智能等技术，实时监控市场行为并模拟推演被监管对象的原始状态，建立事前、事中、事后全过程动态的监管模式。二是风险预警智能化。完善潜在风险触发预警机制，建立数据分析模型，进行科学有效的风险评估，对涉网投诉举报热点、网络商品抽检热点等问题进行智能风险预警管控。有效防范风险，从源头解决监管缺失和危机管理滞后等问题。

（四）聚焦问题，补足弱项，切实保障市场主体权益

1. 强化企业需求导向，保障市场主体权益

一是线下服务数字化转型，提供更加透明、便利、精准的服务。及时在线上公开、按时更新政务服务事项目录及其办事指南、政府采购信息、涉企

政策，企业可在线查看信息，跟踪业务办理过程，提高政务服务的规范化和透明度。二是拓宽涉企服务渠道，减少企业成本。比如减少跨境贸易南沙港区集装箱引航费；升级申报破产系统，实现资产快速变现和价值最大化；强化知识产权保护，切实营造稳定、公平、透明和可预期的营商环境；加大对创新创业载体建设支持力度，集聚优质创新要素。灵活实施政策，推进要素市场化配置和更高水平全面对外开放。三是强化企业满意度导向，由被动服务转向主动服务。系统汇集各领域数据，通过大数据综合分析，预测企业需求，精准为企业推送服务信息。充分发挥法治联合体和咨询委员会的作用，开拓意见反馈渠道，同时对企业诉求快速回应。

2. 对标营商环境评价体系，优化企业可获取服务全流程

一是对标营商环境评价体系，不断提升各项指标水平。对标世界银行和国家有关营商环境的评价指标体系，围绕企业开办、办理建筑许可、获得用电水气、纳税等 12 个方面的指标，推出智能统计数据分析、政策查询、融资信贷办理、企业咨询投诉、在线招商引资等服务场景，将评价指标落地执行，推动相关制度改革，特别是推动审批程序从人工审批到智能秒批的转变，提高办事效率，进一步提高市场主体满意度。二是从企业可获取服务全流程出发，进行服务整合。整合金融发展服务平台、政策服务网络平台、应急物资管控系统，从"企业跑"转变为"政府跑""跑一次"转变为"不用跑""线下跑"转变为"线上跑"，实现全流程线上办理，进一步巩固和提升"三减一优"（减材料、减环节、减时限、优化审批服务）。通过服务整合、政策整合，构建政企沟通平台，推进网上诉求直达、网上服务落地服务，在数字化转型驱动下提升市场主体获得感和积极性，激发市场活力。

3. 推动智能企业诚信体系建设，降低企业融资成本

一是完善多渠道共享的智能企业诚信体系建设，借助市场主体信用信息与市场监管各项业务，实现全方位、全流程、全环节的深度融合，监管信息一网可查，从而降低信息不对称风险。二是大数据信用监管，及时公布失信记录。通过大数据信用监管的方式，及时公布联合处罚名单、信用报告和共

享信用记录。以信用管理为核心，深度挖掘信用信息资源，改变过去的被动监管，加快构建企业信用管理平台。三是搭建政银企线上合作平台，畅通信息传递渠道，降低企业融资成本。利用企业融资服务平台、公共服务平台等服务载体，定期发布企业融资需求，缓解融资难问题。

B.22
进一步深化广州营商环境改革研究

广州市委政策研究室综合处、广州市社会科学院社会研究所联合课题组*

摘　要： 全面推动营商环境改革是提升城市核心竞争力的重要途径和基本保障。近年来，广州通过强化前瞻谋划、狠抓政策落实、主动衔接国际规则、聚焦新业态新模式、深化数字政府建设等措施，在营商环境改革方面树立"广州品牌"、强化"广州力度"、构建"广州标准"、形成"广州规则"、优化"广州服务"，经济活跃度得到有力提升，城市核心竞争力不断增强。为进一步使现代化国际化营商环境出新出彩，广州应在改革层次、改革协同性、改革政策精准性、改革规范可预期性等方面下更大功夫。

关键词： 营商环境　竞争力　协同　广州

　　良好的营商环境是城市经济发展的根本保障，是城市独具特色的软实力，是提升城市核心竞争力的重要基础。近年来，广州市深入贯彻落实习近平总书记关于率先加大营商环境改革力度，在现代化国际化营商环境方面出新出彩等重要指示精神，迭代出台营商环境改革政策举措，高效率、高质量、高标准推动现代化国际化营商环境出新出彩，获评全国营商环境标杆城市，市场活力被进一步激发，经济活跃度得到有力提升，城市核心竞争力不

---

* 课题组组长：彭诗升，广州市委改革办专职副主任。课题组成员：林欢，广州市委政研室综合研究处处长；王黎妮，广州市委政研室综合研究处四级调研员；朱泯静，广州市社会科学院社会研究所副所长，博士，主要研究方向为社会政策评估分析、公共服务等；简荣，广州市社会科学院社会研究所助理研究员，主要研究方向为公共服务、社会治理；麦劲恒，广州市社会科学院社会研究所，博士，主要研究方向为社会治理、文化与认知。执笔人：王黎妮。

断增强。同时也要清醒看到，广州市营商环境离国际一流标准还有差距，因此要以更大力度推进有效市场和有为政府的更好结合，努力实现市场主体活跃度和发展质量不断提高，政府治理应更加科学高效，形成一系列可复制可推广的制度创新成果，推动广州营商环境国际竞争力跃居全球前列。

一　广州营商环境改革成效明显

营商环境改革与提升城市竞争力相辅相成、相得益彰。作为国家中心城市、粤港澳大湾区中心城市，广州一直敢为人先、开拓创新，坚持以市场化、法治化、国际化为方向，全力营造稳定、透明、可预期和公平竞争的国际一流营商环境，为广州经济高质量发展奠定坚实基础。

（一）强化前瞻谋划，树立营商环境改革"广州品牌"

广州市成立全面优化营商环境领导小组，认真对标世界银行和国家营商环境评估评价体系，相继推出 1.0、2.0、3.0 改革举措，在历次国家部门和第三方机构组织的评估评价中一直位居前列，国务院办公厅《优化营商环境条例》第三方评估发布的 15 项创新举措中广州占了 4 项，是入选举措最多的城市。2021 年新出台《广州市用绣花功夫建设更具国际竞争力营商环境若干措施》，旨在不断提升企业获得感，形成全面优化营商环境的政策生态，标志着广州市营商环境改革正式迈进 4.0 时代。

（二）狠抓政策落实，强化营商环境改革"广州力度"

通过巩固升级"三减一优"改革举措，建立企业降本减负长效机制，不断满足市场主体新期待。在减环节方面，通过推行信任审批、加强政企数据共享、推广电子证照应用等方式，推动行政审批和政务服务流程革命性再造。在减时间方面，上线"开办企业一网通"平台，推行"一网通办、一窗通取"新模式，实现"1 表申报、1 个环节、最快 0.5 天办结"，全面提升行政效率。在减成本方面，通过综合施策、灵活施策，打好组合拳。如海关实施"两段准入""远程监管",降低进出口企业物流成本和人力成本;法院完善预重整操作规则,降低破产企业重整成本;在120个行业细分领域全面构建以信用为基础的新型监管机制,以信用撬动金融资源服务中小企业,"信易贷"平台注册企业46万家,累计放款超3000亿元。在优服务方面,全面优化涉企服务,充分发挥法治联合体和咨询委员会的作用,建立"建议意见直通车"制度,对企业诉求"接诉即办"。

(三)主动衔接国际规则,构建营商环境改革"广州标准"

学习对接全球经贸规则与合作机制,结合自身实际,形成一批具有复制推广意义的经验做法。积极引领国际数字贸易规则,全球溯源体系在亚太经济合作组织(Asia-Pacific Economic Cooperation,APEC)成员推广,涵盖全品类全贸易方式,全球优品分拨中心累计实现进出口货值突破百亿元,全球报关服务系统在德国等7个国家开展实单运作。南沙自贸片区累积形成719项制度创新成果,其中43项在全国复制推广,特别是与港澳规则衔接工作成效明显,健全我国首个常态化粤港澳规则对接平台,推出342项"湾区通办"事项,创建国际化人才特区,落户粤港澳院士专家创新创业联盟,通过"共有产权房+人才公寓+住房补贴"方式,保障各类人才安居乐业。

(四)聚焦新业态新模式,形成营商环境改革"广州规则"

成立市优化营商环境法治联合体,出台广州市首部营商环境领域政策性法规《广州市优化营商环境条例》,将实践证明有效、市场主体认可的改革经验举措固化上升为制度性成果,在法律框架下推动制度创新,着力解决市场主体反映强烈的难点、痛点、堵点问题。以市场主体需求为导向,对标国际先进水平,深化知识产权运用和保护综合改革试验,加快建设高标准市场监管体系,为各类市场主体营造稳定、公平、透明、可预期的法治化环境。

(五)深化数字政府建设,优化营商环境改革"广州服务"

用心用情打造"穗好办"政务服务品牌,"穗好办"App已上线企业和个人服务事项超过 1500 项，累计用户超 500 万人，政务服务从"现场办"向"掌上办、刷脸办、随时办、随地办"加快转型，市场主体三年新登记 161.1 万户，增至近 300 万户。系统建设"穗智管"城市运行管理中枢，围绕城市治理需求，以四标四实平台和城市信息模型平台（CIM）为底座，对接 32 个部门的 115 项业务系统，打造 8 个核心主题共 25 个城市运行管理业务场景，接入超 8 亿条数据，形成 2316 个城市体征数据项，推动城市运行管理"一屏统揽""一网共治"。

二 当前深化营商环境改革的问题和难点

"营商环境没有最好只有更好"，入选国家营商环境创新试点城市后，广州责任更大、任务更重。对照国家部署要求和社会各界期盼，广州还有很大的改进空间。

（一）改革层次有待进一步深入

有调查研究指出，市场主体反馈面临的主要问题，从以往的"办证难""办证贵""退出难"等程序、费用问题，转变为"市场竞争激烈""劳动力成本高""招工困难"等三个问题。市场主体经营的难点和痛点的转变，反映了广州市营商环境改革取得了阶段性成就，下一步营商环境改革的重点应进一步拓宽，从聚焦世界银行营商环境评估指标扩展到关注市场主体真实需求上来。以劳动力市场监管指标为例，世界银行营商环境指标侧重于用人单位是否规范、中介行为是否规范、就业服务质量高低等内容。而市场主体对营商环境改革的需求集中于解决人才引进难、劳动力成本高的问题，尤其是对有专业技术性特长人才的"招"和"留"问题。针对这一诉求的转变，在完善劳动力市场监管指标基础上应拓宽改革范围和力度，着力解决市场主体的发展困境。综上，广州市营商环境改革应不断走广走深，紧紧贴近市场主体诉求，拓展改革范围，厚植广州营商环境改革的沃土。

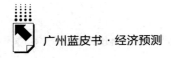

（二）改革协同性有待进一步强化

目前政务管理仍以"垂直管理"为主，各部门高度协调和融合不足的问题依然存在。比如数字化政务环境建设是营商环境改革的重要维度和未来方向，涉及多个部门、多个环节，但数据治理体系尚未完善。一方面，数字化政务环境建设体制机制有待理顺。目前，广州市数字化政务环境建设以省级统建为主，省级统建需平衡珠三角发达地区与粤东、粤西、粤北等欠发达地区数字化政务环境建设需求共性，难以充分满足广州业务部门数字化政务环境建设创新性、个性化需求。另一方面，纵向、横向数据协同共享力度有待强化。当前，跨层级、跨部门数据在一定程度上仍存在"不愿、不能、不敢"共享的问题，数据孤岛现象依然存在。一些部门对共享数据的积极性不高，市、区、镇街、社区四级政务服务标准尚未完全统一，缺乏数据规范和数据标准使数据共享难度加大。此外，基于数据安全性考虑，部门间数据充分开放共享仍存在技术难点。

（三）改革政策精准性有待进一步提升

广州市部分现有营商环境改革政策的落实标准不够明确和规范，政策实施效果打折扣，导致市场主体的政策获得感不强，其中最具代表性的领域就是获得信贷。有调查显示，"融资难、融资贵"问题依然是企业尤其是民营企业、中小微企业反馈最为集中的问题之一。在新冠肺炎疫情背景下，各类企业，特别是中小微企业的资金链断裂风险加剧，融资难题的缓解对保企业生存、发展具有举足轻重的作用。为有效统筹疫情防控和经济社会发展，广州市出台"纾困9条""双统筹46条""金融纾困19条"等惠企财税金融政策，但部分中小微企业反映，由于自身缺乏不动产等抵押物，且经营波动较大等原因，难以获得这些财税金融政策的帮扶，惠企政策精准性不足，影响营商环境改革的市场主体获得感、认可度、满意度。

（四）改革规范可预期性有待进一步加强

当前，我国经济社会发展日新月异，政策、法律在不断变革中，也带来营商环境领域法律法规的安定性、连续性和预期性同步难度较大的问题。如持续涌现的发展新难题、新问题，对现有经济法规带来了一定冲击。因为经济改革要求排除旧法的束缚，创制新的法律规范来肯定和保护已有的改革成果，并为进一步改革开辟道路。但由于经济发展过快，新的改革成果和经验又要求更新法律供给，取而代之的是出台不久、尚未经实践充分检验的法律，难免存在可预期性、连续性欠佳的问题。因此，如何保护改革成果，为改革提供新法律保障是需要关注的问题。此外，公平竞争的环境是法治化营商环境的重要维度，但目前，在金融服务、项目招投标、产业政策、财政支持和执法等方面，仍存在不符合公平竞争原则的做法，民营企业公平竞争仍存在隐形壁垒。

三 进一步深化营商环境改革的对策建议

当前，新一轮科技革命和产业变革加速演进带来新的发展机遇，但新冠肺炎疫情、气候变化等全球性挑战影响仍然深远，我国经济发展正面临需求收缩、供给冲击、预期转弱三重压力，国内各地千帆竞发、百舸争流。我们必须把持续优化营商环境摆在突出位置，认真学习借鉴其他城市的好做法、好经验，坚持问题导向，统筹谋划、整体推进国家营商环境创新试点城市建设和营商环境4.0改革，精准施策、持续发力、补齐短板，用绣花功夫推动现代化国际化营商环境出新出彩，为推动经济高质量发展提供重要支撑。

（一）树立全球视野，营造更加开放的国际投贸环境

为更好服务构建新发展格局，下一步要持续推动营商环境开放共建，加快构建与国际通行规则相衔接的营商环境制度体系，增强外资投入吸引力，打造全球企业投资首选地和最佳发展地。

1.深入对接国际营商环境规则制度

对标国际最高标准、最优水平，参照世界银行营商环境评估规则，学习借鉴国外先进理念、领先标准和最佳实践，从补齐核心指标短板做起，深化

政务服务流程革命性再造，加快完善企业全生命周期服务体系。主动融入区域全面经济伙伴关系协定（Regional Comprehensive Economic Partnership，简称 RCEP）等国际重大经贸规则体系，认真做好政策研究和宣介培训，有针对性出台地方配套政策措施。落实好外资企业国民待遇，探索建立外商投资一站式服务体系，提高进出口便利度，不断提升制度型开放水平。

2. 深入对接港澳经济运行机制规则

牢牢把握"双区"建设、"双城"联动和前海、横琴两个合作区建设等重大机遇，持续推进"湾区通"工程，滚动实施与港澳规则对接任务清单，与香港、澳门在跨境贸易、产权保护、科技创新、专业服务等方面主动对接、深化合作，携手港澳共同打造国际一流营商环境。

3. 深入对接国内重大开放平台经验做法

深入学习借鉴上海浦东、深圳前海、珠海横琴和海南自贸港等国内重大开放平台的政策体系。发挥好中新广州知识城在中新合作中的独特优势，加快构建与新加坡营商环境对接的合作体系。推动广州空港经济区与自贸区联动融合发展，积极争取跨境电商"枢纽仓"监管创新等政策落地。

（二）强化试点带动，营造优质高效的投资建设环境

充分发挥国家营商环境创新试点对全局性改革的示范、突破、带动作用，努力形成更多在全国具有首创性和显示度的制度创新成果，建设全国营商环境制度创新策源地。

1. 打造立得住、叫得响的改革品牌

深入研究国家总体方案，及时复制借鉴深圳综合改革试点的好经验、好做法，挖掘广州特色亮点，推动国际消费中心城市培育建设、生物医药产业、教育医疗事业、疾病预防控制等广州市优势领域，增强创标准、定规则、当标杆的魄力和决心，以改革的办法进一步巩固并提升广州在全国的领先优势，为全国营商环境改革做出广州示范。

2. 抓好"放管服"改革"牛鼻子"

认真落实国家关于进一步做好"放管服"改革有关工作的意见，积极

向国家争取开展放宽市场准入试点，持续深化压减企业开办时间、工程建设项目审批制度改革等试点，推行惠企政策"免申即享"、快速兑现，实行权力清单、责任清单、负面清单制度，健全跨部门综合监管制度，探索实施新业态触发式监管、沙盒监管、包容审慎监管，建立健全政务服务事项和政务服务大厅窗口服务"好差评"制度，不断提升"放"的含金量、"管"的有效性、"服"的满意度，继续在提高政务服务水平上走在全国前列。

3. 扭住要素市场化配置改革关键点

扎实开展广东省要素市场化配置改革试点，抓紧出台广州市要素市场化配置改革试点方案，加快破除妨碍生产要素市场化配置和商品服务流通的体制机制障碍。用活用好广东省自然资源厅支持广州加强土地利用等25条政策，依托广州期货交易所积极稳妥推进期货市场建设，加快南沙国际化人才特区、知识城人才自由港建设，不断提升集聚国际高端资源要素功能，着力打造全球资源要素配置中心。

4. 拓展"数字政府"服务功能

强化数字赋能提效，着眼于解决企业对高效便捷的政务服务需求，运用云计算、大数据等数字技术破除行政壁垒，推动职能部门协同共治，强化营商环境改革的整体性、全局性。推动"一网通办、全市通办"的"穗好办"政务服务品牌做大做强，推进一体化在线政务服务平台建设，拓展政务服务"跨城通办""跨省通办"。推动"一网统管、全城统管"的"穗智管"城市运行管理中枢跨面提质，加快实现省、市、区三级平台联动，强化各部门数据共享和融合，增强综合研判、协同处置、指挥调度等功能，实现城市治理"一网共治"。

5. 推动考评制度落地见效

对照世界银行营商环境评价指标体系、考核体系，以国家发改委《中国营商环境报告》评价体系为基础，结合广州发展战略定位，制定匹配广州发展所需的营商环境分析指标，每年聘请第三方评估机构开展考评，借助考评结果，分析营商环境优化难点，便于精准施策。密切关注各项优化营商环境政策落实情况和效果，围绕"企业和群众办事是否便捷、是否满意"

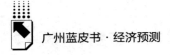

开展真督实查，及时督促整改，对损害营商环境和企业群众利益的，要公开曝光、严肃问责。

（三）坚持市场导向，营造舒心便利的市场环境

广州必须以企业视角推动改革，进一步提高营商环境政策的精准度和普惠性，更好稳定市场预期，更大激发市场活力和社会创造力。

1.把握企业需求，更好提供精准服务

改变"全能政府"理念，推动传统的"以部门为中心进行管理"转向"以企业为中心进行服务"。构建亲清政商关系，做到大中小企业一视同仁、平等对待。畅通多元化服务渠道，完善政企沟通平台，针对不同类型企业，建立相应联系服务企业制度，对行业重点企业建立专人联系机制，主动延伸服务触角，扩大企业服务范围。针对重点产业、行业和市场主体生命周期的关键阶段，开展精准化的营商环境建设，形成大营商环境体系下的营商环境小生态系统。

2.注重市场体验，更好推动政策优化

推动政策制定更加尊重市场意见，加快健全企业家"社情民意"直通车制度，完善市领导联系重点企业机制，健全企业家参与涉企政策制定机制，畅通市场主体涉企政策制定渠道，充分倾听、尊重市场主体的真实需求，及时结合市场主体难点和痛点问题拓展改革范围，切实帮到企业的关键处。推动政策推广更加注重市场体验，加快建设统一的宣传平台和体系，完善企业全生命周期管理服务指引，切实提升企业对政策的认知度和认可度。学习借鉴苏州"政策计算器"的做法，运用大数据算法和 AI 语义分析，将企业信息和政策信息进行匹配计算，推动企业享受优惠政策"一键直达"。推动政策执行更加符合市场预期，优化提升"一门式"政策兑现服务，进一步畅通减税降费政策传导机制，推广应用"粤信融""信易贷"等信用信息平台，多措并举帮助市场主体把经营成本降下来。狠抓人才政策的落地见效和迭代更新，稳定就业环境，确保各类人才引得进、留得住、用得好，让广大企业家和人才成为广州市一流营商环境自发的"宣传员""推

销员"。

3. 立足当前形势，更好落实惠企政策

当前，受疫情和国际形势影响，企业发展依然面临很多困难，我们要狠抓"纾困9条""双统筹46条"等政策措施的落实，确保各项纾困惠企措施直达基层、直接惠及市场主体。把减税降费政策落到实处，实施纳税申报期限延期、规定时间段内免征房产税和城镇土地使用税等税收优惠，切实执行阶段性下调广州市失业保险浮动费率、工伤保险缴费费率、职工医保缴费费率，落实好国有企业和行政事业单位减免租金政策。把金融支持政策落到实处，引导金融机构高效对接企业融资需求，落实好允许小微企业申请延期还本付息、鼓励小额贷款公司适当下调贷款利率、用好普惠贷款风险补偿机制和转贷服务机制等政策，为企业及时"输血"。把产业发展政策落到实处，系统谋划产业长远高质量发展，实施民营领军企业培育管理办法，构建从"种子企业"到"总部企业"的良性发展梯队。

（四）着眼公平公正，营造可预期的法治环境

营商环境制度建设涵盖多个领域，涉及企业全生命周期。要坚持法治是最好的营商环境，深入考量市场准入、运营、退出等环节配套制度的适度性、过程的连贯性，确保重大改革于法有据，营造长期稳定可预期的制度环境，以更有力的法治举措推动营商环境不断优化。

1. 强化政策制度的稳定性

加快研究现行法律法规未涵盖但现实中存在的新现象、新问题，将市场认可、行之有效的营商环境改革举措予以固化，避免出现"制度真空"。借鉴深圳经验，推动反不正当竞争、社会信用、数字经济等领域的前瞻性立法，为新经济产业有序健康发展保驾护航。树立全市一盘棋思想，理顺各部门政策衔接体制机制，避免"政策不一致"导致落实难。

2. 强化法律法规的协同性

优化跨区域法律服务环境，探索穗港澳区域性协同法规机制，构建穗港澳营商环境法规制定共同体，联合出台优化营商环境领域地方法规，建立地

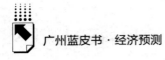

方法规冲突的协调机制,探索港澳律师到穗执业路径。全面实施市场准入负面清单制度,在法治框架内调整各类市场主体的利益关系,完善涉企案件的申诉、复核、重审等机制,落实涉及产权冤假错案常态化纠错机制,依法平等保护各类市场主体产权和合法权益。

3. 强化监管机制的严肃性

打造全国社会信用体系建设标杆城市,加快构建以信用监管为核心的事中事后监管机制,深化破产案件"繁简分流、快慢分道"实践,提高执行透明度和强制力,打造公平公正的竞争环境。建立健全鼓励新经济发展机制,率先构建信用全周期闭环监管、行业综合监管、包容审慎监管、社会自治监管"四位一体"的新型监管体系,实现监管"无事不扰"又"无处不在",管出公平、管出活力。

B.23
广州市数字农业农村推广应用实践研究[*]

广州市农村发展研究中心课题组[**]

摘　要： 数字农业农村建设是顺应信息化进入大数据新阶段的必然要求，也是深入贯彻落实网络强国战略思想，以数字化引领驱动农村经济社会高质量发展、加快实现乡村全面振兴的重要举措。本报告通过梳理广州市数字农业农村发展脉络与现状，开展专题案例调研，总结提炼广州市在数字技术赋能农业生产、优化"三农"信息服务体系以及改善乡村治理等创新实践中的经验与启示，并提出进一步推进广州数字农业农村发展的政策建议。

关键词： 数字技术赋能　数字化转型　乡村治理

一　广州市数字农业农村发展现状

（一）广州数字农业农村发展应用情况

近年来，广州深入学习贯彻习近平总书记关于"三农"工作的重要论述和对广东重要讲话、重要指示批示精神，扎实推进《数字乡村发展战略纲要》实施，大力发展农村数字经济，加快推广云计算、大数据、物联网、人工智能等

---

[*] 本报告为广州市农村发展研究中心委托研究课题。

[**] 课题组主要成员：易法敏，华南农业大学经济管理学院教授；毛海峰，广州农村发展研究中心主任；莫旭辉，广州市农村发展研究中心书记；江宏耿，广州市农村发展研究中心助理一级。执笔人：易法敏、江宏耿。

新一代信息技术与农业全面深度融合应用,进一步解放和发展了乡村产业数字化生产力。广州农村基础设施补短板取得新进展,农业信息服务体系建设加速,农业经营网络化发展成效初显;建立"保供稳价安心"数字平台,助力传统农业企业走进数字经济,帮助农民和农产品走出困境;电商直播带货农产品;农产品市场体系威力大显;数字农业农村的创新应用势头强劲。

1. 加强政策引导

为加快推动农业生产智能化和农产品流通网络化进程,快速提升数字农业信息服务管理能力,广州市在 2015 年以来制定实施的加快 IAB 产业发展、信息基础设施建设、加快 5G 发展、数字新基建发展等一系列专项行动计划中,将农业农村列为重点实施领域之一,积极发展"互联网+农业"、5G 智慧农业发展,大力实施信息进村入户工程。

2. 推动5G智慧农业试验区建设

2019 年以来,广州市增城区联合中国联通以"政府引导、市场运作、企业主体"为模式,建立水稻精准种植 5G 实验基地,开展 5G 在农业精准种植、病虫害实时高清监控、农业装备实时互联、农业生态旅游 VR 场景等方面的应用,优先发展智能农业装备、农业生产监控领域建设。

3. 推广应用物联网、区块链等数字技术,实现农业种养精细化、智能化

广州市农机推广站建设集成温室智能监控系统、水肥一体化智能灌溉系统、鱼塘水质在线监测系统、VR 农业体验系统等于一体的农业物联网综合应用平台,实现了作物生长的远程监控、环境在线监测、设备远程自动控制。从化荔博园建设 5G 数字农业智能化示范果园,实现果园高清视频监控。广州市艾米农场通过整合人工智能(Artificial Intelligence,AI)、物联网(Internet of Things,IoT)、5G、区块链等技术,成功研发 5G 数字农田系统。广州市诚一水产养殖有限公司实施智能化生产和管理,建立了水产养殖自动化饲料投喂、在线监测水质、智能停电报警、生产数据采集的智慧水产养殖系统。

4. 率先出台全国首个直播电商三年行动方案,农产品带货能力强劲

2020 年 3 月 24 日,广州市出台《广州市直播电商发展行动方案(2020~2022 年)》,提出要大力发展直播电商,创新商业新模式,推动广

州经济实现高质量发展。"广东农产品短视频+网红直播基地"在广州落地，并先后举办十多期短视频培训班，开展多场市县长直播间活动，并在多个农产品展示展销平台上通过网红主播直播带货。

（二）广州市发展数字农业农村的特色

广州在数字农业农村各阶段进行了实践，通过数字化营销助力品牌打造，依托互联网打开农产品市场，拓展农民增收空间；创建数字化平台促进要素流动，推动农业产业链上下游企业间实现数字化连接，提高要素配置效率；数字技术落地激活发展动能，广州多地已在推广应用物联网、区块链等数字技术，实现农业种养精细化、智能化。

1. 以数字化创新推动农产品市场营销

2019 年以来，广州市创建直播基地、开办首届直播节，带货农产品，大力发展直播电商，加强直播电商顶层设计、打造直播电商产业集群、推动直播电商在商贸领域应用、构建直播电商人才支撑体系以及营造直播电商发展良好氛围，创新商业模式，推动经济高质量发展。

2. 数字化平台连接供需双方

2020 年 3 月"保供稳价安心·菜篮子车尾箱工程"启动活动在广州市举行，是"广东农产品保供稳价安心数字平台"的重要组成部分，通过数字平台更加精准地找到消费者，带动消费风潮，也带来更多的消费交互体验。媒体纷纷走进田间，为生产者与消费者搭建对接桥梁。随着供应商、采购商、经销商、互联网平台、物流快递以及媒体的加入，形成了"政府搭台、企业唱戏、媒体助力、大众参与"的合唱。保供平台主要起到了连接中心作用，迅速解决和消除市场信息的不对称，能够发现产业链和供应链的短板问题。保供平台既实现了供销匹配、数字连接，又实现了数据可信、平台中立，为人民提供品质生活，助力农业数字化转型，构建现代农业产业体系；既有利于市场需求和生产供给信息发布，促进供给侧和需求侧精准对接，推动市场供需及物流对接，也推动了一批传统农企触及数字经济。另外，广清众创空间、"农博士"、"菜篮子"工程等数字化平台从不同角度发

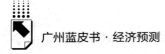

力，助推广州数字农业的发展。

3. 数字技术打通"最后一公里"，"条块"结合推进农业农村大数据建设

广州市在国内首创以区块链、AI 技术、大数据、云计算为核心技术的广州食用农产品溯源平台，开启智能监管模式，并将追溯信息融入电子支付凭证，创新闭环管理，方便消费者维权，破解维权无门困境。同时广州拥有基于强大的 5G 基站建设基础，5G 技术不仅能快速传送海量的农业数据，提高整体生产效率，还能助力远程农业直播，支撑各大网络平台带货。同时，5G 技术解决了大连接的容量问题，进一步推动广州农业物联网的广泛应用，实现万物互联。

4. 启动"广东百万农民线上免费培训工程"，培育"数字新农人"

广州在庆祝农民丰收节之际，启动"广东百万农民线上免费培训工程"，发布广州市惠农十大礼包。"广东百万农民线上免费培训工程"的主旨是以"平台+产业+人才"的发展思路大力培育"数字新农人"，相当于建设了一个"没有围墙的农民大学"。

5. 为世界数字农业大会保驾护航

2020 年 12 月 12~13 日"2020 世界数字农业大会"在广州天河成功举办。大会期间，天河区包括极飞、大气候、健坤、艾米会、金作等共 30 余家农业科技、种业企业参展，为大会带来数字农业相关的最前沿、最尖端的新技术、新产品。同时推出多项利好措施，集聚数字农业发展创新要素，赋能现代种业，推动现代农业加速演进。

二　数字农业农村案例分析与经验启示

（一）案例分析

1. 数字技术赋能农业生产

力智农业和无人农场是数字技术赋能农业生产的代表性案例。广州力智农业有限公司将互联网、物联网、大数据、人工智能等新一代数字技术用于生猪养殖行业，是对数字化畜禽养殖模式的积极探索。从实践中可以观察到，数字化养猪可以将劳动力从养猪领域中释放出来，有助于降低人力成本。此外，减少人流也有助于疫情（特别是猪瘟）的管控。由智能系统把控生猪养殖的饲喂、测膘、测温等环节，实现猪群精细化管理，并在此过程中不断积累数据，使得算法和模型得以不断优化，提炼出更优的生猪养殖决策指导实践，有助于提高生产率，这是数字化养猪模式的另一优势。从这个案例可以看到，数字化转型是集约型畜禽养殖的必由之路。集约型畜禽养殖的目标是不断提高生产率和资源使用效率。而数字技术的一大优势就是可以实现对每一个生产单位的实时监控和精准调控。为此，如何促进畜禽养殖者采纳数字技术，并积极开展数字化转型，是下一阶段农业农村发展的关键。

无人农场是指运用数字信息、自动化机械等新一代技术，实现农业生产的自主决策、自主作业和管理的现代化农场。华南农业大学工程学院罗锡文院士团队自 2004 年开始，经过长期的科研攻关，解决了多个制约农业农机装备无人化的技术难题，实现了农机精准定位、路径规划和自动作业三大创新，提升了我国农业装备现代化的技术水平，引领我国智慧农业走向国际前沿，为我国农业供给侧改革做出了杰出的贡献。

2. 数字技术赋能"三农"信息服务体系

随着互联网和 5G 技术的发展，数字技术的发展更加弱化了信息传递的时空限制，"人人有手机"，农民可以足不出户，便尽知天下事。在智能手机成为未来信息化重要载体之际，广州农博士充分利用移动互联网现代信息技术手段，在农民和农技专家之间搭起沟通的桥梁，构建"三农"信息服务体系。在经过近 9 年的建设、发展和推广，逐渐积累了以平台为中心的服务团队和日渐完整的专家团队，平台发展至今已建成微信版、手机客户端平台和管理后台功能，平台的服务团队和专家队伍有 700 人，注册用户发展数量已达 56496 余人，微信关注用户人数已达 49037 余人，平台中的用户问诊工单已做到 100%"有问必答"。"农博士"的建设充分利用信息技术的最新成果，促进农业持续稳定发展，以智慧互联网服务农民，以高科技改造农业，建设美丽、富裕、和谐的农村。

在"农博士"的使用过程中，也展现出数字信息技术赋能"三农"信息体系带来的信息传递的快速化、获取的多样化、助农的精确化、助产的有效化。农民能够通过平台随时随地了解市场行情、气象预警、最新的技术信息等，可以及时采取措施以减小或避免生产经营损失，合理有序地安排生产，提高农业生产的效率。广州"农博士"作为数字技术赋能"三农"信息服务体系的经典案例，依托数字信息技术，探索出乡村振兴背景下农业专家与农民紧密对接、促进农技知识传播的新形式，顺应了新时代农村对高素质农民的需求。

3. 数字技术赋能乡村治理

作为社会结构中最基本的单元，乡村治理有序直接决定了社会秩序的有序运行。以移动互联网为核心的新一轮互联网发展浪潮中，在不断激发经济创新转型活力的同时，也深刻地影响着经济、社会深刻变革，不仅为社会治理提供新的模式与路径，同时也为农村基层社会治理带来了前所未有的挑战。作为传统的治理场域，农村基层社会治理该如何回应新时代对乡村治理的新要求，这些都是值得探讨的问题。

本文以"仁里集"App 的推广使用作为案例进行分析。2016 年以来，广州市从化区遴选 8 个镇街作为试点，开始了移动互联网政务 App"仁里集"的使用。"仁里集"以"三全三零、三精三好"的功能回应了移动互联网时代农村基层治理的迷思与困惑，通过技术赋能，以农村党建为龙头、以农村基层治理为主线、以基层治理云平台大数据为支撑、以现代互联网技术为载体，依托每位村民手中的智能手机，在共建共治共享的农村基层社会治理新体系中，探索出乡村振兴背景下农村基层社会治理主体与村民互动新模式，顺应了新时代村民对乡村治理的新要求，走出一条具有广州特色的乡村振兴之路。

回顾"仁里集"App 在广州从化的推广使用过程，作为技术赋能乡村治理的典型案例，已经走到了良性互动的阶段并取得了良好的成效。依托"仁里集"App 的使用，从化的农村基层社会治理呈现出决策民主化、目标精细化、手段信息化、参与多元化的特点。

（二）经验启示

除了上述案例之外，广州市还涌现出很多数字技术的创新与应用。表1列举了广州市现有数字农业农村建设实践与国家数字乡村试点内容的对标情况的相关案例。可以看出，数字技术赋能作为一种行之有效的方式，正被合理运用到乡村振兴中。数字技术可以实现对每一个生产单位的实时监控和精准调控，能够打通生产与市场、生产者与农业专家的对接渠道，及时响应农民的各种需求，促进信息的流动，并且能够在共建共治共享的农村基层社会治理新体系中，探索出乡村振兴背景下农村基层社会治理主体与村民互动新模式，促使现代化的公共服务向乡村延伸，实现农村基层社会治理精细化、便捷化，顺应了新时代村民对乡村治理的新要求。

**表1　广州市现有数字农业农村建设实践与国家数字乡村
试点内容的对标情况的相关案例**

国家数字乡村试点内容	案　例
开展数字乡村整体规划设计	广清农业众创空间
完善乡村新一代信息基础设施	广清农业众创空间、"农博士"、力智农业、"菜篮子"工程
探索乡村数字经济新业态	广清农业众创空间、力智农业、"菜篮子"工程
探索乡村数字治理新模式	"仁里集"App
完善"三农"信息服务体系	广清农业众创空间、"菜篮子"工程、"农博士"
完善设施资源整合共享机制	广清农业众创空间、"菜篮子"工程、"农博士"
探索数字乡村可持续发展机制	广清农业众创空间

但是，数字技术赋能在特定的场景也有其"数字技术之恶"和"数字技术鸿沟"的弊端，这些问题和弊端的存在是任何技术发展过程中几乎都会遇到的。因此，在实践和发展中不断发现问题并不断解决才是可行之道。上述两大问题需要通过政府的积极引领予以消除。建设数字乡村是建设数字中国的战略发展目标，数字技术赋能"三农"顺应了建设数字乡村的发展趋势，利用数字技术赋能改变农村面貌，必将是未来的大势所趋。以数字技术赋能建设现代化乡村，促进农业升级改造，提高乡村的治理能力，帮助农

民增收富裕，是未来数字技术赋能"三农"重要方向。

1. 凸显"数字技术之恶"

当社会沉浸在数字技术带来快速发展时，由此而产生的"数字技术之恶"也层出不穷。"数字技术之恶"是现代化面临的新挑战，必须时刻警惕、严加防范。"数字技术之恶"随着互联网的产生而产生，网络诈骗、网络谣言、流量造假、数据造假等都是由于数字技术快速发展而产生的。在利用数字技术赋能"三农"服务信息体系建设时，因面对的主体人群是农民，在传统乡村还未很好地向现代乡村转变的过程中，农民大多还是素质较低的人群，因此在他们被纳入数字技术"三农"信息服务体系中时，他们的辨识能力会更弱，更容易轻信网络谣言，或者被卷入网络诈骗。

对于这些"数字技术之恶"，政府更加要防患于未然，在联合市农技推广中心组织专场培训中，不仅要向农技专家、村农技员、科技示范户、养殖户等进行农博士使用推广培训，更要通过培训讲座向受培训主体宣传"数字技术之恶"，加强他们的防范意识。

2. 加剧"数字技术鸿沟"

新技术的应用与传播日新月异，具有不同资本、知识水平等的农户在享受数字化技术带来红利的同时却也面临着更大的数字鸿沟，使原本生计能力的差距进一步加大，一些弱势群体被现代社会拒之门外。以农博士为例，广州农博士是在智能手机成为未来信息化重要载体之际，充分利用移动互联网现代信息技术手段来宣传农技知识，但在农村生活的贫困村民、年老村民都可能会因为缺少移动通信设备或者不懂操作而被排斥在"三农"信息服务体系之外，囿于"数字技术鸿沟"的限制，使农博士在进行推广时，不得不倾斜大量资源给这部分游离在"三农"信息服务体系之外的村民，弱化了赋能成效。

让村民打破"数字技术鸿沟"的限制，主动拥抱数字技术世界，要依靠政府的力量，用人性化的服务弥合社会鸿沟，通过"数字下乡"的手段加强农村基层移动互联网基础设施建设，对于一些贫困人口可采用赠送移动通信设备的方式，对于无法使用移动通信设备的人群则组织培训人员对村民进行单独培训，将游离在"三农"信息服务体系之外的村民融入移动互联网的发展浪潮中，填补"数字技术鸿沟"，增进数字技术对"三农"赋能成效。

三　进一步推进广州市数字农业农村发展的对策建议

通过对照中央、广东省有关数字乡村和数字农业农村建设试点的工作要求，目前广州市在数字农业农村发展方面还存在较多需要补短板和强基础的地方，譬如数字乡村建设缺乏整体规划设计，还处于各地自三探索阶段，各类智慧应用功能也还处于各自分别应用的状态，智慧城乡建设差距较大，数字乡村建设存在地区不平衡、数字乡村建设的要素支撑有待加强，人才、资金等要素明显不足等，更深层的原因在于数字农业农村建设处于初创阶段，农户对数字农业农村的认识不够充分，数字技术的集成化应用深入度不够，具备数字农业农村专业化知识的人才较少，涉农人员专业素质还无法和实际需求完整匹配，信息传播效率不高，资本投入模式较为单一等。鉴于此，本报告从数字技术集成应用、数字人才队伍建设、农业农村数据体系建设、资本投入四个方面提出相应的对策建议。

（一）大力支持农业农村数字技术研发及集成应用

一是加大农业数字化技术研发。具体而言，重点开展新型绿色生产综合技术、农业生产智能装备及配套技术、生物质资源化再利用技术、农产品综合加工装备与技术、岭南特色产业种质提升技术、岭南特色产业关键病虫害防控技术、农产品冷链流通综合技术、农产品质量分级综合技术、数字农业物联网关键技术、农业要素匹配机制与模式创新等十个方面的农业数字化技术突破。

二是加快数字农业技术创造性发展和创新性转化，推动双创成果与农业全产业链深度融合。建立数字农业农村科技创新体系，将数字农业农村科技攻关作为重大专项和重点研发计划的支持重点。加快推进已试点智慧农场、智慧果园的成熟经验推广，以"互联网+现代农业"的技术创新推动农产品全产业链体系完善。建立现代农业产业技术体系数字农业农村科技创新团队，推动数字技术和农业农村深度融合。

（二）加快推进数字农业农村人才队伍建设

一是建立现代农业产业技术体系数字农业农村科技创新团队。依托高等院校和粤港澳大湾区智力资源，加强数字农业领军人才队伍建设和智力（技术）支持，建立数字农业专家决策咨询制度，组织智库加强理论研究，培养造就一支数字农业领域高水平管理人才和队伍，集中创新资源开展基础性、前瞻性理论应用研究。加强农业数字技术创新团队建设，努力抢占数字农业技术创新制高点。在各类涉农培训班中增加农业数字技术专题，夯实各级农业干部获取数据、分析数据、运用数据的基本功。

二是建立新型数字农民学习平台。以线上学习培训模式，低门槛、智能化地开展农业数字化技能培训。大力实施"双十"工程（支持10家涉农职业教育机构，培养10万名具有中高等学历的乡村振兴骨干人才）。深入实施新型职业农民培育工程，制定农业经理人、现代青年农场主和新型农业经营主体带头人等分类培育计划。同时，开展数字农业领域人才下乡活动，加强农业科技人才、公共服务人才队伍建设，鼓励和引导大学生、志愿者、返乡就业人员参与数字农业建设。

三是构建面向农村地区的数字技能普及体系。借鉴国际电信联盟（International Telecommunication Union，ITU）、经济合作与发展组织（Organization for Economic Co-operation and Development，OECD）等机构在改善农村居民数字技能方面的实践经验，研发符合广州市实际情况的"数字技能政策工具包"，着力改善农村地区居民基础数字能力，提升农民对数字经济的认知程度。对农村地区的学历教育、职业教育中的"电脑课"进行升级换代，改设数字技能培养课程。对基层干部、农村教师、乡村医生开展专门的数字技能培训。组织实施面向新型农业经营主体、返乡农民工、留守妇女等群体的电子商务、网络直播、普惠金融等培训，面向农村中老年群体的电脑、手机使用技能培训创新培训方式，通过"家庭内部培训"和"社区志愿培训"等途径，增强培训效果。

（三）加快完善农业农村大数据体系

一是构建农业农村大数据资源体系。建设人机协同的天空地一体化数据信息采集体系。在农业全产业链主要环节部署农业物联网、农机车载监控应用终端，与农业遥感、农业无人机和传统人工采集系统结合，实现对农业生产全领域、全过程、全覆盖的动态监测。按照"数字政府"总体设计要求，构建基础数据资源体系，推进广东农业农村资源综合管理大数据平台应用，完善重要农业种质资源、农户和新型农业经营主体等涉农信息资源目录，整合对接广东省涉农平台系统，完善数据采集、传输、共享机制，逐步实现数据精准采集、预警、分析、决策辅助和共用共享。

二是建立农业农村大数据服务体系。根据特色需求嵌入大数据监测采集、动态决策、数据开放等模块，使涉农数据真正服务政府决策、服务农户需要、服务企业开发。利用云计算、移动互联网技术，建立广州市一村一品大数据，采集流通、销售等环节的数据资源，为农业生产企业提供市场动态信息、农业政策咨询服务。

三是建立农业农村大数据管理体系和数字化管理系统。建设农业农村大数据中心与应用体系，顶层设计、统一标准、分布存储、集中管控，搭建统一开放的国家农业农村大数据中心；开展基于农业大数据的创新应用，提高生产调度、决策、管理、服务能力。

（四）建立和完善金融与投资支持政策

运用财政、金融、税收等金融手段和政策，扶持数字农业农村发展。充分利用现有资金渠道，加大政策支持力度，鼓励电信企业推出有针对性的资费优惠方案，鼓励地方积极探索保险费补贴等多种形式，落实好涉农税收优惠政策。健全投入机制，拓宽投资渠道，优化投资环境，加快形成财政优先保障、金融重点倾斜、社会积极参与的多元投入格局。

展望未来，随着互联网、大数据、物联网等数字信息技术的发展，实现对传统农业产业的创新赋能成为现实，更成为必然趋势。数字农业农村建设，不仅能协助乡村地区实现脱贫振兴，更能实现可持续发展。我们相信，随着我国经济、科技、人民素质等不断发展，实现社会主义新时代"三农"建设必将成为现实，最终也必将实现我国广袤的农村地区"产业兴旺、生态宜居、乡风文明、治理有效、生活富裕"乡村振兴的总目标。

参考文献

韩朝华：《个体农户和农业规模化经营：家庭农场理论评述》，《经济研究》2017 年第 7 期。

董捷：《日本农业支持政策及对中国的启示》，《日本问题研究》2013 年第 1 期。

屈冬玉：《走中国特色的乡村振兴之路》，《智慧中国》2018 年第 11 期。

王小兵、钟永玲、李想、康春鹏、董春岩、梁栋、马晔：《数字农业的发展趋势与推进路径》，《农业工程技术》2020 年第 12 期。

夏显力、陈哲、张慧利、赵敏娟：《农业高质量发展：数字赋能与实现路径》，《中国农村经济》2019 年第 12 期。

宋建辉、姜天龙：《现代农业产业技术体系典型模式和有益启示》，《经济纵横》2019 年第 12 期。

舒圣祥：《用人性化服务弥合"数字鸿沟"》，《中国消费者报》2020 年 11 月 27 日。

邱锐、吴风：《"数据之治"推进"中国之治"》，《学习时报》2019 年 12 月 27 日。

附　　录

Appendices

附表1　2021年广州市主要经济指标

指　　　标	单位	绝对数	比上年增减(%)
年末户籍总人口	万人	1011.53	
年末常住人口	万人	1881.06	—
年末社会从业人员	万人	—	—
地区生产总值	亿元	28231.97	8.1
第一产业	亿元	306.41	5.5
第二产业	亿元	7722.67	8.5
#工业增加值	亿元	6716.71	9.1
第三产业	亿元	20202.89	8.0
规模以上工业总产值	亿元	22567.18	7.0
固定资产投资额	亿元	—	11.7
社会消费品零售总额	亿元	10122.56	9.8
外商直接投资实际使用外资	亿元	543.26	10.0
商品进口总值	亿元	4513.71	9.6
商品出口总值	亿元	6312.17	16.4
地方财政一般公共预算收入	亿元	1883.18	9.4
地方财政一般公共预算支出	亿元	3020.72	2.3

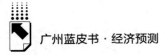

续表

指　　　标	单位	绝对数	比上年增减（%）
货运量	亿吨	9.82	6.0
客运量	亿人次	2.20	—
港口货物吞吐量	亿吨	6.51	2.3
邮电业务收入	亿元	1259.21	12.9
金融机构本外币存款余额	亿元	74988.86	10.6
金融机构本外币贷款余额	亿元	61399.61	12.9
城市居民消费价格总指数（上年＝100）	%	101.1	1.1
城镇居民人均可支配收入	元	74416	8.9
农村居民人均可支配收入	元	34533	10.4

注：1. 地区生产总值、规模以上工业总产值增长速度按可比价格计算。

2. 年末常住人口为第七次全国人口普查数据；年末社会从业人员暂缺。

3. 固定资产投资额上级未反馈总量。

附表2 2021年全国十大城市主要经济指标对比

指　标	单位	广州	北京	天津	上海	深圳
规模以上工业增加值	亿元	5086.22				9490.12
比上年增减	%	7.8	31.0	8.2	11.0	4.7
全社会固定资产投资额	亿元					
比上年增减	%	11.7	4.9	4.8	8.1	3.7
社会消费品零售总额	亿元	10122.56	14867.74		18079.25	9498.12
比上年增减	%	9.8	8.4	5.2	13.5	9.6
商品进口总值	亿元	4513.71	24319.90	4691.82	24891.68	16172.16
比上年增减	%	9.6	30.4	9.3	17.7	19.5
商品出口总值	亿元	6312.17	5118.47	3875.61	15718.67	19263.41
比上年增减	%	16.4	31.2	26.1	14.6	13.5
外商直接投资实际使用外资金额	亿元	543.26	155.60	53.53	225.51	730.10
比上年增减	%	10.0		19.9	11.5	22.6
金融机构本外币存款余额	亿元	74989	199742	35903	175831	112545
金融机构本外币贷款余额	亿元	61400	89033	41054	96032	77241
城市居民消费价格总指数	%	101.1	101.1	101.3	101.2	100.9

指　标	单位	重庆	武汉	成都	苏州	杭州
规模以上工业增加值	亿元					4100.00
比上年增减	%	10.7	14.2	11.4	12.8	10.6
全社会固定资产投资额	亿元					
比上年增减	%	6.1	12.9	10.0	8.3	9.0
社会消费品零售总额	亿元	13967.67	6795.04	9251.80	9031.32	6744.00
比上年增减	%	18.5	10.5	14.0	17.3	11.4
商品进口总值	亿元	2832.26	1430.40	3380.76	10456.24	2721.95
比上年增减	%	21.7	11.2	10.7	11.5	20.0
商品出口总值	亿元	5168.33	1929.00	4841.21	14875.76	4647.02
比上年增减	%	23.4	35.7	17.9	15.0	25.9

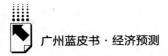

续表

指　标	单位	重庆	武汉	成都	苏州	杭州
外商直接投资实际使用外资金额	亿元	22.36		504.50	69.92	81.70
比上年增减	%	6.4			26.2	13.5
金融机构本外币存款余额	亿元	45908	33776	47968	41637	61044
金融机构本外币贷款余额	亿元	46928	40825	46425	40811	56275
城市居民消费价格总指数	%	100.3	100.6	100.5	102.1	101.3

注：1. 资料来源各城市统计月报或统计公报。

2. 规模以上工业增加值比上年增长按可比价格计算。

3. 外商直接投资实际使用外资金额中北京、上海、重庆、苏州、武汉和杭州的计量单位为美元。

附表3　2021年珠江三角洲主要城市主要经济指标对比

指　　标	单位	广州	深圳	珠海	佛山	惠州
规模以上工业增加值	亿元	5086.22	9490.12	1339.37	5442.13	2082.30
比上年增减	%	7.8	4.7	8.8	9.3	14.1
全社会固定资产投资额	亿元					
比上年增减	%	11.7	3.7	-3.1	7.6	21.8
社会消费品零售总额	亿元	10122.56	9498.12	1048.24	3556.66	1978.92
比上年增减	%	9.8	9.6	13.8	8.1	13.3
商品进口总值	亿元	4513.71	16172.16	1434.0	1153.3	922.8
比上年增减	%	9.6	19.5	27.5	24.1	15.3
商品出口总值	亿元	6312.17	19263.41	1886.1	5007.4	2132.3
比上年增减	%	16.4	13.5	17.3	21.2	26.3
外商直接投资实际使用外资金额	亿元	543.26	730.10	202.24	33.54	74.39
比上年增减	%	10.0	22.6	13.6	-27.0	33.6
金融机构本外币存款余额	亿元	74988.86	112545.17	10496.05	20606.98	7809.67
金融机构本外币贷款余额	亿元	61399.61	77240.78	8909.80	16474.11	8478.86
城市居民消费价格总指数	%	101.1	100.9	100.8	101.1	101.5

指　　标	单位	东莞	中山	江门	肇庆
规模以上工业增加值	亿元	5008.81	1402.71	1280.68	859.88
比上年增减	%	10.2	12.0	14.7	18.4
全社会固定资产投资额	亿元				
比上年增减	%	8.2	15.3	1.4	11.6
社会消费品零售总额	亿元	4239.24	1530.11	1278.10	1160.82
比上年增减	%	13.3	8.7	9.9	9.3
商品进口总值	亿元	5687.2	463.3	323.8	133.4
比上年增减	%	13.2	17.6	6.7	17.8
商品出口总值	亿元	9559.8	2231.6	1455.6	272.0
比上年增减	%	15.4	23.0	30.2	-9.3

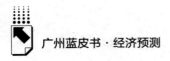
续表

指 标	单位	东莞	中山	江门	肇庆
外商直接投资实际使用外资金额	亿元	95.32	37.73	22.98	8.13
比上年增减	%	19.7	−7.0	−59.4	39.0
金融机构本外币存款余额	亿元	20315.59	7332.85	5864.34	3052.70
金融机构本外币贷款余额	亿元	14931.21	6486.49	4970.31	2639.61
城市居民消费价格总指数	%	101.1	101.1	101.2	101.0

注：规模以上工业增加值比上年增长按可比价格计算。

资料来源：《广东宏观经济监测月报》（2021年12月）。

Abstract

"Analysis and Forecast of Guangzhou's Economic Situatior in 2022" is co-edited by Guangzhou University, the Guangdong Provincial Blue Book Research Association, the Guangzhou Municipal Bureau of Statistics, the Policy Research Office of the Guangzhou Municipal Committee of the Communist Party of China, and the Guangzhou Municipal Government Research Office. The report is divided into nine parts: General Report, Industry Development, Modern Industry, Consumer market, Investment and Construction, Finance, Taxation and Finance, Private Economy, Special Research and appendix. It brings together the latest research results of many economic research experts, scholars and workers in practical departments from scientific research groups, universities and government departments in Guangzhou, which makes the report an important reference material for Guangzhou's economic operation and related topics.

In 2021, Guangzhou has effectively dealt with multiple challenges affecting economic operation, such as the fluctuation of the epidemic, lack of cores, power and cabinets, and rising commodity prices, while continuing to consolidate the achievements of epidemic prevention and control as well as economic and social development. Guangzhou's economy has been running stably throughout the year, and achievements have been made in building a new development pattern and enabling high-quality development. The development resilience has been continuously enhanced, and the "14th Five-Year Plan" has achieved its good start.

Looking forward to 2022, Guangzhou still faces many challenges in maintaining economic growth and high-quality development. It is necessary to persevere and deepen the deployment of "dual districts" and the linkage of "twin cities", focus on "old cities" to rejuvenate "new vitality", comprehensively

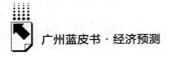
promote digital, green and international transformation, and continue to optimize industrial layout and investment structure. Furthermore, Guangzhou needs to strengthen the stamina of industrial development, consolidate the foundation for investment growth, make every effort to promote consumption recovery, and further promote the steady recovery of economic development.

Keywords: Challenge; Consumption Replenishment; Guangzhou

Contents

I General Report

Abstract: In 2021, resolutely implementing the work requirement of proposed by General Secretary Xi, the Party Central Committee and provincial government, Guangzhou has effectively dealt with multiple challenges affecting economic operation, such as the fluctuation of the epidemic, lack of cores, power and cabinets, and rising commodity prices, while continuing to consolidate the achievements of epidemic prevention and control and economic and social development. Guangzhou's economy has been running stably throughout the year, and the "14th Five-Year Plan" has achieved its good start. However, affected by the repeated epidemic and the changing domestic economic situation and that of abroad, there are still many challenges to maintain stable growth and high-quality development of Guangzhou's economy in the future. In 2022, Guangzhou will continue to optimize the industrial layout and investment structure, enhance the potential for industrial development, consolidate the foundation for investment growth, fully promote consumption recovery, and further promote the steady recovery of economic development.

Keywords: Economic situation; New business format; Supply chain; Guangzhou

Ⅱ Industry Development

B.2 Analysis report on the operation of up-scale service industry in Guangzhou in 2021

Research Group of Service Industry Division
of Guangzhou Municipal Bureau of Statistics / 031

Abstract: In 2021, Guangzhou's up-scale service industry has been operating stably, and its economic two-year growth rate has remained at around 8% since the second quarter, showing strong development resilience. Compared with other key cities in China, Guangzhou ranks third in the country in terms of the number of service enterprises, but there are still shortcomings in terms of industrial scale and enterprise cultivation. Guangzhou needs to develop supporting policies to support and empower enterprises, reduce their burdens, guide the transformation and upgrading of traditional industries, accelerate the deep integration of advanced manufacturing and modern service industries, create a good environment for entrepreneurship and innovation, and ensure the steady development of the service industry.

Keywords: Modern service industry; Entrepreneurship and Innovation Environment; Guangzhou

B . 3   Research Report of Guangzhou Thermal Power Industry Development in 2021

Research Group of Energy Department of Guangzhou Municipal Bureau of Statistics Research Group of Guangzhou Statistics Bureau / 046

Abstract: The steady recovery of China's economy brought rapid growth in electricity demand in 2021. However, due to the continued rise in energy prices such as coal and natural gas, the cost of thermal power enterprises been inverted, which brought greater pressure on maintain and stabilize electricity supply to many domestic provinces and cities that use thermal power as the main power source. Based on the investigation of 13 major thermal power enterprises in Guangzhou, combined with the international and domestic energy market conditions, this paper focuses on the analysis of the electricity supply and demand situation, and the production and management of thermal power enterprises in Guangzhou in 2021. Problems existing in the current thermal power industry in Guangzhou has been pointed out, including high dependence on external electricity, the prominent contradiction between coal consumption control and ensuring electricity supply, the restriction of natural gas electricity generation, and the enterprise operation difficulties in the reform of power marketization. At last, four suggestions have been put forward, including strengthening the construction of power sources to keep the bottom line of safe electricity consumption, developing two markets to build a safe and efficient energy system, strengthening the construction of smart grids to improve the management level, and deepening reforms to enhance the ability of enterprises to resist risks.

Keywords: Energy Price; Smart Grid; Maintain and Stabilize Electricity Supply

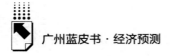

B.4   Analysis of the Development Trend of Guangzhou
         Real Estate Market in 2021

Research Group of Guangzhou Development Research Institute,

Guangzhou University / 060

Abstract: In 2021, Guangzhou implemented policies on the real estate market differently, responding to local environments. Real estate markets of areas other than Huangpu (current industrial core) and Nansha (planned industrial development center) would be operated mainly by price controls. In terms of the performance of the real estate market, the transaction in the primary, secondary and tertiary markets have been through a noticeable downward trend. Although the policy of the fourth quarter shows that the real estate market trend had reached its bottom and would be rebounded, market confidence has not improved significantly in terms of indicators such as the overall disposal rate (especially the disposal of goods from outer suburban projects).

Keywords: Supply and Demand; Price Control; Talent Measure; Guangzhou

B.5   Analysis of the Dilemma and Counter Measurement
         of Guangzhou's Cross-border E-commerce Development
         in the Post-epidemic era

Research Group of Guangzhou Development Research Institute,

Guangzhou University / 072

Abstract: With the normalization of epidemic prevention and control, cross-border e-commerce, an emerging type of business, has become a new bright spot in the development of foreign trade. Guangzhou cross-border e-commerce has been leading the country for 8 years, but there are still many problems in response of repeated international epidemics. Therefore, Guangzhou should further continue to develop an export-led model, increase the construction of overseas warehouses, and implement a localization strategy to build a new development pattern of cross-border e-commerce.

Keywords: Cross-border E-commerce; E-commerce Platform; Guangzhou

III　Modern Industry

B.6　Research Report on Accelerating the Consolidation of the
Foundation of Guangzhou's Modern Industrial System

Joint research group of the Institute of Modern Industry,
Guangzhou Academy of Social Sciences and the Comprehensive
Research Office of the Policy Research Office of the Guangzhou
Municipal Party Committee / 082

Abstract: Focusing on the high-quality development of Guangzhou in the future, the three major industrial belts along the river, southeast and west are the main battlefield of Guangzhou's economic construction, the main position of industrial upgrading, and the main engine of innovation and development. To accelerate the construction of a modern industrial system, Guangzhou must focus on optimizing and upgrading the three major industrial belts and make every effort to polish the "four business cards" of Guangzhou manufacturing, Guangzhou service, Guangzhou standard and Guangzhou brand.

Keywords: Industrial Belt; Modern Industrial System; Guangzhou

B.7　Suggestions on Promoting the Accelerated Development
of Guangzhou ICV Industry

Democracy Guangzhou Municipal Committee Research Group / 093

Abstract: Guangzhou has superior basic conditions for the development of intelligent connected vehicles, but still face problems including unstable industrial supply chains, weak innovation capabilities, unclear investment entities for vehicle-road coordination infrastructure, unclear operation service platforms and testing standards, insufficient development policy support, government-enterprise disparity and insufficient working mechanism. It is suggested that efforts should be made to supplement the industrial chain and strengthen the chain, accelerate the localization and replacement of parts and components, accelerate the construction and commercialization of new infrastructure, formulate and improve regulations and policy systems, in order to promote the accelerated development of the Guangzhou ICV industry.

Keywords: ICV (intelligent connected vehicles); Strengthen and Supplement the Chain; Vehicle-road Coordination; Guangzhou

B.8 Analysis Report on the Development of Guangzhou
Automobile-Industry-Chain   *Fang Yueluan, Wang Pinglang* / 103

Abstract: Automobile-Industry is the comparative advantage industry of Guangzhou. With more than 20 years' steady development, a relatively perfect industrial chain has been formed. This paper introduces the development status of Guangzhou Automobile-Industry-Chain and uses SWOT analysis method to analyze the internal advantages, internal disadvantages, external opportunities and external threats of Guangzhou Automobile-Industry-Chain. The paper investigates 25 local automobile manufacturing enterprises and puts forward some suggestions for the high-quality development of Guangzhou Automobile-Industry-Chain.

Keywords: Automobile-Industry-Chain; SWOT Analysis; High-quality Development

B . 9   Research on High-quality Development of High-tech Industries
in Guangzhou under the Context of Digital Economy
Chen Xiuying, Shen Tingbang / 120

Abstract: Under the background of "Internet plus", Guangzhou's high-tech industry has shown a good development trend. However, factors that hinder the development of Guangzhou's high-tech industry still exist due to complex domestic and foreign environment. Through the analysis of spatial and temporal differentiation of relevant indicators of Guangzhou's high-tech industry, this paper indicates development problems such as relatively low technological innovation ability, small scale of advantageous industries, and low-end high-tech industry chain. In the new stage of development, Guangzhou should further take advantage of the opportunity of digital technology application, focus on improving the innovation of key core technologies, and take multiple measures to promote the high-quality development of Guangzhou's high-tech industries.

Keywords: Digital Economy; High-tech Industry; High-quality Development

Ⅳ   Consumer Market

B . 10   Comparative Analysis of Consumer Goods Markets
in the Three Cities of Guangzhou, Shenzhen
and Chongqing in 2021
*Research Group of the Trade and Foreign Economics Division
of Guangzhou Statistics Bureau* / 134

Abstract: Under the construction of The "dual circulation" development paradigm, in which domestic and overseas markets reinforce each other, with the domestic market as the mainstay", the national "14th Five-Year Plan" regards "cultivating an international consumption center city" as the key to activating the domestic market and building a new development pattern. In July 2021, Guangzhou was approved to take the lead in cultivating and building an international consumption center city. Among them, the consumer goods market is one of the main starting points for the cultivation and construction of consumption center cities. This paper focuses on the consumer goods market, and compares it with Shenzhen, which has a similar location endowment, and Chongqing, where the consumer goods market has developed rapidly in recent years. The paper finds that Guangzhou's advantages are mainly concentrated in its profound business heritage, convenient transportation, and developed e-commerce. The challenges faced by Guangzhou mainly include the need to further improve the degree of internationalization, the duty-free economy, and the core competitiveness of business districts. In the next step, Guangzhou should focus on the "five enhancements", continuously stimulate the new vitality of the "Millennium Commercial Capital" and strive to promote the high-quality development of Guangzhou consumer goods market.

Keywords: International Consumption Center City; Consumer Goods Market; City Comparison; High-quality Development

B.11 Research Report on Guangzhou Furniture
Customization Consumption

Research Group of the Guangzhou Consumers Commission / 148

Abstract: Customized furniture meets consumers' needs of personalized designs. However, with the increasingly fierce market competition, the deficiencies of customized furniture in the consumer market have gradually emerged with consumer complaints increased. The research reveals that the difficulty in safeguarding the rights of custom furniture is mainly due to the lack of standards in the furniture customization industry, the lack of service quality management, the particularity of products, and the lack of knowledge of custom furniture by consumers and other factors. It is recommended to discuss and formulate national standards for customized furniture services as soon as possible and strengthen the supervision of the industry. At the same time, consumers should be advised to purchase customized furniture rationally and reasonably protect their rights.

Keywords: Furniture Customization; Consumer Rights Protection; Norms and Standards; Guangzhou

B. 12   Thoughts and Suggestions on Promoting Guangzhou
to Expand Domestic Demand and Boost Consumption

Research Group of Guangzhou Taxation Society / 160

Abstract: After the impact of Covid-19 epidemic on the consumer market, Guangzhou's "Several Measures for Boosting Consumption and Promoting Market Prosperity" was released at the appropriate time which clearly stated that it is necessary to actively cultivate the domestic demand market and promote the quality and expansion of consumption. With the help of tax big data and major trade indexes, this paper sorts out the new characteristics of consumption in Guangzhou in the past three years, especially after the epidemic, and summarizes several factors that affect the increase in consumption in Guangzhou. Finally, this paper puts forward policy suggestions to promote Guangzhou to expand domestic demand and boost consumption from the aspects of raising income level, optimizing public service supply, and increasing supply guidance.

Keywords: Expanding domestic demand; Consumption boost; New Retail; Guangzhou

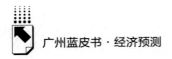

V Investment and Construction

B.13 Analysis Report on Guangzhou Real Estate

Development Investment and Market Operation in 2021

Research Group of the Investment Department

of Guangzhou Statistics Bureau / 171

Abstract：2021 is a distinguished year in the history of real estate development in Guangzhou. In the past year, Guangzhou City has overcome the impact of the Covid‐19 epidemic and market uncertainties, and effectively guaranteed the healthy and stable operation of the real estate market. The real estate development investment and commercial housing sales market first showed rapid recovery growth, then fell from high levels and at last gradually stabilized. It is suggested that while accelerating the implementation of high-quality investment projects to increase efficiency in 2022, it is necessary to further strengthen capital supervision, promote asset integration, and effectively maintain the stable and healthy development of the real estate financial market.

Keywords：Real Estate Market; Recovery Growth; Steady and Healthy; Guangzhou

B.14 Study on the Construction of International

Comprehensive Transportation Hub in Guangzhou

Kang Dahua / 183

Abstract：The construction of an international comprehensive transportation hub is an inherent requirement for Guangzhou to build a new development pattern of services that it plays an important role in urban economic development, optimizing urban spatial layout, promoting coordinated regional economic development, and enhancing global resource allocation capabilities. This paper focuses on the problems existing in Guangzhou in aviation hub, shipping hub, railway hub, highway hub and urban transportation, draws lessons from the development experience of international advanced regions, and puts forward specific suggestions for the practice of Guangzhou.

Keywords: International Comprehensive Transportation Hub; Hub Energy Level; Guangzhou

B.15 Research on the Path of Guangzhou Leading the Joint Construction of World-class Urban Agglomerations in the Guangdong-Hong Kong-Macao Greater Bay Area

The Research Group of the Political Research Office of the Guangzhou Municipal Committee of the Communist Party of China / 203

Abstract: This paper deeply studies the spirit of General Secretary Xi's important exposition on the development of urban agglomerations, discusses the strategic significance of developing and expanding urban agglomerations in the new era and new journey, and analyzes the problems existing in the integrated development of world-class urban agglomerations in the Guangdong-Hong Kong-Macao Greater Bay Area. Suggestions are made for Guangzhou to seize the great opportunity of "dual-region" construction and "twin-city" linkage and lead the construction of a world-class urban agglomeration in the Greater Bay Area.

Keywords: Guangdong-Hong Kong-Macao Greater Bay Area; World-class Urban; Agglomeration Regional Integration

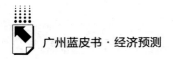
VI　Finance and Taxation

　　Abstract: This paper analyzes the development status of the financial industry in the Greater Bay Area by collecting the relevant data of the financial industry in the "9 +2" cities in the Guangdong-Hong Kong-Macao Greater Bay Area from 2018 to 2021, sorts out issues that should be addressed, focusing on the development characteristics of the financial industry in Guangzhou, Hong Kong, Shenzhen and Macau, and and put forward countermeasures and suggestions to promote the development of Guangzhou's financial industry.

　　Keywords: Guangdong-Hong Kong-Macao Greater Bay Area; Financial Industry; Guangzhou

　　Abstract: Guangzhou Futures Exchange can fully rely on local advantages in product positioning, and focus on developing products that are closely related to Guangzhou's local economy. In terms of development strategy, one should make full use of the advantages of Nansha's port logistics industry, integrate the resources of existing trading venues to form a spot trading platform for bulk commodities in Nansha, and establish a supporting commodity information data center in the Greater Bay Area to build a future cluster. Furthermore, one should vigorously promote the internationalization of Guangzhou's futures market, and coordinate development with the Hong Kong and Macao markets and countries and regions along the "Belt and Road", so as to achieve better results and help Guangzhou become a futures capital with important international influence.

Keywords: Futures Trading; Product Positioning; Bulk Commodity; Guangzhou

B. 18   Comparative Analysis on Industrial Development in Three Economic and Technological Development Districts under The Perspective of Taxation

Research Group of Guangzhou Taxation Society / 241

Abstract: From the perspective of taxation, this paper compares and analyzes the total amount of economic taxation, the taxation industry and industry structure, and the quality of economic taxation development in the regions where the three major development zones are located, and finds problems in the development. This paper also puts forward suggestions to promote the sustainable and healthy development of economic taxation in the three major development zones of Guangzhou from the aspects of industrial development orientation, industrial structure optimization and differentiated formulation of industrial layout plans for traditional industries, sunrise industries, and future potential industries.

Keywords: Economic and Technological Development Districts; Taxation; Industrial Structure; Guangzhou

Ⅶ   Private Economy

B. 19   Research Report on the Development of Private Industrial Enterprises in Guangzhou

Research Group of Guangzhou Bureau of Statistics Industry / 253

Abstract: The paper analyzes the current situation and characteristics of the

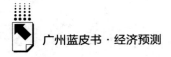

development of private industry in Guangzhou and investigates 687 local private industrial enterprises. Through macro data and the feeling investigations of micro enterprises, this paper analyzes the problems existing in the development of Guangzhou's private industry at multiple levels, and explores the path selection for the high-quality development of Guangzhou's private industry.

Keywords: Private Industrial Enterprises; Questionaire Investigation; Guangzhou

B.20 Research on the Path Exploration of Promoting the High-quality Development of Guangzhou Private Science Park

Federation of Industry and Commerce Research Group / 267

Abstract: In order to comply with the concept of high-quality development, combined with the development status and problems of Private Science Park, this paper puts forward the high-quality development path of Private Science Park in five aspects: industrial cluster, space optimization, scientific and technological innovation, industry city integration and business environment, and promotes the supporting layout of industrial chain, innovation chain, capital chain and service chain throughout the whole life cycle of enterprise development, Optimize land supply and park facilities, provide high-quality space carriers for industrial development, form an effective experience model to solve the problems of private economic development, and build a national demonstration base for private economic reform and innovation.

Keywords: Private Science Park; Private Economy; High-quality Development; Guangzhou

VIII   Special Research

Abstract: entering the stage of reform 4. 0, The reform of Guangzhou's business environment continues to be promoted, and digital transformation will be the key to the reform. On the basis of summarizing the achievements of previous business environment reforms and analyzing the existing challenges, this paper draws on the experience of digital business environment reform domestic and abroad, and proposes optimization strategies for Guangzhou's "digital empowerment" business environment 4. 0. The countermeasures proposed in this paper include: people-oriented, overall planning, promoting resource integration and business synergy; two-wheel drive, precise policy implementation, improving social service level; data empowerment, innovative supervision, ensuring fairness and stimulating vitality; focusing on problems, making up for weaknesses, effectively protect the rights and interests of market players. Driven by the digital transformation of the government, one can therefore be able to optimize and promote the modernization and internationalization of Guangzhou's business environment.

Keywords: Digitization; Business Environment; Data Empowerment; Guangzhou

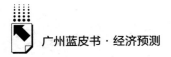
B . 22 Research on Further Promote the Reform of Guangzhou's Business Environment

Joint research group of the General Office of the Policy Research Office
of the Guangzhou Municipal Party Committee and the Institute
of Social Sciences of the Guangzhou Academy of Social Sciences / 294

Abstract: Comprehensively promoting the reform of the business environment is an important method and guarantee to enhance the core competitiveness of a city. In recent years, Guangzhou has established a "Guangzhou brand" in terms of business environment reform, strengthened "Guangzhou efforts", constructed the "Guangzhou Standard", formed the "Guangzhou Rules", and optimized the "Guangzhou Service". the economic activity has been greatly improved, and the city's core competitiveness has been continuously enhanced. In order to further promote the modernization and internationalization of the business environment, Guangzhou should make greater efforts in the aspects of reform level, reform synergy, reform policy accuracy, and reform standard predictability.

Keywords: Business Environment; Competitive Power; Coordination; Guangzhou

B . 23 Research on the Promotion and Application of Digital Agriculture in Rural Areas in Guangzhou

Research Group of Guangzhou Rural Development Research Center / 305

Abstract: The construction of digital agriculture in rural areas is inevitable in response to digitalization and new stage of big data era. The construction is also an important measure to thoroughly implement the strategic thinking of strengthening the country through the Internet, to drive the high-quality development of rural economy and society with digital leadership, and to accelerate the overall revitalization of the countryside. By sorting out the development context and status quo of digital agriculture and rural areas in Guangzhou, this research conducts special case studies, summarizes and refines Guangzhou's experience and practices in innovative practices such as digital technology empowering agricultural production, optimizing the "three rural" information service system, and improving rural governance. enlightenment, and put forward policy suggestions to further promote the development of digital agriculture and rural areas in Guangzhou.

Keywords: Digital Technology Empowerment; Digital Transformation; Agriculture in Rural Areas

IX   Appendices

社会科学文献出版社

皮 书

智库成果出版与传播平台

❖ 皮书定义 ❖

皮书是对中国与世界发展状况和热点问题进行年度监测，以专业的角度、专家的视野和实证研究方法，针对某一领域或区域现状与发展态势展开分析和预测，具备前沿性、原创性、实证性、连续性、时效性等特点的公开出版物，由一系列权威研究报告组成。

❖ 皮书作者 ❖

皮书系列报告作者以国内外一流研究机构、知名高校等重点智库的研究人员为主，多为相关领域一流专家学者，他们的观点代表了当下学界对中国与世界的现实和未来最高水平的解读与分析。截至 2021 年底，皮书研创机构逾千家，报告作者累计超过 10 万人。

❖ 皮书荣誉 ❖

皮书作为中国社会科学院基础理论研究与应用对策研究融合发展的代表性成果，不仅是哲学社会科学工作者服务中国特色社会主义现代化建设的重要成果，更是助力中国特色新型智库建设、构建中国特色哲学社会科学"三大体系"的重要平台。皮书系列先后被列入"十二五""十三五""十四五"时期国家重点出版物出版专项规划项目；2013~2022 年，重点皮书列入中国社会科学院国家哲学社会科学创新工程项目。

权威报告·连续出版·独家资源

皮书数据库
ANNUAL REPORT(YEARBOOK)
DATABASE

分析解读当下中国发展变迁的高端智库平台

所获荣誉

- 2020年，入选全国新闻出版深度融合发展创新案例
- 2019年，入选国家新闻出版署数字出版精品遴选推荐计划
- 2016年，入选"十三五"国家重点电子出版物出版规划骨干工程
- 2013年，荣获"中国出版政府奖·网络出版物奖"提名奖
- 连续多年荣获中国数字出版博览会"数字出版·优秀品牌"奖

皮书数据库　　　　"社科数托邦"
　　　　　　　　　微信公众号

成为会员

　　登录网址www.pishu.com.cn访问皮书数据库网站或下载皮书数据库APP，通过手机号码验证或邮箱验证即可成为皮书数据库会员。

会员福利

- 已注册用户购书后可免费获赠100元皮书数据库充值卡。刮开充值卡涂层获取充值密码，登录并进入"会员中心"—"在线充值"—"充值卡充值"，充值成功即可购买和查看数据库内容。
- 会员福利最终解释权归社会科学文献出版社所有。

数据库服务热线：400-008-6695
数据库服务QQ：2475522410
数据库服务邮箱：database@ssap.cn
图书销售热线：010-59367070/7028
图书服务QQ：1265056568
图书服务邮箱：duzhe@ssap.cn

社会科学文献出版社　皮书系列
SOCIAL SCIENCES ACADEMIC PRESS (CHINA)
卡号：187628656969
密码：

S 基本子库
SUB DATABASE

中国社会发展数据库（下设 12 个专题子库）

紧扣人口、政治、外交、法律、教育、医疗卫生、资源环境等 12 个社会发展领域的前沿和热点，全面整合专业著作、智库报告、学术资讯、调研数据等类型资源，帮助用户追踪中国社会发展动态、研究社会发展战略与政策、了解社会热点问题、分析社会发展趋势。

中国经济发展数据库（下设 12 专题子库）

内容涵盖宏观经济、产业经济、工业经济、农业经济、财政金融、房地产经济、城市经济、商业贸易等 12 个重点经济领域，为把握经济运行态势、洞察经济发展规律、研判经济发展趋势、进行经济调控决策提供参考和依据。

中国行业发展数据库（下设 17 个专题子库）

以中国国民经济行业分类为依据，覆盖金融业、旅游业、交通运输业、能源矿产业、制造业等 100 多个行业，跟踪分析国民经济相关行业市场运行状况和政策导向，汇集行业发展前沿资讯，为投资、从业及各种经济决策提供理论支撑和实践指导。

中国区域发展数据库（下设 4 个专题子库）

对中国特定区域内的经济、社会、文化等领域现状与发展情况进行深度分析和预测，涉及省级行政区、城市群、城市、农村等不同维度，研究层级至县及县以下行政区，为学者研究地方经济社会宏观态势、经验模式、发展案例提供支撑，为地方政府决策提供参考。

中国文化传媒数据库（下设 18 个专题子库）

内容覆盖文化产业、新闻传播、电影娱乐、文学艺术、群众文化、图书情报等 18 个重点研究领域，聚焦文化传媒领域发展前沿、热点话题、行业实践，服务用户的教学科研、文化投资、企业规划等需要。

世界经济与国际关系数据库（下设 6 个专题子库）

整合世界经济、国际政治、世界文化与科技、全球性问题、国际组织与国际法、区域研究 6 大领域研究成果，对世界经济形势、国际形势进行连续性深度分析，对年度热点问题进行专题解读，为研判全球发展趋势提供事实和数据支持。

法律声明

“皮书系列”（含蓝皮书、绿皮书、黄皮书）之品牌由社会科学文献出版社最早使用并持续至今，现已被中国图书行业所熟知。“皮书系列”的相关商标已在国家商标管理部门商标局注册，包括但不限于LOGO（🖋）、皮书、Pishu、经济蓝皮书、社会蓝皮书等。“皮书系列”图书的注册商标专用权及封面设计、版式设计的著作权均为社会科学文献出版社所有。未经社会科学文献出版社书面授权许可，任何使用与“皮书系列”图书注册商标、封面设计、版式设计相同或者近似的文字、图形或其组合的行为均系侵权行为。

经作者授权，本书的专有出版权及信息网络传播权等为社会科学文献出版社享有。未经社会科学文献出版社书面授权许可，任何就本书内容的复制、发行或以数字形式进行网络传播的行为均系侵权行为。

社会科学文献出版社将通过法律途径追究上述侵权行为的法律责任，维护自身合法权益。

欢迎社会各界人士对侵犯社会科学文献出版社上述权利的侵权行为进行举报。电话：010-59367121，电子邮箱：fawubu@ssap.cn。

社会科学文献出版社